三聯學術

著作财产权人：© 东大图书股份有限公司
本书中文简体字版由东大图书股份有限公司授权生活·读书·新知三联书店在中国境内（台湾、香港、澳门地区除外）独家出版。
本书中文简体字版禁止以商业用途于台湾、香港、澳门地区散布、销售。
版权所有，未经著作权所有人书面授权，禁止对本书之任何部分以电子、机械、影印、录音或其他方式复制或转载。

钱穆 作品精选

晚学盲言(上)

Simplified Chinese Copyright © 2018 by SDX Joint Publishing Company.
All Rights Reserved.
本作品简体中文版权由生活·读书·新知三联书店所有。
未经许可,不得翻印。

图书在版编目(CIP)数据

晚学盲言/钱穆著.—北京:生活·读书·新知三联书店,2018.10 (2022.12重印)
(钱穆作品精选)
ISBN 978-7-108-06289-5

Ⅰ.①晚…　Ⅱ.①钱…　Ⅲ.①比较文化-中国、西方国家　Ⅳ.①G04

中国版本图书馆CIP数据核字(2018)第077676号

序

余八十生辰，即撰述《八十忆双亲》一文，嗣又续撰《师友杂忆》一书，毕生往事常在心头者，几若无遗。八十三四岁，双目忽病，不能见字，不能读书，不能阅报，惟赖早晚听电视新闻，略知世局。又以不能辨认人之面貌，畴人广座，酬应为难，遂谢绝人事，长日杜门。幸尚能握笔写字，偶有思索，随兴抒写。一则不能引据古典书文，二则写下一字即不识上一字，遇有误笔，不能改正。每撰一文，或嘱内人搜寻旧籍，引述成语。稿成，则由内人诵读，余从旁听，逐字逐句加以增修。如是乃获定稿。费日费时。大率初下笔，一小时得千字已甚多。及改定，一小时改千字亦不易。内人为此稿所费精力亦几相等。余九十一生辰屡犯病，大惧此稿不得终迄。内人告余，未读稿已无多，心乃大定。直迄于余九十二生辰后又百日，而全书稿乃定。

此稿共分三大部，一宇宙天地自然之部，二政治社会人文之部，三德性行为修养之部。大率皆久存于心，偶尔触发，漫无条理，又语多重复。傥能精心结撰，或当更多阐申，或宜更多删节，此则非盲目老年之所能从事矣。惟余之为此书，亦不啻余之晚学，爰题名为"晚学盲言"。又本书虽共分九十题，一言蔽之，则仅为比较中西文化异同。或深或浅，或粗或细，随笔所书，得失难定，幸读者有以正之。

    一九八六年秋钱穆自识于台北市士林
    外双溪之素书楼时年九十有二

上篇 宇宙天地自然之部

六四 器与识 / 812

六五 孟子论三圣人 / 818

六六 中与和 / 830

六七 人物与事业 / 836

六八 知识与德性 / 851

六九 学问与知识 / 862

七〇 知识与生命 / 874

七一 知与情 / 884

七二 修养与表现 / 892

七三 为政与修己 / 902

七四 进与退 / 916

七五 积极与消极 / 935

七六 存藏与表现 / 951

七七 入世与出世 / 964

七八 宗教与道德 / 974

七九 平等与自由 / 982

八〇 文与物 / 990

八一 静与减 / 999

八二 广与深 / 1012

八三 多数与少数 / 1024

八四 福与寿 / 1045

八五 同异得失 / 1056

八六 德与性 / 1062

八七 尊与敬 / 1067

八八 德行 / 1074

八九 客观与主观 / 1093

九〇 理想与存养 / 1103

四〇　创业与垂统 / 518
四一　帝王与士人 / 530
四二　风气与潮流 / 539
四三　自然与人为 / 545
四四　组织与生发 / 555
四五　雅与俗 / 566

下篇　德性行为修养之部 / 579

四六　生与死 / 581
四七　乐生与哀死 / 591
四八　性与命 / 603
四九　平常与特出 / 622
五〇　公私与通专 / 648
五一　公私与厚薄 / 654
五二　情与欲 / 661
五三　天地与心胸 / 670
五四　己与道 / 680
五五　心之信与修 / 693
五六　为己与为人 / 703
五七　性情与自然 / 723
五八　手段与目的 / 734
五九　传统与现代化 / 753
六〇　历史上之新与旧 / 776
六一　辨新旧与变化 / 786
六二　内与外 / 794
六三　安定与刺激 / 805

中篇　政治社会人文之部 / 229

一六　国家与政府 / 231
一七　中国历史上的政治制度 / 244
一八　政与学 / 256
一九　政党与选举 / 268
二〇　权与能 / 279
二一　国与天下 / 285
二二　政治与社会 / 291
二三　群居与独立 / 311
二四　群与孤 / 320
二五　中国家庭与民族文化 / 331
二六　中国文化中之五伦 / 341
二七　五伦之道 / 362
二八　中国五伦中之朋友一伦 / 375
二九　中国文化传统与人权 / 385
三〇　简与繁 / 394
三一　尊与亲 / 406
三二　色彩与线条 / 422
三三　礼与法 / 428
三四　教育与教化 / 439
三五　操作与休闲 / 450
三六　生命与机械 / 461
三七　共产主义与现代潮流 / 486
三八　道德与权力 / 496
三九　道义与功利 / 504

目　录

序 / 1

上篇　宇宙天地自然之部 / 1

- 一　整体与部分 / 3
- 二　抽象与具体 / 28
- 三　时间与空间 / 42
- 四　常与变 / 53
- 五　自然与人文 / 69
- 六　变与化 / 78
- 七　道与器 / 86
- 八　物世界与心世界 / 99
- 九　道与理 / 124
- 一〇　中庸与易简 / 137
- 一一　质世界与能世界 / 150
- 一二　人生之阴阳面 / 170
- 一三　灵魂与德性 / 185
- 一四　大生命与小生命 / 199
- 一五　天地与万物人生 / 213

一　整体与部分

（一）

有整体有部分。但应先有了整体，才始有部分。并不是先有了部分，乃始合成为整体。如先有了天，乃始有春夏秋冬，非是先有了春夏秋冬，乃始合成一天。亦是先有了地，乃有山海川谷，非由山海川谷，合成一地。一个住宅，必有门墙窗户。非由门墙窗户，拼凑成一宅。人体亦先由身之整体来产生出耳目口鼻胸腹手足各部分，非是由各部分来拼凑成身体。

西方人看重部分，中国人则看重整体。在医学上，西医更分别看重其身上之各部分，中医则看重其各部分所合成之一整体。如西医重视血，中医重视气。血是具体的，分别流行于身体之各部分。气则不具体，不能从身体各部分中抽出一气来，气只是血之流通的一抽象功能。有了气，血才通。无气则血不行。气绝则人死。中医重气，西医少提及。

如言心理学。西方人从物理谈到生理，如目之视，耳之听，西方心理学必先提及。其实这是心之部分功能。即如喜怒哀乐，亦是心之部分表现。该有一整体的心，西方人较少重视。中国人言心，每指其整体，而颇不重视其部分。部分从整体生，不明其整体，即无法了解其部分。这是中国人观念。

西方心理学家似主指挥全身者在脑，医学家则认人身活动中心在心肺。人之死，亦以心肺部分定，不以头脑部分定。但在心肺与头脑两部分之上，应有一更高综合机能，即人之心理与生理之上，当有一生命之总体存在，西方人在此方面似乎未加以深切之寻讨。脑神经，心血管，具体可指，但只是部分存在。中国人则言血气心气，又言生气神气，亦言体气。用一气字，即指其生命总体之综合存在。中国人言心，不指头脑言，亦不指心肺言，乃指一总体心，实即是生命。但生命又何在？此与西方心理学家与生理学家看法有不同。中国此一心字，只可抽象理会，难以具体指示。

如机器，亦有部分，有总体。但机器由人制造，亦可谓乃由部分配合成总体。非加入一指挥与使用者，机体自身无生命，无心灵，亦可说无血气，不由自主，不能自动。人身则不像一架机器，有血气，有生命，能自主，能自动，而且不当用外力来加以指挥使用。但西方人看人体，却亦俨如一架机器般。即在西方的心理学家，亦在寻究人心如何由外力来加以支配与指使。如研究制约反应，即是一例。而对人心之自立自在自动自发处，反不重视。所以他们并无像中国人所有的人格观。他们的人格二字，只在法律上用，不在人的生命上用。中国人所谓人格，即人之生命，自动自发，自立自在，非由任何外力来支配使用。故孔子言"君子不器"。西方人则正要人来作一器用，故西方人生重外力。中国人生亦有一种外力，则曰天。实则天人合一，仍非外力，乃内力。

中西观念此一分别，最先应从其从事生产事业起。中国是一农业民族，耕种稻麦蔬果，畜养牛羊鸡豚，又凿池养鱼，在其观念中，各业总为谋生，实成一体，无多分别。西方乃是一商业民族，观念大不同。商人谋生，只从某部分着想，或卖布匹，或卖器皿，全从外面人所需来选择从事。只从整体中选择其部分，此是商人观念。古希腊人心理，应即如此。

在此一观念中，引生起中西文化体系之大不同。如言政治，此该是人群大总体活动中一主要项目，但希腊人无此观念。雅典是雅典，斯巴达是斯巴达，各自为政。只是一城邦，不成为一国。在他们亦并非不知有一希腊民族之总整体，只是雅典人斯巴达人都在部分上用力，结果合不成一希腊国之总体。

罗马亦只是意大利半岛中之一部分，由此一部分来统一意大利半岛，又继之征服地中海四围，跨有欧非亚三洲，而创建一罗马帝国。但乃由部分合成，不得谓是一总体。以植物譬之，罗马如一大树，荫蔽广土，其下尚多灌木丛草，然皆与此大树不同根，亦非此大树之枝叶。大树开花结果，亦与其荫蔽下之灌木丛草无关。此诸灌木丛草，抑或有花有果，但亦与此大树无关，各有生命，非同一生命，不能融为一体。

又譬之动物，如蜘蛛吐丝张网，网上亦黏有蝴蝶苍蝇其他生物，未能飞去，蜘蛛乃可将之逐一吞噬。忽有人持竿打破此网，蜘蛛不见了，网上蝴蝶苍蝇获得解放。此网不得谓是此诸生命之体，并亦不得谓是蜘蛛生命之体。故罗马帝国虽有体，无生命，不得谓是一生命体。

然此乃中国人观念。西方人并不如此看，如此说。亦如上述，因中国多农人，稻麦蔬果，牛羊鸡豚，长日与生命为伍，故常有一生命观念，并抱有一生命总体观。西方工商社会只有器物观，非生命观。其所创制，胥属无生命之器物。即大至一国亦然。

中国自神农黄帝以下，即由中国人搏成一中国。中国民族生命，即以此中国之搏成为其体。人之生命必有其体，即其身是也。推而大之为家，又推而大之为国。身之与家与国，体有大小，但同为一生命体。人之生命，亦有大小。小生命寄于身，大生命则寄于家与国。要之，有一生命总体之观念存在人之心中，而表现出此一国大群之组织。证之史乘，可加阐明。

中国古代尧禅舜，舜禅禹，禹又以天子位禅之益。使益果登天子位，亦不传其子。则中国君位世袭之制当早已消失。但当时之中国人，乃尽朝禹子启而不朝益，于是乃成此下之夏商周三代。而更有秦汉以下两千年来之绵延。其中乃有当时全民族大群生命之情感成分寓其间。王道不外乎人情，故中国之建立，乃成为中国全人群生命一总体。苟以近代西方部分功利观念言，则当时中国人之不朝向益，而转朝向启，岂不成为政治上一大退步。

西方观念则大不同，即如其现代国家，上面是政府，下面是民众，统治阶层与被统治阶层，依然是部分对立，而不成一总体。民众惟当纳税，即当兵亦无分。政府以佣兵来统治，民众纳税来育养佣兵，成为统治自己的力量，而无可反抗。此所谓君权。朕即国家，国属君，不属民。民权兴起，乃在争税额须先得纳税人之同意。故民权代表之选举，亦仅纳税额高达某水准之民众有其权，则仍是部分的，非总体的。

及选举渐进于普选，乃又分党竞选。多数即胜利，少数即失败。但多数仍属部分，非总体。总之，西方政治乃如一架机器，非生命的。生命仅在于各人。政治乃权力相争，而有一套法律规定，即认为是最高理想。中国人称政治，政者正也，合四隅成一方为正。治指水流，众水滴依道流行。四隅之于一方，水滴之于一流，即部分，即总体。水其总体，水滴其部分，不失其自由平等独立之地位，而相互间无所争，乃能融成一总体。故中国人言"群而不党"。西方人言政必重权，有党有争。中国政治重职不重权，无党无争。

中国政治亦有争，所争在道义之是非，而不在多少数。多数有不是，少数有是。部分间亦有是非，而主要所争则在总体上。民众由考试参加政治，政府规定一水准，但非由君主一人定。此制度，此水准，由政府随宜改变，非可由君主一人来改变。惟有一大趋势，考试日开放，录取额日增添，如此而已。

政府由民众参加，亦由民众支持，主要有两项，一纳税，一当兵。惟同样有一大趋势，即纳税额日见轻减，而兵役则日见优待。秦汉以下如此。秦汉以前，唐、虞、夏、商、周，当时有贵族阶级，但并非由某部落某氏族来统治天下，亦非由各部落各氏族来争此天下，乃由各部落各氏族共融为一体，以成此天下，而使此天下达于平治之境。此乃中国传统政治一共有精神，乃有一生命之总体观存其间。此乃与西方尚权政治一大不同所在。

不仅政治史为然，即学术思想史亦然。中国学术思想即为寻求此一生命总体而加以认识，并求加以充实发挥光大，此之谓道。道亦一体，而有生命性，故能不断继续有其生长与变化。此体亦有部分，但各部分仍相会通，非可独立，更不容相争。如古代经学，亦文亦史亦哲，有政治有社会有人生，共相会通，《诗》三百首即然。若专以文学或政治视《诗经》，则浅之乎其视《诗经》矣。《诗》然，《易》亦然，《尚书》《春秋》亦然。倘疑《春秋》何得称为文学，则《春秋》之一辞褒贬即其文学，读《公羊》《穀梁》两传可知。倘疑《易经》何得称为史学，则《易》言商周之际一语，便可证其为史学。然若谓《春秋》是文学，《易经》是史学，则又不然。要之，当观其总体，不就部分论，乃庶得之。其他子史集三部亦然。但未有不志于道而能成其学者。道即人之总体生命所在。

西方学术又不然。必分别为各部分，而不成为一总全体。如文学，如哲学，如科学皆然。至如史学，必会通各部分各方面以成，故于西方学术史上属最后起。又有政治学社会学，亦各分别独立。而中国又不然，宁有不通其他诸学，而可独立自成为一套政治学与社会学。此可谓之不知道，亦不知学矣。

于是而论为人。人之为人，则是一总体，非部分。西方观念各治一业，各得谋生，即为一人。中国则认为此只一小人，非君子，非大人。君者，群也。必通于群道，通于人生总全体之大道，乃得为一君子，一大人。中国人讲一切学问思想，亦在求为一君子，不为一小人。如只为一小人，则亦如一架机器，虽各有其用，只限于部分之用，各自独立，无自由，不平等。人为机器所使用，如一电机工人，则其人为电机所使用。如一文学家，其人即为文学所使用。西方人乃重视此等用，各专一门，互不相通，称为一专家。其自由乃为其专门所限。中国人则谓"君子不器"，做人不当如一架机器，限于专门一用途。纵谓其有生命，亦仅一小生命，乃生命中之一部分，而不得通于生命之总全体。此则终是人生一大憾事。

中国社会亦是一总体。先秦以下，当称为四民社会，士农工商各有专业，合成一总体，乃同为此总体而努力。孟子曰："劳力者食人，劳心者食于人。"劳心者即士，依近代语，乃一无产阶级，但实乃劳其心以为人。而劳力者则受劳心者之领导安排。故有产与无产，食人与食于人，乃相互融通和合，会成一体。或谓中国社会之士，乃从孔子儒家起。实则孔子以前已有士，如管仲鲍叔牙皆是。其实封建贵族亦即是士。如文王周公，实亦皆如后世之士。前如商代之伊尹，夏代之传说，亦皆士。孔子同时郑子产吴季札亦可谓之皆士。士与贵族本不易分。亦可谓中国封建时代贵族平民本属一体，应称为氏族社会宗法社会。秦汉以下，则为四民社会。政府则成为士人政府，惟士乃得从政。孔子曰："士志于道，而耻恶衣恶食者，未足与议也。"士不当耻恶衣恶食，而农工商劳力者亦不得锦衣玉食，中国社会之经济人生，有一适当之安排。要之，重道义，不重功利，不以部分妨害总体为原则。故中国不重物质人生，而重精神人生。西方则古希腊主要为一城市工商社会，郊外有农人，则称为农奴，两者大有别，明其社会之不成一总体。如人身有五官七窍百骸四肢，又孰为主孰为奴。若分主分奴，即不成为一体。

罗马则军人为主，而农亦为奴。马克思称希腊罗马为农奴社会。但谓其社会中有一部分为农奴则可，谓其乃一农奴社会则不可。马克思此语，可谓乃属哲学，非史学。其主唯物史观历史演进，乃以物为主，而人亦为之奴。故其分社会为农奴社会、封建社会、资产社会、共产社会，皆主物质经济条件，不以人与人道分。中国之四民社会，士在上，农工商在下，乃分人生职业为四，而共成一体，非有主奴之别。则非马克思所知。

西方中古时期，除却封建堡垒贵族骑士之外，又有教堂林立。严格言之，可谓有人群，无社会。社会乃人群之总体，无社会，则可谓之有人而无群。近人谓西方乃个人主义是已。人必依于群以为人，个人相别，则俨如一物。故个人主义实亦与唯物主义相通。西方社会个人唯物，故有部分，无总体。中国社会乃一人群人道之社会，其部分则尽在总体中。

倘称西方为一宗教社会，或庶得之。人类共信一上帝，乃有其综合性。但必死后灵魂上天堂，乃始见此道之真实。方其在人世，则恺撒事恺撒管，其道仍不见。近代欧洲除共信一上帝外，一切不离希腊罗马两型。资本主义之工商社会，则不脱希腊型。帝国主义之殖民政策，则不脱罗马型。资本主义必建基在机器上。苟无种种机器，则近代资本主义亦不得产生。而各项机器则由近代自然科学之发展而形成。故古希腊只得称为工商社会，而非资本主义社会。近代之资本主义社会，实应称之为机器社会。人群集合在资本之下而有组织，实则乃集合于机器之下，而始有其组织。然则人之生命，岂不寄托于无生命之机器。马克思之唯物观即此意。西方帝国主义，则必建立在异民族异社会之上。如英帝国必建立在印度香港诸地区之上。个仅如美国，即加拿大澳洲，凡属英吉利同一民族，则必各自独立，不能共同建立一帝国。西方之资本主义亦必寄托在异人群异社会之上。吸收他人钱财，以作自己利润。若仅吸收自己社会之钱财，则资本主义即不得发旺。故资本主义必与帝国主义相依存，同根发荣。近日英法帝国主义日趋衰退，其资本力量亦日趋减缩，即其证。

最近美国受阿拉伯石油政策之打击，其资本力量即告不安。倘在帝国主义盛行时，美国必出兵征讨阿拉伯诸邦。资本必寄托在机器上，而机器动力又别有所赖，则纵谓美国当前资本主义之生命，乃寄托于阿拉伯诸邦之地下石油，亦无不可。此亦证马克思唯物史观之有当。至于马克思之共产主义，换辞言之，即为共有此机器所得之利润，以共有此财富。即结合凡属参加工商业者，成为一更大集团。故马克思之共产主义，实非反对资本主义。惟在利润上求一公平分配，则共产主义实即资本主义之扩大与延长。仍必对外榨取利润，亦仍必有赖于帝国主义为之作后盾。故马克思之所谓无产阶级，乃专指从事工商业而只得较低利润者言，农人则不在其列。马克思分别农奴社会在前，继之以资本主义社会，乃始次之以共产社会，则其意共产社会乃资本社会之更向前更进步可知。然而人类不能脱离农业以为生。农业生产之重要，实当远在工商业机器生产之上。依照马克思理论，既不反对机器与资本利润，则向外工商业之发展，自不免在于异人群异社会中仍有农奴之存在。故共产主义亦必与帝国主义相依存，而农业社会则为一被征服者又可知。中国观念，则农绝非奴，农工商各业，乃同在人类生命之总体中，而农业则尤为生产事业中之最要基本。西方自古希腊以至马克思，则全无此观点，宜其一切理论必乖戾违异于大自然之实况矣。

然则全世界人类前进，终将以何一目标作领导？此有一义，当首先指出者，即人类决不当由机器来领导，而终必以人道为领导。人有生命，为人之道，首当认识其自己之生命。再由认识自己之小生命，而认识到人类共同之大生命。此大生命乃一总体。再由此总体而认识到其总体中之各部分。有了此种认识，乃知所谓人道，庶可领导此下世界人类之前进。而中国文化传统，则正重在此一道义之认识上。故中国人生不重职业与职位，因其只是人生之分别面。特重品格品德，因此始具人生之总体面。果使全世界人类能各自注重其一己之品格品德，则人类庶可有理想之前途，而各项科技与机械亦可得其正确之利用。中西文化亦可得其会通和合之所在矣。

（二）

中国人与西方人在生命观念上有绝大相异之一点，即灵魂之有无。西方人自古即信有灵魂,投入躯体是为生。逮其死,灵魂离躯体而去。倘保存死后躯体,灵魂归来,还得复生。埃及人之木乃伊及金字塔之建造,即由此信仰来。犹太人亦信灵魂,耶稣教本此而成。如此则生命显分躯体与灵魂两部分。此两部分各受管制,管制灵魂者是上帝,管制躯体者是恺撒。直至近代,西方人生殆可说全由此一信念演变来。

中国人不信有灵魂之先此生而存在。余有"灵魂与心"一书详述之。大意谓人生先有此躯体,躯体各部分俱有知,称为魄。其总体之知乃为魂。人之死,魄随躯体而亡,魂气则无不之,可以流散天地间。此一观念最主要者,乃认生命从物质中产生,与西方达尔文所创生物进化论之意见若相近,但亦有不同。达尔文进化论看生命,仍重部分观。如微生物、植物、动物、脊椎动物等,历级而生,但似缺乏一生命之总体观。故曰:"物竞天择,优胜劣败,适者生存。"倘谓有一生命总体,即是一斗争,一战场。达尔文与耶稣,科学与宗教,只就部分与部分之斗争言,则双方还是一样。故宗教与科学,若相反对冲突,但亦有其相通合一处,乃同得存在发扬于西方社会中。

中国人看生命从躯体来。躯体则由金、木、水、火、土五项物质所合成。中国阴阳家言,天地间万物,总不出此金木水火土五项。称为五行,亦称五德。行者,犹言行为行动。万物各有行为行动,皆由其内在德性之分别来。亦可谓,有生命与无生命,同样有行为有行动,亦同样有其德性。其总体则为天。天生万物,各有分别。但万物同具一天,则共同成为一总体。一切行为皆由天赋,称为性。自其

一 整体与部分 13

行与性之将然可能之内足于己而无待于外者言，则谓之德。故中国人对有生无生有一总体观，则为天。就其部分观，则各为物。有生无生，同为物，同一总体。而此总体，则是一动，故曰"行"，又曰"道"。人为万物之灵，有天道，亦有人道。中国道家重言天道，儒家则重言人道。实则天人合一，同此一道。天地万物有生无生皆属此道，不得在此道之外。道之作用，则以两字可以包括，曰"化"，曰"育"。无生言化，有生言育。化育二字，实亦相通。此总体乃是一有机的，亦可谓之即是一生命总体。

总体有化有育，有可能与将然，故此总体不仅占有空间，更重要者在其涵有时间。大宇长宙，兼包时空，其存在，其化育，道家称之曰自然。谓其自己如此，乃无别体使之然者。故凡其动，其性，其德，皆自然。亦惟如此，乃得谓之行。果有使之然者，则其动亦不得称为行，而亦不得谓其有性有德。凡曰行，则必自主自动，而无有使之然者在其外，此乃一绝大之自由与独立。凡属其体内之各部分，则亦各自独立自由，而成为一绝大之平等。

孔子教人常言天，若谓天在人与万物之外之上，而人与万物皆听命于天，此非孔子意。孔子乃谓天即在人与万物之中。故孔子教人行，必先教人立志，而曰："志于道，据于德。"德即天之在人，孔子谓："天生德于予"是也。子贡言："性与天道不可得闻"，实则孔子言德，已兼性与天道。性有分别，偏在人与物上。德则见其共通大同处。孔子五十而知天命，乃见生命大全体之共通大同处。六十而耳顺，则知天命后，凡即所闻皆顺非逆，即见其皆天命矣。七十而从心所欲不逾矩，矩亦即天命，我心所存与天命合，心之德，即天之命，则心而即天矣。孟子曰："莫之为而为者谓之天。"道家言道言自然，实即天。中国人又常连言天地，即此总体，使人更不疑有一天在万物之外之上，而主宰运使此万物。西方人不仅言天，又于天之上别有一上帝，则上帝明在此天地万物之外之上，而不在宇宙同一总体中。此总体乃不自由，不平等，不独立。故近代西方人，竞言自由平等独立，乃由此来。果信上帝降谪人类于斯世，人类乃与罪恶俱始，又岂得与上帝争独立平等自由之地位。若谓人类可与恺撒争，则耶稣又明言恺撒事恺撒管。上帝不取消此恺撒，人类又何能取消此恺撒，人生悲剧乃在此。中国人之信天信上帝，则与西方不同。

孟子之后有邹衍，综合儒道两家而倡为阴阳家言，即上举五行之说。荀况复非之，并言子思孟子亦主五行之说。相传子思著为《中庸》，其书实晚出，子思言无可详考。孟子则既言人性，亦言物性，兼及有生无生，则荀子之讥孟子，有其据矣。但孔子亦言："知者乐水，仁者乐山。知者动，仁者静。"则孔子亦已言人性有偏仁偏知，犹如山水之一动一静，则阴阳五行家言，亦远有来源，与孔子大旨无背。不过言之益详益显而已。孔门四科，德性为首，阴阳家言五行五德，即本此。若如荀况言，人性恶，大圣由天降生，众人皆当奉为师法。则人分两体，孔子亦如西方之有耶稣，与众人别，此实非中国之传统信仰。汉儒兴起，虽其经学多传自荀况，而尤信邹衍。故于庄老道家言，亦犹多称引。此亦文化大传统一贯精神之所在。

老子言："道生一，一生二，二生三，三生万物。"

实即言道生万物，万物皆即道，非有二也。道家又言气，道即是气，气即是道，亦非有二。道抽象，形而上。气具体，形而下。气又分阴阳，一阴一阳之谓道。由阴阳而生万物，故每一物又必有阴有阳。惟孔子《论语》不言阴阳，孟子亦不言阴阳，庄周始言之，邹衍则倡言之，《易传》又深言之。一男一女，一生一死，皆一阴一阳，天地亦一阴一阳。此下中国人观念，乃若无可舍却其阴阳二字以为言者。但中国人尊孔孟尤在庄周邹衍之上。邹衍以阴阳名家，而后人则更少言。其实庄周邹衍乃其阴，而孔孟乃其阳。知其阳不知其阴，斯亦不能真知其阳矣，中国思想传统有待深究又如此。倘以中国观念说耶教，则上帝天堂属阳，恺撒乃属阴，亦仍一体，乃于一体中生此二别。

阴阳家言金、木、水、火、土五行，印度人以人身分地、水、风、火四大，此两者间亦不同。四大仅指物质言。由此四大合成人身，亦仅指物质，不涵生命之深义。释迦言生、老、病、死，亦仅指此身之变，仍是物质的，仍无生命深义在内。人生岂生、老、病、死四字可尽。婆罗门教分人为四阶级，自生迄死，其身份，其地位，一成不变。不仅一生无变，世世生生仍无变，则仍非生命之真相。若谓此四阶级由上天派定，则上天只派定人以阶级，非赋予人以生命。其浅视生命有如此。故自印度人观念言，天亦实若无生命。释迦言六道轮回，天亦在其内，则天亦如一物。故印度人不信有灵魂，乃由其不知有生命之真相来。无生命则仅一堆物质。故印度虽非一工商社会如希腊，但同不能组成一国，亦并无历史观念。

释迦谓人生轮回起于业。此一业字，似近中国阴阳家言之行字。但中国阴阳家言行，其背后有性有德，皆指生命言。佛家言业，则无德无性无生命，仅指事。事属现象，无主体，即无生命，故谓四大皆空。一切业，亦如梦如幻。佛法即在教人如何消除前业，摆脱轮回，得大涅槃，则全世界尽成一空。释迦想法，其实还是印度人想法。其主要缺点，在无一诚恳鲜明之生命观。此因印度地处热带，生命易起易灭，故视之不甚郑重珍惜，而转易生其倦怠心厌弃心。此亦自然环境使然，乃陷于此而不自觉耳。

中国人言五行，又言相生相克。如水生木，木生火，火生土，土生金，金生水，此即五行相生。又如水克火，火克金，金克木，木克土，土克水，此即五行相克。在此生命大总体之内，有此相生相克之作用，而人生大群亦如此。有利于此大群者，则求有以生之。有害于此大群者，则求有以克之。如此则大群生命，以育以化，得以畅遂。明于五行之学，不仅可以知命，亦可以造命。人群有生大道，则莫贵于能知命而造命。人能知命造命，乃可赞天地之化育，而与天地参。造化之权，亦掌之在人。此为人道最大之期望，亦是最高之巅峰。

人之外行，当一本其内德。古之圣帝明王，所以能转移一世，而主宰其命运，授予以莫大之影响者，则均在其德。《大戴礼》有《五帝德》篇，此为阴阳家以五行学说来说明历史，而提出其知命造命之主张。说法虽与儒家言有不同，要之，则有此一趋向。汉以火德王，而五德终始，不能专仗一德，则火德终必衰。相生则继之以土，相克则继之以水，必有代汉而兴，继汉而起者。无历世不变之王朝。如唐虞夏商周，自古皆有变，岂能至于汉而独不变。则与其待他人之起而征诛,不如王朝之自为禅让,于是乃有王莽新朝之兴起。此亦由阴阳家言为之主动。读司马迁《史记·孟子荀卿列传》,以荀继孟,又详引邹衍所言,而明斥其不得与孟子相比。盖孟荀偏重人为,而邹衍则侧近天命,尊于外而限其内,不如孟荀一务于人生之自主。马迁加以区分,亦见其识之深远矣。

东汉光武中兴,经学仍受尊重,而阴阳家言则渐趋衰退。魏晋间,王弼以治《周易》《老子》鸣,向秀郭象以治庄周鸣,中国学术思想又有由儒转道之趋势。而邹衍阴阳家之言实际政治朝代兴亡,则概置不论。于自然宇宙论一边,则特加阐申。增其水木之清华,减其金火之烹割。助其生消其克,于乱世人心亦实相宜。又不久而佛法传入,虽意归现实之寂灭,而实重内心之修为。轻外而重内,亦不失乱世人心之一道。至于唐代,儒、释、道三分鼎立,乃有韩愈一意辟佛,而以孟子自居。下及北宋,儒术大兴,而邵康节仍以数字推算历史上之盛衰兴亡,则仍袭道家阴阳家遗意。正以宇宙乃一大总体,有生无生,虽有分别,亦各有其理。故人生之变,乃亦可以数字推算。邵康节乃亦如一阴阳家,同以数字推算人群之大生命,但偏重于数,迹近命定论,重外而轻内,有天而无人。后起理学家遂群推周濂溪,而邵康节则被见外。此亦中国文化传统虽通全体,而终有偏重内在部分之一大趋势,此儒道之所以有高下。

世俗间又以数字推算个人之小生命,其本源亦仍自阴阳家言来。余生平亦不免随俗,偶尔问命问相,亦颇有验。事详于余之《师友杂忆》中,兹不赘。今人概斥之,谓不科学，迷信。实则此等事果能以近代科学方法细加研寻，亦可辟科学园地，创成为一套新科学，不得尽以迷信二字斥之。父母兄弟子女，中国人谓之天伦，命中可算出，相上可看出，则以个人为小生命，天伦六亲为大生命，岂不信而有据。圣贤之出处穷通，为人群大生命所系，亦宜有命。惟中国人虽以象数来推命，终主以德性来定命。言气数，不如言理气，明其理则可以赞天地之化育。张横渠言："为天地立心，为生民立命，为往圣继绝学，为万世开太平。"此其深旨，诚大可玩味矣。

余治先秦诸子，尝欲为邹衍一派阴阳家言有所阐述。然念阴阳五行之学，散布中国学术之各部门各方面，大之如医学，如建筑营造学，小之如命相风水等，广传社会下层。邹衍亲著书，今已失传。余既未经深究，遂不敢轻易下笔。子贡曰："虽小道，必有可观者焉。致远恐泥。"邹衍亦其一例，终不免徘徊在此天地大总体之外围，未能深入其内里。如注意阳光土壤雨水，而忽略了树木生命之本身。掌握其肤末，忽略其精髓，尽在外物上寻求。孟子则言："人皆可以为尧舜"，乃盼人往向大生命之高峰巅上爬。唐宋后，孔孟连称，非无故矣。

近代英国人李约瑟写《中国科学史》，认为中国科学思想源自道家。实则墨子早多科学发明，但主向外求，言天志，则近西方之宗教。与公输般竞攻守，又亲制木鸢飞空三日不下。其徒著为《墨经》，涉及力学光学方面，多与西方科学有合。墨子又言非大禹之道不足以为墨。而中国之水利工程，为中国科学史上有极大极杰出之成就之一项。则宗教与科学，在中国亦远有来历。惟中国人很早便抱有一大生命之总体观，故中国人学问多主向生命求，向内不向外，其大趋势遂与西方有不同。即道家亦显有反科学之一面，如其反对桔槔取水，谓机器创自机心，机心之为害，胜于机器之为利。则墨家与道家，亦同以现实人生为归极，亦同抱生命总体观，则为中国文化传统一特点。

名家自墨家出，犹之阴阳家由道家出。惟墨家近似西方之宗教与科学，而名家则近似西方之哲学。白马非马之辨，亦即部分与总体之辨。若谓白马即是马，斯则近西方之个人主义。苏格拉底是人，凡人皆有死，故苏格拉底亦有死，此乃西方之逻辑。然必据凡人皆有死，始可判苏格拉底之亦有死。不能由苏格拉底之死，而即判定凡人之必皆有死。此亦总体与部分之辨，西方人亦非不知。而必言白马即是马，此乃重其外。中国名家言白马非马，则重其内，此亦中西思想之一别。儒家分君子小人，知有己，不知有群，则为小人，亦可谓不得为人。故人必有伦，夫妇、父子、兄弟、君臣、朋友，称五伦。修身齐家治国平天下，自小生命至大生命，一以贯之，乃成其为道，亦即生命之大总体。老子言："道可道，非常道。名可名，非常名。"论其部分，则可道可名。论其总体，则非一道一名可尽。故曰："同谓之玄，玄之又玄，众妙之门。"惟其过重同而轻异，则不如儒家之执两而用中。

名家又论坚白。石是其总体，坚白乃其部分。然手抚得坚，目视得白，人之知识，仅知其部分。若知石之总体，则白必兼坚，坚必兼白，乃为通识。否则目视不知坚，手抚不知白，各执一见，何以推概其总体。西方专家之学乃类此。但石必坚，不必白。名家之辨限于名，不如阴阳家五行之说，辨在其德其性，更能中肯近理。在中国后世，名家言不传，不如阴阳家言之普泛流行。然阴阳家终不如道家。而儒家尤高出之。此由后人之能择善而从，乃得完成其文化之大传统。今日国人则又必以西方之众说纷争为是，以中国之独尊一家为非，则诚难与之言矣。

老子又曰："三十辐共一毂，当其无，有车之用。埏埴以为器，当其无，有器之用。凿户牖以为室，当其无，有室之用。故有之以为利，无之以为用。"凡其用乃在无处。罐瓮碗碟，亦用其空。人之居室，亦居其空。空处即无处。必兼知其有无虚实，乃为知其总体。人身有五官七窍百骸四肢，心则其无处。一阴一阳之谓道，可知独阴独阳皆不成道。在此一阴一阳之更迭变化中始见道。变化更迭，则在无处。生命亦天地万物中一无处。人惟知有之以为利，而不知无之以为用。不知用，又乌得有其利。

今日乃一科学世界，即是一机器世界，一人造物世界。资本家利用纺织机，厂工则供纺织机之用。帝国主义野心者利用原子弹，驾机投弹者则供原子弹之用。机器触目皆是，人皆以为大利所在，而谁为其用之者，则漠不关心，或无奈之何。良堪诧叹。

世人皆言中国于自然科学上有三大发明，一指南针、一印刷术、一火药。西方人利用火药造为枪炮，今日杀人利器皆由此来。但中国人仅以火药放烟火花灯，供人玩乐。可知自然科学之背后，必有一用之者，乃人，非科学。乃生命，非自然。近人又好分自然科学与人文科学，中国向无科学一名，然两者之学实兼有之。惟中国重内重合，西方重外重分。故中国乃以人文科学为主，以自然科

一　整体与部分

学为辅。西方则自然科学为主,而人文科学为辅。亦可谓中国主自然人文化,西方主人文自然化。即如达尔文生物进化论,其所发现,岂不即可为自然人文化作证。而其用意则为人文自然化指路。其病乃在不知生命中心性之为用。中国人重视人之品德,更过于重视其事业,内外同异高下轻重之间,实大堪深味。

宗教与科学在西方,似为相对之两体。中国则宗教科学和合会通融为一体,皆为人文之辅,所谓"一天人,合内外"是已。故中国学术必贵其能成一通体,西方则贵其能分别为专门。

中国人好言礼乐,实则礼乐乃人生一整体,亦即天地一整体,兼自然与人文而为一,而人文则为其主。诗云:"相鼠有体,人而无礼。"鼠生有体,人生则不限于其身之体,范围扩大,能与天地万物为一体,于是而有礼。礼乃其大生命之体,故在礼中自见其乐。故乐非金、石、丝、竹、匏、土、革、木之为乐,礼非跪拜、揖让、俯仰、进退之为礼,皆必本之人之德性。礼乐形于外,心性主于内。孔子曰:"人而不仁如礼何,人而不仁如乐何"是矣。是礼乐亦融内心外物为一体。鼠生则仅在其形体,其心情德性之内涵则无足深言。人生则其要更在内心之性情,能通天人而合内外。故人生不能无礼。

孔子又曰:"志于道,据于德,依于仁,游于艺。"孔子以礼、乐、射、御、书、数六艺为教。许氏说文:"儒,术士之称。"术即艺,今人合称为艺术。礼乐可谓乃中国最高之人生艺术,亦可谓艺术与道德首尾相通,融为一体,故中国人又连称道艺,或连称道术。礼乐射御书数亦皆艺术，并兼科学，而礼乐之主要性，则近似宗教。在西方，艺术科学宗教分而为三。在中国，则仍和合会通融为一体。此体则称曰"礼"。其意义价值，即在其合处，不在其分处。故曰："礼以和为贵。"倘亦如西方以艺术为人生中一部分，一专门，可外于其他各部分各专门而独立存在，各自为体，则其在大生命中之价值意义，宜亦大相有异矣。

礼乐和合，乃一总体，而可有内外宾主之分。乐在内，心为其主。礼在外，形为之宾。所谓游于艺，即其内心之乐矣。庄子有《逍遥游》，乃游于方之外。孔子之游于艺，则游于方之内。无论其为方内方外，能知游，斯即人生一大艺术。亦可谓中国人生乃一艺术的人生。

《吕览》有十二纪，《淮南》有《时则训》，《小戴礼记》有《月令》篇，此亦皆是礼，皆属邹衍之徒之阴阳家言。乃一皇者尊天以为治，其发政布令皆依于外，与孟子所谓"民为贵，社稷次之，君为轻"之意，大异其趣矣。道家主天不主人，重外不重内，其所向，较近似于西方之宗教与科学，与周公孔子之礼乐大义则有辨。

孔子又曰："祭神如神在。我不与祭，如不祭。"祭者礼之主，所祭对象则礼之宾。即如上帝天神，可谓所祭对象中之最尊严者，然亦同是宾。但礼之所重，则更在其主。在宇宙间，是否真有此天神上帝？西方宗教则认为有，但宜由自然科学为之作证明。否则宗教科学不能合，上帝事耶稣管，恺撒事恺撒管，不能融合为一，终是人生一大憾事。中国则以人心为主，祭神如神在，即以己心为证，不待外在之科学以为证。此心则必形于外。有此行，乃始见此心。亦当有此德，乃始见此行。临祭则心在祭，不与祭，则心既不在，神之在否又何论。故志道据德依仁，又必游于艺。苟无其艺，则道之与德与仁又何在。推此言之，治国平天下，亦即一艺。否则其道其德其仁又何在。然艺非可作一呆板之死规定，当随时随地随事随物而心灵游其间。故游于艺即是道。孔子中国千古大圣，然当其身则曰："道之不行，我知之矣。"国又何尝治，天下又何尝平。孔子之辞鲁司寇位，离鲁，而周游天下，此亦即是孔子之游于艺。中国人生艺术之精义乃如此。子路、冉有、公西华，以人生艺术论，当尚不如曾点。中国人生中之最高艺术，尚有远超专心一意惟务于治国平天下之上者。孔子不专心一意于为子路冉有公西华，但亦不专心一意于为曾点。故孟子曰："孔子圣之时者。"其门人则谓："孔子贤于尧舜远矣。"志道据德依仁之外，尚有游艺一要项，其中精义则诚难与今之以艺术为一专门学者所共论。

老子则曰："失道而后德，失德而后仁，失仁而后义，失义而后礼。夫礼者，忠信之薄，而乱之首。"老子不免分天人而为二，必求捐弃人生，还归自然。尊天而卑人，尊古而卑今。儒家则以得于天者为人之德，则德在内，天在外，乃是一天人合内外。而老子必分别之，则失于此，得于彼，天人已非一体。故庄子必言浑沌，乃有合而无分。儒家之礼则必主分，如人之一身，岂不可分耳目口鼻胸腹手足。有其分，乃始有其合。今人倘能将西方宗教科学艺术诸项各专门，依中国观念，亦加以会通和合，而融为一体，则此道乃即天道，亦即人道，亦即人生之最高艺术矣。而此心之德与其仁，乃始可因之以大表现。所谓赞天地之化育者，又更上一层楼，而何有中西文化之对立。

中国人又好言性情。性属天，情属人。人有情又乌得谓天独无情。《中庸》言："喜怒哀乐未发之谓中，发而皆中节之谓和。"喜怒哀乐皆是情，情必对外而发，对人对事对物皆有情。心无对，谓之未发，但不得谓心之无情，斯则谓之中，亦即是德是性。德与性之发，乃见情，又分喜怒哀乐。方其未发，则无喜怒哀乐之分，故谓之中。中即是其情而存于内之总体，喜怒哀乐则为其动而分向对外之部分。西方哲学避言情，主言理。依中国观念言，理乃部分中之条理。总体一合之内，必分有部分，苟无部分，即不见有理。情之发，不违理，即是恰到好处，此即所谓中节。发而中节，即合于理。如礼之有宾主而成一和。和亦犹中，而道家则谓之无。人当无我，喜亦非其人其事其物之受我喜，乃我与此人此事此物交接时理当有此一喜。此一喜不在我，亦不在所喜之人之事之物，乃内外相合之一理。中国佛教禅宗五祖告六祖，《金刚经》言："应无所住而生其心"，此为禅宗修持一最要纲领。天台宗言"一心三观"，一空、一假、一中。华严宗言："理事无碍，事事无碍。"此皆佛教中国化以后所有之观念。《中庸》之言"中和"，亦即人生总体中一无处，而总体人生则主要在一中，在一和，亦即主要在其无处。专一注意于其有处，则惟见分别，又何来得中得和。

西方宗教科学对立，科学中又分自然与人文，能用其中而得和，亦庶得之。或偏左有共产主义，或偏右有资本主义，亦当知能用其中而得和。若必主张一边，打倒一边，此即知有部分不知有总体，不中不和，总体已失，部分又何存。

中国人又好言情欲。西方哲学戒言情，乃误认情以为欲。情对外而发，欲为己而有。人之斗争对象当在己，即其欲。中国人谓之天人交战。人欲亦人生中一部分，天理乃人生之总体。情发中节即为理，故中国人常言合情合理，又称天理人情。农工生活常与自己斗，不与他人斗。商业则必与他人斗。中国以农工立国，商业后起，其政治常抑商。西汉盐铁制度已接近近代西方所谓之国家经济政策。故中国虽地大物博，商业鼎盛，绝不产生一资本主义社会，但曰"信义通商"。信义属人生总体，非部分人生。故中国人对商业乃有一极高明极精微之安排，异于西方。讨论西方文化问题，必从其部分言。讨论中国文化问题，则当从其总体言。此乃中西双方文化传统一大相歧异处。

中国人又好言阴阳动静，依宇宙全体言，则天属阳动，地属阴静。亦可谓自然当属阴，人文当属阳。依人文言，则生属阳动，死属阴静。依世运言，则治属阳，乱属阴。故治世贵有动，乱世贵能静。依近代国际形势言，则西方近似阳，中国近似阴。故西方常趋动进，而中国则惟宜静伏。宋儒周濂溪主"以静立人极"。孔子言："慎终追远，民德归厚。"厚则易静难动，对死亡之礼，如葬如祭，可以为生人相交立其极。周公之治道，制礼作乐属于阳，孔子之梦见周公欲为东周则属于阴。今日之中国虽居阴道，善守其静，亦可为后起新文化立极。中西文化对立，亦仅当前人文之一部分，此下当更求其人文总全体之出现而完成，则亦如孔子之志于周公，学于周公，而人生大幸福所在系之。孔子曰："后生可畏，焉知来者之不如今。"诚可企而望之矣。若果有天命，则亦宜有此一日。志于此而游于此，窃愿有德有仁者之相与勉之。

马克思主社会革命，列宁转而为政治革命，毛泽东又更进而为文化大革命。动进益动进，此亦所谓求变求新，偏向一阳，漫无限度，漫无止境，绝不许有阴面之存在。前车覆，后车鉴。果使能安和乐利，甘于静伏，善守其阴面，亦庶为弱国处乱世之一途。幸国人其善加深体。

二　抽象与具体

中国文字，可据以探讨古人创造此字与运用此字之观念与思想。如象，乃一动物，但体大，有些处像是离体独出。如象鼻，只是象体之一部分，不能认它为另一物。象牙亦然。又如象足，大而分离远，但只是象足，不得另认为一物。于是象字又作形象用，须认识其整体形象始得。则体字象字，义实相通。近人用抽象具体两词来翻译西方语，其实依照中国本意，象即是体，当先识其抽象，再及具体。具体在抽象之内，本无分别。

老子曰："同谓之玄，玄之又玄，众妙之门。"今人亦以抽象义来解释此玄字。其实异中得同即是玄。如天即是玄。天无体，会同诸体之异而谓之天。故中国人不言天体，乃言天象。如阴晴谓之气象，其实此象亦即是一玄，亦汇通众异而成。如是则象乃成为超出群体之体。故中国人用体字，其中便有不具体之存在。

诗云："相鼠有体，人而无礼。"其实礼亦可谓即是一玄。如礼分宾主，单是宾，无礼可言。单是主，亦无礼可言。宾主会合，始见有礼。鼠有形体，亦有生命。必相会合，乃成一鼠。倘无生命，则其体亦变。生命非具体，是在鼠体中即有不具体之存在。宾主之礼，亦在宾主双方具体行为之上，有一不具体之精神，乃始见有礼。否则又何从把人生之礼来比作鼠体。可见中国古人，对天地万物，对人生万状，实具有一种甚深抽象的看法。以今语言之，即是有一种甚高哲学观点在内。

又如性字，从心从生。而此生字，则并不单指一具体个人之生命言，乃指生命总体，汇通人生禽兽生草木生，凡属宇宙间之群生言。乃一极端抽象字。心字亦然。人必有心，古今人各有心，此心字亦一抽象字。会合生与心而有性，则性更属一抽象字。孔子不言性与天道，但此性字之创造，则不知先于孔子已几何年。此皆老子所谓同谓之玄，此性字即包涵甚深甚广。民初新文化运动，主张哲学关门，主张打倒玄学鬼。其实中国文字之创造与运用中，即寓有甚深之哲学玄学意义。苟欲哲学关门，则亦当尽废汉字。

中国周易好言一"象"字，又言一"元"字。元有原始义，即老子众妙之门之玄，声同义通。物自具体言，何止万。但自其抽象言，则可分为乾、坤、离、坎、艮、兑、震、巽之八卦。详分之，则有六十四卦。简分之，则只乾坤二卦。宇宙万别，自象之大同言之则如上。再由乾坤合言之，则为太极，即其最原始者。故太极即众妙之门。

古人传说，八卦始于伏羲。要之，甚古即有之，或当在创始文字之前。则中国人好会诸异以求同，好于具体中作抽象观，好由此来追寻一原始，好统万归一，再由一推万，上引老子三语，可谓得其奥妙。儒家言亦然，即其好言性字可知。孔子虽少言性，然其言孝弟，言忠信，言仁，言智，皆性也。西方人好具体分别，如言男女恋爱。中国人言泛爱众，亦同此爱字。但终嫌其具体，陷于事为上，乃改言仁字，始纯属一抽象。

异同之辨，实即虚实之辨。中国人每连言玄虚。爱落形迹，易见为实。仁则玄虚，无形迹可指。朱子释仁字曰："心之德，爱之理。"心与爱尚易知，德与理则难知。故中国人讲道理，须以意会，不当从语言文字上拘泥具体以求。故曰心知其意，又曰体会。此体会二字，即以己心会合此道理而适为一体，此始为善学。此又非一种玄学而何。

故抽象与具体，又有虚实之辨。依今人观念言，具体是实，抽象乃虚。依中国古人观念言，则具体乃虚，而抽象始是实。故中国人对此宇宙，不喜从物物上作分别之具体观。中国人对人生，亦不喜从事事上作分别之具体观。必凌空驾虚，作共通超越之抽象观。如关羽失荆州身死，具体事业全归失败，而中国人乃谓如此始完成关羽其人一生之意义与价值。又如岳飞之死于风波亭，其具体事业亦全归失败，而中国人则谓如此始完成岳飞其人一生之意义与价值。故关岳同尊为武圣，则中国人之看人生意义与价值，岂不转在虚空一边，而不在具体一边。故中国人乃重视其人之德性，更过于其人之事业。

由此又有时间与空间之辨。空间若是一实，而时间像是虚。但中国人观念，则空间只是虚，时间始是实。天地之别即在此。地属空间，终是虚。天属时间，乃成实。西方人认天国有上帝，上帝亦一实。中国人认上帝为天之主宰，主宰则是一动，乃是一虚。若天是实，主宰此实之上帝乃是虚。心性为人生之主宰，亦可谓人生为实，而心性则为虚。其实心性尚可指说，而人生更难指说。今人认衣食住行生老病死为人生，距中国人之人生观，真如河汉之隔矣。

老子道家更作有无之辨。一切具体皆作有，抽象玄同乃一无。故曰："三十辐共一毂，当其无，有车之用。埏埴以为器，当其无，有室之用。"依老子意，则天地间一切用皆在无处，不在有处。其实儒家孔子言亦何独不然。子贡言夫子之文章可得而闻，颜渊亦谓夫子博我以文。孔门此一"文"字，以今语释之，当称花样。花亦是一具体，花样则不拘一花。江南三月，杂花生树，乃成花样，则是一抽象。人生一切事，合成花样，则谓之人文。人文化成，则为中国人之文化观。

今再举一显著例言之，中国乃一广土众民大一统之国家，其首都尤为人文荟萃之地。如长安，如洛阳，今已不能详言。姑以元明清三代之首都北平为例，言其建筑，如天安门、午门、故宫，如东四牌楼、西四牌楼，如北海、中南海三海，以及其他大街小巷，合成一花样。凡诸建筑，皆在此同一花样中。若一一分别而观，则将失去其共同完成一大体统之意义与价值。故中国人对长安洛阳之没落，若颇不顾惜，以其具体虽已破毁，而其花样则仍存在于后起之北平。其他一切城市，如苏州，如成都，亦各有一套花样，此亦人文之一面。西方重具体不重抽象。如游雅典罗马，欧洲古代人文，均扫地以尽。现代之巴黎伦敦，一切花样已与古代之雅典罗马大不同。而对雅典罗马之一建筑，一遗物，则不胜流连，赏玩不尽。此亦中西双方观感之不同处。

今再举一小例。如庙宇，如坟墓，中国人皆不甚重视，而重视其对此庙宇坟墓之祭祀，毕恭毕敬，不苟不忽。列代王朝崩溃，苟其不再祭祀，则其旧有之庙宇坟墓，亦都荒毁不治，不再注意。惟各代王朝祭祀之礼，则相承不变，繁文缛节，时有增加，此之谓人文。而一切具体之物质建设，则并不同样受重视。

漫游英伦，参观牛津剑桥两地之书院建筑，绵亘数百年之久。体制瓦石，一皆保留不变。增新之外，旧况依然。来者赞叹，为西方学校一楷模。中国人重视教育，历数千年。先秦百家讲学，汉唐相承，勿替益盛。即自南宋朱子白鹿洞书院以下，元明清各代书院遍全国。然绝无一处堪与牛津剑桥相比。西方重具体，书院建筑，终属物质方面。中国重抽象，大师讲学，则属人文方面。大师一去，书院旧址，其意义价值亦遂而失。依中国语言之，当称为形而下。师道始是形而上。此亦与上述庙宇祠堂坟墓祭祀之礼，轻重有偏，又显然之一例矣。

再以文学言。西方重具体故事，如英国莎翁剧本之罗密欧与朱丽叶相传迄今。一切恋爱小说剧本，大体相似。而中国则《周南·关雎》之诗，婚姻大典，同所歌诵，亦历久不衰。中国之所谓礼乐，显然是一种抽象性之人文精神。此又是中西文化相异之一例。其他类此者尚多，兹不详及。

体用两字连用，始见于东汉末年。古人常言用，不及体。体即具体，必有分别。如一砂一砾，一草一木，分别乃成体。一尺之棰，日取其半，万世不竭。扩大言之，不仅天体难穷，地亦然，究竟离地几尺始不为地。水行地上，是否不属地。海洋不属地，则地即甚见狭小。地上有山，万物丛生，是否属地。如是分说，地之为地，乃无具体可言。

近代科学家始创四度空间说，其实每一体必与时间并在。沟浍有盈有壑，水流既竭，此沟浍之体又何在。山上万物丛生，分别重视其丛生之物，山之为体又何在。人自婴孩长大成人，无日无夜而不变，则人之为体又难定。故具体若可指，实不可指。若有定，实甚难定。中国古人少言体，其意义当在此。

今言人生。人之所以为人，即在其有生，而生则只是一变。如言身体，体在变中，即无具体可寻。中国古人好言气，不论有生无生，皆一气所成。而气则只是一变，即以其变而成体。实则气非体，后人乃言气体，此乃俗语非雅言。气应是一抽象名词，抽离其具体乃有此象。言气象则较为近实。

《周易》六十四卦皆言象，此世界一切有生无生，皆可归纳卦象中。一卦以六爻成，爻即是变。全《易》六十四卦三百六十四爻，即以包括天地间一切万物之变。即后起一切变，亦可包括在内。故易有变易、不易、简易三义。一切变只是一不变，其事至为易简。孔子曰："其或继周者，虽百世可知。"《易》之为书，亦在求知人事之变。何由而能知，则在求之象。

宇宙间一切象，不外和合分别之两变。《易》以乾"—"坤"- -"两爻象之。乾坤犹天地，"—"象天，"- -"象地。人生亦此二象，"—"象男，"--"象女。其他一切变化，全由此起。如"⚏"与"⚎"，此之谓位变。"⚌"与"⚏"，此谓数变。如是则宇宙一切可有四大变，即"⚌""⚏""⚎""⚍"。数变增，而位变益明。如"☰""☷""☳""☶""☵""☲""☴""☱"，乃成八卦。又上下相叠，乃成六十四卦。于数变位变之中，又见有时变。《易》之大义，简易言之，不过如此。

中国人常兼言天地。天不易知，观于地而天可知。如曰"履霜坚冰至"，"梧桐一叶落，天下知秋"，见此知彼，乃抽象之知。见霜仅知霜，见梧桐叶落仅知梧桐叶落，则属具体之知。中国人贵抽象知，由是以知天。

若仅求具体知，天不具体，又何由知。霜具体，顷刻而变，实不具体。梧桐叶亦然。万物实未有体，仅知霜与梧桐叶，千万中知其一二，何得谓即知万物之体。故中国古人不贵知体，贵知用。不贵知物，贵知事。依古训言，"物犹事也"。俗语连称物事，又言东西。东西两面对立，无东即无西，须同时知其对立之两面。物与事亦对立，不知事，即不知物，见事乃见用。中国人之求知特性如此。

故中国人言生必兼言死，言有必兼言无，言空必兼言时，存亡、成败、治乱、兴衰、吉凶、祸福、喜怒、哀乐，每皆兼言之，不分别专举一端独立以为言。《易》言阴阳，亦兼对立之两面。阴阳家又扩及五行。行亦犹言物事，金、木、水、火、土不当专作物体看，当兼其事行看。水流下，火炎上，金内凝，木外散，土得其中，不下不上，不凝不散，独见为调和安定，最见地性，故曰土地。金木水火，皆在地中行，能动作，各见其天。故金木水火土五行，即一天地，一阴阳。宇宙间种种物事，皆不外此。其实此五行亦皆是一种抽象，不当从具体求。

西方人从具体求知，故重分别，重物不重事。中国重和合。具体分别若见有固定性，和合抽象则特见有流动性。故西方人言天，必言上帝，亦具体而固定。《易》言天，曰："天行健"，则乃一行动，无体可指。求可指，则言地。但《易》言地，则曰"顺"，仍属象，非体。亦不指言其体。故《易》言天地，只言"乾健坤顺"，皆言其象，即言其事其用，而不言其为一物一体。此乃最可表达中国古人之观念。

人生从具体言，有人始有生。从抽象言，则有生始有人。生必和合，如饮食，即与物相和合。苟无饮食，即不得有生。又必男女和合，否则亦无生。又必有父母子女，世代绵延，否则其生短暂，仍归绝灭，仍不为生。故有生必有群，非群即无生。若专指其个体各别之身为生，则大不通。身由父母来，由饮食而长成。故人生乃由事见物。阴居后，阳居先。地居后，天居先。人居后，生居先。具体必居后，抽象乃在先。岂不即此而可知。

《中庸》言："人莫不饮食，鲜能知味。"此非甜酸苦辣之为味，乃今俗语所谓之人情味。饮食之意义与价值，非仅养吾身，尚有远超其上者。孔子饭疏饮水，颜子箪食瓢饮，其味亦岂饮食小人之所知。门内膏粱，门外有冻死骨，此膏粱又何味。实则此亦众人所共知，故为中庸之知。圣贤亦不能离此以为知。天之生人，生庸俗，亦同生圣贤。圣贤乃在庸俗中成其为圣贤，离于庸俗即不得成其为圣贤。同此饮食，同此为人，中庸之德亦即天德。在其

二　抽象与具体

能充实而光辉之,斯即为圣贤。

《中庸》又言:"夫妇之愚","夫妇之不肖"。天之生人,必分男女。婚姻和合,人群大道乃以肇始。中国人言夫妇,犹其言天地。故曰:"中庸之道,造端乎夫妇。"则岂不乃造端于愚不肖。而天地亦为愚不肖。中国中庸之道,其难言有如此。至于个人主义则绝非人群大道,向不为中国人所重视。

《中庸》又曰:"执其两端,用其中于民。"夫妇一阴一阳,两端对立,然相与间有一中。人群大道,即贵有此中,相通和合,使双方各得其所,各得安定,各得亲密往来,此即群道之大本。圣贤言道即在此,尽人与知与能。然此道亦一抽象。看重具体,则分别对立,人事多端。必出于争,终不能建立一大群。就西方言,宗教科学相对立,宗教信天,科学偏物,于人皆不相亲。如何在此天与物之两端,求其互通相和,此为人生莫大一进程,亦为人类莫大一问题。论政治,民主独裁又成两端。民主重多数,独裁尊少数,在多数少数间,亦贵有互通相和之一道。不能尚多数抹杀少数,亦不能尊少数忽略多数。论经济,则资本主义与共产主义又成两端。资本主义尚私有,共产主义尚共享。私有共享,亦当两存。如何求得一中道,此亦人类当前一问题。

推此言之,个人主义社会主义亦成两端。社会中何得无个人,个人相与,又何得不合成一社会。双方互合成体,相和成道,则可以两全。否则各谋发展,相互敌对,则同归失败。天地宇宙时空,亦成双作对,而有和无争。故曰:"君子之道,造端乎夫妇,及其至也,察乎天地。"

因天地亦在此道中，无此道亦不得成其为天地。

具体求分别，则处人群中，又必求相异特出，不甘为一寻常人。即在和平中，亦求超群独立，如今世一切运动会即其例。十人赛跑，一胜九负，群中见独。但非负何有胜，非群何见独。本属两端，和合成体，失则俱失，成则兼成。一人跑跳球棒之独胜其群，究何意义价值可言。中国人言立德立功立言，立于己即立于其群。于群有大贡献，遂于群中得不朽。孔子曰："君子无所争，必也射乎。"射亦中国古礼中一大礼，非近世诸项运动之比。

笛有七孔，共成一声。乐有八器，金石丝竹瓠土革木，共成一乐。声之与乐，亦抽象之和合。中国人重礼必兼乐。礼之用，和为贵。所以表其和者则在乐，乐即人生中之可乐者。伯牙鼓琴，志在高山，志在流水。高山流水，可以见而知。伯牙琴声志在此，则惟钟子期知之。此见抽象之难知。中国古人言乐，又曰："丝不如竹，竹不如肉。"丝声尚近具体，竹声出于空，肉声出于心，心属人，亦一抽象。声属天，天人和合以为一，此则最为中庸之大道。

庄子曰："惟虫能虫，惟虫能天。"此言道贵自然。人非虫，乃能与天相对立。人文亦与自然相对立。故虫声即天声，而人声则别。能以人声合天声，乃最见执两用中之大道。中国舞台剧最能表现人生，最高表现则在乐。语言亦音乐化，语言之不足，而表达以歌声。喜怒哀乐，皆从歌声出，发乎天，成乎心。心与天若处两极端，而歌声则其中和。故中国戏剧乃最可乐之人生。即哀即怒，亦皆可乐。中国人生之理想，即此境界，乃以戏剧表达之，而始惬然觉其有当于此心。其实登台演剧，亦一庸俗人，一庸俗事。而在台上歌演，则不啻成为一圣贤豪杰。能知圣贤豪杰之无异于庸俗，则无违乎中庸之道矣。抑且生旦净丑，乃和合以成一共同之人生，非分别以相争。即唐宋官驿皆有歌伎，以慰旅宦之羁孤。凡其歌唱，亦异于近代之商业相争。此一节亦值注意。

中国舞台脸谱，亦一种抽象化。若极平常，亦见其特出。衣装亦然。有衣装高贵而其人则卑下者，有衣装寻常而其人乃为上等者。观者望而知，此亦中庸而极高明之一道。若论具体，服装人品显相分别，但岂得以服装定人品。

西方人以具体求人生，乃感人生有两大事，一恋爱，一战争。其实恋爱亦如战争，男女双方，不顾一切，竭其全心力以赴，此亦可暂不可常。西方人又言婚姻乃恋爱之坟墓。恋爱乃若更高出于婚姻。不知恋爱尚分两体，夫妇则成一体。但此体属于抽象，而实为人生理想所在。恋爱尚在个人主义之阶段，苟和合成家，而不变其双方各人之立场，则转多难处。故西方求实为一小家庭，先与翁姑分，继与子女分，如是庶得小安。家如此，国亦然。故西方亦惟有小国寡民，不能有广土众民一统之大国。大国则必为一帝国。多有殖民地，形大而体仍小。如中国之一统，有中央有地方，和合而成，其体乃大。乃由抽象之中庸大道来。此义甚深，读者试自参之。

战争为人群一大事，必有对立之双方。一方败，失其对立之地位，战争平息，乃转觉失去一可乐。亦如谓婚姻为恋爱之坟墓，则婚姻岂不亦失去一可乐。无恋爱，无战争，人生落空，所乐何在。惟一幸事，今日尚多国林立，战争不断发生。婚姻制度则逐渐取消,群尚恋爱同居。兵战外又有商战,又有种种运动场上特设之战。恋爱战争不断可求,具体人生之悲剧乃如此。

中国人则曰修身齐家治国平天下。修身齐家,夫妇一伦乃其起步,婚姻事大,恋爱事小。治国平天下,天下和平事大,战争事小。人道立,但人群之外,尚有天地大自然,与人类文化成双对立,而其间仍有一中道。人文当参天地之化育,而人生乃无止境。然人生终不能无止境。《大学》言:"在明明德,在亲民,在止于至善。"明己之明德以亲民,内外和合,斯即至善,可止矣。千里之行,起于脚下。婚姻为男女结合一止境。慈孝友弟,乃家庭一止境。君臣朋友,忠信相处,乃国与天下治平和合一止境。逐步得其止,又可逐步再向前。则止处即其起步处。止乃无止,此乃一番抽象大理论,而中国人则谓之中庸之道,人人能知能行。此一深义,乃大堪玩味。

西方人重具体分别,学术亦分门别类,如宗教、科学、哲学、文学亦各自独立。中国古代则一切学问皆相通,皆归于人生,归于礼乐。礼则其体,乐则可乐乃其用。知必归之行,而人生全体大道亦俱备其中,更不必分门别类,多作各自之独立。即如医学,西方重解剖。一身器官皆各分别,不重其共通之生命。中医则在一气相通处求。故西医据病言病,中医则言病在生理。西医治病,可去其一器官。其药亦多无机物。中医则治其生命全体,用药亦多有机物。故中医更重病前之营养。

身然,国亦然。西方政治、法律、经济、外交、军事亦各分别专治,不相会通。故国病最难治。求富求强,国乃为一相争大武器。和平相安，只是暂时现象。中国以礼乐为治平大道，若似玄言，非具体可能。实则中国五千年历史可作证。

学问知识之最具体者，则为近代之科学。但近代科学乃供作相争之器，非治平之道。近人非不知。又每一物必分别之为原子元素，今始言电子，分阴分阳，实一动态，则一切物皆原始于一动，此即中国之所谓气。气非物，有其象。宇宙乃一气之流动。则西方科学之最新发明，中国观念已早得知。中国非无科学，但当称之为生命科学，或人文科学，与西方之所谓自然科学亦有别。此非会通于双方文化大传统之总全体，则无以明之。

然则人类一切学问知识，首当于何求之？曰，宜先求之人之心，以心合于事。圣贤如此，愚不肖亦尔。中国古籍，《诗》《书》为尚。《诗》言人心，《书》言人事。西方史学最后起，心性之学在西方可谓尚未开始。专尚理智，不求之喜怒哀乐之情感，何以知人心。喜怒哀乐藏于中，而有其和。《中庸》言："致中和，天地位焉，万物育焉。"喜怒哀乐亦愚不肖之所有。圣贤之学则"尊德性而道问学，致广大而尽精微，极高明而道中庸"。孔子曰："十室之邑，必有忠信如丘者焉，不如丘之好学。"孔子亦学愚夫愚妇之忠信。西方惟宗教家言庶或有似。但言灵魂，又谁证之。故信仰非学问，非知识。

西方知识重具体，若为一固定，乃惟求其变。实则变乃一自然。中国人重人文，则不言变而言改。自然有变亦有常。以人文赞天地之化育，则贵于变中求常。曰心曰事，则非贵求变，乃贵能改。知其常，心乃安，乃得生长，故心安则理得。今日举世人心徒知求变，乃不得一安定感，今日不知明日事。独上帝乃一安定，举世惟当赖以为救。而科学昌明，上帝更不易见，其果将何道之从？此诚近世人类一大问题。则曷不从此心之喜怒哀乐以求和求安，此为中国中庸之道，乃始寻常而可求。

《中庸》一书，当出秦代，融通儒道两家言。《易传》当为同期之书，亦融通儒道两家。求之中国传统文化，于此两书其勿忽之。本篇具体抽象之辨，乃依近人观念言，实即《易》《庸》之义。

三 时间与空间

空间具体而有垠，须分别独占。倘求扩张，则必相碍。而物质人生则必依附于空间，向外寻求，常趋于动而争。时间抽象，绵延无已，前后一贯，可以共容，相互融通，互不相碍。精神人生则必依著于时间，故常趋于静而和。但时空实合成为一体，动静亦互融为一体。惟和与争又何能合成为一体？中国人则主争于内而和于外，争于己而和于人。如曰："安分守己"，其安其守，则必求之于己之内。故曰"立志"，曰"改过迁善"，皆是。中国人好言礼，礼之中必有尊卑主客之分，主必尊客而自卑，则和。孔子曰："君子无所争，必也射乎。"孟子曰："行有不得，反求诸己。"射即如此。射不中，其过在射者之术，不在所射之对象即外物。射者所立之地亦称物。一在己，一在外。所争不在外，乃在己。射者所立之位定，而后可言射术。射而得中，乃和非争。所争则在己之术，即争与和亦合为一体矣。

今人率并言时间空间，此两词乃译自西方。其实两者意义不同，亦未可以对等视之。如地球仅为太阳系中一行星。地球上又分各部分。生为一中国人，与生其他各地人，所受影响各不同。故人生必论空间。人生又必同占一时间。即地球太阳乃及其他空间，亦必同占一时间。而时间之影响人生，则更大于空间。

时间何在则难言。但空间则必包涵在时间内，相与融成为一体。使无时间，空间又何得存在。《易·系辞》言："天尊地卑，乾坤定矣。"天指时间，地指空间，时间尊于空间，中国人观念即如此。

《周易》之六十四卦三百八十四爻，中国古人即以象征宇宙万物之一切变化，其中皆涵有时间意义。较之古希腊人之几何学，仅知空间者，其聪明智慧当远胜。实则只有两爻。曰乾"━"，曰坤"╍"。"━"即时间，象合。"╍"即空间，象分。中国人观念，一切分其先皆由一合来。几何学由点成线，成面，成体，则一切合其先皆由一分来。此两观念乃大不同。岂得谓合亚欧非美澳诸洲始成一地球，合地球等诸行星始成一太阳系，合太阳系及诸星河始成一天体。则几何之由分而合，其观念之意义与价值，当尚待商榷。

《系辞传》又言："乾知大始，坤作成物。"一切物之作而成，其先必有一始。未作未成，则无始可见。物之作于成，皆必占空间，时间亦必随空间而始见。老子言："有生于无。"有无二字近似具体，实不如《易·系》言乾坤二字之抽象，仅指动静分合者之更为涵蓄而允惬。老子乃道家言，《易·系》文化归之于儒义。以有无言，不如以分合言。周濂溪《太极图说》则谓"无极而太极"，此较老子有生于无之说亦胜。濂溪乃谓无即有，无乃有之合。合为一则无以名之，故老子称之曰无。佛教主四大皆空，惟求归涅槃，亦主无，不主有。耶教之天堂上帝灵魂界，乃主有，不主无。儒家言可代表中国人观念，乃会合有无以为言。虽分有无，而无在有之中，亦即是有。

《易·系》又言："动静有常，刚柔断矣。"濂溪《太极图说》则言："太极动而生阳，动极而静，静而生阴。"时间是一动，空间是一静。如太阳地球皆是一静，实则亦皆是一动。《易》卦以龙象乾，以马象坤，则坤卦亦仍是一动。惟马之动，尽人可见。龙之为动，则不可见不易见。空间静而实动，离去空间，又何由见有动，见有时间。爱因斯坦有四度空间论，于空间中加进时间。而《周易》则必主乾在先为主，坤在后为顺。动在先静在后，动为主静为顺，乃于时间中加进空间，斯又中西观念不同之大异所在。

《易·系》又言："在天成象，在地成形，变化见矣。"今人则以成形为具体，由具体中乃有抽象。中国人观念，则主先有抽象，乃成具体。如地乃一具体，天乃一抽象，非天何由有地。西方近代天文学，亦求之太阳系诸星河，尽从具体求，则天亦如地，无大异矣。即天堂亦仍是一空间，亦犹地，仍无大异。中国人之天，则超乎地。先有天，后有地，则由抽象生具体，而具体又仍在抽象中。亦可谓具体乃静而定为形，抽象则动而在其先。此则中西观念大不同之可见易见者。

今可谓天地乃一大动体。而生有万物，则较静而定。人生亦万物中之一形，故曰："乾道成男，坤道成女。"乾坤乃其象，言道则指其动，男女斯成形，乃始有静可言。"男女媾精,万物化生。"此男女二字,则兼言阴阳。其媾其化,皆指动言。则人生皆由一动来。人之毕生,亦只是一动。日出而作,日入而息。人之休息睡眠,其实亦仍是一动。天之生人,岂专为其休息与睡眠。则自中国人观念,人生之贵动更可知,其贵刚亦可知。近人乃谓中国人贵静贵柔,则失之矣。

今人又分精神人生与物质人生。其实决不能脱离物质以为人生,而在物质中则必显有精神,仍只是此一人生。衣食住行,属物质人生,但精神人生亦皆散见其中。各自分别,乃若不易见。孔子之饭疏食饮水,曲肱而枕之,亦即物质人生。颜子之一箪食,一瓢饮,居陋巷,亦物质人生。离物质,又何以为生。但在物质人生中,有精神之存在,则难具体指陈。具体属空间性,而抽象则属时间性,其轻重之间,则雅俗观念有不同,亦即中西所不同。

要言之,中国主由合而分,西方则主由分而合。故西方主由个人合为群,中国则主群中分有己。己生之前,不知已有千万世之人群之存在。非有此群,何从有己。故于己即见群,亦犹于己即见天。人之一己,又何得独立为生。然己之生则具体,而群体之生则若为抽象。一中国人之生,若与同时其他亚欧非美澳人之生渺不相干。当前一人之生,又若与以前千万世之人生渺不相干。具体言之若如此,抽象言之则不然。故谓生命有一大总体,亦可谓时间即是此总体。

就个人生命言,可分婴孩、幼年、壮年、成年、晚年各期。合百年之生,而分此诸期。非由此各期而合成为一生。此百年之生,若为一抽象。此各期之生,若见为具体。果认具体为实,则抽象转成为一虚。然则岂合此诸实以成一虚乎?故百年之生,始为共通一实体。婴孩幼年诸期,皆依此共通之实体而各成其为实。婴孩幼年期夭亡,则此生实不啻一虚。两者之间,虚实是非之判,亦可定。

中国人自幼即教以孝,稍长即教以弟。先教以在家族邻里小群中做人,继教以在国与天下大群中做人。在小群中做人,则为一小人。在大群中做人,始为一大人。能在古今人类长时期中做人,则为圣为贤,尤为大人中之大者。仅知有己,不知有人,则又为小人中之小者,斯不得视为人矣。方其为婴孩,不知此下尚有幼年中年老年,故婴孩不得谓之为成人。年渐长,始知其前为婴孩,后有耄老,乃得谓之为成人。

今人重视经济人生,中国古人则重道德人生。经济人生若为具体,而人与人则各别相异。道德人生若为抽象,而人与人乃可会通合一,时间空间亦随之扩大延长,经济人生岂得相比。又经济以财货为主,财货在人生外部,亦可谓乃人生中一虚。道德以心性为主,心性乃人生中一实。贫富与圣贤之孰贵孰贱,则不难辨。

经济人生重商业,供求双方对立,不能由一方作主。农工人生则生命在己。故农工社会重道德心性,商业社会重机会功利。如慈孝,父母子女和合相亲。"孝思不匮,永锡尔类。"一人孝可感使人人孝,世世代代孝。孝道益宏,决不损及己之孝。老子言:"既已为人己愈有,既已与人己愈多。"道德人生即如此。商业牟利,供方多得,乃由求方多与。一方利,他方损。今日则劳资相争,为世界人类一大祸害。

中国教育重培养情感。修心养性,为道德人生主要一项目。西方教育重传授知识,训练技巧,求学即为牟利,乃亦为经济人生中一要项。近代学校学者缴学费,教者受俸给,来学求知,亦如出资购物,教育亦显具商业性。中国则曰"尊师重道"。如孔孟周游,如齐之设有稷下先生,从学者之生活皆赖于师。后代之书院,来者亦由书院供养。其绝非商业性可知。

中国教育重师道,师道可以传之久,学校则时兴时废。如宋初胡安定苏湖讲学,晚明顾高东林讲学,载之史乘,历千年数百年,常在人心人口,而其书院则皆早废。西方如英之牛津剑桥,美之哈佛耶鲁,或五六世纪,或三四世纪,其学校则常在。中国人重师道乃重人,有生命,属动的一面。学校建筑则属物,非生命,乃静的一面。中国文化传统精神,亦可谓重动不重静,重精神不重物质。经济属物质,道德属精神。静则易旧,动则易新。则岂不西方转重守旧,而中国则反重开新。即如埃及希腊,其器物建筑尚多留存,而仅可称之为古埃及古希腊。中国则五千年历史相传,人文演进,不得仍谓是羲农黄帝时代之古中国。正因中国人重时间,属虚属动,故中国人求常不求变。西方人重空间,属实属静,故西方人必求变求新。可谓中国五千年乃其民族生命之绵延,而西方则自埃及希腊以至今日之英法美苏,民族相异,生命亦变。比较中西双方文化异同,则诚有难一言以尽者。

依人类生活史言,先渔猎,次畜牧,乃及农工业,最后始有商业。亦如人之一生,自婴孩迄老年,去死日近。亦可谓,渔猎畜牧乃人之幼稚前进期,农工业则为成长安定期，商业当为衰老期。人之既衰，最要者乃在其忆往念旧，果使往旧无可忆念，则人生之意义与价值又何在。近代商业社会，仍不能无渔猎畜牧农工诸业，商则赖此诸业以成。依时间言，旧与新乃一贯相成。空间游历，则见新旧相异。时间回忆，则见新旧相成。多寿为人生一福，远游终不免为人生一劳。旧可以无新，而新则终不可以无旧。中国人知重历史，此乃生命精神之所在。斯亦见时间之于人生，乃更重于空间。

孟子言："规矩，方圆之至也。"方有四隅，四隅皆方乃成方。故方似由分而合。圆则浑成一体，仅有一中心，合而不可分。中国人言"天圆地方"，又言"圆颅方趾"。圆偏动，方偏静，故中国人更贵动。今人乃言中国人好静不好动，好古守旧，不尚进步，不知西方进步在其具体物质，中国进步则在其人文精神，此又其别。

天地万物，如一大圆体。自人类言，其中心乃在各自之一己。中国人言"一天人，合内外"。此天地万物，由己为之中心，乃能一，乃能合。此言非具体，乃抽象。而己之为天地中心者，非其身，乃其心。但非西方哲学心物对立之心。中国则主心物合一，天地万物均融在此心中。此一境，此一理，则常静而不动。故乐天知命，安分守己，此即主静立人极。然而一言一行，一瞬一息，日常之应对酬酢，以至于一日二日之万机，苟日新，又日新，日日新，乃无不在于此心之动。故《大学》言："知止而后能定，定而后能静，静而后能安，安而后能虑，虑而后能得。"此一进程，岂非即是一动。而知止在先，则仍是一动。惟动中已包有静，静中已包有动。必分别动静以为二,则难以得其境界矣。亦可谓心是一动,物是一静。《大学》言"致知在格物",则心之动即在物。故惟格物乃能致知,而后我心之全体大用无不到,众物之表里精粗无不达。此始是中国之动静合一,天人合一,内外合一,即心物合一论。

故中国人言修身齐家以至于治国平天下,莫不以己心为之主,为之一中心。其向前而进,日迈日达,而终亦不离此中心。其前进乃如绕一大环,到穷头处,还是原先起脚处。依时间言,可谓极其绵长。而就空间言,则还是原处并未迁动。人则终是一人,己则终是一己。回吾本来面目,可谓至圣而神矣。神即融在吾之生。西方观念,灵魂天堂,与此生世,境异非一。西方重空间观,即宗教信仰亦如此。而中国人重时间观,则非今日专慕西化者之所能与言矣。

孔子曰:"七十而从心所欲不逾矩。"此矩字指外面一切规范,较具体,较有静定性。庄周则言:"得其环中,以应无穷。"故儒家重言矩,道家则重言规。因儒家重内心修养,而道家则重外面应付。规较近抽象,较有活动性。故中国人又言"循规蹈矩",规宜循而矩则可蹈。可见规具向外行动意,矩具守己静止义。矩易落实,而规则空灵。方合四隅而成,一隅不成方,但亦自成其为一隅,《中庸》谓之致曲。规则为浑然之一体,非循其全,即不见其为规。人心所向,一言一行,皆可成矩。但一言一行,非可即成规。故矩实具空间义,而规则仍涵有时间义。矩为部分,规则全体。故西方人于方圆动静皆加分别。中国人言动中即涵静,静中即涵动。规矩连言,即犹方圆连言,亦犹天地连言,非只言一物一形。但儒家兼言天地重守矩，较之道家之循规仅从天，更适循用。细阐之，亦可谓精义无穷矣。

孔子又言："仁者乐山，智者乐水。仁者静，智者动。仁者寿，智者乐。"心分仁智两型。仁属情感，动而易变。智属理智，静而不变。人之初生，即有情感，理智则后起。实则理智属静而较易变，情感则属动而较不变。如慈孝，乃亦常而不变。何道以慈，何道以孝，则属智。中国观念，情感先起，属天。理智后起，属地。中国人尊天卑地，尚智更尚仁。故曰"王道不外乎人情"，又曰"天理人情"，天理王道皆见在人情中，其尊人情有如此。

中国人言人情最重孝。舜为大孝。孟子书又有上古有不葬其亲者一节，推论葬亲之礼之由来。则孝道上古即有。知葬礼乃随其孝情来。孝之礼随世而变，而孝情则终不变。故孔子曰"仁者静，智者动"。但孝行岂可谓之不属动。惟其能常而不变，斯谓之静矣。

今再推而言之，不仅人心有孝，即禽兽亦有孝。若以孝为爱，则草木虽无亲，亦可谓各知爱其生。生命从天来，故孝之德亦从天来。即无生物，相互间若无孝无爱可言，然同出一源，同归一体，物各有性，则宜亦有其相类似者。邹衍阴阳家言，分五行五德，其说尤流行于中国社会之下层。亦可谓即本孔子仁者乐山智者乐水一章来。《周易》乾坤两爻，一合，一分，象征天地间一切事物之变。其言玄，普通人不易晓。孔子言仁智两型，一情感，一理智，则各反之己心而可得。又山水一动一静，则人所同见同知。然犹当辨者，既同属一体，同属一心，则动中必有静，静中亦必有动。仁中必有智，智中亦必有仁。仁而不智，陷于不仁。智而不仁，便是不智。其理虽深，宜亦可知。

乐与寿亦然。孔子称伯夷叔齐"求仁得仁又何怨"，即其乐。饿死首阳山，三千年来，人人心中有其人，即其寿。颜渊居陋巷，箪食瓢饮，人不堪其忧，回亦不改其乐，亦不失为一仁者。不幸夭亡，而亦永在两千五百年之人心中，则亦不得谓之不寿。则仁者寿，宜亦有乐。而智者乐，宜亦同有寿可知。

再推言之，天地万物同此一动一静，一乐一寿，而其间不妨仍有别。如孔子当其仁，庄老宜可当其智。儒家主仁，亦重智。道家偏智，亦有仁。其所不同，如一身之耳目手足，各分左右，听视持行，左右如一，而亦终有其分。一心兼仁智，亦类此。

身分左右，终不宜偏左偏右。心有仁智，亦不宜偏仁偏智。偏则多失。孔子又曰："执两而用中。"中国人一切思想论议必分而有合，合而有分。西方则宗教近仁，科学近智，各走极端，不易和合，而尤近于偏尚智，其弊亦经历长时间之演变至今而益显。西方尚智主分，中国尚仁主合，若各就双方同一短时期内之空间观之，则是非得失，洵有难定。若统就其长时间之历史变化言，则五千年来双方之不同，与其是非得失，亦可判矣。故空间之意义与价值，终不如时间。

依照中国阴阳家言东方之人仁，西方之人义，或言智，似若仅为一种空间观。今人亦有据此来分别中西双方文化异同者。其实西外更有西，美国乃转居中国之东。抑且中国古人不知有今日之西方。盖此言虽仅空间观，实仍涵有时间观。日出于东，没于西。故谓东方之人近阳偏仁，西方之人近阴偏义或智。其言东西，实犹言始终。人生当以仁为始而终以义与智。此亦一种心物合一论，亦即仁义仁智合一，情理合一。无情乌得有理，无理亦乌得有义有智。

人生中年以前，日趋生长，则近阳而亦近仁。中年以后，日趋成熟，则近阴亦近义与智，亦证义智由仁来。孔子曰："十室之邑，必有忠信如丘者，不如丘之好学。"忠信近仁，好学则学其义与智。中年以前多情多近仁，中年以后多理多近义与智，此乃人生一自然进程。孔子之求为一完人，必具备人文全体之时间性。读古人书，贵能通其大义，偏据一端，则又必失之。

孟子曰："大人者，不失其赤子之心。"若谓赤子心近仁，大人多义多智，惟大人贵能不失其赤子之心，是智与义而不失其仁。赤子亦必进而为大人，是即仁而必臻于智与义，情而必达于理。故中国人言天，常兼言阴阳。言地，常兼言山川。言人之德性，则必兼言仁智仁义。今若谓中国人重仁轻智轻义，重情轻理，岂不又失之。又如原始野蛮人，若其仁不如后世人，实乃其智义不如后世人。原始人亦具好生之心，即其仁。惟不知何以好其生，又不知好人之生亦即所以好己之生。智义不及，乃无以见其仁。理不到，亦无以见其情。而近代核子武器之发明，则其仁其情又远不如原始之野蛮人矣。故人事复杂，世态多端，单凭短暂之空间具体无可判，必待悠久之时间抽象论乃定。

中国人言始终，又言本末源流。倘谓中国人重本源，轻末流，则又失之。故中国人兼言天地，而天尊地卑，又必加以分别。虽其语流为通俗，其义深长矣。

四　常与变

近代国人，率以吾中华民族为守常而不知变自谴。其实吾古人早知变，早贵能明变通变达变，典籍具在，随处可征，不烦缕举。尤要者，在知变又知常。常中有变，变中亦有常，中国古人用一时字，即兼容并包此常与变之两义。孟子曰："孔子，圣之时者也。"《易传》亦言："时之为义大矣哉。"中国以农立国，《书》称："钦若敬授"，《易序》："治历明时"。敬授民时，即是敬授民事。春耕夏耘，秋收冬藏。中国地处北温带，春夏秋冬，四季明晰，并分配均匀。四季又各分孟仲季，一年十二月，气候各有分别，并与农事紧密相关。故中国古人之时间观，并与生命观相联系。时间中涵有生命，生命即寄托于时间。时间属于天，生命主要属于人。中国古人所抱天人相通天人合一之观念，即本农事来。人中即寓有天，贵能以人事合天时，故曰"人文化成"。此化字即包有天有时间，人文即包生命，于自然中演出人文，即于人文中完成自然，故中国古人于同一事中即包有天时、地利、人和三观念。孟子曰："天时不如地利，地利不如人和。"此并不专指兵事言，乃可通指一切人事言。就农业民族之观念，气候固极重要，但必兼土壤。气候土壤固极重要，但又必兼人事。苟不务耕耘，则天时地利同于落空。而耕耘则贵群合作。百亩之地，必治之以五口之家。夫耕妇馌，男童司牧，女童司守门户。不仅如此，牛马鸡豚，在一家生事中，亦复相和。而稻麦五谷，尤为生事所赖。稻麦之生长成熟，更见与天时地利人事一体相和。其事则必经历有时间之变，而变中必有常，可以资人信赖。故曰："但问耕耘，莫问收获。"人事既尽，而天心亦即已在人事中。不尽人力，则天意亦不可恃。故《中庸》曰："人可以赞天地之化育，与天地参。"苟非有地，则天亦落空，故中国古人必兼言天地。但苟非有人，人不能和，则五谷不生长，既无人文之化成，则兽蹄鸟迹，草木茂盛，只为洪荒之世。故中国古人言天地，又必兼言人，而合之曰三才。此种观念，其实乃是一农业人之观念而已。

旷观此世，人类所生，不仅在温带，亦有在寒带热带生长者。寒带人仅能以游牧为生，逐水草而迁徙。不能安居，斯不能乐业。人事仅若为生命之奴，不为生命之主。其去禽兽之为生不远。热带人气候熏蒸，长夏炎炎，神昏欲睡。而采摭野果，亦可饱腹。故其心所忧，不在其身。好静处，好冥思，视人生乃如一负担，转求摆脱，求出世。故印度乃产生有释迦牟尼之佛教。

人类最适生长在温带，然使其占地不广，耕稼区域狭小，仅赖农业，生事不易满足，于是转业工商。偏重制造，向外贸易。如西方古希腊，其人集居城市中，所谓百工居肆以成其器。农人在城市外，不为群所重，视之如奴。工人成器，出外贸易，又必远越重洋，其主要目的地，仍为其他民族中之城市。于是其生活观念，不重在民族分别，专重在城市与乡村之分别。人生拘束于城市小范围中。天地大自然，转若外于人而存在，与人生若疏远，不见为亲切。故希腊哲学家，每分宇宙论与人生论为两套，从宇宙论降落到人生论，人生与宇宙，像是二而非一。沿至近代，科学兴起，乃主以人生战胜自然，与中国古人之天人合一观，大异其趣。

又如西方古代犹太人，流离为生，备受压迫，历尽艰辛，人世无望，转而期望于上帝。认人类乃以罪恶而降生，犹太人之前途，必赖上帝而得救。耶稣特扩大此观念，谓上帝所救，当属全人类，不限于犹太人。然其分别天人，上帝只管人死后，生前在此世界中，仍由罗马皇帝恺撒管。耶稣亦犹太人，此乃其一种无可奈何心情之流露，亦即证人世之在充满罪恶中。穆罕默德为阿拉伯人，经商沙漠中，承耶稣而起，创为回教，意态转强。惟其视尘世为罪恶，以出世为究竟，则与耶稣无殊。

上述佛耶回三教之信仰，皆不产于温带之农业社会中。印度固亦有农业，但生事易足，勤劳不受重视，乃感人生空虚乏味，易起人生厌倦心，故佛教虽主出世，而不尚天堂，求归涅槃。是人心之随于其环境中天地人三要素之和合而各生变异，岂不即就此而大可证明。又如古埃及人古巴比伦人，虽亦以农业产生文化，但尼罗河下流之泛滥，与巴比伦双河之灌溉，其占地面积，较之中国河济淮江四大流域之广袤宽宏，差别太巨。故惟中国之农业文化，乃独出迥异于世界古今其他诸民族之上，而自有其非常特殊之成就。

惟中国自古即成一农业大国。即在封建时代，亦有其封建之统一。虽在社会上有贵族平民两阶级，然平民主生产，贵族主政教，两阶级分工合作融成一体，农不为奴，而政则以农为本。《吕氏春秋·十二纪》，《小戴礼记·月令》篇，《淮南王书·时则训》，《汲冢周书·时训解》，虽诸书皆出战国后，但远溯之古诗《豳风·七月》章，会合而观，足征古代中国人生要务在农，政府法令教训，亦重视农，社会风俗亦发端于农，归宿于农业。《月令》篇有曰："毋变天之道，毋绝地之理，毋乱人之纪。"人群纲纪，即俗称道理。而中国人之传统观念，则道与理一本于天，由此天地大自然而人文化成。人类文化乃得赞化育，参天地，而与天地合。此可谓乃中国传统文化精神一特征。

故欲探讨中国传统人生，必注意其社会风俗。欲探讨中国社会风俗，必注意及其天时气候节令。此皆与农业有甚深关系。而中国人论卫生修养，起居饮食，必慎必戒，所宜所忌，亦随其气候节令而变。生命从大自然来，即在大自然中长成。人类生命，亦如五谷稻麦牛羊犬马。中国古人，认为天地大自然，只是一阴阳五行。生命亦然。故中国人论生理病理药理，无非此阴阳之顺逆，五行之生克。天人相通，万物一体，亦如一身之五官四肢，五脏六腑，同属一体。中国古医书如素问灵枢本草，通天通物，莫非此意。中国人治学尚合尚通，西方人治学尚别尚专。西方人言生理病理药理，亦从专处别处寻究。中国人言眼疾通于肾，或其他内脏。西方人则专治眼，若可外于其身而治，治身亦若可外于天地大自然而治。此亦见中西双方文化精神一大相歧。此因中国文化建基于农业，农则必外通天地以为业。西方文化建基于工商，可以封闭于室内与都市，若可隔别于天地大自然。故中国人生，必纳入自然中，贵能顺应自然。西方人生则与自然划离，而求能战胜自然，克服自然。

工作业务如是，营养卫生，消遣娱乐亦如是。整个人生不外此三部分。中国人把此三部分全纳入大自然中，必顺应天时，配合节令。如读《齐民要术》、《农政全书》、《荆楚岁时记》等书，可悟此中消息。故中国文化中之全人生，无不与外面自然环境乃至天时气候相配合，此实一种极具体极客观之科学，而亦极富艺术情调。故农业人生，本极辛劳勤苦。但中国人能加之以艺术化，使其可久可大，可以乐此而不疲。又自艺术转入文学。如读范成大之《四时田园杂兴》，赵孟頫之《题耕织图》，欧阳修之《渔家傲词》，亦各十二月分咏。随时随事，无不可乐，人生可以入诗入画，复又可求。

中国人爱栽花赏花。花之生命，最与天时气候节令相配合。而又有其各别之个性。欧阳永叔诗："深红浅白宜相间，先后仍须次第开，我欲四时携酒赏，莫教一日不花开。"中国民间，因有二十四番花信风之说，自小寒大寒，立春雨水，惊蛰春分，清明谷雨，一月二气六候，四月八气二十四候，每候五日，各有每一花之风信应之。最可注意者，此二十四番之花信，不始于春，而始于冬，小寒即有梅花山茶水仙，循此以往，迄于谷雨之牡丹酴醾楝花。尤以梅花凌寒而开，为群芳之冠，最为中国人生理想之代表。画家有四君子与岁寒三友，古今诗人，莫不以咏梅为最足寄托其高情雅致。佳句名什，流传唱叹，何啻千万首。至今仍奉梅花为国卉。此乃天地大自然赋与人类生命一番最深切最著明之大教训。就哲学论，乃自宇宙至人生，融通合一，贞下起元，绝处逢生，一最大象征，最高辩证法，而亦为最具体，最客观，最富科学性的眼前实例。此一大真理，诚可以建诸天地而不悖，质诸鬼神而无疑，百世以俟圣人而不惑。而中国因其为一农业民族，地居北温带，目击心存，不言而喻。中国文化之所以绵延持续，五千年以来，继继承承，不衰不辍，此其得于天地大自然之所赐者独厚，即此一端可见。

何逊诗："兔园标物序，惊时最是梅。"农事必重天时，花事同亦重天时，人生万事何独不然。中国文化以人生为本位，而天时在中国人心中，乃成为惊心动魄之惟一大事。所以中国人独能知常又知变，知变又知常。常与变融为一体。试诵何逊惊梅之句，岂可复疑中国民族乃守常而昧变乎。又如文天祥诗："满天风雪得梅心。"今日之世界，今日之中国，正值满天风雪之候，然而吾国人之能得于梅心者，又何在。实则梅并无心，仅一自然，乃移人心为梅心，此始透入中国文化中国艺术文学之极深处。今日吾国人乃摈弃此等，不加理会，则诚大可惋惜。

上述中国文化，建基于农业。既富自然性，亦富生命性。因其地居北温带，春夏秋冬四季，分明均匀。上自政府法令，下至社会风俗，乃及各私人之卫摄修养，娱乐消遣，以逮艺术文学，靡不一贯相通，和洽相成。人生之与天时地宜，莫不调协。人类文化之与大自然，融为一体。姑再从一年十二月春夏秋冬四季各项节日言之，亦大可见其涵义之平实而深邃。春者蠢也。一切生命，皆由是蠢动。而农务工作，亦始于春。中国人言，一日之计在于晨，一年之计在于春。春耕夏耘，秋收冬藏。周而复始，只此一事。有常有变，而又有信。人之在天地大自然中，乃得融成为一体。朱子言：

> 天只是一元之气，春生时，全见是生。到夏长时，也只是这底。到秋来成遂，也只是这底。到冬天藏敛，也只是这底。

又说：

> 如四时，春为仁，有个生意。在夏则见其有个亨通义。在秋则见其有个成实意。在冬则见其有个贞固意。在夏秋冬，生意何尝息。

又曰：

> 仁是个生底意思，如四时之有春。彼其长于夏，遂于秋，成于冬，虽各具气候，然春生之气皆通贯于其中。仁便有个动而善之意。

人之为人，必从人群中为之，此孔门所以提一仁字，而郑康成以"相人耦"释之是也。又必在天时大自然中为人，此朱子以春为仁是也。实则天地万物，何尝皆始于春，朱子所言，亦只是农业人观点。然而自有其不可轻蔑之大意义存在。即以人心窥天心，而谓天地只是一仁。然则人生固不自罪恶降谪，而天地之生万物草木鸟兽，亦并非为人而生。此与耶教义大背。近代西方人，稍窥中籍，亦知以生机说宇宙，惟中国人有之。此又与西方哲学科学不同。西方科学家探讨自然惟重物理。宗教家则一归之于神，哲学亦不以生机说宇宙。惟吾中国，乃以生意生机说宇宙，宇宙即不啻一生命，人类生命亦包涵在此宇宙大自然大生命中。物理神化，皆是此宇宙大生命之所表现。非宗教，非科学，人生与自然不加划分，亦非西方哲学之比，而独有其天人合一之特殊观。然言春必及耕，不忘劳作，劳作亦自然。而人之所以能赞天地之化育，与天地参者，则亦在此矣。

春令佳节，孟春有元旦、人日、上元，仲春有社日、花朝，季春有上巳、清明、寒食。凡诸季节中，重花或重月，主要更重在人。或由政府命定，如社日。或由民间自创，如上巳。然既成为节，则亦官民同之。上巳为修禊之日，春气已暖，灌灌水边，以祓妖邪。不仅为戏娱，亦为健身卫生。健身卫生，亦必依于四时，而随其所宜。据《韩诗章句》，其俗盛于春秋时之郑。《论语》四子言志，曾点曰："暮春者，春服既成，冠者五六人，童子六七人，浴乎沂，风乎舞雩，咏而归。"是暮春浴水滨，其俗鲁亦有之。一地之俗，如风之播，遍及全国。亦如寒食起于晋，而亦遍及全国也。然曾点所言，孔子所叹而与之者，较之读郑风所咏，则已确然见其有殊矣。王羲之《兰亭集序》，上巳修禊之俗，至是而大定。其文传诵后世，所谓："仰观宇宙之大，俯察品类之盛，游目骋怀，足以极视听之娱。"凡中国社会四季佳日令节,各有其畅叙幽情,放浪形骸之所在,则莫不有一番宇宙论人生论哲学,乃及深厚之艺术文学心情流贯其中,实无往而不寓其赞化育而参天地之意义。

夏乃大而叹美之辞。万物壮大昌盛于夏,中国人亦归其功于天。故《释名》云:"夏,假也。"宽假万物使生长也。夏令节日,孟夏有立夏,仲夏有端午、夏至。《月令》有曰:

> 是月也,日长至。阴阳争,死生分。君子斋戒,处必掩身。毋躁,止声色,毋或进。薄滋味,毋致和。节嗜欲,定心气。百官静事毋刑,以定晏阴之所成。

夏至为日长至,阳气盛至于极,中午为其分界线,从此以下,日渐短,夜渐长,微阴由此暗滋。生命旺畅已达最高度,而收缩死亡之运亦随而起。人生到此境界,不能因生机旺畅而自骄自纵,惟当斋戒静定,遇事以谨备节伏为主。故虽自然有阴阳之变,而人道则惟以中和为常。不当以眼前一时自限,而贵能贯通之于时时。中国人最大人生意义,最高文化成就即在此。《易·系辞》所谓"圣人有以见天下之动,而观其会通,以行其典礼"。

端午起源甚早,最先似与屈原无关。南北朝梁王筠,北齐魏收,皆有诗咏端午,皆不及屈子。中国人之四季佳节,固是一依天时气候而定,然亦多牵引历史人物故事,如寒食之介之推,端午之屈原皆是。即各处名胜亦然。此亦中国文化传统天地人三才并重之一例。然如孟尝君故事早与端午节有关，但后世社会终不于端午节中拉入孟尝君，此亦见中国文化传统衡评历史人物之高下大小，出于社会公心。此层亦值加以参考。而四季佳节涵义之递有加深改良之所在，此亦文化演进一象征，则更值注意。

中国人于四季，尤于秋若有特殊之兴会。犹忆幼年读楚辞宋玉《九辩》，开首即曰："悲哉秋之为气也。"余生长农村，颇怪春夏秋冬平平而过，乃不知秋气之可悲，此后遂知注意时令节气。及读书稍多，乃知汉武有《秋风辞》，其结句乃曰："少壮几时兮奈老何。"春气方生，秋气渐老，自春迄秋，此固可悲。然中国人之体会于四季中之秋气者，其意犹不止此。及后读潘岳《秋兴赋》，杜甫《秋兴》诗，以及刘禹锡欧阳修之《秋声赋》。而尤深感于《淮南·缪称训》"春女思，秋士悲，知物化矣"之一语。农事当秋而收，有收成义，但亦有收敛义。《春秋繁露》亦云："人无秋气，何以立严而成功。"试观世界诸民族，在其文化演进中，有成而终无成，如埃及、巴比伦、希腊、罗马，其病乃在缺乏一番严肃收敛之秋气，不怀有一种悲凉苍老之气氛，得意向前，遂无收杀。近人之只知有向前与进步，是亦不知大自然之不能仅有春夏，而更无秋冬也。惟中国得天独厚，生长在此北温带广大地区，四季分配，均匀明白。天地大自然之所昭示于人者，至深至厚，至通至达。宜非今日人类所信奉而盛行之任何一派宗教，任何一套哲学之所能比伦。

在秋令诸节中，有立秋，有七夕，有中秋与重阳。梧桐叶落，天下知秋，此为立秋。履霜，坚冰至，此为霜降。中国人观微知著之智慧，亦胥从此等节气中得来。上巳之浴水滨，重阳之登高，亦胥于戏娱中寓卫摄养生之义。而中国人凡遇佳节，又必连带及于花草，此不仅供观赏，尤因花草同有生命，有个性，可予人亲切之感兴与教训。徐积诗："雪圃未容梅独占，霜篱初约菊同开。"中国人重梅，亦重菊，正为其能在雪霜中苫奇葩，敷异采，更著生命精神。而重九之菊，又与历史人物陶渊明有关系，犹如上巳之兰花与王羲之有关系，其涵义乃更深。若仅以重九登高为一健身运动，则登高固可无菊，更不必知有陶渊明。而如今日运动会乃有希腊古俗奥林匹克之圣火，亦见风俗转移，在文化意义上，大可作升降之衡量与探玩之一端。

冬，有终意。万物闭藏，贵于安宁以养。《尔雅》："春为发生，夏为长嬴，秋为收成，冬为安宁。"冬日之安宁较之秋日之收敛，又不同。《尔雅》又曰："十月为阳。"注曰："纯阴用事，嫌于无阳，故以名。"《荆楚岁时记》称十月曰小春，此乃由经典演而为流俗，其中尤见深义。在中国人心中，无时而无阳之存在。郢中歌《阳春白雪》，殆亦谓白雪中犹有阳春之存在。是其称十月曰小春，亦见渊源之有自矣。苏轼诗："荷尽已无擎雨盖，菊残犹有傲霜枝。一年好景君须记，正是橙黄橘绿时。"此亦咏十月。其时则夏荷秋菊，均已凋零。欧阳修所谓"莫教一日不花开"，而所开之花，又必求其各具特性，则至十月，终不免若有遗憾。惟天地间既有此一段生命存在，则必有其一番光彩精神之发露。苏诗正为弥补此遗憾，非谓只是橙黄橘绿乃一年之好景，乃谓四季十二月无不各有好景，即如十月之橙黄橘绿亦是。程颢诗："万物静观皆自得，

四　常与变　63

四时佳兴与人同。"万物既各皆自得,四时自同有佳兴,而人亦同之。此处佳兴之兴字,即《诗经》中赋比兴之兴。仰观宇宙之大故能兴,俯察品类之盛故能比。由天地大自然引起人生佳兴,并亦可与万物比并。远自古诗三百首以来,中国人所特有之人生妙义,即常在诗文中显现。故不通中国之文学,即亦不知中国之人生。而近人乃复以吾自古以来之文学传统,比之为冢中枯骨,目之为死文学。则余此所引,宜亦索解人不得矣。

冬令节日,孟冬有立冬,仲冬有冬至,季冬有腊日,有除夕。《月令》曰:

> 是月也,日短至,阴阳争,诸生荡。君子斋戒,处必掩身,身欲宁。去声色,禁嗜欲,安形性。事欲静,以待阴阳之所定。

此正与夏至同。如何处夏至,与如何处冬至,季节固已大变,而人生仍自有常。惟夏至言止声色,而此言去声色。夏至言节嗜欲,而此言禁嗜欲,则又加谨之至矣。

然知有谨之一面,又当知有兴之一面。邵雍诗曰:

> 冬至天之半,天心无改移。一阳初动处,万物未生时。玄酒味方淡,太音声正希。此言如不信,更请问庖牺。

《周易》有分指十二月之卦,复卦指十一月,象曰:"复其见天地之心乎?"故邵诗云云也。剥卦五阴在下,一阳在上，为九月。坤卦六爻皆阴，为十月。而《尔雅》谓之阳月，说已详前。坤之象有曰："万物资生，乃顺承天。"生命从天地大自然中来，故必须承此自然，乃得安全其生。又曰："先迷失道，后顺得常。"凡仅知有春夏之阳，不知有秋冬之阴者皆即是迷。而仅知秋冬之阴，不知有春夏之阳者亦皆是迷。消息盈虚，无往不复。故易为变易，又为不易，又为易知易行。人生自然大真理，既有变，又有常，而又为人人所易知易行。此惟中国地居北温带，四时之变，明白均匀，而以配合之于农事，乃独能得此变易不易又易知易行之三真理。而其渊源又甚古，当尚在唐虞三代以前。《中庸》有曰："自诚明，谓之性。自明诚，谓之教。"四季十二月节令变化，此即天地之诚。人类生命，即安住长息于其中，宜当自明此理。中国古人乃即本此以为教。孔孟老庄无不然。而社会流传四时佳节，一切饮食起居，消遣戏娱，花草玩赏，诗歌吟咏，以及医药疗养，建筑疏浚，种种人事，莫不于此归宗。所谓化民成俗，固不仅止于农事。此所以中国文化传统，有其道一风同之大成功，有其继志述事，不息不已之大影响，而非其他民族仅尚宗教信仰与哲学思维之所能企，此中国人之所以为得天独厚也。

人之处四时，处春秋易，处夏冬难。中国于夏至后有三伏，冬至后亦有三伏。杨恽又："田家作苦，岁时伏腊，烹羊炮羔，斗酒自劳。"此文中之伏字，乃冬伏，非夏伏。伏者，伏藏义。冬夏皆须知伏藏，杨恽或所不知。然田家作乐，羊羔美酒，亦俗之所不废。中国人生，主尚平衡，中和即平衡义。中国文化中所寓人生大义，虽夫妇之愚，可以与知。虽夫妇之不肖，可以与行。皆当于此等处参入。

邵雍《冬至》之诗又曰：

> 何者谓之几，天根理极微，今年初尽处，明日未来时。此际易得意，世间难下辞。人能知此意，何事不能知。

《尔雅》："夏曰岁，商曰祀，周曰年。"岁以天象言，岁星年行一次，十二年而周。阳历以日南至为一岁之终始。《豳风·七月》："日为改岁，入此室处。"中国人又以冬至祀天，即如今西俗之耶稣降生，定在阳历十二月二十五日，距离阳历十二月二十二、二十三冬至，只隔一两日。西方人之有耶诞，亦犹中国之有冬至。陆游《老学庵笔记》，唐人冬至前一日，亦谓之除夜。故中国人极重冬至，即重阳历也。禾一熟为一年，中国人重农事，故改从阴历。除夕方尽，元旦随起。除旧布新，天运循环。阴历二十四节，取名曰立春、雨水、惊蛰，春分、清明、谷雨。立夏、小满、芒种，夏至、小暑、大暑。立秋、处暑、白露，秋分、寒露、霜降。立冬、小雪、大雪，冬至、小寒、大寒。凡所取名，皆与农事及日常人生有关。上述二十四番花信风，即从小寒起。是中国从汉武帝时，虽决然一依阴历夏时，而阳历中之重要点，亦复保留。自今断然改用阳历，然社会习俗于阴历诸节令，亦终不能尽废。今社会乃有不重冬至与元旦，而改重耶稣诞日者。然从此乃与天隔绝，祀天之礼，毫无意义，必待耶稣为之作中介。此则有合于宗教信仰，而无科学为之证验。抑且中国民族又尚急切不能完成为一耶教民族。此诚邵雍诗所谓"此际易得意，世间难下辞"也。惟其易得意，故中国人于冬至与元旦，可以不烦多言。惟其难下辞，故宗教神学之外，犹须有哲学，以阐申此宇宙人生大理，而终亦彼此牴牾，莫能论定耳。

近人好论农业社会与工商社会之分别，然只就经济观点言。若改从文化观点，则当另有更深意义。中国社会，自战国以下，即已农工商三业并荣，大都市兴起，不得单目之曰农业社会。然中国传统文化，则必然当归之为农业文化。即以本篇所举一年四季诸节日之由来，及其涵义，与其影响所及，岂不见农业之与工商业，在中国文化涵义中，乃有其甚大之区别乎？

即如星期休假，中国今亦盛行，一若天经地义。虽七日来复，固已见于《易》之复卦。然谓自五月姤卦一阴始生，至此七爻而一阳来复，乃天运之自然，与今以日月五星为七曜者大不同。七日一周之说，亦始于犹太教与耶教，罗马人用之，乃通行于世界。六日工作，一日休息娱乐，在工商社会，争取时间，仅以日计，不论岁时，其事较之教堂礼拜，更若相宜。要之，西方文化，可以自限在人事圈内，而中国则一切人事必会通于天地大自然。何以必七日一休假，实无大意义可言。

香港为英国殖民地，其政府亦知重视中国社会习俗，于星期休假外，凡属中国四季节令，如清明、端午、中秋、重阳、除夕、元旦，莫不定为假日。虽若有损工作，然人生佳兴，多所保留，转于工作有益。今日吾国人，凡遇一切旧传统，皆所鄙视，乃有斥此等为迷信，为习俗守旧，既背宗教，又不科学，亦并无哲学根据，乃主一并禁绝。甚至阴历元旦，偶有活动，亦以违反政府法令为诟厉。然则吾民族生命文化传统绵亘四五千年以来，礼失而求之野，社会习俗，源远流长，递禅已久，乃一无考镜之价值。而建元立极，赤地开新，可以舍己从人，惟政府一朝法令之是遵。即绳以所谓世界民主潮流，宜亦无此途径，此则仍有待于吾国人贤慧之有所斟酌抉择之。

五　自然与人文

荀子提出一积字,《中庸》承之,乃云:

> 天地之道,可一言而尽也。其为物不贰,则其生物不测。天地之道,博也厚也,高也明也,悠也久也。今夫天,斯昭昭之多。及其无穷也,日月星辰系焉,万物覆焉。今夫地,一撮土之多,及其广厚,载华岳而不重,振河海而不泄,万物载焉。今夫山,一卷石之多,及其广大,草木生之,禽兽居之,宝藏兴焉。今夫水,一勺之多,及其不测,鼋鼍蛟龙鱼鳖生焉,货财殖焉。

朱子《章句》说之曰:

> 昭昭,指其一处而言。无穷,举全体而言。此四条,皆以发明由其不贰不息以致盛大而能生物之意。然天地山川,实非由积累而后大,读者不以辞害意可也。

我最近曾去游览了曾文水库。数年前，已曾去过一次，那时工程方开始，环顾形势，四山围拱，沟谷纷错，一条条潺潺的细流，纵横沙石中。亦可说只见山谷沙石，天旷地阔，却像不见有水一般。及今再来，水坝已成，漫步坝上，水势浩渺。据云，此库水量，乃兼日月潭与嘉南大圳而过之。因坐游艇，由水库此一端达于彼一端，全程经历四十分钟，往返共历八十分钟之久。此一水库，其势宏伟，当为台湾全省各水库之冠。其实只如《中庸》所云，乃是一勺一勺之水，积累所成。我没有详细问其深广，但论水量，至少须用科学仪器始可衡量。

回忆数年前初来所见，也只是一勺水，一勺水。但每一勺水，崎岖沙石间，随流随涸，倏忽不见了，更不论其用。因想从有此群山，从有此许多沟谷，即有此一勺一勺水从中流出，已不知流了几千年，乃至万年以上，那一勺一勺底水，究曾发生了何等用。若说涓滴归海，在其曲折归海的途程中，亦似无其他意义可言。如今则汇成一大水库，随时放泄，灌溉之利，何可衡量。而且又具发电功能，并亦成为一观光胜地，为台湾南部增添了一大建设。实际仍是那一勺一勺底水，而竟发挥出此不测功能，这实是自然界一件深值启发的现象。

我原籍无锡，家住鹅肚荡边，亦称鹅湖。广五里，长十里，亦一自然大水库。如是般的水库，在我家乡，到处皆是，遂成鱼米之乡。家给户足，全赖那一勺一勺底水。更大是太湖，三万六千顷，江浙两省之富庶赖之。我长大后，又曾游历过长江大河之上下流，对我中华民族文化发育滋养之功，其盛大不测，固属尽人皆知，而亦言辞难宣。然究其实，亦只是一勺水一勺水之积聚而止。

勺水积聚，由《中庸》言之，只是一"纯"字。纯者，纯一不杂。亦即所谓为物不贰。一勺水之外，仍只是一勺水，永远都只是那些一勺水，更无他物夹杂，别无新花样，仅此一勺水。但积累久了，却生莫大变化，发展出莫大功能。所以《中庸》说："不见而章，不动而变，无为而成。"当你眼见一勺水，岂不等如无水。但积多了便焕然成章。当我站在曾文水库的坝上，俯仰纵目，岂不亦如面对了天地间一篇大文章，但其实只是一勺水之积。在未有曾文水库以前，沙石间涓涓细流，回忆只如无所见，故曰不见而章。一勺水还是此一勺水，但成了一大水库便不同，故曰不动而变。仅筑一水坝，把此一勺水一勺水积起，暂不使流去，更不须别有作为，但已成了一莫大之建设，故曰无为而成。

其实其他人事都一般。生命只是此一生命。最低级的微生物，已是一生命。人为万物之灵，也仍是此一生命。生命积久了，便从微生物演进到人类。聪明附随生命而来，聪明也只是那聪明。人类聪明，其先也只如曾文水库未施工前沙石中那些一条条的涓涓细流。从原始人起，饥思食、渴思饮，聪明逐步运用，每人都如此，每代亦如此。其时则可谓只见有生命，还不见有聪明。但不知经历了几十百万年，人类聪明逐渐开出了一条路，乃知运用石器，又知火食，又知蚕丝，一昭昭的聪明，便汇聚成了大聪明。此亦如勺水涓涓细流，逐渐汇合成大水流。今天人类聪明，较之原始人，似乎已不可相提并论。其实今天的大聪明，还是由原始人的小聪明积聚而来。量变而质未

五　自然与人文

变,昧者不察,好像量变即成为质变。《中庸》言:"天昭昭之多。"其实每一人的聪明,亦等于是那昭昭之天。坐井观天,与爬出井外所见之天,同是此天。人类中之大圣人,其聪明,还是平常人原始人之聪明。正如涓涓细流之与长江大河,论其质,还是同样一勺水。此所谓"为物不贰"。积聚只是量变,但骤看却像是质变。孟子曰:"人皆可以为尧舜。是不为也,非不能也。"由荀子言之,则是不积。由《中庸》言之,则是不纯。太复杂了,反而像质变,成其为小人。

故中国古人,于生命与聪明之上,更好言德性。德性亦只是生命与聪明之总和,若有变,但其实也并无变。庄子有云:

> 仲尼适楚,出于林中,见佝偻者承蜩,犹掇之也。仲尼曰:"子巧乎!有道邪?"曰:"我有道。五六月累丸二而不坠,则失者锱铢。累三而不坠,则失者十一。累五而不坠,犹掇之也。吾处身也若橛株拘,吾执臂也若槁木之枝。虽天地之大,万物之多,而唯蜩翼之知。吾不反不侧,不以万物易蜩之翼。何为而不得。"孔子顾谓弟子曰:"用志不分,乃凝于神,其佝偻丈人之谓乎!"

以手执竿,人人所能。竿头放一丸则易坠。五六月工夫练习,可以竿头叠放二丸而不坠。其实也并无异样动作,仍只是以手执竿而已。以手执竿,岂不人人所能。但何以不能执之使停,使审,使不摇。手能执竿,是手之性。发展此性,而使执竿能停，能审，能使不摇，斯可以累二丸而不坠，此非于执竿之天赋性能外有所增，但须积之以人为之习。习以尽性，非以害性。害性则手不能执，尽性则手之执竿能停而审而不摇。至于累五丸而不坠，则可谓尽其手之能执之性矣。常人能执竿，竿头放丸则坠，此皆未尽其手能执之性。如何使不坠，则惟执之又执之，一心专在执此竿，更无其他念虑夹杂，久则熟能生巧。人不能而惟我能。人人有两手，佝偻丈人仅亦同有此两手。然佝偻丈人所能，乃为人人所不能。实则非不能。《中庸》曰："人一能之，己百之。人十能之，己千之。"佝偻丈人积五六月工夫，可以累丸二而不坠，我花上五六年工夫，亦即可能。轮扁以七十年工夫老斫轮。大马之捶钩者，年二十而好捶钩，年八十而不失豪芒。则亦积了六十年工夫。实亦即是一种尽性工夫。惟人生究不能专为承蜩捶钩与斫轮。孟子曰："养其小体为小人，养其大体为大人。"子夏曰："虽小道，必有可观，致远恐泥。"庄子言承蜩捶钩斫轮，而皆尊之曰道，其实皆只是小道。养其两手，只是养小体。养其一心，乃为养大体。孟子又曰："大人者，不失其赤子之心者也。"赤子之心，人人有之，惟能保而不失，积之又积，斯可以尽心知性而知天，为大人。其实大人之心，亦仍是此一片赤子之心。只是为物不贰，纯一不杂，亦如一勺水之为长江大海。

《中庸》又曰：

> 诗云："维天之命，于穆不已。文王之德之纯。"纯亦不已。

此即所谓天人合德，即人类文化与天命自然之合一。其要在纯，在不贰，在不已。佝偻丈人曰："吾不反不侧，不以万物易蜩之翼。"是即其心之纯。大马之捶钩者曰："于物无视，非钩无察"，是亦其心之纯。用志不分，用之者假不用者，皆是纯。人之病，在用于此又想用于彼，求多用，转反成无用。若其他全不用，只求一用，故曰假不用以成用，其用乃凝如神。纯是不贰不杂，又是单一不已。一勺水便是一勺水，永是此一勺水，此是纯。惟其纯，乃见性，乃见德。杂了，性亦失了，德亦丧了。只此一个生命，只此一番聪明。从赤子以至耄老，积着七八十年，学此一心，便可盛大不测。推而言之，由一人而家国天下，积着千千万万人，都如那不失赤子之心之大人，将更可盛大不测。再推言之，由一世而千万世，其文化传统勿辍勿坠，将更可盛大不测。如是则须由人工来完成此大自然。正如我此刻所见那曾文水库，只是一勺水，堰之使暂勿流，积聚成此库，便可盛大不测。此是《中庸》所谓赞天地之化育，而参天地。只要一人如此，一世如此，人人世世如此。事若易而实甚难，事若难实则甚易。此之谓尊德性而道问学，致广大而尽精微，极高明而道中庸。温故而知新，敦厚以崇礼。我只站在这水坝上，却悟得了《中庸》之深义。

我也曾读了许多科学家们的传记，他们的用心，亦都是至纯不杂。工夫亦都是恒常不已。论他们的聪明，实也只如平常人，其先也只是一昭昭之明。及其成功，举世推尊。论其所知，实也还是一昭昭之明。亦只是假于不知以成其知。那些大科学家，其实亦如庄子书中之承蜩捶钩斫轮者，都只是用志不分，不驰骛于万物，单一的只用在他之所志，而终使其跻于盛大不测之境。惟庄子书中所指乃艺术，非科学，不同仅此而已。

艺术如此，科学如此，人生道德又何尝不如此。惟艺术与科学，究非尽人皆能。而道德则不然。《中庸》所举如大舜，如文王周公，其所成就，乃在德性，应属尽人所能。此如曾文水库的那些一勺一勺底水，用来灌溉，犹如人伦道德。用来发电，那是科学。用来作观光胜地，那是艺术。水性主要是在灌溉上，次要乃在供人观赏及发电上，就人事需要言，当先使可耕得食，才感到有用电及欣赏风景的需要。苟其无食，何需用电，更何论风景欣赏。中国人文化传统观，主要先需人群中有圣贤，再次始及到科学家与艺术家。其理由正在此。惟此一分别，须有大智慧大聪明始知。堰水成渠，在历史上远有来源。最先动机端为灌溉。全世界一切水利工程尽如此。其次乃有观赏，动力发电，却是近代始有。可见人类的聪明智慧，也是成于自然。所谓大聪明大智慧，依然仍是些小聪明小智慧之积聚凑合，量有不同，而质则无变。

近人好言个人自由。润下乃水之性。方其一勺一勺之水，崎岖沙石间前进，固亦是其自由。但堰水筑坝，亦并未失其润下之性。只养蓄在此，一旦放泄，便可灌溉万顷，其润下之性，乃益获畅遂。人之自由，亦须有一规范，如水之涵渟，乃可得更高级之真自由。人类群居，即已是人类生命一大进步，亦若勺水之汇而成库，虽仍未失其为一勺水，但大体上已与分散的一勺水不同。苟使一勺一勺之水各求自由，在此坝外泛滥横决，则为祸将不可言。今日人类已进入群居，而仍高呼个人自由，忽了此群体，正如欲返人类于原始洪荒时期，亦如勺水之必将单独崎岖沙石间，乃为得水性之自由。夫乌可。

近人又好言时代进步。一若惟水力发电，始是近代科学之赐，堪当进步之称。然水利灌溉，其事亦属科学。堰水为渠，其事亦仍属科学。科学进步，于灌溉外又加上了发电，其实亦只是在原始水利外，再增加上了一些子。只是积旧以成新，非是破旧以为新。若必因近代科学，倡为崇今蔑古之论，岂水利仅供发电，不再要灌溉欣赏，乃始为进步乎？固使不得已而于此三者间必有废，则当先废发电，最后终不得废灌溉。故使今日人类，在其人群大道中遇不得已而必求有所废，则必废其最后起即今人所谓最进步者。即自然科学是已。如杀人利器原子弹之类当可废，而刀斧之属之为日常用具者不可废。大城市中五十层以上之高楼大厦当可废，而穷乡僻壤间之茅茨草屋转不可废。科学人生物质享受可废，德性道义基本人生不可废。若谓人类有进步，其实只在原有旧的古老的上面进了一些子。若谓人类有退步，则后来所增进的那一些子应可退，而在今人所目为落后的未进步前的许多旧古老，反而不能退。千里之行，起于脚下。其实纵越千里，还是脚下那一步。至于最理想的人类进步，当如中国古人所想象人之为圣贤，亦如一勺一勺水之崎岖流注于沙石间者，汇而成一大水库。然水库中之一勺水，与沙石间之一勺水，在根本上依然无相异。潢潦细流是此一勺水，长江大河浩瀚浑溟蔚为大观者，还是此一勺水。人类进步，须得还是此人类。人文进步，须得还是此自然。由人来完其天，不当由人来毁了天。今乃以水库中之一勺水，来笑沙石间之一勺水，自傲进步。似乎行了千里，遂可不要此脚下之一步，此之谓迷失其自身。自身迷失，尚何自由可言，更何进步可言。

我生于水乡，于水较熟。此次来游曾文水库，只因未成此水库前，早来了一次，遂悟得了此一番意义。欲为大人，勿忘赤子。欲求进步，勿忘历史。欲讨论文化问题，勿忘宇宙洪荒，乃及原始人之野蛮时代。纯一不已，乃是中国人所讲天人合一人文进化一条在人心上发生大作用的主要原则，仰观俯察，一切皆是。特此拉杂写出，敬请有心人体会。至于朱子《章句》所谓，天地山水，实非由积累而后大，此又从另一面讲自然之深义。所以知天知人，中国人更尊孟子所言。此处暂不申论。

六　变与化

中国人好言变化。变化二字，可分言，亦可合言。《周易》言"乾道变化"，又言"四时变化，而能久成"。《古诗十九首》言"四时更变化"，宋理学家言"变化气质"，此皆合言之。但亦有分言之者。如《汉书·外戚传》言"世俗岁殊时变日化"是也。四时之变，由于每一日之化。在日与日之间，则不觉其有变。然今日非昨日，明日又非今日，自春至夏，则已渐移而默化矣。故曰时变日化。《周易》又言："化而裁之存乎变，推而行之存乎通。变通者，趋时者也。"如言气候，只是一气之化，在此化中加以裁割，一岁三百六十日，可以裁割成四个九十日，即春夏秋冬四时，此即时变，而实是一化。何以于一化中可裁？因在此一化中，前后皆近似可通。就其更近似更可通处而加以裁割，于是遂若一岁有四时之变，其实宇宙大化则并未变。所谓四时，绝非是春季之末一日，忽然变出夏季之首一日来。此所谓变，只由人类智慧所裁定。定此一日为春末，定此一日为夏首，遂把此宇宙大化裁成为种种之变。知其有了变，便易参加进人类之适应。故曰"变通者趋时者也"，趋时正指人事之适应。故古人言变，每言时变，《易》又曰："观乎天文以察时变"。近人好言现代，亦是一时变，好让人适应。若言大化，则远古至于现代，一化相承，可谓如有变而实未变。

故中国人对宇宙大自然，每不言变，而仅言化。永恒是一宇宙大自然，故曰天不变，道亦不变。若专主言变，岂能变成非宇宙大自然。若谓宇宙自然变了，则一切将至于无可言。不仅自然如此，即万物亦然。庄子称之曰物化，又曰："万物一也，臭腐复化为神奇，神奇复化为臭腐。"神奇与臭腐，若全相反对，其实则只是一化。故中国人言自然，亦称造化。贾谊曰："天地为炉兮，造化为工。"其实造化即指此天地，即指此天地之道。非于具体之天地外，别有一造化之精灵。造化亦即是此天地一气之化。《易》曰："圣人久于其道，而天下化成。"圣人师天，其道天道，亦即天人合一之道。

中国古人，不仅言万物只是一化，即论生命，亦只是一化。孟子曰："有如时雨化之者"，即从此天地一气之化中化出万物与生命来。故《中庸》又曰："赞天地之化育。"化指物，育指生命，在万物之化中，自可养育出生命。但万物之生命各不长，有生即有死，此是变。但其统体生命则不见有死，乃若与天地长存。因天地是一自然，生命亦是一自然，天地不断化育，斯即生命长存。故孟子曰："所过者化，所存者神。"既曰化，则必随而去，此是所过。然有其不随而去者，中国古人乃称之曰神。万物同存有一神，生命亦同存有一神，天地大自然亦同存有神。《易》又言："神而化之。"又曰："穷神知化。"庄子曰：

"今彼神明至精,与彼百化,物已死生方圆,莫知其根也。"陆机诗:"穷神观化。"无生物之化如方圆,有生物之化如死生。合而言之如彼己。百化之内,皆有一和合。若有一不可测之神存在。其实亦可谓百化本身即是神,非于化之外别有神。化出物来,则若神奇化臭腐,臭腐不长留,即随化而去,斯又为臭腐化神奇。

中国古人,言万物与生命如此,其言人生亦然。人生亦只是一化。《易》有言:"男女媾精,万物化生。"自然间本无生命,但终于化出了生命来。生命中本无雌雄男女,但亦终于化出雌雄男女来。即此雌雄男女,亦即是自然。子产言:"人生始化",则婴孩初生,即是在化中。孟子曰:"且比化者",则人生之由幼而老,由老而死,亦仍是一化。知得了化,则并无死生之别。潘岳诗:"佃渔始化,人民穴处。"则自原始人洞居时代迄于今兹,亦仍是一化。然而其间乃有种种成就。此之谓人文,此之谓历史。《易》又言:"观乎人文以化成天下。"则当前世界一切人文教化,皆不外此一化。凡吾中国古人,所以主张会通宇宙自然万物乃及生命人生,而一以贯之,而指名之曰道,此即天人合一之道,亦即万物一体之道,则胥当于此一化字观念中认取。今人必认现代为神奇,前世为臭腐,皆由不识此化字。

然既由宇宙万物中化生出人类,人之为人,其当一任乎天,一本于自然大化,而不复有所用心于其间?抑人之为人,固当不背乎天,不违乎自然,而仍可别有人之所以为人者之存在?大体言之,道家似主张前一义,儒家似主张后一义。老子曰:"我无为而民自化",此即主前一义。

董仲舒《天人对策》有曰："立太学以教于国，设庠序以化于邑"，则主第二义。据董子意，把教化二字分别言之。民之优秀，则使之入于太学，而可以从事于受教。其未能入于太学，因其智慧未开明，不能对于人类历史文化之大传统心知其意，则仅可以受化，而未遽能达于明教之更高境界。斯为君为师之在人类社会，所以终为不可免。

中国古人，因既认人类在大自然中，应有其亦可自主自立之一分，乃于言化之外又转而言变。上引化而裁之，推而行之之变通之义，即在此。《中庸》有言："其次致曲。曲能有诚。诚则形，形则著，著则明，明则动，动则变，变则化。唯天下至诚为能化。"此一条，乃根据人文言，乃列变于化之前。由变成化，乃是由人合天，不如大自然，则当由化生变，人类则仅是化生之一种。其在宇宙万物中，亦仅是自然之一曲而已。一曲决不是大方，然亦在大方之内，不在大方之外。故曰曲能有诚。诚即是天道，人道即在天道中，故人道同时亦可是天道。宋代理学家言万物一太极，一物一太极，即此义。在天地万物中，惟人为能推致其一曲以达于大方，此则有待于人类自身之智慧。庄子曰："其形化，其心与之然。"人之为物，圆颅方趾，顶天立地，其形已与其他生物之形不同，故人能为万物之灵，而智慧独擅。然究其极，亦自大化中来。于自然中化育出人文，《中庸》谓之"自诚明"。人类有此智慧，乃能自主自立，自动自发，人文日进，然终不能违反自然，而仍必以回归自然为其极则，《中庸》谓之"自明诚"。又谓其赞天地之化育，而参天地。《中庸》又详细剖析其一段经过，曰"明则动，动则变，变则化"。而《中庸》又要之曰："唯天下至诚为能化。"是《中庸》乃谓唯此大自然能化。而人类中有圣人，乃能超乎一曲，同于大方，明诚相融，天人合一，则亦能化。此乃由人以合乎天，必由变以达乎化。凡中国古人言变化两字之相异处乃在此。

汉武之诏令有曰："天地不变，不成施化。阴阳不变，物不畅茂。"如此言变，实有歧义。当知天只化，不变，若亦变了，即不成其为天。地亦不变，若变了，即不成其为地。阴阳亦然。管子曰："日夜之易，阴阳之化也。"阴阳亦只是一气之化，不可谓由阴变阳，由阳变阴。阴阳非是两物更迭为变，只是一物内体自化。惟化始谓之诚，若变则成了幻。生老病死，亦是人体一生之化。由生到老，仍还是此生。婴孩之与耄耋，仍是同一生命。由老到死，依然是此同一生命。人之既死，其大生命尚犹持续，只可谓由大生命中化生出此人与彼人，不可谓此一人之生命变成了另一人之生命。变字终嫌其拘于一曲，流于物质观，其义浅。化字始跻于大方，达于精神界，其义深。所过者化，只是此一现象过去了。所存者神，乃是此一现象之背后之本体仍存在。春夏秋冬四季像在变，但其背后，气象本体并不变。生老病死四态像在变，但其背后之生命本体并未变。人身只落在现象界，生命始是其本体。万物之有生无生，都只是现象。只有天地大自然始是其本体。大方乃是本体，一曲只是现象。变只变此现象，变此一曲。若论本体，则只有化，并无变。中国人之宇宙观与其人生观，其精要乃在此。一切现象不断过去是一化。本体长此存在，而从不停滞在一态上，由同一本体衍化出千异万状是其神。

说到此，应再提出一久字来，略加阐释。久属时间性，一切化皆待久。老子曰："道乃久。"又曰："天长地久"，天地所以能长且久者，以其不自生。此犹言一切道化与自然皆待久，亦可谓时间之久，乃成其道化与自然之主要条件。《易》亦有言："天地之道，恒久而不已。"又曰："日月得天而能久照，四时变化而能久成，圣人久于其道而天下化成。"《中庸》言："悠久所以成物也。"此言天道地道万物之道人道皆待久。庄子曰："美成在久，恶成不及改。"美成主要在化，恶成主要在变。尧舜之在中国古代，无功可举，无业可传，一若无所成。然中国文化之渊源于尧舜者，至深至大，是美成也。其成过而化，乃莫能损。埃及有金字塔，巍然迄今尚在，永为世所惊诧，然不能化。埃及人文，终为吞噬而尽，此之谓恶成。历数并世各民族，文化绵延之久，民族蕃滋之大，无过于中国，此惟中国人早知久而化成之义，所以有此。近百年来之中国人，则欲于旦夕指顾之间，尽变故常，全盘西化。然西方亦别自有其一段时间。乃曰迎头赶上，不知美成在久。

继此试再言积字。如曰积代积世，积日积岁，积渐积习，此诸积字，亦涵久义。又曰积心积虑，积爱积信，此诸积字，亦有心上工夫。又曰，积志积功，积学积德，则似乎人生大道中亦赖于有积。然而积字终嫌偏在物质一边，终嫌其不能过而化。故天可谓积气，不可谓积道，如积寒积暑，积凉积热，滞不能化，而惟有积，在天地亦成病，故天地之道必曰化，不能积。专仗于积，则不得成天地。又如积雨积水积潦，积雪积雾积露，积而不已不散，皆成病。如人积食不化，亦成病。积财积货皆然。人若惟知物质之为贵则必求积。老子曰："金玉满堂，莫之能守。"岂有金玉满国而独能守。甚至金玉满世界，亦绝非此世界之福。惟有所过者化，乃能有所存者神。否则凡能积而成者皆恶成，断无存神之可言。存与积亦不同。庄子曰："目击而道存。"《易》曰："成性存存。"道与性皆可存，但不可积。又曰生存，不可曰生积。朱子诗："境空乘化往，理妙触目存。"又曰："俯察方仪静，隤然千古存。"故惟存乃可久，而积则不可久。能知化与变之辨，又能知积与存之辨者，庶可与语夫中国民族之文化理想与其人生大道之所在矣。

荀子讥庄子，谓其知有天，不知有人。其实荀子乃是知有人而不知有天，故主性恶，又提倡以人戡天，教人师法大禹。禹治洪水，九年在外，腓无胈，胫无毛，三过其门而不入，可谓有实绩实功。然不若尧舜之荡荡乎民无能名，有天下而不与。禹非不当效法，然不当惟禹是法。荀子所见终较孟子差一级。故荀子重积不重化。重变不重存。不知性可存，不可变。苟变了，斯失其性。性可化，不可积，苟只知有积，则不仅不能化，亦复不可变。凡积之所成，必皆在外面物质事业上，失却其内在所当存之心与神，则皆不免为恶成。荀子又著《富国》《强国》篇，富强皆可积而致。求富强者皆由在人事上求能变。若知化，则有安足，无富强，而富强亦终无不变为贫弱。荀子不悟于此，故其言人生大道，亦仅知重礼，不知重仁。礼以必随时而变，仁之为道，则可以千古常存。荀子之学，传而为韩非李斯，终不为中国后人所信守。其中有甚深妙义。非于人文大道会通而观，明辨以求，则不易知也。

朱子注《中庸》则曰："天地之道，由其不贰不息，以致盛大，而能生物。"其生物之多，有莫知其所以然者。然天地山川，实非由积累而后大。此因不贰不息属形而上，积累乃属形而下。由不贰不息，可以符于自然。积累则仅属人事，并多违背自然。求人事之上通于自然，则决不从积累下手。若专从积累，亦不能不贰不息。故凡属积累必散失，必崩溃，否则必有停滞不能舟前，断无不贰不息者。故积累只是人工。余前著《自然与人文》篇，乃主以人文配合自然，发扬自然，非谓人文可以替代自然改变自然。自然应言敦化，非积累。积而愈多，非即敦而愈厚。篇中采荀子积字义，乃专就人文方面言，非谓自然亦由积累，故篇末又采朱子《中庸》注，另申其别一面。兹篇续加发明，读者其合而观之可也。

七　道与器

《易》有之："形而上者谓之道，形而下者谓之器。"如人之一身，五官四肢，百骸七窍，皆有形。形则必可分别。限于其分别以为形者，谓之形而下。每一形必各有其用，故以谓器。至如身，乃会合此诸形而成。除诸形外，更无他形。则此身实已是形而上。但身亦有形，乃谓之体。体之形异于其他诸形，乃改名曰象。亦可谓象即形而上者，非超诸形之外而谓之形而上，乃会合诸形而谓之形而上，诸形则皆为此身之用，其用则谓之道。

五官如耳目，亦各有用。故谓之器官。然耳亦为目用，目亦为耳用，五官相互为用，亦共为一身用，斯则必有其道矣。更推而上之，夫妇父子兄弟各有一身，亦即各有其身之用。但夫为妇用，妇为夫用，父子兄弟亦互为用，如是而合为一家，则必有一家之道矣。家超于身，若无形，实亦有形。更推而至国与天下，实亦固然。更推而至于万物，有生物，有无生物，更推而至于天地，乃合成一大体，有其大用，是即天地之道。所以谓形而上者谓之道。

今问诸形何以得相通，则为有气。一身之内有气，一家之中亦有气，一国一天下，以及宇宙万物之间，亦莫不有气。气无形，是气亦形而上者。故中国人称道气，不称道形。亦只称形器，不能称气器。实则气乃是一大作用，若言天地万物乃一体，则气即是其大用。非有此气，亦不成其为体。亦可谓天地万物皆形而下，惟气乃形而上。道家言自然，主要即在此气字上。

西方人言形而上，与中国大不同。如方圆，世界万物依几何学言，乃无一真方，无一真圆。标准之方圆，乃形而上，在此世界之外。由此标准，递除递变，而有此世界万物之方圆，则尽属形而下。故形而上与形而下，乃确然为两物，而无所谓道与器之别。中国之言形而上，主要在其通而和。西方之言形而上，主要在其变而别。惟其主通而和，故天地万物可以为一体。惟其主变而别，则天地万物亦无成为一体之可能。

中国人以气象言，天人可以一体。西方宗教则决不认天人为一体。西方人之体字，其观念亦与中国大不同。如医学，中国主要在求身体中之气脉相通处。而西方人则把一身分为诸器官，耳是耳，目是目，肠是肠，胃是胃，耳目肠胃科，各成专家，可以分别治病。由医学推之一切自然科学，无不皆然。如中国药物及农用肥料，多用有机物，因人身与土壤皆属有机，两者相通，乃生作用。西方药物及肥料，皆以化学制成无机物，惟其为物不同，成为敌对，始有作用。

中国人认为一切作用在其和通上，西方人认为一切作用在其敌对上。故其治生物学，西方人认为物竞天择，优胜劣败，亦从其相互敌对处看。中国人则谓天地之大德曰生，气相成，仍从其和通处。制器利用亦然。中国如纺织，如陶瓷，皆贵有生气。西方则主用机械，以无生气者为上乘。中国人最先利用无生物如炼铁煮盐，皆赖火力。而中国人视火亦非成形之物，乃属生气，故得与其他物和通以见用。中国人言五行相生相克，相生自属一气和通，而相克亦是一气相通之用。故金克木，非金与木为敌。火克金，亦非火与金为敌。近人言战胜自然，克服自然，中国人则绝无此观念。至于人群相处，中国人尚礼，富有生气。西方人尚法，则无生气可言。

今再深入言之。西方人视人亦如一物，亦相敌对，乃有其个人主义之产生。而人与人之相通，则端赖物，商业遂为西方传统所重视。即在思想方面，亦赖语言文字相通。语言文字亦一物，故西方哲学最重语言文字之表达。于是立一名词，必有界说。表达一思想，必重逻辑。而中国人则认为人之相通在其心，心则形而上，相通相和，亦在一气。故西方哲学必求相异，乃始成其为一套哲学。而中国思想则贵相和相通，并贵其不著于语言文字而相通。情感之相通，尤要于思想。而西方人则戒言情感。

西方人轻情感，重理智。理智亦如一物，但必形而上者。故西方哲学多不建本于人事，亦多不切人事。西方文学好言男女恋爱，此始属人之情感。然其恋爱双方相视，亦各如一物，故曰恋爱非占有即牺牲。而中国人言爱，则为两情之相通相和。故中国男女之爱，必结为夫妇始得完成，而夫妇非专指一夫一妇言，则夫妇一伦当亦指为形而上者言。中国之五伦，则尽在形而上。中国人言男主外，女主内,其实内外皆指人生一体言。此人生之体亦形而上。而今人则以此为中国重男轻女之证。然使男女皆主外,各务一方,则不见有夫妇之道。

以上所论,乃见中国人即于形而下处见形而上,形而上之与形而下,乃相通和合成为一体。而西方人则形而上乃在形而下之外,两者相别甚显,相离甚远。英国人笛卡儿"我思故我在",亦西方哲学界一名言。自中国人观念言,我即身之形而上,身则我之形而下,身在斯我在,人尽易知。然西方观念不同,一身百体,何处见有一我。人生尽属形而下,须具体分别,可指可说。如目能视,耳能听,一切作用全从各器官发出。惟有思与明,有此一作用,但不见发处,故曰"我思故我在"。庶见为思想从我而出,是我亦成一形而下,亦具体可说矣。

若依中国人观念,则喜怒哀乐爱恶欲七情,皆由我发,最易见我。但西方人则谓喜则外面必有事物可喜,怒则外面必有事物可怒。如目视必外面有色,耳听必外面有声,皆起于外,不得谓之我。惟有思,不自外发。故西方人轻视情感,而重视思、重理智。思则仅是一作用,而我则仅是一物,一器官,一分别独立之物,则其为形而下亦可知。

西方哲学又分真善美,此亦属形而上。人生属形而下,则无真善美可言。纵有之,亦如方圆,无十足像样之方圆,乃亦无十足像样之真善美。仅依稀仿佛得其近似而止。科学即在不断求真,宗教即在不断求善,艺术即在不断求美。惟人生既属形而下,即永远求不到,只有依照宗教信仰,死后灵魂上天堂,始转入形而上。此世界则终有一末日来临。西方人之悲观人生有如此。中国观念又不同，人生即是一形而上，人生即是一真一善一美，并三者和合，成为一体。于是在中国乃有人品观，最高理想，最高标准为圣，如尧舜禹汤文武周公孔子，皆圣也。圣人与我同类，有为者亦若是，我何畏彼哉。此为中国人观念。人皆可以为尧舜，即人皆可以为圣。圣则与天同德，与天同体，而真善美尽在此一身一生中。

儒家别而为道家，则贵常不贵变，贵同不贵分。故曰："道常无名"，即言其不可变不可分。道如是，则天地万物尽如是，人亦然。故老子又曰："失道而后德，失德而后仁，失仁而后义，失义而后礼。礼者，忠信之薄，而乱之始。"盖言德则必有分，而不能同。言仁则必有施为，而不能常。其实天地亦有然。老子则曰："飘风不终朝，骤雨不终日。"故道家言自然，有三大涵义，即不主分，不主变，不主有所作为。今倘以儒家义易之，则当曰："由道而后有德，由德而后有仁，由仁而后有义。圣人本忠信以制礼，则形而下而近于器矣。"如是庶符人道之真。老子之言，则所谓弥近理而大乱真者也。

孔子言道，则有分别，有变，有作为，而与道家言道在其更高处有相通。孟子曰："孔子圣之时者也。"时亦涵有如此义，这样义。时犹然也。当前如此这样，即包括尽了宇宙一切万变。宇宙一切万变，莫非当前之如此这样而已。此后佛家来中国，中国人称之曰"如来"。如者，即如此这样义。尽是一个如此这样，故曰"如如不动"。一切来者又尽是如此这样，故曰如来。道家与儒家，虽多用同样字，而涵义时有不同。佛教东来，中国僧人多用异样字译之，使人易知其有不同。盖佛家主出世，其弥近理而大乱真者，更过于道家言。此见古代僧人之翻译佛经，实费一番苦心斟酌。而近代国人乃多用中国原有文字翻译西语，则思想混淆，易滋误解。

道家又好辨有无，老子曰："三十辐共一毂，当其无，有车之用。埏埴以为器，当其无，有器之用。"是老子谓作用乃在无处，不在有处。庄子《齐物论》力陈风之属于无，并谓风声乃众窍声，非有风声。故道家之宇宙观，可谓是一种无的宇宙观。后起儒家采其意，而微变其说。《易传》之言形而上形而下，亦可谓即从道家之有无观变来。

继此有一大问题当提及。即中国人用自己文字来翻译西方文字，而不先明辨其寓义之有大不同者，如上论形而上形而下一语外，中国人又用庄老道家自然一语来译西文，不知西方人乃根本无道家之自然观。道家之所谓自然，乃谓其自己如此，自己这样。宇宙间一切尽是自己如此，自己这样，乃谓之自然。既属自然，则外力无所施，人事无所用。故既主自然，必主无为。老子曰："地法天，天法道，道法自然。"道尚在天地之上，而此道则只是一自然，此外再无可分别。无可分别即无变，无变即是常。故又曰："道可道，非常道。名可名，非常名。"可名即可分。以西方人较之中国人，至少可言其有三特征，一曰好作分别，二曰好变，三曰好作为。此正与中国道家言自然大不同。而中国人乃称西方科学为自然科学，但西方科学乃最反自然，最不喜自然者。然字亦可称为现状。如日出于东，而没于西，有阴晴昼夜，现状如此，中国人则安于如此，以求适应。西方人发明了地球绕日转，非日绕地球转，此乃天文学上一大发明。但中国人知其如此，即安然接受。因中国一切人事只重现状，地球绕日，与日绕地球，与太阳之东出西没，阴晴昼夜之常态现状一切无变，则亦自可安之。不烦再作深辨。

然西方人之于太阳，则必求知其变由何处来，又变向何处去，与中国人认为太阳只如此一太阳，乃自然如此，双方意见乃大不相同。但如此研寻下去，便不免把人的聪明智力全用在人生的外部太阳一边去。中国人则吃紧为人，主要在农事，注意天文历象二十四节令之订定。可谓中国人乃研究太阳与人生之相通处，西方人则主要乃在研究其相别处，此乃一大异。由是而地，而生物。西方人又发明人类乃从猿猴变来一新说，此与其发明地绕日转之新说，对于西方人所持人生义理方面皆有大震动，有大变异。然此两说来中国，中国人均能安然接受，若与中国旧传统旧义理无甚大冲突之存在。何者，中国人只重现状，并认天地万物与人类为一体。人类只在其一体相通处求适应，而重夫妇父子之五伦，重修齐治平之大道。至于人类之究为自天降生，抑为由猿猴变来，则亦与地绕日，抑日绕地之与现状同样无关。增一新知，而无碍于旧传，则又何不安之有。

继自然而言人文，又合自然与人文而言文化，其实此皆中国旧观念。近代中国人乃用"人文化成"一古语来翻译西方语，而西方人则本无中国旧传统中之人文观与文化观。西方人只重科学发明中器物创造如轮船火车之使用，自此地传达至彼地，此等皆注意在形而下之物质使用上，何尝与中国旧传统之人文观与文化观相同。姑就国与国言，每一国有其立国精神与立国气象。孔子言："齐一变至于鲁，鲁一变至于道。"又曰："鲁卫之政，兄弟也。"此指形上之人文而言其不同，在此方面乃有文化可言。而西方人则并无此种观念，乃以国旗来代表国。旗与旗不同，即代表其国与国之不同。国旗外又唱国歌，此等皆属形而下。而立国精神与立国气象则属形而上，何可即以形而下来代表形而上。

如英伦三岛，亦可立国，何必英国国旗必在全世界凡见太阳处均有悬挂，乃始为英国立国精神之所寄，英国立国气象之所存乎。当前英国国旗又在福克兰群岛上没落，然以较之爱尔兰之对英阿关系力持异见，两事相比，轻重悬殊。爱尔兰之在英伦三岛上，究自成一国，抑仍共为一国，岂不更为英国人所当重视。再言美国广土众民，富强冠天下，已为当前举世第一大国。然其对付以色列，则备见困难。在美国之犹太人心中，以色列乃成为其第一祖国，而美国次之。林肯总统之民有民治民享三主义，则岂诚美国立国精神之所寄，立国气象之所存乎？

立国如此，立人亦然。中国人言立，则必继之言达。达即通义。我之所立能通之他人，通之世界之全人群，乃可由修身而齐家而治国平天下。今西方人则视人类亦如一物，亦在形而下中，各别分立，而有所谓个人主义。个人生存，主要则在物质条件上。于是西方人之所重，乃在人对物，而非人对人。中国人所谓人文，文字俗称花样。人与人相交相处，有种种花样，此称人文。如人坐电灯下，乃人对物。人在电灯下如何相交相处，则是人文。今人只看重此都市或乡村有否电灯，却不重视此都市与乡村中人如何相交相处,此即不重视人文。

人与人相交相处,第一项目便如男大当婚,女大当嫁,结为夫妇。人分男女是自然,结为夫妇是人文。夫妇和合,已是形而上,超自然了。由夫妇乃有父母子女,成一家,这家便是人文化成。有了电灯,并不能使夫妇和合,一家相亲。所以电灯不在人文之内,亦不得视为一文化内容。若必谓电灯亦属人生,亦有关于文化,则当谓之为物质人生与物质文化,其与精神人生精神文化自不同。故以前人类生活中无电灯,不得说是无文化。有了电灯,亦不得说是文化进步,此是中国人观念。

由家而有国,此亦是人文化成。中国俗语连称国家,因是化家成国,家国一体,故得连称。亦如身家连称。又如民族,有了家便成族,族与族相处,便成一大群体,称之曰民族。此亦由人文化成。若有几架机器,建立一大工厂,招集许多劳工,各给以若干薪酬,如约而聚,如约而散,虽亦是人类生活中一花样,虽亦可称之为人文,然而非人文之主要精神所寄,亦非人文中理想气象之所存。此种人文,只能化成出几许商品,乃及资本主义。既不坚牢,亦无趣味,所化而成的,便于人生既少意义,亦无价值。第一则须用法律来维系其内部团结,第二则须用强力来保护其外部推销,此如百花中有昙花,非不美艳,然而转瞬即萎。又如百花中有罂粟花,亦非不美艳,然而涵有毒素,终为不可亲。可见花样亦须选择。中国人于百花中最欣赏梅兰菊,此有深意存焉。中国人之提倡人文,乃在此。主要意义,在知形而下中即寄存有形而上,而此形而上又有待于形而下之化成。其中有甚深涵义,则有待各种学术思想之发挥。

后世集儒学大成者，为南宋之朱子。朱子创为理气论，其实此二字皆源自道家之庄子书中。浅言之，则理气皆属形而上。深言之，则理可谓是形而上，超乎万物之上，而即在万物之中。超乎一气之上，而即在一气之中。盈天地皆一气，而理寓其内，实无其存在。故理气实一体，有气即有理，无气即无理，不当再论理气之先后。若必论其先后，则当谓理先气后，此实道家无生有之义，而无即寓乎有之中。人能知有中之寓无，则始可与语中国之人生。

其实理即是一分别义，气则是一和通义。分别即当在和通之中，而自有分别。分别实属形而上。西方人则认分别为形而下，为具体实有，则与中国人观念大不相同。如夫妇，如父母子女，如家，如国，一切有分别，而实无分别。知此理，即为平天下之道，人群自能相处而相安。今人又必据西方观念分唯心论与唯物论，其实心物亦属一体。试问无物又何来有心。心即在物之中，而又超乎物之上。如情亦寓乎物中，而又超乎物上。如夫妇和合，岂不即在夫妇之中，而又超乎夫妇之上。惟普通人观念，则认为成了夫妇，乃始有夫妇之情。此非不是，但中国人则更认为先有了夫妇之情，乃始有夫妇之结合。中国人非为一种唯心论，乃为一种心物一元论，或心物和合论。而其重视心则或更超乎其重视物之上，如是而已。亦可谓物亦有其形而上，心亦有其形而下，此等处贵在人之自领会，自体悟，而非语言文字之辨之所能尽。

朱子同时有陆象山，似乎其重视心更过乎朱子。而轻视外物，则非真能重视内心之道。此则象山终有逊于朱子处。继象山而有明代之阳明，提倡良知，亦未免有易于轻视外物之流弊。及其晚年，乃有四句教，谓："无善无恶心之体，有善有恶意之动，知善知恶是良知，为善去恶是格物。"又谓："心体无善无恶，意亦无善无恶，知亦无善无恶，物亦无善无恶。"阳明谓为上根人说，当用后四语。为普通中根以下人说，则当用前四语。此所谓四句教有前后两说，遂引起此下绝大争议。

心已是不可捉摸，不可指认的。心之体，则更属不可说。只可说是一形而上，尚在有无之间，更何善恶可分。古书有之曰："道心惟微，人心惟危。惟精惟一，允执厥中。"道心可谓形而上，人心则堕落在形而下之中。惟就其现状论，则人心道心同时兼在而并显。不仅两千年前如此，两千年后依然如此。更历两千年，恐亦复如此。不仅中国如此，举世人类亦莫不如此。中国儒学精义，在即就形而下中悟出形而上，还就形而上来领导转化其形而下。故认道心即在人心中，而求能以道心来转化人心。其实道心人心仍是一心，只在应对事物时，见其有人心道心之别。而在分别中有和合，则道心中仍可有人心之存在，不贵超乎现状来提出一形而上。如阳明之言心体，则陷入无善无恶，如庄周之言中央之帝为浑沌是矣。而佛家主出世涅槃，则陈义更高，乃求尽屏形而下以显出其形而上。西方科学则尽在形而下之中打滚，其心则只是人心，更不见有道心。儒家则用惟精惟一工夫，而达至允执厥中之境界。何谓中，此即人心道心之中，即兼有人心道心而得其中。亦可谓道释偏乎上，西方偏乎下，而中国儒家则求兼存而并包之，故曰"执两用中"。

然则就中国文化传统儒家人文理想言，尽可接受西方物质科学上之种种发明，尽可包容其种种形而下之器，还以完成为形而上之道，而无所障碍，无所冲突。所谓"中学为体，西学为用"，依然可以存有此理想。惟求其善为运用而已。如电灯只是一形而下之器，前人在无电灯状况下生活，今人则在有电灯状况下生活，在生活中则可见形而上之道。但不能说有了电灯，即生活合乎道。没有电灯，即生活不合道。岂可谓孔子耶稣尽在不合道中生活。今人有了电灯，可谓在生活中之物质条件上是进步了，但岂能谓是生活进步，又岂谓是人文进步。

今人以人文与自然对立作分别，但人文中不能排除自然。又岂可谓只当有精神生活，可置物质生活于不问。但一切物质生活中，更当有一种精神生活作主宰。一切自然，则当由人文化成为理想。宋儒张横渠言："为天地立心，为生民立命，为往圣继绝学，为万世开太平。"此言实极富理想。如天地中有电，而人类发明有电灯电话，乃至电脑等种种之用，是天地无心，而人类为之立心。人生只在自然中，受自然之种种限制。故人生乃若受命于自然。今有电灯电话，乃至电脑等种种发明，则自然已变，此即为生民立命。然电灯电话电脑等，只是器，并无心。只供人利用，并不能命令人指挥人去做何等事，过何种生活。故为天地立心，为生民立命者，仍在形而上之道，不在形而下之器。但形上之道，乃亦寄存于形下之器之中。故发明器，亦可有助于发明道。道之行，仍贵有器之成。形上形下，和合为一，不当分别为二，则庶乎近之。

《大学》言格物致知有分别义，亦有和合义。如以排除为格，即分别义。以会通为格，即和合义。格者，如一标准，必须合格。人亦有格，称为人格，亦称人品。品与格，皆于形而下中见形而上，格物致知即通于物以为知。排除一切物，则知又何由见。故中国文化大传统，主要当会通儒道两家言来作说明。道家言自然，儒家言人文，尤主以人文来化其自然，则儒家言更重要。而此自然与人文与文化三语，西方观念均不与此相同。今人乃以自然与人文与文化三语来对西方思想与事为作翻译，则中西双方之相异处，均为之混淆。不仅有失西方之真相，亦有失于中国原有之涵义，而使人尽在不真切不分别不主要处，蜂起争议，则终无是非得失之定见所归。此诚不可不深思而明辨之。

八　物世界与心世界

（一）

余每言心生活与身生活，此篇转移角度来言心世界与物世界。

物世界在人生之外面，共同公有，比较简单相同。心世界在人生之内里，各自私有，比较复杂多异。人生绝不能脱离物世界，但更重要则在心世界。

试作一浅譬。某一旅行团乘飞机出发，此一飞机，即是此一旅行团之共同物世界，无大区别。逮其降落，进入城市，游览名胜，城市名胜，亦为此旅行团体之共同物世界，亦无大相异。但在此团体中，各人所引生之情绪，所激发之兴会，所增添之知识，所触起之感想，其对各人此后人生种种影响，则人各不同。此一旅行，乃是在各人的共同物世界中，获得了人各不同之心生活，来扩大与修改其各自的心世界。其事岂不甚显易知。

人生正如一番旅行，各人投生到此同一物世界，而各人之生命旅程，所取所得，则千差万异。旅行只是一外形，旅行者之心境，乃是此番旅行之真实内容，有意义，有价值。换一人，便一切都换，绝不相同。

或说，外面物世界，固是共同一致，但经各人占夺争取，成为各别私有，便不复共同一致。此说若不可否认。但此种私有，实假非真。如进一旅店，租一客房，日间在此起坐，夜间在此睡眠，好像此房已为所占有。但退租离去，便不相干，另有人来租住。故此私有，乃属暂时性之假私有。在此房中，日间想心事，夜间做梦，这些想和梦，离去时仍会由心带走，甚至可以毕生不忘，此始是常久性之真私有。纵使这些想和梦，终于忘了，不再记忆，但已融化心境中，起多变化而不自知。如撒盐水中，水味自有变。心生活乃为真人生，永属私有。如租一间头等豪华客室，在此室中，作荒唐想，做丑恶梦。或租了一间狭小黑暗的低等客室，但在此室中，或许得了一番人生真理之启悟，夜间或做了一场美妙生动的好梦。试问在此物世界里，用金钱租来之两旅室，其相互间之不同，较之居住人在其心境上之相异，论其意义与价值，固是孰真孰假，又是孰高孰下？

实则在此物世界中，一切占夺争取，仍属心世界事。只要真懂得心生活，真进入此心世界，而确真认识了此心，则对此物世界，大可不争不夺，有退有让。人生之所资于物世界者，实不贵多而贵少，不贵大而贵小。陆象山所谓只要减不要增。鹪鹩巢林，不过一枝。鼹鼠饮河，不过满腹。身如此，心尤然。心之所需于物者，在求能心定心安心乐。种种需求，要恰好，不要过分。若言物世界，地球之外有太阳，太阳系之外，有银河星群。此宇宙中，不知有若干亿兆银河星群。每一银河星群中，便可有千亿以上太阳般大的星。星与星间之距离，多有超越一万光年之上者。人则只住在此太阳系行星中之地球上，微小已极。起居之室，更有限。对此物世界里的一切，太看重，太贪多，徒使此心不定不安不乐。不知足，不恰好，不徒无益，又且有害。

科学发明，日新月异，物世界更不简单。但就人类文化历史看，大圣贤、大豪杰、大哲人、大文学家、大艺术家、大科学家，一应大人物大事业，对人生有大意义大价值者，出现在一两千年前简陋之物世界中，并不比出现在当前灿烂光辉的物世界中者来得少，抑且反而多。科学文明，亦属心世界事，物世界何来有科学发明。

古人夜间读书，或燃薪取火，或烧蜡烛，或点油灯，只要光线配合便够。现代人用电灯，也仍只要光线配合。古人旅行，骑骡乘车。近人用飞机、轮船、火车、汽车，岂不只是同样代步。就人生价值言，相差并不大。急忙快速，并不比从容缓慢心境更好些。遥远的旅行，也并不比近程的旅行，心境更好些。旅行在求心乐，并不争快与远。孔子一车两马，周游在外十四年，其对人生之种种感触启悟，有意义有价值之内心境界，不仅对自心然，对千百世以下之心世界，仍还有影响，有贡献。若使孔子在今天，坐飞机、轮船、火车、汽车，或许转因太匆忙，太急促，太多刺激，不够亲切，而在其内心生命上反会有减损。孔子在当时，所阅书籍无多，或转易使其内心发展潜深广大。后世书籍多，阅览杂，或反只以遮眼。读书难，选书更不易。心不专不一，不安不定，随便翻阅，反会损人神智，成为近代人生一大病。正如吃得多吃得快，足以伤胃。跑得远跑得快，反而一些也没有见。即小可以喻大，不能专在物世界中作狭隘浮浅的衡量。

此非谓物质文明不该发展，主要在求物世界与心世界有一恰好之配合。单求物世界发展，其事易。要兼顾到心世界，使心物内外得一恰好配合，其事难。孔子饭疏食，饮水，曲肱而枕之，乐亦在其中。颜渊居陋巷，一箪食，一瓢饮，不改其乐。人生主要目标，在自求心乐。躯体所需简单有限。在现时代科学文明之物世界中，果使孔颜复生，心有修养，亦不会不乐。但所需修养功夫，比在二千年前当益难。耶稣说，富人入天国，如骆驼钻针孔。生在当前物世界中，要进入天堂心世界，真如针孔难钻了。物世界供给愈进步，心世界享受愈剥削，其心反多不定不安不乐，总觉得不满足不好，这是千真万确事。当前人生问题之主要点正在此。

周濂溪教二程寻孔颜乐处，二程当夜归途，有"吟风弄月我与点也"之意。现世界依然有此风，有此月，但往年孔颜周程那一番心境，那一番乐趣，可不易觅，甚至不易了解。难道现代人沉浸在大都市夜总会里，较之孔颜二程，内心会更满足更好吗？"问我何所有，山中有白云，只堪自怡悦，不堪持赠君。"若赠孔子颜渊大都市里一所花园大洋楼，现代设备一应俱全，其事易。但孔颜当年乐处，又何法相赠呢？程明道本喜入山行猎，听了周濂溪一番话，自谓此等乐趣已不再留在心上。濂溪说，莫看得太易，怕此心还在。过了十二年，途中偶见山中猎人驰骋奔逐，不觉此心跃然而喜。乃知濂溪话不虚。今天读此故事，反说周程太过道学气，山中行猎为何要不得。不知孔颜乐处在心世界，不多要外面条件。入山行猎，乃属物世界中事，并非要不得，但必须外面多种条件配合。一为这些条件黏缠，心上转添了一病。物的占有，有时成为心的亏欠。而贪欲无厌，层层缠缚，看得物世界愈大，转觉心世界愈狭。此心更无间隙，转动不得，却还恨自己力弱。心中只见有物，物外不见有心。心滋不乐，还尽向外面求消遣求享受。消遣则是一无常，享受反成一毒害。若真能明白到周程当时这一番故事，能使此心自由自在，不为物缚，不受物占，清明在躬，虚灵不昧，也自会领略到人生寻乐真谛。吟风弄月的一番乐趣，也并不是只有二程当年能享受。

而且物世界种种进步，实还来自心世界。所憾者，此种种进步之推动力量，多出于商人企业之求财求利心。西方现代资本主义社会，自称其中古社会为黑暗时期。但西方史学家中，也有人曾发问，黑暗究竟在中古，抑在现代？这一问，却值得今人之深省。

中国历史人物随时代而异。抑且衰世乱世，人物兴起乃更胜于治世盛世。邈古不论，春秋继夏商周三代为一衰乱世，而人才则较多。战国益乱，又益多。春秋时代，尚多在朝贵族人物，战国则多起于在野之平民。

秦汉以下，封建改为郡县，乃有士人政府出现。百家言转归于王官学，更无诸子纷争。士风大变，乃汇成两大流，一进显在朝，一隐退在野，实为儒道合流。秦代《易传》《中庸》两书已显其端倪，其他百家言尽归消散。《汉书·艺文志》，战国诸子著作，尚多遗存。《隋书·经籍志》中，则其书多归湮灭。此非出在朝帝王意旨，实亦在野学人之自由取舍。士登于朝，乃为治世盛世，但政治属群业，不可常。士退于野，乃为衰世乱世，而隐退者之心志聪明，转得横溢四出，异锋特起。一部中国学术史之转变，因缘所在，深值探寻。

司马谈为汉史官，未见成绩。其《论六家要旨》，尊道家言。其子迁获罪，转为中书令，终成《史记》一书，为此下二十五史之冠。其学乃转尊孔。父子从政志学相异，成绩亦大不同。其中亦有妙义可寻。武帝表彰五经，而经学大业则成于晚汉在野之郑玄。武帝招揽文学侍从之臣，而文学新运则在汉末之建安。学业成就，在野不在朝，亦其证。

两晋南北朝益衰益乱，但人物蔚起，实未逊于两汉之盛世。姑举王羲之陶渊明两人言。羲之以书法名家，书法乃中国一特有艺术。羲之生门第之家，身膺世宦，而能聚精会神，创此奇迹，其心之淡泊宁静，乐此不疲可知。书法虽小道，而羲之于此，亦犹孔孟庄老之特出。无此创兴，中国文化此下亦当阙书法一门，为此损色。唐太宗深爱羲之书法，中国在朝者每好在野者之好，尊在野者所尊，而岂所谓帝王之专制。渊明耻为五斗米折腰，退隐不仕，《古诗三百首》以来，特起以诗名家。梁昭明太子尤崇之。使中国后世无诗，文化传统亦当大变。羲之渊明对中国文化之大贡献，即见心世界之尤重于物世界。

近代国人慕西化，讥前人好古守旧，不重创造。如羲之渊明，岂非在中国文化传统中两大创造。书家群好羲之，诗人群好渊明，但亦各自创新，不蹈袭。儒林之与道家，亦非墨守孔孟庄老，各有树立表现。性相近而时地异，所好在古，所成则在己。传统相承，而推陈出新，此亦心世界事。周濂溪教二程寻孔颜乐处，所乐何事。亦犹王陶之推陈出新，而岂守旧之谓。

孔子曰："志于学。"濂溪言："志伊尹之所志，学颜子之所学。"伊尹颜渊，心所乐各不同。心既有乐，可于物世界无多求。孔子曰："富贵不可求，从吾所好。"中国文化，中国传统，中国人物，皆能从心所好。此乃最为特异处。西方古希腊好经商，罗马好黩武，现代国家自英法至美苏所好，亦无逾此两型。西方物世界，亦从心世界来。比较中西历史，非求之其心，又何以知之。

希腊占一小地面，故其人生每主空间扩大。中国乃一大地面，故其人生惟望时间延长。西方早信有灵魂，生前死后，各有其长时间之存在。尘世百年，仅是一短暂变态，仅求应付，殆无思前顾后之可能。中国则异此。始生有魄，继之有魂。魄附体，耳听目视，百官四肢之作用皆是魄。魂乃一种心作用。死则魄与体同归腐朽，魂气则离体浮游，亦言神魂。木主神位，使魂气得所依附。置庙堂中，岁时拜祭。故有招魂礼，而不墓祭。人死而魂气常在。孔子曰："慎终追远，民德归厚。"对死者无情，则生人相与，情亦浅薄。孔子又曰："祭神如神在，吾不与祭，如不祭。"外界宇宙果有此神与否，孔子不深论。祭者自尽我心，使我心不复追念及于死者，即无鬼神可言。故中国乃并物质心灵而为一。不仅心灵有彼我之相通，即物质亦然。身体发肤受之父母，我之生命即从父母分出。

使无父母,何有我生。西方人信灵魂,灵魂既独立,且生前即有,与父母无关。彼我间,亦各不相干。耶稣讲道,其母往听。耶稣言,谁为吾母,老于我之女子皆吾母。佛家则有前世冤孽,后世投胎为子,以报前世之仇者。故信灵魂,必遵个人主义。出家为僧,亦一种个人主义。与中国人所信人群乃一共同大生命体之观念大不同。

从中国人观念言,百亩之田,五口之家,产业亦可传百世。五口中,上有父母,下有子女,骨肉蝉联,亦已三世。言其身生活,则血统贯注,我生即父母生,子女之生亦即我生。小生命分五口,大生命属一脉。故中国人言身,必兼及家。一家之生命,实无异我一人之生命。而祖孙三世相嬗,至少当在百年之上,或可超百五十年。

更有七口九口之家,上及祖,下及孙,则为五世同堂。自我上接高曾,即为五世。下逮玄曾,又五世,前后共九世,此非易得。然自心生活言,虽未目睹,口耳相传,高曾祖之为人为生,亦在我心中。一人之生命,可以上通五世,亦可下通五世,前后可达三百年之久。祠堂庙宇即此生命相传。古人居宅在右,祠堂庙宇在左,死生同居一宅。自我玄孙至我高祖,上下三百年,成为一家之大生命。中国人重视家族,胜于个人,其意即此。

然家有内外之别,又有邻里乡党。苟其有德服人,有功及人,其死,邻里乡党亦纪念奉祠之。此则其人乃进而为一乡之人。中国各地有乡贤祠,即由此来。中国人言孝弟,孝之对象为其父母。《论语》言:"弟子入则孝,出则弟。"可见弟道不限于一家之内。老吾老以及人之老,十年以长,则皆以父辈视之。其有立德立功,乡人莫不敬事之如家长。敬老即弟道。故居家有孝，出门有弟。人自幼年即教以孝弟，则一乡亦如一家。生命之扩大与绵延，其端在此。则惟心生活大生命中有之，非个人之身生活小生命所能有。

吾家居无锡东南乡，离家四五华里外有皇山。其实乃一小土丘。相传吴泰伯让国来此，遂葬焉。乡民三千年来奉祠不绝。环小丘十数华里内，皆称泰伯乡，又称让皇乡。又有荆蛮村，亦以泰伯居荆蛮名。今则改蛮村为梅村，亦称梅里。下及东汉，梁鸿孟光夫妇来居，死亦葬焉。故此丘亦称鸿山，乡人亦奉祠不绝。一水通无锡城，名梁溪。泰伯梁鸿，先后媲美，相距当一千五百年。梁鸿距今，亦当千五百年。三千年之文化积累，今有《梅里志》一书，详其事。

中国有家谱，世代相传，多逾三千年。又有地方志，即记其地之名贤先德。余曾至日本及美国，各图书馆收藏吾乡《梅里志》一书者亦不少。自泰伯梁鸿以下，所载乡贤，代不绝人，愈后愈多。宋代李纲，有读书处。元代倪瓒，则居家所在。一部《梅里志》，不啻环吾乡数十华里一大生命之记载。余自幼，清明佳节，即随先兄声一先生陪侍族中长老同舟往，登皇山瞻拜，乡人来者，络绎不绝，前后三日。在各自之小生命外，真若有一大生命，渊源皇古，不废江河万古流。各自之小生命，则如一滴水。非由此一滴水，积累以成此大生命，乃于此大生命中始有此一滴水。中国人之人生意义乃如此。

古迹之外，又有名胜。其实名胜古迹，乃一非二。如孔林，乃孔子之墓地，一小平原，植树数千枝，乃成中国第一名胜。两千五百年来受国人之瞻拜。如泰山,历代帝皇来此巡狩。自踵至顶,随处有古迹。泰安有岱庙,三面墙上,有宋真宗来此巡狩一大壁画。民初冯玉祥在墙上大书当时摩登宣传语,壁画遂破坏。千载古迹,修复无从,良堪惋惜矣。中国山水实即中国文化之具体表现。虽一自然,备见人文。亦为我民族大生命所寄。即谓中国人文心世界乃存藏于自然物世界,亦无不可。

西方人亦非不好古,但崇其物,非敬其人。如埃及木乃伊,乃几千年前之尸体。其人在历史上非可尊,然木乃伊终为欧美宝藏。金字塔,巍峨矗立,瞻谒嗟叹,神往曷极。余曾游英伦博物馆,有一屋自雅典迁来。试问对英国之历史意义与价值又何在?余游纽约一修道院,从法国迁来。又在一处见一中国古墓,翁仲、石马、石狮、石象,照样排列。又如中国祖宗画像,西方人亦陈列博物院中。美国西部开发,印第安人垂于灭迹,其遗物亦设立一博物院藏之。其他例证不详举,试问此等于美国人心情究何关系,又何感兴?中国人则对古迹之心情与西方大不同。阿房一炬,不加惋惜。

中国人认为物后必有人,人与人交必以心。徒物无心,或其心不足贵,物又何贵。故中国古物,必通于人文,涵有历史观。如孔子琴操,以及于嵇康之《广陵散》,琴亦兼心,中国人常连称文物,即此意。若琴不由孔子或其他名人所操,则其琴与声又何足贵。亦犹中国历史生命,一神位,一木主,为中国人文魂气所依附。西方则仅贵古物难得。而物中无心,即犹无人,故西方所爱,在物不在人。古希腊雕刻人像,主要在其身,即女性亦裸体。中国石刻人像，必冠冕簪笏。孔子行道图，所重在孔颜其人。罗马一古堡垒中，有耶稣十字架像，血滴淋漓逼真，乃宗教艺术。所重在耶稣之钉死十字架，则所重亦在其心不在物。瞻拜者心领神往，则求能心与心通，于其他艺术有不同。此始与中国有其相似处。但今之宗教信徒，化于习俗，亦徒知有十字架，而忽忘了耶稣之心。则耶稣十字架亦同为西方艺术之归矣。

西方绘画，山水人物飞禽走兽虫鱼花木，皆一物。中国则画其意境，亦在人文中。"振衣千仞冈，濯足万里流。""采菊东篱下，悠然见南山。"诗中有画，画中有诗，各有所寄，而所寄则在人文中又何等深远。"犬吠深巷中，鸡鸣桑树颠。结庐在人境，而无车马喧。"鸡鸣犬吠亦人境，同是物境。可贵乃在心境，一如神境。可与知者言，难为俗人道。中国诗画可贵乃在此。

西方人生观，实可称为唯物观，人亦即物，求加利用。一切生活尽如自然物之活动，不仅科学经商如此，即治平为政，亦何莫不然。其另一面则上帝耶稣，奉宗教，信有神。无神论，不信宗教，西方人心不能忍受。人而非神，宜亦轻视。

中国人生，重孔子之仁道。孟子曰："仁，人也。"又曰："仁，人心也。"故仁道即人道。中国人重人，乃重其心之有道。心相通，即仁道，亦即神。飞禽中有凤凰，走兽中有麒麟，花卉草木之有梅、兰、竹、菊，皆由此心之所感而化。大自然中，一拳石，一滴水，大至河岳，上及风云，亦皆此心之所感而通，而遂跻于神。此心旁通物，上通天，遂成一多神之宇宙。如是则心与神与物乃三

八　物世界与心世界

位而一体。物与心合则皆神，物与心分则皆物。其主宰之所相通皆在心。

故中国历史，乃一部人心的历史。开天创物，尧舜禹汤文武周公孔子，胥此一心。孔子曰："其或继周者，虽百世可知。"亦惟知之于此心。又曰："自古皆有死，民无信不立。"亦惟信之于此心。小生命身生活有死，大生命心生活则有生无死。故中国人非不言利用厚生，而又必首之以正德。德亦此心，德之正亦即心之正。修身齐家治国平天下皆本此。中国人言人生大义尽此矣。

西方宗教，神不在心，而与心分。科学，物不在心，亦与心分。于是遂有唯心唯物唯神之三分。而于一心之明德，孔子所称仁之一字，则终少提撕警策及之。此诚中西人生大歧点所在。故西方惟言权利，中国则言德性。天之生人，生其性，生其德。德性之表现为道，非为权利，此为中国观念。

今再以东西方历史文化之演进为比，亦可谓东方人尚心，西方人尚物。西方政治有神权君权民权之分，权皆凭于力。今日主宰一世之大强国亦然。力凭物不凭心。孟子曰："以力假仁者霸，霸必有大国。以德行仁者王，王不待大。以力服人者，非心服也，力不赡也。以德服人者，中心悦而诚服也。"中国国际相交亦尚德，西方则尚力。中国人所谓道，在心世界，心之仁智始成道。西方人则言力不言道。

既仁且智谓之圣，圣而不可知之谓神。神力不可量不可知。西方则视机械如神，神在天堂又在物世界。实则机械乃人心所创，宗教亦人心所立，而西方人则绝不视心为神。马克思共产主义倡为唯物史观无神论,今日美苏以核子武器对抗,则神世界尚低于物世界。何由转机,则惟望人心之有仁与智。其然岂不然乎?则亦惟人心之仁与智权量审择之。

人生主要在其心,非其身。身属物,但非物亦无以见心,非身即无由有生。生有时间性,须待养育成长。孟子曰:"大人者,不失其赤子之心。"赤子之心,养之长之,而成一大人。大人之心由赤子之心来,此谓之心生命。

心必有知,所知乃在心外之物,惟情则即是心。如孝父母,父母别是一生命。吾心孝,则父母生命亦归入己之心,而与己之生命融为一体。故养心贵能养其情,不在养其知。孔子曰:"入则孝,出则弟,谨而信,泛爱众,而亲仁。行有余力,则以学文。"此为心情见于行为,始是生命。有生命,乃始加以外面文章知识之教育。生命开始重在其有家,家庭教育乃以教其情。西方人自幼即以知识为教,自心生活言,无以成人。西方哲学亦贵知不贵情。至少非中国人所谓人伦之学。西方科学就物以为知,更非养其心。为学立场不本于心生活,不本于生命之全体,而仅本于身生活之一部分,故其为害于全人生者转多。

中国人言知,分体魄与魂气。体魄之知,限于身之器官,各别不相通。鼻口所知为气味,生命所赖,非呼吸饮食则不得生。视听所知为声色,无声色,无见闻,虽可有生,但生之境界狭,不得为人生之全。马牛羊鸡犬豕六畜,皆有视听见闻。犬马知亲疏,人或自称犬马,然人生终与犬马有别。

《论语》有子曰:"孝弟为仁之本。"知有父母兄长,不孝不弟，即不仁。人而无仁，则所知非智。其心有仁，乃得谓之为成人。既成人，乃有魂气之知。乃为心生活之知。若仅求通于物，则无仁而不智。科学造原子弹核武器，岂非皆无仁不智。哲学创为唯心唯物论，其心实亦如物，不仁无智。仁智皆即人之心生命，必通天人一内外而始得。故中国人所重在道，则重行又过于重知，而始得称之为成人。西方人则生即为人，无中国人此观念。

孔子曰："仁者寿，智者乐。"惟仁乃得生生不已，此乃大生命之寿。惟智乃能无入而不自得，即自得其生命之乐。乐天安命，乃大智，亦大乐。原始人赖渔猎为生，渔猎必赖体魄之知。归而洞居，家人相聚为欢，遇月夜，或出洞以歌以舞，如是始是心的人生，乃得谓之真人生。其渔其猎，乃人生之手段或工具，此乃人生所不得已而应有之用。其洞居相聚，或出洞歌舞，乃始是人生自然真生命之体之一面，人生可乐正在此。近代人乃转以慕效原始人渔猎为种种运动，转谓人生真乐乃在此，则亦浅矣乎其视人生之乐矣。

即如鸟兽晨兴，林中争鸣，闲居相聚，乃其乐处，亦即其真生命之一面。故生命必同类相和相亲，不在同类之相敌相争。有一家之和，有一国之和，有天下之和。道一风同，乃得之。真人生则不仅在身，必在家国天下。在人生之大和中，乃得人生之真乐。

目欲视，耳欲听，此之谓欲。视听而心乐，此之谓情。人生真处乃在情，不在欲。西方人重知不重行，重别不重通，重争不重和，重欲不重情，其生乃不安不乐，则何贵有此生。孔子曰："学而时习之，不亦说乎。有朋自远方来，不亦乐乎。人不知而不愠，不亦君子乎。"曰说、曰乐、曰不愠，皆在人生真处。学而时习，则可上通前古。有朋远来，乃可旁通一世，并可下通后世。人生到此，何乐如之。己之所乐，他人不知，己又何愠。或问，尧舜以前曾读何书来？不知非读书乃为学。原始人洞内相聚，洞外歌舞，即有学。今日西方科学，乃仅学原始人之以渔以猎，学其人生手段，人生方法，学其为人生之工具者日见进步，而其距人生真处目的所在则更远。不求之近而求之远，乃求灵魂上天堂，则人生仍是一手段非目的。

能疏于物而亲于心，乃得孔子仁智之大义，而人生乐处亦在是，人生真处亦在是。《中庸》言："天命之谓性，率性之谓道，修道之谓教。"又言："自诚明谓之性，自明诚谓之教。"性在天，率之修之教之则在人。求善处人生者其勉之。仁为己任，死而后已，实则乃是止于至善。孔子又曰："富贵不可求，从吾所好。"富贵乃外在物世界，所好则内在心世界事，此其别。

平剧中两人对骂，其相骂声，乃和合如一歌。两人对杀，其相杀状，乃和合如一舞。人生而戏剧化，即人生之艺术化。西方人生则一趋于机械化，非艺术。核子战争岂得谓是一场戏剧，又岂得谓是一种艺术。

人生贵能单纯多闲暇，此心乃有欣赏可言，而生命乃得感其悠长。若多外来刺激，惟感繁杂忙碌，则此心不安不乐，生命亦惟感其短促。山中方七日，世上已千年，一则为机械人生，一则为艺术人生，对此不当不辨。

有医德，有医术。医术可以救人得生，亦可处人于死。但医德只许救人生，不许处人死。法律主要则在处人死。中国古人极重医，轻视法。西方教会创始大学即有医法两科，不为医师，即为律师，同以救人死为任务。纵是恶人患病，医师必加以治疗。犯罪，律师必为之辩护。中国人言，"不为良相，便为良医。"良相救人死，其道远超于良医。故中国人兼言道术，而法术则为中国人所轻。更何论于刑罚之法。西方宗教恺撒事恺撒管，治平大道，上帝亦所不理，则惟有律师可任。故西方人仅知有法术，不知有道德，乃为西方文化一大缺陷。

（二）

中国自古即为一农业社会，五口之家，百亩之田，生事已足。过求拓展，不仅收获不增，或反致荒芜。安分守己，斯为上策。夫妇和睦，父慈子孝，兄友弟恭，一家有福，群知羡慕。故所重在人之性情德行，在内心，不在外物。外物多同，所异则在心。

西方古希腊则为一商业社会，群出经商，或致巨富，或仍平平，或则亏折，遭遇不同，机会不同。故其所重，多在外，不在内。即反求之己，亦在其商品货物上，不在其德性修养上。他人之向我所求，亦在物，不在心。中西人生相异其要在此。

农事最重天时，春耕夏耘秋收冬藏，四季节令，谷雨霜降，大体可信。航行大海中，朝夕之间，风浪难测。故农业民族仰天俯地，多信心。对之有信，始有忠。不仅对天地，即对五谷百蔬，鸡犬牛羊亦然。故农人其性忠信，一心瞻对，即为笃敬。孔子曰："言忠信行笃敬"是也。

商人不仅航行海洋，所至亦异地异风，无信心，亦无忠忱，惟以机变适应，甚至欺诈，无忠信笃敬可言。故西方人所重在外，天地人群尽在外，与己若相敌对。中国人则重一己之内心，对人对天地万物，同此一心。通天人，合内外，皆此一心。除忠信笃敬外，更有何事。

人生所贵，在能同中求异。我之在天地万物中，必求有所异，始见有我之存在。我之异于外者，亦只在此一心。故中国人所重乃在德性之学。忠信笃敬，乃至为圣为贤，为君子，只是此心德性上程度之异，其所重皆在内。富贵名位，事业权力，则在外，中国人乃不加重视。

人生要求主要果在己之一心，则求而易得。孔子曰："我欲仁，斯仁至。"孟子曰："是不为，非不能。"韩愈亦言："足于己，无待于外。"而且人心相同，己之所得，亦可分之人人。《诗》曰："孝子不匮，永锡尔类。"老子亦曰："既以为人己愈有，既以与人己愈多。"如此则道一风同，《礼运》所谓大道之行，天下为公，即在是。

西方人则内心只有求，所求则尽为外物。又即以身为己，身亦一物，而心为形役，只成人生一工具。但身之所求，如衣食，实易满足。不易满足者实在心。于是求衣食，转而为求富贵。而富贵乃相形而见。他人贫，乃见己之富。故孔子曰："为富不仁。"既求富，又当求贵，否则不足以自保。故财富之上，必继之以权力。故希腊之后乃继之以罗马。

西方人重外不重内，故知有事业，不知有德性。事业有成败，而德性则可有成不败。两军交战有胜负，而中国则有断头将军无降将军。杀身成仁，亦无亏其为将之德矣。西方则兵败将降，乃属常事。拿破仑一世雄豪，两度败降，终不失为西方一英雄。以中国标准言，则不得不谓其德性之有亏。

诸葛亮病死五丈原，可谓事业无成，但亦已全其性命。较之曹操与司马懿，事业有成，性命有亏，贤奸之辨显然。此为中国文化传统中之人生观。近代国人竞慕西化，性命二字，已不知作何解。则曹操司马懿必转而居诸葛之上矣。

中国人重德性，其论人亦有品格。品较在内，而格则形于外。如曰格式，又曰形格势禁。物必有形，形必有格。《大学》言格物致知，能于外物知有格，斯即其内在一己之德性。孔子曰："饭疏食，饮水，曲肱而枕之，乐亦在其中矣。不义而富且贵，于我如浮云。"人生主要在其一心之德性，亦即人生之真乐所在。乐在心，不在身。故身生活必知有格，饮食起居皆有格。富贵属身外物。颜子一箪食，一瓢饮，居陋巷，人不堪其忧，而颜子不改其乐。周濂溪教二程寻孔颜乐处，所乐何事。此诚中国人生哲学一最要端。身之格曰"廉耻"，心之格曰"礼义"。礼义廉耻尚在外，孝弟忠信始在内。而内必形于外。道释太偏内，西方太偏外。中国儒家则主一天人，合内外，始得谓之中。

中国人言天地万物，亦主其德性。麟凤龟龙为四灵，麟与龙较难详，凤与龟则较易知。庄周言："凤鸟非梧桐不栖，非练食不食。"则其一栖一食皆有格。龟之饮食享受，活动作为，极有限制，极有禁格。但其寿命则长，故亦尊之为四灵之一。灵指心，指德性言。庄周辞楚相，曰："宁为龟之曳尾于涂中。"故中国民族生命长达五千年，生齿日繁，人文日化。直迄于今，乃始改图。生而为龟，必为人所耻。人心之变，于斯可见。

中国人对禽兽之德性观，尤可举家畜为例。如群字从羊，因羊最能群。善字亦从羊，则惟能群始为善。如美字从羊，亦指其德性，不指其躯体，亦不专指其味。犬牛鸡豚皆有美味，而羊则能群有善尤为美。窈窕淑女，亦指其德性美。古希腊雕塑美女，主要在其形体，与中国人观念大不同。《诗》又云："巧笑倩兮，美目盼兮。"女性美在其一笑一盼，此皆内心之表现。目与口其美浅。义（義）字亦从羊，则未有不群无善而可得谓之义者。易卦龙象乾，马象坤，羊象兑。兑指泽，尚通。能群而有善，则人与人相通。可见兑象羊，亦指其德性。群水汇聚则为洋，洋洋大观，亦指其通。庠序之教，庠亦从羊。教育重在教人有善能群，亦重其德性。祥从羊，祭祖奉羊，亦为鬼神所喜，故得吉祥之报。详字从羊，言语能彼此相通始得详，不在多言。佯从人从羊，乃伪装。羊富群性，缺个性。人之为性，则须能立己以通于群，否则为孔子所恶之乡愿。故佯则不诚不实，虽非巧言令色，亦不在可取之列。中国文字创造远在周公孔子之前，而其义已如此。此见中国之文化传统远有来历。依近代国人之意见，中国古人喜龟喜羊，宜其不得争存于当今之世矣。

中国人尤以德性观自然。盈天地皆一德一性之相通。一己之德性，即为天地之中心，为万世之常轨，而事业亦尽在其中矣。故立己立德，乃为人生惟一大事。今国人则尽从外面事业上来谈人生，则其无当于中国文化旧传统之深情密意亦可知。

中国人言己，非个人。必在大群中始有己，无己亦无群。故己为人，人为己，人己相对而合一，有别而相通。相通合一，即人之德性。故不知人之德性，即无己，亦无人。今日举世群趋于功利，不再论德性。自中国人观念言，则一切皆架空虚构，物与物相叠，成此架构，乃如一大机器，其中只缺一灵。灵非知识之谓。知者知于外，灵则明于内。自知之明始为灵。人为万物之灵，失其灵，即失其所以为人，更何论己。人死则尸体腐，而灵则常在天地间。西方人信有灵魂，有上帝，而上帝则在己之外，不在己之内。则上帝亦如一物。灵魂与上帝之相通，非中国人所谓德性之相通，而别有其所以为相通之道，此则成为西方之宗教。双方之辨，有待详申。

（三）

世有盛衰治乱。中国历史，盛世治世，人物活动少，表现亦少。衰世乱世，人物活动多，表现亦多，其影响转深而大。此为中国历史一特征，亦即中国文化一特征。

唐虞之治，苟无洪水为患，则亦平安而过。尧舜禹之弘德大业，亦渺不可见矣。夏代稍可述者，则为少康之中兴。必待夏桀无道，乃有汤与伊尹之出现。商代之稍可述者，则有盘庚之迁徙。必待商纣无道，乃有西伯昌周武王之出现。及于成康，天下平治，乃亦无人无事可述。稍可述者，则为宣王之中兴。平王东迁，春秋两百四十年乱世，人物迭起，试读一部《左传》，何等灿烂，何等光明，较之《诗》《书》，影响当更大。战国益衰益乱，而人物更迭起。其影响于后世者，乃更大更远。

秦代一统，人物乃无可言。汉兴，高惠文景，以至武帝，由乱转治，由衰转盛，人物事业始多可称。但其臻盛世，人物亦渐降。稍可述者，为宣帝之中兴。东汉光武明章，又复由乱转治，由衰转盛，乃多人物可述。三国世乱，人物又鼎盛。西晋稍定，人物亦遽退。南北朝之际，北方之乱盛于南方，而人物则较多。唐代之起，由衰转盛，由乱转治，而人物亦特多。要之，世乱则人物起，世治则人物谢。宋不如唐之盛，而人物则更盛于唐。南宋更衰，而人物则更起，不遽逊于北宋。武臣如岳武穆，文人如朱晦翁，杰出古今，汉唐以来，谁与相俦。

元代以蒙古异族入主，政治变于上，而社会则依然中国之社会，人物则依然中国之人物。文化传统俨然无变。明初人物，皆起于元。下如王阳明，苟非龙场驿之贬，不有宸濠之乱，亦不成一后世相传之王阳明。世益衰，而人物益起，乃有无锡顾高之东林。

清代又以满洲异族入主，而明遗民乃多千古杰出之人物。如顾亭林，如李二曲，如黄梨洲，如王船山，多在野，不在朝。下及乾隆盛世，十大武功，煊赫一时，然为中国人所夸称者，则为在野之学术，而非在朝之功业。吴派皖派，常州派扬州派，汉学之兴，与宋学相抗衡。非由政府提倡，乃民间自由兴起。嘉道以下，由盛转衰，由治转乱，而后有湖南湘乡一派之崛起。此亦在下不在上。辛亥革命，于是又有新时代之新人物兴起。

故就一部二十四史言，吾中华民族生命之旺盛，乃每见于衰乱世，更过于在升平世。此则为并世其他民族所少见。即就西欧言，如希腊罗马，衰则永不复起。现代国家如英法，则衰象已见，恐亦不能再如以往之英法。其病痛所在，凡所建设，偏在物质方面，而人类本身，则似转少注意。则如身之既老，乃不复旺。此亦一种自然现象，无足深怪。中国治世盛世，亦不重物质建设。唐虞三代古迹，极少遗存。秦有阿房宫，项王入关，一炬而尽。长安为汉唐故都，其建设遗迹存者有几。北平为元明清三代故都，尚留有六七百年以上之故宫，较之希腊罗马遗迹，尚愧不如。今亦仅供国人游览，而国人对之，亦不曾有崇敬心。惟有如曲阜孔林，则历两千五百年来仍然无恙。故中国传统重人重心，西方传统重物重事。此其大异。在中国，田野平民间，子女之孝其父母，其事乃更重于廊庙宫殿卿相之忠其君上。只说移孝作忠，未闻移忠作孝。

中国传统政治制度，为臣者逢父母丧，必离职回乡，守孝三年。期满，始得再仕。则孝心重于世务，为子重于为臣，此即人生一事业。其事业则在道义，不在功利。功利事业必随时而变，道义事业则千古常传。既重道义，乃奉孔子为一宗师。虽有敌国外患，可以破坏其一国之物质建设，但难以破坏其四海皆同之精神传统。故中国民族之命脉，乃在其内心，而不在其外物。

哀痛心，乃人类德性中极具意义价值之心情。孟子曰："恻隐之心，仁之端也。"亦可谓哀痛之心乃仁之至。人莫不有父母，莫不有父母之丧。中国人教孝，慎终追远，乃培植其哀痛心。世衰时乱，哀痛心生发，而后才智辈起，拯救非难。释迦见生老病死，乃生恐惧心，厌恶心，但不知培养人之哀痛心。西方信灵魂上天堂，哀死之心则淡。故西方人惟求乐生，不知哀死。惟中国人生能哀乐兼存，又能得其中和。以是中国人之德性，乃特较其他民族为深厚，而其生命绵延乃有其悠久之前程。

孔子辞鲁司寇，在外周游十四年，老而返鲁。鲁之君卿，仍加礼重。是乃鲁政府对孔子之迁就，而孔子则对鲁政府终未有迁就。孟子见梁惠王，使能迁就，亦见大用。然孟子不迁就，而去梁之齐。见齐宣王，仍不迁就，所如不合。汉武帝信从董仲舒对策，表彰五经，罢黜百家。但董仲舒并不迁就，不如公孙弘之曲学阿世。后世遂尊仲舒而鄙公孙。唐太宗用魏徵，魏徵不迁就，真言以谏。太宗心愤，有何日杀此田舍翁之语，然终加以容忍。魏徵卒为唐代之名臣，而唐太宗亦为唐代一名君。中国传统，政府常知迁就。而儒学之最标准，则为不迁就。

韩愈谏迎佛骨，贬于潮州，幸免一死，卒复任用。此亦宪宗之迁就，而韩愈之对宪宗则卒未迁就。汉唐两朝皆崇儒，宋尤然。神宗尊王安石司马光，而两人政见不同，卒成新旧党争，神宗哲宗亦惟迁就。明成祖攘夺帝位，方孝孺不迁就，乃受十族之诛。但后人则尊方孝孺，不尊明成祖。惟成祖既得位，终亦尊儒道，此亦其迁就。

最特殊者，异族入主，亦知迁就中国之儒道。许衡仕于元，其所贡献亦其大。待其死，诫其子，我为名所误，墓上惟立许某之碑，不愿再列其官位。后世亦对许衡多微辞，不如对同时之刘因。清代入关，更尊儒。明遗老守节不仕，清廷亦皆迁就。偶于李二曲稍有勉强，二曲终生居土室中，不与世相接。清廷不加逮捕，亦仍迁就。而二曲亦遂为后人崇奉一名人。中国自孔子以来两千五百年，一心相传，事迹昭彰有如此。

抑更有进者，孔子不言性与天道，孟子言性善，乃得为亚圣。汉之司马迁，明天人之际，通古今之变，成一家之言，为此下二十五史之鼻祖。此在史学上之贡献，实已胜于孔子之《春秋》。郑玄网罗百家，括囊大典，其功亦不逊于孔子之称道《诗》《书》。韩愈后人尊之谓其文起八代之衰，为百世之师，开此下文学一大宗。此与夫子之文章可得而闻者，又异其趣。周敦颐著为《通书》，于汉唐儒林之外，乃别启道学，为宋元明三代群儒所共尊。中国学术分为经史子集四部，如马迁之于史，郑玄之于经，昌黎之于集，濂溪之于子，皆可谓超绝一世，为后代之大宗师。而朱子尤汇通四部，可谓孔子集前古之大成，而朱子则集后古之大成。孔子曰："后生可畏，焉知来者之不如今。"如上举，孟子以下诸人，皆孔子所谓可畏之后生。然孟子则曰："乃吾所愿则学孔子。"韩愈则曰："并世无孔子，不当在弟子之列。"周敦颐则曰："学颜子之所学。"郑玄朱熹注经为业，其尊奉孔子更所不论。上下两千五百年，孔子永为至圣先师。人之所学，则皆孔子之学。人之所道，则皆孔子之道。孟子曰："圣人先得吾心之同然。"后世继孔子而起者，亦可谓皆有得于孔子之心矣。但皆尊孔子，各不尊其己。时异世易，所学所道，实已不同，而其统则一。乃有所谓道统。道则统于心。修身齐家治国平天下，皆贵一统，其统均在心。其传亦在心。但心与心之间，乃有一大迁就。中国人之学统道统，乃于绝不迁就中有此一大迁就。斯人千古不磨心，惟中国文化中国人生乃有此。岂放心外物者所能有。

然今国人则竞慕西化，乃有只手独打孔家店之老英雄，乃有线装书扔茅厕之新理论。心已变，则一切自随而变。救国救民，不本之心，惟赖外物。惟期成于物，不期成于心。心无成，而所成尽在外，亦复与人生何关。亦可谓人亦为一物，物在心外，亦即心在物外，仅为一工具，仅为一机械，心为物役，如是而已。则何复文化人生之足云。而所谓盛衰治乱，其重要性亦在物不在人。而又复何心物内外之堪分别讨论乎。

九　道与理

中国人言道，又言理，俗又道理连言。道属和合，理属分别。和合中必应有分别，分别中亦应有和合。此乃中国人文大道一重要观念。实则人文之文，亦即文理之理。

子贡言："夫子之文章可得而闻，夫子之言性与天道，不可得而闻。"文章乃指凡属人事、政治、社会、家庭、个人一切措施之明白可见者，此属人生之阳面。性与天道，则属人生之阴面，为人生百行之大本大源所在，而晦藏难知。故孔子避不详论。而孔子之言文章，则莫不本源于此，而融为一体。此正孔子思想之伟大深厚处。

孔子既殁，墨翟继起，主兼爱，尚天志，即言天道。庄周又继起，其言天道则更广大，更深微，较墨翟为远胜。儒家有孟荀，分主性善性恶，则竟言性。《易传》与《中庸》继起，采道家言，融归儒学，而后性与天道乃为后儒所必言。

一阴一阳之谓道，已兼性与天道而一言之。然就思想惯例，又必问一阴一阳以前，宇宙为况如何？此则无可名状，无可言说。《易传》乃言阴阳之前为太极。太极何所指，则出名状言说之外，故曰"太极本无极"。此乃限于人类之语言文字以为说。

宋儒周濂溪《太极图说》，乃言"无极而太极。太极动而生阳，动极而静，静则生阴，一动一静，互为其根"。此亦限于人类之语言文字而为言。凡属人类语言文字知识思想，必由正反双方之比较而言。宇宙整体乃一气，有动有静，有阴有阳。本无有纯动之阳，亦无纯静之阴。阴阳动静，混合成气，融为一体。如白昼是阳，但非无阴。黑夜是阴，但非无阳。只是分数不同，故不得谓有纯动而无静，亦不得谓有纯静而无动。动静实亦一体。犹如死生存亡，乃一体之变，由此至彼，实无分别。故太极即阴阳，阴阳即太极。

朱子之理气论，承濂溪来。故曰："理即太极，太极即理。"一气中兼有阴阳，即其分理。然不得谓气外别有理。人类思想惯例，必追问气从何来，朱子则谓气从理来。其实亦可谓理从气来，朱子乃本儒家言。理非一物，乃是一空一无。老子言无生有，此亦人类思想惯例，相反相成。濂溪《通书》依《中庸》改言诚，而朱子又改言理，则更较妥适。此皆限于人类之语言文字，而不得不然。

近代科学家又言大气层之上为真空。其果为一真空乎？此恐仍是人类语言文字之所限，而姑以名之而已。若以中国传统语说之，则大气层应属阳面，太空层应属阴面，仍是一阴一阳融为一体。而在此一体之内，有此阴阳之并存而已。大气层与太空，有其分别，即朱子所谓之理。

依近代天文学言，宇宙究为有际限，抑无际限？若谓有际限，则此际限之外，又何境况？若谓无际限，则依人类思想惯例，无际限终该有际限。此皆从人类语言文字中生出问题，而终难解答。孔子曰："知之为知之，不知为不知，是知也。"知中必涵有不知，而不知之中亦必涵有知。此亦一阴一阳之融为一体。而凡成一体，则又必涵有阴阳之两面。偏举一面言，则必失之。中国传统思想之伟大深厚处，则在其必兼天人内外死生彼我而一言之。此皆所谓一阴一阳。

《宋史》于周濂溪以下创立《道学传》，以别出于《儒林传》。后人或非之。其实周张二程以下之为学，确与汉唐以来儒林有不同，别立道学之名，亦未为非。南宋朱子起，融会周张二程，而集其大成，乃有濂洛关闽之称。而朱子之学，主要在发明一理字。陆王与朱子启争议，亦在此理字上。后人乃称程朱为理学，陆王为心学。近代乃有改称宋明道学为理学，似更恰切。孔孟主言道，宋明儒主言理，可谓中国儒家思想转变一分界线。

孔孟言道，主言仁。孟子曰："仁，人心也。"故朱子以仁为心之德。孟子又言："仁者，爱人。"但慈孝分数有不同。故朱子又以仁为爱之理。此理字，即指其分数不同言。故朱子言理，必兼内外心与事合言之。若心不接事，则理亦不见。心与事皆属气，理则在气之中，非外于气而别有理。则一阴一阳之谓道，当亦可谓一阴一阳之谓理。仍无大分别，只一体动静之相异。

人心有爱必有恶，爱恶若在正反两面，实亦通为一体。若问爱恶孰先，依儒家意，应先有爱，乃有恶。若谓先有恶，乃有爱，则其义大不同。喜怒哀乐亦然。当先有喜乐，乃有哀怒。孟子性善论之胜于荀子性恶论，亦在此。喜怒哀乐爱恶亦分属阴阳,阳在外,较易见。阴在内,不易知。如生易见,死不易知。故生属阳,死属阴。先有生,后有死,则应称一阳一阴之谓道。何以转称一阴一阳?依近代人观念,自然在前,人文在后。人文当属阳,自然当属阴。道家重自然,则先阴后阳,乃兼采道家意。濂溪则言互为其根,又言无极而太极,则义更深远矣。如本末源流,末亦可为本,流亦可成源,雨降果落可知。

孔子主言人道,故性与天道不可得闻。墨翟则重言天道,故曰兼爱天志。但人之生人,固属平等。而人之相处,则不能无差别。视人之父若其父,实属难能。墨翟所讲可谓有道而无理。老子则曰:"道,生天生地,神鬼神帝。"道乃高出于天地鬼帝之上。天地何由生,必有其道。苟天地可不以道生,则人类亦可从无道生,又何有此道字。生天生地,究属何道,实难言。虽不知其道,而必有其道。孔子曰:"知之为知之,不知为不知,是知也。"知有此道,而不知其为何道,此即为知矣。气即兼涵有道与理,而朱子言气与理,道乃更易见。

老子又言道法自然,即谓道乃自己如此。则生天生地,岂不即天地之自生。神鬼神帝,岂不即鬼帝之自神。否则天地鬼帝不自然,亦非道矣。如是则道岂不亦无生无神之可言。故道家言道,乃不得不兼言其为无。但既无,又何言。此皆为人类语言文字所限,而道家言道之真意,乃有难以言宣者。故贵心知其意,能超乎语言文字以为知。朱子言气与理,则具体浅近言之。近人乃谓中国人言道理,不如西方哲学家所言之高深。但西方哲学仅成一种专家言,中国人言道理,则通俗化,几于家喻户晓,人人易言易知。则浅深之高下得失，亦有难以一言而判者。

中国人贵能言之深入而浅出。孔子《论语》乃为其最高之准则。颜子曰："夫子博我以文，约我以礼。"礼与文，皆即孔子所言之文章。颜子又曰："既竭吾才，如有所立卓尔，虽欲从之，末由也矣。"此所立卓尔者，乃有性与天道不可得闻之妙义寓其中。宋明道学之异于儒林，主要在行，非言教所能竭。孔子以身教，思想行为融而为一。庄老道家近西方哲学，多涉言教，乃分思想行为而为二。季文子三思而后行，孔子曰再思可矣。可知孔子之重行。孔门七十弟子，颜子独称为善学。濂溪言学颜子之所学，不专在言语思想上，其义深长。

《中庸》曰："自诚明谓之性，自明诚谓之教。"诚即道，谓其真实不虚，已较庄老言无为有进。但亦未深及其内容。人道亦诚实不虚。孔子曰："巧言令色，鲜矣仁。"巧言令色，不忠不信，虚伪不实，故非仁。诚亦可称为存在，但必兼具时间性。能持续，非刹那即归消灭。《易·系辞》曰："继之者善。"能继始为善。于《中庸》诚字外另增一继字，道之涵义又益进。

今以宇宙万物言，各有存在，各有继续。苍蝇不知是否先于人类，但其生命至今尚存，则亦是一诚一继，亦必有其道其善可知。但其道其善，决与人类不同，其相异处即是理。万物莫不有道有善，庄周乃有齐物论。道善各别即是理。道家重在求其齐，儒家重在求其别。万物之别在其性。孔子言："性相近，习相远。"孟子始倡为性善论。《易·系》则曰："继之者善，成之者性。"较孟子有更进一层之发明。

《中庸》言:"天命之谓性。"有生无生,莫不有性,同出于天而各别,此之谓性理。濂溪《易通书》主在阐申《易》义,横渠《西铭》主在发挥《中庸》,实皆兼采道家言。程朱较多称述《论》《孟》,但亦多包融道家义。换言之,孔孟多主人道,宋代理学家则兼及天道,人文自然,一体阐说,而终以人文为主,不失孔孟之正统。

以一阴一阳言,则孔孟当儒家之阳面,而周张程朱则当儒家之阴面。象山阳明又一意欲挽归之于阳,而疏失转多。朱子谓象山偏在尊德性,而己则偏在道问学,戒其门人当取他长以补己缺。尊德性道问学语见《中庸》,实即颜子所谓博文约礼之两面,亦即所谓一阴一阳之谓道。朱子能由道问学而归本于尊德性,亦不失孔子言道之正统。

《周易》六十四卦,均不言及阴阳二字。《易大传》始言之,此已羼进了道家义。故曰:"无极而太极",乃于太极前增上无极一语。孔子言仁又兼言智,道家则重智不重仁。就智之一面言,则内之本不易见,外之末转易知。草木根柢藏于土,枝叶生长出于地,一易见,一不易知。婴孩不如耄老之易知。故道家言有无,儒家言本末。儒家主要言人文大道,而以天地大自然为本。天道天命难知,人事得失易见。一国一天下之治乱兴亡,一家之盛衰祸福,易见易知,而人心之为本则难知。心显在外,尚易知。而性之隐藏在内以为心之本者,则又难知。喜怒哀乐爱恶欲,谓之七情,乃心之显于外,犹较易知。而爱为恶本,喜为怒本,乐为哀本之精密至理,则又难知。然不得其本,则不知其末。一阴一阳之谓道,就人心之知言,阴为本,阳为末,道家之意应如此。孔子昌言仁道。仁,人心。仁道即人道。故《易》卦先乾后坤，则阳在先而阴在后。此以道之先后言，不以知之难易言。

墨翟言天志兼爱，亦若以天为本，以人为末，亦求由末以返之本，而于人道则转有大失。杨朱为我，则有人无天。庄周老聃又反之，乃至于有天无人，故主无为。惟孟荀坚守儒家义。而又有邹衍倡五行家言，亦本儒家，而兼采道家，其地位声名，在当时乃出孟荀之上。实则邹衍所言，天道重，人道轻，不啻以天为本，以人为末，更近道家言，而与孟荀乃大背。继之又有吕不韦及汉初淮南王，皆招宾客著书，大旨不外于兼融诸家，会之一统。终亦有背儒家以人道为本之大旨。及董仲舒出，专尊五经，罢黜百家，儒术乃定于一尊。此不可谓非中国学术思想史一进步。

以道言之，固是天为本，人为末。但以理言之，则不妨以人为本，而天转为之末。惟孟子主性善，仍可以人合天。荀子主性恶，由人中有圣乃有善，不免尊人而卑天。故后儒终尊孟不尊荀。俗语称王道不外于人情，但不言天道不外于人情。又言人情即天理，但不言人情即天道。又道理连言，皆儒家义之深入浅出处。故道家专言天，乃深入而无穷。儒家主言人，则反己而有得。此则犹可待后人之继续加以阐申与发挥。

仲舒治学，主要在孔子《春秋》，而以公羊为主。但亦兼采邹衍，重天道。司马迁继之，著《太史公书》，其言曰："明天人之际，通古今之变。"天人古今，有其分际，有其变化。言天必重时重变，史学重人事，而亦不忽于天道。但司马迁于天人之际，则一尊孟而贬邹。西方科学，自然更重于人文。宗教更轻人世。故西方之学易偏趋于极端，而中国则务于大中而至正。远自战国之末，学术思想已大致形成了阳儒阴道之局面。惟兼采邹衍阴阳家之说，则不免道更重于儒。西汉末，扬雄仿《论语》为《法言》，又仿《周易》为《太玄》。东汉末，王弼注《周易》，又注《老子》。此皆儒道兼容，而王弼为益显。大抵处治世，人生多爱多喜多乐，而每不自觉。处乱世，多恶多怒多悲，而每滋不安。处治世多向外进取，处乱世多向内悔疚。故治世在阳面而易于转向阴面，乱世在阴面而亦易转向阳面。一治一乱，亦如死生，每循环而不息。死即所以成其生，非有死，即无生。乱亦可以引生治。人群不能有治而无乱。惟中国每以一治一乱作教导，不以长治久安为当然。夏商周三代，治乱更迭，亦天命。不能有禹不再有桀，有汤不再有纣，有文武成康不再有幽厉。此亦天人分际。亦如人生不能有爱喜乐无恶哀怒，则人心自当有修养。人生不能有外无内，自不当专务名利，而当反之德性。有分别，即有和合。有和合，亦即有分别。儒家言道，乃在天人和合处。道家始言及理，则在天人分别处。生与治乃和合，死与乱为分别。儒家多重在正面积极处，而道家则多重在反面消极处。儒道兼融，道理并言。天人合一，而道之内容乃益见其宽大。

依中国古史传统，尧舜禹汤文武周公，皆以圣帝贤相开一代之盛运。但秦始皇帝汉高祖开基，则无说以通。邹衍阴阳家言五德终始，其说遂大行于西汉。但光武中兴，邹衍之说衰。王弼代起，乃以《易》卦阐史。下经三国两晋南北朝，而其说又大变。在野之百家言，又超于在朝王官学之上。而老子释迦乃与孔子鼎足三峙。

儒道两家同言天命，儒家积极，乃言"天之将降大任于是人"。道家消极，庄子以浑沌为中央之帝，而儵忽为南北之帝。中央乃一和合，南北则为分别。儵忽时间短，浑沌时间长。时空亦当和合。西方人重空间，忽视时间。中国人则重时尤在空之上。天属时，地属空。中国人必天地连言，而一切衡量，以时间之悠长与短暂为主要标准。南北之帝，儵忽短暂，不应为中央之帝。但中央之帝亦宜终非一浑沌。既此一寓言，而人生政治哲理之甚深妙义，有待商榷者，亦胥见于此矣。

佛法更消极，稍近道家。隋唐之间，佛法中国化，天台禅华严三宗继起，则又融会于儒家。宋代理学，反释道而一归之儒，但亦兼融释道。不能只积极，无消极，此即所谓一阴一阳之谓道。一天人，合内外，终为中国人文大道文化大传统之主要所在。

一阴一阳之变即是常，无穷绵延，则是道。有变而消失，有常而继存。继存即是善，故宇宙大自然皆一善。生命皆属善。无生物亦然。异性同存，则必有其和合处。故天地一气，曰太和。西方生物学家则言优胜劣败，物竞天择。则试问当前人蝇并存，究是孰优孰劣，孰胜孰败？西方人好分别，知争不知和，亦征其所见之狭矣。

人群相处始能继，人性之和由之。人性乃由长时期经验成，中国人则称之曰化。所谓人文化成是也。化与变不同，变易见易知，化不易见不易知，须长时间之蕴蓄孕育。如人，经胞胎十月，又自婴孩历二十岁之长久演化始成人。故太和中必经长岁月而有万化。阴乃其规范，阳则其表现。非长时间深透不可知。亦可谓时居阴，空其阳。

非时则空无成。中国人言和合必兼及其分别,言道则必兼有理。中国学术思想之必儒道兼融者即在此。

中国语言文字能和能化,西方语言文字则惟变惟新。观念思想随之,而文化乃大异,故中国每能于相反相成处见道。就中国五伦言,如父慈子孝,言慈则父母居阴,子女乃其阳。言孝则子女居阴,而父母为其阳。行为主在阴,对象则为阳。高山仰止,景行行之。高山其向往之对象,循道而登乃其阴。人之在大群中,群属阳,己则阴。惟亦可倒转言,登山之己属阳,一阴一阳,正反主客,互易无定指。道为主,行道者为客。亦可谓孔子大圣为主,其道乃为客。人可为主,天可为客。今可为主,古可为客。一阴一阳之谓道,其妙义不拘可如此。

孔子十有五而志于学,乃学求为一人。为人有道,道与人乃其主,己则为一客。及其立而达,而至于七十从心所欲不逾矩,则己心为之主,而道与矩尽为客矣。如是则己为主,群为客。人为主,而天为客。亦可谓空是主,而时则成客矣。孔子圣之时者,经时间修养乃成圣。及其为圣,一切时皆环向此一心,亦即环向此一空,主客倒转,正反亦然。

西方个人主义,己为主,外面环境乃其客。婴孩时,父母家人皆在环境中。日长日大,环境日扩,己仍为之主。老而衰,环境日促日小,己之为主,乃退居老人院中,其道难继。邦国亦然。资本主义与帝国主义,外围皆侵略对象。富强不可一世。久则贫弱,不再振起,以迄于亡。希腊罗马,先例俱在。此皆惟知阳,不知阴,不知一阴一阳之始为道。故其道终难继。

人死属阴，生属阳。阳则短短百年而止。但上有父祖，下有子孙，绵延扩大，可臻无极。故人生虽仅百年，而其心情乃能通达于父祖子孙而无穷。天下之本在国，国之本在家，家之本在己，己之本在心。己心乃天地万物众生人群一中心。此天地万物众生大群，乃为吾心一阴面。己之一生，则为其阳面。一阴一阳乃有道。孔子之道乃即孔子之大生命，以宇宙天地万物众生大群为之体。从此体内发出光芒，斯即成其为孔子，如是而已。孔子死，此光芒则依然常照耀在宇宙间，在大群中。每一小己，亦各受此光芒以为生。此光芒乃人生之阳面，己身则其阴面。

宇宙大自然即是一气一动，即一道。但气涵阴阳，正反相异，万物各别，斯见分理。如父子一气相承，而先后有别。理不同，斯慈孝之道亦不同。失其理，则非其道矣。君仁臣敬亦然。彼我有别，君一臣众。君当仁其众，臣当敬其一。若君敬臣仁，则又失其理，而非其道矣。儒家之研道，益进而有理学。又有心即理性即理之争。心即气，分别处乃见性，则性即理之说为当。孔子学为己，最为得之。颜子曰："博我以文，约我以礼。"约以礼，即为己。朱子言："即凡天下之物而格。"孟子曰："万物皆备于我。"则博文即以约礼，而约礼又必从事于博文。《大学》所格之物，即孟子"万物皆备于我"之物。致知即以致己之知。故孟子朱子之学，乃即孔子之学。本末源流，亦一以贯之矣。

阳明格庭前竹子，乃误会朱子之言。竹在日常人生中，乃微末之一物，何待竭心以格。阳明处龙场驿，悟良知之学，自谓使孔子处此，亦何以异于我。此又误会孟子之言。困而自得，斯可矣，又何必遽以自比于孔子。孔子曰："学以为己"，斯乃最当于理而合于道。又曰："若圣与仁，则我岂敢。"则自得之后，仍当有学。后儒陈义高远，乃有近于西方之哲学。虽孟子朱子，容有难免。然孟子朱子之学，终亦以为己。而西方哲学，则主向外，为人为物，此又不可不辨。人能学为己，斯则身修家齐国治而平天下。人道亦即天道，得于内而亦顺乎外。故道必得其理，理则必兼先后彼此而见。个人主义有己无人，社会主义有人无己，皆失其理，又何道之存。

近代国人崇慕西化，又以重男轻女自讥。中国史学文学中，崇敬女性，并世其他民族莫能比。一阴一阳，同等重视。《易》卦先乾后坤，岂即重男轻女。人群分上下，君在上，民在下。孟子曰："民为贵，社稷次之，君为轻。"又岂国人所讥帝王专制之谓。试读历代帝王诏书，绝少自尊自大。其所称颂，则在祖先。诏中要旨，则在百姓之福利。又岂得尽谓之虚语浮文。

若谓西方人生仅知阳，不知阴。亦可谓印度人生乃仅知阴，不知阳。中国则阴阳并重，又阴先于阳。西方人言婚姻为恋爱之坟墓，而婚姻之价值随以大减。印度人以生老病死作平等观，而死之地位乃大增。年逾五十，入深山居洞中，期死之早临。惟中国人男女生死各求一合理之处置。国人又以贫弱自诟。论历史，中国自清代乾隆前，富强亦超西方。富强贫弱，亦人生阴阳一体之两面。富强在己，贫弱在人，此何理又何道。孔子曰："贫而乐，富而好礼。"孔子过卫，曰庶矣。加之富，加之教。实则贫富乃由比较而见，岂能有富无贫。但求贫富不过分而加之以教，教以能乐能好礼，斯相安不互争，而人道乃可继。人趋于争，乱自随之。濂溪《太极图说》："主静立人极。"静则安则定，又何争。

人文一依于自然。西方人主动不知静。婴孩即入幼稚园，所见多，所闻杂，其心不宁静。入小学，见闻益多益杂，其心活动，蕴藏不纯粹。成年入世，不见真情，乃亦不见有己。有动而无静，有外而无内，所性所好所安无范围，亦不见其所将归宿，则又何道以为继。

要之，人生则必有两面，虽尽人有死，而生生不绝。虽安常守旧，而仍能与日俱新。虽危乱多败，而仍可继起有成。虽悲哀深切，而乐亦自在其中。此之谓一阴一阳。能知此，则随时随地皆可自得。仅知有己而不知有人有群，仅知有今而不知有古有后，有气而无理，乃自绝于天道与人道，亦无可与语矣。

一〇　中庸与易简

中国学术思想，儒家为正统。实则道家继起，即已融入儒家，而合成为一体。《中庸》《易传》两书，可为其代表。自汉以下，无不重此两书。《中庸》书中，提倡"中庸"一语。《易·系辞》中，提倡"易简"一语。此两语，汉以下发生了大影响。先秦战国与汉以下之大不同处，正在此。本篇稍抒其义。

中国历史绵长五千年，而先秦战国为其主要一转捩点。战国以前，乃为封建政治，中央为天下共尊。但天子外，尚有列国诸侯，各占一方，分疆而治，各自为政。秦汉以下，乃为郡县政治，举国统一，共尊中央一天子，不再有列国分封。此为中国五千年历史古今相异一大变。

专就西周论，自武王周公封建，下迄秦之统一，已历八百年。田氏篡齐乃一小变，然齐之为齐，则一线相承。下至战国，已拥有七十余城，疆境之广，传统之久，近代欧洲如英法，尚难与比。其他如楚，传统亦历八百年。秦亦然，纵谓其后起，亦当有五百年之久。燕亦由西周初封。韩赵魏由晋三分。专就其分后言，亦已各占有两百年以上。较之近代欧洲如德如意,亦已过之。当前欧洲如何得获统一,诚一大难事。中国之能有秦汉一统局面,实值深入之探讨。

在中国历史上有一大值注意者,即为中国人之重视贤人。远自尧舜禹汤文武周公以来,圣君贤相踞高位,有盛德,而臻一世于治平,此不论。及世之衰,踞高位者不必有盛德,有盛德者不必踞高位,而当时中国人已知重德尤甚于重位。春秋之世,齐桓公晋文公为并世诸侯所推尊,成其霸业。霸者,伯也。如周文王三分天下有其二,以服事殷,称为西伯。齐桓晋文挟天子以令诸侯,其令诸侯,即以尊天子。举世尊之,乃尊其德,非尊其位。后世事态变,而议论亦变,乃轻齐桓晋文之霸。然在当时使无霸业,则天下将更乱。故孔子曰:"微管仲,吾其被发左衽矣。"又曰:"民到于今受其赐。"则孔子亦尊霸可知。

霸业衰,上位更无贤德。郑乃一小国,子产为臣不为君,然而举世尊之。虽晋楚两强,亦无不尊子产。吴乃一蛮夷之邦,季札非大臣,周游列国,备受敬礼。此两人,即堪为当时中国人重德犹胜于重位一明证。其他类此者,全部《左传》中不胜其例,兹不详举。

子产季札已近孔子世,而孔子之受人推敬,则尤远甚之。孔子祖先自宋避难迁鲁,已失其贵族地位。其父仕鲁,仅为一小军官。孔子早孤,沦为一平民。鲁乱,避之齐,无职无位,而得齐国君臣之礼敬。从后世人视之,孔子乃一大圣人,其到处受人推敬固宜。然在当时,孔子仅一平民,而齐国君臣礼之亦如郑子产与吴季札,其风可慕矣。

鲁任孔子为司寇,位居三家下,最为尊位。孔子辞位去鲁。在孔子意，亦只是重德更重于位。恋位损德，孔子不为。其至卫，卫灵公即以孔子在鲁之禄奉孔子，是灵公亦知重孔子。此下周游列国，其所遇皆如是。今人只谓孔子所如不合，不得意而返鲁，而忽视列国对孔子之尊礼。此乃后世国人更进步，乃以孔子不见大用责诸国。不知当时诸国对孔子之敬礼重视，已为难得。孔子返鲁，鲁国君卿敬礼如故，此尤难能。后代国人，对鲁国君臣只加责备，不加赞许。试观欧洲及其他各民族史，固无如孔子之大圣，而当时我国人之尊贤重士同亦尤之。

墨子继孔子而起，其社会地位更低，然其受并世尊礼，则或更甚。继之又有孟子，后世尊之为亚圣。所如不合，然其出游，以邹地一贫民，而后车数十乘，从者数百人，传食诸侯，其声气有如此。其见齐宣王梁惠王，齐梁皆当时最大强国，孟子皆备受尊礼。庄周乃宋一漆园吏。宋小国，漆园吏乃卑职，庄周赖以为生，隐居自傲。楚国聘以为相，庄周拒之。楚亦当时一大强国。国人习熟此故事，不以为怪，乃谓中国为一封建社会。则此封建社会四字，究当作何解释？

尤如齐，首都临淄稷门之下，广建高第大厦，延揽各国学者，尊之为稷下先生，奉以厚禄，使得自集门徒，论学传道，著书立说，自为宣扬。政府不烦以政事，而许其批评议论，以备斟酌。当时稷下先生几达七十人之多，以孔子仅一平民，亦门徒七十人，齐国乃当代一强国，故亦养贤七十以为比。

东方学人少去秦，但秦国亦知尊贤。商鞅后有范雎，乃魏一逃亡客，秦昭王长跪问政。其时秦亦已成一大强国，乃竟以一国王之尊，而敬礼一外国逃犯有如此。范雎终相秦，建大功。复有东方游士蔡泽，劝之退。范雎乃荐蔡泽继相。然东方学人终卑视范蔡，为其未能阐宏大道，不得与东方学人相比。而秦国之尊贤下士，奉其国于异国游士之手，东方学人亦不特加重视，仍以夷狄视之，谓其不得与东方诸夏相类比。秦军围赵都邯郸，赵欲尊秦为西帝，与齐东帝同尊。鲁仲连反对，谓秦果为帝，则仲连惟有赴东海以死。当时秦兵之强，举世莫敌。赵国亡在旦夕。鲁仲连一匹夫并不代表某一国，在危城中，发此高论，而赵国帝秦之议，终以暂止。魏信陵君来救，赵围遂解。信陵君之来救，主要得力于其门客侯嬴，乃一大梁守门人，与鲁仲连同是当时一卑贱平民，而在国际战争大动荡之际，发生此等大影响，试读并世各国史，上下古今，亦有其例否？可见当时之中国人，不重政治地位，而重私人品德。不仅社会如此，即居高位，为君为相为将者，亦同有此等观念。时风众势，乃以成此局面。此诚中国历史文化一特征。

然即如鲁仲连侯嬴，在当时地位，亦尚远在诸子百家讲学传道著书立说为一代大师者之下。要之，当时中国人尊贤尤胜于尊位，重道尤胜于重政。一言有道，相与尊之。试读一部《战国策》，类此故事层出不穷，亦不胜缕举。又如吕不韦，乃东方一大商人，竟为秦相。时秦已居战国列强之首位，而终受东方各国之鄙视，以其尚功利不尚贤。吕不韦乃一变其风，广招东方学人，集撰《吕氏春秋》一书。可知不韦同时亦一学者，深体当时尊贤不尊位重道不重政之共同风气，其书乃广罗当时百家异说，会通归合，求定于一是。其书行，则不韦己身之政治地位亦从而定。其果有意为天下之共主，抑仅求秦之统一天下而己为之相，不为周武王，而为周公？其内心隐私不深论，而其抱有一种政治野心，则昭然矣。其书成，悬之咸阳国门，人能改其一字，可得千金重赏。则不韦仍不敢以国相高位自尊，而仍有尊贤之意可知。

秦始皇帝亦游东方，熟知当时风气。吕不韦得罪，乃为一种政治斗争。始皇帝既灭六国，李斯为相。李斯乃楚国一下吏，从学于荀卿。蒙恬为将，乃齐人。始皇帝长子扶苏，则从在蒙恬军中。扶苏亦从师治儒学。秦之宗族则不再封建。又效法齐之稷下先生制，凡为一家之学者，尽得为博士官，不治而议论。并得各招门徒，自相传授。始皇帝之意，从此天下仅一天子居上位，不再有列国诸侯，而所重惟贤惟学惟道，更无政治权位之争，故自尊为始皇帝。自此二世三世，以至万世。非重子孙权位，乃在永世太平。不意当时博士中，乃加反对，谓自古非封建则不足以长保天子之权位。主此议者乃属儒家，但实不明大义，不通世变。秦之改封建为郡县，使此下中国永趋于一统，乃中国历史上惟一主要大进步。而秦始皇帝不亲与争辩，下其议于丞相，此亦未可厚非。李斯之为人为学，及此下焚书案，不在此详论。秦虽短短二十余年而亡，下起汉之一统，终为中国历史一大转捩点。则秦始皇帝之是非功罪，亦宜非一言可定矣。就今世界论，科学发达，商业交通，天下已如一家，而欲求世界之统一，则不仅远无其望，即求欧洲之统一，能合成一大国，亦渺非其时。将来之世界，恐终不能如中国之战国时代，有其统一之望。而

一〇　中庸与易简　　141

仍为一斗争杀伐之世界，此诚大堪忧伤矣。

中国既归统一，则此下之中国人，自当与尧舜禹汤文武乃及春秋战国时代之中国人有所不同，此亦易知。其大变异所在，则中庸与易简之两端，实为其最显明者。今始约略申之。

何谓中庸？中字易知，庸字难解，但绝非安于庸俗之谓。《中庸》言："喜怒哀乐未发之谓中，发而皆中节之谓和。致中和，天地位焉，万物育焉。"方其未发，有此喜怒哀乐之情，无此喜怒哀乐之别，则中亦一和。及其发而中节，则仍亦一和。是则中和二字，更重在和。和之一字，可以尽中庸之德矣。故曰："中者天下之大本，和者天下之达道。"惟贵本于中以求和，故大群之和乃皆本于小己之中。即天地位，万物育，亦位育于此中。庄子所谓"得其环中以应无穷"是矣。《中庸》又言："君子和而不流，强哉矫。中立而不倚，强哉矫。"则中庸非不言强，惟贵其中和，无过不及，不走极端，不趋分裂。又曰："衣锦尚䌹。君子之道，暗然而日章。君子之道，淡而不厌，简而文，温而理。知远之近，知风之自，知微之显，可与入德矣。"是中庸之道亦非不主表现，但求表现于暗微淡简中。此皆中庸之要旨。

战国之际，列强纷争。秦汉以下，全国统一。时不同，斯道亦不同。广土众民，大群相处，而求长治久安则最要在能和。亦贵有一中庸之社会。而人物师表，亦归于此。此正中国历史一大进步。姑举数例。贾谊乃一不世出之奇才，汉文帝能加赏识，君臣际遇难得。绛灌之徒，满朝大臣，皆从高祖戎马间得天下，不欲贾生以一青年平安中骤膺重任，凌驾其上。此情亦平庸所有。文帝委曲隐忍，出贾谊为长沙王太傅。贾谊之《陈政事疏》，自谓乃痛哭流涕长太息之言。其所言非不诚，亦非不明。及其居长沙，乃自比屈原，终亦隐忍委曲以安其位。及文帝再召见，赞赏更有加，而终又出之为梁少王太傅。贾生亦仍隐忍委曲安之。及梁少王出猎，坠马身死，贾生深感未尽为师傅之责，忧伤以夭。此诚一悲剧。近代国人则不加体会，认为自秦以来，君主专制，群臣以孔子儒道助成之。则试问，岂汉文必尽违绛灌朝臣，重用贾生，乃始为不专制？而贾生则当怫然以去，或投水自尽，不受任命，乃始为不助长帝王之专制乎？

孟子论三圣人，如伊尹之任，伯夷之清，战国学人皆慕之。独柳下惠之和，慕者绝鲜。苏武使匈奴，守节不屈，牧羊北海上，殆亦如伯夷之清，伊尹之任。及其归汉，则俨然柳下惠之和。苏武之为苏武，则尤在其归汉之后。相传李陵《报苏武书》，乃南北朝时人伪为，乃重李陵甚于苏武。时代变，人物亦随而变。而中庸之为德，其有助于中国秦汉以下之大一统，亦由此可知。

司马迁亦不世奇才。武帝以用兵塞外，力惩边将降敌。戮及李陵家属，又罪及司马迁，其所措施亦不得谓全不当。其内心则甚贤迁。迁出狱，擢为中书令，即内廷秘书长，亦可谓择贤善任矣。而迁则以自请宫刑为奇耻大辱，特以承父遗命，愿终成《史记》一书，而隐忍委曲为之。其《报任少卿书》，言之沉痛悲愤无遗藏。武帝下迁狱，又加重用，岂专制更甚于汉文？而迁之受任中书令，乃为助长专制之尤乎？中国人之尊君观念，亦为一礼，亦一中庸之道。《中庸》言:"忠恕违道不远。"人而非圣,孰能无过?君有过,仍当尊,此亦不失为恕道。曹操为《述志令》,自期为周文王,勉不篡汉自帝,岂亦汉献帝之专制使然?曹操能政能兵,允文允武,亦当时一杰出人才。魏上承汉,下启晋,当为中国政治史上一正统。而陈寿《三国志》魏蜀吴鼎足记载,并不贬蜀吴为诸侯叛国。而魏臣之谥其君,则曹操为武帝,曹丕为文帝,则于操并无褒辞。唐杜甫诗,有"将军巍武之子孙"之语,则于操仍加称扬。而后世则终列操为篡乱不臣之奸。此见中国人品评人物有如是之严正,但仍不失为一种中庸之道。君则终是君,臣则终是臣,孔子所谓名不正则言不顺,正其名亦即中庸之道而已。近代国人切慕西化,秦以下之政治则斥之为君主专制,秦以下之社会则斥之为封建社会,两千年来之历史几于无一是处。窃恐持论过高,非中庸之恕道矣。

王猛出仕苻坚,亦不得谓于安定北方无功。但劝其主勿蓄意南侵,此亦《中庸》所谓素夷狄行乎夷狄。此下汉臣出仕北朝,最后如苏绰,其苦心亦皆然。尤后如王通,亦非能严夷夏之防。但其著为《文中子》一书,亦于后世学术有贡献。而后人亦仍目为大贤。韩愈自谓并世无孔子,不当在弟子之列。而以辟佛自比于孟子。其《谏迎佛骨表》,幸仅免死,而远谪潮州。然亦终安于为臣,未能效孔子之辞鲁司寇而去国,亦未能效孟子之终不仕于梁齐。彼一时,此一时。在上有一君,乃中国之所以得成为一统之中国。秦汉以后之一统,正乃孔孟以及先秦诸子百家所想望。愈之为臣,亦以能直言极谏,亦可得中庸之恕矣？

明代王阳明，远贬龙场驿。及其为江西巡抚，平宸濠之乱，而几于获大罪。其教学者门人如钱绪山王龙溪，亦终劝以应科举，勿务求不仕。阳明唱为良知之学，而其委曲求全有如此，岂亦助长君主专制乃如此？清代曾国藩，以湘乡团练平洪杨。此下中国社会之仍存有孔子庙，此亦曾氏一大功。乃今人又斥之以不能继续反清革命。但曾氏亦终不失为一中庸人物矣。

孙中山先生辛亥起义，乃以正式总统位让之袁世凯。及在广州，再创临时政府，而仍终北上与段祺瑞、张作霖军阀言和。此亦最近代中国人一中庸标准。故秦汉以后之中国，可谓乃以中庸立国，列代名臣皆不失一中庸意态，成其己而和与人，其义深长矣。

中庸外，尚有易简一词。《易·系辞》言："乾以易知，坤以简能。易则易知，简则易从。易知则有亲，易从则有功。有亲则可久，有功则可大。可久则贤人之德，可大则贤人之业。易简而天下之理得矣。天下之理得，而成位乎其中矣。"中国人教孝敬忠。父当孝，君当忠，从各自之一身做起，岂不易知而易从。而修身齐家治国平天下之道，乃一以贯之。今人则以孝亲为封建思想，忠君为专制观念，其议论若远见为卓越而进步。但群道究当何从，则似不易知不易能。乃惟西化是慕。舍己从人，失其性，亦违于命矣。今姑略作一比较。似乎中国社会一切易简，西方社会则远较艰繁。专就婚姻一端论，《中庸》言："君子之道，造端乎夫妇。及其至也，察乎天地。"中国人极重视夫妇关系。史籍文籍多所载。春秋时，晋公子重耳出亡在齐，其新夫人少姜乃与其从者谋，醉遣之离齐。楚灭息，纳息夫人为后，息夫人乃三年不言。此等皆迥出常情，传诵千古。又如《孔雀东南飞》，乃一家庭婆媳问题，而弥见夫妇之情深。钱牧斋与柳如是，乃一名宦在政治上之出处问题，而弥见夫妇之义重。"夕阳衰柳赵家庄，负鼓盲翁未作场，古今是非谁管得，满村听说蔡中郎。"此亦属夫妇问题，乃当时民间有此等事，而上托之古人。热中富贵，糟糠之妻遂以下堂，此等问题，则仍与近世崇尚西化之夫妇问题大不同。西方主张男女恋爱，中国则男大当婚，女大当嫁，不重要在婚嫁前之恋爱。而西方则视恋爱为人生一大事，小说戏剧文学题材中，多所涉及。为婚前恋爱，已不知耗去几多志气精力，而婚姻反不美满。据最近台湾统计，一千八百万人，每三十分钟即有离婚事件一起。美国则男女同居已将代替夫妇婚配。小家庭制度亦将失其存在，社会当成何形态，则非能想象。要言之，婚姻一事，在中国极易简，极中庸，而在西方则变难重重，出奇出格，乃成为人生一大问题。此实为探讨中西文化异同值得注意一比较。

其次再及立国问题。一国则必有一政治领袖，中国古人言："天生民而立之君"，其事若甚易。伏羲神农以来，中国早有君。黄帝尧舜唐虞三代，为封建政治。多国多君，仍有一中央一统之天子。秦汉以下，改为郡县政治，全国共尊一天子。此天子非必贤圣，而父子世袭，其事亦甚易，不烦时有筹措。但亦得有一两百年或三四百年之治安。中国以广土众民，大群相聚，历五千年之久，为并世其他民族所无。在中国则若平常易简，乃遭近代国人种种之批评。西方则希腊一半岛小小地区，竟不得成一国。罗马以一城，建立一帝国，又吞并遍及地中海四围欧非亚三洲之土地。然其亡希腊，希腊人未必安。灭埃及，埃及人不之乐。始终只是武力压迫，而帝国亦终不能久。中古以后，现代国家兴起，亦各分裂，相互战伐，迄无宁止。最近两次大战，生民涂炭，杀人技术则为欧洲文化最进步之第一项。今则第三次大战又接踵将起。立一国，使其国内治安，国外和平，能维持四五十年之久，此乃欧洲一极复杂极艰难事。非杀人，不得使人安。非灭国，不得使国定。而葡、西、英、法之海外殖民，今亦明日黄花，昨夜残梦，转瞬消散，重温无望。为今之计，倘能全欧洲和平统一，建为一国，亦如中国之往年，岂非欧洲人一大福祉，而终亦一大难事。在中国为至易简者，在欧洲则至繁艰。在中国为至平庸者，在欧洲为至特出至非常。今吾国人，慕效西化，而家不得安，国不得定，岂非七十年来国人所共睹。此诚人类当前至堪注意研寻一大问题。其次再言及人类之信仰。孔子言："民无信不立。"宗教信仰亦为西方文化中一大事。耶稣乃一犹太人，生平传教仅得信徒十三人，其中一人乃叛徒。耶稣称恺撒事恺撒管，而恺撒竟钉死之十字架上。其门徒狝进罗马城做地下活动，可谓极千辛万苦之事。及耶教大行，组织教会，建立教廷，拥戴教皇，此亦非易简事。苟使无教会，无教廷，无教皇，今日在欧洲耶教是否得存在流行，岂不仍成一问题。回教继起，十字军远征，又极千辛万苦。耶教内部又分新旧派，相互纷争，新派中又各有分裂，事极繁复。求定于一，艰难无望。

印度释迦创佛教，亦极艰难，终亦衰熄，几不存在。其来中国，乃得广为流传，迄今为中国文化一大支，又传播至中国之四邻。其保存流传较之在印度远为易简。此又是深值研究一问题。

中国有孔子，近世人以与释迦耶稣并举。而孔子之获得中国人信仰，殆更盛于释迦耶稣之在印度与欧洲。但孔子生前，绝未存心求为一宗教主，死后亦无教会组织。乃其教竟得广泛流行，其为期亦更久。而释耶回三教，反在中国并得流行，不相冲突，亦无损于孔子至圣先师之地位。此诚一奇迹。抑尤有甚者，中国社会信天信地，又信及山川，信及万物。近代国人则讥斥之为多神教迷信。但信一神，如耶回两教斗争，杀人几何，迄今不能止。宗教提倡和平，实则引起杀伐。中国人既迷信，信多神，乃终不害其信孔子，又可相安无事，和平相处。在西方一极复杂极艰难事，在中国则易简若固然，宗教信仰又其一例。此诚深值研究之又一问题。

今再综括言之。家不安，国不定，信不立，举世人类又何得和平相处。但中国已往之文化传统，则家安国定信立，已有其成绩，故得五千年长为一中国。今日中国人已占全世界人口四分之一，太过繁殖又成一问题。问题随时随处而发，又都连带相关。求解决一问题，必牵涉另一问题，此之谓艰难复杂。惟待非常杰出不世有之人物为之谋解决。于是人人乃各自务求为非常杰出不世有，而相争益甚，但此等非常杰出不世有之人亦终于难产。生为中国人，宁不当对中国已往社会历史文化传统，略作探讨，少加批评。果能小有所知，庶或对自己国家民族，对当前世界人类或有所启发与参考，此亦不失为一种中庸之道，易简之方。较之务求现代化，务求为现代第一等国，第一等人，岂不较易知，较易从，较易立德成业，以无愧为一人乎？

今再简约言之，《中庸》云："君子尊德性而道问学，致广大而尽精微，极高明而道中庸。"孔孟庄老固已尊德性致广大，极高明于前，后之学者，则惟求道问学尽精微道中庸，岂不易简之至。但今国人则又斥之以好古守旧，不务进步。果使古人复起于地下，恐亦无辞自解矣。

一一　质世界与能世界

（一）

我们这个世界，与其称为质的世界，似乎不如称为能的世界，更为适宜。庄子曰："指穷于为薪，火传也，不知其尽也。"薪为具体物质，火非具体物质。物质可指有尽，能则持续无尽。试举一更浅显易明之例。电视公司，拍摄电视，有声有色，散入空中，每家每户设一电视机，便可把此声色照样接收。电视机乃物质，散布空间之声色，无可指，当属能。

再深言之，空气亦属物质。散布空中之声色，虽固看不见听不到，亦可谓属物质，但有能，故使人得从电视机中来收看收听。如此之例，同可来说明文字之用。语言写入文字，亦如一架机器，他人读此文字，便如听人说话一般。其功能之大，实远超近代机器如电视机一类之上。

中国文字，更属功能卓越，流传广久。古诗三百首，已历三千年，辞简义丰，至今犹人人能读。三千年前人之精神笑貌，心胸情怀，依然如在目前。使三千年后人，仍可投入三千年前之人生境界中，同样感受，同样孕育。试问如此兴趣，较之人类登月球，荒凉寂寞，无亲无故，刺激全异，何堪相比。今人则沉迷于质的世界中，能的世界日闭日狭，日消日淡。看一场电视，情绪兴奋，已远非诵三千年前一首古诗所能比。登上月球，虽片刻之顷，毕生难忘，举世惊慕。中国古人发明了此一套卓越的文字，使三四千年前之人生，投入了一广大悠久之能的世界中。质的世界之一切意义与价值，全已包涵在内。两者相较，质的方面，自见逊色。古诗三百首，可以抟聚民族，陶冶性灵，有治国平天下之大用。较之物质世界中之财力兵力，其功能之大小高下，难相比拟。但告之今之国人，又谁其信之。

吾国人正为生长在此能的世界中，四五千年来，不仗财力兵力，而抟成一广土众民大一统之民族国家，举世无匹。此有历史实证，又谁得疑之。西方文字，随语言而变。语言又随时随地而变。故罗马人之语言文字不同于希腊，中古时期现代国家时地异，又各随而变，故西方人之语言文字，可称为质的分量胜过了其能的分量。人生一切亦皆变。故中西双方文化比较，正在其质与能之多少与强弱方面。以质的世界论，近人认之为进步。以能的世界论，长此分离，永不统一，斗争杀伐日烈，进步何在。人生不能专论物质，其最大功能，乃在其大群之能寿。中华民族寿达五千年，此其功能之一。人生之又一大功能，则在其群之能大。中华民族之疆土，已超越全欧，此其功能之二。何以有此功能，则为其生长于能世界，与西方人之生长于质世界者有不同。

中国古人言，人之死，体魄腐于土，而魂气则无不之。体魄属质，魂气属能。魂气之无不之，则在其生前已然。孔子曰："君子之德风，小人之德草，草上之风必偃。"此风即人之德性，亦即其生前之魂气。西方人信仰灵魂，仍是一种物质。惟其所在地则为天堂，非尘世。其在天堂，亦不言其相互间共通和合之功能。在人世，数百人同进一礼拜堂，每一灵魂各自直接通于上帝，无分风草，不能有相互之影响。罗马教廷则同属一种政治组织，依然需拥有财力武力，其所表现，仍在质世界。中国佛教，僧寺散藏深山大岳中，相互间无组织，无系统。但同一寺中之方丈与其僧侣，一是风，一是草，魂气相通，并可波及外界。仍于尘世无遗。

西方社会一切衡量，皆本于财力武力，近代则为一种机器力，故谓之质世界。中国重风气，在人不在物，在德不在力，在能不在质。如言风度、风范、风格、风致、风貌、风神，乃指一人言。并有一家之风，一乡一邑之风，一邦一国之风，一天下一时代之风。其言气，如孟子言"浩然之气"，文天祥言"天地有正气"。风与气皆非物质，但皆有能，其能则犹在财力武力以及各种机器力之上。故中国人对群体之观察衡量，好言风气。西方人则不之重，不之知。

如男女婚姻，结为夫妇，亦本于德行，而成为风气。《周南》《召南》为十五国风之首，而《关雎》为二南之首。后人谓文王之得天下，开有周八百年之盛运，乃自《关雎》之诗始。此等观念，西方无之。直至今日，美国富强冠世,男女多同居,不结婚。此亦是一种风气。依照中国人旧观念,此种风气,于人群治平大道,可发生反面之大影响、大力量。但西方人何肯承认。

中国人又言气象。象是一种模样,亦非物质。宋明儒好言圣贤气象,即指其一种神气模样言。孟子曰:"规矩,方圆之至。"规矩亦是一种模样。而此种模样,可以推广,可以持久。一切事物皆求其成规成矩,有模有样。俗又称模样为神气。余书斋墙上常悬朱子横幅书"静神养气"四字,大率中国人看人之生命,此神气两字即可说尽。故静神养气即中国儒家养生修身最大纲领所在。中国人重礼,俗亦称规矩。夫妇婚姻,礼之大者。不仅人类,其他生物中亦多有此模样。如睢鸠,如鸳鸯。其至如天圆地方,亦此模样。张横渠《西铭》言:"乾称父,坤称母",亦同是一模样。古诗云:"相鼠有体,人而无礼。"中国则要人做一像模像样的人,生活得有规有矩。而人则自有此德,自有此能。故人生在能世界,更要于在质世界。中国人观念,天地大自然,自始即是成规成矩,有模有样。否则亦生不出人类与万物来。"天地之大德曰生",生生不已,即是天地之一种德,一种能。言质则称曰气质性质,但不称物质。专言物质,则不见其性气。言性言气,则质亦自在内。性气乃兼言能,不专言质。西方人好言物质不灭,但最近发现了电子,他们的物质观念亦终于要变,不能再保持。

言能必有动。故中国人又好言气运,运即有动义。动的另一面是静,静则不变不动,而有此一存在。生动死静。生生不已,不说死死不已。故死生一体,其气其性其德，则偏重在生，不在死。故生统死，死不统生。人生体统在求生，不在求死。果使死生不成一体，则无统可言。西方宗教主灵魂上天堂，世界有末日，死生分成两体，则早非生命之大全。西方生物学家言，物竞天择，优胜劣败。但直至今日，人类岂是胜，蝇蚊岂是败。海底鱼类尽日尽夜成一大战场，而生者自生，死者自死，亦与地面人生无大相关。则天地大自然亦不成一体统。转不如中国古老观念，"天地之大德曰生"，不失为一体统。天地真有此好生之德否？中国人则谓气象如此，不专向物质上作深究，斯得之矣。

中国人言和气致祥，乖气致戾。一身之气，一家之气，一国一天下之气，均有乖有和。待其积而运，则有祥有戾。中国人又言王者气象。人群达于一理想境界，则王者兴，而其地亦有王气。此果为一不科学之迷信否？如读二南，读《豳风》，斯可知其二地之气象，宜可有王者兴。吴季札聘中原，观听列国风诗，即能指陈其数百年来民情风俗盛衰治乱之概况。《汉书·地理志》，亦引《诗经》以证当时郡国文物之演变。此皆所谓气象不同。实即古人死者之魂气流衍，以积累而成之一种能的世界之景象。非在质的世界中，有一种潜在的力量，由观察衡量而可得知其所以然与将然。今日世界气象，王者兴于何方，宜亦可用中国旧观念加以推测。或当谓气运未转，庶或近之。

西方人长生活在质的世界中，对能的世界似少领会。最显著者，即在其对一己之德性不自重无自信，故每重于事而轻其人。即如文学，每一作者，亦不在坦白直抒其内心以告人。或其内心并无所存，所写只外面事，与作者个己无涉。故西方文学中所表现，多作者体魄所接触，加以虚构伪造，非其魂气德性之所在。故在西方作家中，求如屈原陶潜其人，乃渺不可得。求感人，则在其作品中之故事，紧张刺激，曲折离奇，千变万化，重要在外不在内。其内在情志方面，惟男女恋爱，而仍必故事重于情志。苟非故事之紧张，即不见情志之真切。至于作者个人情志，则甚少诚恳表达，坦白透露。如是，则以一内无情志之人，又何能表达出动人情志之文学来。

即如哲学，亦不披露思想家一己之情志，而仅从外在求真理。此种真理，亦本此思想家体魄官知之所得，而遵从一种逻辑辩证方法，以完成其体系与理论，非其魂气精神之所存。即如生物学，观察外在生物界，无微不至，然不能反求之一己内在之生命。故西方学人尽向外面知识上满足其欲望，不向内部德性修养上完成其一己。其学术气象乃如此。一部中国学术史，先秦两汉魏晋以下迄于清末，无不各有其每一时代之气象。其气象有承有变，共成一体，乃成为中国之学术风气。但此一风气中，亦有厚薄精粗，偏全高下，乃全从其内在德性之能的一面来。西方学术只见方向分别，各成专门，其能亦尽限在外面物质上。故西方学人纵处乱世，亦仍钻牛角尖，外面事若可置之不问。因其无自立，乃亦无自信。亦可谓其所信在外，而不信及于己。此即其生命寄托于体魄，而不知有魂气之存在。

中国人言气象，尤好于天地大自然中之山水求之。泰山华山，各有气象，各因其自然积累人文而化成，不可互易。其他诸岳皆然。江河四渎，湖泽沟渠，亦莫不然。无此自然，即无此人文。非此人文，亦非此自然。中国之自然乃积累古今数千年中国人之无数魂气所共同缔造，乃成此气象。此乃一神化，一奇迹。人文有盛衰治乱，自然气象则可光昌无变，而人文乃亦绵亘以俱新。故中国境内之自然山水，各有魂气流衍，各有气象呈现。生此天地中，无不受其影响，受其化育。吾中华民族传统文化精神方面之同化力，主要乃在自然山水之间，更远过于其在都邑城市中。故中国文化乃常与天地大自然融凝一体。中国人言，言教不如身教，而气象大自然之教，则更深厚，更不可测。

以中国各大都市言，如长安、洛阳、金陵、余杭、开封、北平，建都各数百年以上，全国人文荟萃，亦如山水大自然，各具气象，一读历史记载，可以依稀想象而得。所可奇者，乃其各自成体，各异其象。此体象亦经长时期之和合蕴积而始有。其他诸城市，亦各有其缔构。如江南苏州，单论其园林，唐有网师园，宋有沧浪亭，元有狮子林，明有拙政园，清有留园，分布城内外，历经盛衰治乱，规模尚在，会合成一气象。能世界超乎质世界，其影响乃不止苏州之一城。又如济南、长沙、成都、广州、昆明，类此者又何限。

西方城市建筑，气象自别。远之如埃及金字塔，近之如美国尼加拉瀑布，仅供物质观赏，无精神陶冶，气象灵感则浅薄不深厚。故亦可谓西方都市中仅有物质之建设，而无德性之团聚。巴黎、伦敦、华盛顿、纽约，建设各不同，气象则无大异。不如中国各大都市之各有深厚之特色。若以近人语说之，则近代西方都市建设可谓乃科学的，而中国则属艺术的，此又一大不同。

故西方社会乃外在科学性的，而中国则内在艺术性的。若论科学，可说西方胜过了中国。但言艺术，则中国实远超于西方。中国重礼乐，亦一种艺术，非科学。故亦可谓西方乃一霸者气象，中国乃一王者气象，高下之判即在此。

如绘画。西方主模绘外面具体之形似。中国人画山水，则须画出此山水之气象，于山水原形有所变，乃有出神入化之妙。东坡诗："不识庐山真面目，只缘身在此山中。"此心能超乎一世之外，乃能深入此一世之中，而识得其真象。此一世乃亦融入吾心而与我为一。所谓一天人合内外，此为人生一绝大艺术。庄周言："超乎象外，得其环中。"宇宙大自然皆其象，吾之真生命真精神，则其环中。孔子志于道而游于艺，艺即礼乐。亦可谓礼其环，乐其中。人生真理乃在此。非知识，乃德性。果使拘于外在之礼，而失其内心之乐，则绝无当于中国传统所谓之礼乐。

故形而下则质生能，形而上则能生质。亦可谓中国所有乃一种有机科学，即生命科学，亦即能的科学，德性科学，科学而艺术化，生命化，而道亦在其中矣。岂物质科学之所能尽。西方艺术则终不免是科学的，而中国科学则务求其艺术化。西方科学最近有核子弹杀人利器之发明，但断不得谓杀人乃艺术。山崩海裂，狂风暴雨，亦杀人，但非天地自然之有意于杀人，更不得谓天地自然有杀人之艺术。与科学家之精心设计求能多杀人者大不同。中国人之气象观，则属艺术非科学。西方主张个人功利，故科学可无限使用，而艺术之为用则有限。中国艺术亦即人道，故可无限使用，而科学之为用则有限。此为双方文化学术一大不相同处。倘能科学艺术化，此即晚清儒所谓之"中学为体西学为用"之一表现矣。

另从一角度言。中国自始即一大陆国，西方自希腊起，乃一海洋国。漫游中国大陆，所至皆多相异。但仰天俯地，则觉有一大同气象。从大同中呈现出小异，异中见同，气象万千，乃得合成一大同世界。海洋则遍望皆水，航行者空荡荡无依靠，惟此一舟。波涛时起，惊险万状，必得驶近一埠头，此心乃安。而登埠后见闻，则异邦奇俗，与己土全不同。有所获而归，仍必再出。如此则毕生所求，乃非其所安。经历交接，惊险奇异，习以为常。既老而衰，始告终结。故在希腊人心中，人生只在向外求，一切惊险奇异中，应隐藏一平安如常之真理，而又骤不得其真理之所在。彼中哲学家所欲探讨告人者乃在此。科学亦然。几何学一门，最受注意。人海中遥望见一山，露出云层，即可推测吾舟离岸之远近。此是何等重要事。柏拉图榜其门，"不通几何学者，勿入。"中国古人，何曾设想及此。天地不同，世界不同，无怪双方人生之相异。

罗马以一小城市，仗兵力征服地中海四岸，但仍非一大陆国。西方中古封建时期在大陆，亦不能团结成一国。文艺复兴，意大利沿海新城市再起，北方波罗的海沿岸亦兴新城市，重返古希腊气象，于是有葡、西、荷、比、英、法，现代国家之出现。哥伦布横渡大西洋发现美洲新大陆，此在西方史上，何等惊天动地。但哥伦布心中仍只是一海洋。人心然，天地大自然亦然。全欧诸邦，仍承希腊旧传统，各成一海洋国，无大相异。

美国乃真成一大陆国,但其内心积习,仍自海洋国来,向外更重于向内,与欧洲文化传统无大相异。西部开发,印第安人杀伐殆尽。大总统统率海陆空三军,国务卿则主国际外交,其立国精神乃如此。俄罗斯乃欧洲一大陆国,自彼得大帝起,亦求海外发展。苏维埃继之不变。美苏乃同具海洋国精神。英国哲学家罗素,曾谓此后世界形势将不操于海洋国,而改操于美苏中三大陆国。但不知美苏与中国立国精神大不同。其所猜测,乃成浅见,无足深究。

西方立国精神常向外,个人亦然。重事业,不重其个人生命内在之德性。虽称个人主义,自生命立场言,实无个人精神。即如耶稣教之传播,亦事业,非德性。亦可谓儒释重内,耶教则重外。中国人重内在之德,故其事业亦发于内成于内。西方人事业则向外求,亦有身,而事业则不在身。亦有家,事业亦不在家。家人各自独立,不成一气象。国与国相争,乃始有国内之抟聚可见。胜则继续向前,败则气散不复。故西方气象乃在争。国然,个人亦然。平居无事,则无气象可见。希腊奥林匹克运动会,今又复盛,此亦西方一气象。暂时相争始有,争毕即散。

黑格尔哲学倡为正反合辩证法。中国人则阴阳正反合成一体,并无永远向前,只是正反对立一局面。故中国之变止于常,而西方之常则止于变。黑格尔辩证法,甲与非甲合成乙,如是而丙而丁,变而无止,实乃无常。此又双方观念一大不同。故中国和顺即是道,西方则相离相争始是道。所谓自由,实一反抗仍偏向外。人之德性则有反抗有和顺,而和顺尤重于反抗。个人独立,贵能合成一大群。人类生命实质如此。其意义价值亦在此。故身之上有家国天下，身是小生命，家国天下乃其大生命。合内外始能一天人，人文自然乃合一而无间。否则人文终亦是自然中一变，无逃于世界之末日。

西方哲学从宇宙论建立人生论。而中国人则从人生论来建立宇宙论。和顺于道，于己有成，即与天合德，人而即天矣。天地一大自然，人亦自然中一部分。涓滴之水，必归于江海，而江海乃集合涓滴而成。非涓滴，又何以成其为江海。孟子曰："尽心知性，尽性知天。"《中庸》则曰："君子无入而不自得。"人之生命在其身，亦在家国天下。苟其和顺于道，则各有自得，各不失为一中心，如此而已。而曰"一是皆以修身为本"，则亦修其分离养其合一，修其反抗养其和顺是已。

身家国天下，皆一气之抟聚。人生先有体魄，后有魂气。体魄归于腐败，魂气则长流行。西方人重体魄，主向外寻求，而生命乃限于躯体。可在医院中解剖，以详知其内容。中国医学则重在躯体中之一气。生命终了称断气。此一"气"字，西方医学所不论，今国人亦称之曰不科学。实则天有阴阳四时之气，地有山川陆海之气，身家国天下，亦各有其气。有生气，有死气，盛衰兴亡，莫不有其气。上下四方，古今中外，通为一气。中国此一"气"字所指，今姑称之曰能世界，以别于质世界。但质与能亦相通。今姑就中西文化相异处分说之如此。

宋儒言变化气质，乃分天地之性与气质之性而为二。天地之性亦称义理之性，乃宇宙大自然所赋予人之共同性。人类即本此以展演出种种大中至正之人生道义来。限于躯体，则为气质之性。故人自婴孩，为子弟，即当从学受教，求能变化修养，以上达于天命之共同性，而跻于大中至正之大道。此为中国文化传统人生哲理中一最要宗旨，最要目标之所在。如佩韦佩弦，警戒成习，而气质之性之或缓或急，乃不足为病矣。《论语》少言性，常言学，即此义。

孔子十有五而志于学，达于七十，而从心所欲不逾矩。此即孔子五十知天命之后，天地之性之充分用事，而达于与天合德之境界。其对门弟子，亦因材施教。"求也退，故进之。由也兼人，故退之。"此即变化气质之教。孔子又曰："不得中行而与之，必也狂狷乎。狂者进取，狷者有所不为。"中行之士，即本乎天地之性。狂狷则尚有偏，仍待变化。孟子曰："必有所不为，而后可以有为。"则狷为始，继此而狂而中行。孔门四子言志，子路、冉有、公西华，皆志在有为，曾点浴于沂，风于舞雩，咏而归，若志在无为。而孔子叹曰："吾与点也。"孔门四科，言语、政事皆有为，文学犹然，独德行若无为而居首。闵子骞曰："如有复我者，则我必在汶上矣。"颜渊居陋巷，不改其乐。冉伯牛能居简。皆似消极，有所不为，而皆列德行一科。此中深义，大值研玩。

墨翟继孔子而起，则近狂。庄周近于狷。此下中国学术传统，乃融会儒道两家。孟荀为儒门两支柱，孟子主性善，反己以求，谓人皆可以为尧舜，此近狂。荀子主性恶。向外各有偏，中正大道首在劝学。此近狷。汉儒传经，章句训诂，方法皆由荀。宋儒高谈义理，修养由敬，乃近孟。继有程朱陆王之分别，陆王似更近孟，然按之《论语》，则多见其偏。后人并有拟朱于荀者，因朱子自称偏于道问学，亦不忽章句训诂，并曾以孟子为粗。孔子曰："下学而上达。"子夏言："切问而近思。"则朱子讲学自亦有近荀处。清儒提倡汉学，上震于朝廷文字狱之镇压，多不敢放言高论。于程朱所言尚有讳，更何论于陆王。要之，儒学必归于中行，而以狷为之始。

并观当世，西方若近狂，印度若近狷。但西方进取，非中国人之进取。甘地以不合作主义反抗英伦之殖民统治，亦印度人气质之性之一种表现。但印度人性多近惰，实非狷。佛教出世，此亦一种有为精神，故在印度终亦衰歇。惟来中国，乃得长传。今印度虽亦成为一独立国，其在人群治平大道上，终难有贡献。要之，非能归于中行，则亦不得谓之为狂狷，此又不可不知。

战战兢兢，如临深渊，如履薄冰，知过弗惮改，勿以善小而弗为，勿以恶小而为之。此非居反面趋消极，实居正面，但谦退和缓，不激进，亦非无为。荀子主张性恶，亦求向善，此种心情，岂不亦为宋代理学诸儒所同情。其实韩退之亦谓孟子醇乎其醇，荀子亦大醇而小疵。如孟子法先王，乃主举世古今皆善。荀子法后王，虽主性恶，亦谓并世有善，乃是其醇处。其不知法先王，乃是其小疵。此种思想非反抗，仅和缓，一意情实，亦中国文化一特征。近人乃有讥国人为崇拜失败英雄者。实则当前之失败，仍可谓在永恒前进中一步伐一成功。故孔子之淑世精神实近耶稣，而更远于释迦。但耶教之原始罪恶及世界末日论，则绝非中国人性情所近，乃决不加以信仰与提倡。此亦研讨中国传统文化者所当加以深切之体会。

居移气，养易体，美国人苟得善自求进，宜可归于中行。如其解放黑奴，及其对加拿大墨西哥南北近邻不加侵犯，此即证其可与为善。但西方传统一时无可摆脱，异民族杂居，道一风同，亦难骤企。犹太人经商为务，亦近狂。耶稣之狂，乃与释迦之狷孔子之中行成为世界人类三大教。马克思亦犹太人，倡共产世界主义，亦近狂。惟耶稣志在天堂，马克思意归唯物，皆于人性有忽，与中国之中道终大不同。中国人好言性格，西欧人、印度人、阿拉伯人、犹太人，性格各不同。中国大同之道，建本于人性，而变化气质实不易。但中国人所理想，亦终不得谓其无深义。

又如苏维埃，地处寒带，生事艰难，民性阴鸷，恰与印度民族成一对比。今日国人或以美苏比之中国战国时代之齐秦，但战国时，诸子百家思想言论，皆能超国别之上，而一为天下谋。故秦之统一，乃浮面事。而中国之统一，则经深厚之积累。《中庸》言："今天下车同轨，书同文，行同伦。"此岂秦之兵力所能致。当前世界无此气象，则不待智者而可知。

然则此后世界将如何？吾民族吾国家此后又当如何？孟子曰："天下定于一。"又曰："不嗜杀人者能一之。"今世界任何一弱小国家，几乎无不愿拥有几颗原子弹。最近各国政治元首，接连遇刺。恐怖活动，遍地皆是，焉得有不嗜杀人之风。孔子曰："如有用我者，我其为东周乎。"孔子终生追慕周公，乃一旦得行其道，亦不敢想望西周之盛。退一步想，愿为东周，缓以期之，此亦吾中华民族独有之特性，亦吾中华文化特有之气质，所以能不失于中行。北宋以下，中国贫弱，迭经辽金西夏乃及此下蒙古满洲之蹂躏，而吾中华民族传统文化，仍得保留，此则承传统中行之余荫。

孔子主去兵去食，而曰："自古皆有死，民无信不立。"此立字，不指个人生命言，乃指大群生命言。吾中华民族绵亘五千年，繁衍十亿人口，可谓大群已立。苟惟富强进取，又何克臻此。老子曰："以邦观邦，以天下观天下。"比观中西历史，此下大势，依稀可见。

今吾国人尽唱现代化，实即西方化。孔子曰："过吾门不入吾室，而我无憾焉者，其惟乡愿乎。"乡愿则生斯世为斯世也善，此亦一现代化。但中国之乡愿，虽忘失其为己，乃亦主于和顺，不求为摩登时髦出风头之人物，仍不失中国之国民性。与近代国人所想慕之现代化又不同。此亦不可不辨。

西方禁捕鲸，性非无仁。最近西方科学发展，乃有电脑出现，管理功能转超机械生产之上，而冀及于人类内部之性能。果由此觉悟逐步自质世界趋向能世界，此或人类前途福祉之所望。中国旧观念，其将一新于斯世，则诚天地生人之大德所在矣。天生德于予，东海西海南海北海皆可有圣人出。中国观念终自有其意义与价值。孔子之信而好古，诚不诬矣。但倘谓电脑功能远超人脑之上，举世将更进入机械时代，则前途展演，诚非余之所知。

（二）

中国人言知，又必兼言能。《易·系辞》："乾以易知，坤以简能，易简而天下之理得。天下之理得，而成位乎其中矣。"所谓天下之理，曰乾坤，曰天地，曰阴阳，曰动静，曰刚柔，必执其两端，始见其全体。而凡物之在天地间，则必有其位。不明乎其理，则不得成其位。曰天理，曰地位，理属天，位属地。西方人言空间，实即如中国古人之言位。《中庸》言："君子素其位而后行，则无入而不自得。"行而得，即属能。反求诸己而得矣，故曰自得，又曰良能。实即其人其物之德，所谓足乎己无待于外者。今人则好言环境，不知环境属外，非己所得主。《易·系辞》："乾知大始，坤作成物。"主其始者，乃己之德。作成为物，则己之业。德贵可久，业贵可大，时与位一以贯之。所谓一天人而合内外者在此。若言空间，则与环境义近，而位之为义则转疏矣。故知此译实未精确，或亦可言此正中西传统观念之相异处。

中国人言乾坤天地，是即其言质与能。《易·系辞》言乾知大始，是属天属能。坤作成物，是属地属质。又曰："在天成象，在地成形，变化见矣。"形属质，而象则属能。变属质，而化则属能。是中国人之于质世界与能世界，乃既分言之，又复合言之。其曰"乾主大始坤作成物"，则能在前，质继之。非有质始有能，乃是有能始有质。非有形始有象，乃是有象始有形。非有变始有化，乃是有化始有变。非有业始有德，亦是有德始有业。先后之间，而尊卑定。朱子言理气，亦必曰理在气中，而理必先气，是其旨矣。

西方人好言分别，中国人好言和合。朱子言格物穷理，宇宙大自然一切物，尽属质方面，皆可分别，但亦是一气。气则涵有生命性。生命无可分别，大生命乃是一和。于无可分别中求分别,始是理。故中国人言理,尚和不尚别。所谓物理,亦当从其生命性着眼始无害。

《中庸》言:"喜怒哀乐未发之谓中,发而中节之谓和。致中和,天地位焉,万物育焉。"是必己心先有未发之中,乃始有已发之和。苟其无中,又何来有和。父慈子孝,各有其未发,即各得成和。非待慈孝相配合,乃始有和。天地万物既位育于中和,亦即位育于己性之德。推己心之慈孝而天地万物即位育于此心慈孝之一团和气中,是天地之位万物之育即见于己心之德,而己为之中矣。故一己乃为天地万物之中心,而天地即位于此中心,万物亦育于此中心。使无己,即无此中心,即不见有天地万物。此未发之中,即一己之德。德贯天人,而通内外,其旨深远矣。故《易》,尚指其外言。《中庸》,乃一主其内言。读两书者,又不可不细辨。

《易·系辞》言:"一阴一阳之谓道,继之者善也,成之者性也。"此道惟继斯善。马其顿兴起,则希腊不可继。北方蛮族入侵,则罗马不可继。两次世界大战以下,则西欧之现代国家不可继。今天下则惟美苏是瞻,则西欧传统文化每有其不可继,宜有其不善可知。先希腊而有埃及与巴比伦,同亦不可继。印度似稍可继,较之埃及巴比伦若略善。惟中国自羲农黄帝尧舜以来,五千年文化传统,相继不绝,广土众民,以有今日,较之世界其他民族斯可为最善矣。可继之为善,人文即继自然而来。《中庸》言:"天命之谓性",则人文即属自然。"率性之谓道",此道乃人文之道。是《易·系辞》偏重自然,而《中庸》则更偏重人文。两书同为融会儒道,而亦仍各有偏。

后儒继起，重《易·系》尤更重《中庸》，故言气质又言德性。气质属自然，必有变化。而德性则属人文，必求其可久可大。卦象多指气质，而《中庸》则主言德性，此乃其别。西方科学但主变化气质，以供人类之用，而不顾及于其物之德性。此在庄周书，称之曰"机心"。心有机，斯心亦失其真，非心之德矣。宗教家亦分灵魂与躯体为二，是亦心物两分，故西方有唯心论唯物论之别。而中国则谓心物同体，心物一原。凡物各有其德其性，即其心。宇宙同体，则互显己德以为他用，非毁他德以供己用。心为物役，固非中国古人所喜。而物供心用，亦非中国古人所主。物各有德，即物各有理。今人所谓之物理，则仅供人用，实非物之理矣。

亦可谓道家偏近质世界，儒家偏近能世界，所谓善，即质中之能。西方人爱分别，乃言真善美。亦可谓道家好言真，儒家好言善，而美则中国人较为轻视。《中庸》言诚，则真与善和合而一。诚者天之道，此是一自然之真。诚之者人之道，则是一人文之善。两者得和，乃始见美。不和不合，而分离独立，则失其真，失其善，亦失其美矣。

此善之在人，则为德。中国人教人为人之道，则惟曰立德成德，以达其德于天下后世。德则必有能，如父能慈，子能孝，夫妇能和，皆其德，而后人类之生命可继。则何尝舍质以言能。但求能必本于质，如是而已。

西方又分宗教与科学。亦可谓宗教主于善，科学主于能，然科学发明至于近代而有核武器，斯即不可继，为不善矣。宗教主灵魂上天堂，而人生界则必有一末日，仍为不可继。自中国观念言，则西方宗教信仰宜亦有其不善之存在。最要分别，则西方必分别言之，而中国则必和合言之。佛教来中国而中国化，天台主空假中一心三观，华严主理事无碍事事无碍。得其中而无碍，则可继。可继则可久可大。故《易·系》言："可久贤人之德，可大贤人之业。"要之，必兼合时空言，必和会质能言，斯始得之。

近人言教育，亦必主西方化，乃分德知体群为四育。若知育独立化，科学有核武器发明，斯为不德。体育贵卫生健体，但何必定要参加运动会争冠军，则失其卫生健体之本旨。使人无德，何能群。故自中国观念言，则教人惟教其立德成德达德而止，何更有知体群如许分别。

然则论一切世界，惟求其可继能善。质世界必达于能，能世界必归于质，而惟求其可久可大，斯为中国传统文化之宗旨所在。

然就中国旧观念言，亦不能谓此宇宙仅属能。因中国观念质能和合，不加分别。如朱子言理气，谓气中有理，不能有先后。若必言先后，则当言理先气后。然理无能，则非理能生气，乃气中自含理。如横渠《西铭》"天地之塞吾其体，天地之帅吾其性"，其塞其体即指质，其帅其性即指能，亦质能并言，但先质后能。则帅即其塞，非塞外有帅也。又曰"知化善述其事，穷神善继其志"，其化其神，皆此塞之帅，非于塞之外别有化与神。濂溪《太极图说》："太极动而生阳，静而生阴。"阴阳同是此气，盈天地只此一气，气中复分阴阳，但非先有此气再分阴阳，亦非先有阴阳合成此气。若谓气指质，阴阳指能，则质能仍同属一体。凡此皆承道家义。老子曰："道可道，非常道。名可名，非常名。"因此气变动不居，变则无常，无常则不可名。又曰："失道而后德。"德者，得也。万物各得气之一体，乃始得万物之名。而气之大全体则亦由此而分别。《中庸》继言至道，凝于此至德，乃转言理，则道与德皆备。理即此气之分别，气必分阴分阳，一阴一阳之谓道，非阴阳之外有此道，亦非由道始生此阴阳。故中国旧观念乃主质能和合，不主质能分别。质能和合，无可名，故濂溪又言无极而太极。

心者物之能，中国观念不再分唯心与唯物。性亦物之能。宋儒言气质之性与义理之性，义理之性又称天地之性，实则两者之别即在其分与合。分则为质，合乃见能。舍却物质之性，又乌得有义理之性与天地之性之存在。神亦物之能，故中国亦神物不分，或似多神论，或似一神论，或似无神论。要之，心与性与神，皆主和合言。而和合中即见有分别。苟无分别，则又何和合可言。然则西方科学最新发现之电子，依中国观念言，实仍是气，则质与能皆兼之矣。

一二　人生之阴阳面

婴孩初生，于外无所知，所知惟内在之一己。最先乃为一己之喜怒哀乐爱恶欲七情。饥欲食，寒欲衣，衣食则为自然人生之首要条件，故欲即性。喜怒哀乐爱恶，则对人文深于对自然。婴孩最先乃知爱其父母兄姊一家人之日相亲接者，对物则惟知乳水褓褓摇篮等三数事，然绝非亲爱此等物亦如父母家人。生渐长，外面接触愈多，对己有引诱，有拘束，有破坏，于是欲渐多，并有恶有哀有怒。中国人于哀主节，于恶与怒则多戒慎。《论语》："弟子入则孝，出则弟，谨而信，泛爱众而亲仁。行有余力，则以学文。"孝弟爱亲当求信，其他则求谨，人生主要在此情，情之表现为行，人生主要即在此。学文乃其余事，纵不识一字，不读一书，亦当求为一完人。

西方人心理学有知情意三分法。其实知即知此情，意即情之所向，是人心亦惟情为主。乃其哲学戒言情感，仅重思想。中国人言饥思食，渴思饮，俗语饿了想吃，冷了想穿，则所谓思想，亦心之所欲，亦即心之意，乃一种不出声之语言，不书写之文字。季文子三思而后行，孔子曰："再思可矣。"只教人多想一想。又曰："思则得之，不思则不得也。"此犹言："我欲仁，斯仁至。求仁而得仁。"重在其心之想要与不想要。故中国人乃只言学问，不言思想，亦无如西方之哲学。西方人生主向外，知识从思想来，科学即其证。中国人生主向内，老斫轮行年七十，得于心，应于手，父不能以传其子，此则为艺术，非科学。故重修养，不重思想。

己，人所共有。人其共相，己其别相。有其同始为人，有其别始有己。人各有一己，乃人文之本源。己各为一人，为君子，为大人，乃见人文之大同。即大群之道一而风同。然而人之得为一人，非由己，育焉养焉者乃他人。己属阴面，他人属阳面。及其老，记忆渐衰渐忘。己死而不自知，记忆之者乃他人，非其己。孔子为中国两千五百年一至圣先师，一大圣，记忆之者亦两千五百年来之中国人，而孔子不自知。则孔子之不朽长存亦其阳面，而孔子之己则其阴面。

人之生，阴为主，阳为辅。一阴一阳之谓道，人道如此，天道亦然。孟子曰："莫之为而为者，谓之天。"天生宇宙万物，是则宇宙万物为之阳，而天则居阴。孔子曰："未知生，焉知死。"推以言之，未知宇宙万物，又何知天。故知在阳面，所知在阴面。使无此所知，又何得有知，此亦一阴一阳之谓道。

道亦一存在。此一存在乃一行，有其时间过程，乃属所知，非属知。中国人重道，故重行更过于重知。西方人先重知而行随之，故西方人求变求进。中国人则重成重守。此乃中西文化一大相异。

庄子曰："得其环中，以应无穷。"人生己之外有父母妻子，有家有乡，有邦国天下，大小广狭皆其环。今人谓之环境，或称生活圈。己即其中心。几何学言圆之中心为点，但此点无长无广无厚，则有等于无。故曰："日夜相代乎前，而莫知其所萌。非彼无我，非我无所取。"老子亦曰："三十辐共一毂，当其无，有车之用。埏埴以为器，当其无，有器之用。凿户牖以为室，当其无，有室之用。故有之以为利，无之以为用。"庄子之环中，即老子之所谓无。车与器与室，皆指其外环，用则在其无处。人生同然，最大用处在其己，亦在无处，无可觅。

老子之所谓用，实即孔子之所谓道。故又曰："道可道，非常道。名可名，非常名。"人有耳目，犹室之有户牖。耳目以辨外面之声色，然心不在焉，则视而不见，听而不闻。有自然心，即赤子心。有人文心，即成人之心，以至大人心。孟子曰："大人者，不失其赤子之心者也。"赤子自然心之成为大人人文心则待养而成。西方心理学指人身之脑为心。然非有耳目，脑亦无闻无见。有脑有耳有目，无血气相通，仍将无闻无见。中国人言心肺，乃指气血之所由流通言。血可见其有，气不可见，但不得谓之无。中国医学尤重气。气绝则血流停，即为死。中国人言人心，乃心气之心，非心肺之心。其心乃通于一身，并及于家国天下，乃至宇宙万物。亦在无处，不在有处。

老子曰："万物负阴而抱阳，冲气以为和。"宇宙万物，不论有生无生，中国人皆谓之乃气。冲有两义，一曰空，一曰动。车与器与室，其空无处，乃其用所在，而车器室皆在其外。故曰："道可道，非常道。"名之曰车曰器曰室，则指其有，不兼其无。故曰："名可名，非常名。"人生亦然。名之谓己，己不可得，即一空。实即是一存在，是为静。己有生，则为动，故人生必兼静与动。故曰冲气以为和。一空一有，一动一静，成为己之生，即是一和。有处动处可见可知，空处静处不可见不可知。故曰一阴一阳之谓道，实即是一气。

周濂溪《太极图说》："无极而太极，太极动而生阳，动极而静，静而生阴，一动一静，互为其根。"濂溪言太极，即犹庄子言环中。究而言之，实一无，故曰无极而太极。所谓无，乃指其有无动静之可分而不可分，则无实乃是一和。俗言空气，又言一团和气，盈天地则惟此一空一和而止。和是一空，仅求之外面之有，则难和。又是一中。偏有偏无，偏动偏静，皆非中，亦非和。得中得和，始有万物人生，此谓之天道，亦即人道。《中庸》言："致中和，天地位，万物育。"非中和，则无所位，亦无所育矣。

濂溪又曰："主静立人极。"人生无事不变，无时不变，而己则不可变亦不当变。所谓主静，实即立己。孔子十五志于学，三十而立，即立其己。直至七十从心所欲不逾矩，仍是此己。孔子最恶乡愿，"生斯世，为斯世也善，斯可矣。"惟知从其乡，一乡谓之善人，但无其己。惟知从其世，一世谓之善人，但仍无其己。则何善之有。颜渊曰："如有所立卓尔。"此即指孔子。庄子言："得其环中"，得之者即在己。人生大环转动，惟中心一己不动，故曰静。但濂溪又曰："无欲为静。"乡愿之求为一世善即其欲。孔子则曰："己欲立而立人，己欲达而达人。"所欲在内不在外，在己不在人。《大学》言："欲明明德于天下"，明德即己之德，亦在内不在外，在己不在人。孟子曰："养心莫善于寡欲。"所欲寡者指在外之物欲，非指欲于己之欲。欲于己者，后世则专谓之性，不谓之欲。实则性中自有欲。如欲立欲达。喜怒哀乐爱恶欲七情，前六者皆从后一欲字来。故情欲并言，欲即是情。欲于外而忘其内，欲于人而忘其己，此为物欲，亦曰人欲。蔽于己，昧于性。濂溪言无欲，乃指此。佛学东来，乃以欲与性对立言，略与庄老相近似。孔子己欲立己欲达之欲字，乃不再言。此当细辨。

濂溪《太极图说》，在《易通书》中。其言太极，即本《易》义。《易》言阴阳，六十四卦乾坤为首，乾动坤静。乾之初九曰："潜龙勿用。"九二曰："见龙在田。"九五曰："飞龙在天。"上九曰："亢龙有悔。"就人之一生言，方其未冠笄，未成年，则当为潜龙之勿用。及其志于学而立，则为见龙在田。四十五十，由立而达，则为飞龙之在天。七十八十，老耄近死，则亢龙矣。故人之老而衰，乃天之善使人之勿亢而悔也。故自然则有存必有亡，有终仍有始，而不能纯乾无坤，纯坤无乾，中和乃自然之象。就德性修养言，则浴沂风雩，苟全性命，不求闻达为潜龙。内圣外王，山峙水流，既仁且智，亦寿亦乐，为飞龙。而名位富贵之逞心得意为亢龙。虽为龙，而终有悔。此则乾必转为坤，纯乾无坤，此亦不当不引以为戒。

倘以乾言自然，坤指人文。则人道亦不能有坤无乾，有乾无坤。龙象乾，马象坤，人之为人当象马不象龙。坤之上六曰："龙战于野，其血玄黄。"人文演进而回归自然，则有龙战之象。人自为天不为人，为龙不为马。战血玄黄，天地并伤。今世乃其例。科学发达，水空污染，争富争强，必有终极。非无极，亦非太极。濂溪主静立人极，义旨深长，良堪慎思。

孔子五十而知天命，乃知己之所立实乃天之所命，知此则天人合。故能七十而从心所欲不逾矩。从心所欲是其乾之动而健，如龙之潜而飞。不逾矩则其坤之无不静而顺，安分守己，而大群合。此之谓合内外。故学为人，则必以孔子为标准。

朱子常连言理气。天地皆一气化成，万物尽生于气，同归于气。而物则相异而各不同。有界线，有条理。理则尽在气之中，不在气之外，故理气无先后。若必问其先后，朱子谓当言理先气后。何以故？气若是一有，而理则是一无。气若是一动，而理则是一静。有与动，必有变。无与静，则无变。宇宙大自然常在变，而必有一不变者。果无此不变者，又何来有变。如人之生，自婴孩迄于耄老，时时在变，而有一不变者，即其己。婴孩乃其体与气之始。己与人异，即其理。气之有与动，显见易知。然有与动必生于无与静，故朱子谓理必先于气。婴孩在变中，属人。己则不变，属天。人在外，天在内，实是一体。但必谓天生人，内生外，此皆朱子理先于气之旨。朱子以理字释濂溪之太极，亦可谓深得其义矣。

中国古人好言礼。礼者，体也。如夫妇相处，和成一体。父子兄弟，一家亦和成一体。君臣朋友，亦各和成一体。则家齐国治而天下平，人生复何求。周公制礼作乐，善诵古诗三百首，亦可妙得其意矣。孔子善述周公之意以为教，故昌言仁道。墨翟杨朱继起，群言竞兴而其道乱。庄周乃扩大孔子言道之体，由人文推之自然，提出气字。而气之内，又必有理。庄子曰："官知止而神欲行，依乎天理，以无厚入有间。"间即天理之无厚，亦即人之一己之神欲。《易传》与《中庸》，兼儒道而为言。朱子言格物穷理，亦曰："物，事也。"本之人事，莫不因其已知之理而益穷之。夫妇、父子、兄弟、君臣、朋友，皆人事，远自尧舜周孔以来，其理已见。因而益穷之，此即承文化大传统而益进。开创于前，守成于后。非守成，又何贵有开创。

人生必有死。孔子之死，歌曰："梁木其摧，泰山其颓。"梁木泰山，尚有摧颓，人身乌得不死。死则己何在？到头一场空，但己即道。道在己犹在。哲人其萎，而有其不萎。孔子死，有子曾子能传孔子之道，门弟子群尊之。《论语》首篇学而，第二章有子言，第四章曾子言。有子曰："孝悌也者，其为仁之本欤。本立而道生。"曾子曰："为人谋而不忠乎？与朋友交而不信乎？传不习乎？"孝弟忠信，孔子所传之道。居家孝弟，即见有己，已确然成为一潜龙。出门忠信，更见有己，已确然成为一见龙。何必飞龙在天，始见其为龙。父母兄长朋友，皆人生之环，非环又何以得中。非坤之顺，又何以见乾之健。非人生之显在面，又何以见人生之隐藏面。非有父母兄长朋友，己从何立。

中国人言人生，必分两面。一外在，易见易知。一内在，不易知不易见。外在多异多变，内在则一如不变。天之所命，常由外以成内。故知必归于行，人性亦偏在行。由外知发为内行，斯则"成性存存，道义之门"，而人生之要在是矣。

佛教偏求知，四大皆空，一无所得，遂求涅槃。但涅槃亦在己，空其外而务求之内，终无可得。佛法中国化，乃有天台宗之空假中一心三观。观由心，此乃中国之传统。禅宗与天台相近相通。慧可向达摩求心安，达摩语慧可："将心来，与汝安。"慧可求心不得，遂悟。中国传统，心即合内外，无外则心不见。若以问孔子，则回俗为人，孝弟忠信，斯心安矣。故慧可之悟，与中国传统终隔一层。慧能偈言："菩提本无树，明镜亦非台，本来无一物，何处惹尘埃。"五祖则告以《金刚经》"无所住而生其心"一语，则心空仍须生。此即老子冲气以为和之一冲字，则空中有动能生，亦即空假中之三矣。此皆多近道家义。《华严》言："理事无碍，事事无碍"，则中国传统人文中之修身齐家治国平天下，一切皆无碍，而佛学乃终转为宋明之理学。

西方人向外求知，尤重物。认为知物乃知天，再回头领导人。但西方科学之知于天者终有限。抑且求之天转疏于人。今日人类已能登月球，但于人道之启示终不多。生物学追溯生命原始，达于数十亿年前。但与当身人道转益疏。哲学家探讨真理亦向外，与当身人道亦疏。西方人重知，必求之客观。无主何有观，无内又何有外。中国人则主内外本末源流一以贯之，而重内在之主观。求知态度不同，所得之知自别。

西方耶教信灵魂上帝天堂，与尘世人生隔阂有别。中国则分魂魄两观念。曰体魄，曰魂气。婴孩目能视，耳能听，鼻能嗅，口能辨味，皮肤能感痛痒，凡知皆必附于躯体，故曰体魄。及其死，躯体腐烂，魄亦随而灭。成人始有魂气。魄所知在外，魂所知则由外归之内，相通和合，成其一己。魂在内，而亦通于外，谓之魂气。气非具体实有，实可谓之乃一无，亦可谓之在有无之间。人死魂气犹存，流行无不之。中国古代有招魂之礼，死者亲属登屋而呼，招魂归来。又设为神主，使死者之魂有所依附。神主置祠堂中，岁时祭拜，亦鬼亦神。但祭拜亦五世而止。魂气与生人疏，则亦散而灭。

中国世俗又有冤魂索命之说。今人谓之迷信。然人世确有其事。或出死者仇人内在一己之心理作用，宗教灵感亦如之。近代则恐怖运动遍于全天下，黑社会之谋财害命，因奸致杀，皆不见死者之寻仇。列国相争，杀人盈城，杀人盈野。死社会对活社会已全无影响。科学进步，抑人心之退步。孔子曰："未知生，焉知死。"中国人即以生世来观死世。今则无死世，亦无后世，一以现代个人为主，亦无其大群之外环。心不同，则人生不同，死亦不同。孔子为中国之至圣先师，两千五百年来，常在中国人心中，此之谓不朽。今则只手可打孔家店，孔子魂气又奈之何。则不仅西方世界之灵魂，即中国人观念中之魂气，亦扫地以尽。此可谓人心不灵，惟躯体之衣食住行乃为人生。故人生乃亦无己可言，有阳面，无阴面。有人欲，无天性。物质之欲则与生俱来，尽人皆然。孝弟忠信之天性，乃偶尔呈露。则宜当改称天欲人性。天人之本末源流相倒置，个人主义唯物史观始有当于真理。亦惟有制之以刑法，而礼乐则无可言。中国人言心神，亦惟见于电脑机器人最新科技上。心限于其身，抑且身为主心为奴，物为主身为奴，其又何神之有。中国人言心，主要在性情，知识居其次，故得通天人而合内外。中国人之魂气，亦即生前此心之流通，今则无可觅之矣。朱子释《大学》，"物犹事也。"五谷茶水皆物，饮食始成事。父慈子孝亦是事。事则属于生，属于心，此始为真人生。此心此理，惟读中国书反之己而庶遇之。然此在人生之阴面，务外为人，谁又愿此。但复兴中国旧文化，舍此其又何从。

魂气流通，融入空间，宇宙大自然亦随而变。东晋南渡人士游览江边，叹曰："风景不殊，举目有江山之异。"江山在地，风景在天。人文在地，文化精神亦充塞流行而上达于天。南渡人士心怀故国，祖宗魂气随以俱来，乃感风景之不殊。风景中附有人文，即无穷魂气之融入，故天人合一，古今合一。如登泰山，千古人文，举目俱在。登华山嵩山亦然。故曰："读万卷书，行万里路。"登山游水亦如读书，而岂探险观光之足云。

死有余，乃生无穷。惟其魂气充塞，而天地则成为一新天地，自然亦成为一新自然。人生在此新天地新自然中，亦能日新又新，不仅人文自然化，而自然亦人文化。当前之自然，亦岂宇宙洪荒时之自然。中国人之天地，乃非其他民族同有之天地。人文亦非其他民族同有之人文。其中契机，乃在每一人之己。人生之环，扩而愈大，其中心之己，乃玄而益妙。普通人以家乡为之环。大圣大贤以天下古今为之环。张横渠《西铭》发此意，岂一身衣食所赖，声色所接，财货营求权利争夺之所能尽。

曾子曰："慎终追远，民德归厚。"死者长在生者之心中，既历年数，祭祠不辍，死生打成一片，古今浑成一气。此本之性，中国人则谓之德。德之厚，乃见天地之厚。中国之天地，乃独厚于其他民族之天地。而中国之历史人文，乃长与天地而并存。此亦死者魂气所积累，实则亦生者德性之所致。人之德性，乃可合天人，一内外。由此乃能进而论中国人之鬼神观。鬼神即魂气，外于自然人文，即无鬼神之存在。凡属中国语，必以中国人观念说之，乃见其意义。西方人信灵魂，而其死后之魂气则薄。希腊罗马中古现代，魂气不积，不厚不广，惟见分裂，不见融合。人文演进在物不在心，外在生活提升，内在生命堕落，何论于中国人之所谓慎终而追远。

中西艺术亦不同。西方人画山水，乃眼中所见之山水，属体魄之能。中国人画山水，流连徜徉，魂气投入，乃画出画家心中之山水。后人欣赏其画，其人如在目前，较之在祠堂中瞻拜祖宗神位有更深入。

西方科学有照相机留声机，向外求，分别求，声色之一部分，一刹那，即认为真。乃求变求新，永无止境。中国人则从广大面，长时间中求。生命如是，一切存在皆然。故曰天长地久。一切皆从己心之会通绵历中来，乃得真，乃得常。此则科学而艺术化。

中国画家称梅兰竹菊为四君子。此见花卉中亦经此心魂气德性之融入，而花卉亦人文化。诗则经比兴而有赋。比兴乃在赋之内，不在赋之外。故言"诗中有画，画中有诗"。诗画中同有此人生，同有此魂气。若人生诗画，三者分别而观，则失之矣。

书法乃中国人特有之艺术。仅见有线条，一勾一勒，而书家之魂气则已融入其中。王羲之颜鲁公皆一代伟人，玩赏其碑帖，加以神会，己之魂气德性亦与相融通。中国人生，乃求之于此等不可见不可知之对象中。古今人魂气交流，非体魄之所能见所能知。人生艺术莫大于此。若谓是一心理作用，则前世无王颜，我今日此一心理作用断不能起。故名书名画，贵能主客融为一体，一切人生则然。中国之文房四宝，笔墨纸砚，融合会通，一皆本自书画家之内心所好，逐步发展而来。此亦艺术，非科学。

又如音乐。孔子在齐闻韶，三月不知肉味。曰："不知为乐之至于此。"相传韶乐传自舜，非孔子厚德又何从领略此两千年前之人文精神。此亦孔子之心与韶乐之魂气相通。孔子又言："于武犹有憾，于韶则无间然矣。"此见韶武乐声，即表现了两代之人生。乃为中国艺术之最深处。孔子鼓瑟堂上，有荷蒉而过孔子之门者，曰："有心哉，鼓瑟乎。"闻瑟而知心，此亦魂气相通，非体魄之事。

孔子告其子伯鱼："不为周南召南，犹正墙面而立。"周公以二南治国化民，此亦有大魂气存在。故不通二南，则日常接触，事而非德，物而非人，如面墙而立。孔子又曰："郑声淫。"诗言志，其声溢出于其志谓之淫。则失其本源，艺术而非人生矣。伯牙鼓琴，志在高山，志在流水，此则己心与山水为一。要之，音乐即人生，即自然，伯牙之琴亦即中国之所谓人文化成。白乐天浔阳江头听商人妇之琵琶声，苏东坡在赤壁听同游客之洞箫声，此琵琶洞箫亦同样融自然与人生而为一。而乐天东坡之文学，又与之融而为一，此则为中国之文学。亦皆所谓中国之人文化成，莫不有魂气德性之融入。

中国之平剧，合绘画音乐舞蹈之三者而融为一体。而音乐尤为之主，人生尽化入乐声中。剧中人物则忠孝节义，皆魂气之最见精神处。人生化入戏剧，乃得人心之共同欣赏。故中国戏剧乃人生之抽象化。西方戏剧则逼真毕肖，又加以布景，逐幕不同，真人生转成假人生。婴孩以迄老死，苟非有其内在之一己，岂不亦如戏剧，尽在变中，而无真之可觅。庄子曰："超乎象外，得其环中。"中国舞台空荡荡，其境超象外，而环中始得。故中国戏剧既超俗亦通俗，此亦老子所谓"玄之又玄，众妙之门"也。故中国戏剧乃艺术而深具教育化。

孔子告其弟子曰："我无隐乎尔，我无行而不与二三子者，是丘也。"最能学孔子者惟颜渊。然颜渊则谓："如有所立卓尔，虽欲从之，末由也矣。"是孔子人生亦同乎世，而超其世。亦可谓在世内者，乃孔子之体魄。超世外者，乃孔子之魂气。自有中国人之魂气观，乃有中国人之鬼神观。鬼神亦即魂气。人生有死，衣服无生亦无死。乃世人见鬼亦穿衣服，王充以为讥。不知鬼神亦犹魂气，亦人文化成，焉得裸体。自有人生，乃始有鬼神。自有人文历史，而此世界乃臻于鬼神化。中国人不仅于人世界认有鬼神，即在天地万物大自然中，亦认有鬼神。今国人则讥之为多神论，泛神论，迷信不科学。惟如耶教一神始可信。必分别在人之外，天之上，乃得有此一神。中国观念则通天人合内外。孟子曰："莫之为而为者谓之天。"又曰："圣而不可知之谓神。"则可谓中国观念有人神无天神，此乃一种极深至之人文科学，而岂迷信之谓乎。

西方宗教科学皆向外，必具体。上帝则无证无验，属信仰，非知识。中国之上帝，则超时空，仅魂气之所接。故老子曰："道，生天生地，神鬼神帝。"此道亦即一魂气。又曰："五色令人目盲，五音令人耳聋，五味令人口爽，驰骋畋猎令人心发狂。"声色味及驰骋畋猎皆在外，人生有外无内，则不仅目盲耳聋口爽，而亦心发狂。人而非人，天地自然亦有气无魂。亦即《周易》坤之上六所谓"龙战于野"。人生依然在一洪荒时代中，岂不可畏之至。故老子曰："圣人为腹不为目。"腹则内有所藏，取于外而化为己，此正魂气之能事。目则只是体魄之一部分，乃实利主义之所重。庄子曰："以神遇不以目视。官知止而神欲行。"官知即体魄，神欲即魂气，欲即是神，岂实利主义者所知。老子尚不免重内轻外，重自然忽人文。则庄子为胜矣。孔子执两用中，天人内外，会通和合，而得完成其尤穷有余一体之大全。其言平实，乃较庄子而益胜。

孔子十有五而志于学，三十而立。外学于人，内立其己。学须人功，己乃天德。释迦涅槃无己，故不论。西方之学，则务外而忽内。大自然广大悠久，必分门别类以求，又必随时而变。科学、宗教、哲学、文学，各成专家。惟宗教乃有常，科学乃有进。中国人乃以一己通于大群。故西方惟相争，中国则主于和。今日称为知识爆破之时代，而相争乃益乱益甚。西方人亦有转而主张为通学者。但有此想望，而不知所从事。孔子教人则曰："博文约礼。"博文即博学于人，而约礼则约之己。礼即己与人相通。惟博文乃博于外，约礼则约之内。而礼又必见于外。人己内外，一以贯之，和合会通乃得。孔子又曰："质胜文则野，文胜质则史。文质彬彬，然后君子。"质，老子谓之朴，存于内而本之天。文则见于外兴于人。老子主由文返朴，孔子则主由朴有文。西方则兴于文而丧其朴。文，俗称花样。只见外面有种种花样，而不知其所由来。中国则博文必求约礼，史亦存于外之文。近人又好称现代化，但仅知有现代而不知有史，则亦同是一野人。仅求之于往古外在之史，而不知有现代，则仅为一文人。必知古通今，文野相通，乃得谓一文质彬彬之君子。此乃孔子为己之学。

屈原成《离骚》，为后代文学之祖。司马迁成《太史公书》，为后代史学之祖。但屈原忠君爱国，司马迁明天人之际，通古今之变，亦各有其己。中国经史子集四部之学，皆内有其己，皆相通。故其学亦可各成为专门，而其人则必为一通人。北宋欧阳修，经学史学文学，各擅专门，而其学则自成一家，其人则自为一子。庄子曰："参万岁而一成纯。"人亦参百世大群以成其己。故己立则无不通，其通处同处则谓之道，其立处别处则谓之理。自然与人文皆不能有道而无理。故中国人之为人为学，有其同亦有其异，有其通亦有其别。而未有昧于己以为学者。故治其学，必先知其人。知其人，又必论其世。世即人之大环，人即学之中枢。此即庄子所谓之"道枢"。中国人重道而知枢，故天人群己内外古今皆得相通。而其学亦不妨各成专门。各成专门，斯有博文。互得相通，始有约礼。其分其合，此之谓一阴一阳，太极而无极。

西方则人为学，非学为人。如牛顿治力学，可不问其人。莎士比亚之文学，亦可不问其人。其他皆类此。故西方人仅重知识信仰，而可离于人生。学术愈进步，而人生则益争益乱，永不能达于大同太平之一境。今日即然。今国人惟据西方学术来衡量中国，乃见中国传统无一而可。舍其和合会通之旧，务趋于分崩离析之新。则于相争日乱之外，又何所得。果能于己有立，而又于人相通，则有待于国人之知所择而自勉之。

一三　灵魂与德性

西方人自古即有一种灵魂信仰，乃为西方社会盛行个人主义一极深根源。灵魂乃一生命体，前世来世，悠久无穷。现世降谪为人生，拘限于肉体中，则仅属一短暂期。前世来世，或在天堂，或在地狱，极悲极乐。拘限在肉体之现世，虽亦有悲有乐，在其悠长的灵魂生命中，乃无甚大之意义与价值。

犹太人亦同信有灵魂。耶稣传道，乃说上帝事由我管，只教人在此肉体世界中信仰修养，俾可死后灵魂升天堂。此乃现世人生一首要最当郑重注意者。至于其他一切现世人生，则恺撒事由恺撒管，耶稣不再理会。

父母所生，只一肉体。我之悠长的灵魂生命，自有来，自有往，与此肉体无涉，与父母亦无涉。故信有灵魂，便会看轻中国人所讲之孝道。耶教随后虽信有圣母，但亦终不讲究人世之孝。西方人讲慈亦有限。子女婚姻后，即别离父母，自成一家。耶教讲博爱，超肉体。教堂中，男女老幼，贫富贵贱，各向上帝，全属平等，不相牵涉。惟男女结合为夫妇，乃灵魂降生所赖，教中对此乃稍加重视，故必在教堂中受认可。其他幼年受洗礼，老年受葬礼，教中之涉及现世人生者只此。

耶稣钉死十字架，其肉体人生，亦由恺撒管。穆罕默德继起，一手持《可兰经》，一手持刀，乃要管及恺撒事，其意态与耶教大不同。惟对灵魂一项，耶回二教，仍无大分别。

印度人同样信灵魂。佛教亦从印度教中转出，仍分别有前世现世来世，只不言灵魂转世，改言一业字。业指其前世人生之一切作为。肉体生命有尽，死后腐烂，化入大气中，不再存在。生前作业，则不与肉体同尽，仍留在世。善有善报，恶有恶报。前世作业其因，现世人生其果。一切祸福，皆是果报。则佛教之所谓业，实仍是灵魂观之变相。惟灵魂富分别性，而业则转重共通性。此其异。

耶回释三教，都不免看轻现世人生。惟佛教从人生之生老病死四苦起念，较具体，较重现世。但生老病死，亦属自然现象，故佛教亦重自然界，此是佛教一特色。佛教重自然，其所研寻，乃颇近西方哲学之宇宙论形上论，由信仰转入哲理，此乃佛教之第二特色。人生从自然来，谁也逃不掉此自然之生老病死。释迦所悟，果使我心能对生老病死另作一看法，不同一般人看法，则生老病死，自亦不动我心，无奈我何。于是佛教又转入人心修养方面来，此又佛教之第三特色。印度婆罗门教，分人类为四阶级，远从无穷前世来。现世种种努力，皆无可动摇此分别。但生老病死则四阶级所同，故佛教对现实人生一切诸相从自心修养尽作平等观。而此等修养，则属人类自创自立。虽在人类之上之诸天，亦当向佛来求教。故诸宗教皆依天传道，独佛教乃可向天传道，此又成为佛教之第四特色。佛教备具此种种特色，遂与其他宗教有大不同。

中国文化传统中本无宗教，但佛教传来，却与中国人信仰有许多相近处。中国人有魂魄观，与西方人之灵魂信仰不同，余曾有《灵魂与心》一书详述之。今再约略重说。中国人言体魄魂气，皆自然现象，皆从现世人生来。魄在先，魂继起，魄限在肉体中，乃个体生命之所有。魂则由个体生命达于总体生命一共通性。其人既死，体魄埋地腐朽，全不存在。而其魂气则散入太空宇宙间，对于一切有生无生，仍可有其影响与作用。如孔子死，体魄埋于孔林，迄今当无存在。而孔子生前之魂气，则可谓依然存在，而影响极大，难于详说。要之，魂魄皆从人生来，而人生则不从魂魄来。一切文化人生乃从自然人生来。文化与自然，仍融为一体，非可违离自然以独创一人生，自开一文化。

中国人言德性由天赋，亦一自然，但与魂气有别。魂气乃起于肉体之生后，而德性则早与肉体同生。其德性之在个体生命中者，亦可谓之魂气。其流通于总体生命中者，如舜与周公之孝，历数千年，依然常在中国后代人心中，随时发现。此亦是一魂气，可谓乃舜与周公德性魂气之常存。春秋时，鲁叔孙豹称人生有三不朽，立德为首，立功立言次之。实则无德即无功无言可立。孔子称管仲曰："如其仁，如其仁。"管仲之九合诸侯，一匡天下，不以兵力，使民免于左衽，管仲之功，亦即管仲之德。但立德必在立功之上，因立功须在时代与人事上有此机缘，立德则随时随地自有机缘，人人能之。故立德人人可勉，立功则非人人所能。立言何以亦得不朽？人同此心，声入心通，以先觉觉后觉，以先知觉后知，惟言是赖。孔子曰："有德者必有言，有言者不必有德。"此乃知及之而行有未及，德则更重于知。但既知之所及，亦可警策他人，提醒来世。故立言亦有其不朽。

中国儒家首重德，德必本于性。性乃一自然天赋，异于佛家之言业。业乃生命表现，无德无功亦即业。中国人抱淑世主义，佛教则厌世求出世。中国人之德、功、言，乃兼总体生命古今来三世，一贯融通，而有其建立。积德者昌，积祸者殃。佛家因缘果报，乃本个别私人言。中国人之德、功、言，则从生命共体言，不为个人果报。亦异于西方人之言灵魂。生老病死，限于个体生命。佛家求超脱此生老病死，乃并总体生命而亦扫荡一空，以归于涅槃。又与中国人言不朽之宗趣大别。故自中国人言，总体生命乃一有，佛家则求一归之无。中国道家亦言无。儒家一天人，合内外，则有无相通，仍与佛家异。

中国古人并言天地人三才，欲求于自然生命中建立起一合理想的人文生命。《周易》言："先天而天弗违，后天而奉天时。"极其至，可以配天，与天合德。其端则自个别小己之内心修养来。此为儒家要旨。道家则主忘己以合天。故一主人文，一主自然。老子之言无，乃主减少人文中之种种不必要者，以回归于自然。社会进入病痛阶段，人心摇动，每求由儒转老，认为虚无更要于建设。东汉末季，魏晋以下，正其时。佛教亦在其时流入。大体言之，儒家占人文建设之第一位，道家只求在人文演进中有消减，为第二位。佛家则主归之涅槃虚空，为第三位。然皆以现世人生为对象，不在人世外另有一上帝与天国，则释迦终为与中国儒道较相近。

故儒释道三教皆有己，而耶回则无己。德性属己，而灵魂则非己。己在内则有外在之命，无己则亦无命可言。故中国人言自由亦一自然，而西方人则必战胜自然乃有自由。西方人又言信仰自由。而悟则由己之德性修养，非可自由。又西方之灵魂，一任上帝安排，实无自由可言。中国之德性，则我欲仁斯仁至，求仁而得仁，乃有其自由。此等分别，大值深阐。

老子曰："道，生天生地，神鬼神帝。"天地何由生？人类智识至今或尚不能知。然有可知者，天地之生，必有其道。苟天地生不以道，则宇宙一切皆无道可言。天地之生以道，则上帝鬼神之有灵，亦必有道。但道是何物？老子曰："道可道，非常道。名可名，非常名。"天地鬼神上帝皆具体，有分别，可指名。道不具体，无分别，不可指名。故曰："无名天地之始。有名万物之母。"天地之始有道，而无可名，非具体，无分别，此即老子之所谓无。老子又曰："人法地，地法天，天法道，道法自然。"天地人皆生于道，皆当法于道。道为宇宙最先最根本之第一因，不再有可法。自然者，谓其自己如此，非别有所法。故曰道法自然。

老子之宇宙论，实本于庄子。庄子言天地之间只是一气运行之所化。此气亦不具体，无分别，无可指名。运行而化，即是一自然。故在此宇宙间，若有上帝，则必是一浑沌，亦即是一气而已。

孔子曰："能近取譬，可为仁之方矣。"儒家侧重人生论，故言此。庄老始推而远之至于宇宙论。老子曰："失道而后德。"道乃一形而上,宇宙万物形而下,始有德性分别,乃可道。"失德而后仁",则是由宇宙万物更降至人生一小区域小范围中,由性生情,乃有仁。又曰:"失仁而后义,失义而后礼。"此则更具体,更多分别,其离无名常道也更远。儒家言德性,乃专本人文言。其所谓德,非后起阴阳五行家之所谓德。其所谓性,亦不兼禽兽草木之性言。人生大道,一切本源于其德性,亦即本源于自然之道。佛家谓人生一切源于其前生之业。业专指人生作为言。消去人生一切作为,即得涅槃。则人生涅槃,非即是宇宙之空无。佛法实亦不啻仅本人生言,较之儒道两家,显又不同。佛说源于婆罗门教,本已有灵魂转世之信仰,释迦虽不重有灵魂,然仍主有因果报应之轮回。故佛家言业,仍是变相之灵魂。如此言之,印度人观念,仍近西方,而远于中国。

佛教入中国后,即受中国化。中国僧侣多引儒道两家言来说佛法。竺道生言,一阐提亦得成佛。明白违反当时传来《小涅槃经》一阐提不得成佛之说,遂受同时僧侣斥逐。及《大涅槃经》来,乃知生公所言不误。故生公讲道主悟,犹在信之上。信在外,悟在己,即由己之德性来。己之德性,由天赋,由总体生命中分得。故可由己悟道。孟子谓:"归而求之有余师。"又谓:"人皆可以为尧舜。"竺道生之悟亦同此。孟子又曰:"言尧之言,行尧之行,则亦尧而已矣。"此非教人依样画葫芦,乃因同有此德性,言其言,行其行,则自己德性自有开悟。颜渊言:"夫子步亦步,夫子趋亦趋",亦非如邯郸之学步。由礼可悟到仁,由个体人生之践履,便可悟入总体人生之大道上去。

故孔子曰："述而不作，信而好古。"但竺道生终是一佛门弟子，其所悟，则终在佛法上。孔子又曰："若有用我者，我其为东周乎。"可知孔子学周公，并不依样画葫芦。孔子又说："甚矣，吾衰也。我久矣不复梦见周公。"其实此非孔子之衰。六十而耳顺，七十而从心所欲不逾矩，此其境界，实已上达于周公，则宜其不再梦见矣。竺道生已是一东方释迦，自不须一一依据西来经典。在耶教中，只能有一个耶稣。在回教中，亦只能有一个穆罕默德。佛教中则可有诸佛，即一阐提亦得成佛，却不谓只可有释迦牟尼一佛。中国后人推尊孔子，崇之为至圣先师，然颜渊孟子皆得为亚圣。明代理学家，则谓端茶童子亦即为一圣。中国道教则主人人可得长生，此一义则儒释道三教又显与耶回两教有分别。

唐代佛教，更见为中国化。禅宗六祖慧能，乃有即身成佛，立地成佛之说。成佛须经多世长期修炼，菩萨亦有十地之别。中国人文修养，重在当身现世。孝悌忠信皆然。所谓人文本位，即以现世人生为主，必求当下即是，非有等待。学而时习，即在当下。曾子曰："仁以为己任，不亦重乎。死而后已，不亦远乎。"则当其生，即以仁为己任。孔子曰："后生可畏。"后生乃来世继起。当我生而尽仁道，但仁道则不以我生尽，故必待之后生。故就中国意义言，成佛须在当身，亦须立地即成。"杀身成仁"，"舍生取义"，亦皆当身立地而取而成。成佛亦然，无待转世。此即佛法之中国化。

如何能即身立地成佛？禅宗则全以己之一心说之。果能心中无物，而不趋断灭，即境生心，即是佛法，即现佛果，其人亦即是佛了。故印度佛法重外在，禅宗则重在其一己之内心，即其德性。此心即同孔孟庄老之心。只是禅宗终是一佛法，终必在山林寺院生活中求之。而六祖又言，不必出家修，亦可在家修。在家终有父母夫妇子女，境不同，斯心不同，而禅宗终亦转成为宋明之理学，仍归到人世中来。

朱子《大学格物补传》言："即凡天下之物，莫不因其已知之理而益穷之，以求至乎其极。一旦豁然贯通，则众物之表里精粗无不到，而吾心之全体大用无不达。"或疑其分内心外物而为二，有向外求知之嫌。其所知，当属见闻，非德性。乃有象山阳明之说起。但孔子言仁，必兼言智。孔子又言："有鄙夫来问，必叩其两端而竭之。"即鄙夫之意而竭其两端，此即朱子所谓之格物。或《大学》格物即指格去物欲，则与佛义更相近。

王弼言："圣人体无。"此无或即《大学》之格去物欲，以心为体，而修齐治平皆其用。若以道为体，即以宇宙自然为体，则人之生命德性乃其用。但体用观念乃后起，老子初意并不然。老子曰："三十辐共一毂，当其无，有车之用。埏埴以为器，当其无，有器之用。凿户牖以为室，当其无，有室之用。故有之以为利，无之以为用。"中国人言："天地之大德曰生。"但独阳不生，独阴不生。阳光土壤雨水三者和合，草木始生。此三者之和合处，不具体，无分别，无可指名。故老子称此曰无，儒家则指名之曰天地。则老子之言无，实即天地和合之大用。用在先，体在后。天地万物一切之体皆从此道之和即无处之用来。王弼之所谓圣人体无，即此意。

孔孟儒家特提出德性二字，其实德性亦在和合处，亦在无处。无子女，何来有慈。非父母，何来有孝。父母子女和合成家，为具体之有，孝慈乃其大用。使无孝慈，何以成家。故可谓先有此孝慈之德性，乃始有父母子女之别而成其家，乃始当于宇宙大自然之道。

孔子五十而知天命，七十而从心所欲不逾矩，是先以无处之用，即此道，而贯彻到天地鬼神万物人生之体。老子喜言道言无，此指天道言。孔子曰："志于道"，则主人道言。先知天命，乃知此道。继之以据德、依仁、游艺，则尽在人生实际之有处。孟子言恻隐、羞恶、辞让、是非，为吾心之四端，扩而充之，以达于仁、义、礼、智之人生大道。此亦为本之一己之德性。宋儒则言仁义礼智之大道先存在于人心，乃引生出恻隐、羞恶、辞让、是非之四端来。此则兼采道家义，故每扩充及于宇宙形上。言德性，则必兼万物言。《易传》《中庸》已有此迹象。实亦即孔子所言之天命。

今试再为阐说。老子仅言有无，不言体用。孔孟儒家则有无体用均所不论，其他先秦百家亦少言体用。东汉之季，魏伯阳始兼用体用二字。今谓中国古人以体属有为后起，以用属无乃先存，此特会通中国古今思想，统合儒道释三家，而姑为推定之。但亦可谓中国古人已先有此意。《周易》六十四卦始乾坤，坤卦为地，乃体，属有，而后起。乾卦为天，乃用，属无，而先存。此亦显可见者。故龙象乾，马象坤，马乃实用之体，人人可见。龙则或潜地下，或飞天上，无所不在，变动不居，然谁曾真见。可谓有此意象，无此真物。故宋儒周濂溪《太极图说》，于太极之上，必加一无极，而曰："无极而太极"，又曰："太极本无极。"此则中国人观念，终以无在先，有在后。用在先，体在后。濂溪又言"阳变阴合"。变则见其用，合乃成为体。惟变即其合之变，合亦其变之合。故言天则必兼及地。《易》卦首乾，亦必兼及坤。子贡言："夫子之文章，可得而闻。夫子之言性与天道，不可得而闻。"文章即人文，性与天道即自然。是孔子只言人文，不及自然。但孔子又言五十知天命，此即人文之本于自然，惟孔子少言之而已。濂溪主静立人极之旨，则孔子已先千年而揭视之矣。

再以具体事实证之。男女媾精，万物化生。而胞胎终自母体中出。若非阴阳配合，则母体又何从得胎。中国人言化，则由变与合而来。惟阴阳之配合，又必以阳性为主动，阴性为被动。此亦一自然。苟阴性转为主动，阳性为被动，则一切自然皆变，人生亦必随而变。故中国宗法社会必尊父。西方社会无宗法，仍亦以男性为主，但办终不得抹杀母性。周人尊后稷为始祖，然生民之诗，后稷诞生，有母姜嫄，而后稷终为周人之始祖。姜嫄不能独阴怀生，乃曰："履帝武敏歆"，而置后稷之生父于不论，乃为神话。西方耶教主耶稣，自言为上帝独生子，但终亦有圣母，又不明言圣母为上帝妻，此又神话之尤。此见中西仍有其大同处。濂溪《太极图说》又曰："一动一静，互为其根。"此言允矣。但其最先处则终曰"无极而太极"，此为宇宙论形上学。下至人文社会，仍必另有说，中国孔孟儒家必兼言父母，又兼言天地，其特有精神乃在此。

天道主动，即庄老道家之自然，只是其自己如此，乃是一无上之自由。此为人道所不能有。孔子五十知天命，由天转入人，人终不得不遵天。濂溪曰："主静立人极。"静则安分守己，亦即孔子所谓之知天命。又曰："士希贤，贤希圣，圣希天。"圣人不得即是天，惟为人类立人极，则不得不知天。西方宗教，即以教主来代表天，他人则无此资格。乃与中国人意想大异。佛教主人人皆可成佛。佛之上有法。悟得此法，则人而即佛。佛法之最终曰涅槃。依中国人想法，涅槃之虚无空寂仍有大用，故得产生出种种业，又得从六道轮回之积业中产出佛来。则涅槃实非一虚无寂灭，亦犹庄老之言道。天台宗言空假中一心真如，华严宗言理事无碍事事无碍，禅宗言即心是佛，而佛教遂彻底中国化人文化，与印度佛教乃大异。

濂溪之后，朱子专提理气二字，谓理气同时俱有，不当再分先后。必为分别，当说理先气后。此层大有深义。近人谓朱子乃理气二元论，其实乃理气和合之一元论。气可分体用，理则不分体用。朱子又言濂溪"太极"即是理。濂溪言五行阴阳，阴阳一太极，太极即无极，则阴阳之气与太极之理实亦一体。朱子理气论本之。濂溪又言："太极动而生阳，动极而静，静而生阴。"朱子则言气有动，理无动，即谓太极无动，而动静则仍是一体。朱子之言理气，实亦即是道。一天人，合内外，自然人文，会归融通。而有无、动静、阴阳、先后诸分别，转居次要，可不必再辨。体用观念亦为之一新。此实中国思想史上一大革新，一大综合。盖朱子《易》学，既上承濂溪，又兼采康节。至于横渠二程，又分气质之性理义之性而为二，主张变化气质，朱子言理气亦于此有所袭。其所窥于宇宙论

一三　灵魂与德性

形上学方面者，乃益为深卓。朱子又尝谓象山偏于尊德性，而己则偏于道问学。实则由其道问学之工夫，而所得于尊德性者，乃亦非象山可比。故象山之说，可通于濂溪明道，以上接孟子。朱子之说，则并可通于横渠伊川，合周邵张程，上接先秦儒而更合于孔子《论语》之所言。朱子又谓孟子粗颜渊细。盖濂溪明道孟子皆重修养，朱子转而言问学。孔子曰："学而时习之。"修养即是习，其上必当先有一番问学功夫。德性贵修养，但能问能学，德性乃能更大益明。可谓朱子深于问学功夫，乃能会通儒释道三家而创此新义。其影响于后代思想者，乃更见其悠久而广大。故言德性，不当仅重修养，而忽于问学。朱子之理气论更深值研讨。

阳明天泉桥四句教，谓心为无善无恶之心，则《大学》何以言正心？意为有善有恶之意，则《大学》何以言诚意？知善知恶为致知，则致知当另有一套工夫，不得谓之良知。为善去恶为格物，则《大学》言致知在格物，须格物后乃知善恶，何得以为善去恶为格物。《大学》先以明明德亲民止于至善为三纲领。果心是无善无恶之心，即不得谓之为明德。非先格物，亦无以亲民而止于至善，何以格物不在三纲领之中，而转为八条目之首。是则阳明所言，乃于《大学》本文无一可合，而亦于孟子言有违。较之象山说于先秦儒义乃更远。朱子言格物，乃谓到达此标准。此物字，即为天下凡事凡物中所寓之理，即一切言行之标准，仍与其理先气后之说无背。

朱子《格物补传》谓："物犹事也。"物亦一气，实则即是一动，一事为。宇宙万物亦可谓只是一大物，一大事。佛说为宇宙一大事因缘出世，其实天地万物皆从此一大事因缘来。朱子言气，即是此一大事。言理，则是此一大事之因缘。格物穷理，亦即是格此一大事因缘，乃并自然人文而为一。近代科学先主物质不灭，最后物质分析只存一电子，乃能非质，而电子动态亦可分别为阴阳。则电子非物质乃事为，与朱子所论终亦归一。

荀子言喜怒哀乐爱恶欲，后人谓之七情。实则前六情皆本后一欲字来。有可欲，有不可欲。爱与乐与喜皆可欲，恶与哀与怒不可欲。可欲乃人生之正面，不可欲乃人生之反面。正反则仍是一体。亦可谓西方人生较多表现在反面，中国人生较多表现在正面。西方人专尚男女恋爱，其他则爱少恶多。爱发于内，恶兴于外。喜怒亦对外而发，哀乐则蕴藏在内。亦可谓中国人较偏在哀乐，西方人较偏在喜怒，一外向，一内向，此其异。故西方人多争。即如运动会争胜负，亦喜在外。中国人慎终追远，而哀主能节。多戒怒。颜渊不迁怒，怒有对象，俗称生气，怒气易迁移，乃怒其所不当怒，故当戒。乐则乐天知命，乐此不倦，乐以终身。中国人尚礼，礼亦多哀乐。周濂溪教二程寻孔颜乐处，所乐何事。希圣希贤，道即在是。喜怒多在事上，哀乐多为德性。故仕宦遇亲丧，必辞位退居，亦即礼。西方人则重法轻礼，故亦可谓西方人生重在事，中国人生重在德。此亦双方文化相异，即征其德性之有殊。佛法戒淫戒杀，暮鼓晨钟，哀乐存焉。耶教进礼拜堂，颂祷歌唱，其乐浅。十字军远征，其怒深。气氛相异，亦即此而见。要之，七情皆由性来。孟子之性善，从其内在之德言。荀子之性恶，则偏指其外在之事言。德天赋，因事而见，但又贵本德以成事。故中国人论性，必偏向于孟子，而于荀子则终谓其有小疵。

德性天赋。求能视，故生目。求能听，故生耳。近代科学发明电灯电话，亦以济耳目之用之不及。故物理昌明，实由于人欲要求。而今日则已成为一人欲横流之世界。电灯电话可欲，但电灯下所视电话中所听有不可欲。核子弹乃杀人利器，更不可欲。濂溪言"无欲为静"。近代科学乃由多欲来。董仲舒言："明其道不计其功。"今日一切自然科学则在计功，不在明道。朱子主理欲对立，穷理非穷欲，可欲则尽在理之中。戴东原《字义疏证》谓欲即是理。近代西方科学，则穷理即以穷欲，其为祸人世，乃有不胜言者。故中国人重人道，西方人重物理。此又文化一大相异。

牛顿发明万有引力，但求物理，无关人道。人类非不该求明物理，但明物理当通于人道，不该仅为人欲所主使而利用。佛家言业，亦由欲来。耶教言灵魂上天堂，实亦同是一欲。儒家言德性，则非不可欲。朱子言格物穷理，即我心之全体大用所在。有心终不能无物，有仁终不能无智，有静终不能无动，有体终不能无用。要言之，仍当执两用中。朱子言性即理，人之德性亦即此理，即此中，非专指物理言。朱子之上承孔孟儒家精意者在此。后人亦需有大智慧，大聪明，大学问，大艺术，乃能承此传统，而运用得当。此诚人生一大课题，而又无时无地可避免。孔子五十知天命，亦理非欲，亦即天之德。好问好学，则为人之德。故尊德性与道问学，亦当融而一之。好问好学，而不出于多欲多求，其庶几矣。

一四　大生命与小生命

文化乃群体一大生命,与个己小生命不同。个己小生命必寄存在躯体物质中,其生命既微小,又短暂。大生命乃超躯体而广大悠久。不仅人类为然,凡有生之动植物无不皆然。

如一草地,绿草如茵,生意盎然。实则今年之草,已非去年之草,而此草地则可历数十百年而常在。此一草地,可谓有大生命存在。深山巨壑,群木参天,郁郁苍苍,此亦一大生命。诗曰:"鸢飞戾天,鱼跃于渊。"三千年前诗人所咏,宛然如在目前。鸢与鱼之生命,已不知其几易,而其飞其跃,则三千年犹然。故鸢鱼仅有小生命,而其飞其跃,则乃大生命。

人类文化亦然,亦有其绿意之盎然,亦有其飞跃之群态。中国古人谓之"人文化成",今则称之曰文化。此皆一大生命之表现,非拘限于物质条件者之所能知。中国人言气象,今人多失其解。气象即超物质之存在。姑就个人言,或刚或柔,或安或躁,或健旺,或衰老,皆可以气象觇。人之品德修养,亦从气象见。宋明理学家好言圣贤气象，今人对此四字，则感毫无着落。

个人然，社会亦然。中国人言风俗，亦即气象。今人则惟关心物质条件，更不言风俗。国家亦有气象，即全国之大生命。又言形势。或曰王气，或曰王者气象，可觇国运隆衰，可卜世局安危。如西周都镐京，东周迁雒邑，两地气象即不同。西汉都长安，东汉迁洛阳，两地气象又不同。唐都长安，宋迁汴京，气象更不同。南朝都金陵，南宋都杭州，偏安之局，气象又各不同。元承辽，下及明清，建都北平，逾八百载。历代衡论立国建都，必就其天时地利，山川形势，历史演变，衣冠文物，聚散衰旺。而孰为之头脑指挥，孰为之心脏营养，孰为之手足捍卫，而选都立国，必有其一定之气象。记载昭然，读者可自寻索之。

三国时诸葛孔明为刘先主谋建国于蜀，东联吴，北拒魏。退可以守，进可以战。及其辅后主，先南平孟获，再六出祁山，无后顾之忧，必以北进为立国精神之所寄。盱衡全局，就天下大形势以定建国方略，蜀地之气象则然也。吴三桂起于滇，必争三湘，移师中原，乃可立国。洪秀全起于广西，而奠都南京，不知全军北向，此已无成功之望。全部中国二十五史，何以定，则必定于一。何以一，则必以全中国为一体，即所谓天下者。而衡量其大形势之必当进必当安以为定。何者？国家大生命之延续，非仅止于其内部血脉之流通，必当超疆域而观其全局，此谓气象。岂浅见薄识者之所能知。

今国人言气象，专指天时之阴晴寒暖言。古人言气象，则兼指天时地利人和言。通天人，合内外，明天人之际，通古今之变。拘于一时一物，则有气质，有形象，非气象。故人物社会国与天下，皆可有气象，而今人则不之知。

中国古人又言风景，今人亦失其解。西晋末，名士渡江，集宴新亭，有人谓："风景不殊，而举目有江山之异。"闻者感慨，为之泣下。金陵江山岂能同于洛阳，故国已丧，羁留异土，乌得不感慨泣下。然而犹云风景不殊，所以中原文物尚能在南方绵延，而东晋南朝，一线国脉，赖以保存。此后王勃亦尚谓"风景挟江山之助"。江山限于有形之物质，而风景则超物质之上，虽不能脱离物质，非江山无以见，而实则超江山之上，有非江山之所限者。

苏州城外有虎丘，亦风景名区，千古游人同所欣赏。但仅一土堆，不成一山。丘旁亦无水流。然丘上有千人石，有一线天，颇具名山胜概。丘隅一小茶楼，有一横匾，书"其西南诸峰林壑尤美"。凭窗远眺，西南有太平天目诸山。匾语见北宋欧阳修《醉翁亭记》，已隔千年。滁州苏州山水风土绝不同，而茶楼此一匾，却正见风景之不殊矣。风景二字亦有用之人物者。《晋书·刘毅传》，"义士宗其风景，州闾归其清流。"孔子曰："仁者乐山，知者乐水。仁者静，知者动。仁者寿，知者乐。"是人物与山水可以风景相拟，孔子已先发其趣矣。

风景与气象两语，合而言之，可曰风气，又曰景象。景象较落实于物质方面，而风气一语则必超物质始能识。中国人言时代，每指言其风气。风气即此时代之生命所在，文化所在。然此义深邃，又岂今人所能领会。孔子曰："夏尚忠，殷尚鬼，周尚文。"此亦见三代风气不同。代者，如传宗接代，以后人代前人。尚者宗也，子孙祖宗一线相承，正见大生命之所在。有宗则常，有代则变。中国人言乃如此。今人乃欲以一己之小生命,来对抗外在之大生命。大生命倘受害,小生命又何得完美。

使用机器,求省人力,亦并非不可。主要在省力后能把此力运用到对生命更有意义有价值处去。不当仅凭机器来为私人谋发财。专从此一节言,共产主义亦有胜于资本主义处,主要在限制私人商业之无限扩展。如发明了电灯自来水,可使大家省力。但共产决不该是唯物的,更要在省了力向何处用。主要还当共心,大家用心在大生命之理想上,此即中国人之道德与艺术,乃始有其更大之前途。

中国社会农业为井田制,工业为官廪制,不废其私,而私皆为公。商业亦本属官廪,后乃私营,但仍主为公不为私,又曰信义通商。而又曰:"劳力者食人,劳心者食于人。"言大生命,则曰家曰群,政治则群中一重要事项。故言政治,必推本于社会。而劳心者则指从事政治之人言。而言社会,则首言其风气。此即社会生命之表现。

中国历代社会风气皆有变,汉唐宋明清各不同。即前后汉,盛中晚唐,南北宋又各有不同。清代如顺康雍与乾嘉与道咸同光亦各不同。但两千五百年始终只是一中国。要之,中国人视社会犹重于政治,而言社会则必首重风气。所谓不同,主要乃指风气言。此乃一种超物质之生命表现,故尤当重视。

西方人抱个人主义,知有小生命,不知有大生命。即宗教信仰,灵魂依然属个人,但有更长之延续,不见有大生命之存在。故灵魂与天堂,仍是一种变相之物质想象。换言之,西方人能有分别观,不能有和合观。如西方人其游历亦无如中国之风景观。一江一山,形态各别。余曾游美国尼加拉瀑布,汽车直达瀑布之上背,游者皆为看瀑布来,不知瀑布亦当配合其外围环境而成一风景。不保全其四围之环境,惟一瀑布孤立特出,则不成为风景。有瀑布,无风景,则大失其可欣赏之意味。

故西方人言社会,亦不知言风气或风俗。如雅典罗马,游者只想慕其建筑古迹,皆物质方面,而生命则早离去。如瞻仰埃及金字塔,又乌得感触到古埃及人生命之气味。如游伦敦巴黎,仅观其西敏寺白金汉宫,凯旋门与凡尔赛宫,亦皆以物质建设来代表历史精神。然物质建设乃死的,人文精神是活的。物质高压在精神之上,精神亦终将窒息而死。埃及雅典罗马即其前车之鉴。西方人惟重物质,故重分别,不知有超物质之共同气象共同精神。依中国人观念,雅典罗马巴黎伦敦,除物质建设外仍各有其气象之分别。物质有分别,气象方面亦终不得一共同之会通。整部欧洲史,以分裂始,恐亦仍将以分裂终,至今不见一可以共同会通之迹象。国家如此,正因于社会如此。社会如此,正因于人生如此。东西方之人生观念,与人生境界,在此乃有大不同。

《中庸》云:"人莫不饮食,鲜能知味。"此味字诚大可味。舌以辨味,然使仅有舌,无茶可饮,无膳可食,味又何在。使仅有茶有膳,而非以舌辨,则味又何存。茶膳为物,舌辨在心,心与物会合,乃生味。夫妇为人伦之始,非男女配合,焉有夫妇,又乌得有夫妇之情。雌雄男女,以物质分。阴阳刚柔,乃见性情。人同此性,亦同此情,喜怒哀乐爱恶欲皆人情,乃可味。饮膳之味最易知,其他之味则不易知。中国饮膳之味,至今为全世界之冠。调味之术，亦浅显易知。如进西餐，牛猪鸡鱼分别烹煮，其他甜酸苦辣咸，分装瓶碟中，由人自加取用。另有蔬菜，如瓜如豆，亦另煮，加荤菜旁。中国烹调荤素五味同在一锅中调制。即此和合与分别之调制法，乃成中西膳味之大不同。分别和合，孰为得人情之真味，则必有能辨者矣。

又西方烹调，五牲腹中肠肚心肺之类多废弃，不列为食品。中国则此等转成珍味。西方社会一时有一时之弃人。如农奴社会，农人即在所弃。封建社会所弃益多。资本主义社会，失业者即是所弃，实则劳工亦然。共产社会，则非劳力皆所弃。大体言之，西方社会中，老人皆可弃。而中国社会则老人正属人生调味中一珍品，有其无用之用。一家有老人，斯为一家之福。一乡有老人，斯为一乡之荣。非对人生真知味者，则难与言之。

味觉在舌，觉亦有能所之辨。舌是能觉，所饮食之物之味乃所觉。能所合一，乃有觉。抑且舌非能觉之体，觉之体在心。耳听目视皆然。心不在焉，视而不见，听而不闻。外无声色，耳目何闻何见。但闻见在心，不在耳目。故聪明乃属生命，非属耳目。觉亦属生命，不属口舌。再言味，如茶，镇江金山第一泉，无锡惠山第二泉，西湖有虎跑泉，烹为茶，味特佳。又有火候，非精于此道者不知。茶壶，宜兴产最佳。盖碗茶亦多味。倘盛于热水瓶玻璃杯中，则味变。猛咽浅尝，皆失味，又须一特殊之情调与环境，乃得饮茶知味。进食亦需齿牙咀嚼，口液相助。专赖舌，又何知味。又且饮食知味，亦久而始知。故学者觉也。有好心情，乃有好滋味。学而时习，乃有觉有知。有先觉，有后觉。有先知，有后知。即一饮一食，亦皆生命，必积岁月而后成。燧人氏发明火食，岂遽即知味。生命乃一超物质之知，乃一种会通和合之知，积年累月乃知。所谓通天人合内外，非学而时习，何以得此。朱子言："众物之表里精粗无不到，吾心之全体大用无不达。"即饮茶一端，亦可喻之。

西方哲学必分别心物言。或主唯心，或主唯物。或主心一元，或主物二元。若以中国人观念，何有离物之心，亦何有离心之物，即以饮食知味一事证之即见。亦可谓饮食乃小生命，而知味乃大生命。幼童饮食仅解饥渴，乃个人小生命所需。而知味则成年人事，人人同，世世同。中国人饮茶，自唐迄今已逾千年，乃成一大生命中事。饥欲食，渴欲饮，饥渴既解，事即已。至饮茶知味，喜之爱之，此属情。大生命中，亦包涵有小生命。倘无小生命，则大生命亦失其存在。然大生命终与小生命有别。欲则随人随时而异，情则异人可同，异时可同。人而无情，斯终不能见其生命之大。

何以能人同此情？中国人则本原之于性。性又本原之于天。天则超物质。饮茶之演进，由欲而达于情，出于不知不觉之自然，故亦成于人之性。而饮茶知味，必见于日常之人心，故曰心情。饮茶而好之，亦见人心之大同，故饮茶亦成文化中一事，即人类大生命之事。生命必附随于物质，但生命之真，则其主要不在物质，而在性情上。饮茶知味，特情性之微末小节，为易见易知之一端。

中国人言："喜怒哀乐爱恶欲。"则欲亦七情之一，而又为七情之总。孔子曰："我欲仁，斯仁至矣。"又曰："己欲立而立人，己欲达而达人。"此皆人类大生命中至高至大之情。至于渴欲饮，饥欲食，则限于物质，事过即已。故饮食之欲，与欲仁欲立欲达之欲，大不同。后代终以情欲分言，而性情则合言之。然孟子曰："饮食男女，人之大欲存焉。"饮食男女亦属性。《中庸》言："天命之谓性，率性之谓道，修道之谓教。"道须修。何以修？则修之心。修心所以养性。心属人，性属天，修心以养性，不啻谓修人以养天。此乃修其小生命，以养其大生命。大生命无可着手，着手当在小生命上。换言之，生命无可着手，着手乃在物质上。通天人，合内外，其实则仍从事在物质。故修心又谓之修身，舍物质舍身，则一切又何所从事。

兹再进而言之。生命亦从物质中来，凡物质亦同有性。不论有生物无生物，莫不有性。则宇宙大自然，实即一大生命。道家言气，即主从宇宙大自然中见生命。儒家则重言心，此宇宙大生命即见于心。此心亦即为宇宙大生命之主。孔子曰："五十而知天命"，即知此大生命。"七十而从心所欲不逾矩"，则我心与此大生命乃能合一而无间。天所命在外，心所欲在内。从心所欲不逾矩，则通天人合内外之至，斯即生命之最高境界。合宇宙自然万物而成为一生命，其事无所不包，无所不涵，至为广大悠久，无时无地，皆此一大生命。极复杂，极变动，而其中有矩。孔子此一矩字，即后代宋明理学家之所谓理。故朱子言气中必有理，必格物以穷理，此亦所以通天人而合内外。

今人好分言自然与人文，实则此两者间，并无明白界线可分。如电灯自来水，属自然抑属人文？论及人类文化，电灯自来水岂能拒弃不列，故电灯自来水亦属人类生命中之一部分，而亦不得不认为亦属自然物质之一部分。

惟当和合自然与人生，乃见生命之真，乃见生命之大。故自然与人生，实可分而不可分。亦如天人内外之可分而不可分。

然生命之真实而重要者，乃情，非欲。亦如饮食，不经消化无营养，反滋疾病，转致死亡。故物质建设，仅以供人之欲，以今语言，当称文明，不称文化。物质文明愈发展，人欲日增，人情日减。欲日浓，情日薄。近代人类文化大患即在此。未有电灯自来水之前，人类早有喜怒哀乐。自有电灯自来水以后，人之喜怒哀乐未必有进，或转有退。自有枪炮核子武器，杀人之欲乃大增。纵言享受，饮食解饥渴，非享受，知味乃享受，但极微末。电灯下之享受，未必胜于油灯下。饮自来水，亦未必胜于掘井而饮。喜怒哀乐之深厚广大，始是真人生，真享受。物质条件特其手段工具，与享受尚隔一层。

西方宗教信灵魂上天堂，亦从外面环境上打算。苟使灵魂在天堂，并无喜怒哀乐之情，则转不如尘世人生之有此享受。即下地狱，有哀有怒，亦真人生。无哀怒，亦即无喜乐，不能分别以求，只有喜乐，而更无哀怒。如饮食，甜酸苦辣咸，五味亦只一味。无苦无辣，亦不成味。亦如生必有死。灵魂上天堂，无死即无生。中国人懂得真人生，遂无其他民族一切宗教之产生。

中国人生最重礼。而事死之礼，更重于事生之礼。父母之丧，有哭有踊，哀之至矣。人生到此，非哀则不乐，极哀始是极乐。情之所至，又何哀乐之分。今一意求乐，不愿有哀，斯则所乐惟在物欲上，断非人情。孔子曰："慎终追远，民德归厚。"德即性情。违性非情，更何有德。孔子又曰："志于道，据于德。"根据人性乃见大道，生命大道即在性，在情，在德，而一本于自然。故曰天命。孔子又曰："天生德于予，桓魋其如予何。"孔子之生命，亦附随于其身。孔子之德，上同于天，下同于古今亿万世之人类，并广同于宇宙万物，斯则桓魋所无奈何。

鲁叔孙豹已先孔子言立德、立功、立言为人生三不朽。功、言不朽易见，德不朽则难指。惟善读中国书，善观中国社会，则其事亦易知。此诚我民族文化一最大特点，其他民族知不及此。耶稣言"我将复活"。复活与不朽不同。埃及木乃伊不朽，但终不复活，并亦非中国人所言之不朽。木乃伊只躯体不朽，非生命不朽。耶稣之复活，则指躯体复活。德、功、言乃在大生命中不朽，非指物体之不朽。西方人只在物体上求不朽。躯体不能不朽，乃求灵魂上天堂，其视灵魂亦几下同于物质。中国人分言魂魄，魄即躯体之灵，人死躯体朽，则魄亦落地而尽。惟魂气则不随体魄俱尽，而能无不之，则魂即是气。孔子已死，而孔子生前所立之德、功、言则化为气，尚流行广被于宇宙间，常存在于大生命中，故谓之不朽。

道家以气言道，偏重在万物和合之大生命言，故曰："失道而后德。"此犹言万物大生命失落而降为人类之小生命。其实人类小生命即从宇宙万物和合之大生命来，而此大生命则仍在小生命中见。由人生即可见宇宙大自然，由一人之德，即可见人类共通之大生命，如孔子是矣。故孔子曰："志于道，据于德。"孟子曰："尽心知性，尽性知天。"天由性见，性由心见，此心有明德，明明德于天下，此即由小生命扩大而为大生命。人可以知天，亦可以合天，并可以同于天，此乃儒家义。

《中庸》言："大德敦化，小德川流。"宇宙大自然，乃大德之敦化。人文化成，则小德之川流。至如伊尹之任，伯夷之清，柳下惠之和，以至孔子之时，此尤德之小者，然亦大德敦化中之一斑一点。小德大德，同此一德，孔孟儒家专从人文化成上言。墨子始推之于天，然而转失人文之深趣。庄老又推而言气，其于大德敦化之宇宙大自然，若更接近。然于川流之小德，则转更失之。孔子之言游于艺，礼乐教化，治国平天下，皆属艺。墨家于艺不如儒，而道家更主无为，以浑沌治天下，则于艺更远。

邹衍为阴阳家，继儒道两家而和合言之，分宇宙万物为五德，其实仍此一德。分空间为东南西北，分时间为春夏秋冬。而分中仍必有合。在此东南西北春夏秋冬之四分中，仍各有一中，则为五德。总之是一道，亦可谓只是一变动。一切变动仍同是一道。随时变，随地变，而此道则终是不变。只是此道在变动中。此即宇宙自然一大生命。外言之则曰道，内言之则为德。在人言之，则为其性情与行为。人类之一切性情行为，总超不出宇宙万物大自然之外。中国人之宇宙观与人生观乃如此。惟儒道两家之所言，常盘旋沉浸于高级知识分子之心中。而阴阳家言，则衍散流布于下层社会，而展演出今人所谓之种种迷信。

要言之，阴阳家言，虽亦以道为本，而终不免偏于艺。儒家言礼乐，实亦一艺。故阴阳家言更近于儒，而于道则较远。如言治平，而旁及于四时万物，如《吕览·十二纪》，《淮南·时则训》，《小戴·月令》，皆是。下至民间医药铅汞神仙之术，以及相面算命之类，皆阴阳家言之引申。其实西方宗教,歌颂祈祷亦一艺。科学家种种制造发明,亦皆艺。中国科学则尤与阴阳家结不解缘。孔子言道,必先据德依仁,乃始及于艺。汉儒多杂阴阳家言,终多游于艺,而于德与仁之意境,则不免渐趋于疏远。宋儒直探性命之本,乃为更切于德与仁之道,而于艺则较疏。如邵康节,乃摈不立于理学之正统。道艺之分,德术之别,其义深远,暂不详阐。

今以西方哲学言,必争心一元,或物一元。若谓中国有哲学,则当称德性一元。谓西方哲学必分宇宙观与人生观,则中国哲学每为天人合一观。如朱子论理气,皆兼天人言。实则中国人言心性,亦多兼指天人言。如言天性天心是也。故又言天道天德。道德心性是一,则天人亦是一,不可分。总之,实同一体,而其体变动不居,故谓之道。何以一切万有变动不居,而能和合成一道,则由其同一德。同一道同一德,而可有种种相异,阴阳家又分之为五德,又分之为阴阳之两道。其实众异仍是一同,此乃中国人见解。

以西方科学言,西方人既言自然科学,又继之言人文科学。实则如电灯自来水,皆属人文,不当属自然。孔子所谓之游于艺,此一艺字,即可包括一切西方科学之发明在内。不当外于人文而有艺,则亦不当外于人文而有所谓自然科学。《周官》言"正德、利用、厚生",此可举为一切科学之主要纲领。西方科学仅知利用,而不言正德。不知所以正德,即亦不知所以厚生。故西方科学虽重利用,而并不能厚生,以其不知有正德也。何以谓其不知正德?即据其发明种种杀人利器言,即可为其明证。

生则必有死，亦必有杀。阴阳家言，春夏富生气，秋冬富杀气，东南富生气，西北富杀气。故言东方之人仁，西方之人义。仁为生德，义则兼杀。中国人言人生，亦非仅主生，不主杀。情中有怒，武王一怒而安天下，何尝必避杀。孟子曰："惟不嗜杀人者能一天下。"言不嗜杀，亦见人生不能绝不杀。惟杀道当本于生道，故孟子兼言仁义，而孔子尤特言仁，亦见其深义所在矣。今若谓中国人之天时地利在东方，故其文化精神更重仁。西方欧洲人之天时地利，其文化精神偏于义。各得一偏，而不能相缺，此亦未尝不可。继康德而起者，德国有哲学家黑格尔创为历史哲学，谓日出东方没于西，故人类文化起于远东中国，西及印度阿拉伯，乃及西欧，而德国为其最高之归宿。彼不知德国后尚有俄罗斯，又不知日没于西，又出于东，天运循环，则中国又当为人类新文化之再开始。其所拟议，岂不较两千年前中国阴阳家言尚远逊。以其存心偏，只据各自小生命为出发点，则宜其无当。孔子曰："执其两端，用其中于民。"生杀亦两端，亦可谓道艺亦即两端，又可谓仁义亦两端，执两用中之深义诚大值探讨。

人道有死有杀，死为自然，杀属人文，实则仍为一体。故七情中有喜亦有怒，有乐亦有哀。大抵见杀则怒，见死则哀。中国人于七情中最戒怒，因怒近杀。不讳哀而戒其伤。孔子曰："小雅乐而不淫，哀而不伤。"因伤亦具杀意，故亦戒之。西方文化则杀气似多于生气。资本主义帝国主义皆寓杀气。又言人生原始罪恶，世界必具末日，则可怒亦可伤。乃以天堂极乐补偿其缺憾。中国人则即此世界可有怒亦可有哀，能少杀，能不伤，斯止矣。

中国人于七情之外又言怨,有怨怒,有哀怨。孟子曰:"汤东面而征,西夷怨。南面而征,北狄怨。"有怒而不能发泄,斯怨矣。中国诗人屡咏怨妇怨女,女性多情,有哀而不能泄,斯有怨。不怨天,不尤人,不怨于外,而只自怨其内,斯亦止矣。凡有情不能伸,则有怨。喜乐与爱皆伸于外,故无怨。有怒,有哀,有恶,而不能伸,则怨。怨不伤人,能不自伤亦止矣。苏轼记吹箫者,如怨如慕,如泣如诉,此亦人生中可有之一境界,惟当同情。中国人之人生哲学,常运用在人情上,无人情,斯亦无人生。修心养性,亦修养此情而止,岂专在外面物质上用心,斯所以谓之正德。即及于物,亦必言德。中国之文化深义即在此。

今吾国人,外患迭至而不能御,能知哀怨亦可矣,乃一意惟喜乐之求,一若惟喜惟乐乃能得救。喜乐不可得,乃转而为怒。不能怒于外,而转怒于内。不能杀敌御侮,转而自杀。此七十年来国人之死于内战,死于政治压迫者又何限。斯诚至可悲悼之极矣。亦可谓浅见薄情之至,夫复何言。中国古人见之,当叹成何气象?言念及此,不觉心哀。

一五　天地与万物人生

余尝谓研讨中国现代思想，东西方语言文字之翻译，乃一大问题。如何把中文翻成西文，此暂不论。而西文中译，则已有许多问题，深值讨论。如时间空间，已成现代中国一普通流行语。但就中国传统观念言，并无空间一词。此语译自英文之司埤斯 space。但英语司埤斯应作场所讲，即中国言地区或部位，却不应翻为空间。不知此一翻译源自日本，抑自中国。要之，意义不恰当，有待辨别。

中国人好言天地，天即指时间言，故又曰天时。地指地位，亦言处所，又言地理，皆指区域言。位，人所站，不指空。中国古人又言海阔天空，天乃可言空。佛教言四大皆空，又言空假中。中国古代儒道两家思想皆无此空字义。利玛窦来中国，著有《天主实义》一书，力斥佛家之言空，道家之言无。则知以空间译西语，宜无当西方本意。

子贡有言："夫子之言性与天道，不可得闻。"可见孔子以前古人，本亦言性与天道，只孔子不之言。孟子则好言性，庄老道家则好言天道。老子曰："地法天，天法道，道法自然。"人生天地间，向前演进有一道，但无论如何此道总逃不出于天地之间。天地变动不居，亦各有其道，故老子言天法道，乃言天之为天，一切变动，亦有其道。而此道何来，老子言其乃自然如此，从俗语则为自己如此。道只是道，更无所取法。

天地是一大自然，万物与人类同产生在天地间，故亦各是自然，即言其各是自己如此，更无其他力量使之如此。儒家言不同。《中庸》："天命之谓性，率性之谓道。"此重言性，万物与人皆有性，此性皆受命于天，乃不谓之自然。故儒家言天，实即如道家言自然。道家言地法天，儒家或亦承认，故曰"天尊地卑"，天地地位不同，却不得谓天地皆属空。故空间一语，中国向来无之。

中国人认为人生一切活动皆本于其内在之性，而人性则禀赋于天，故在人生中即涵有天之一部分，而与天为一。故曰："通天人，合内外"，实即融为一体。推此言之，一切生物，草木禽兽，同有生，亦同有性，亦同本于天，亦与人可融成为一体。有生物之外，又有无生物，亦各涵有性，亦皆禀赋于天。而有生无生，万物同在天地间，故曰天地万物。人生则其中之一部分，一形态，固不能自外于天地万物而成其所谓人。故中国人观念，特谓在天地万物中有人之存在。而尤重其内在之心而言，其心又可谓乃天地万物全体一中心之表现。《中庸》："致中和，天地位焉，万物育焉。"中和即人心。人能知己之生命，即天地万物之一中，斯能与其他有生无生万物相和，而天地即位于此，万物亦育于此矣。

中国人此一观念，乃自其农业来。百亩之田，五口之家生命之所寄。春耕夏耘，秋收冬藏，胥视天时而定。五谷百蔬，牛羊鸡犬，岂不与我同此一生命，亦安此而乐之矣。

西方古希腊，生事重在商。内不足，必向外经营。故其天地万物观，自与中国人不同。一舟在海上，上苍苍，下茫茫，不知边际，不知方向，内外隔别，而所重则在外。忽见云霄中高山耸立。自舟中远望此峰，视线成一弦，即可揣知舟达海岸之方向与距离。此实成一三角形。故古希腊人即知有几何学，而中国古人无之。

柏拉图榜其墙，不通几何学勿入吾门。则柏拉图之哲学思想，其多本几何学可知。几何学分点、线、面、体为四，线有长度，面有宽度，体有厚度，而点则无长宽厚可言。然点既无长，何得成线。线无宽，又何以成面。面无厚，又何以成体。此诚难加说明。中国人观念大不同，先认其体，乃有面有线有点之成立。点即自体中分出，故点亦有长有宽有厚，亦自为一体。惟其度数，微不可测。

庄周书言："一尺之棰，日取其半，万世不竭。"一尺之长宜可取其半。既有其他一半之存在，宜可仍取其半。如是以往，仍必有一半之存在，但非言语与数字之所能表达。一人之生，不过百年，在天地万物中，其微小尚不如一尺之棰万世取半之所余，而仍自有其一存在。西方几何学谓之点，中国则谓之端，俗谓之起点。中国人乃在一体中认其点，西方人乃从一点上认其体。中国人重时间，西方人重空间，此为其大不同所在。

故中国人见解，先有天，乃有地，然后乃有万物之与人。西方人重外，乃不知有天。近代科学中之天文学，实亦无异于地质学。太阳系有九大行星十大行星绕之。太阳系又在星河中，尚不知星河有几百千万。此则自一物一体一形上来求天，天亦如地如万物，惟形体大小有辨而已。中国人之天乃自抽象言，而西方人之天则自具体言。即西方宗教家之言上帝与天堂，岂不亦具体，惟科学家渺不得其处而已。

不仅言天有如此，即言人生，中西方亦同样有其极相类似之一大分别。中国人言人生，乃先从人生之大全体言，亦可谓乃人类之大生命。人必有性，性必禀赋自天，古今中外，凡属人莫不如此。信得此理，守得此道，则同谓之人。违此理，蔑此道，严格言之，不得谓之人。故曰"中国而夷狄则夷狄之，夷狄而中国则中国之"。中国与夷狄之分，亦在明得此理，守得此道而已。其他则本无甚大区别。西方人言人生，则从人生百年中言之。每一人百年之身，无不有大异。故西方人乃仅知有小生命，不知有大生命。仅知生命之短暂狭小一小形象，不知有生命大全体之大形象。今人则谓此小形象为具体，而指此大形象为抽象。必谓具体乃实有，抽象则属人之想象。此即西方几何学由点起言，而中国则由体起言。实则西方人乃主自无生有，接近中国之道家言，终非中国人所主。

即从科学言，西方医学必分人身为各部分。如头脑、胸腹、四肢，人身乃合此诸部分而成。中国医学视人身为一体，虽可分各部分，而实相互通。故中国医学诊病必方脉，而西方医学则先从尸体解剖始。一视人身为一生命，而一视人身若为一堆物质之配搭，此即其大不同所在。

《诗经》言："相鼠有体，人而无礼。"中国人不仅视人如此，其视鼠亦然。鼠亦有生命，此必有其体。鼠之体，即鼠之生命之所寄存与表现。故鼠体略相同，即知鼠之生命之略相同。人为万物之灵，人之生命自与鼠之生命有大不同。鼠则各自为生而已，人则有大群体，如家庭，如乡里，如国，如天下，非各自为生，乃会通大群之生以为生。此会通大群之体，则谓之体。如人生有言笑坐行，在大群生命中，则皆应有礼，乃可相安而共其生。

不仅生人相处有礼，即生人与死人之间亦有礼，乃可会成一体以为生。不仅对死人如此，即对天地万物亦必各有礼。此礼即相与为生之一体。中国人体用之体，乃推吾身之体以为言，而变以为礼字。此非详究中国人之人生观，则不易知此义。

中国人言礼，更重在行此礼者之心。西方人认人身重要在脑部，一切知识，一切命令，皆由脑。中国人则重视心，又更甚于脑。心有两义，一在身之胸部，血脉流贯全身，而集散则在心。伤脑，此身尚可活。伤及心，血脉停止，生命即绝。一则心为一抽象字，不限在身之胸部，而可会通及于身外。心与心相通，并可与千里以外，千年以上人之心相通。人心乃人类大生命一主要关键。脑只限于身，心始通于群。中国人言人心，于此尤有深义。

人与人之间，心与心相接相通谓之仁，其表现则为礼。故孔子曰："人而不仁如礼何。"此"仁"字极难译为西文。西方人无此观念，甚难有类似之字。而"礼"字亦难翻，其他类此者不少。孔子言人生，极重此仁字。人心何以有此仁？后起儒家则谓仁本之性，故人道即天道。孔子不言性与天道，专就人心之仁言。则孔子言人生，仅就平面言，后起儒家则就立体言。此则异而实同，所谓吾道一以贯之也。

数年前，余曾撰《质世界与能世界》一文，大意分西方人所认者为质世界，中国人所认为能世界。果以质言，人之一身乃多种细胞组成，新陈代谢，全身细胞无一日不在变换，此身非复前身，然人之生命则延续如常。且人之生命亦决不限于此身。如衣食温饱，乃延续此身之最要条件。饮食进口入腹，化为营养，此即生命所系。衣穿身外，温暖同亦生命所系。而衣服之质料颜色式样，亦可谓同属生命一表现。又如目视耳听同为生命。视所见，听所闻，宁不属生命？心不在焉，视而不见，听而不闻。日光水声视听所及，即同属生命一部分。不得谓其在外，与此生命无关。惟言脑，则同如言耳目，同属身之一器官，其功能同亦限于身。心则非此身之一器官，乃可谓驾于身而存在，即通于身之内外而存在，乃始为生命之表现。近人每言物质人生与精神人生，心即精神人生之表现。

孔子前，郑子产已言，人死，体魄埋于地下而腐化，魂气则无不之。已分人生之体魄与魂气为二。如目之视，耳之听，此属人身器官作用，谓之体魄。人之死，视听皆绝，耳目同腐，然人之生前见闻，功能不限于一身，而兼及于身外。所谓魂气，飞扬无不之，即其生前已然。而其死后，则亦仍然，不随此身躯以俱腐。孔子之生，老而死在鲁。但其魂气，则常周游，普及全中国。死而犹然。迄今两千五百年，可谓孔子魂气尚在。中国人心中尚有孔子其人，此即孔子之魂气。亦可谓今日国人之心，亦能远飏两千五百年前，与孔子当时魂气相接。中国人又常言精魂神气，前人言魂气，后人言精神，此即一种精神人生，亦可谓乃人类之大生命。

人生自父母，其身即由父母之身分来。其魂气，其精神，亦同有由父母分来者。父母子女相聚一家，身躯各别，而魂气精神则相通，故一家有一家之风。此风字即犹言气字。如风之起，不限在一草一木，一地区，乃会合一广大地区之万千草木之摇动呼啸而合成为一风。孔子开门授徒，所谓有朋自远方来，乃会通师弟子七十余人魂气精神之相通而合成一风，此即孔门之儒风。又乌得谓此风乃不属于人生。此风乃学风，亦可谓之为德风。孔子大德，乃起此大风，遍流行于全中国，达两千五百年之久，迄今而不辍。

若言孔子之身，亦远有所自。其父其祖，乃鲁国人。推而上之，为周代之宋国人。更上，则为殷人。自其远祖契以来，传至孔子，已数十代千年以上，在中国史籍记载中，皆有名字可稽。自孔子以下，迄今亦历七十余代。中国人视此大血统，为同一生命之相传。其他人亦然。故中国乃一氏族社会，祖宗子孙，指其男性言。尚有女性，为母为妻为媳，为外家。故中国人视中国人，乃如一大生命，分化出无可计数之小生命。试读百家姓，就此百家而浏览其家谱，各记数千年来之一脉相传，而推以及于历世之外家，则五千年来，中国人之同属一家，岂不确凿有据。

然此只就身言。若就心言，则道一风同。而在此一同之中，则仍不害其有众异。惟众异则必会归于一同。中国人言异，则莫先于天地。《易·系辞》言："天尊地卑，乾坤定矣。卑高以陈，贵贱位矣。动静有常，刚柔断矣。方以类聚，物以群分，吉凶生矣。在天成象，在地成形，变化见矣。"中国人重象，形则小异，象其大同。上言西方人言天亦如言地，每以其形言。其言人生，亦好以形言，不好以象言。故好言身言脑，不言心。脑主知识，心则必及性情。如言喜怒哀乐，岂不人人同有，岂不更为生命所寄，而实无具体可言。西方文学述及喜怒哀乐，必详陈具体事实。不知限于具体事实中，则非喜怒哀乐之真矣。中国人则多表之以声，闻其声，斯知其情。禽兽亦有情，岂不闻其声而知。不仅有生者有情，即无生亦同有情。《楚辞》言："悲哉秋之为气也。"欧阳修有《秋声赋》。人自天地中生，人之性情即自天地大自然之性情来。丘迟《与陈伯之书》："暮春三月，江南草长，杂花生树，群莺乱飞。"此非一片春情乎？草与花与莺，皆有生命，然不得谓春亦生命。春夏秋冬四季，皆无生命，然不得谓生命中无此春夏秋冬四季之变化。生命中有魂气，春夏秋冬四季，斯即天地大自然之魂气。

晋人言："风景不殊，而举目有河山之异。"河山属地，仅有形。风乃气流，景则光辉，此属天。无风景，则河山亦何堪欣赏。陶渊明结庐在人境，非有河山之胜，亦同有风景之美。宋人诗："云淡风轻近午天，随花旁柳访前川。"一川流水必辅之以两岸之花柳，又必在近午淡云下，轻风中，此一川遂足资流连。故知人生不只限于身，仰天俯地，顶天立地，乃有此生。而岂衣食温饱之谓生乎。

或疑尊卑贵贱，失平等义。不知平等乃从小生命观相互起争而来。苟从大生命观着眼，则天自尊，地自卑，而万物与人则尤卑。张横渠《西铭》："乾称父，坤称母。民吾同胞，物吾与也。"则无生尊于有生，自然尊于人类，亦可见矣。然天地乃因人而尊，苟使无人，则浑沌一块，复何尊卑之别。杜诗："国破山河在，城春草木深。"蒿目无人，则山河草木，有生无生，春意虽浓，亦惟增诗人之悲伤而已。惟中国人能抱大生命观，故治中国文学，读中国书，诵中国诗词，看中国戏剧，乃见人生之真处深处。此当超乎形上，得其气象，乃见人生之性情。如西方文学，仅在具体人事中，而人事又在具体器物中，则诚浅之乎其视人生矣。

故人生必在大同中，不在小异中。"方以类聚，物以群分。"类聚群分，皆以见小异，非以见大同，而吉凶乃于是而见。若论中国，大河长江，南至珠江，北至黑龙江，西达澜沧江，一片大地，尽为一中国。共于此土，则尽为中国人。类聚如此之众，群分又如此之大，自生多吉。欧洲地广虽逊亚洲，而分为四五十国，日以相争，以吉以凶，人生真理即此见矣。

《系辞》又言："乾道成男，坤道成女。乾知大始。坤作成物。乾以易知，坤以简能。易则易知，简则易从。易知则有亲，易从则有功。有亲则可久，有功则可大，可久则贤人之德，可大则贤人之业。易简而天下之理得矣。天下之理得，而成位乎其中矣。"大人生乃一易知易从之人生，小人生则一不易知不易从之人生。故言中国人生乃一易知易从之人生，而西方人生则乃是一不易知不易从之人生。于是而有哲学，有科学。哲学不易知，科学不易从，而人之为人斯亦难矣。

中国人重德，德即性也。有德乃有业。且不言农业，姑言工业。如陶瓷成器以供用，而其形态，其光色，非为供用，乃以悦人之目，乐人之心，使为可亲。故中国工业乃艺术化，亦与人同在一大生命中，而相与共融为一体。即中国之烹饪，亦臻艺术化。《中庸》言："人莫不饮食，鲜能知味。"此味即艺术化。今人称人情味，则此情亦艺术化。情化为德，中国人言道德，是亦人生一大艺术。苟非明乎大人生之意义，则亦不足以语此。

在上引《系辞》一节中，有一字大堪注意者，厥为一"位"字。大人生中有小人生，此小人生在大人生中则有其所居之位。人之始生为婴孩，在家中，惟待父母长上之养育辅教，斯其位最下。及其长大成人，成德成业，以立以达，而其位乃大不同。如鲁哀公为君，季孙氏为三卿之长。而孔子则为一平民。然孔子之德业，则居天下古今之高位。以其志在人类，志在天地，不在其一小我，而在一大生命以及天地一大自然，所谓居天下之广居。其位高，斯其人生之意义与价值亦遂与其他人不同。中国人则称此等人为大人，或称圣人，稍下则有贤人君子。而最居小位者，则称小人。其所居不平等，犹如家屋有大小，居屋不同，同一家人，地位亦有不同。德业不同，斯其人生之不同则尤大。

汉儒言："黄金满籝，不如遗子一经。"拥有黄金，乃可建造一大屋。通一经，斯可成德立业。既不得谓居屋非其人生之一部分，则德业岂得谓非人生。屋可亲，岂得如德业之可重。抑且黄金与居屋，必求之于外。德则成于己，成于内。由立德而成业，其业亦在己在内，故为易知易从。今试问，从何处去觅此黄金？纵善经商，亦不易知。但成德立业，则即在己心。如居家为孝，幼稚皆知皆能。大舜之孝，亦易知易从。不如陶朱公之经商致富，其事必有待于外，非可本于己而必得。

鼠居厕则食粪，居仓则食粟。焉得谓其所居所食，乃在鼠之生命之外，与鼠之生无关。人生亦如此。故李斯观于厕鼠之与仓鼠，乃弃其为吏，而从学于荀子。此后乃贵为秦相。中国人言，人品有万般，惟有读书高。此言为一文化人，即始得人生之高位。李斯为人，兴于鼠，亦仅得比于鼠。仓鼠之与厕鼠，其为鼠则一。李斯亦终为一小人而止。观其临死前之告其子者，而可知矣。

"振衣千仞冈，濯足万里流。"振衣濯足，乃人生常事。然在千仞冈上，临万里流，境不同，斯共振衣濯足亦不同。陶潜诗："采菊东篱下，悠然见南山。"则既不在千仞冈上，亦不在万里流边，而其意境又不同。若如颜渊居陋巷，则犹不如陶潜之东篱，而其意境又不同。颜子在孔门德行之科，则人生高位，在德不在境。今人好处富贵，不知富贵亦一境，在所遇，而不可求。故孔子曰："富贵如可求，虽执鞭之士，我亦为之。"《中庸》言："素富贵行乎富贵，素贫贱行乎贫贱。"富贵亦非不可居。子贡货殖亿则屡中，其贤仅逊于颜渊。而尧舜贵为天子，天子亦一位，非不可居，但非尽人可求。孔子则位虽高，而尽人可求。故其弟子曰："夫子贤于尧舜远矣。"司马迁赞孔子，亦曰："高山仰止，景行行止。虽不能至，心向往之。"能知希圣，斯亦可谓之贤人矣。

《系辞》又言："圣人设卦观象。"《周易》上下经六十四卦，三百八十四爻，可以象千古万变之人生。而其大要，则不出两端。一曰时，一曰位。小我人生必占一地，又必占一时。位属地，时属天。位尚易知，时则难知。诗人言："山中方七日，世上已千年。"世上之时短，已历千年。山中之时长，则仅七日而已。其实此事亦易知。忙忙碌碌，目不暇给，转瞬之间，岁月已过。而方其岑寂孤居，则日长如年，有不胜厌倦之苦矣。或则饱食终日，无所用心。或者群居终日，言不及义。为奴为役，岁月易消。若由其作主，则己本无主，岁月难消，自不待言。

孟子曰："孔子圣之时者也。"亦可谓孔子大圣，乃最能处其时。孔子自言："十有五而志于学，三十而立，四十而不惑，五十而知天命，六十而耳顺，七十而从心所欲不逾矩。"自孔子以来，已两千五百年，人之寿跻七十者，虽曰古来稀，亦已不可胜计，谁复得从心所欲不逾矩之一境。是孔子之处其时，不啻如坐山中，乃竟如登天上矣。

孔子又曰："述而不作，信而好古。"尧舜禹汤文武周公，二千年来之古，已尽在孔子之心中。又曰："殷因于夏礼，其损益可知。周因于殷礼，其损益可知。其或继周者，虽百世亦可知。"是若孔子身后三千年之人生，亦已在孔子之心中。孔子虽生七十年，而所见所知，则达五千年。此所谓山中七日，世上千年也。唐人之诗又有之曰："欲穷千里目，更上一层楼。"孔子志学地位之高，故有其所见所知之远。小人惟求一身温饱，否则求富贵长陷尘网中，何以知于此。

故人生当论其时，论其位。而其时其位，则惟在其心。乌得以百年之身为人生之位与时？继此当论动静。一若时则动，位则静。不知位亦有动，时亦有静。天地合一，斯动静亦合一。可分而不可分。一动一静，分为阴阳。阴阳亦可合可分。阳则可见可知，阴则不可见不可知。人能见知及于不可见不可知，亦惟吾此生则止矣。我之祖宗子孙不可见不可知者多矣，然实同此一生。吾之国，吾之天下，不可见不可知者又多矣，然实亦吾之一生也。孔子曰："知之为知之，不知为不知，是知也。"是必知其所不知，始为知。《中庸》言："今夫天，斯昭昭之多。今夫地，斯一撮土之多。"昭昭之外，岂不尚有天。然知此昭昭，不知其外，斯亦知天矣。故必兼不知以成其知。犹如必兼无生，乃以成其生。外于天地万物，则无以成吾生。故兼天地万物以为我之生，犹兼不知以成吾之知。惟知有大小，亦如生有大小。要之，其为生为知则一。

中国人能安于所不知，此即乐天知命。西方人必求知其所不知，必求无所不知以为知。故天文学家不知天。地质学家不知地。生物学家不知生。不学医，不习解剖，又何以知己之身。然至今西方医学，仍为不知身。专务于知，宜其终陷于不仁而不自知。斯亦无奈之何。

孔子曰："弟子入则孝，出则弟，泛爱众，而亲仁。行有余力，则以学文。"凡此孝弟爱亲之行即其生，此即己之立矣。学文则推己以及人，旁及于他人之生，以至于万物，而达于天地之广大与悠久。各种花样，皆谓之文。登高自卑，行远自迩。己生不立，则又何自以及此。"盲人骑瞎马，夜半临深池。"不知孝弟爱亲以为生，此亦可谓之盲生。科学发明，尽成瞎马。今日之举世巅危，又岂夜半深池之可相比拟。

孔子又言："仁者乐山，知者乐水。仁者静，知者动。仁者寿，知者乐。"此非仁知分言。天地大自然有动有静，有山有水，斯人性亦有仁有知。然《系辞》言："乾知大始，坤作成物。"则天之所赋犹其始，但仅有其可能而已。作成之则在地。如人之生，由母受父精为之始，由母怀胎十月作成之。惟有始，始有成。故人虽自母腹生，而终必尊其父。人之生，可以仁，可以知。《系辞》又言："一阴一阳之谓道，继之者善也，成之者性也。仁者见之谓之仁，知者见之谓之知。百姓日用而不知。"是则人之成其仁成其知者，其事乃在人。犹我之有生，始自父母，作成为人，则犹在己。故天一位，人一位，亦复各有其时。非有天可以无人，亦非有人乃可无天。即此章孔子言仁知，若分言之，亦可谓乃兼言之。仁则知矣，知则仁矣。孝弟爱亲属仁，然非不兼知。不知父母，斯何孝。不知长上，斯何弟。不知有众，斯何爱。不知有仁，斯何亲。若如西方人，惟抱个人主义，向外求知，斯亦惟知动，惟知乐。男女恋爱，是一乐。经商牟利，是一乐。奥林匹克运动会争一冠亚军，是一乐。核子武器杀人盈城，杀人盈野，灭人之国，绝人之族，亦一乐。然岂真乐之所在？故兼知始是仁，兼动始是静，兼乐始是寿。反而言之亦然。人生如循环，知有时，斯知有古往今来。知有位，斯知有彼我相别。知有天地万物，斯知我生。知我生，斯亦知天地万物之并在吾生矣。此所谓通天人，合内外。何以知之，入则孝，出则弟，泛爱众，而亲仁，斯乃可以为知矣，而岂不爱无仁之谓知？亦岂不知之谓仁，不行之谓知？可不求其全体，而惟钻牛角尖蛮触相争之谓即人生乎？而亦岂外于天地万物而独可有我之生之存在乎？即此求之，亦可当下而是矣。

中国人言圣，实亦言其聪明。目之所见，耳之所闻，远胜于人，斯谓之聪明大圣。然耳聪则犹必在目明之上。目视有色可见，耳听之声无可见，犹有听于无声之声者。如天命，此即无声之声也。孔子五十而知天命，此则听于无声，而不啻耳提而面命之矣。

中国学术思想好言其大局与全体。如言人生，乃举古今中外人类生命之大全体言。人生以外，则言天地，亦举其尊卑阴阳动静刚柔，亦言大全体。至于枝节部分，则贵因时因地因人因事，分别善处。要之，以不违大局全体为主。此亦中国传统一主要精义所在，学者所当先知。

中篇 政治社会人文之部

一六　国家与政府

《中庸》言:"天命之谓性,率性之谓道,修道之谓教。"中国人重人之德性,故重公更过于重私,重大更过于重小。国家民族之大生命更重于家室个别之小生命。人类之德性,亦于此表达。而为政为教之大公至正之大本大源,亦胥在是矣。

今择国家与政府一题论之。此大有关人事之诸方面,而亦东西文化相异一好例。西方人似乎先有政府,而同时并无一国家观念。如古希腊,乃以一民族同居一小小半岛上,城邦分裂,雅典斯巴达,如是者,乃以百计。此诸城邦,则各有一政府为之代表,但非先认有一民族与国家之存在。其城邦郊外,尚有耕地与农民,但受城邦政府议会之统治而供其奴役。故古希腊有政府无国家。

罗马亦一城邦。惟重军事武力,异于希腊之重商业。

遂以征服意大利半岛，乃有罗马帝国。但其政府则仍是一城邦政府，而统治此半岛。非由此半岛上人自建国家，自成政府。帝国逐步扩大，北及法兰西英格兰，南及地中海四围，远及非亚两洲，然仍由此一城邦政府来征服与统治。此一政府绵延甚久，其间亦有种种变革，然论其大体，则先后相承，无大相异。故罗马乃由一城邦扩张为帝国，实不得谓是一国家。如埃及波斯，同属此一政府之统治，不得谓同组成此政府。史例昭然，无可否认。

西方中古封建时期城邦废，堡垒兴。一家贵族凭仗武力保有此一堡垒，并及其堡垒以外附近之农奴及耕地。显然更不得谓是一国家。文艺复兴，沿海新城市兴起，先自意大利半岛，次及北欧波罗的海沿岸。此诸新城市，可谓乃古希腊城邦之雏形。由是而有葡萄牙、西班牙、比利时、荷兰，乃至法国英国等现代国家，则可谓是古罗马帝国之雏形。此皆先有政府，后有国家。非国家由政府建立，亦非政府由国家建立。西方建国情势，与中国传统不同，大体同具有帝国型。推究根源，则仍以城邦为基础。意大利与德意志两国，成立最后，亦显然以城邦扩张而来。

以上略述西方史迹，而中国则大不然。中国自始即有一国家观念成立在先，然后乃有政府来代表此国家，管理此国家之事。此国家则相传称中国。外有四围，亦称四夷或四裔。先无此固定之分别，而已有此固定之观念。政府可有变，国家则终不变。如先有神农氏，次有黄帝，此两时期政府之详不可知，而其有变则可知。政府交替，中国人称之曰代。每一代政府历时有久暂，久者或绵亘四五世八九世，乃至十几世。每世则称之为朝，指其为全国所朝向，所共同拥戴，故中国历史上只见有朝代更迭，而国家则依然如故。至今二十五史相承，仍为一部中国史。故西洋的国家多变，中国则无变，仅政府朝代有变。继此以往，西洋诸国当仍有变，中国应仍无变。观念不同，而人事亦不同。中国观念先有家，其家人乃有父母、子女、夫妇诸别。西方人则先有此诸别，乃始合成为一家。孰是孰非，孰为合理，讨论东西文化异同，此一观念，诚值研讨。就世界形象言，自然为主，人文为副。战胜自然，另创天地，有此想，无此可能。主客之间，不当不辨。

就中国史言，此代表国家管理国家事务，而为国家人民共同朝向共同拥戴之政府，其成立亦可有种种不同因缘。最先或不可免武力征诛，如神农氏之征三苗，黄帝之诛蚩尤。而黄帝之代神农，或亦有征诛。但武力保持与武力创辟，事大不同。中国人观念，国之本在民，民之本在其生，而民生之本则在其有积世相传道一风同之共同标准，即所谓礼乐教化，即今人之所谓文化。而教化之本，则在德不在力。权仗力，不仗德。立国之本，在德不在权。故圣帝明皇，代表此一国家之政治元首人物，中国人则常称其德性，不夸其权力。夷狄与中国之别乃在此。故又曰："中国而夷狄，则夷狄之。夷狄而中国，则中国之。"非我族类，其心必异。则族类之异主要在心。舜东夷之人，文王西夷之人，同有此德，乃得同有此天下。此非空论，乃事实。中国人言，"一天人，合内外。"内为德性，外为道义。中国人乃为人类全体生命作广大悠久之打算。符其标准，乃得谓中国人。细加推溯，当自黄帝时已有此观念。明白言之，即在黄帝时，已有中国人与中国之观念存在。故司马迁《史记》以《五帝本纪》开始，而黄帝为第一人。中国古人所传种种文物，亦多创始于黄帝时代。此下中国人则群奉黄帝为中国之始祖，中国人尽为黄帝子孙。再上溯则有神农，亦称炎帝，故中国人亦群认为是炎黄子孙。

五帝之最后两代，则为唐尧虞舜。唐虞禅让，而尧舜之君德则尤为后世所传颂。尧禅舜，舜禅禹，皆以德，不以力。而禹之父鲧，以治水失当而殛死。禹继父业，子生方呱呱，禹三过家门而不入。禹之治水，德功具盛。禹亦禅位于益，而全国人民不忘禹之大德大功，终拥戴其子启承父位。于是国家之政治领袖，又自禅让转而为世袭。此一大转变，仍以德，不以力。此为治中国古史者，不得不特加注意一要目。

抑且禅让亦出公意。尧禅舜，亦须岳牧咸荐。四岳九牧，乃当时中央政府外许多地方政府中之首长，代表其他地方政府，而表示其公众之意见。在当时虽同属一国家，乃可有许多政府分层负责，作为代表，以管理此国家之许多事务。此一形势远在黄帝时已然。及大禹时，犹称万国，是每一政府皆得称国。以当时疆土言，主要不外黄河流域之两岸，而犹有此万国，则每一国疆土之小可知。大者当不过一城邦，小者当不过一堡垒。每地一政府，实即代表一家属。层累而上，乃有一万国共戴之共同政府，即一最高政府。而其首领则自黄帝以下皆称帝，大禹以下则称王。王者众所归往，即众所朝向。于是而有夏商周三代。其更迭亦以征诛，不以禅让。当时则称之曰革命。

天生民而立之君。天之大德曰生。其君之德能配天，能代表群生，而负责其政治任务，斯为王。禹之子孙失德，至桀而更甚，不克再配天，则商汤代之而起。汤之子孙失德，至纣而更甚，不克再配天，则周武王代之而起。天命所归有变，故曰革命。商汤南面而征北方怨，东面而征西方怨，则汤之武力亦尚其文德。周武王灭纣，而周人必尊周文王为王朝之始祖。惟文王之德克配上帝，故能受命于天。而周人又尊奉后稷为始祖，《生民》之诗已明白告人，后稷亦有父有母有邻里，同时有渔牧诸业。后稷之前，已远有生民，而必尊后稷为始祖者，因后稷教民稼穑，人民生业由是始定。

故周文王之前有后稷，犹黄帝之前有神农。中国人以农立国，远在有政治以前，人民生业已定。生业定，而后有政府。故五帝三代时之中国，即犹一天下。中国之外虽有夷狄，而不妨即称中国为天下。《大学》以明明德为三纲领之首，平天下为八条目之末。中国古人一切思想言论，皆本之其对以往历史之实际观念来。即《大学》亦如此。

现代国人治古史，谓必推本殷墟发掘之甲骨文字，乃有真凭实据，其他尽传说不足信。然甲骨仅中国古文字之一鳞片爪，若尽摒其他诸文字，则甲骨文亦无可说。或又谓，中国古史传说皆由孔子儒家之托古改制，则孔子岂不将成为中国一大说谎家。孔子当详说周公东征，杀其兄管叔，大义灭亲，摄王位而不居，何一系虚构？尚有其他大政绩，见于《西周书》，及其一切雅颂之见《诗经》三百首者，岂尽不如殷墟甲骨文之可信？此下治中国史，必仍溯《诗》《书》，迄今已三千年。所谓孔子之托古改制者究何在。

言生必言性命。孟子有性命之辨。使孔子不生当时，不周游当时之鲁、齐、卫、陈诸国，则不成为当时之孔子。使颜渊、子贡、子路、子夏而不遇孔子，亦不成其为颜渊子贡子路子夏。是命必有性，性亦必有命，天命人性，相融成体。而性命又各有分别。故行必兼乎言，而修必贵乎行，岂徒以语言文字为学，所能尽其为人之深趣。

中国人重视个性，而能和平相处。每不见当身之成功，而能在长时期之大群中，永留其影响。孔子道不行，鲁人欣赏其门人子贡，谓其贤于孔子。孔子死，子贡庐墓六年，其政治生涯随以终结。子夏居西河，魏文侯往见，子夏逾垣而避。此皆所谓苟全性命，不求闻达。似无大表现，而实为中国传统文化奠定其深厚稳固之基础。故在儒家思想中，早包藏有道家精神，惟庄老始畅发之而已。秦汉以下，杰士名贤，无不同具此一型，所谓一阴一阳之谓道是已。而岂学术分家分派之观念，所能尽其深趣之所在。

孔子又言为己之学。己亦一人，知为己，即知为人。人亦一物，能格人，斯能格物。物亦一天，能通于物，斯必通于天矣。故曰："得其环中，以应无穷。"立足之地，瞬息之间，即广宇长宙之中心。环中在握，斯无穷亦有穷，此之谓止于至善。非至善即不能止，但非能止，亦不得为至善。

中国人言身家国天下，进则有国有天下，退则有身有家。亦有进至于天下而忘其国者，亦有退至于一身而忘其家者。孔子则曰："执两用中。"身家国天下，一体相通，进退自如，斯止矣。西方人好分别，各走极端。其宗教科学皆可忘其生命，或一意于天堂，或一意于太空。各有向往,而当前之性命则可置于不顾。濂溪言无极而太极,西方观念可谓只是太极而无极,有进而无退,有动而无止,忘置其当前之性命,则又何极之有。

中国自古即有一国家观,而西方无之。国家乃大群观,而性命则各别观。各别有性命,斯大群有文化。西方个人主义物质人生,不重视个人德性与大群体制,政治惟在小集团中争权利,谋功利而止。柏拉图之乌托邦凭空设想,以一哲人王主政,其下无家庭无宗族,儿童尽归公育,将来当兵经商,乃及其他一切业务,皆由政府指定分配。此其理想,较之近百年来犹籍之马克思所提倡之唯物史观共产主义更为专横独断。试问此哲人王何由产生,何由得人拥戴。此一政府乃仅凭个人空想之一种哲学,而非代表一群体国家。则此一国家一人群,亦断无久存之理。

耶稣亦犹太人,亦不存有国家观。乃谓上帝事由他管,恺撒事恺撒管,政治截然在人生之外。耶稣受政治压力上十字架,而恺撒终亦信了上帝耶稣,但罗马帝国则终于崩溃。神圣罗马帝国,仅一幻想,难于实现。

卢骚始倡天赋人权说,引起法国大革命,遂有欧洲近代民主政治之出现。孟德斯鸠则分世界政府为三大型,一曰君主专制,一曰君主立宪,一曰民主立宪。实只专制、立宪两型。惟求在权力政治上,加以一种法治,使政府权力有所限制而已。西方之现代国家与政府,始终不脱权力一意态,故孟氏有此说。

西方人又分政权为神权、皇权、民权三阶层。其实神权乃回教王穆罕默德所倡。印度分社会为四阶级,亦一种神权政治。欧洲人之宗教信仰,乃由亚洲传入,神权政治非其本有。恺撒是一种皇权，古希腊城邦政府则可称是民权。神权则后起。欧洲人之政治体制，实可谓乃由小团体民权，演进到大团体之皇权与神权。罗马皇帝不能统治其广大之领土，乃借耶稣为护法。故罗马帝国后期，已可谓是一种神权政治。罗马帝国崩溃乃又转而为现代国家之皇权与民权。首尾颠倒，反复循环，但终无一稳定之立脚点。则因误认政治仅一权力，而非代表人类之德性与道义，乃有此病。此诚西方政治一致命伤，无可医疗。

马克思共产思想出现，无产阶级俨成一有形之上帝，无产阶级专政，实为一种变相之神权论。共产思想乃成世界性，而资本主义国家则终不能脱离希腊之城邦型，与罗马之帝国型。此下西方政治，恐将无法摆离此一民权与神权之斗争。拟其与中国人即国家即天下之观念，东西相望，若河汉之无极矣。

西方人又说，国家乃由土地、人民、权力三项结合而成。则试问此三项中之权力一项，究何由而生。若谓权力出于人民，则只土地人民两项已得，何必增入此权力之一项。由上所述，西方国家乃由城邦型转入为帝国型。两者皆建基于权力，又可分财力与武力。仅尚财力，则希腊城邦尽为马其顿所覆亡。惟武力亦必借财力，故帝国主义必向外侵略，向外榨取。西方现代国家乃由文艺复兴之城市转来，但又必转为帝国型。要之，资本主义仍必借帝国主义为后盾。共产政权，亦必仍仗财力武力。惟力是尚，此又西方文化一致可忧虑之前途。

中国政治，只重职务，不言权力。人生亦惟言德性，不言欲望。西方思想传入中国，中国人乃亦轻内而重外，不言德而只言权。始谓中国自秦始皇以后两千年传统政治，乃一帝皇专制。则试问广土众民，比全欧洲而有余，此一帝皇用何权力来专制，以达两千年之久。此非一神迹而何？秦并六国，在朝首相，为楚人李斯。防边大将，为齐人蒙恬。政府组织，即以代表天下，非以代表秦。自居为始皇帝，二世三世以至万世，乃计天下之长治久安，非于私家权力有自信。帝王专制四字，古代中国无之，秦后中国亦不言及。无此事实，亦无此观念，无此语言。黄帝起，政府即以代表国家。五帝三代，体制日益鲜明。惟封建时代，代表全国者，为王室，为天子。代表全国之各部分者，为诸侯。秦以下，代表全中国者为中央政府，代表国内各部分者，为郡县政府。古今一体，依然一中国，并无二致。

西周自幽厉以下，以至平王东迁，中央政府已不足代表全中国，于是有霸者继起。孔子谓，管仲相齐桓公，一匡天下，九合诸侯，不以兵力，而使中国人免于左衽。此非西方之神权、皇权、民权，乃中国传统文化中固有之一种政教方式，政教力量。创业垂统，乃由主此政教者之德性。中国国家基本，则亦在此德性与力量上。惟建立与运用此力量者，亦有高下。孔子曰："齐桓公正而不谲，晋文公谲而不正。"齐桓晋文以下，霸业又衰。孔子曰："如有用我者，我其为东周乎。"是孔子继管仲，当另有一套想法，惜其不见用未实施。孟子则曰："不嗜杀人者能一天下。"又曰："以齐王犹反手。"是孟子继孔子，亦另有其一套想法。

其他如墨、如道、如阴阳，诸子百家，亦莫不各有其一套治国平天下之想法。皆为大群体设计，不为当时某一部分人着想。遗书尚在，读而可知。要之，莫非有一全中国全天下存其心中。此下中国一统，乃中国人自为一统，而非齐、楚、秦、赵，某一国之力足以统一之。此为读战国史者首当注意一事项，否则即无以明中国人所谓之道义。

诸子中有杨朱，拔一毛利天下不为。孟子曰："杨朱为我，是无君也。"无君即无群，无群即无国。杨朱为我，无国家观，亦不成一家言。近人或疑杨朱即庄周，然《庄子》内篇七篇殿《应帝王》，非无君。尊君，乃尊其国尊其群，而岂一人之为君。此亦中国文化一大传统所在。庄周杨朱之辨即在此。

秦灭六国，自称始皇帝，以前为旧中国，此下始为新中国。则在始皇帝心中，旧中国已不存在。故秦之统一，二世而亡，亦固其宜。汉高祖为皇帝，非如西方罗马，以丰沛征服全国。初即位，即下诏求贤，欲与共天下。武帝时，吴楚七国封建已崩溃，此下中国仍要一新中央，而公孙弘以东海一牧豕奴为全国之首相。中国此下乃有一新形式之士人政府，与旧传统之政府实无大相异。而汉廷继起诸臣，乃谓天下无百世不亡之王朝，群主汉帝禅让，无待征诛之踵起。王莽登天子位，群情拥戴，非不爱国不尊君，亦非反对君位世袭。惟为大群体着想，近代西方民选，事态纷烦，中国广土众民，其势不可能。政府百官分职，君亦一职，尊君非即一罪恶。易君位，亦可为政府一寻常事。每一国之传统文化，当从每一国之历史情态妥善作解。中国史当从中国人立场求解释。否则一部二十五史,又无从说起。

但王莽新朝,终亦不符人望,于是乃有光武中兴。所谓人心思汉,王道不外乎人情,此亦为道为义,有一番真理存其间。岂得以帝皇专制四字说之。光武、明、章,可谓极王室教育之能事。下逮桓灵,终于没落,乃有魏蜀吴三国鼎峙。曹操一世枭雄,但仅求以周文王自居,待其子起为武王。司马懿亦然。于是魏晋之际,禅让征诛篡弑,混淆不清,在朝代更迭上,形成一大污点,并留下恶影响。若政治专尚权力,曹操司马懿,可以肆意欲为,何待如此忸怩。

五胡乱华实中国一番内乱。刘渊石勒亦受中国教育,乃求以一新王朝兴起。王猛仕石勒,则仅求其安定北方,故戒其勿生心南犯。中国人对朝代更迭,又有正统伪统之辨。曹操司马懿,皆内心自知不得为正统。王猛则知石勒不得为正统,故有此告诫。此非深切了解中国文化,中国人之传统观念,则此等人物皆无可辨认,加以评论。此岂西方观念所能道尽其底里。

唐代灭亡,能不如西洋史上罗马帝国之崩溃,实为此下中国一大幸运。八姓十三君,多半属于夷狄,最为中国历史上一黑暗时期。文化传递,乃在十国。宋兴,一时学者竞倡华夷之辨,竞倡尊王,竞倡孔子《春秋》大义。则孔子岂不乃为提倡尊王尊中央尊一统之中国自古一圣人。而近代国人,又必以拥护专制鄙夷孔子,于是中国史乃无一页可读,中国人乃无一人可尊。而宋代王室之尊贤下士,亦创自古所未有。宋后之犹有中国,则胥此是赖。宋神宗以下,新旧党争,宋室一蹶不复振。君子群而不党,在中国亦自古有明训。士人政府，职权之上下分配，亦贵有体制。岂得人人可自谓代表一政府，代表一国家。周张二程以下，理学兴起，中国士传统用意之所重，乃又转而在野不在朝，此又中国历史一大变。非通此下历史，亦无以言之。

蒙古入主，中国政亡于上，而学存于下，蒙古政权不百年而遽灭。晚明东林党又引起祸乱。满洲入主，政又亡于上，学仍存于下。顾亭林乃有亡国亡天下之辨。谓："国家兴亡，肉食者谋之。天下兴亡，匹夫有责。"其实亭林所谓亡国，乃指政府王朝言。所谓亡天下，乃指社会大群文化传统言。中国五千年建立，其本源即在此。中国人自信则谓其可以建诸天地而不悖，百世以俟圣人而不惑。故每以中国与天下并言。有天下斯必有中国，有中国自必成天下。中国人非不知中国之外尚有外国，而求一世于大同太平，则必以中国为中心。此可谓乃炎黄以来五千年中国人一传统观念。其信与否，则待此下中国人之努力。

辛亥革命，中国人自易国号曰中华民国。其实仍是此中国。惟此下则一变故常，由君主转而为民主，一姓一家朝代更迭已不再见。国家元首凭西化选举，故此下之中国，乃与以往之古中国大不同。以上两千年之古中国，则可不复存在。岂然岂其然乎？唐代杜佑以下，有三通、九通、十通，记载历代政治制度，如租税，如兵役，如考试监察等，何一不有明确制度之规定，何曾由帝皇一人来专制？专举一句西方话来讲中国史，则可谓辛亥以后之中国，乃全无所承，赤手成家。此下之中国，慕效西洋，先则英法，今则美苏。但核武器僵持，今日不知明日，则高卧缓起，以徐待其定，亦不失为明智之一举。

近人又尊孙中山先生为国父，乃效美国人称华盛顿来。但美国由华盛顿创始。中山先生亦仅得为中华民国之国父，不得谓乃中国之国父。中山先生辛亥革命先征诛，后禅让，在中国历史人物中，尤为难得。三民主义首民族主义，较之马列新传统，则如霄壤之相隔。

今再论，美国本由大英帝国来，苏维埃乃从俄罗斯帝国来。美国立国仅两百年，苏维埃未到一百年，立国基础皆未稳。中国立国五千年，并世无匹。惟今国人喜新厌旧，民国创建以来，乃常陷于摇荡不安中。不治旧国史，何来新观念。国人好学，其试再加决策。

一七　中国历史上的政治制度

政治该有一理想，从哪条路，向哪里去。孔子曰："政者，正也。"社会人事有所不正，政府便该率以正，改其不正以归于正。治犹治水，戒鲧之防，效禹之导。故国人常连言政教，不言政法。教主化导，法主刑防，此其大不同。即就中国文字，可了解中国理想。政治两字，亦即其例。但理想须有人领导执行。故选贤与能，乃中国政治一大事。政治属长期性，人物随时有变，制度乃定一长期性选择之标准。理想、人物、制度，乃中国传统政治最重视之三要项。兹姑就制度一项约略言之。

秦前政治制度为封建，分封列国，共戴一中央政府，王朝天子为列国诸侯所同尊。政治上大设施，大作为，一切政令必自天子出。其他不详述。秦以下封建改为郡县，是为中国政治制度史上一大变。远自五帝三王，封建制度已推行两千年。秦以下，郡县制度亦已两千年。封建贵族取消，宗法社会一变而为四民社会，乃有士人政府。政治人物大变动，但选择人物之制度则甚多相袭，有一贯传绵之意。

秦代博士官，我尝称之曰学官制度。政府重视学术，特选学者加以廪给，许其自由讲学，传授弟子。政府不烦以行政杂务，对国家大政大法，许其参加讨论，各抒意见，以供政府之采择。此一制度，承袭自战国齐之稷下先生制。而齐制亦有承袭，兹不详论。而秦代博士官，乃有公开反对郡县制，而主恢复封建制度者。在一次宫廷大宴会中，公开发言，成为一大争论。秦始皇帝并未即由私人加以裁判，下其议于丞相李斯。丞相府复议奏上，乃有焚书法之决定。此事大为后代中国人所诟病。而秦始皇之为暴君，千古来亦从未有人为之作平反者。此事已成历史定论，不烦再提。然近代国人崇慕西化，乃称中国自秦以下历代政治胥为一君主专制的政体，实大有商榷余地。

法国孟德斯鸠分政治为君主民主两种，又分有宪法无宪法两种。有君主无宪法，为君主专制。有君主同时亦有宪法，为君主立宪。无君主有宪法，为民主立宪。此乃孟德斯鸠根据西方历史所作之分别。但在中国历史上，无宪法，有制度。政府中各种职权之分配，皆有详密之规定。精细周到，远非西方宪法可比。所谓君权，在中国历代政府制度中，亦有种种规定，种种限制。

即如焚书一案，始皇帝乃遵丞相意见，非径自作主张。李斯乃一楚国学人，封建郡县两项制度之得失，诚是当时政治上一大争论，李斯主废封建行郡县，亦不失为政治上一开明进步的意见。其所奏对，仅主废除那些主张恢复封建制度之博士官，并焚其所掌书之流传在民间者，政府所藏则仍保留。最要在禁止民间之根据历史旧传统，来反对政府之新创制。此乃承其师荀子法后王之主张，实属当时学术思想上一大争议,并未主张君权专制。秦始皇亦一学者,未统一六国前,曾读韩非书悦之。韩非亦与李斯同学于荀卿,主张为当时国家创新制,成为当时一法家。韩国特派其赴秦,办理外交事项。但韩非依然忠心韩国,并不转忠于秦,遂死秦之狱中。始皇长子扶苏,仍遵传统,为守孝道而自杀。可见在当时学术思想界,本极复杂,难于一致。而后人批评秦制,则专归罪始皇帝一人,李斯亦无资格同受谴诟。于当时情实,实未恰当。

西汉兴,博士制度依然承袭。直待汉武帝始特尊儒家,表彰六经,博士官才为儒家所专有。在学术思想史上,较之秦始皇时代,实为一转变。汉武帝生平作为,在当时,在后世,亦多受人批评,但今日国人乃与秦始皇帝同举为中国历史上专制皇帝之标准人物,则实无根据。

汉武帝亦一学者,其为太子时,即奉儒者为师。即位后,即广征社会贤达,询以国政,谓之贤良对策。此岂专制之谓?董仲舒对策合武帝意,继加询问,三次问对,原文俱在,可以覆诵。政府重视学人,岂即帝皇专制。公孙弘乃一东海牧豕奴,因贤良对策获武帝拔用,打破高惠文景七十年来,非有功不得侯,非封侯不拜相之惯例。倘如此即谓专制,亦未可厚非。

汉武英明有为,引用极多文学侍从内廷人来和丞相府打交道。公孙弘虽称曲学阿世,但亦不得不大开东阁门,广揽学人,来对付武帝那一批内廷侍从。此乃中国传统政治内廷外朝相对立一具体例证。姑不论武帝公孙弘为人,但当时制度如此,稍读史书,谁能否认。

武帝卒,霍光以大将军大司马辅政,仅是一内廷侍从之长，但可径由内廷诸臣集议，援用伊尹废太甲故事，不经朝廷会议，废去昌邑王。谓是内廷王室事，不必经外朝宰相同意。后代对此亦未加批评。所受批评者，乃霍光以内廷辅政，而权任在外朝宰相之上。此岂赞成帝皇专制？王莽以大司马大将军接受汉禅，由外朝群臣共同主张。意谓汤武革命不如尧舜禅让。王室不禅让，难防政府有革命。又岂崇奖帝皇之专制。

但王室尊严，则自黄帝尧舜迄于清季，上下四五千年，古今一律。此因中国乃广土众民一大国，欲求和平统一，非在政治上有一共尊对象不可。惟王室虽尊，其政权则有限制。封建时代诸侯并列，王畿千里，所辖不大。秦后行郡县制，王室地位益高，但其限制亦益密。政府由士人组成。王室近亲，绝无在政府任职之可能。朝纲失常，亦惟有外戚宦官弄权。其腐败处，即可见其制度之用心处。惟王室失其尊严，则全国即陷祸乱。然如三国时，曹操并不敢自踞帝位，先为周文王，待其子始受禅让。而司马懿擅权亦历四传，至司马炎始正式称帝。制度影响人心，即证人心创造制度，此乃本之全国公意，而岂某一人某一家所能形成此局面。

东晋南渡，王与马共天下，已无帝王尊严。南北朝祸乱相仍，隋唐兴起，中国再臻统一，王室尊严亦再建。然皇帝权力则更受限制。如皇帝下诏书，文由中书省起草，又经门下省审核，两省联署，始是一正式诏书。皇帝偶有私授一官，亦以斜封下诏示别。当时称为斜封官轻鄙之。

唐代自中书门下两省外，又有尚书省，合此三省始为汉代之宰相。中书门下两省主出命，尚书省主执行。尚书又分吏、户、礼、兵、刑、工六部。此一顺序，直至清代不变。任官命职由吏部掌之。在西方，不仅专制时代无此一部，即近代民主制度下亦无之。政治领袖掌用人之权，而中国皇帝则无此权。必加以专制之名，此乃近代国人之无知。

吏部次为户部。如今之内政部，惟赋税亦归其管制。又次为礼部，教育考试皆归之，外交亦属此部。西方小国纷立，故行政首长之外，最要者即为外交官。如今美国之国务卿，亦主管外交。中国乃一大一统国家，政府组织，宰相之下为内政。余尝谓中国文化体系重向内，西方文化体系重向外，此亦其一例。可见研讨中西文化，首当分别以观，不当专据一方作衡评。先得其异同，乃始有是非可判。

礼部之次为兵部。军队统制，西方必归皇帝。近代民主政治亦不例外。如美国大总统，同时即为海、陆、空三军大统帅。中国唐代，兵部列在尚书之下三部。在政府全体系中，实不占重要地位。皇帝既不掌握兵权，又何得肆其专制。中国政府多文人，少武人。将帅统兵在外，归则交出兵权，有爵禄，无职掌。而文人则多大体知晓武事，此有中国人读书为学一番甚深妙义之存在，历史上文臣知兵超于武臣者何限。今国人又谓中国崇文轻武，信口雌黄，岂能一一加以辨正。

兵部之次为刑部。中国人重礼不重法。封建时代，礼不下庶人，刑不上大夫。贵族尚礼不尚法。秦汉以后，礼仪尚在刑法之上。叔孙通为汉定朝仪，君尊臣卑，亦礼非法。中国一切制度皆称法，法即礼，与刑法之法不同。陷于刑，乃由刑部司之。故中国政府无宪法，而一切法则详密远过于西方，刑独非所重。西方三权分立，司法立法行政，鼎足而三。中国则刑部占尚书六部之第五位，然亦独立，他部不加侵扰。重大事则六部会商。尚书每日两会，上午六部分部会议，下午六部共同会议。中书门下两省亦有会议。则不仅皇帝，政府各部门职权，皆有限制。而皇帝以下，丞相与其他各长官，亦各不失其尊严，各得发展其所职掌，各有自由，不害其各体制之相互和合，融为一体。西方则必以分权为尚。双方相异，又岂语言所能尽。

刑部之次有工部。物质建设为行政最下一部门。然国家一切大工程皆掌之工部。最著者如水利工程交通工程等，尽由政府职掌，社会私人不得从中营利。近代如美国有铁路大王等之出现。唐代遍国皆驿站，但不能有驿站大王。近代国人又讥中国文化不重物质建设。唐代各驿站，岂非物质建设乎？或以唐代驿程比之罗马大马路。但罗马乃帝国，军队运输频繁。唐代则全国和平统一，车马交通，官私兼利，意义价值互不相同。近代则工商牟利，意义价值又不同。而中国传统政治之为民服务，亦由此可见。

唐代政制，上有承，下有传。其有关名著有两种，一曰《贞观政要》。唐太宗与其诸大臣议论施为，记载详备，可资模楷。尤要者，在可窥见中国政府中君臣等级，相互合作，以共成一代之治之大概情况。君臣一伦可作代表。后代帝皇皆必阅读。故治中国政治史，此书亦当玩诵。又一为杜佑之《通典》。中国政治制度，有因有革，随时损益。五千年广土众民，王朝递起，或禅让，或革命，或封建，或郡县，政府不同，而国家则仍是此国家。故政府一切制度，贵能求其通。司马迁以下，各家著史，多详其当时。杜佑此书，则历代连载，故得为通史。西方通史又不同。各国并立，忽存忽亡，并合记载，乃为通史。可有欧洲通史，亦可有世界通史。杜佑此书，纳入世界史中，则为一专门史，不得谓之通史。此又中国文化一特征。

抑且杜氏此书并非其私人之政治哲学。根据历史事实，叙述其各项制度之先后演变，上自创制时之争议，下及演变中对此各项批评。一切意见，详罗无遗。利病得失，无所遁隐，可供后人之参考与抉择。故读杜氏书，便知中国历代传统政治制度多学术性，非权力性。政治两字，已表现了中国人之传统理想。至于如何达成此理想，则各项制度有待学术上之不断精研。如尧舜禅让，禹启世袭，汤武征诛，王位承递制度，屡作大转变。又如周文王三分天下有其二，以服事殷。此见中国史皆由中国人自己创造，由中国人自加赞叹，此亦见中国人之自有其特异处。而近代国人又必求尽扫一空以为快，此亦岂天命，诚堪嗟叹矣。

唐代后，种种政治制度，多承《通典》来。惟其政府全由社会高级知识分子经由选举考试而拔擢任用以组成。故此政府乃得成其学术性，而非权力性。春秋时郑子产有言："侨闻学而后入政，未闻以政学者也。"孔门亦言："学而优则仕，仕而优则学。"则学后乃得仕，仕后仍需学，学术政治紧密相关，古代已然。世界其他政府，或掌握在贵族，在军人，在富人。惟中国，封建时代，即形成为一士人政府。或可谓其已积三四千年。岂必选举，乃始得贤人出仕。使春秋末，鲁国亦选举，孔子岂必当选。战国时，亦选举，诸子百家未遽当选。汉武帝时，未必选出董仲舒。唐太宗时,未必选出房玄龄杜如晦。中国广土众民,以农立国,亦未必能效近代西方小国寡民之推行民选。不经选举,乃亦可有理想之政治,此诚出近代国人思考之外矣。

西方民选必分党以争。英美两大党对立,最为楷模。其他多党纷立,每形成纷乱。然一党得胜,一党下台,所论在多少数,胜败亦在权力,不在学术。故西方高级知识分子均安心在学校教书,或服务工商界。政治活动则由一批特具性好者为之。与中国传统政治差异甚显,无法相比。若谓政治学术理当分途,则中国确早已政治学术化。孰优孰劣,亦非一言可尽。

中国传统政治亦非无权力斗争。尤著者,如明太祖废宰相,此为中国传统政治一大变。惟洪武永乐父子两朝,起自草野戎马中,人事历练,亦既有素。纵不为当时学士文人所重,而总揽大权,亦能控制,恣其应付。嗣王继位,养自深宫。以中国政府组织之庞大复杂,一日二日万机,苟非宰辅,何从应付。于是朝权终落于内阁大学士之手,而阉宦乘机播弄。明代政治终不如两汉唐宋之理想。明亡,黄梨洲著《明夷待访录》,即明白揭发其事。其《原君》《原臣》诸篇,阐申中国传统政治理想,可谓大义昭宣,亦非由其私人之一套政治哲学,自创新意。根据史实,为吾国历代圣君贤相所共同遵循,亦千古学士文人之心声公意。其书尚在法国卢骚《民约论》之前。试取比读,孰为哲学,孰系史论,孰出冥想,孰据事实。中西双方政治思想之相异,亦即此而睹矣。

晚清末,梨洲《明夷待访录》经《国粹学报》翻印流布，几于人手一册。其时乃有康有为主变法，谓满清王位犹可保留。章太炎主革命，谓满洲异族统治必加排除，中国传统政治制度可循不变。康氏有弟，亦告其兄，能废科举八股，创立考试新制度，作兴人才，其他制度可从缓议。其时学人亦有简编三通，本旧制度，提要删繁，广布流传，以供国人之研讨。但一时风气，则已群慕西化。民国创兴，当时参政会遂有美国总统制与英国内阁制之争。而中国传统君相一体之成局，乃竟无人提出，供作讨论。其实英国尚存保留君位，故行内阁制。美国则大总统为政府领袖，故行总统制。若求职权限制，则中国以往已设计周详，远超英美之上，又何必改弦易辙，徒求变换，转成倒退。

西方民主政治首要在选举，但选举亦有条件。中国一省一府，可比欧西一国家，乡民多生平足迹未履城市。余抗战时，在四川成都，识一八十余老人，家距成都可三十华里，但生平未进成都城一步。德国一学者，晚清游北京，城外未见一警察，心大惊奇，遂留不归。读中国书，成为西方一汉学家。其子传业不辍。一国有一国之国情，即在西方，民选制度亦传递数百年，遂有今日。中国岂能一企而及。但中国远自西汉，即由地方察举贤良，贡之中央任用。是中国民选，已有两千年之历史。隋唐以下，考试制度代起，迄于清末，亦已千年以上。各地依赋税额分配考试录取名额。政府人员即普遍分配于全国之举人进士中。岂不中国政府民选，已远在西方之前。近代西方亦采用考试制度。中山先生五权宪法，特设有考试院。谓使一大学教授，与一汽车夫同在街上竞选，此大学教授未必能获选。若求真得人才，公开考试，未必逊于民选。此诚不失为近代一至理名言。

西方为选举而分党。中国古人则主群而不党。群公尚和，党私启争。中国政府每集会商榷，但不分党以争。东汉以党锢亡，北宋以新旧党争致乱，明末有东林党，乃故以恶名加于朝贤之上，而国祚亦因此而斩。民国以来，终未能组成如西方之政党。中山先生言，国民党乃一革命党。革命完成，政府已上轨道，则不必再分党以争。中山先生虽未明言，而涵意则甚显。中山先生又主选举权与被选举权同需先经考试，故五权中有考试权无选举权。此项意见倘获实施，则当为此下政治开一新面貌。惜无人继而畅发之。

一党又必有一主义为号召。其实西方现代政治，惟民主一主义。保守进取，仅在步调方法上相歧。马克思乃犹太人，非欧洲人，倡共产主义，乃经济问题，非政治问题。俄国人列宁，借为号召，排除沙皇专制，创造无产阶级专政之苏维埃政府。于是共产党乃成为国际性世界性一组织，传播全世界，群起革命。至是始成为政治问题。

中国本非一资本社会，群慕西化，乃有人起而慕效马克思列宁，创为马列主义。旧知识分子，留恋旧传统，即成为有产阶级，尽加铲削。故马克思之共产主义主要在经济革命，列宁则主要在政治革命，毛泽东又更进而为文化革命。马克思主张唯物论，列宁毛泽东加进了种种意识形态。而当前之世界，乃成为资本社会与共产社会一对立之局面。

中国传统政治之惟一美德，则曰崇尚学术，超在政治地位之上。马克思共产思想，犹近学术研究。列宁史太林，则偏向政治。马克思无产阶级，农民不在其列。中国无资本家，非马克思所反对。中国共产党，乃提倡农民革命，此则离题更远。国人崇慕西化，所作所为，乃有远超西方之上者。实则仍是中国旧传统，崇尚学术。惟其所谓学术，则一味变我之旧求彼之新而已。人性难变，当加深警惕。但亦不得不谓，乃近代国人崇尚西化，蔑弃传统之一观念一风气有以助成之，此亦深堪愧怍。

毛泽东意谓，共产思想又西化中之最新起。而中国自秦以来两千年，则属帝王专制，故彼以共产专政乃符合国情。曾有美国人劝袁世凯做皇帝，谓国情如此，何惮不为。此下美国某一史学家，亦谓毛泽东承接中国传统。毛泽东批孔扬秦，俨然以秦始皇自居。近代国人虽力求西化，而西方人则有劝国人自守传统者。毛泽东可谓两者兼得之。

国民党与共产党对立，但三民主义实应全国共遵，非可一党专有。政治从民族来，故三民主义以民族为首。但尊美派则谓三民主义即美国林肯之民有、民治、民享。主台湾独立者，亦崇慕美国之叛离英邦。不知一党专政可反对，中山先生之民族主义则未可轻加反对，此又当辨。中山先生民权主义又谓，权在民能在政。果政府考试显其能，则可不烦有民选。惜乎国人深慕西方，厌弃传统，考试院形同虚设。忽视了中山先生之民族主义，即无以体究中山先生之民权主义。民生主义，中国传统自有一条路线。孔子曰："贫而乐，富而好礼。"此两项乃人生所向往。有此民族，始有此民生。资本主义共产主义，西方所争，实皆非三民主义中之民生主义所重。要之，三民主义乃为一国行政大纲建立，非为一党建立。信奉中山先生者，当深切体究。

中山先生五权宪法中，又有监察权。此与考试权乃直承中国传统而来。秦汉时代有御史大夫，乃副宰相。下有两丞，一名中丞，即主监察皇室内廷事务。此亦中国传统政治非帝皇专制一明证。此下各朝代监察制度递传不绝。但今五院中之监察院，其职权实为立法院兼代，监察院与考试院同其冷落。以西方政制作楷模，则此两院之无可作为亦宜。

中国历史上政府种种立法，皆由各机构重要职官任之。以中国传统论，政府高出民众之上，而学术又高出行政之上。种种立法皆富学术性。民意则有此希望，无此能力。故立法当以民为本，不能任于民。所谓"权在民能在政"是已。西方参众两院，任监察之务尚可。任立法，则系学术性，似不胜任。与中国传统相比，最多是互有得失。决不当谓西方新而是，中国则旧而非，下如此轻率之评语。

故中山先生之三民主义，首当发挥其民族主义。中山先生之五权宪法，首当研讨中国之传统政治。决不当一依西方现况来做标准，来做解释。至于中西双方政治制度之孰得孰失，孰优孰劣，则当待学术界之再作衡论。岂得如今日国人之所为。

一八　政与学

中国自古为一统一大国，政统于上，学统于下。黄帝、尧、舜、禹、汤、文、武、傅说、伊尹、周公，政在上，而学亦辅之。孔子起，学在下，而政亦尊之。鲁哀公、齐襄公、卫灵公、卫出公，以及陈楚君臣，皆知尊孔子。曾子居费，子夏居西河，同为主政者所尊。墨子尊于天下，与孔子同。齐稷下先生七十人，厚其廪禄，恣其教授，不烦以政，为学官之增设。秦博士官亦七十人，非政职，而得参预政议。汉武帝改为五经博士，主学不主政，亦得参预政议，与秦博士同。汉宣帝欲增公羊博士一席，亦由朝廷公卿与诸博士洽议始定。王莽刘歆欲增设博士，诸博士皆反抗，虽勉增设，光武中兴，随即罢废。然东汉博士多倚席不讲，在野开门授徒者，则听众四集，其盛远胜于国立之太学。黄巾作乱，相戒勿入郑玄之乡。当时儒生之见重于社会有如此。

魏晋南北朝，学在门第。魏孝文尤敬学，北周北齐继之，其风益甚。隋初王通讲学河汾，后世声名远超于魏晋南北朝历代帝王卿相一切政治人物之上。唐代亦设太学，而学者竞趋进士考试，不以列名太学为荣。宋胡瑗苏湖讲学，朝廷取其法为太学规模，并聘胡瑗掌教。王荆公程伊川任天子师，主师坐讲，天子当立而听。及南宋朱子集儒学大成，虽与伊川先后遭伪学之禁，然下迄元代，其注四书及《诗》、《易》诸经，定为国家科举取士标准，历明清两代相承不变。

元代异族入主，一时学者群以不仕为高，而书院遍天下。地方官初到任，必先赴书院听讲学。明承其风，学者不尚仕进。吴康斋陈白沙身居林野，名高一世。王阳明弟子亦多绝意不仕。东林始矫之，勉学者当志在廊庙，不当轻政务不以为重。清政权亦以异族入主。一时学者如顾亭林、李二曲、黄梨洲、王船山、陆桴亭，皆不仕。亭林言："国家兴亡，肉食者谋之。天下兴亡，匹夫有责。"以匹夫而负天下兴亡之责，非学林莫属。

故中国人传统观念，学尤在政之上。政当尊学，而学必通政。可则进，不可则退。合则留，不合则去。学者可不仕，但不当学不通政，故必以经史为学。《诗》、《书》、《春秋》，亦经亦史。《易》言商周之际，亦仍史也。政尚《礼》治，《礼》随时变，则《礼》通于政适于时，《礼》亦史也。故曰六经皆史。司马迁为《史记》，即上承董仲舒发明孔子《春秋》之义，故曰："通天人之际，明古今之变。"而司马迁以其父议封禅与当时帝王意不合，禀承遗志，作为《史记》。议礼即议政之大者，封禅之礼，即天人之际。司马迁为此下史学鼻祖。史学即经学，经史一贯，其义如此。

唐杜佑著《通典》，典亦礼也。一代之政，即一代之礼，古今一贯。朝代有变，而典礼相通，读杜佑书可知。宋代欧阳修著《新五代史》，明夷夏之防，最可发明司马迁史学之大义。夷夏之辨，实即天人之际。其为《新唐书》诸志，则颇符杜佑遗意。司马光与王安石新政不合，一意写为《资治通鉴》一书。退于政而务于学，政在当世，学则通于后代。中国之学风，乃中国文化传统之大意义所在。纵或学有未合，而为学大体则无逃于此矣。朱子有意为《通鉴》作《纲目》。其书由其门人弟子成之。中国学人之志节相承，此亦其一端。

清代顾亭林《日知录》，首为经术，次曰治道。考论历代政制得失，以待后有王者取法。此即经史一贯，政学相通，匹夫而负天下兴亡之重任在是矣。黄梨洲写《明夷待访录》，首指明太祖废相之非。中国历代宰相，自汉武帝用公孙弘，此下遂胥由学者任之。不能正学以言，亦多曲学阿世者。然终不能因噎废食。学人任相，乃中国传统政制一不可废之大纲。《待访录》又有《学校》篇，主张当以学校为议政之所，此即古代博士官议政之遗意。梨洲受学于刘蕺山，蕺山讲学上承东林。学校议政，即东林之主张。王船山有《读通鉴论》、《宋论》，皆史学。则清初诸大儒，其学皆为经史之学，不得专目以为经学，岂不明显之至。

经学在明古，史学在通今，皆人生实用之学。惟诸大儒皆不愿在清政权下求实用，故皆立志不仕，而徒托之空言。孔子作《春秋》，乃天子之事，亦徒托空言而已。自雍正后，文字狱大兴，空言亦所不许。一时学风，遂变而有乾嘉之经学。其实乾嘉亦非尽经学，当时自称为汉学，以示别于宋学。汉儒治经，岂不曰通经致用。则乾嘉经学之致用又何在，此又不可以不论。

后人论乾嘉经学，率分吴皖两派。皖派当始自江永，其为学则一尊朱子。著书有《仪礼经传通解》，即上承朱子意为之。亦即会通经史，兼政与学，而可以上承杜佑，惟明白归之一礼字，则上承宋学无疑。又为《近思录注》，专引朱子言注朱子所纂周张二程言，治宋学者必诵此书。则皖学开山乃宋学，更又何疑。戴震幼年亲受学于江永，遭乡里谴责，襆被至京师。以皖学治礼长于天文历算之学，助秦蕙田编《五礼通考》。此亦通经史，兼政学，较之江永杜佑书益为博大。而戴震又获交于纪昀，入四库馆，助编《四库全书》。纪昀实反宋学，观其《阅微草堂笔记》可知。其时学人反宋乃反清，或主改定科举考试标准。清廷一主元明成规，用朱子书为标准。又定陆稼书入祠孔子庙。清廷大臣尊信朱子之学者大有人在，而稼书特一地方小官，未臻显达之位，清廷特加崇祠，用心良苦。吕留良专为科举应用，阐申《四书注》，而提倡夷夏大防。湘人曾静，凭其书游说陕督岳钟琪反清，文字狱遂起。吕留良开棺戮尸，全家戴罪贬黑龙江。雍正自为《大义觉迷录》一书，颁之天下学宫，为应科举者一部必读书。稼书与留良为友，清廷非不知，而获擢升孔子庙，以见读朱子《四书注》有邪有正。邪如留良，开棺戮尸。正如稼书，则升祀孔子庙。昭示天下，朝廷悬朱子《四书注》为功令，善读如稼书，不善读如留良，功罪判然。然刺激过深，天下读书人心终不服，纪昀即其一例。纪昀亦曾罪谪西域，归而主编《四库全书》，乃于《提要》中多发反宋理学之微辞。纪昀非专治经学，在其胸中当无后来

一八 政与学

汉学宋学之门户存在。其反宋乃反清廷，其意可知。中国学人常以学评政，此乃中国学人传统。纪昀非能正学以言，然其编《四库全书》菲薄宋儒，亦沾此传统之余润。戴震屡应举不得中进士第，既交纪昀，其为《孟子字义疏证》，亦染此种心理。毛奇龄先为《四书改错》，已早在前。反朱即反清廷之科举制，毛意早然。亭林《日知录》明白反八股，又在毛前。各人学问深浅不同，中正褊狭又不同。戴震言主张义理乃以意见杀人，则明指《大义觉迷录》等文字狱而言。清末章炳麟始揭出其内蕴。要之，戴震反宋，非为宏扬汉学可知。

吴派以惠栋为例，为《易汉学》一书，始明白揭举汉学二字。宋儒自周濂溪、邵康节、程伊川、张横渠皆言《易》，与汉儒言《易》显不同。上溯王弼注《易》，亦非汉儒之传。惠栋为《易汉学》，乃上追汉博士之言以治《易》，以别于王弼以下之言《易》。则称《易汉学》，亦与言汉儒经学大不同。又惠栋有《后汉书注》，有《王渔洋诗注》，则于经学外又兼治史学文学，其非专治汉学又可知。钱大昕主讲苏州紫阳书院，其学亦兼经史，而尤以擅史学名。就此二氏言之，则其时学风明示经史并重，不以专经为业。而二氏皆恬退，淡于仕进，以在野学人主持风气，与清初明遗老志节相似。政在上，而学在下，不失中国文化之大传统，此与宋儒又何相异。惟二氏及吴中学人，皆不明白表扬程朱。则以其自远于政，乃不愿与清廷同其号召。

言乾嘉经学者，吴皖以外，尚有扬州派与常州派。王安国亲为王懋弘《朱子年谱》作序，则扬州之学本崇宋尊朱。安国馆戴震于家，教其子。然此下二王之学，专精训诂，不争汉宋。《经义述闻》固以释经，而《读书杂志》则兼及诸子，亦不以专经为务。段玉裁辨小学二字，当遵朱子义，不当以文字训诂为主，更非反宋。其后终于推尊其师戴震之《孟子字义疏证》为定论，然毕生治许慎书，卒以小学名家，不以反宋为帜，则仍与二王同其途辙。同时如刘端临，则颇亦崇宋尊朱。是扬州派为学，绝非专经反宋可知。及焦循为《孟子正义》，一引戴震《孟子字义疏证》入其书，又为《易学三书》，则其为学乃求为通学，又为下里胜谈，旁及各处地方戏剧，其学非务专经，则其不为尊汉反宋亦可知。惟阮元迭任疆吏，于当时学人中最为显达，而极意尊戴。然其校印《十三经注疏》，则亦兼宋学，非专汉学。又其纂《皇清经解》，取舍特具绳尺。即胡渭《禹贡锥指》亦未列入。因《锥指》兼详史乘，而阮纂限于经解，体裁有别，非有意尊经而卑史。汪中有意为《述学》一书，上推亭林，似乎注重治道，尤异时趋，惜其未成。约而言之，扬州之学，既博多变，其不为专经反宋，则断可定矣。

常州之学，经史子集一时并起，博杂较扬州更甚。孙星衍治《尚书》，张惠言治《仪礼》，皆专经之学。而张惠言又与恽敬同为阳湖派古文。洪亮吉以罪贬新疆，归而为地理史学。尤擅短品骈文，复绝千古，惟同时汪中堪与比肩。赵翼《二十二史劄记》，较之钱大昕王鸣盛益见为异军突起。并善为诗。其学亦文亦史，而又兼似子学，自成一家言。恽敬为《三代因革论》，亦史而兼子之学。李兆洛亦史而兼子，自成一家言。故称清代乾嘉为经学时期，则断无是处。

又桐城有姚鼐，上承方苞倡为桐城派古文。方姚亦非不通经学考据，方氏尤多致力于经。姚氏分学问为义理考据辞章三项，辞章必本源于义理，而于考据则有妨。考据烦琐，不能成为辞章。但姚氏亦通考据。而依袭戴震以为言者，则乃谓辞章义理亦皆一本于考据。今谓乾嘉学者长于考据则可，谓其能兼义理、辞章、考据三者而有之则不可。湘乡曾国藩起，方其守制乡居，为团练，平洪杨。然曾氏有意传习桐城，为一古文家。又于义理考据辞章外，增经济一门，为儒学四要项。其谓经济，则学而上通于政矣。上自清初晚明遗老，下及乾隆盛世，清儒皆不以学言政。曾氏此番意见诚为清代学术史上一大转变。曾氏又为《圣哲画像记》，举及清儒，曰顾、秦、姚、王。亦可谓顾亭林秦蕙田以义理考据而兼经济之用。姚鼐之辞章，亦可兼经济之用，则乾嘉学人知之者少。而曾氏于当时之经学，则仅取二王之训诂，诚可谓特具只眼矣。曾氏又为《经史百家杂钞》，以补姚氏之《古文辞类纂》。意谓辞章不背义理，又能兼合经济，则必兼经史百家以为学。如唐宋古文，韩愈欧阳修诸人，岂不皆兼通经史百家，较之方姚于明代独取归有光，规模恢宏，局度广大。曾氏自言"国藩之粗解文章，由姚先生启之"。诚不愧出蓝之誉矣。

又戴震同时有章学诚，于戴氏之高抬经学不满意，特论文史与戴分张。惟经史为学，合则兼美，分则两损。章氏贻书钱大昕，期其出为号召。钱氏兼通经史，岂愿造此偏枯之壁垒，遂不置答。而章氏又创分清学为浙东浙西两派，谓浙西为经学，源于亭林，传之戴氏。浙东为史学，源自梨洲,而己承之。顾黄皆学通经史,岂宁作此分张。又谓浙东史学一本心性,则岂可不通心性,而专以考据为经学。是章氏立言虽有意力纠戴氏之偏,而己亦不免有病,无当于中国学术传统重要精神之所在。

章氏《文史通义》,意在矫时尚尊经之风。提倡文史,用心不为不佳。惟中国学术精义,文史与经亦必相通,同本一源。《文史通义》首卷即论述诸经大义,而独缺《春秋》一经。盖当时经学本避政治压迫,又少言义理,多言考据。虽非曲学阿世,但亦不敢正学以言。考古不涉时政,可免得罪婴祸,章氏言史学通于时王之吏事,大义则是。但章氏亦未敢昌言时事,亦未能一本于时王吏事以为学。《春秋》贬诸侯,兼亦贬天子,章氏岂敢有此想。则章氏言史学而讳言《春秋》,亦仍与同时诸儒以考古治经同病矣。

时方编修四库,章氏以《汉书·艺文志》及郑樵《校雠略》为分类目录之学,此乃治学术史一大纲,较之杜佑《通典》以及秦蕙田《五礼通考》,途辙自别。章氏论古今学术流变,亦多卓识。其主张学术当供时用,诚亦学术之通义。乃其自为史学,则仅供地方修志,岂不为用已微。此亦时代限之,而章氏不自知。时代与学术互为影响,政治高压在上,学术自无法蓬勃于下。章氏之学,不得畅所发展,在当时亦遂沉霾而不彰。

乾嘉以下,清政衰于上。道咸继之,学术亦变于下。龚自珍起于浙,魏源起于湘。龚治《春秋》,魏治《尚书》,皆经学中之史学。龚主变法,魏主经世。学以上撼政,政亦俯就学。而所谓今文经学,一时乃大盛。但龚魏皆旁通佛学,不尽在儒学经史之范围。陈澧起于粤,其《东塾读书记》较遵乾嘉之旧。然两汉之下,继以三国。郑玄之外,继以朱子。虽不主经世变法,而兼经史,融汉宋,义理考据互为用,而辞章经济,亦各有其地位。则近似一代之通儒矣。此因澧远去京师,未入仕途,又值晚世政纲已宽,故得然。一部中国学术史,受上层政治压迫,惟蒙古满洲异族统治为甚。而清代犹细切。读清代之作,论其人其学,非另出心眼,不易适当而平允。

康有为始受学于朱次琦。次琦由宋儒义理而转有意于史,虽一出仕,亦如陈澧,一意在野讲学。康氏则有意从政,采当时通说今文经学《春秋》大义而昌言变法。章炳麟起于浙,以言革命下狱,与康氏为敌,主古文经学。一保皇,一排满,但两人皆兼通经史。惟康偏经,章偏史,亟于用世,所学皆不深。又皆旁治佛学,于中国学术史,博涉而非精通。刻意开创,不尊传统,此皆两氏之同失。今再推溯,则阮元在浙,设有诂经精舍。其在粤,设有学海堂、广雅书院。康章两人,皆有闻而兴。阮氏之创学设教,亦非无益于后世。至于康章之未符理想,使近代中国多入歧途,则国运所系,不知谁之当责矣。

民国以下,上则政益乱,下则学益衰。胡适幼年留学美国,归而提倡新文化运动。一曰德先生民主,一曰赛先生科学,则惟主西化而已。故于传统旧学,仅有抨击,未有发明。梁启超梁漱溟随而纠其失。然二梁于旧学皆未有深入,则惟见胡氏之失,亦无以见旧学之真。而五十年来,白话文盛行,学者皆不读旧籍,传统堕地,无可复拾。故在今日而论中西学术之是非得失,则只分新旧。西化则是，传统则非。一言可尽，亦成定论。谁复起而矫之。书不焚，儒不坑，而已成此无可奈何之局面。惟有待伏生之守其文，汉帝之访其业，则不知为何日之事矣。

今试再言西化。中国政与学合，西方政与学分，此亦中西文化相异一大端。西方古希腊，宁有尧舜禹汤文武周公之相传。一城市即一政治之独立，多数选举，早已民主。学术则惟民间一生业。文学、科学、哲学，各自分门，各别谋生，而亦无如孔子墨子其人之崛起。下及罗马，希腊学人为奴亦为师。耶稣乃犹太人，其教传全罗马，亦主政教分。恺撒事由恺撒管，上帝事始由耶稣管。直至于今不能革。中古封建社会，贵族在堡垒中养骑士，不闻养学人。罗马有教廷，然神圣罗马帝国则仅为一梦想。文艺复兴起于城市，文艺亦在教堂，不在政府。下及现代国家兴起，此乃政治方面事，不关学术。西方现代学校，则皆从教会开始，如英国之牛津剑桥，即如美国之哈佛耶鲁皆是。普鲁士始倡国民教育，乃隶属政府。大学教育政府不闻不问，事属宗教，不涉政治。神学外，有医学法律。医以救病，法律则律师为罪人平反，亦在社会下层，不问政治上层。

民主政治，先以纳税额定选举权。国会最要在讨论税额，乃商人事，非学人事。由国会多数来掌政，由普选来扩张民权，民主政治乃成多数人政治，绝非学人政治。而学校教育渐由宗教转移到科学，益为社会工商业所重视。其政学分之形态，则迄今未有变。学人亦间有对政治有主张，终为少数，不如工商业人有切身利害为多数。学术仅能影响工商业，再由工商业影响政府。在野之学，非与在上之政不相通，而终为间接，不直接，则乌所谓正学以言与曲学以阿世。

中国政学合。秦汉以下，政治以学术为向导。全体政治人员，自宰相以下，皆出于学。先有察举制，后有考试制，为之作规定。王室在政府之上，乃亦同受学。政治在中国，可称为一种学治，而西方则否。今日国人仅知有西方，一依西方为依归。乃称中国自秦汉以下，为专制政治，从政者皆仰帝皇一人之鼻息，全国人民皆听帝皇一人之奴役。而按诸史乘，则殊不然。《小戴礼·大学》篇，八条目中有修身齐家治国平天下，修身齐家乃多数人共同之学，由此扩之益大，探之益深，人群治平大道，亦不外是。其人不能修身齐家，焉能治国平天下。然治平大业，则终属少数人之事。选贤与能，亦由少数人任之。

西方人则修身惟在教堂中，一出教堂，则人各平等，自由进取，不违政府法律，其他不再有修。男女恋爱，结为夫妇，生男育女，即为家。亦可自由离婚，齐家无待学与修。治国另一套，无关身家修齐。外交军事，各成专长，更无平天下可言。故西方之为学，贵专不贵通，贵创造不贵因袭，各成为生一业，不见有共通之道。回视中国传统之学，则百无一当。经学尽可废，史学则专制封建两语已可定一切。子则思想自由，集则随口白话。不从西方学，复有何途径。今日吾国人心理，大体在是矣。如言学问途径，则惟贵自我创造，不须有师道之传。中西相异，古今亦相异，自无师道之可传。

今再综以言之。人各有欲，而得其所欲则必在道。但道有在己，有不在己。求富贵，须外在条件，道不尽在己。即如西方资本主义社会，亦仅少数为富人，多数则仍为工人与小商贩。民主政治亦仅少数得上政治舞台，多数则仍为平民。即以一党专政言，党人既不占全国之多数，而专政者则尤属少数人。既不得其所欲，则心不安争不止。中国人所好在孝弟忠信，其道尽在己，有志无不得。《大学》言修身齐家治国平天下，修身在德，齐家在礼，治国平天下之道，亦无外此德与礼。故中国人言学治，即言礼治德治，一以贯之。即人无不得其欲，则又何他道之可言。故政必尊学，而学必求通，此乃中西文化之基本异点，诚不可不为之明白指出。

一九　政党与选举

文化乃指人生之总全体言，文化不同，其人生之各部分亦必不同。如言宗教信仰，学术体系，在不同文化下，自必各不相同。而政治为人生各部分中主要一部分，其不能相同亦可知。

中国文化重同重和，西方文化重别重争，政治亦无例外。希腊时代，各城市分立，无国家组织。罗马继起，乃有国家，但由罗马一市征服了意大利半岛，及其外围各地。环地中海欧非亚三洲，列入版图者，疆境至辽阔。然皆征服地，乃一帝国，由武力争夺而成。国家与征服者，仍有一大分别。

罗马帝国崩溃，封建时代继起，仍然无国家。及现代国家成立，各国疆土狭小，各自分裂，实仍是一希腊型。向外发展，非洲美洲，殖民地林立，实仍是一罗马型。西班牙葡萄牙两国，同在一半岛上，壤地极促，但不能合成一国。而殖民势力远及全球，两国划一界线，某部分属西，某部分属葡，几乎将尽归其统治。

英法继起，殖民地遍五洲。但所统治，尽属异色人种。欧洲白色人种,则依然各自独立,不能相和组成一国。故使全球若尽归白人统治,而全球仍必分裂相争,断不能有和平统一之希望。两次世界大战后,英法帝国皆各崩溃。当前世界两大强国,为美为苏,亦皆西方传统,不能相和合,亦势所必然。而欧西则降居此两大强之下,但依然小国林立,不相和合。

中国自始即和合为一。黄帝尧舜五帝时,只是一部落酋长时代,然有一共主,有一中央政府,已俨然一国。夏商周为封建时代,然诸侯之上仍有一中央统一政府,绝非如西方所谓之封建。西周东迁,中央衰落,霸者继起,而王朝名号,则绵延达八百年之久。

秦废封建为郡县,为中国政治一大变。但同一中央统一政府,则秦之继周,亦只是改朝换代,中国之为中国则无变。抑且秦相李斯乃楚人,大将蒙恬乃齐人,其他东方人在政府者,不可胜计。秦代之中央政府,较之西周武王成王时,其统一性,已远为进步。以较罗马帝国,则相异不可以道里计。故秦代统一,断不能与罗马帝国相提并论。

汉兴,亦仅一改朝易代,非以丰沛另创一中国。迄今两千年,中国广土众民,以近代观念言,乃一民族国家,即中国人之中国。偶有分裂,如南北朝,如五代十国,如宋辽金分峙,其元清两代之异族入主,中国之为中国则自若。

惟中国中央政府之元首,为一皇帝。其位则一家一姓,或父子相传,或兄弟相袭,长至三四百年绵延不绝。政府元首之为一皇帝,在中国已历四千年之久。而自秦始皇帝以下,乃为近代中国人内心一大诟病。一若中国文化无足称道,即此一节已足论定。

其实此种观念，乃就西方文化来衡量。果就中国自己传统言，则尚有别解，决不如此之简单。首先当指出者，中国人在国以上，尚有天下一观念。《大学》言修身齐家治国平天下，其书成于先秦。其谓国，当指封建诸侯之列国言。其谓天下，当指周天子所辖中央统一政府之全体言。固亦可兼及于中国以外之四裔，但主要实为一中国。秦汉以下，封建改为郡县，则一国即是一天下，治国实即是平天下。固亦仍可兼及边塞之外，而主要则仍此一中国。天下一观念，其重要性不在政治上层，更要在社会下层。如宋代范仲淹为秀才时，即以天下为己任，"先天下之忧而忧，后天下之乐而乐"。清初顾亭林谓："国之兴亡，肉食者谋之。天下兴亡，匹夫有责。"此天下乃指下层社会，不指上层政府。是则为士者之大责重任，可以不在治国，而更在平天下。亦可谓治国乃从政者之事，而平天下则为士者皆有其责。曾子谓："仁以为己任。"仁道即平天下之大道。是则以天下为己任，此一义，孔门固早已言之。此即中国儒家教育与宗教之相近处。惟耶稣绝不管恺撒事，而中国儒家则恺撒事亦所当管。孔子所谓"用之则行，舍之则藏"是已。惟藏乃为退出政治，藏于大群中。其在大群中，则更无可退可藏之处。此乃儒家大义，不可不知。

《大学》言天下在国之上，以今语说之，不啻言社会当在政府上。古语云："天生民而立之君"，又曰："君者，群也"。此言君乃为民而立。故曰："民为贵，社稷次之，君为轻。"必为民群所归，乃始成其为君。故君之在政府中，职位愈高，责任愈重，非以权力提高其身份。故为君必有君道，乃能尽其君职。绝非西方人君权观念可相伦比。

故中国人言君位，必兼及君之人格君之品德。尧舜禅让，汤武征诛，皆是。周公制礼作乐，武王不得为开国之君，必推以归之文王。又定谥法，如成、康、幽、厉，各就其生前在位成绩，死后由群臣定其谥。直至东周，平王赧王，始终皆有谥。谥即褒贬，而岂帝王一尊之谓。

孔子称管仲："九合诸侯，一匡天下，民到于今受其赐。"又曰："微管仲，吾其披发左衽矣。"管仲在齐，仅是东周王室一陪臣，言其功在天下，即言其功在社会。国家政府，均重政治方面。言天下言社会，则更重文化方面。孔子又曰："天下有道，丘不与易。"则从政仍重在天下之道。能负责天下之道，其人即属圣贤，非经学养不可。学之优者，不容不出仕，孔子所谓"不仕无义"是也。从政优，仍须学，以求无愧厥职。中国人常以仕学兼言，其政治观念亦由此可想。

孔子前，尧舜禹汤文武周公，皆以圣人登天子位，故政与学出于一。孔子以大圣而不得位。自孔子以下，社会重学尤在政之上。孔子门人曰："夫子贤于尧舜远矣。"为君者亦知重学，如齐威宣湣诸王，广招天下学者，谓稷下先生，自由讲学，可议政，而不为臣。亦欲以此待孟子，孟子拒之。其意谓道可行则仕，不可行则去，不受虚縻。此即孔子用行舍藏之义。稷下先生并非皆齐人。孟子不为，齐君亦不之强。孟子仅一平民，见礼于时君有如此。

秦始皇曾为质于赵，备闻东方之风。及其返，吕不韦为相，方广招三晋诸士，著为《吕氏春秋》，详论治道。始皇帝即位，用前楚国一小吏李斯为相，则始皇亦有意为中国传统一圣贤之君。《中庸》言："今天下，车同轨，书同文，行同伦。"观始皇巡狩所立诸碑，亦可谓有志于天下之风教。亦岂愿为一专制暴君。

秦廷广立博士官，即承齐稷下先生制，是始皇亦重学可知。博士中或主恢复封建，始皇询之丞相李斯。李斯从学于荀卿，亦一儒者，主张不复封建，乃求整顿博士官位，根据古经籍主张封建皆罢免。并禁社会传习其书，下焚书令。又依古非今者族。其意当承其师荀卿来，荀卿主法后王，置政统于道统上，其意异于孔孟。始皇遭后世诟厉，荀卿亦终不得为儒学之正统，而李斯更无以为人。又何人尊秦始皇为中国帝王专制之先导？

汉高祖本一泗水亭长，初不读诗书，见人冠儒冠，必取而溺之。但其后过鲁，使人祠孔林。及登基，爱戚夫人，欲废太子。及见太子有商山四皓相随，遂罢废立意。是高祖亦受社会影响，知圣贤尚尊于帝皇。此即中国传统，国以上尚有天下之观念。此下历代太子，必受教育。贾谊《治安策》，畅申此意。汉文帝重视贾谊，以一帝皇而敬礼一年轻书生，一如庶俗之交友。此下君臣关系，亦常有超政治地位之外者。政治亦在人事中，超人事，何以为政。帝皇亦一政治人物，异于为人，何以为帝皇。此一观念，在中国，深入人心。汉文帝外，例不胜举。

汉武帝表彰五经，一尊儒术，创建士人政府。政府用人，先博士弟子。而博士得自由为教，政府不加干涉。汉宣帝幼年，学《公羊春秋》。当时朝廷《春秋》博士为《穀梁》，无《公羊》。宣帝召开大会，由朝廷公卿与诸博士共议，《公羊春秋》始得立为博士，当时公卿亦全由博士弟子出身。朝廷尊学术，而政治亦统一于学术，由此可见。

博士官所教典籍，既明白规定在上，而在野经师，仍得自由施教，学徒群集，政府亦不加以限制。则学术自由，不由政府规定。全部二十五史，天下高于国，社会高于君，学术高于政治，例证明显，举不胜举。故秦下两千年，朝代屡易，而政治法制则一线相承，无大变动。杜佑《通典》以下，乃有三通九通诸书。近代国人一意以西方历史来衡量中国，乃谓中国秦后尽属帝皇专制。不知帝皇乃中国传统政治中一职位。君统即以代表治统。即如近代英国，岂不仍有一世袭之王室，但于帝国实政无关。然则又何必保留此皇室不废。在中国人观念中，则无说以通。政治不能长治而无乱。近代西方民主政治亦不能无乱，亦不能无失职之总统。中国要为四千年长治久安，朝代更易，无伤国家之血脉，无伤社会之大体，此实大有研究之价值。岂得以帝皇专制四字尽置不论。

时变世易，民国以来，已不能再有一世袭之帝皇。国家元首亦当常变。此处乃另生一问题。西方政党分立，至今未臻稳定健全之境，惟英美始有两大党之传统。中国则从来不重党，故曰："君子群而不党。"学术界亦不贵有党。社会亦无宗教组织。结党而争，为中国人情所不喜。东汉党锢之狱，北宋新旧党争，明末东林党，此皆不如西方真有组党活动。中国传统崇德尊贤，不尚多数，故曰："千人之诺诺，不如一士之谔谔。"又曰："善钧从众。"遇大政，集会群议，择善而从，但不闻举手投票论多少数。稍读中国书，稍知自己传统，当知礼让，虚己自谦，决不赴街头向群众作自我宣传，自夸才能，而又诽刺对方，认为国家重任非我莫属。如此行谊，识者齿冷。然则当今而求慕效西方民治结党竞选，其第一任务，自非推翻自己文化传统，彻底改变旧有观念不可。

抑且英美分党，党与党之持论，非有甚大区别，故党争有胜负，而政局则安定。西方后起如意大利之法西斯，德国之纳粹，乃始以一党来号召全国，与普通政党不同。苏维埃之共产党亦然。此皆主一党专政。惟意德新党，意向重在国内。苏俄共产党，则以世界性国际为号召。党乃超于国之上，同一党而势力兼及异国。

中国此下成立政党，此性质何去何从，亦值讨论。孙中山先生主张三民主义，组织国民党，其性质略近法西斯纳粹以及苏联共产党之一边。试问为中国一国民，岂能不尊民族民权民生三主义。此三者，尊重中国传统，而又提纲挈领囊括了一切政治活动之重大意义。其他号召，难与对立。故三民主义在中国，与国际共产主义，其性质皆偏于一党专政。而此两党之相争，乃可于政治全局有甚大之变动与不安。此下演变，又何堪设想。

中山先生生平，于政党一事，颇少明白指示。尝言国民党乃一革命党，此语涵义，宜加发挥。政治乃国家民族经久不断一事业，革命则倏起倏落，于短时期内必当完成。中山先生于民元退让其临时大总统职位，推袁世凯出任第一任正式大总统为条件，完成南北和约。此为中国传统所特有之一种政治风格，尧舜禅让，为其他民族所少有。宣统退位，革命已达成功。乃不虞南北重趋分裂，洪宪称帝，军阀割据，接踵继起。中山先生谓革命尚未成功，同志仍须努力。乃不得不再赴广州，黄埔建军。中山先生亲晤段祺瑞张作霖言和，终于北平一病不起。是则革命仍未成功。中山先生又分革命为军政训政宪政三时期，军政以武力统一全国后，尚须训政，使国民到达某一程度时，乃可实施宪政。杀身成仁，舍生取义，革命仅乃一牺牲时期。逮及训政党政开始，全国和平，出仕已属荣显，与参加革命大不同。中山先生意中，似谓届时国民党已可解散。故五权宪法中，有考试权代替选举。不仅对被选人有限制，即对选举人亦有限制。又不详言结党竞选事。中山先生意中之民主政治，与西方相异者，大体在是。

西方民主政治初建，选举人资格亦多限制。西方乃一工商社会，民众对政府所争，主要在租税额一项。选举人资格，亦以其向政府之纳税额为标准。此下逐步改变，始达于普选之阶段。中国传统政治意识，与西方大不同。自汉武以下，已创建一士人政府。有察举考试种种措施，皆求选贤与能，纳全国人才于同一政府之下，以达成其政治之任务与理想。西方近代亦已采用中国考试制度，以辅助其政党制度之所不及。中山先生之重视考试，可谓亦得其启示。

监察权亦中国政府自古有之，自秦以下，御史大夫为副丞相，即负监察之权。上自宫廷，下至全社会，皆受监察。后世又分立谏院，主要以谏天子为职。官位卑，而责任重。果以忤天子去职，失一卑位，而得众望，可为其私人将来之政治资本。中国人之政治用心有如此。中山先生之五权分立，诚使各得尽职，则总统虽位居五院之上，其职权亦有限。惟五院之上有一总统，政府则融合一体。西方三权分立，政府仍然是相互敌对，而不见为一体。惟今日我国宪法则掺杂各方意见，复以附和美国体制为原则，违背国情，在所不计。是否一国政治必当抄袭外国，则为此下一大试验，利害祸福，非可预知。

惟中国传统，政府与社会为一体。史传人物，有政治的，亦有不属政治的。政治人物贤奸互见，而奸人惟见于政治之上层。政治下层及社会人物，则惟贤得列，奸者不得见。统计全部中国历史人物，贤人当远超于奸人之上。此为中国人观念，天下高于国家、教化重过政治一绝大明证。故中国传统，政府、社会本属一体。而西方则政府、社会常为敌对之两体。近代西方民主政治，则由社会向政府争权而来。故选举权必掌于社会。然如今日之美国，犹太人拥有资本权，黑人拥有生殖权，均对选举有利。最近黑人已竞选副总统。再此以往，美国政治宁得不变。中国传统政治选贤与能，考试制度利弊得失，可以随时改定。土广民稠，普及教育已难，普选更不易。蚩蚩者氓，岂胜选任一国家元首。即美国开国以来，历届总统已历五十任，其真得为一理想政治人物者有几。此非美国不出政治人物，实乃限于体制。孔子曰："中人以上，可以语上。中人以下，不可与语上。"民众普选，都在中人以下，乌得所选必上乘之望。此为近代西方民主政治一大缺点。

又西方国家既多分立，而每一国家之内又然。如英国有英格兰，有苏格兰，有爱尔兰，一国三分，迄莫能改。美国则为联邦制，自十三州增至五十州，各州自有宪法，自有州长、议会、选举。互相平等，故欲再添新州其事甚难。美国之独不效欧西国家之无限扩张，其端在此。中国自秦以下，为郡县统一。既非帝国，亦非联邦。一国有一国之传统，不读中国书，何能谈中国事。近日国人又好言地方自治，不知中国重合不重分，重通不重别。民国以来之军阀割据姑不论，即各省有大学，亦必争本省人为校长。中国往例，一名学者，可为全国各书院院长，何得以地域为限。如此则国立不论，即一省立大学，亦可延聘全国名学人为校长，何得限于本省。而中国传统，一地方政治首长，必限用外地人。而今日则模效西例，必限用本地人。又中国一地方政治首长必经中央政府遴任，而今日则必限于地方民众选举。如由中山先生任中国大总统，由中央政府选派一广东省长，一中山县长，较之由广东省中山县之民众选举，孰得孰失，孰高孰下，岂不可推想以知。中国重人治，西方重法治。法是死的，人是活的。中国人向不信死法可以治活人。西方重法不重人。以法治国，中国惟韩非法家主之。秦始皇帝读其书而好之，此下中国人向不看重韩非，而秦始皇帝亦常受诟病。今日国人，慕效西化，乃必竞推韩非，而秦始皇帝则仍受深斥，则真不知其所可矣。

陈炯明主张联省自治，明为中山先生所不许。今国民政府播迁来台，台湾只中国一小省，而在"中央"政府下仍自有省、市、县、乡、镇、里各等级各首长，而其各首长多由民众选举。各地域各部门皆得自治，而犹有人起而主张"台湾独立"。其病何在，在于中国人之不自信，而必信美国人。纵如中山先生言论文字昭彰在目，而国人仍亦不信。在中国既无一人足信，则一不识字老妇，投一票，何得遽认为其是神圣之一票。国家前途岂得寄望于此等风气之下。

倘使中山先生复生，再言训政，恐将不为国人所接受。倘言宪政，则五权中之考试监察两权已形同虚设。倘言政党与选举两项，则不知中山先生又将何言。再论大陆，已经共产党统治三十余年，人口已达十亿之多。不识一字者何限，又不知所受是何等教育。依近代国人所认识所想望之西方民主政治，则大陆全国又将何以开展其新政首要之选举一项。换言之，将何由结为政党，何由普行选举，何由言自治，何由言统一。千头万绪，一依苏维埃既不可，一依美国恐亦难。而中国自己传统，国人已群加忽弃，真不知将何途之从矣。国人非无有心人，其亦置虑及之乎？

二〇 权与能

孙中山先生权在民能在政一语,可引历史为证。西欧君民分隔,卢骚创为《民约论》,法英革命继起,遂有近代之民主政治。然政府领袖虽经民选,而民众终须接受政府之领导,此亦权在民能在政之一证。

中国历史,自始即然。先是一宗法社会,封建制度即从宗法来。在下者拥护其上,在上者领导其下,君民一体,实即氏族一家。政府不向民众争权,民众亦不向政府争能,夏商周三代之政治制度即如此。

周代东迁,王室无能,一统之业,转归霸者。齐桓晋文挟天子以令诸侯,惟天下终不心服。霸政衰,而民权遂出现于下。惟中国社会与西欧社会有一大不同处。西欧乃一商业社会,故民权乃操之于商人。中国自宗法社会转成四民社会,故民权乃见之于士人。管仲相齐,首创霸业,管仲即一士。晋文公亦赖多士辅助。孔子以下,士退在野。战国游士,即表民权,但多不抱国家主义,而抱天下主义。秦始皇帝之统一中国,不得不谓其仗此风气,凭此意态来。惟始皇帝藉靠秦之强力,乃乘机以起。李斯《谏逐客书》，极言秦之立国乃借助于东方之游士。此皆权在民而能在政之证。

始皇帝未一天下，即读韩非书而好之。此下始皇帝暴政，不得不谓由韩非启其端。所谓权在民，乃属发踪指示。所谓能在政，乃属实际践履。民意为行政者所本，发踪指示是其权。然如何达其理想，则必待政之能。战国百家风气皆在讨论此为政之道。民权提升，已有极深渊源。始皇帝好法家言，其长子扶苏则好儒家言，少子胡亥受学于宦者赵高，亦守法家言。儒与法之为道，高下判然。为政者其所学异，而其政之高下亦随以判。始皇帝以李斯为相，亦以其所学之同。从政者之选于学，此则尤为能之所在。

近代西方民主政治，多循资本主义帝国主义，而亦本之民意。代表民意者乃商人，此外尚无与抗衡。但资本主义帝国主义又当如何善为推行，则能在政，必由少数人任其责，又岂民众多数之所得预。马克思倡为共产主义，无产阶级意识兴起，列宁借其说推翻帝俄政权，创为苏维埃共产国家。英法诸国，则资本主义之旧势力一时骤难推翻，然罢工风潮亦屡起不息，法国今政府并已有共产党参加。是英法政府终不能不接受民意，此亦为权在民一证。而主政者如何善为调处，使英法暂不为苏维埃之继起，此则其事在政。

惟西方近代民主政治，其议首创于卢骚。共产政权，其议首创于马克思。虽亦自一二学人发其端，而西方社会传统则学术并不重视，必待众议从同，其间必历有一阶段。中国社会尊贤重士，学术高踞在民众之上，而学又尚同不尚异，故学之影响政，其势更直捷。若可不再经民众一番抉择，如西方之分歧纡回，此则治史者所当注意分别。

如刘项争天下，群士皆归沛公，项王有一范增而不能用，遂以败。故汉高得天下，即有求贤诏，谓愿与群贤共此天下。此乃中国政治特有现象，非沛公之特出。国人习于见闻，亦加忽视。贾谊之于汉文帝，董仲舒之于汉武帝，皆发生重大影响。两人皆在野寒儒，乃遭帝王赏识。此卜中国政治传统尊贤，上层领导人亦有其功，而士人政府之基础，遂以奠定。在西方绝无其例。政治必尚学尚道，然实际执行则终在政，故曰能在政。其学其道则在民，故曰权在民。今人乃以西方观念，认为中国两千年来为帝王专制，斯则远失之。

近代国人羡慕西化，以传统之士与官僚一体视之。不知中国社会，士为四民之首，民权正表现于士之一阶层。士若无权，而如西方之商权亦骤难表露。民国以来，政权操于军人之手。军阀割据，为祸有年。国民政府北伐成功，军阀方解体，而日本侵略，八年抗战，初得宁息，共产党已踵起。中国本非一资本社会，又何来有无产阶级之共产思想，此则不得不归之于中国当时之智识分子。其实近代国人所称之智识分子，即传统之所谓士，其在社会，本属有权，乃误以西方观念，认为无权。心怀忿闷，不甘自居为士，必提倡民权，乃倡为新文化运动。但民权于何表现，一派则主新文学运动，提倡白话文通俗文学，发泄自由思想，但比较所需时间较长，较不见速效。一派则主共产主义，此则最为直捷，可使民众立刻起而参预政治，又有具体之外援。乃先有陈独秀瞿秋白，继之有毛泽东。其实三人在中国社会中，亦皆一士。士即有权，即三人之影响现代中国可知矣。一国家，一民族，必有其文化传统，即社会传统、历史传统，其权势潜伏不可侮岂不即此可见。

毛泽东之问题，正为其接受当时新文化运动之号召。一则以中国传统之士与官僚同视，又一则以中国政治传统乃帝王专制。故乃批孔反孔，而又以秦始皇帝自比。其红卫兵之文化大革命，实较其身所浸染之新文化运动，更为惨酷无忌惮。根据情实，平心论之，可谓毛泽东受当时中国一辈智识分子提倡新文化运动之影响，实远胜于其受马恩列史共产思想之影响。

是则大陆政权之成立，实成立于其当时中国之社会风气，即其时之学术风气。此亦所谓权在民之一证。大陆政权之作为，民众无如之何，此亦可谓能在政。然当时民意岂诚欲有如大陆政权之出现，而大陆政权亦岂自求如此。故权在民而无法表达，能在政而无法施展，则势不能免于乱。即就清代言，清政府初建，如孙夏峰，如史可法，如顾亭林、李二曲、黄梨洲、王船山、陆桴亭，有其力量，有其影响，此即所谓权在民。清王室之有康熙，亦可谓是一种能在政之表现。如雍正之所为，则离于在民之权，亦不得谓之在政之能矣。嘉道以下，如川楚教匪，如洪杨，如捻，亦可谓皆求表达民权。而真实表达民权者，乃在曾国藩之湘军，以及李鸿章之淮军，清廷能加利用，遂以苟延咸、同以下之残喘。中山先生辛亥革命，此诚民权之表现。而袁世凯冯国璋段祺瑞在政无能，即无以表此民权之要求，乃始终不免于乱。故民权不表现，政能不确立，此皆一世之乱源。惟中国传统士人政府，下以表达民权，上以确立政能，使二者能紧密和合，融成一体，则为中国传统政治之理想所寄。故自秦以下两千年，虽不免时时有乱，而终能拨乱以返治。今日则士传统已绝，资本传统与劳工传统则尚未成立，而智识分子之西化信仰则充斥而益盛，遂无民权与政能之表达，此为现代中国之危机。

中山先生三民主义，首民族次民权殿以民生。今国人观念则正相反。首重民生，家财富裕，则改入外国籍。美国加拿大近二十年来，国人入籍者已难计数。次之亦宁为殖民地居民，故不愿香港之改隶为国土。全国民意以及俊秀，多不愿安居国土为一中国人，多愿迁移国外为一外国人，则中国前途又何望。此一风气，乃从近百年之鄙华崇洋心理来。以如此心理，而昌言自由，则尽属个人自由，而非国家民族之自由。

大陆政权即如此。故马恩列史奉为开国之元祖，为国人最当崇拜之模范。倘大陆政府有能，大跃进有成，大陆居民丰衣足食，则马恩列史岂不将更高捧上天，而岂炎黄唐虞之所能比。而中山先生之民族主义不亦成为一种落后主义吗？实则纵使海外自由民众，信奉中山先生之民族民权民生三民主义，亦终不如其崇仰美国林肯之民有民治民享谓更伟大而高深，亲切而平实。此乃时代国民心理，中山先生复起，不知将何以施行其训政。

近代国人又好言自由平等独立，乃从当前日常生活言，不从国家民族历史文化言。故民权亦必模仿近代西方之民权，而非中国自有民族传统之民权。言及中国历史，则必曰专制政治，封建社会。民既无权，政又何能。故必先言民生在民权之上。而所谓民族，则实当为以后继起之新民族，而非历史传统以往之旧民族。中山先生之三民主义其书尚存，然乎？否乎？国人其试再究之。

故就中国传统观念言，民有权，始可使政有能。果使吾全国民众一是皆以鄙华崇洋为怀，则政府之能亦尽在崇洋。惟崇苏崇美，则又成问题，又须选择。当前世局无安定之望，即美苏，亦同有此感。落后国家，又何待先事扰攘，自计苦吃。暂守中立，以待美苏敌对之解决，世局平定，如今所谓之第三国际，亦属一道。当前弱小国家政治之能，其惟在此矣。

世变逼在眉睫，孰高孰强？孰胜孰败？美苏不自知，但转瞬即可知。安于故土，安于旧俗，安于落后，莫求前进，此亦处当前乱世之一道。不法孔孟，亦可法庄老释迦。不得已而思其次，亦一道矣。五代时有冯道，自称长乐老。当时亦受称慕，宋儒乃始非之。冯道为人，亦儒亦道亦释，但求自安自乐。政治人物中，如冯道，求之西方历史，殆少其比。此亦吾中国落后民族所特有之角色。

今吾国人既不甘为孔孟，又不愿为庄老，更不肯为冯道，而必西方人是慕。非我族类，其心必异，西方人亦岂易慕。则何不真心诚意以中山先生为师表，信守其所创三民主义之首先第一项民族主义，不慕美，不慕苏，自己看重自己。文化传统，历史背景，不当忽视。乃始于权在民能在政一语，亦知精研以求其深义之所在。而民生问题，亦庶获得一出路。国人贤达，其勿忽之。

二一　国与天下

中国人生当分身、家、国、天下四阶层，而修齐治平，其道一贯。故自天子至于庶人，一是皆以修身为本。此为中华民族传统文化提纲挈领最要一说法。虽《语》《孟》之书，早已有此主张，而明白简要综合阐说以昭示于国人，则首在《小戴礼记》中之《大学》一篇。宋朱子定此篇为四书之一，并冠四书之首，成为此下七八百年来中国人初识字一部人人必读书。此实为朱子对中国传统文化一大贡献。

西方人主张个人主义，家与国皆受限制，而可谓并不知有天下。希腊人知有城邦，不知有国。罗马国人，则可分征服者与被征服者，而双方对国之观念自不同。罗马人亦有家，然其家与中国人之家大不同。亦可谓罗马人知有天下，然与中国人知有之天下则更不同。直至于今，亦可谓西方人仍不知有中国观念中之家、国与天下。姑以最近英国与阿根廷之争夺南大西洋福克兰群岛之一事言，即可为西方人知有国不知有天下一明证。实则当前世界，由科学进步，已到达一国之上共有天下一境界。天下不宁，国又何得安。故今日之世界，实为中国传统观念，传统文化，平天下一观念，当大放异彩之时代。姑就中国史略加阐释。

中国古史辽远，甚难详定。而后代史则多有国人未加注意，亟待阐发者。如近代国人定有巢氏、燧人氏、庖牺氏为三皇，此颇有合于原始人类文化演进之程序。然有巢、燧人、庖牺三氏，究在何年何地存在，则难详定。此下经神农黄帝尧舜，以迄于大禹氏之万国，则中国早已有一身、家、国、天下同时并存之文化大统，和平合一太平大同之大社会。纵谓其仅是曙光初露，但决不得谓其无此光芒，无此局面，无此理想。此下凭以演进，于是乃有殷周相继，中国后人称之为三代先王之世，即中华此下文化传统深本大源之所在。而秦以下之中国，乃得确实建成一民族国家。

今人必谓秦以下之中国，乃一帝王专制之中国。不知皇古以来，牺、农、黄帝三代相传，已演成为中国人与中国。而中国人与中国以外，则尚有非中国人与非中国之天下。秦以下之中国人，岂并此而不知。今姑举最浅显者言之，秦始皇帝筑为万里长城，即知长城之外之尚有天下。秦始皇帝只求中国自安，其专制亦仅在国内，并未求专制于天下。当时人尽知朝鲜乃由中国箕子迁入，与中国同一血统，同一人文。而万里长城仅到大同江，过此以南即放任不加管理。此下中国国防仅止于鸭绿江，而朝鲜三韩，则终不在中国人求加统治之下。

安南早列秦郡，两汉以下，分离独立。直迄晚清之末，韩越常为中国之隶属国，与中国为同文。中国亦教韩越科举考试选贤与能，成一文治政府，或贤人政府。却从不教以帝王专制，此有两国文字书籍历史为证。韩国文献犹存，越国沦为法国之殖民地。对日抗战时，余曾路过河内，尚见其种种典册，碑碣古物，可资考证者不少。今则未闻人述及于此。要之，越南非中国之殖民地，两千年来，与中国为友不为敌，即就中国史考之可知。

汉以前之中国人以匈奴为夏禹氏之后，则同样不视为敌人。此下直迄唐代之突厥，宋代之蒙古，两千年以迄于今，其与中国之关系，中国人如何应付此一区域，二十五史记录已详，俱可考证。要之，中国人自秦以下，并非仅知有国，不知有天下，不烦详论。

今所欲论者，中国人此种观念，绝不与西方相似。西方人视国外尽是敌，抑不许敌我之相安而并存。中国人之天下，则敌我一体，同此天，同在天之下，同为人，不同一政府，此谓小别而大同。余幼时备闻国人谴责古人，谓其闭关自守，不知有天下，而妄谓国之外有天下。但如中国之万里长城，固可谓其闭关自守，然终不得谓中国古人不知长城外之有异民族同居此天下。惟能于天下内闭关自守，则乃中国文化之长处，而非中国文化之短处。岂西方之帝国主义资本主义所能比。若谓中国古人不知有西欧，则此乃耳目之知，非心胸之知。当时之西欧人，又岂知有中国。

近代英国殖民地遍天下，而如美国，如加拿大，如澳洲，同文同种，先后相争独立。惟血统文化相异之其他民族，大之如印度，小之如香港，则必加以严密之统治，岂许其轻易脱离而去。此见西方帝国主义，必有其深一套与中国人相异之观念。孟子以大国事小国为乐天，小国事大国为畏天。西方人天非可畏，亦非可乐，宜其无如中国人之天下观。耶稣信上帝非信天，科学则以战胜自然为任务。天属自然，亦在被战胜之列。人与人、国与国相争，而天之与其他自然界万物，则尚无与人平等相争之资格。故中国传统观念下之天人关系，在西方则断无其相似之存在。

今再专就中国内部人文言，辛亥革命后，国人常号称汉满蒙回藏五族共和。清代满洲人入主，而关外辽宁吉林黑龙江三省，已与关内诸省同一统治，无大分别。蒙古虽未改为省区，而蒙古人与中国人之关系，则实远深于满洲人。满洲皇族亦特亲蒙古人，更超汉人之上。蒙古在清代乃成一特殊区域。而在其入主中国以前，早已奴役欧西之俄罗斯而为之帝王，历有两百年之久。故西方人先不知有中国，而早知有蒙古。故后起人类学家，其论人种，东亚则举蒙古人为代表，中国人亦隶属其下。近代国人一切学术皆尊西方，故论东亚人种，亦同样称蒙古种。实则以地域言，称蒙古不如称突厥，更不如称匈奴，尤可称獯狁。谓中国属獯狁种，殊较近情。而周口店之北京人，宜亦可称之为獯狁种。惜乎近代之中国人，乃无雅量，无胆识，不敢创此新名称。不知北京一名，更属晚起，何得以北京人称之。至言汉蒙共和，依西方人观念，则当言蒙汉共和，蒙在先，汉在后，乃庶有当。而惜乎非史实之所许。

回族则更疏远。唐代以来，回教即传入中国。回佛组织不同，回教势力胜于佛教，亦更在耶教之上。惟其来入中国，中国人独能以和平相安处之。元室入主，而回教势力之在中国则更大。下迄明代，乃有土司制，普遍设立于广西贵州云南诸省。土司不仅为回族，并有自古相传之苗族。土司一制，仍不失为中国传统政治自杜佑《通典》、郑樵《通志》、马端临《文献通考》三通之后，一至有深意之新创制度。试问土司岂亦由帝王专制？在帝王专制之传统政治下，亦岂得有土司制度之出现。而近人则于明代以下之土司制度，沉默不赞一词。究不知其作何评价矣。至于西域三十六国，直自两汉张骞班超以下，其在中国国际政治史上，迭经几多变化，直至清代中叶，乃始有新疆省之建立，此亦值甚深阐述。

西藏自唐代以来，亦与中国有甚深甚密之交往。清中叶后，乃始隶属中国版图。而中国亦仅为一宗主国，西藏仍不啻为一隶属国。讨论中国文化，讨论中国人与天下之观念，讨论中国传统所谓治平之道，西藏一区域，亦自主，亦和合，其在中国政治传统下，中央与地方之关系亦有其深值阐发者。则所谓汉满蒙回藏之五族共和，其在中国传统文化中，实有其深妙独特之成绩。而此下之政治制度，又当作何安排，作何改进，实大有待于此下国人之继续努力。此在西方，则无可模仿。而对自己传统文化之认识，其大本大源之精义渊旨之所在，又岂可搁置不加理会。而岂民主自由法治之西化新口号所能胜任而愉快。然则中国此下果一意慕效西化，先求分党竞选，以中国疆土之广大，亦能如当前之西欧，分达数十国，日以相争图存，已属甚难期望之莫大幸事。而所谓汉满蒙回藏之五族共和，终将由何道以达成，此岂不值国人之熟思而深虑？

然则中国又何以经五千年历史之演进，绵延扩大，以有今日。扼要言之，不外两端。一则在个人之上有一家，一则在一国之上有一天下。身家国天下递演递进，纵其有一极深厚之个人观，而终不害于身之上有一家，家之上有一国，国之上有一天下。层累而上，而终不害其以个人为中心。否则家何以齐，国何以安，而天下又何以平，而使每一人得安乐生存于其下。此处乃有一极深厚极精妙之心理修养，故《大学》八纲领于修齐治平之上，必先有诚意正心两关，而于诚意正心之上，又必有格物致知两关，此中皆有甚深妙义。西方人于此皆所不论。而今日吾国人亦置之不加理会，则又何以续加因应而演进。

然则今日吾国人果将何道之从？世界局势不安不定，纷乱日增，已所共睹。英法已成过去，美苏亦难望将来。国人慕效西化，言变言新。变在当前，必有一新局面之出现。则国人之所期望，岂不昭然如在目前。孔子曰："后生可畏，焉知来者之不如今。"能寄望于可畏之来者，此亦中国传统文化一深意，岂必尽求之于自我之当前。我国人，又何焦躁不安之有。

二二　政治与社会

近日国人，又每疑中国史籍多言政治，少言社会。深言之，中国自来本无社会一观念，因亦无社会一名词。国人依据西方观念来读中国书，自应有此疑。抑且政治即社会中最主要所表现一事项，言政治亦即言社会。中国古人言："天生民而立之君。"若谓民属社会，君属政治，则政治由社会而产生，亦即以社会为依归。中国文化大传统，在政治社会之相互影响间，特有一深义，即政治常由社会来领导，不由政治来领导社会，此一层必当申述。

中国古代乃一种封建政治，乃由宗法社会来，封建即依据于宗法，此即所谓礼。礼之主要内容，即是宗法，富自然性，与政府制定法律强人以必从者不同。故中国人所谓之礼治，与西方人所谓之法治，意义大不同。中国古代政治组织，由宗法来。同一政府，即同一宗族。凡所统治，亦多同在此宗族之内。列国由诸侯分治，天子所统治之中央，则仅王畿千里。天子与诸侯亦同一血统，同是亲属。其所谓法，主要即是宗法。及周室东迁，春秋战国时代，宗法在政治上乃渐失其重要性，亲亲转而为尊贤。但由社会来领导政治,非由政治来领导社会之大传统,则可谓依然仍无变。

礼今俗亦称道理。中国人观念,政治须由天理人道来作领导。法律则仅是政治下面一小项目,岂得与礼与道理相比。中国人又有道统与法统之别。法乃指政治上之大经大法言,但亦不得与道相比。道则必在天下大群即社会方面。战国时,齐有稷下先生,招集弟子,自由讲学,不治而议论。所讲即道,不负政治实际责任,仅从旁加以议论批评。是中国人观念,于政与道,高下轻重,其所分别,已显然可见。孟子主讲学明道,其事即退隐亦可。若苟从政,则须行道。遂辞稷下俸不受。荀子则三为稷下先生祭酒,其论政主法后王,宜与孟子意见不合。

秦代博士官,即承齐稷下先生制来,亦尊重社会自由学术思想之一种表现。虽为政府一正式官位,亦不负政府任何实际的行政责任,只备政府作顾问与参议。博士官与稷下先生皆七十人,乃承孔子门人七十弟子来。此亦当时政府俯从社会道统高出政治法统之一证。但当时博士官有反对秦廷之废封建兴郡县,谓其有违历史传统。而秦廷乃坚不主复封建。此乃当时实际政治上一大争议,遂使秦廷不得不废止某些博士官,而焚其书。此则由政府出面来禁止某些讲学自由,而又禁止根据古代来批评现代,成为政府法统转高踞在社会道统之上。此事乃大反中国之传统,遂永为后世人诟病,为秦始皇帝一大罪状。由中国传统观念言,则为秦始皇帝轻蔑上代之道统。由近代国人之新观念言,则谓秦始皇帝之专制。亦复一重道统,一重法统,分别显然。

汉高祖初即位，便下招贤令，谓愿与天下诸贤来共治此国家。政治大原则，不亲亲则尊贤。要之，中国历史传统并无以天子一人来统治全国之一观念，则亦显然。此下乃有贤良对策一制度，求由社会贤良来指导政府，此又与政府君相来统治社会之观念有不同。所谓贤良对策，乃由政府举出几条当前重要的政治问题来向社会贤良请教，谓之策问。贤良们各自发抒自己意见为对策。原文有记载，明白可稽。汉武帝因于当时贤良政策，遂来改革朝廷上的博士官制度。把代表后起百家言的博士尽废了，专由研究古代经典王官学的来任博士，谓之五经博士。但此事并非有意限制学术思想之自由。百家言在社会仍可自由传述，政府博士官则尽用治王官学者来担任。所谓王官学，更在百家言兴起以前之古代。中国政府本多专掌实际政治以外有关学术方面之官吏，如《诗》即掌于学官。《书》与《春秋》即掌于史官。《易》则掌于卜筮之官。《礼》则如天文历法等，更由多官掌握。秦始皇帝罢免博士官，并禁以古非今，则专掌古代王官学之博士，正多遭罢免。如此则不免现实政治凌驾在学术传统之上。汉武帝则又尊重传统学术于现实政治之上。上视秦始皇帝，此一转变，实涵有深义。而近人乃常以秦始皇帝汉武帝并称，此则大失之矣。汉武帝又起用公孙弘为相，公孙弘在东海牧豕，亦由贤良对策出身。中国历史上以一平民为宰相，古代早有其例。秦始皇帝时之李斯，亦即其一。但自公孙弘始，宰相任用之制度乃大变，此下宰相可谓全由士人任之，绝少王亲国戚。此亦由汉武帝始。

西汉因有新的博士官制，遂有国立太学制之创兴，由博士官分科任教。太学行政与课程内容，一任博士自定，政府不加干涉。太学生毕业后，或留中央为郎，或返地方为吏，均有出仕政府之途径。此下中国政府乃成一士人政府，尽由社会上之士来组成。故当时说孔子为汉制法，乃是说汉代之法统即承孔子所提倡之道统来。遇太学中设科教读有争议，亦由太学博士会议公决，政府大臣亦得参加。其时政府大臣实几已全由太学生出身，则此等会议，宜可参加。

如《春秋》本以《穀梁传》为教本。汉宣帝在民间时，曾学《公羊春秋》，及为天子，不能直接命令太学以《公羊传》为教本，遂下诏太学举行会议，终于增加《公羊传》与《穀梁传》同为教本。而民间又有《左氏传》，到王莽时亦经太学会议增为教本。东汉起，又经罢废。惟在民间则《左氏传》仍盛行，直待西晋大臣杜预为作注，《左氏传》仍得列为此下太学之教本。是则《左氏》废于上，而仍盛行于下。其他经籍尚有其例。此见社会学术自由，可以影响政府，较之政府之影响社会，其力或更大。

西汉末，东汉初，太学五经教本既已确定，而社会之自由讲学，私门授徒，创说新经义，则更为发展。学者多不进太学而投向私门，一大师所在，学徒群集，结庐成市，如此情况，几于遍国皆有。东汉末，郑玄乃高蹈两汉经师之冠冕。不应政府征召，称为征君。黄巾作乱，戒不得入其乡。中国传统政治社会之相互关系，以学术为其最重要之一项，而上下之间，孰为主，孰为从，专就两汉论，即已可资阐明。

汉代于征召贤良之外，又征召孝廉。征召贤良，主要在向其请教政治问题。征召孝廉，则为提倡社会风气，乃政府从事对下教化之一端。迄于东汉，孝廉乃更成为选举之主要对象。而社会亦由此兴起了一大变。位居高官，纵廉亦不得无余财，退而居家，敬宗恤族，此亦一孝道。而又得不为一豪户。此下门第之兴，实与提倡孝廉有甚深之关系。而门第乃为此下中国社会一新景象，一新特色。政治乱于上，而社会得安于下。若非有门第，东晋亦无以南渡，南朝亦无以支撑。五胡至于北朝，亦尤以构成一胡汉合作之局面。要之，在魏晋南北朝时期，中国社会力量之贡献，乃远过于政治力量。换言之，中国历史文化大传统，寄存于下层社会，实更大于上层政府。此惟门第之功。故言中国社会，于四民社会一传统名称下，不妨增设门第社会一名称。

佛教东来，影响社会大，影响政府小。政府君相大臣虽亦有信仰佛法者，但政治大传统则大体承袭两汉。惟梁武帝不免以私人信仰，羼混进政治任务中，乃以招致一朝之祸乱。下及唐代，帝王多信佛，但不再蹈梁武之覆辙。政治传统则更能承袭两汉，而不断有改进。尤其是科举制度之推行，使士人政府之组织益臻扩大，而社会门第势力亦渐归衰退。惟在社会上则产生了一大危机，即士传统变形，不免招致道统力量之涣散。此一事，或为向来论史者忽视，而实值郑重提出。

唐代科举重辞章，魏晋以来之一部《文选》，人人朗诵。故曰："文选熟，秀才足。文选烂，秀才半。"然史学已不如两汉。经学训诂考据，义理阐发，须有师传。故科举兴,而太学制度遂衰。求仕者不向太学,转向科举。不务道义,仅夸才能,而士风遂因此而大坏,治道亦由此而不振。求仕者为数远多于入仕者,而社会士之地位乃远不如政府之官僚。师道亦衰。高尚不仕,则为僧侣为道士,老释地位,亦超然于孔子儒家之上。故唐代学业以诗成风。汉唐虽同称盛世,而唐代之诗人,就文化大传统之意义与价值言,其所贡献,远逊于汉代之经生。韩愈力矫其弊,倡为古文,曰:"好古之文,乃好古之道。"又曰:"非两汉三代以上之书不敢读。"又提倡师道,辟佛辟老,而其道终不行。士风颓于下,而政风亦坏于上。五代后,中国终以复兴。此乃中国文化传统之功,非唐人之力。

北宋虽仍守唐代科举制,不加废止,但有从旁矫其弊者。有胡瑗、孙复、范仲淹诸人之书院讲学。甚至中央太学亦模仿胡瑗苏湖讲学制度,并擢胡瑗为太学之长,此又上层政治取法下层社会具体之明证。

此下如周濂溪、张横渠、程明道伊川兄弟,周张二程之讲学,下开元明两代六七百年之理学新风气,其实亦即胡瑗书院讲学之变相。下迄清代中叶,乾嘉以下高唱汉学,以上与宋学为敌,其实仍即是书院讲学之遗风,非有所大变。故若以唐代为科举社会以与门第社会划分,则宋以下,又可称书院社会以与科举社会划分,而其为四民社会之大传统则一。有如明清两代之进士与翰林院制度,其实亦即是民间讲学之变相流传,尤值阐申者。

今再要而言之,中国文化大体,道统必寄存于社会,政治法统则必尊道统。汉武帝之表彰五经,最足发明此义。此下历代帝王乃亦终不敢以道统之继承人自居,读历代帝王诏令可知。此亦中国文化传统一最要精神之表现。惟中国社会信仰，有道统，无宗教。佛法传入，而中国社会乃遭遇一大变。两汉以来道统一尊之精神，由此乃不振。最著者则在师道上。唐代一和尚，可得尊奉为国师。每一僧侣，亦尽得师称。而士人乃循至无师。如是演变，岂不社会之基本已臻摇动。而上层政治自亦无安定之望。其转变之重要性，则首见于士之一阶层。

唐代之士与汉代有大不同，一则汉代之士在门第之前，而唐代之士则在门第之后。汉代之士上承战国诸子，其志在治平道义上。唐代之士则上承门第与佛法。又唐代虽仍有太学，但以科举取士，而以南朝梁代之《文选》为考试标准。故唐代士风，身世穷达，其观念乃又超于治平道义之上。故就汉代经生，与唐代诗人，即可见汉唐社会之变。

社会变，斯政治亦必随而变。道统不振于下，而政治法统渐趋于无所遵循。单靠政治权力，一中央，一帝王，何得以维持一世之治。此即见中国传统文化一大衰败。首识其危机者，为唐中叶之韩愈。然今诵读其集，送别赠新，饮谯酬酢，此乃唐代之士风。碑碣铭志，诔墓荣终，此乃门第之遗习。西汉前有贾谊、董仲舒，后有扬雄、刘向，何尝作此等文字。后人赞愈文起八代之衰，实岂得与西汉相比。至其讨论义理，钻研学术，如《原道》、《师说》之类，则在全集中所占篇幅不多，又焉得与先秦诸子之家言相比。韩愈几乎为唐代惟一杰出之士，而其成绩乃如此，其他又何堪言。宜乎柳宗元不敢以师道自任。读其集，亦多崇扬佛义，少发挥儒道孔孟庄老之精言，较之愈又远逊。李翱随愈而起，其意乃欲会通儒释，但仅见鳞爪，未成体制。宋儒起，于文尊韩，于学崇李。唐代士人之特为后世甘拜下风而不敢仰企者，仍惟李、杜之诗。韩愈、李翱之文，最多亦仅得与李、杜媲美。故唐代乃一科举社会，辞章社会，仅以诗夸。唐诗在中国文化学术史上，亦自有其标格，如是而已。然中国之一切诗词文章之作者，果其于经史子三者无深造，斯其为诗文亦无足观。所谓一为文人，便无足道是也。其实全部《文选》中，亦岂遂无真文学可取，斯则可为知者言，难与俗人道矣。然在中国全部学术史上，集部终不能与经史子三部争胜。今姑以近代之艺术观念言之，下与书家画家媲美，则仍为远胜矣。此亦不可不知。即如清代，先之如王渔洋名擅一世，亦仅为一诗人。后之如郑子尹，诗学超经学之上，然其诗虽可好，终不入学术之林。如古文，明代之归有光崭然露头角，亦不能入学术史。中国学术史上，诗文终是另一格，此亦不可不知。晚清曾国藩分学术为义理、辞章、考据、经济四项，韩愈于义理、考据、经济三项，皆未跻上乘，而得为唐代士人之冠，则唐代之士，亦即此可获定论矣。

故论唐代学术著述，惟佛教天台、禅、华严、惟识四宗，各有超人上品。或译或著，传诵后代，贡献良大。其他惟有关实际政治之记录，如《贞观政要》，尤其如杜佑《通典》，亦值后人重视。但杜佑之史学，不得比司马迁。尤其是经子方面，唐代乃阒焉无人。故唐代在中国学术史上，实仅可称一文学时代，前不如南北朝，后更不如宋。而韩愈则不得不为唐代文学中之第一人，则唐代可称述者，除富强外，人物则可谓渺乎在后矣。其过不在政治，而在社会。苟以个人之表现论，则韩愈、杜甫皆上无千古，下无千古。苟以其处身社会论，则韩愈后之不能比欧阳修，杜甫前之不能比陶潜，唐代人之倾倒于韩、杜，一时影响之活泼幽深大有无堪衡量者，斯则社会关系，所谓生非其时也。

五代终成中国历史上一黑暗时期。北宋欧阳修重倡韩愈古人之道，但为《本论》，不效韩愈之辟佛。谓政教明于上，则佛法自衰于下。而一时巨儒竞兴，昌明师道者，上自胡安定，下有周濂溪。奋起变法者，上自范仲淹，继以王安石。当时社会，乃始有道统与师道之复兴。而言学术思想，则在中国历史上又每以汉宋对比。宋代实为中国历史上之文艺复兴时代，而唐代实乃其衰落时代。所谓复兴，则在社会，不在政府。

有一最值提起者，汉代以周公、孔子并尊，而宋以下则改称孔孟。孔孟代替了周孔，此中寓有绝大之深义。中国文化传统，在古代，每称尧舜禹汤文武，一时之政治领袖，同时亦即为道统所寄，是法统道统乃若混而不分。周公则仅居相位，未为天子。法统所尊，自武王以至于成王。而道统则在周公。其地位不仅在其侄成王之上，亦转若在其兄武王之上。孔子志学周公，不必跃居政治上之最高位置，为天子，为帝王，而亦可行道于天下。故孔门德行之科，用之则行，舍之则藏。非得用而行，即舍而藏可也。孔门四科中之言语、政事、文学，皆有关于用而行。孔子又曰："道之不行，我知之矣。不仕无义。"则孔子在当时，其志在出仕用世可知。而儒学之重仕亦可知。故战国每以孔墨并称。孔子乃特为百家言之创始人。汉代孔子则与周公并尊，乃为王官学之继承人。南北朝隋唐，孔子乃与老聃释迦并尊，如一宗教主，其地位乃超政治领袖帝王之上。唐代孔子为至圣先师，其意义亦在此。

后人或以宋史于《儒林传》外，别出《道学传》为一疑。不知儒者正贵出仕用行。苟社会儒林日盛，地位日高，人数日增，先之如东汉之党锢，次之如魏晋以下之门第，继之如唐代之诗人，不免皆有流弊。更继之如北宋之新儒，在政治上多得重用，而又多有意见，多起纷争。前有庆历，后有熙宁，两度变法，皆无成功。而北宋之国运亦以衰歇。濂溪以下之道学家，则不贵出仕，而其道更能畅行于社会。于是政治地位乃更当在社会之下。但儒义终不成为一出世之宗教，而其地位乃更超于宗教之上。故以中国传统文化言，两汉儒林之外，终不能不有宋以下之道学。道学既非百家言，亦非王官学，又非宗教，其所立志陈义，乃特有其更高之地位。实则其大本大源，则仍师法孔子，并无违离。此实中国传统文化自身内在一发展，而非近代人所谓之开创。此为宋代道学对中国文化大传统一新贡献，其意义价值乃更超于汉代儒林之上。故汉代尊五经，而元明以下乃改尊四书尤超五经之上。此为中国读书人人人所知，而其涵义之广大深远，则实有难以言语尽者。

唐代尊孔子为至圣先师。古代尊帝王为圣，孔门弟子亦尊孔子为圣，而曰："夫子贤于尧舜远矣。"岂不如西方宗教，亦尊其教主于政治领袖之上。惟西方政教分，中国政教合，则中国之尊道统尤在政统之上，岂不中国为师者尤尊于西方一宗教主。惟唐代之尊孔子，其用意则不然。下至宋代，儒学重振，孔子高出于帝王，乃始不与周公并称，而以孟子继之，此诚宋人对中国文化传统一大贡献。不仅远超于唐人，但又不同于战国时代之百家言，亦不同于南北朝隋唐之老聃与释迦，实亦远超于汉人之尊经而上之矣。

元代以蒙古入主，统一全中国，为中国传统政治一大衰落。但社会则依然是中国社会。专以学术思想之自由一点言，不少大儒隐退在野，以讲学传道之大任自负。其有不免仕进者，如许衡，乃终不得预于道学之大传统。但元代统治阶层，亦知尊儒重道，亦承袭唐代之科举制度，则不得不谓是许衡诸人出仕之功。元代又于全国郡县中设书院，长官到任，必先到书院听讲，此犹是尊道统于政统上之遗意。科举考试，一遵朱子《四书集注》，其影响后世，乃可与汉武帝之表彰五经相提并论。此等亦皆许衡诸人出仕之功。故中国社会实际常在政治之上，而学术思想乃于社会中常保其自由，即在异族统治下犹然，亦信而有据矣。

明代起，中国历史上又有两大新形态出现。一则士人多沿袭元代风气，不以仕进为荣。此在中国之道统上论，终不免有缺陷。修身齐家治国平天下，一以贯之。不关心治平大道，终非中国道统之正。此须待东林讲学，始明白求矫其弊。二则明太祖废宰相制，则为中国治统上一大变。有明一代，亦无明白纠其非是者。直待清代黄梨洲《明夷待访录》一书，始力陈其不是。此两大变，亦互为因果。士人既不关心政治，则在法统上，明太祖始有此废相之决定。然而社会自由，则明代法统亦无能加之以禁止。

二二 政治与社会

清代亦以异族入主,其治统一如蒙古元代。而社会自由,则仍沿旧贯。故顾亭林言:"国之兴亡,肉食者谋之。天下兴亡,匹夫有责。"苟非社会有思想学术之自由,试问此匹夫又何得负天下兴亡之责。故中国传统政治,在积极方面之主要原则,为民之所好好之,民之所恶恶之。政治措施,一以民意为依归。在消极方面之主要原则,为对社会自由不加干涉,而学术思想之自由,则尤其主要者。私家讲学之影响,其力量常远超于国立大学之上。其他如门第兴起,如佛教流行,胥由社会培植,不由政府促成。即在经济方面亦复如是。牧民如牧羊,惟视其后者而鞭之。然如西汉盐铁政策,如对民间经济横加干涉,实则仍对民间经济作一开放,防止私家经济之独占,妨害自由经济之发展,此仍为政府对社会经济政策之一种民主精神,与专制独裁风马牛不相及。

近日国人乃谓中国政治自秦以下为帝王专制,而社会则始终为一封建社会。不知西汉五经博士弟子毕业太学,为郎为吏,以组成一士人政府,此即中国民主政治一不成文之宪法。直传至晚清之末而不变。惟帝王一位世袭,而又有宰相制度辅其缺。西方近代民主制度,乃由民间向政府争税额,要求政府每年预算决算必须公开,而民意代表则最先以纳税额高达某一程度为标准。仅在此一项上起争执。较之汉代之贤良对策,其意义价值何堪相提而并论。若谓中国是一专制政府与封建社会,诚属拟不于伦。

西方文化体系中,有法统,无道统。若谓有之,则属宗教。然西方又政教分,神圣罗马帝国仅有一理想,未能实现。直至最近,全欧洲在宗教同一信仰下,可有数十国分立。大学全由宗教创始，与政府不相关。政府创办国民小学，此为社会属于政治，非政治属于社会之一证。故西方政治法统下之所谓民意，最先只在经济财富上。继之以普选，亦仅论多少数。多数即是，少数即非。计较在数量上，不在品质上。则人亦下同一物。马克思之唯物史观，乃可用来解释西方史，不能用来解释中国史。"千人之诺诺，不如一士之谔谔。"故中国民意代表，惟曰贤良，曰博士弟子太学生。如是则中国社会除父母子女亲属之不平等以外，岂不又有知识教育上之不平等。但孟子曰："人皆可以为尧舜"，此则在道统上一属平等，而力求其品质之向上，则仍属人之自由。惟待个人之各自努力，此则为一种独立精神。

故中国人求自由平等独立，主在求道明道传道上努力。而五伦之道，则亦人人平等，而可独立自由以求。在日常生活中之物质拥有上，则又力戒其不平等，故不见有资本社会之产生。孔子曰："贫而乐，富而好礼"，则财货纵有不平等，而每一人之品性行为则仍有其平等。在西方社会中，惟在宗教方面，乃始有自由平等。而宗教信仰，亦趋于组织化。罗马有教廷，有教皇教宗之选举，则宗教亦变成一法统。当年北方新教亦为反抗此法统而起，然新教仍亦不免于法统化。耶教在欧洲社会流传，自当接受其文化大传统之束缚，难以避免。今日西方学校亦全纳入法统之下，全归于组织化，为师为弟子，皆有一定之资格与年龄限制。纵是一极诚之好学者，亦得在规定年龄下毕业。纵是一极高明教授，亦得在规定年龄下退休。中国社会终生以学，终生以教，乃绝无此限制。要之，西方在组织化与法统之下，乃有自由平等。中国人之自由平等，则在道，超乎法统与组织化之上。故惟中国，乃有团体中之个人，同时有个人外之团体。此个人与团体，同属道，非属法。同属形而上，非属形而下。故非经西方人昌言自由平等独立，中国人乃向不郑重言及于此。

先秦九流十家中，惟墨家有巨子组织，近似耶教。然其风不久即息。流者，如水之同向于海。家则必有传，子子孙孙，继继承承，始为成家。司马迁言："藏之名山，传之其人，成一家之言。"惟有传人，乃成家言。然师弟子之传，乃道统，非血统。乃人伦，非自然。而皆出自由，不加组织。孔子为百世师，非由一组织中选举得来。故中国人所谓道统，乃与政治上之法统大不同。道统亦有规矩，而非由法律。不从外面限制，乃从内自向往，自遵守。故既自由，亦平等。

佛法东来，亦无组织。南朝四百八十寺，各自独立，各有自由，其上并无一总组织。初唐禅学盛行，五宗七派，尽属自由分衍，非有组织划定。宗如宗族之宗，即犹古代之家言。派则如水流之歧，即犹战国时代之有九流。孟子言："其人存，则其政举。其人亡，则其政熄。"政必主于人，人必主于道，故政统必遵于道统。又曰："由人宏道，非道宏人"，故道统乃由人心所建立。处于内者为性，值于外者为命，故道即人之性命，而人之性命亦即是道。西方学校如英国之牛津剑桥，可以绵亘五六百年，至今依然，此皆有一组织。中国书院讲学，即如朱晦庵陆象山，皆一代大师，其道则传，其当身讲学之书院，则随其人而熄。所存则是建筑遗迹而已。此由无组织。然道则绝不在组织上。

近代西方民主政治，又必有政党组织。但中国则君子群而不党，传统政治中无党。东汉党锢之狱，实本非党，乃由外面加以党名而锢之。北宋新旧党争，亦本非党，乃如近代人所谓自由意志之对立，亦互加对方以党名，非真结有党。故旧党操政，亦即有洛蜀朔之分，此亦有三派自由意志，非组织有三党。晚明东林党，起于东林书院之讲学。欲加之罪，乃以党名之。小说中有《水浒传》，梁山泊忠义堂一百零八位好汉，宋江为之首，然乃结义，非组党。以替天行道为标帜，则仍自居为道统。结义在五伦中为朋友，有道义，非法律。故自中国文化传统言，可谓有自由无组织，西方则称自由组织，乃凭组织争自由，此亦其一异。故西方之自由，内由组织，加以支持。外有法律，加以制裁。其真得称为自由与否，亦大有商讨之余地矣。

元明清三代，漕运工人中有帮会，俗称江湖，乃以表示其非正常社会之所有。亦以明其在野，与政治无关。此种在野结合，战国时代有侠。或疑侠从墨来，惟墨有巨子组织。团体分散，为谋经济给养，海滨煮盐，深山煮铁，本非一种资本主义。而或与政治法令有违背，受压制。韩非书言："儒以文乱法，侠以武犯禁。"其实儒士发表言论，批评政治，乃一种思想自由。侠者自由结合，自谋生存，其来历或由墨家兼爱主张。皆非政治性，而具有一种道统之意味，流行在社会下层，而似有乱法犯禁之嫌。故战国时，儒侠并称。及西汉后，侠亦失其集团，而仅有以私人称侠者。如梁山泊，则又为集团之侠，不免以打家劫寨为生。至后起漕运工人之帮会，则为劳工集团，自为生活依赖,而有一种侠义之风流传其间,成为一集团。在西方社会中,绝不见有此等集团之出现。即现代西方之劳工结合,亦与中国社会之帮会绝不同。此亦是文化本质不同,无可强求其类似。

中国之帮会,非有政府之高官严法临其上,而帮会中之一规一则,开拓及于数省数千里之广,绵亘达于数十代数百年之久,而遵守奉行者,乃臻数十万,以至数百千万之众。抑且在内有其和,在外不见其有敌。在前有其向往,在旁在后则未见其有所逃避,有所抗拒与攘夺。中国国民性之坚韧与其柔顺,诚有难知难解者。此亦社会道统之一鳞片爪,实继两三千年之风气教育,乃得陶冶成其如此,而在上之政令法统,乃亦莫奈之何。

孙中山先生从事革命,认为中国江湖帮会力量大可运用。但自西化运动起,中国一切旧传统尽遭废弃,即此种帮会亦不禁而自绝。中山先生言,国民党乃是革命党。此亦谓革命可有党,革命完成,宪法建立后,是否仍该有党,则未加明言讨论。三民主义理当赢得全国信从,自不该由一党来专政,反把三民主义的号召力运用得狭了。在中国文化传统上说,三民主义应是一道统,而不应仅成一法统,或仅为一党之党纲。西方政党,只在争法统权力,并无道统观念之存在。中国之政治传统,则凭于道统,而法统观念则仅成次要。

近代国人自由平等独立三口号,亦皆来自西方。其实中国社会上之自由平等已较西方为多,上文已略有申述。独立亦然。伯夷叔齐与武王周公同尊,此即尊其一种独立精神。孔子曰:"伯夷叔齐,古之仁人也。"人当在群体中能独立，但不当外于群体违犯群体以求独立。伯夷叔齐之不同意于武王伐纣，其用心亦在群体，故孔子称之曰仁。能在群体中独立，始为真独立。孟子则尊伯夷为圣之清，即指其能不受外面一切污染，此即一种独立精神。清初有李二曲，居土室中，惟顾亭林来，乃得下土室相见。此种独立不惧，遁世无闷之精神，亦得谓之圣之清，乃可与三千年前之伯夷叔齐后先辉映。李二曲之不屈仕于清廷，近代国人皆知爱敬。但伯夷叔齐反对汤武革命，则近人不易同意。至于此三人，皆无意结合团体，从事反抗革命，而仅作个人表现，此则均不易得今日国人之赞许。可见如何来提倡独立，宜仍由文化传统之商讨，非可一凭西方式样为模范。

在中国历史上，类此三人流芳后世者尚不断有人。即如东汉初年之严光，中期之梁鸿，末年之管宁，此等人物，真是指不胜屈。中国文化传统最重人之品格，而时不同，地不同，位不同，每一人之品格，则必具有一种独立性。其得称为圣之清者，虽不出世，而仍在群中，但实是独立。而其独立，则仍必在道之中，不在道之外。中国社会尊道统，但道必有己，故亦最富独立性。独立人物之在中国社会中，亦最得宽容，最受敬仰。孔子言："过我门不入吾室，而我无憾焉者，其惟乡愿乎。"乡愿仅求群众化，摩登化，无个性，不能独立为人。能知人当各有个性，能独立，则相互间自见为自由平等。今日国人又好言突破，此语亦来自西方。但突破非独立，乃求超出于他人之上，或脱离于他人之外。若果突破了中国社会之旧传统，此下社会至少当为一无传统之社会，较少自由平等独立之社会。若以一意模仿西方为突破，则纵然说是突破了为古社会之奴隶，至少仍当为西方异民族社会之奴隶。又乌得谓突破。

即如孔子，以一平民，平生以师道自任，自由来学者逾七十人。但一旦死，墨子继起，即以非儒反孔创新学派。此下九流十家，相踵继起，人持一说。儒墨虽为显学，亦仅其中之一二。秦始皇帝罢黜经学博士，焚民间经书，又禁以古非今，最为对儒家一重大打击。直至董仲舒贤良对策，始提出尊五经罢百家之主张，而儒术始独尊。然上距孔子之死已数百年。孟子之学本亦立为博士，罢百家遂亦废。直待唐代韩愈辟佛，自比孟子，然距孟子死已近千年。待宋代欧阳修出，韩愈始再见尊，王安石则仅提孟子，然同时司马光，则仍疑孟非孟。再待百年后，朱熹出，孔孟并尊之论始定。在此近两千年内，不断有人自由提出其主张，并不一以孔孟为尊。亦可谓孔孟道统，乃于南宋后始获确立。然朱熹以后，学术界仍是一自由，仍无组织，无会党。所谓道统，仍凭社会人物之自由独立精神，不断继起，不断宣扬，而亦不断有人加之以反对。朱子同时即有陆象山，继起又有明代之王阳明，皆非反孟而反朱。明太祖则又明白想要反孟。直至近代，乃又有批孔反孔之新潮流出现。凡此皆中国社会一种自由独立平等之旧传统之不断表现。果使耶稣生中国，无强大之教会组织，无教廷教皇之坚强支持，即耶稣是否亦能如孔子之见尊，而仍能成为一教主，其事亦仍待讨论。今日国人则谓孔孟道统胥由帝王专制之提倡，典籍尚存，史实明白俱在，何不一加审读。

而尤有其异者，伯夷为圣之清，已与西方社会之所谓独立精神有不同。又如柳下惠为圣之和，乃以"尔为尔，吾为吾，尔焉能浼吾哉"为和。此尤与西方人结党为徒，以举手投票竞获多数以取胜为和者大不同。而伊尹之任，则以尧舜其君尧舜其民为己任，此又与西方为党魁竞选总统，以得代表人民为之公仆为己任者，大不同。要之，文化传统既不同，则社会一切之有意义有价值之所在，尤将见其无往而各有其不同。斯又随处相异，有更仆而难加指数者。

中山先生手创民国，乃亲以正式第一任大总统职位让之袁世凯。不久即洪宪称帝，毁弃此民国新法统于不顾。中山先生退居在野，完成其三民主义之构想。在广州建临时政府，又亲身北上，欲与段祺瑞张作霖言和，而病死于北平之医院中。窥中山先生之意，似欲由其所主张之三民主义成为一新道统，以高出于民国新法统之上。而此新法统之最高位置大总统之职，则中山先生实非有意争取。及对日抗战胜利，制造民国第一部宪法，国人乃竟以美国林肯总统民有民治民享之三口号，来替换了中山先生之民族民权民生，而同亦称之曰三民主义。不久又毛泽东崛起，以承接马恩列史之共产主义，无产阶级专政，来攘夺中华民国之新法统。扰攘斗争，数十年来，迄无一日宁。或尊美，或尊苏，多主以西方传统来替代中国之旧，似已成为中国社会近代一潮流。独中山先生一人，可谓有意承接中国五千年来之旧传统。运用其自由独立之新思想，来求中西双方文化之平等。故中山先生乃一依中国旧传统，以先知先觉自居，勉其信从者为后知后觉，而全国人民则尽归于不知不觉之列。此种意想，惟在中国旧传统中有之。中山先生纵不以孔孟自居，求之中国史，亦当如董仲舒韩愈朱熹诸人之杰出其伦类。孔子曰："后生可畏，焉知来者之不如今。"此下中山先生之影响终将仍待国人后生之自为抉择，而岂中山先生一人之力所能为。今日国人所群相推奉者，曰科学，曰民主，亦皆承袭于西方。民主乃法统，非道统。科学仅为手段，非目的。若谓西方道统在宗教，则又在天上，不在人间。若果谓法统之外仍该有道统，则中国之一尊西方，果将尊其政治为道统，抑将尊其宗教为道统，则岂不仍待我国人之自加论定。今国人又群相提出社会一观念之重要，则中国社会如余此文所述，亦究有深入研讨之价值否？此亦待孔子所谓可畏之后生任其责矣。

二三　群居与独立

中国人好群居，西方人好独立。此又中西双方文化相异一要端。人生不能离群，而西方人乃于群居中好独立。人必有一己，此己即具独立性，而中国人则于独立上好群居。故中国人乃在异中求同，其文化特征乃为一和合性。西方人乃于同中求异，其文化特征乃为一分别性。推此求之，东西双方文化异同率无逃于此矣。

人生自幼至老，本属一体，和合无间，而仍可分为婴孩以至少年及中年老年为三期。年龄有别，而生命无殊。但西方人注重其分别，未成年人即教以独立。婴孩即不与父母同房而卧，待其识字上学，则以童话为教本。及其成年，则教材又别，俨若为另一人生。中国则自婴孩以至成年，同教之以孝悌之道，教材大体相同，无特别所谓之童话，专供幼童阅读。直迄老年，孝悌乃人生大道，当永遵勿失。成年人离家出门服务，遇年长十年左右，即以兄视之。过此则以父辈视之。其在家之子弟心情，依然保存不失，犹如童年。岂非人生一快乐。而就他人言，常若有子弟在旁，岂不亦是一番怡悦与安慰。王道不外乎人情，众所归往，斯即王道，乃为人群相处之大道。故王道非政权，此则首当辨认。

孟子曰："爱人者人恒爱之，敬人者人恒敬之。"孝悌即是爱敬。《中庸》言："天命之谓性，率性之谓道。"人群相处，一如其居家。孝悌爱敬，即本于性。孟子曰："大人者不失其赤子之心。"性不变，斯道亦不变。惟时不同，地不同，所遇对方之人与群亦不同。周公之孝文王与大舜之孝瞽瞍自不同，故道贵随时随地随人而修。修道以为教，教不同而道自同，道不同而性则同。孔子曰："入则孝，出则弟，泛爱众，而亲仁。"此一教不仅可以自幼至老而不变，亦可历千百世而无变。此亦中国传统文化特性之所在。

西方人不言道，而爱言权。道者人所共由，故尚同，而必和。权己所把持，故各别，而必争。道如大路，人人得行。权如天秤，必分两端，众所聚则倾。求其平，则铢两必争。然又不得无变。变又失平，故平权实非治道。此为西方社会之常态，故其乱常多于治。

中国人言天命为性，西方人亦言天赋人权。其实未成年，受父母养护教育，何来有权。中年投入社会，能独立，尚权则必争。即在家庭中亦然。西方人言父权母权，夫妇则必言平等。人各有权而平等，则不见一家之同情，而相处乃必争。年老不能争，又不能独立，乃无地位。入养老院，更复何权可言。故谓儿童如在天堂，中年如入战场，老年如进坟墓。此乃人权社会之实况。今世乃群向此途迈进，诚亦大可怜悯之事。

西方人言人权，主要为对政治。人群有良政，则其群安而可大。有恶政，则群乱而趋亡。中国乃广土众民五千年一大国，其有良好政治可知。中国人论政必重道，曰王道、治道。而西方则政必归于权，故曰神权、王权、民权。神非有权，乃主政者托神之名以张其权。王权则直夸己权，法国路易言"朕即国家"是也。民权最先乃由在下者与政府争税额，于是而有选举权与审议权。权不在全民，而在少数纳高税额之人。然即在少数中，相互间亦不能无争，于是而有法。相传英国某时某地区，仅有一合格选民。逢选举开会，其人登台为主席，宣布开会，又下台为选民，自举名，又作另一选民，举手呼赞成，再登台宣布被选人姓名，又下台举手呼赞成。乃如儿戏。但言民权选举者，乃群传此为佳话。此见西方法治，亦不能无不合情理处。中国人之法，有律复有例，亦皆能求其变通。

国会开议，则必分党以争。若只分两党，则所争尚可有条理，不致纷呶。惟近代只有英美两邦差能接近，其他诸国多党分立，则争益乱，而议不定，权亦无可见。争议以多少数定胜负，论量不论质，以一票之差定是非。则可谓无是非，而是非只定在此一票，其又何以言治。故所谓民权，实亦一无是非之权。人各有权，则皆是而无非。是与是相争，惟有判以力。力不能见，以一票之差来定多少数，则权又何在，力又何在。故民主政治之实际政权，乃仍多操于政治元首一人之手。倘谓政权以宪法为限，则事变之来，宪法岂能一一预为规定，以资应付。近人谓西方民主政治乃法治。政是一活的，权亦是一活的，法则是一死的。岂能以死的法来规定领导活的政与权。西方民主政治之起，实际乃为防乱，非以求治。故富限制性消极性，实非有积极性前进性。故常由社会来推动政治，而非由政治来领导社会。其崇尚多数，亦可谓有当于政治性之大原则。惟西方之多数，实乃个人主义之多数，非大群之多数。此则大堪研讨之事。

若就中国传统言，政必论道，合理则是，不合理则非。中国君主世袭，然为君亦有君道。举国尊君，亦一道。君无道，即不当尊。"闻诛一夫纣矣，未闻弑君也。"其君失道，即为一夫。中国传统论政，重道不重权，亦不重法，其要旨在此。

然齐家治国，其道究不同。大小难易，相差甚巨。惟其基本则皆在人。其最高理想，则在人各有道，不在人各有权。中国乃一广土众民之大国，其中央统一政府之组织甚庞大，管理极繁复。纵使其君掌大权，亦难统治。故求国之治，必须有道。须求人人同行此道。但性情不同，斯行亦不同，以不同性行之人，而能同行此一道，斯始见其道之大。孟子举伊尹伯夷柳下惠为三圣人。伊尹圣之任，乃有志负大群之重任。一官必有一职，百官分职，即各分一任。君亦一职，其次有相，相之职仅次君一位。伊尹在畎亩之中，即以尧舜其君尧舜其民为己志，肯愿担当此大任。其五就桀，五就汤，以及相汤之故事，今不论。太甲为君失君道，伊尹放之桐宫自摄政。及太甲悔过，伊尹又迎太甲重归君位。方其摄政时，乃是代君行道，而非与君争权。且以臣代君，亦无法可据。伊尹之为圣即在此。

其次有周公。天下未定，武王卒，武庚管叔叛于外，成王年幼，周公摄政，兴师东讨，大义灭亲。成王年长，再退居宰辅之职。周公亦如伊尹，亦可谓圣之任者。汉有霍光，为大司马大将军辅政。昌邑王无道，霍光不学无术，或告以伊尹事，乃废昌邑王立宣帝，汉室以安。三国时，刘先主卒于白帝城，临死告其相诸葛亮，少主可辅则辅之，不可辅可自为之。诸葛亮出师北伐，宫中廷中事，皆嘱咐有人，可谓大权独揽。然其告少主，成都有桑八百枝，薄田二百顷，临死不使长分毫。则其鞠躬尽瘁，非争权，非谋利。亦可谓圣之任者。历代尚多有其人。将在外，君命有所不受。内而宰辅，外而将帅，皆可不受君命。君无能，国亦可治。

伯夷圣之清。武王伐纣，伯夷叔齐扣马而谏，独以武王为非。乃不食周粟，饿死首阳之山。孔子称以为古之仁人，孟子推以为圣之清，后世亦同尊伯夷叔齐之为人。群道大，不能风吹草偃一面倒。孔子谓："韶尽美尽善，武尽美未尽善。"则王位继承，惟尧舜禅让为尽美尽善，汤武革命终仍有憾。光武中兴，其同学严光，独垂钓富春江上。光武访得之，严光卒辞归不受禄。则亦犹伯夷之清矣。宋之范仲淹，自为秀才时，即以天下为己任。乃亦推崇严光，曰："先生之风，山高水长。"则有任不害其有清，乃亦有出仕在朝，直言极谏，如汉武时有汲黯，唐太宗时有魏徵，骨鲠之臣，何朝无之，此实亦伯夷叔齐之流亚也。

柳下惠圣之和，三仕三已，无喜愠。其仕必尽职，故能三起。其仕亦必直道，故亦三已。不务求进，亦不务求退，故称其和。秦汉大一统以后，如柳下惠之和者，其人则更多。政府当为一国人才荟萃之所，而人之才性各不同，大略分之，当不出此三型。孔子称殷有三仁，微子去之，似伯夷。比干谏而死，似伊尹。箕子为之奴，则似柳下惠。惟伊尹伯夷易受人注意，柳下惠则易为人忽略。战国秦师东侵，戒勿近柳下惠墓，则柳下惠之深受后世崇敬，乃至声名远播全中国，亦可知。中国文化传统，重在教人如何做一人。或仕或隐，同有其道。为任为清为和，才性各不同，而其大道则同。同此人，同此道，乃能合群而为政，此是中国人论政论道一大原则。

孔子圣之时。人性表现有不同，而孔子则为集大成之圣。随时随地而发，乃若兼此三型，变动不居。孔子深许颜渊，乃曰："用之则行，舍之则藏，唯我与尔有是夫。"孔子又论人性为狂狷中行三类。伊尹之任为狂，伯夷之清为狷，惟孔子乃得谓之是中道。柳下惠则仅得谓之和，不得谓之中道。孔子之中道，兼存伊尹伯夷之两型。而柳下惠之和则于伊尹伯夷两型外，自成一型。惟孔子乃会合伊尹伯夷柳下惠三型而为一。其存于中者至广大至精微，故得发而时中。三子之存于中者与孔子异，故其发于外者乃亦不免时有异。

中国人做人，非不重独立。伯夷伊尹柳下惠则为独立人格之三型，孔子则为三型以上更高之一型。孔子最恶乡愿，与世浮沉，随俗流转，生斯世，为斯世也善，则无独立人格可言。孔子三十而立，此即已臻于人格之独立。独立不惧，遁世无闷，则近伯夷。孔子曰："我非斯人之与而谁与。"是独立又必贵能处群，群居而又不能独立，则为乡愿。即以居家论，为子必独立成为一子，有其独立之人格。大舜周公皆然。惟为子者之独立人格其主要则在孝，为幼者之独立人格其主要则在弟。居官为臣，亦有其独立人格，其主要则在忠。伊尹之任即其忠。清与和虽非忠其君，但亦忠其群。忠孝皆人群同居之大道。人之独立，亦必独立在此群，非可独立于此群之外。群而无独，斯不成群。独而无群，又何以成其独。中国人之讲人群大道，主要在此。此即人之心人之性人之情，而乌有所谓人之权。为子者无权以强其父，为臣者无权以强其君。即为父为君亦然。父无权以强其子之孝，君无权以强其臣之忠。斯必自反，为父则止于慈，为君则止于仁，如是而止。故每一人必有其各自独立之道，斯即人群同居之大道。不仅有任，亦可有清有和，而孔子则尤能会合此三者而变通运用之，但依然不失孔子之独立人格。若谓人必有权，则惟父慈子孝君仁臣忠，乃及任清和时四种品格，乃始得为人之权。其权则在能自独立而不与人争，而岂今人之所谓权。

今国人竞尚西化，不言人道，竞言人权。不言治道，竞言政权。于是言政治则必曰君权无上，帝皇专制。则秦汉以下两千年来之中国，除历朝帝王外，乃无一人有独立人格可言。惟陈胜吴广黄巢李自成张献忠庶或有之。此岂有当于情实。

再言社会，中西亦不同。中国既未成为一资本自由之社会，亦非农奴社会封建社会。中国自有其特殊之一套。国人求西化则可，亦无权强五千年来之古人全归西化。以往之旧历史，与今国人所向往之新文化，自可不同。今人则谓只是西方人先走了一步，中国人迟走了一步，故中国只如西方之中古时期。一切以西方历史来解释中国之固有。但如印度，如阿拉伯，亦各有其一套，又岂得尽以西方历史作解释作评判。

今日国人竞尚西化，但又或转言尊孔。孔子固当尊，但孔子乃集任清和之大成，而为圣之时，则尊孔亦当尊伊尹伯夷柳下惠。又当尊孔子以下能任能清能和之历代人物。今日国人竞言独立，竞言人权，则能任能清能和，亦各是一种独立人权，岂能一笔抹杀。果能各从其性之所近，学得任清和三型中之一型，而各具一独立人格，岂不于政治社会各有益处。岂必尽求西化乃谓学孔子之时乎。

西方人言独立，言人权，凡事必出于争，乃以法防制争。故西方言民权，同时必言法治。但法治乃以防制少数，民权则必崇尚多数。但如孔子、墨翟、庄周、伊尹、伯夷、柳下惠皆具独立人格，皆属少数。西方民权政治，必结党竞选，上述中国此等人恐难当选。在议会中，此等人有提案亦恐难得多数通过。故在西方历史中，求如孔子、墨翟、庄周、伊尹、伯夷、柳下惠一类之人物，乃亦难得。孔子言"群而不党"。不结党，则又何从于崇尚多数人权之社会中，获得其出头之机会。惟墨翟主有党，但在中国，墨家至秦代即始衰。清末群尚西化，乃又提及墨家。此又史例之至显然者。今国人亦同尚多数，则中国古人仍惟墨翟一人可宗，孔子、庄周、伊尹、伯夷、柳下惠，将全不可提。此又今日极具体一问题，值得吾国人之研讨。

西方主结党，共产主义亦有党。意大利罗马教廷所在，耶教之党最所盛行，而共产主义亦流布甚广。故自第二次世界大战以来，三十多年，而意大利之政府改组，已过五十次。即在英、法、德、美之邦，亦不能禁止共产信仰之流行，只防其成为多数而止。西方社会昌言人权，乃不得不然。中国则尚少数，孔子如天之不可阶而升，伊尹伯夷不论，柳下惠之和亦无党，亦少数，而仍见尊。故中国人重尚独立，而不言权，不言党。西方人言独立，又言党。无党则独立而无权，故主张独立，又主张结党，亦大可诧异之一端。惟中国无党而有群。有党则其群不能大。中西双方至少亦互有得失。今日国人一意西化，尚群乎，尚党乎，于此宜当深思。仅知结党，终非善为合群之道。故人道合群为首，结党必居其次，亦至易明白一事理。国人其试思之。

二四　群与孤

人生有群与孤之两面，不能偏无，但亦不能无偏向。为求平衡，于是尚群居者转重孤，尚孤往者转重群。姑举农业社会与工商社会，或乡下人与城里人为例说之。

农业社会以乡下人为主，工商社会以城里人为主。似乎乡下人常见为孤，而城里人必群居聚处。其实不然。农村人都以家庭为本，又安土重迁，生于斯，长于斯，老于斯。死而葬于斯。又有宗族乡党，户宅与坟墓相毗连。不仅与生人为群，亦复与死人为群。故农业社会实是一群居社会，而城市工商社会则不然。

工业人各操一艺，如梓匠轮舆，皆封闭在各自之工作场所，可以互不相关。农业人，同此田野，同此耕耘。在双方心理上，农业是和合的，群而不孤。工业则是分散的，孤而不群。商人更甚。各是一店铺，同卖一种货品，如药材等，可以一条街尽是药材铺，而相互孤立，有竞争，非合作，不成为一群。

工商人亦各有家，但与农业家庭不同。农业家庭乃成一工作单位，日出而作，日入而息。春耕夏耘，秋收冬藏。举家人随其工作之变异而内心有合一之感。故农民心理，个人与家庭，工作与生活，常若成为一体，不加分别。工人则不然，主要工作在于一人，凭其一人之工作养其家，家人不易参预此工作。其工作又是朝夕不异，寒暑如一。故在工人心理上，每视己之与家，工作之与生活，若可各别而为二。庄子言："大马之捶钩者，年八十矣，而不失毫芒，大马曰：子巧与，有道与。曰：臣有守也。臣之年二十而好捶钩，于物无视也，非钩无察也。"故工人之用心常孤。轮扁之告桓公曰："臣斫轮徐，则甘而不固。疾则苦而不入。不徐不疾，得之于手而应于心，口不能言。臣不能以喻之子，臣之子亦不能受之于臣。是以行年七十而老斫轮。"然则虽父子传业，其工作之甘苦则不能传。捶钩之与斫轮，年达七十八十，其家可以有孙曾，然所操工艺，则存其一心，不得与家人共喻，故其心则常孤。古人以家业世世相传为畴人。然农与工传业不同。《国语》云："人与人相畴，家与家相畴。"《后汉书》云："农服先畴之畎亩。"农尚辛劳，不尚技巧。苟有技巧，亦与人同之。且农业必通于天时地利，而成其和。不如工之较可自外于其他万物，而专一以成其技巧。故虽同称畴人，而《演繁露》必曰："畴人者，筹人也，以算数名之。"此见农之传业与工之传业有不同。在农人每见其业之可以相通而为群，而业工者则每感其为分别而成孤。

抑且庄子所言业工者之技巧，乃就农业时代之工业言。迄于近世工商社会之工业，转以机器为主，一工厂麇集数百千工人，不啻为一机器之奴。纵言工作八小时，晨往晚返，在其工作时间，转苦无所用其心，而其心之孤可想。逮其归，乃始见为有生活，故生活与工作更见隔绝。而工作外之生活，若惟剩有消遣与娱乐。家庭又未必为其消遣与娱乐之最佳场所。于是歌厅舞场剧院餐室，乃至电影院与电视机，专供其消遣娱乐者，其中之意义价值，乃转若在其家人之上。

业商者则更甚，虽曰贸易通有无，必投入群中以为业。然往往离家去乡，独出孤往。重利轻别，久而不归。故商人心理，尤易抱孤独感。人生常求平衡，习于群居生活者，一旦离群孤处，其心易生异样感觉，故中国诗人好咏孤况。孤寂虽若有不惯，而孤清之生活亦觉可喜。抑且其人生既偏重于群的一面，故能孤立孤往，孤独超群，每易见为可贵。而心情之孤，实因其人之能不忘其群而然。盖习于群居之人生，虽处孤境，其心犹常有群。而偏向于孤的一面之人生，其身虽处群境，其心亦犹不忘其为孤。

农业文化与工商文化，在物质生活上，其相异处易见，而在其精神心理方面之相异，则非善观人生者不能知。徒见工商城市人好群，农村乡里人好孤，此皆皮肤之见。于双方内心深处藏于隐微，则窥见不易。此乃文化相异处，即亲身生活其中者，亦难自知，更何论于他人之了解。

西方工商社会，好言自由恋爱，一若视此为人生主要一事项。其文学作品，亦多以此为主题。实因男女双方，自始即都抱一种孤立感。双方既各自孤立，其结合为夫妇，进入共同生活，宜必先有一番恋爱之情，庶使两心结为一心，然此两心之孤立则始终存在。故自由离婚，亦为顺理成章之事。甚有认结婚即为恋爱之坟墓者。夫妇如此，则家庭之结合，其内情亦可想。在其物质生活上，固有一团结。但在精神生活上，未必与之相称。故西方工商社会，则必尚小家庭。老年分居，成为必然之常事。中国以农业文化为传统，首尚家庭团居，年老不离其家。为父母必尚慈，为子女必尚孝。兄弟姐妹相处又尚弟。一家人相互间以一心相处。孝弟之道即仁道，即是人与人相处之道，而以家庭为其出发点。孔子曰："为仁由己。"仁道贵于由一己做起。父母之慈，子女之孝，皆贵于双方之各自分别遵循。其修行固在己，其对象则在己以外之他人即属群。故中国人自婴孩幼小，即在此种群居心情中培育长大。与人相处，极少孤立感。人与人无甚深之隔别。男大当婚，女大当嫁，此若人间一例行事。父母之命，媒妁之言，皆为我谋，不为剥夺我自由。夫妇结合，乃是一种群居生活之开始，惟求和好。相亲相爱，事属当然。故恋爱之主要在婚后，不在婚前。但夫妇在相爱中又须相敬如宾，常保留有对方之地位，此乃在群之中求别，在合之中求分，求孤与群之平衡。不如西方人自幼至老，皆重个人自由。婚姻必先恋爱，则在别之中求群，在分之中求合。双方人生目标，本无大异，而途径有不同。此非深透双方人文心理，则不易有了解。

西方人因在孤的心情中生活，故自外面观之，若其甚爱群。如日常健康运动，中国人往往属个人的，如八段锦太极拳之类。西方人则爱群体运动，乃成为竞技性，则参加运动者，仍在群体中发挥其孤独感。尤其是参加竞技者尚属少数，围而观者，则每在万人数万人以上。外面看是大群体，其实仍是个别娱乐。中国旧俗，此等现象较少见。中国人主要在从群中求有孤，西方人主要在从孤中求有群。双方之心理出发点不同，斯其表显在外之一切事象亦不同。农业文化与工商文化之实质相异，当从其内心求之。若仅从物质生活经济条件作外面观察，则自难中其肯綮，得其症结之所在也。

即就宗教言，西方耶教信仰，本属个别的，各由每一人之内心直接上通于上帝与耶稣。其在同一教堂，同作礼拜，同唱赞美诗，同为祈祷，正亦是从孤中求有群。西方社会每星期必有此一共同仪式，乃为西方孤立人生一莫大之调剂。及至近代，科学与宗教，显相对立，然终不能偏废。中国人亦信天，并信祖宗。于天之下，共同存此人类，成为一体。于祖宗之下，共同存此宗族，亦共同成为一体。孔子曰："人而不仁如礼何，人而不仁如乐何。"在礼乐之共同仪式下，尤贵保留有各别之心情。此则为从群中求有孤之一例，与耶教心情，显有不同。

人生所内蕴之心情，每于文学中流露宣达，中西双方人生不同，亦可于其文学中寻取。西方文学重戏剧与小说，莫不以人事为主，但非个人的。分立的个人，不易成一本戏剧与一本小说。中国文学则重诗歌，诗歌所咏，常属个人，不属群众。常属个人之内在心情，而非外在之人事。在中国诗歌中，又常爱咏一孤字。其仅咏心情境界，而不明落一孤字者姑不论，专就其明白拈出一孤字者，在古今诗人中，几乎触目皆是，随手可得。此下试略加申释。

如张衡赋，"何孤行之茕茕兮"？陶潜辞，"怀良辰以孤往"。又诗曰："中宵尚孤征"。又陈子昂诗："日暮且孤征"。杜甫诗："片云天共远，永夜月同孤"。又曰："骨肉满眼身羁孤"。又谢绛诗："夜永影常孤"。又苏舜钦诗："江湖信美矣，心迹益更孤"。陆游诗："灯孤伴独吟"。又曰："僵卧空山梦亦孤"。元好问诗："雪屋灯青客枕孤"。此等诗句，皆明著一孤字。但读者当知诗人之心情，正为常有其家人或更大之乡里亲族之一群，乃至于一国之与天下，存在其胸怀中。所以以孤为咏，正以咏其离群之独。则咏孤正所以咏群。心情之孤，正从其群居生活中来。商人重利轻离别，只身孤羁，在其心中，不觉有孤，此自不见于吟咏。其远行探胜，结队旅行，江湖信美，正足怡情悦性，亦不感有孤。其一意从事于艺术学业工作者，永夜一灯，正是其工作之好时光，其心中亦不存有孤独感。

正为人生求平衡，中国文化传统重群居生活，故于自然现象中偶值景物之孤，往往别有会心，特加欣赏。《书经》已称峄阳孤桐。如陶潜诗，"万物各有托，孤零独无依。"谢灵运诗，"乱流正趋绝，孤屿媚中川。"此皆传诵千古之名诗句。又如柳贯诗："千峰不尽夕阳孤"，庾信诗："石路一松孤"。元好问诗："霜松映鹤孤"。杨万里诗："夕阳雅照一塔孤"。《水经注》："独秀孤峙"。何以中国诗人于自然景物中，独爱此一孤。一则人生遇孤独，此等景物，可以相慰，元稹诗所谓"我与云心两共孤"是也。此正见爱孤之内心乃由爱群而来。二则为仁由己，人生大道，正贵从孤往独行之士率先倡导。老子云："六亲不和有孝慈，国家昏乱有忠臣",此为菲薄忠孝而发。但教孝,本求群道之和。教忠,本求群道之治。而忠孝诸德,亦必先期于人类中之少数。故尊孤亦即为善群。

《晋书》:"挺峻节而孤标"。《旧唐书》:"尘外孤标"。沈约赋:"贞操与日月俱悬,孤芳随山壑共远。"柳宗元诗:"孤赏向日暮"。孟郊诗:"孤怀吐明月"。陈与义诗:"先生孤唱发阳春"。韦应物诗:"孤抱莹玄冰"。欧阳修诗:"倏然发孤咏"。陈傅良诗:"忽然一长啸,孤响起空寂"。凡此之孤,皆须人立意追求。岑参诗:"来寻野寺孤"。苏轼诗:"中休得小庵,孤绝寄云表。"陆游诗:"偶来徙倚小亭孤"。此等小亭小庵野寺之孤,亦成为中国画家之绝好题材。中国诗人皆爱取孤处入诗,陆铿诗:"天际晚帆孤"。孟浩然诗:"开轩琴月孤"。僧皎然诗,"清影片云孤"。司空图诗:"人影塔前孤"。苏轼诗:"茅檐出没晨烟孤"。此等诗句,岂不皆可入画。昧者不察,乃谓中国诗人画家,其心无群。王昌龄诗:"谁知孤隐情"。张九龄诗:"孤兴与谁悉"。《齐书·薛侃传》:"欷园琴之孤弄"。李群玉诗:"雅操入孤琴"。张羽诗:"岁寒谁可语,莫逆有孤琴。"白玉蟾词:"何处笛,一声孤。"群中不能无孤,而孤者终不见谅于群。孔子已勉之,曰:"德不孤,必有邻。"至于其孤而至极,孔子亦曰:"知我者其天乎!"可见此孤中乃寓甚深境界。梅尧臣诗:"共结峰峦势不孤"。苏轼诗:"道人有道山不孤"。文天祥诗:"本是白鸥随浩荡,野田漂泊不为孤。"此皆极咏其不孤,然亦正以弥见其心情之孤处。

近代国人,竞慕西化,既主追随潮流,又主个人自由。然个人亦当有不追随潮流之自由。又自新文化运动以来，群认旧文学为已死之文学。不知中国旧文学与其艺术，其间莫不有中国文化传统中甚深的人生理想，与其亲切之体会与实践。今只群认西方文学戏剧小说中有人生，然此乃从外面叙述，又都限在人事圈子之小范围以内。而中国诗人与画家之所咏所绘，则直抒其心坎所得，从人生内部叙述。又其所得，不仅限于人事上亲切之经验，并亦旷观宇宙自然之大，天地品物之繁稠，兴感涵咏，陶情冶性，而达于人生之广大隐微处。今顾不认其与人生有关涉，否则鄙之为封建人生与贵族人生，譬之以冢中之枯骨。则如本文所举，人生心情孤处，岂亦尽限于封建时代之贵族，乃始有之。今既尽力提倡个人自由，又宁可只向群处，只向社会物质人生方面去斗争攘夺，却不了解人生别有此内心孤处，如中国诗人之所咏，孤高孤独，孤吹孤唱，孤韵孤标，孤超孤出，孤论孤赏，苟非尊重个人自由，何来有此等吟叹。生斯世也，为斯世也善，斯可矣，此之谓乡愿。孔子曰："过我门而不入我室，我无憾焉者，其惟乡愿乎！"乐意追随潮流，此固不得不谓其亦属个人之自由。然孔孟儒家所重，别有狂狷之士，慕为绝群殊群拔群出群越群迈群高飞不逐群者，此亦同一种个人之自由。舍己从人，惟变是尚，固是自由。然国有道不变塞，国无道至死不变，宁得谓其独非有一己之自由意志者之所能？近代西方，政界争选举，工商界争罢工，必结党合群而争，所争者乃谓是个人自由。然个人之在党，其自由亦当有限。遁世无闷，独立不惧，如伯夷之清，不食周粟，饿死首阳山，此亦一种个人自由。韩昌黎《伯夷颂》

有云：

> 士之特立独行，适于义而已，不顾人之是非，皆豪杰之士，信道笃而自知明者也。一家非之，力行而不惑者寡矣。一国非之，力行而不惑者，盖天下一人而已矣。若至于举世非之，力行而不惑者，则千百年乃一人而已耳。若伯夷者，穷天地亘万世而不顾者也。

此亦可谓其表扬个人自由之心情之达于极致。中国人因尚群居人生，故必言仁。但在群居人生中必贵有孤立精神，故言仁又必兼及义。孔子许伯夷以仁，昌黎颂伯夷以义。既不能有不仁之义，亦不能有无义之仁，个人自由与群居为生，乃可相得而益彰，故中国人又贵能和而不流，中立而不倚。此中立二字大可参。所谓中者，实本于每一人内心之孤，和则是群道之公。尊群而蔑孤，斯将有仁而无义，群道亦将丧。元好问诗："端本一己失，孤唱谁当从。"此一孤，正即每一人之心，乃群道之大本大源所在。苟非深有会于中国传统文化之精义，亦无可以浅见薄论作阐说矣。

西方十八世纪有名小说《鲁滨逊漂流记》，已成为近代西方三百年来一部家喻户晓之文学名著。在西方之评论家有谓：此一书，乃为每一个人之生活写照。每一人都是命定要过孤独生活的。鲁滨逊漂流荒岛，正是人类生活普遍经验之一种戏剧化。此正足证明本篇上文所述，西方人生之偏于孤而疏于群。亦同样可以证明西方文学之偏于人事而较缺于内心之认识。但就东方人观念读此书，鲁滨逊亦并非真能营为孤立生活者。鲁滨逊之流落荒岛，随身尚携带有铁钉长钉、大螺旋起重机、大剪刀、斧、枪、玉蜀黍和米种，以及其他物品。此诸物品，论其来历，有在其当身，并有数百千万年以上之相传。苟非其随身有此诸物品，此下在荒岛之生活，必然和本书所述，有绝大之相异。如是言之，鲁滨逊实非能由其个人单独营生，乃是其倚仗于其当身及其以前数百千万年人类生活之共业，以完成其在荒岛之一段生活者。故中国人言人生，必首重一仁字，人不赖群，更何从营其生。然如《鲁滨逊漂流记》所描述，则只描述其个人之如何奋斗努力，却不见在其内心流露怀念群居为生之情感，此则东西双方文化相异，生活性情相异一重要之证明。今我国人，几乎群认中国前代人生已死去，惟当一意追求西方人生，以为吾侪之新人生，斯诚不知其立论根据之何在。

又鲁滨逊之流落荒岛，已廿七岁。在其先廿七年中，实已接受了人类群居为生之不少训练与经验。果使鲁滨逊在十七岁或七岁时流落此荒岛，更不知将何以为生。鲁滨逊在荒岛过了廿八年，逮其回到人群中，已快近六十。人生最重要之一段生活，恰在荒岛上度过。是不啻谓重要人生过程，乃如鲁滨逊之在荒岛。苏东坡诗："万人如海一身藏"。就东方人之人生经验与人生理想言，即在京华宦海中，人事错杂，果其人自身有修养，仍能保留其一份孤独心情之存在，仍不失其个人内心之自由。此乃中西双方文化人生理想上大异不同之所在。至于如伯夷之采薇首阳，亦属单独营生，与鲁滨逊之漂流荒岛，实无甚大之不同。惟鲁滨逊乃遇不得已，而仅恃个人活力，自谋生存。在伯夷则岂不可已而不已，彼孤独之心情中，别自有一番为人类大群之怀抱。此双方之故事流传与文学想象，各自有其寄托与深义。为求了解双方文化人生之内情者所当兼取并观。终不宜仅取一面，而摈弃其另一面于不顾不议之列也。

二五　中国家庭与民族文化

家庭是中国文化中最重要的一部分。文化有其历史传统，而其精神则可随时有变。今日国人喜新厌旧，只想推翻旧的，创建新的，此亦可说是一种时代精神。本篇主要在陈述历史上的旧家庭状况，至于此下如何开创新家庭，发扬新理想，来符合此时代精神之所要求，则并不拟及。

文化乃人生之整全体。各民族人生不同，斯即文化不同。家庭乃当前举世所共有，但各民族间亦各有别。中国人讲人生，注重伦理，不重个人主义，不独立，不平等，不自由。人生乃由人与人相配搭，相联结，相互成伦，而始融成此群体，此之谓人伦。

中国人伦有五，夫妇、父子、兄弟、君臣、朋友。前三伦属家庭，君臣一伦属政治，朋友一伦属社会。可见中国文化体系中家庭之重要性。

夫妇为人伦之始。动物有雌雄，但不必有配偶。犬早与人为友，但无配偶。鸡普通受人畜养。老子曰："鸡鸣犬吠之声相闻"。陶潜诗："犬吠深巷中，鸡鸣桑树颠"，可证鸡犬与人生之亲切。鸡亦有雌雄，无配偶。禽中有鸽，虽不如鸡犬之日常与人相处，但亦易相近。鸽有配偶，成双成对，永不分离，亦不再有第三者介入。

中国人认此等雌雄相处为性，鸡犬鸽皆有性，皆本于自然。惟人为万物之灵，人性能观察，能比较，能选择，能学习。孔子曰："性相近，习相远。"人有男女，但人不愿效法狗鸡，愿以鸽为榜样，为标准，为模范。《诗》三百首，首《关雎》，为古代人类结婚典礼时所歌唱，可证中国古人认为人之男女婚配结为夫妇，其事即效法于鸽。至少夫妇一伦，乃向鸽学习，故诗人咏之如此。

《中庸》云："天命之谓性，率性之谓道，修道之谓教。"各率性即为道。人则修明此道，从中有一番比较挑选，择善固执，则须教。道属自然，属天。教属文化，属人。人中有天，人学鸽，即学鸽之天。最先少数人学，《关雎》诗中所谓之君子与淑女。再由少数人教多数人，成礼成俗，此即是中国人之所谓天人合一与天人之际。少数人始能尽性知天，大雅流俗之别亦在此。中国文化渊源，非宗教，非科学，又非哲学，乃是性情。如鸽成双成对，易见易知，易效易习，天道乃成为人之常识，亦即宗教，即科学，即哲学。学于鸽，便成为人伦之首夫妇之道之规范。惟其责则在大雅君子，不在流俗小人。

由夫妇之道推广出君臣之道。《战国策》："忠臣不事二主，烈女不事二夫。"屈原《离骚》，亦以男女来比君臣。有夫妇始有家，有君臣始有国。修身齐家治国平天下，其道一以贯之。夫妇亦属人性，男女非结为夫妇，即违失了人性。只是人性经习，遂有夫妇。中国人性命天人之学，非西方之哲学亦非科学，非宗教，只是一种日常人生普通常识实践之学。中国古代文学，即表达了中国古代之人生。《诗》言比兴，人比鸽，而兴起了夫妇之道，比兴亦中国文化进展一极值研考之途径。

人生复杂，夫妇百年偕老，只是一标准，一规范。中国古代，夫再娶，妇再嫁，亦常事。但夫妇一伦，《关雎》以下，绵亘三千年。岁月愈久，情感愈笃，可歌可泣之事，文学史籍，愈后愈盛，难于缕述。姑举柯凤荪《新元史·列女传》一例。宋季程鹏举被俘于兴元张万户家为奴，张以所获一宦家女妻之。婚三日，女劝程逃，程疑之，诉于张。张箠女。越三日，女复劝程，程又诉之，张命程出妻。临别以一绣鞋易程一履而去。程亦悟，遂逃亡。为后元人陕西参政，事隔逾三十年，不复娶，遣使访得其妻，遂重为夫妇。此事始见于陶宗仪之《辍耕录》，明初修《元史》，陶书未出，此事遂未录入。柯氏为《新元史》，始加补入。近代编为平剧，名《韩玉娘》，又名《生死恨》，至今演唱不衰。程鹏举当金元晦盲之际，沦落虏区为奴，婚配非父母命，亦非媒妁言，更非自由恋爱。三日而离，隔三十年，男不娶，女不嫁，隆情伟节，实超寻常。在春秋时，晋公子重耳出奔，谓其妻季隗曰："待我二十五年而后嫁。"其妻对曰："我二十五年矣，又如是，则就木焉，请待。"重耳在齐，桓公妻之，其妻齐姜杀侍婢劝之行。时隔近二千年，以一不知姓名之女子，乃兼春秋时季隗齐姜两女之美德。至程鹏举夫德胜重耳，更不论。岂不以同为中国人，同具此一番性情，同在中国传统文化人伦名教熏陶之下，故得有此表出。今国人则必诟之曰封建思想，斥之曰礼教吃人，不得与西方之自由恋爱相比拟。男女各得独立自由，夫妇成为一暂时之名色，一若惟此乃当于人道。理论思想变，实际生活亦遂而变，但人之性情则终难骤变。余观平剧《韩玉娘》之演出，座中常有声泪俱下者。又如王宝钏寒窑十八年，此出说部，事属虚构。然余游西安，乃有一寒窑游览区，余曾往品茗小坐。此故事在伦敦演出，英人亦轰动。倘《韩玉娘》亦能在欧美上演，宜必受欣赏可知。然则中国社会夫妇一伦，纵今世慕西化已突变，思古幽情恐仍难免。

有夫妇然后有父子。有中国式之夫妇，乃可有中国式之父子。而中国人教孝，尤为中国传统文化一特色。自宗教言，人类各从上帝降生，耶稣告听众，谁为吾母，谁为吾姊，年老之女皆吾母，年长之女皆吾姊。耶教中有圣母，乃后起事。佛教则谓人生由作业轮回，欲超苦海，先离父母妻室出家修行。西方科学生物学，人类由其他生物进化来。中国人独守常识，谓父母生我，父母不啻是我天。故《蓼莪》之诗曰："哀哀父母，生我劬劳。"又曰："哀哀父母，生我劳瘁。"又曰："父兮生我，母兮鞠我。拊我畜我，长我育我，顾我复我，出入腹我。欲报之德，昊天罔极。"唐人诗亦谓："谁言寸草心，报得三春晖。"我之生命从父母来，此乃人生常识，故曰天下无不是的父母。我之生命从父母来，父母对我哪有不是，中国教孝大端在此。《诗》又曰："母也天只。"论我之生，则母更重于父。禽兽不知父，但亦必知其母，而孝道终少见。乌反哺，诗人称之曰孝乌，但亦仅有之事。西方宗教科学哲学，所讲皆宇宙人生大道理，父母生我，转若小节，置之不讲。中国人三千年来，乃只在此小节上讲究孝道。今国人讥我民族庸劣落后，宗教科学与哲学岂如此般简单。中国人之人伦大道，宜乎不为今日国人所重。民初新文化运动，亦必非孝，义即在此。

中国人伦有夫妇父子，乃有家。《诗疏》有曰："家，承世之辞。"承世谓其世代相承。若仅夫妇为家，则是暂时的。子女之家，即非父母之家。此乃不承世之家，即非世代相传之家。中国如孔子家，自孔子迄今，已传七十余代。若自孔子上溯，其先为宋大夫宋君，更先为商代。自商汤以前，更可上溯。故孔子一家，已相承逾百世，可谓全世界独有之一家。

中国有家谱，即是家史，所以详其家世。除孔子一家外，历久相传一二千年之家尚多。故中国人称父祖称子孙，若无祖孙，则上无承，下无传，非中国人所想象之家。故中国人说，不孝有三，无后为大。于是有家必有族，乃成中国之民族国族。中华民族绵亘五千年，乃为全世界特出稀有之一民族，其要端即在此。

今日国人喜言独立自由平等，但中国夫妇一伦，即有大不平等处。何以夫妇成婚，必妻到夫家，不夫到妻家，此即可算是一大不平等。但天地单付女方以生育重任，则先已不平等。《左传疏》："妻谓夫曰家。"《桃夭》之诗曰："之子于归，宜其家人。"此家人乃指夫家言，妻去夫家乃言归。故为妇又为媳。明是妻从夫，故又曰："夫者妻之天。"又《仪礼·丧服传》："女子有三从之德。在家从父母，出嫁从夫，夫死从子。"女性既主三从，乃若无独立之人格。此乃中国社会以能承袭世传为主，认为此乃人生一大理想，于是女性乃若有此委屈。中国人又以夫妇比天地。《易大传》："天尊地卑,乾坤定矣。"天地乾坤,平等中有不平等,故有尊卑。若必求男女平等,则即就今日西方言,在此亦尚有甚远距离。惟西方婚后即成一小家庭,夫妻各自脱离其原有之家,故其父母与子女间,只有上半世关系,下半世即日疏日远。其视中国孝道,至少已截去了下半截。故个人主义与人伦主义大不同。

但若真从个人主义言,何以男女交媾必成为婚姻,如此岂不双方仍有不平等不自由不独立处。是则男女之道,以西方观念,与其学于鸽,不如学于狗。狗亦非无可取,有忠犬义犬,只无夫妇一项关系而已。谭嗣同《仁学》,主张废中国五伦中之四伦,而独存朋友一伦,亦即此义。其实朋友一伦,仍亦有不平等不自由不独立处。如夫妇为朋友,又何以生育子女之责必由女性任之。故真讲个人主义,则必无伦可言。真讲独立自由平等,则必无群可言。必重财富与法治,然财与法究能使此人群常相继承否,国人贤者,主张西化,曷不一申论之。

余曾认识一美国青年,交往甚稔。其父母乃一中产家庭,开设一油漆厂。培植其子毕业大学,即勉其独立。其子乃在一教会任职。有祖父拥产数百万以上,一人独居,已逾二十年,雇一女管家兼看护。余谓此青年,君今亟于谋生,他日当可分得祖父遗产。彼谓祖父遗产,即其父母亦不存怀,据常情推测,大半当由女管家承受。余又问,数十年前中国人,常举美国为例,劝人迟婚。今中国一般婚姻较美国为迟。君今年尚壮,为何亟亟谋婚事。彼谓不成婚,返家仍是一儿子。婚后返家,乃为一宾客。余未成婚,父母邀我假期回家,又不能急求离去。若成婚,自有家，遇假期，不必定回父母家。回父母家，亦可自定居住日期，父母不再相强。此乃美国家庭。祖孙三代，各成一家，各自独立自由平等。今日我国家庭正向此迈进。然其间仍有不同处。中国父母尚多守慈道，节衣缩食，罄其所有，为子女谋求学业上进。国内大学毕业，犹供留学费用，待得外国最高博士学位始止。又兼负子女之婚嫁费。

父母过于慈，乃益形子女之不孝。子女备受父母照顾，易见其此下之忘恩负义。抑且为子女时，已心存自由平等，对父母不加尊敬。而为父母者，几乎即以宾客待子女。子女自少受家庭娇宠，一旦出至社会，心转不满。幼年即视父母如平人，壮年入社会，岂所遇皆得如在家之父母。益感人生独立自由平等之重要。苟若在家知道尊敬父母，一旦出至社会，所遇全不如父母般之尊严，乃知己已成人，心中自感一大舒坦。亦知个人入人群，所需于独立自由平等者亦有限。此是人生幼年期家庭中一番大教育。今日父母不教孝，已无春秋时代所谓之义方，此实是父母之不慈。此下子女长成有知，亦不感激其父母往年对己之娇宠。余居华盛顿，见参众两院议员之子在街派报。在芝加哥一牛肉馆，见大学女生暑假来此服务。又一友告我，彼曾住一旅馆，隔室一老妇，旅馆主乃其亲生女，但此老妇亦得付房租。可知西方人重视全人生之独立自由平等，非专为钱财，实亦尊重对方之人格。故西方家庭无老无幼，各以独立为主。自由乃在其独立可能范围中求之，此之谓平等。

中国子女在学费零用外，尚多需求，不知独立平等，惟争自由。父母遗产，分所应得。赡养丧葬，则其自由。

余曾游星马，社会资产多由华侨掌握。华侨初至，襆被不完，艰苦创业。二世宏业，三世守业，四世以下业即多败，故华侨从商，鲜有门第可言。古人言："黄金满籯，不如贻子一经。"经学传家，必待其子女之自努力。财富传家，则易传不易守。富家子与创业人有辨。今日中国家庭，半新半旧，不中不西。既非个人主义，亦难创造出资本主义之社会。果一意慕效西方，似乎首当改造中国之家庭。首当教其子女尽早独立，争自由于家庭之外，不当纵其享自由于家庭之内。能独立，能刻苦，始能创业。坐拥遗产，即不啻削弱其创业之才能。富家可有穷父母，当亦可有穷子女，乃始为平等。中国人言诗礼传家，孝弟传家。今则竞尚兴业，但不宜专尚财富传家。西方人虽重财富，而财富不为害，因其重个人之独立故。中国人重性情，亦可弥补其不重财富之缺，乃有中国世代相传之家庭。两者间亦各有得失。未可谓重财富者皆是，重性情者皆非。至于性情财富，如何两相全，兼相济，此须有智慧安排。新旧相杂，中西各半，恐终无善后之策。

中国家庭中又有兄弟一伦，此实已越出小家庭之外，而杂乎家庭社会之间。《论语》："弟子入则孝，出则弟。"入则在家庭，出则在社会。孟子："徐行后长者。"亦指出在社会言。在家不必有兄长。惟在家知孝，出门自知以幼辈自居，自有弟道当行。《齐语》："不慈孝于父母，不弟长于乡里。"《墨子·非命》篇亦言之。中国旧俗，长我十年，即当以礼事之。故曰："老吾老以及人之老，幼吾幼以及人之幼。"推家庭以至于社会，遂使社会相处，亦各不独立，不平等，不自由，而自有一套秩序。

长幼即其著者，故曰："有事弟子服其劳，有酒食，先生馔。"此纵非即是孝，但亦人道所有。中国人对师长称先生，学生自称弟子，此亦友道。友道亦即从孝道来，故弟子之事师，亦等如其事父母。

孔门创心丧三年之礼。今日则无长幼，无先后，人人平等。小孩进幼稚园，其师即称之曰小朋友。及其回家，心感地位骤降，宜再难以孝道告之。今日中国人亦尚言尊师，其实已绝非中国古道之尊师。人人平等，尊又何在。故西方人处家庭，即犹其处社会。中国人处社会，即犹其处家庭。西方人言独立自由平等，乃由其处社会言。中国人言孝友睦姻任恤，乃由其处家庭言。中西两方人生不同，文化不同，要端在此。

今日国人每言封建家庭，父权家庭，此亦依社会立场言。又竞言民主法治，此亦社会立场。西方家庭，则仅是社会中夫妇共同生活之一暂时组合。中国家庭，既不民主，又非法治，乃在社会中自有一套千古相传之法度。故以西方观念绳东方，则中国人生活将无一而可。今日国人又好言大同社会。然中国古人言大同，亦从家庭生活为其立脚之起点。故《礼运》言："人不独亲其亲，不独子其子。使老有所终，壮有所用，幼有所长。矜寡孤独废疾者，皆有所养。男有分，女有归。"一切皆就家庭言，其重要性乃在性情道义上，不在财富权利上。今人仅知有独立自由平等，仅知有个人之财富权利，无亲子老幼观，亦不许有男女分别。此恐与中国古人所想象中之大同社会，已远异其趣。若必从个人主义财富权利上求大同，则西方之共产主义或转近之。要之，中西人生不同，文化相异，终不可以无辨。

今日国人竞言新文化。既主新文化,宜亦主张新家庭,于是有新夫妇,新父子。乃今国人又尚言孝道,其所谓孝,宜亦是一种新孝。惟父子一伦乃对称的,既有新孝,宜亦当有新慈。更要是在夫妇一伦。夫妇变,则父子自变。而夫妇父子,自中国文化旧传统言,乃特为五伦之主。夫妇绝不当独立,父子绝不当平等,而亦遂无自由可言。今既主新夫妇新父子,宜亦有新伦理。但破旧易,开新难。求破中国三千年人伦旧统,其事恐亦不易。开辟新道义,新途径,其事恐更难,非咄嗟可冀。当待新圣人出。而今日国人又主张平等,互不相尊,新圣人恐难出现。本文仅阐旧统,于此亦不敢深言,希读者谅之。

二六　中国文化中之五伦

人伦二字，始见于《孟子》，曰："圣人，人伦之至也。"《荀子》亦曰："圣也者，尽伦者也。"伦有理字义。人之相处，其间必有一些分别，次序等第，谓之伦理。故人伦即指人相处之道与义。尽伦者，即尽其分别次序等第间之道与义，故人伦即人事，即人与人相处之道。

人之处群，必有其配偶搭档，以相与共成其道义。伦字又有匹配义，有相伍为耦义。五伦亦始见于《孟子》，曰："父子有亲，君臣有义，夫妇有别，长幼有序，朋友有信。"《中庸》亦言："天下之达道五，君臣、父子、夫妇、昆弟、朋友之交。"两书所举相似，而以《孟子》为尤允。一则，人生必先有父子，有前后辈相续，始有人道可言。禽兽各自独立，父子不为伍，则群道终不立。故就人文进化顺序言，必先有父子，乃始有君臣，而《中庸》以君臣一伦占父子之前，此显不如《孟子》之允。二则，人有独生，无兄弟姐妹，则昆弟一伦不遍赅，《孟子》举长幼，兄弟亦已在内，此亦较《中庸》为允。

亦有以夫妇一伦为人道之最先者，《易·序卦传》：

"有天地然后有万物,有万物然后有男女,有男女然后有夫妇,有夫妇然后有父子,有父子然后有君臣,有君臣然后有上下,有上下然后礼义有所措。"《中庸》亦曰:"君子之道,造端乎夫妇。及其至也,察乎天地。"此等皆后起儒家说,着重于阴阳观,故特举夫妇一伦为首。又曰:"有上下然后礼义有所措",立言更为失当。儒道乃以礼义定上下,非为有上下始有礼义。

其次当辨者,乃在人群相处之道之内而有此五伦,非于人群相处之道之外而别有此五伦。简言之,五伦在人道中,但亦不能谓五伦即已尽了人道。人之处群有其道,其在群中必有最相亲接,最相合作之人,相互成双成对,各为耦伍以处群。而如何处此耦伍尽其道,其关系为更大。故五伦各有对方,应各尽各职以合成一道。孔子言:"君君臣臣,父父子子",是即谓君有君道,臣有臣道,君臣之间,贵乎各尽其道。而孟子则合言之曰:"君臣有义。"父子之间,亦贵双方各尽其道,而孟子则合言之曰:"父子有亲。"凡孟子所举有亲有义有别有序有信,此五者,皆是人类大群相处中所应有,惟特别在此五伦中,比较最易显出。如朋友有信,非谓处其他四伦可以无信。亦非谓处朋友一伦只要有信,而可以不亲不义无别无序。可见所谓五伦,乃就人类大群相处中,抽出此五项要端来设为五伦。又就每一伦指出一共同相处之主要标准,以教人对于对方之各能善尽其道。而在此目标下,每一伦之双方,又分别各有其应尽之道。如父子一伦,贵在能有亲,而父母一方曰慈,子女一方曰孝,在此双方之尽慈尽孝中而相互合成此一亲。其他四伦皆然。

人之处群，必先无逃乎此五伦之外。人对此五伦，各有其应尽之道。推而远之，扩而大之，此处五伦之道，亦即是处大群之道。而此诸分别，实亦非分别，应知其背后有一大根本，实和合为一道。宋儒称此曰"理一分殊"。人之处群，贵各就自己分上，各就五伦所处，而会通到达于此理，又贵能会通和合于此五伦以外之其他一切人事而共成为一理。中国文化重实践，贵能从各自之切己实践中，透悟出人生大道之会通合一处。不在多言，而言之亦转有不尽。孔子曰："吾道一以贯之。"讲五伦亦当知其一贯处，更当知五伦之道与一切人道之一贯处。

先言父子一伦。孔子曰："父父子子。"可见父有父道，子有子道，双方对立平等，相互成为一伦。《大学》曰："为人子，止于孝。为人父，止于慈。"孝与慈乃父子相互间所合成的一番相亲之情。此一种相亲之情，中国儒家奉以为人类相处最主要之基本大道。人若不相亲，何能相处。以不相亲者相处，徒增苦痛，终不能久。父子之间，正好能培养此一种相亲之情，乃可从家庭推广到国与天下，使天下人各能相处相亲，此为人类理想最终极的一最高希望。人在家庭中，父母子女各能相亲相处，此为人生理想最初最基本最起码的要求。

叶公问孔子，吾党有直躬者，其父攘羊而子证之。孔子曰："父为子隐，子为父隐，直在其中矣。"父子有相亲之情，父攘羊而子隐之，即便是直道。若子证父罪，反违于道。道有曲直，曲处亦有道，非尽在直处。人之相处，固专是人与人，或个人与大群，而其间尚有种种差异，当分别各尽其道。中国人特设五伦之道之意义即在此。

孟子曰："责善，朋友之道，父子责善，贼恩之大者。"又曰："古者易子而教之。父子之间不责善，责善则离，离则不祥莫大焉。"推此义，父子之间不论善恶，善亦吾父，恶亦吾父。人情亦即是天理。瞽瞍之恶，终为舜父。舜为天子，瞽瞍则为天子之父，不闻为舜臣。尧子丹朱，舜子商均，皆不肖。尧舜不传以天子之位，但不闻不认其为子。故父子乃天伦，定于天，非人所能变。

或问孟子：舜为天子，皋陶为士，瞽瞍杀人，如之何。孟子曰："执之而已。"然则舜如之何？曰："舜视弃天下，犹弃敝屣。窃负而逃，遵海滨而处，䜣然乐而忘天下。"皋陶为臣，君臣之伦，臣止于敬。舜命皋陶为士执法，皋陶惟有敬守其职，有犯杀人则执之，不问其他。舜则处父子之伦，瞽瞍虽犯杀人之罪，舜不忍见父之死而不救。然在君臣一伦中，舜又不当禁皋陶之执法。乃惟有自违法，自犯罪，窃父而逃。见父攘羊而隐不为证，其罪小。因父杀人而窃之以逃，其罪大。抑且舜为天子，弃天下于不顾，其罪更大。然而天下后世，皆曰舜之孝，更尊之曰至孝。杀人者死乃王法，父子天伦，而王法可以不顾。然则父犯杀人之罪，为子者皆可越狱行窃，负父而逃否？是又不然。舜为天子，若瞽瞍果置于法，是不啻由舜置之法，而又不能为父而毁天下之法，则惟有弃位而逃。若在凡人，父死于法，则哭泣收葬，哀祭尽礼，如是则已。此是天理王法人情，三者兼顾，而人情实又为天理王法之本。违情之法不可立，反情之理不当守，培养人情，则由父子一伦始。

中国后人言，天下无不是底父母，其实此语乃从上引孟子语中来。父母尽可有不是，但就为子女者之心情言，父母始终是父母，不能因其行为有不是而不认其为父母。但亦不闻人言天下无不是底子女。则父子一伦，其间自有尊卑分别。又中国传统，教孝重于教慈。此孔孟以前已然。大率言之，慈可以有一限度，即此便算是慈。但孝则没有一限度，不能说即此便算孝。又且不慈可恕，而不孝则不可恕。老子曰："六亲不和有孝子"，正要在家庭种种不合理逆境中完成此一分孝。后世只闻称崇舜，却不闻责怪瞽瞍。只说闵子骞孝行，却不说其父母不是。此中亦有道理。兹试姑加推究。

其一，慈属自然先起，孝则人文后续。父母护育婴孩，至少要经三年之劳。此下童年，仍需父母抚养，此即是父母之慈。若赤婴初生，即弃之田野。孩提之岁，即逐之门外，此始是父母之不慈，而人道亦将绝。故即就三年之免于怀抱言，此已是父母之慈。慈属天生，亦须经人文陶冶。而中国人则特别提倡孝道，遂成为中国文化一特征。

其二，父母养育子女，待其成年，仔肩已尽。其自身则转入晚境，精力局衰，不应续盼其对子女有更多之努力。但子女成年后，则如雏燕离巢，羽翼丰满，高飞远走，天地方宽。若不以孝道相敦劝，恐兴风木之叹，徒增蓼莪之痛。故慈是人生自然现象，孝则必待人文教育培植。

其三，人自幼年迄于成立，此一段时期，乃属人生之预备时期。最当就此时期教以孝道。有子曰："孝弟也者，其为仁之本与。"仁为人生大道，人在幼年期，在家虽孝，在其能力上，尚未能独立为人。但在其心情上，则熏沐于人生大道中，实已与为圣为贤，同一本色，同一践履。中国人提倡孝道,乃使人在其幼年期无力为人时,而早已在人生大道上迈步向前。他年成立,即可与其幼年时同一道路前进。此为中国人教孝一甚深渊旨。少成若天性,习惯如自然。何况人在少年时本有此天性,易成此习惯。只因幼年未经训练,此后踏入功利复杂之社会,反使失其最良善最宝贵之天性。是父母不教子女以孝,正是父母之大不慈。古人曰:"爱子,教之以义方。"孝正是义方之大者。

其四,孔子曰:"弟子入则孝,出则弟,谨而信,泛爱众而亲仁。行有余力,则以学文。"孔门以博文约礼为教,然博文之教,非尽人所能享得此机会。在为子弟时,无机缘从师受学者实众。而且博文仍必归于约礼,如孝弟,如谨信,如爱如亲,此皆约礼之大者。而为子弟者皆可受此教训。故约礼是小学,博文是大学,而约礼又是大学之最终归宿。其人虽未有进受大学之机会,但其为子弟时,于为人大训,已彻始彻终受过,此为孔门最高教育宗旨与理想所在,而教孝则其最先最高之第一项。

故中国人提倡孝道,乃是根据人类心性而设施的一项特殊教育,其主要目标,注重在为人子女者之心性,并不是专对父母而有孝。故曰:"孝,德之本,教之所由生。"人类教育由此开始,人类德性由此建立。故曰:"老吾老以及人之老,幼吾幼以及人之幼。"人类如何善处其前一代与后一代,如何使人类能超越其年代间隔,而绳绳继继,在其心情上能脱去小我躯体之自私束缚,而投入大群人生中,不为功利计较,而一归于性情要求。父子一伦,教慈教孝,是此种教育之最先开始与最后归宿。并不在养成人类对家庭之自私，而实为养成人类群体大公无我之美德。

孝之反面为不孝。若使人幼年在家做一孝子，将来处身社会，亦易成一善人一仁人。若使其人幼年在家即是一不孝子，将来处身社会，亦难成一善人仁人。中国人最认为惟有不孝不善不仁之人，其贻害社会特大。故五刑之属三千，而罪莫大于不孝。务使人自幼即不为不孝，以根绝其将来不善不仁之滋蔓，故教孝为人道莫大之先务。

其次说到君臣。父子在家庭，君臣在政府，各为一伦，亦当双方对等，各尽自己一方之义务。故孔子曰："君君臣臣，父父子子。"君有对臣之义，臣有对君之义。《大学》曰："为人君，止于仁。为人臣，止于敬。"君凭高位，臣居下位，君臣职位有尊卑。故为君者，必知善待其臣。不论其臣为状若何，而为君者则必先以仁心待之。

抑且君权位高，职责重。季康子问政于孔子，孔子对曰："政者正也。子帅以正，孰敢不正。"然则为臣下者之不正，乃为之君上者不帅以正之罪。人能反躬自责，此亦仁心之一端。季康子患盗，问于孔子。孔子对曰："苟子之不欲，虽赏之不窃。"是则为下多盗，其罪亦在上。季康子又问于孔子，曰："如杀无道以就有道，何如。"孔子对曰："子为政，焉用杀。君子之德风，小人之德草，草尚之风必偃。"不责风吹，却责草偃，事岂得理。

孔子之论臣则曰："以道事君，不可则止。"又曰："勿欺也，而犯之。"定公问君使臣臣事君如之何。孔子曰："君使臣以礼，臣事君以忠。"孟子言之尤显豁。有曰："欲为君，尽君道。欲为臣，尽臣道。二者皆法尧舜而已。不以舜之所以事尧事君，不敬其君者也。不以尧之所以治民治民，贼其民者也。道二，仁与不仁而已。暴其民甚，则身弑国亡。不甚，则身危国削。"又曰："将大有为之君，必有所不召之臣。"其告齐宣王曰："君之视臣如手足，则臣视君如腹心。君之视臣如犬马，则臣视君如国人。君之视臣如土芥，则臣视君如寇仇。"又齐宣王问卿，孟子对曰："有贵戚之卿，有异姓之卿。君有大过则谏，反复之而不听则易位，此贵戚之卿也。君有过则谏，反复之而不听，则去。此异姓之卿。"齐宣王又问，汤放桀，武王伐纣，臣弑其君可乎？曰："闻诛一夫纣矣，未闻弑君也。"

孔孟论君臣一伦大义，率具如是。然中国自秦汉以下，君臣体位有一大变。秦前为封建，秦后为郡县，一君巍巍在上，全国受其统治。万民偻偻在下，无不受统于一君。君尊臣卑之势，远甚于孔孟时代，遂使后人论君臣一伦，每严于臣而恕于君，乃特提一忠字，与孝并言。忠臣孝子，乃若并悬为中国人做人两大标格，此已与孔孟言父子君臣两伦异。

抑且孝专对父母双亲言，从不移作别用。忠字则为对人之通德，不专为君而有忠。《论语》云："为人谋而不忠乎？"《楚辞》："交不忠兮。"是凡人相交皆当忠。又当忠于职责。故吏以爱民为忠。临患不忘国，公家之利，知无不为皆为忠。又君亦当忠，故曰："上思利民，忠也。"则人人当孝，亦人人当忠，中国人每以忠孝并言，又以仁孝忠义并言。教孝所以育仁，教忠所以全义。离了仁义，亦无忠孝可言。不仁不义，其孝是私孝，其忠是愚忠，皆是小忠小孝。小孝妨仁，小忠妨义，皆要不得。故此君臣父子二伦,皆当从仁义大本源上来践行忠孝,不当在忠孝小范围里来阻塞仁义。

晏婴不死齐庄公,曰:"君为社稷死则死之。"然亦伏尸哭之成礼而去。义只如此,不死不便是不忠。庞籍为相,以公忠便国家为事。只忠于一姓一家者,非公忠。蒙古入主,及其亡,中国人亦有为之殉者,后世并不以忠许之。清之亡,亦有以遗民自处者,更为人所不齿。此皆所谓妾妇之道,不得以忠论。孟子又曰:"天下有道,以道殉身。天下无道,以身殉道。未闻以道殉乎人者也。"凡言殉节殉忠,皆当知殉人殉道之辨。殉道可尊,殉人可卑。以强力迫人作殉者,更可恶。

从另一方面言,中国士大夫,都带有一种反政府的传统气息。举其著者,西汉末,大家起来拥护王莽受禅。东汉有党锢之狱,魏晋以下,迄于隋唐,门第高过了王室。北宋诸儒鉴于唐末藩镇及五代十国之纷乱,最提倡尊君,但范仲淹、王安石皆得君信任,主持变法,而遭受举朝之反对。其间是非且不论,要之,反范反王,未必皆小人,而为臣者不闻专以唯阿为忠。北宋程伊川,南宋朱晦庵,皆遭伪学之禁。明代东林,亦标榜清议反朝政。其明揭贬君非君之论者,前有朱晦翁,后有黄梨洲。孔子曰:"不仕无义",但后世极尊高蹈不仕一流。至于犯颜直谏,守正不阿之臣,散见史册,更难历数。此等皆能在君臣一伦中,发挥制衡作用。故中国自秦以后,虽为一中央政府大一统的国家,历时两千年,而君权始终有一节限,不得成为专制。其误国召乱者,每为昏庸之君,而暴君较少见。儒家君臣以义之主张,至少已呈显了其极大之绩效。

次言夫妇一伦。《戴记》孔子告鲁哀公，"夫妇别，父子亲，君臣义。"孟子亦言"夫妇有别"。夫妇生则同室，死则同穴。人生中最相亲者无过于夫妇。此所谓别，乃指夫妇与夫妇间必有别，亦泛指男女有别。严其别所以全其亲。古礼叔嫂授受不亲。嫂是兄妻，叔纵未娶，亦当有别。中国人最重性情，其文化体系，亦一本性情而建立。夫妇之有爱，尤为人类性情之最真挚者，然必为之立礼别，亦如筑堤设防，使水流畅顺，而勿致于泛滥。若只言自由恋爱，则亦可自由仳离。以父母之命媒妁之言定婚配，未必全是怨偶。仅凭男女双方自由恋爱，亦未必全成佳偶。白首偕老，亦何如中途分张。中国夫妇一伦，骤视若过重礼别，其实际意义，乃为夫妇双方感情求保障。

抑且五伦在其相互间，必求和通会合，不贵独立乖张。夫妇父子两伦，尤为密切，首当情礼兼顾。春秋时，鲁敬姜哭其夫穆伯，仅昼哭。哭其子文伯，则昼夜哭。孔子以为知礼。后人说之曰："哭夫以礼，哭子以情。"夫妇易偏于情，故贵节之以礼。父子易偏于礼，故贵亲之以情。其间若有偏轻偏重，乃亦各有斟酌。《戴礼·郊特牲》有曰："男女有别，然后父子亲。父子亲，然后义生。无别无义，禽兽之道。"此数语阐释父子夫妇两伦相关，极为深切明白。不严男女之别，则夫妇一伦终不安。夫妇不安，则父子不亲。人道至于无相亲之意，则义于何立。理智之计较，功利之衡量，法制规律之束缚，皆不能导人于义。中国古人言："发乎情，止乎礼义。"当知一切礼义皆必发乎情，而情之发则必止于礼义。夫妇一伦，主要正在此。《中庸》曰："君子之道，造端乎夫妇。"亦与《郊特牲》数语相发。

中国古代,有出妻之俗,其起源当甚古。孔门亦有出妻,《礼疏》有七出之文,亦不知所始。七出者,一不顺父母,二无子,三淫,四妒,五恶疾,六多言,七窃盗。论其大义,主要乃为顾全家庭,然亦多有不合情理者。如公仪休见其家织好布而出妻,汉王阳为其妇取东家树上枣而去妇,此皆过甚其事,未可为训。又如《孔雀东南飞》所咏,传为旷世悲剧。要之当时出妻之风必颇盛,故频见于歌诗。如曹丕曹植王粲各为《出妇赋》,可见其事为世人同所怜悯。然亦有妻自求去者。如晏婴御者妻,从门窥其夫为晏子御,意气扬,乃求去。朱买臣妻为其夫卖樵带读,亦求去。可见双方各有互求离散之自由。下至北宋,范仲淹王介甫家,亦尚出妇。而南宋诗人陆放翁之赋《钗头凤》,亦为后世传咏。惟出妻之风,似乎愈后则愈少见。程伊川有言,"今世俗乃以出妻为丑行,遂不敢为。"可见出妻一俗,为人心所不许,舆论所共讥,故乃递衰。妻自求去,亦随之少见。此亦中国社会尚情忠厚之一证。

七出之外又有三不去。一、有所取,无所归。二、与更三年之丧。三、前贫贱,后富贵。出妻必令其可再嫁。故每有以对姑呴等微罪为辞。使出妻已无家可归,则何论再嫁,此一不出。出妻主要为不顺父母,与更三年之丧,此二不出。糟糠之妻不下堂,昔日贫贱所取,今为富贵,则三不出。此三不出,固非有人出此主张,立此条文,强人如此。亦由社会舆情,得所慕效,积渐蔚成风气。惟有此三不去,则七出之条可施行之范围已大大削减。又于七出中无子恶疾两条,认为非本人所欲,不关人事不当出。故七出为后世律法所许者,仅得其五。要之,中国社会于夫妇一伦,重其偕老之意则自见。

又夫死再嫁,此亦自古通俗。如晋公子重耳自狄去齐,谓其妻曰:"待我二十五年而后嫁。"其妻曰:"二十五年,吾冢上柏大矣,当待子。"狄非礼义之邦,夫别不归,自可再嫁,故重耳请其待我,而狄妻允待终身,此已开后世妇女守节之风。亦出真情,非关强制。

《列女传》:鲁陶婴,少寡,以纺绩养幼孤。或欲求之。婴作歌曰:"悲黄鹄之早寡兮,七年不双。宛颈独宿兮,不与众同。飞鸟尚然兮,况于贞良。"闻者遂不敢复求。是以一乡妇而守节。又秋胡久别,归途戏妻,其妻拒之。归家见夫,乃即途上戏之者,遂投河而死。傅玄《秋胡诗》:"彼夫既不淑,此妇亦太刚。"妇积年矢志自守,夫归,乃戏途中之女,则无怪妇之怨愤。此则由守节而成烈行,事出至情。傅玄虽讥其太刚,要自获后人敬仰,至今传述不辍。

三国时,曹爽从弟文叔早死无子,其妻夏侯令女,恐家必嫁己,乃断发,又截两耳。曹爽被杀,一门尽灭,夏侯家上书与曹氏绝婚,强女归。女以刀断鼻,血流满被。或谓之曰:"人生世间,如轻尘栖弱草,何辛苦乃尔。"女曰:"仁者不以盛衰改节,义者不以存亡易心。曹氏衰亡,何忍弃之。"事闻于曹爽政敌司马懿,听使乞子养为曹氏后。此事可歌可泣,后人读此事状,岂能不增感动。此皆事出至情,岂理智议论所能强,亦岂理智议论所当贬。

《战国策》有言:"忠臣不事二君,烈女不嫁二夫。"

《戴礼》亦曰："壹与之齐，终身不改。"然古人虽有此言，在社会上对于夫死再嫁，终是认为当然，断未有为寡妇守节作硬性之规定。下至宋代，范仲淹母改嫁朱氏，仲淹随母姓朱。后始回宗。程伊川言："取孀妇，是取失节者配身，即己失节。"或问居孀贫穷无托，可再嫁否，曰："饿死事小，失节事大。"中国历史上如孟母欧母岳母，以寡妇抚养孤儿，终为历史文化中大人物，此类不胜缕举。若寡妇不守节，如孟子欧岳此等人物，失于培育，此诚不得不谓是大事。然如范仲淹读书山寺，断齑画粥，其贫穷可想。其母若非改嫁，恐母子均不获存全。仲淹亦宋代一大伟人，果使早年饿死，亦非小事。后仲淹既贵，创立义庄，使宗族孤寡者皆得养，既少饿死之逼迫，而社会守节之风，乃更为普遍。

《明史·列女传》谓，妇人之行，不出于闺门。《诗》载《关雎》《葛覃》《桃夭》《芣苢》，皆处常履顺，贞静和平。其变者，《行露》《柏舟》一二见而已。刘向传列女，不存一操。范氏宗之。亦采才行高秀，非独贵节烈。魏隋而降，史家乃多取患难颠沛杀身殉义之事。国制所褒，志乘所录，里巷所称道，流俗所震骇，而文人墨客，借以发其伟丽激越跌宕可喜之思，故传尤远而事尤著。然至性所存，伦常所系，正气之不至于沦澌，而斯人之所以异于禽兽，载笔者宜莫敢忽。明兴，著为规条，巡方督学岁上其事，大者赐祠祀，次亦树坊表。僻壤下户之女，乃能以贞白自砥。其著于实录及郡邑志者，不下万余人。岂非声教所被，廉耻分明，故名节重而蹈义勇欤。

清代承续此风。直至最近七八十年来，俗尚始大变。

夫妇一伦变，则父子一伦亦必随而变。中国文化，以家庭为重要一单位，家庭制度破坏，文化传统亦必随之。如何善阐性情，复兴礼教，通其变而不失其宗，则有待于后起。

今试再言长幼或兄弟。《论语》曰："弟子入则孝，出则弟"，孟子亦言："长幼有序"。所谓弟子亦不专指家庭。《中庸》始改言兄弟，后世多沿《中庸》，以兄弟为五伦之一。儒家言五伦，本由人伦大道中分别浓缩而来。亦当由此五伦会通融解而化成为人伦之大道。即就长幼与兄弟言，兄弟即长幼之浓缩，长幼即兄弟之融解。有其分别，亦有其会通。

五伦中父子兄弟，同属天伦。兄弟异体同气，皆属父母之遗传。故既知孝父母，则自知兄友弟恭。中国古书每兼言孝友。如《诗》"张仲孝友"，后如《晋书》有《孝友传》。善事父母为孝，善于兄弟曰友，兄弟一伦，宜可包在父母一伦中。惟五伦各有分别，夫妇一伦既主有别，叔嫂尚不亲授受，则兄弟之亲自有限隔。后汉许武，与两弟分财，曰："礼有分异之义，家有别居之道。"此为父母之后事。西汉初，陆贾有五男，出所使越得橐中装卖千金分之，子二百金，令各生产。石奋有四子，父子官皆至二千石，一门孝谨。虽齐鲁诸儒质行，皆自以为不及。此两家，一为小家庭型，一为大家庭型。然后世自以小家庭为常。

南北朝时，门第方盛，然亦率为小家庭制。南朝宋周殷有曰："今士大夫父母在，而兄弟异居，计十家而七。庶人父子殊产，八家而五。"又北魏裴植，虽奉母赡弟，而各别资财，同居异爨，一门数灶。史称其染江南之俗。盖北方胡汉杂处，形势所逼，故多大家族同居。南方无此压迫，故尚小家庭。至于"共甑分炊饭，同铛各煮鱼"之诮，此或贫寒下户有之。唐宋以下，父母在而别籍异财，皆有禁。则见小家庭制已蔓衍流行。若如陆贾、石奋，有四子五子，异财同居，此亦各有得失。若仅一子无兄弟，而父子殊产，则诚不可。唐张公艺九世同居，高宗问其本末，书百忍字以对。居家如此，转成苦事。明浦江郑氏累世同居几三百年，其对太祖问，曰："惟不听妇人言。"则于夫妇一伦，似亦未能全顾。在中国社会，特称此等曰义门，乃因其少有而称之。非是以小家庭为不义。汉末应劭《风俗通》有曰："兄弟同居，上也。通有无，次也。让，其下耳。"此因东汉崇尚兄弟让财，故有此议。实则兄弟分居是常，让固不必，能通有无即为上。后世儒生过高过严之论，皆未为社会所取。

人可无兄弟，但出门必有长幼之序。兄弟限在家中，长幼则扩及社会。故兄弟一伦必扩为长幼一伦。先生为兄，后生为弟。古人每以父兄、子弟并言。《曲礼》："年长以倍，则父事之。十年以长，则兄事之。"今亦可称父老兄长为先生辈，子弟为后生辈。人生即由先生后生两世界积叠更迭而成。自呱呱堕地，迄于弱冠成年，是为后生。大圣如孔子，亦曰"三十而立，四十而不惑"。至是始由后生跻身为先生。方其为后生时，一切生活，养育教导训练扶掖，都由先生界负其责。苟无先生在前，究不知后生当如何生活，如何成熟。亦可谓后生一辈，乃全由先生一辈代为雕塑营造。故后生辈乃接续先生辈一贯而下，不觉有冲突有破绽。人寿百年，但人类生命则已经历了五十万年以上。长江后浪逐前浪，不断成为万古流。

固然后生较先生可能有开新进步，但亦有限。如每一人之躯体，自婴孩而长大成人而日趋衰老，岂不亦日有变，而变亦有限。不能于朝夕间，故我骤失，新我乍成。亦如家，祖与父为先生代，子与孙为后生代。如是层累积叠，逐代蜕变。家与家皆然。亦有骤兴骤衰，倏起倏落。要之，必有一段时间之绵亘与交替。孔子曰："其进锐者其退速。"庄子亦言："美成在久，速成不及改。"人类生命之高出于其他生物者，正为其有一段较长之幼稚期即后生期。人在后生期中，此一段未成熟的心情，则更值重视，更待教导。教之孝，教之弟，教之徐行后长者，教之有事服其劳，教之有酒食先生馔，教之恭，教之顺。人生一番最宝贵之心情，正在此时养成。孔子温良恭俭让，大圣人之盛德光辉，其实仍是一未成熟时之后生心情。为子弟当如是，为大圣大贤亦复如是。故曰："大人者，不失其赤子之心。"中国民族，亦可谓乃是一未成年的后生民族。中国文化，乃是一未成年的后生文化。后生谓其未成熟，故犹得有长进，有前途。在后生心目中，常有较其先生一辈之存在，此谓前辈长辈，己则为晚辈后辈，所以成其为后生。故后生不自独立，必依倚追随于先生一辈而加之以继续。实则孰能呱呱堕地即独立为人，孰能抹杀了自古在昔而其命维新。故中国民族，同时亦为一好古敬老之民族。中国文化，同时亦为一好古敬老之文化。后生一代常紧贴于先生代，沉浸在先生代中，滋养润泽，更无分别。推而论之，所谓天人之际，古今之变，亦复如是。若后生代必欲摆脱先生代而宣告独立,径自挺进,此如破釜沉舟,过河拔桥,固未尝不可收一时之奇功,而人生段段切断,只望将来,不顾已往,有后无前,只求成熟,不问生长。后生一辈看先生辈,只是老腐败陈旧不鲜,摧枯拉朽,不值顾惜,不知我之神奇,即自此腐败中来,而转瞬又必自成为腐败,何如先生后生,交融合一。常保留此一段未成熟时之后生心情,如幼孩之眷恋其父母,弱小之敬畏其长老,生命源泉,长此不竭;生生成成,前瞻无底。此中国人之所谓不忘本,所谓饮水思源,厚德载福,此一种心情,却即可从徐行后长者五字中透露。而长者之于幼者,前辈之于后辈,则匡之直之辅之翼之,使自得之,又从而振德之。在人生中有后生,遂使先生者感其责任之未尽,亦感其步伐之有继。不使人生若一潭枯水,而汨汨乎其味厚而情多。此即长幼一伦在人生大道中占有重要地位之所在。

朋友在五伦中为最后一伦。孔子自言所志,曰:"老者安之,朋友信之,少者怀之。"人之处群,先生前辈,是为老者。我之后生子弟,是为少者。又有同辈,志行相合,是为朋友。我之处老,求能安之,亦当使老者安于我之奉事。我之处少,求能慈之,亦当使少者能常怀我慈而不忘。不仅我交友以信,亦当使朋友之信于我。果如此,我在人群中,乃能人我融洽,不感彼此之隔阂,此即孔子常所提倡仁之境界。人生心情,莫贵于此。人生事业,亦莫大于此。孔子大圣,其所志亦惟在于此。

但朋友非即同辈,相交相识即是。孔子曰:"有朋自远方来,不亦乐乎?"此承学而时习之言。学成行尊,慕我者自远而至，此是我同类相近之人。在我心情上，自会感到莫大之快乐。曾子曰："君子以文会友，以友辅仁。"文即人文，孝弟忠信，政事文学，皆文也。讲学以会友，必我自有所学所立，乃有同志相类者来与我友。而朋友间之讲贯琢磨，相助相益，即皆所以辅成我之仁道。此在我之事业上，自会获有莫大之进境。人生必贯彻前后，有先生，有后生，上有古，下有后，乃使小我短暂之人生，绵延而成悠久无穷之人生。人生亦必破除彼我，融会人己。朋友即是我之化身，遂使我狭隘之人生，扩展而成广大无限之人生。此是朋友在人生中莫大意义之所在。

中国古人，在朋友一伦中，为后世称道者，前有管、鲍。管仲曰："生我者父母，知我者鲍子。"然必我有可知，乃求知我之人。人之相知，贵相知心。得有知心之友，此是何等快乐事。二人同心，其利断金，朋友能成我事业，辅我以仁者，其故在此。管、鲍之后有廉、蔺，称刎颈交。亦惟两人同心，遂使赵国安定，得御强秦而无忧。

人群中与我志同道合者为朋友，其主要关键则在己。若己无志无道，又何从求友。孔子教人，无友不如己者。世之论交，或择权势，或慕名位，或附财富，或从种种便利，此皆所谓市道交。皆是以物易物，不能以心交心。故曰："道不同不相为谋。"彼我志不同，道不合，何得相交。五伦之道，其对象皆在外，其基枢皆在己。曾子曰必三省，曰："与朋友交而不信乎。"子夏亦曰："与朋友交，言而有信。"正为吾志吾道，与友相交，可以竭意披诚。交友即所以立己，亦即所以达己。夫岂言必信行必果，为硁硁之小人，乃以为朋友相交之道乎。

孟子曰："责善，朋友之道也。"成为朋友，乃可责善，否则言人之不善，当有后患。孟子又曰："不挟长，不挟贵，不挟兄弟而友。"友也者，友其德也，不可以有挟。有所挟带，乃是私货。无论其人之长，与其贵，以及其与我之亲善如兄弟，我皆不当挟带此等私心以与为友。友者，乃友其人之德，乃其人与我志同而道合，可以求为吾辅，相与责善以共达此志与道。孟献子百乘之家，而有友五人。孟献子与此五人友，在孟献子心中，并不自挟有此百乘之家，在此五人心中，亦并无孟献子之家，否则不能以相友。鲁缪公亟见于子思，曰："古千乘之国以友士，何如？"子思不悦，曰："以位，则子君也，何敢与君友。以德，则子事我者也，奚可以与我友。"人之相友，惟在此心，惟此赤裸裸的一心，志相同，道相合，外此当各无所挟，乃得成交。人生中心情最乐、事业最大者，莫过于此，所以朋友得与父子夫妇兄弟君臣共成为五伦。

孟子又曰："一乡之善士，斯友一乡之善士。一国之善士，斯友一国之善士。天下之善士，斯友天下之善士。以友天下之善士为未足，又尚论古之人。颂其诗，读其书，不知其人可乎。是以论其世也。是尚友也。"是朋友有此四等。其等第之高下，亦即从我自己一心之高下而判。若我尚不得为一乡之善士，即亦无友可言。若我以交一世士为未足，虽异世不相及，颂其诗，读其书，论其世，可以知其人，越世而知古人之心，即可与古人为友。可以上友千古，亦可以下友千古。千古之下，乃亦有越世上友于我者。必至是，而后我之心情，我之事业，乃可以上下古今而无憾。

故人道绝不能无友。有天子而友匹夫者，尧之于舜是已。将大有为之君，必有所不召之臣。汤之于伊尹，桓公之于管仲，皆学焉而后臣之。此非君臣，乃师友也。燕郭隗言："帝者与师处，王者与友处。霸者与臣处。"唐人杜淹曰："自天子至庶人，未有不资友而成。"必欲君臣父子兄弟夫妇四伦之各尽其道而无悖，则朋友责善辅仁之力为不可少。故曰："人非人不济，马非马不走，土非土不高，水非水不流。"又曰："不知其子视其父，不知其人视其友，不知其君视其所使，不知其地视其草木。"此皆见朋友于五伦中之地位。

古人又连言师、友。荀子曰："天地生之本，先祖类之本，君师治之本。"又言天地君亲师。《戴礼·学记》："五年博习亲师，七年论学取友。"《礼运》曰："安其学而亲其师，乐其友而信其道。"荀子又曰："非我而当者吾师，是我而当者吾友，君子隆师而亲友。"《论语》："三人行必有我师。"是知师与友乃同类，师即寓于友之中。故又曰："严师而畏友。"朱子曰："人伦不及师者，朋友多而师少，以其多者言之。"

后世社会日趋复杂，群道日形庞大，遂若取友日易而日多。徐干曰："古之交也近，今之交也远。古之交也寡，今之交也众。古之交也为求贤，今之交也为名利。"故徐干有《谴交篇》，朱穆有《绝交论》，《抱朴子》有《交际篇》，刘梁有《破群论》。群日大，交日广，不能善用此朋友一伦，遂使人之志日小而道日狭。恩疏而义薄，轻合而易离。古者朋友有通财之义。父母在，不许友以死。今则人各知有己而已，实不知有友。友之质日变，如范式张劭之故事，遂若神话，曾莫之信。此一伦既灭，他四伦亦丧。唐元次山有言："居无友则友松竹，出无友则友云山。"与大自然云山松竹为友，犹胜于酒食游戏相征逐，笑语相下，握手出肺肝相示，指天日涕泣相誓，而虚伪不以信相交，不能以志与道相责相辅，而群道败于其有友。不如谴绝，尚庶全此孤独。然此非友之过，乃人不能善取友之过，实己之过。人之道义，由有师友而能立能达。能善尽此朋友一伦，庶父子、夫妇、兄弟、君臣四伦皆能尽，而群道之日畅日遂，亦必于此乎几之。此乃朋友一伦之大意。

二七　五伦之道

道家言相反相成，儒家言执两用中。凡属敌对，皆可和合，融成一体，此属中国人观念。而中国社会亦如此。兼容并顾，积私以成公，凡公皆为私。绝不如西方社会资本主义与共产主义相互对立，势成水火。中国社会重五伦，每一伦皆双方对立，结为一体。由此伦理，以造成此社会。

夫妇为人伦之始，而中国夫妇一伦，与西方言自由恋爱大不同。自由恋爱在尚未结为夫妇之前，男女双方显为两体，故西方人言结婚为恋爱之坟墓。又称恋爱非占有，乃牺牲。中国夫妇则称和合，既必相爱，尤主相敬。理想夫妇，日常相处，当须相敬如宾。既非占有，亦无牺牲可言。各保其私，共成一公。夫妇之间，既非各私而无公，亦非一公而无私，相对和合，谓之伦理。故曰夫妇有别，别即各成一己，又得和合也。

但中国习俗，一夫多妻，近人遂谓其重男而轻女，而以姨太太为中国文化一特征。其实此俗亦有来历，当为阐申，加以原谅。中国古代乃一封建制度之统一，天子为天下共尊，下有列国诸侯，与天子有君臣之分，此又另属一伦。尊为天子，亦不能无夫妇。而中国又为一宗法社会，王畿千里之内，为之公卿大夫者，同属一宗一姓。同姓不婚，则天子议娶，必当求之异姓诸侯之家。姬姜最亲，故周天子求婚多娶之齐。婚礼隆重，往返不便。故齐女既嫁为周天子之后，即终身不再归省。其他诸侯婚娶亦然。鲁女嫁齐为后，即不归省鲁邦。凡此皆为政治关系，而家庭情谊之私则不得不求稍变。古人定此一礼，亦有其斟酌调停之苦衷。故曰礼不下庶人，在庶人间，自可不守此礼防也。

夫妇成婚，在求有后。天子诸侯，其位世袭，苟使无后，则政治上易多纠纷。然成婚岂必能有后。在庶人中，娶妻不育，可以再娶。而上层天子诸侯，则不宜轻论再娶。不得已，乃增媵妾之礼。出嫁者之姐妹行，可以随嫁，俾多生育机会，亦减家庭纠纷。乃亦有此国嫁女，而他国有愿随嫁为媵者，藉此增加国际亲密，事亦可行。故天子可有九媵，诸侯公卿则递减。他日或嫁为妻者不育，而诸媵有育，皆得为后。而夫妇一伦则可以不变。媵之子即后之子，不得降后位以让媵，以免节外生枝，另有曲折。而岂重男轻女之谓乎。

后代礼变，而亦仍有斟酌。如出仕在外，或不易迎养父母，妻代夫职，留奉翁姑。而夫在外，则纳妾侍候。要之，乃夫妇同心，同为一家养老育幼计，男治外，而女治内，夫妇一伦，相亲相敬之情谊，仍可维持。不得于纳妾一事轻肆诟厉。小节有变，而此夫妇一伦之文化大传统，则仍保持不变。俗称妻为内人，夫为外子，中国重内轻外,则妻不轻于夫。西方人则重外轻内,夫妇各自骛外,又乌得成一家。

有夫妇,乃有父子一伦,更为中国人所重视。而在父子一伦中,亦有种种难题,出人意想之外者。如其父攘羊,其子隐不作证。孔子说:"父为子隐,子为父隐,直在其中矣。"攘人之羊,在公则必治其罪,子为父隐,一若因私害公。此正见中国人在公私之间,另有一种想法,另有一番安排。果使人人无父子私情,哪还有大群之公可言。

孟子曾设一譬,谓舜为天子,皋陶为士,舜父瞽瞍杀人,皋陶执法,杀人者死。君臣一伦,亦属平等,舜不能以为君之尊而强其臣失职违法。然终不忍其父之死于法,则惟有在牢狱中私盗其父,离天子位而远奔于海滨。其时之司法大臣皋陶,则亦只有装痴作聋,不加查究。舜之违法轻弃帝位,后世亦不当追咎。要之,父子一伦之不当毁弃,则显然矣。

孟子又言:"父子之间不责善。"相互责善,乃人群大义。然父子之间责善,则有伤父子之情。故古者易子而教。孟子又曰:"人皆可以为尧舜。"然不当尽责其父为尧舜,亦不当尽责其子为尧舜。人皆可以为尧舜,乃公义。父子不责善,乃私情。而中国五伦中最为重要之父子一伦,则情又胜于义,私又胜于公,公义必通之于私情,即父子之不责善而可知。

父子一伦亦复与夫妇一伦有冲突处。子长当娶,女长当嫁,结为夫妇,则自为一家。此在古代已如此,观井田制可知。然为子者仍当孝养父母,于是为媳则奉侍翁姑,此尤为西化东渐后中国人自诟重男轻女一明证。然此中利害，实亦别有衡量。爱因斯坦之四度空间，为近代西方科学一时推尊之一项新发明。其实中国人自古即重时间观。为母者在家得子女亲切侍奉，较之为父者之多出门不在家已远胜。西化东渐，婆媳之间易起冲突，小家庭制骤盛，最受损者，姑尤胜于翁。含饴弄孙之乐，已不可得。果论事业性，则男必胜于女。若论情感，一家团聚，女性要求尤过于男性。此亦在大生命中男女两性所不可避免之差异。然则小家庭制之有伤于女性，实必更多于男性。为媳不奉婆，若是女权伸展，然转瞬之间，媳即为婆，亦不再得媳之奉养。男性晚年成鳏，尚可以事业消遣，老妇寡居又奈何。故通就人生长时期而论，中国人善为女性谋，似更深于西方矣。屈于此，则伸于彼。若以自由恋爱论，则西方似女性有伸。及为父母，则中国女性，未必屈于西方。达于老年为翁姑，则中国女性远较西方为伸舒。当前中国女性之受苦，则正为五伦之道之不再受重视。人类女性较更富情感，西方个人主义集体主义均重功利不重情感，则女性受损更大，事理甚显，不烦详申。

夫妇父子两伦以外，有兄弟。俗称父子兄弟为天伦。然亦有独子独女无兄弟无姐妹者。孔子言："弟子入则孝，出则弟。"则弟道不限于家。盖兄弟即长幼，在家为独子，出门则仍有长幼之序。兄友弟恭，亦兼爱敬言。夫妇既爱且敬，父子既敬亦爱。兄弟之友恭亦犹父子之慈孝，仍是此一爱敬之心，惟在程度上三者各有差别而已。《论语》又言："四海之内皆兄弟。"有长幼，即当知有爱敬。惟不当如墨家言兼爱，视人之父若其父。果如墨家言，岂非人类一大幸福，而无奈天赋人性乃不能然。惟四海之内皆兄弟，则人性所能，故兄弟一伦亦尽人所当有。

中国男性失偶得再娶，女性失偶不再嫁，居寡守节一事，又为近日国人诟病中国古人重男轻女一话柄。其实女不再嫁，中国自古并无法令规定，后世亦然。此仍是一种社会风俗，乃出民间之自由，惟政府亦每对此加以褒奖。既为民间重视，则政府褒奖，亦不得议其非。至于民间何以有此风俗之长成，此须对史实详加考证阐发，非本篇所能尽。姑举一事言之，如北宋范仲淹早孤，其母不能养活其子，乃改嫁。中国女子三从，幼从父母，出嫁从夫，夫死从子。仲淹母为子再嫁，亦从子一变例。仲淹长，复姓范，非不孝。但其母之改嫁，亦非不慈。在夫妇父子两伦中，自可有此种冲突之存在。仲淹既居官致富，乃设义庄，凡范朱两姓，鳏寡孤独失教养者，皆得义庄资助。使早有义庄，仲淹母亦不必改嫁。至程伊川言，饿死事小，失节事大。亦非诟及仲淹母，但或有感于仲淹事而发，兹不详论。

明末，顾亭林母居寡守节，嗣亭林为子。明廷曾加褒奖。亭林母遗戒亭林，勿仕二姓。其母果有此遗戒否，今亦不详求证明。要之，其母受朝廷褒奖，嗣者心中必受影响。亭林乃为明遗民中一大贤，为民族文化传统一大榜样，则近代国人亦未尝加之以非议。又同时柳如是以一名妓嫁钱谦益为妾，老夫少妾，艳闻盈天下。而谦益出仕清廷为贰臣，如是竟自缢死，乃大受后人之敬仰。岂复计其为妓为妾，而亦岂国人之重男轻女有以致之。

中国人重长老，但同亦重幼小，惟长老对幼小当多友爱心，幼小对长老当多恭敬心。幼吾幼以及人之幼，老吾老以及人之老，则太平大同之道在是矣。《诗》有云："兄弟阋于墙，外御其侮。"其在家门之内，兄弟可各以其私相阋。门外有侮，则共御之。中国五伦之道，惟在此一分爱敬心。但爱敬亦可有其私，惟有亲疏之别，又有能所之别。所爱所敬在己外，此是公。能爱能敬属己内，此是私。私最亲，惟贵推亲以及疏，推私以及公。通天人，合内外，当于此阐之。

兄弟一伦亦或于父子一伦有冲突，如周公之大义灭亲，诛管叔，放蔡叔是矣。伯夷叔齐乃孤竹君之二子，其父爱叔齐，父卒，伯夷让位，谓父命当遵。叔齐不肯立，谓焉有攘兄位之理。遂兄弟偕亡，而国人立其仲子。在伯夷，则孝弟之道备。在叔齐，则恭于兄，而违父意，于孝道若有逊。但父意亦非不可违。如瞽瞍欲杀舜，舜屡逃之。孔子亦教曾子，大杖则走，小杖则受。故不能谓叔齐乃不孝。中国后人亦常兼称伯夷叔齐。或独称伯夷，则如孔子称泰伯三以天下让，亦不及虞仲。称其兄即连及其弟，非于虞仲叔齐有贬也。惟泰伯虞仲让之王季，而及文王，则立德又兼立功，故孔子尤称之。伯夷叔齐之见称，犹在其耻食周粟事，以其关系君臣一伦之道更大。季札之让位不居，则似于孝悌兼有亏，而同见称于后世。可见中国人孝悌君臣之道，其主要者，尤在自成其一己。岂有己不成，而得称孝悌为良臣者。至如燕哙之让位于子之，则两无足称矣。

夫妇父子兄弟三伦均在家庭之内，而兄弟一伦，则可推及门外。君臣一伦专属政治，与上三伦又别。孟子曰：

"君之视臣如手足,则臣视君如腹心。君之视臣如犬马,则臣视君如国人。君之视臣如土芥,则臣视君如寇仇。"则知君臣一伦亦如夫妇父子兄弟,双方有其公,不害各自之有其私。君臣亦相平等,而臣之视君可如寇仇,则甚似出格之论。而中国古史上亦有其实例。楚王囚伍子胥父,而招子胥兄弟,谓来则父可免死。子胥兄谓,往则俱死,不往则父罹难而不救,不如己往,由弟出亡。遂父兄俱杀,而子胥奔吴,终复父仇。父子乃一家之私,而子胥以楚人借吴兵覆楚国,岂不以私灭公。然后世论者,终不以此罪子胥,但称颂申包胥而止。此见人群相处,亦可无国无君臣,而终不能无父子关系。故父子一伦应较君臣一伦为重。然无夫妇,则亦无父子。故此两伦当同重。兄弟一伦在长幼,人群相处亦到处遇之,抑父子亦已寓有长幼之别。故此一伦亦附带父子一伦中。中国人常连称子弟是也。君臣一伦乃大别。六亲不和,可得视如寇仇否。

但子胥仅获见谅,不以此见称。舜殛鲧于羽山,而继用其子禹治水。禹尽其力,水患终治。殛乃流放,非杀戮。鲧之治水亦祸及万民,罪有应得。禹赎父愆,干父之蛊,斯为大孝,不得与子胥事相比。中国人言五伦大道,乃尽在人人之日常践行中,非如西方哲学悬空提出一真理。故欲知其得失,亦当从其历史演变中据实体玩,亦非可仅凭议论思辨来加以评定。

后世继孔子尊孟子为亚圣,其书亦为人人所必诵。至少自元以下,亦积六七百年之久矣。乃今国人又称中国自秦以下为帝王专制,则君臣一伦在中国历史上当早失其存在。今姑亦举一例,历朝用人惟以选贤举能为尚,帝王亲属如诸伯叔如兄弟,岂竟无一贤者,然朝廷极少用及。史实具在,可资证明。盖因政治不免刑罚,故为帝王者,必戒用亲属。而其亲属亦安之勿求进用。亦如古代女子出嫁为后,则绝不归省其亲。孟子曰:"动心忍性"。能于此戒忍,其他纠葛则自能免。又岂一人专制之谓乎。

在西汉之初,虽宰相之贵,亦有下狱受判者。当时群情谓,宰相不当下狱,乃由朝廷赐以自尽。今日国人则亦以此为中国帝王专制一明证。不知当时群情乃以尊臣,非为尊君。不求史实,轻肆臆断,宁得有当。古代行封建制度,君臣关系已极复杂。如鲁君为周天子臣,而鲁三家则为鲁君之臣,三家之宰则又为三家之臣。于鲁君则为陪臣。其于周天子则位分隔绝。孔子曰:"礼乐征伐自卿大夫出",则如管仲是矣。又曰:"陪臣执国命",则如阳货是矣。孟子亦曰:"君一位,卿一位,大夫一位。"君臣之间,仅是职位之大小高卑而已。非谓天子一人,乃独出于天下之上。然在孟子当时,已提出其贵族之卿与异姓之卿之分别。异姓之卿不得于君,可以离职去位,并转至他国。贵族之卿不得于君,而果是君不尽其君职,则可以另立君。如是则为君者,宁用异姓卿,不愿用贵族卿,如秦之多用客卿是矣。秦汉以下,古代宗法关系已从政治组织中退出,郡县一统,帝王乃若独尊。实亦不然,朝廷群臣皆直辖于三公,非直辖于天子。古代有礼不下庶人,刑不上大夫之说。至是礼亦下于庶人,而刑亦上于大夫。然旧观念未能骤泯,故主宰相下狱不如自尽,始为不失身份,亦即士可杀不可辱之义,而岂出于帝王之专制?

又将在外,君命有所不受。武臣统兵在外,而竟可不受君命，岂不将成政治上一大危机？又岂帝王专制之谓？近代西方民主国家，其政治领袖亦同时为海陆空三军之大统帅。即如美国参加韩战，麦克阿瑟不能下令轰炸鸭绿江，则何以制止大陆之人海战术？麦克阿瑟亦终以一老兵退职，虽备受国人欢迎，而总统之命，则不动如山。南北韩亦终以三十八度线言和。倘使麦克阿瑟亦不受总统命，则此数十年来世界局势宜当大变。今日西方民主政治之统治权，岂不更严于中国古代之帝王专制？其间是非得失且不论，而中西双方文化传统有不同，须加了解，再作评判，则断然可知矣。

汉代政治显然有王室与外朝之别，而王室亦受外朝管制。宰相下有御史大夫，御史大夫下有中丞，即任管制王室。汉武帝始以大司马大将军辅政，所辅之政指王室言，不指外朝言。大司马大将军统兵在外则有权，退师回朝，军队即复员。大将军乃一爵名，有位无职，不得问朝政。而其时霍光为大将军，与汉王室为外戚，故使辅政以统制内朝。而霍光循伊尹故事废昌邑王，不询外朝宰相意见，谓此乃王室事，非外朝事。不知伊尹亦外朝之臣。但霍光亦仅能专制王室，不能专制外朝。而后人亦不以此加罪于霍光。下及王莽，乃以大司马大将军篡汉。而其议则出自外朝。中国政治传统当就中国史加以评判，此又一例。此下史实复杂，暂不详论。要之，不当以帝王专制四字作空洞之反案。

君臣一伦之外，复有朋友一伦。如汉光武与严光，乃朋友，非君臣。亦有谊兼君臣朋友之两伦者。而中国人又称天地君亲师，师与君亲并尊，乃独不在五伦中。凡从师皆自称弟子。孔子之死，其弟子心丧三年，则师犹父。故俗常言师父。孔子曰："有朋自远方来"，则师弟子亦如朋友。俗又师友并称，则朋友一伦中，兼师弟子可知。中国朋友一伦有通财之谊，故颜渊死，其父请孔子售马以为颜渊椁。孔子拒之曰，子鱼死，亦未有椁。苟使以颜渊比子鱼，如孔子之子，则颜渊父亦受学于孔子，即孔子之弟矣。故朋友一伦，其义亦通于父子兄弟之两伦。中国人又称，父母在不许友以死。则朋友不仅通财，即生命亦相通。然朋友一伦又与兄弟一伦相别。《论语》言，四海之内皆兄弟，若言四海之内皆朋友，则为不伦。

中国文化传统中，师道最尊严。人必有父母，亦必有君，同时亦当有师。即贵为天子亦然。如东汉宣帝师张酺为东郡太守，宣帝过其郡，先行师弟子礼，再行君臣礼。则君臣不妨为朋友，而朋友亦不妨为君臣。

亦可谓中国全部文化传统乃尽在此五伦中。五伦实只一心，曰爱，曰敬。非此爱敬之心，则不得有五伦。中国提倡五伦，亦只在教人实践修行此爱敬之心而止。人人同具此一分爱敬心，则人道已尽。一切事变，皆以此一分爱敬心应之，更复何事。此一心爱敬，中国人则称之曰德。志于道，则必据于德。明其德，即所以行其道。道属公，而德则私。非有私德，何来公道。而今日国人群慕西化，又言中国人尚私德，不重公德，乃如一盘散沙。余幼时即闻国人以各人自扫门前雪，不管他人瓦上霜为言。不知五伦即皆自扫门前雪。各有夫妇、父子、兄弟、君臣、朋友，各得自尽其道，斯可矣。清官难断家私事，君臣一伦岂得去管人家夫妇父子间事。至于他人瓦上霜，自可不去多管。说得尽明白,而还肆批评,则复何可言。且中国五千年成一民族国家,广土众民,在大一统之下,又犹称其如一盘散沙,而又称其为帝王专制,则诚无置辩之余地矣。

晚清谭嗣同早慕西化,著有《仁学》一书,谓中国有五伦,西方只有朋友一伦。斯则误以人相交接即为朋友,大失中国朋友一伦之义。朋友一伦,亦从人与人之爱敬心来。谓朋友一伦通于其他四伦则可,谓有此一伦即可无其他四伦则大不可。今世界方盛言国际关系,国与国之间亦当有一分交谊,亦当以中国朋友一伦之大义通之,即所谓友邦是也。今日世界认有友邦,即有敌国。而中国于朋友一伦外,凡非朋友,亦非即仇敌。人各有私,亦可人各有友,岂得有友又必同时有敌。公私必对立言之,则中国五伦之义宜无一可通矣。

今国人又谓五伦皆属私德,当增设第六伦以应现时代之需。遂有主立群己一伦者。依中国语言,道属公,德属私。人皆修私德,行公道,道德合成一词,即是公私融成一体。即如君臣一伦,君亦有私,故又言:"自天子至于庶人,一是皆以修身为本。"修身即修其私,家、国、天下皆属群。非修己私,何以处群。中国人正为悟得一大生命,而大生命正在小生命上见。除却小生命,何从去寻大生命。夫妇有其大生命,即在夫妇双方之小生命上见。父子君臣皆然。群体上只见大生命,不见小生命。故五伦乃私对私,群己则公对私,不得成一伦。

或主张以劳资双方为一伦。资本家与劳工宜可对立,如一厂主与一劳工,不属君臣,即属朋友,应可包括在五伦中。资本主义则有共产主义与之对立，如劳工集体罢工，则在资本国家与共产国家内，应付之道有不同，而皆与五伦之道不相关。若依中国五伦之道，则既不许有资本主义，亦不许有共产主义，中国社会公私兼存并包，不容再有此种之对立。今日国人所当努力者，在如何发挥旧道德来应付此新时代，故曰："周虽旧邦，其命维新。"时代新则命运新，命题新，命义新，一人一家一国皆如是。以一人言，中年时代决不与幼年相同，老年时代又不与中年相同，然其人之生命则一。中国人惟悟此义，故每一人之私生命可以不朽。一家一国一民族，各可绵延数千年至今。西方人则不然，各人之小生命死后，惟有灵魂上天堂。家与国均不得久传，此因其不悟有一大生命之存在。故曰，一天人，合内外，乃中国文化大生命所在。而中国社会乃另有一套，即如上述五伦之道是矣。不得以西方相拟。

故中国五伦中，惟父子一伦最其主要，而孝道则亦为人道中之最大者。然非有夫妇一伦，则父子一伦亦不立。父子属天伦，而夫妇则属人伦。非有人伦，即天伦亦不立。而男女之别，实亦本于天，非人力所为。则中国所谓一天人，即此二伦而知矣。既有夫妇，即有内外。妻娶自外而主内，夫生于内而主外。兄弟一伦之内外合一，上已言之。天人一，内外合，又何公私之别乎。若自西方观念言，灵魂各是一私，惟天堂乃一可以共处之公。此世界则必有末日，因其公私对立，无各私和合之大公也。资本主义共产主义各居一偏，或偏左，或偏右，亦如左右手。何以不可共供一身之使用？则群己权界之争，劳资双方利润公平之分配，若使人与人间共同培养得一分相互爱敬心，亦终易解决耳。

又中国人言伦常，常之中必有变。凡变则皆所以求常。常变又如公私，相反相成，贵能执两用中。今日国人则惟言变不言常，求变求新，不贵守旧守常。观念已变，如何能不远复，回到己身来。己身实只是一小生命，而旧与常则乃一大生命。此亦一大值商讨之问题。

二八　中国五伦中之朋友一伦

（一）

幼年读谭嗣同《仁学》，谓中国有五伦，而西方则惟有朋友一伦。其言亦若有义据。然中国朋友为五伦中之一伦，与西方之独为一伦大不同。即中西双方之所谓朋友，必大不同。此则不可不论。

夫妇为人伦之始，夫妇乃人合，非天合，亦犹朋友。但既为夫妇，必求生育子女，成为家庭，与朋友大不同。父母子女皆为天合，亦与朋友不同。惟兄弟一伦，推及长幼。《论语》言："弟子入则孝，出则弟。"当其出，则有长幼之序。惟长幼一伦中之至亲者，则为兄弟。《诗》曰"兄弟阋于墙，外御其侮"是也。至曰："兄友弟恭"，则凡长幼相聚皆宜有之。

君臣一伦亦以人合，若与朋友为近。然君尊臣卑，其位不能无分别，此则与朋友异。《论语》言："有朋自远方来"，则师弟子亦当纳入朋友一伦中。中国人称天地君亲师。勿论天地，以君亲师三者言，无君不成群，故君为一群所共尊。无父母则无生，故父母为一群中各别所当亲。师则明道传道，尊君亲亲之道，皆由师传。而师之当尊当亲，则尤有高出于君父之上者。

何以言之？君有不当亲，如孟子曰："闻诛一夫纣矣，未闻弑君也"，是矣。父母当亲，而亲之之道，则可以各不同。古者易子而教，则如何教人子之各亲其父母，有待于师。而为父母者，转不当自任其教。故中国乃常以君亲师并言。而朋友一伦，乃有转出于父子君臣两伦之上者。孔子传教，颜路曾点之登门受教，年龄当相差不远如兄弟。颜渊曾参亦同在孔子门下，则如父子辈。孔子曰："回也，视余如父，余不得视如子。"则孔子亦视颜渊如子矣，孔子死，其弟子心丧三年，则其亲孔子如父，而尊尤过之。故朋友一伦，有时乃超出于父子一伦之上。周公诛管叔放蔡叔，大义灭亲，兄弟一伦可以至此。但周公亦不能无友，则不烦言而知。

孔门两世出妻，今不能详考。《论语》仅载伯鱼两次过庭听训一章。伯鱼在孔子心中，恐尚不能如颜渊。颜渊卒，孔子哭之恸，曰："天丧予，天丧予。"伯鱼先卒，不闻孔子有如此。孔子仕为鲁司寇，其去鲁，惟门弟子相从。是则在孔子生命中，朋友一伦为最重。后代人物类此者尚多，此不详及。

孔门之教，曰孝弟忠信。有子曰："孝弟为仁之本，本立而道生。"但亦有人知孝弟而不仁，惟未闻有其人能仁而不孝不弟者。草木有本，能生能长，本之可贵在此。孔子曰："十室之邑，必有忠信如丘者焉。"举忠信，不举孝弟。孝弟易，忠信难。亦有在家能孝弟，而出门则不忠无信。但忠信亦为人之本。孔子舍其易而言其难，以见人之无异于己。曾子曰："为人谋而不忠乎，与朋友交而不信乎。"言为人谋，不言为君谋，则五伦中君臣一伦亦犹兄弟朋友。兄弟乃言长幼，而君臣则言上下。人可以无兄，但不能无长于我者。人可以不出仕，不为臣，但必有在我之上者。忠于职，忠于事，故凡为人谋皆必忠。而与朋友交则必信。信与忠有不同。忠有人己之别，信则心心相印，彼我一心。人之相交，贵相知心。彼心如我心，我心如彼心，身虽异而心则同，两人如一人，始谓之信，乃始为朋成友。而岂市道之交之以利害为友乎。故朋友有通财之义，则朋友亦如一家。父母在，不许友以死。可以许友以死，则朋友乃如一身。朋友一伦，其深切之义可知。

故朋友一伦，乃在其他四伦之到达终极处而始有。倘谓未有其他四伦，可以仅有朋友一伦，则绝非中国五伦中之朋友亦断可知。西方主张个人主义，并夫妇父子亦不成伦，则更何有于朋友。谭嗣同仅见西方亦有人与人相交，乃谓其只有朋友一伦。但不知相友有道，日常相交非友道。中国古代有《士相见礼》，乃望其相交后得成为朋友，故其礼郑重。傥相见即成相交，相交即成朋友，则又何待有此郑重之礼。能知此礼义，则相见相交而不成为友，亦无大害。今人广交无礼，则其去朋友一伦益远。宜乎今之人相交满天下，而卒无一友。互不相信，吾道日孤，斯为人生一大苦闷，而终亦无以解之。

人生广大复杂，每一人仅占人群大全体生命中之至狭小至单纯之一部分，其不能与人生大全体相比，亦固其宜。然既处此人群大全体中，则终当求此狭小单纯之个人人生能与此广大复杂之人群大全体相融和相会通，勿相离而相远。此乃人群共同一理想，为每一人所当努力。中国五伦之道，其要旨即在此。夫妇父子兄弟三伦限于家，君臣一伦限于国，惟朋友一伦，在全社会中尽有选择自由，亦尽有亲疏远近之斟酌余地，而其影响亦至大，有非前四伦之可相拟者。

朋友一伦亦与人之为学最相关。独学而无友，则孤陋而寡闻。孔子无常师，亦有教无类。其所从学广，所传教亦广。孔门有四科，言语有宰我子贡，政事有子路冉有，文学有子游子夏。才性兴趣遭遇各不同，故子贡宰我相异，冉有子路子夏子游亦各相异。而同受学于孔子之门，相互间切磋琢磨，相熏陶，相影响，在各一人之生命中，乃有其他人之生命之羼入相融合，潜移默化而不自知。使此诸人不同登孔子之门，将不得各有其如此之成就。

即如孔子，传教既广，岂于言语政事文学诸科，造诣尽必超于诸人之上？孔子特分其端绪，而揭其终极。诸人之分别成就，以杰出于同学间者，或亦有超乎孔子之上，而为孔子所未及。四科中最高为德行，然如颜渊，任外交使命，岂必胜于子贡。治军理财，岂必胜于子路冉有。其从事文学，又岂必胜于子游子夏。故德行一科，长在通达，不在专精。即孔子亦犹然。韩愈言："师不必胜于弟子，弟子不必不如师。闻道有先后，术业有专精。"即此之谓矣。

孔子后有墨子，其传教更广。儒分为八，墨分为三。如《墨经》所言，殆有甚远离于墨子之初教者。此下中国学术传统尽如此。齐之稷下先生，秦之博士官，既群处多接触，岂无相感染。故中国学术界，虽多分别，终多相通。此下亦然，暂不详论。

学问相通之主要点，在求人生相通。惟高居君位，最不易与人通。中国历史上如汉武帝唐太宗，皆有为之君，而亦能最多与人通。汉武帝广延文学侍从之臣，及其晚年，既下司马迁于狱，又任之以中书令，则汉武之心情居可知。唐太宗从父起义，其群僚中即有十八学士。其次惟汉光武，亦多太学时同学，同在朝廷。又其次如曹操，亦能广揽多士，惜所志不正，但亦仅敢冒为周文王，不敢亲受禅居天子位。此非畏后世史笔，实亦受亲身群僚影响使然。至如刘备之与关羽张飞，又其与诸葛亮，其朋友情谊，皆远超君臣名位上。朋友一伦之深切影响人生者，当由此等处微阐之。

明太祖乃一僧寺中小和尚出身，彼虽亦能广揽多士，然内心终不脱自卑感。其于多士既不能相处如友，亦不敢指挥如臣，遂多猜忌，多戒备，乃至废宰相，开中国历史一大恶例。推以言之，居君位，亦宜有友。宰相群臣，亦当与君为友。君臣一伦，即可包在朋友一伦中，乃始符于政治之理想。中国政府多用士，士与士始得同事如友。尤其如明清两代，进士入翰林院，即为开其多友之门。晚清名臣如曾涤生，其学其人，皆成于其为进士之一段时间内。观其与诸弟之家书而可见。及其以湘乡团练出平洪杨，幕府宾僚，称盛一时。诸宾僚多不习兵事，更有出涤生治文学之外者。晨夕相处，大贤多方面之人生，实多从朋友交游中养成。而学业事业，亦皆受其无形之沾溉。

西化东来，家庭政事，变端已多。即朋友一伦，亦今非昔比。余幼孤家贫，民元，年十八，即在乡村小学教读为生。迄今七十余年，未离教职。自念生平得益友，多于师。然友道亦限于职业。除学校同事外，交游甚少。然余之得成为今日此一人，则非余一人独成之，乃胥赖先后诸友之辅成。余心所感，亦非言辞笔墨所能宣。余著《师友杂忆》一书，亦仅指陈其踪迹之粗略而止。

余毕生忙于教读，迄今追忆，乃如一幅白纸，空无所存。而生平诸友，一言辞，一笑貌，乃有深留脑际如在目前者。因知此等皆已为余生命之一部分。今诸友率多逝世，东坡诗："泥上偶然留指爪，鸿飞那复计东西。"则余生亦仅如一块泥，偶留飞鸿之指爪而已。每诵东坡此诗，感慨良深。然孟子言知人论世，使非此世，何得有余此人。而余之生为此人，乃犹得留有此世，则此生亦不虚矣。如颜渊，岂不以留有孔子之一指一爪在其心中，而其死，孔子恸之曰："天丧予。"后人念孔子，亦必追念及于颜渊。朋友一伦之在人生中，其意义为何如。

今世则皆以职业为友，或以学业为友。西方人皆如此。职业学业，即其人生。如柏拉图，如康德，毕生治哲学。其为人，即见于其著作中，未受业者，亦各求自树立，自表现。哲学然，文学亦然。其各学各职亦莫不然。一有名之政治家，亦必与其他从事政治者为友。非诚为友，亦各以成其当身之事业而已。其所用心，则各专在其所从事之学业职业事业上，而非有一内心潜在共同之人生。其在家，则有其家庭生活。其在各公司各机关，则有其公司机关之生活。其在学校，则有其学校生活。其从事政治，则有其政治生活。要之，生活则属于个人，其之于朋友，则有亲于夫妇父子兄弟君臣之上者。然而中国五伦中之朋友则于此有异。因中国朋友一伦，乃同属我生命之一部分。而西方则仅在外面事业关系上，非可认为即是我内在生命之一部分。

同业者，为友亦可为敌。甚至夫妇，同成一家，亦可为敌。同营一商业，则为敌更多于为友。同从事于政治，则必分党以争。若以同党为友，则异党即成敌。尤其如各项运动会，相争为冠军，有敌无友，亦可谓敌友不分。观众可达四五万人，非敌亦非友，今人则称之曰群。人生即在大群中，而此群则转瞬可合可散。易乎其为群，亦难乎其为群矣。

中国古人并称有生死之交。父母在，不许友以死。则许友以死亦常事。子畏于匡，颜渊后。子曰："方以汝为死矣。"颜渊答曰："子在，回何敢死。"其时颜渊父尚在，而孔子疑渊之死。渊之答，则以孔子在，故己不敢死。则在颜渊生命中，孔子之生命当较其父之生命为更重。孔子尚在，颜渊得从学，则颜渊之生命当更有意义，更有价值，尚胜父母在，得尽奉养之劳。此见中国人生命观，不限其一己之躯体。父母生命，师之生命，皆成己之生命之一部分。夫妇兄弟君臣亦然。夫妇既为同一生命，则夫死，妇守节死，亦属常事。而今日国人则必谓是中国人之重男轻女，则许友以死，岂不亦是中国人之重友轻己乎。

仁义为人之大生命，故杀身成仁，舍生取义，舍小而取大，仍是贵其生。西方人生命观不同。如有人谋刺美国总统雷根,法庭判其有神经病,得无罪不死。西方人重视生命乃如此。谋刺雷根,不仅有伤雷根之生命。雷根乃一政治元首,群心所归,所伤实大。然谋杀犯之生命仍当重。亦如双方对阵而战,一方败而降,对方亦必受其降而全其生。中国则以战败为辱,将军者更为大辱。故有断头将军,无降将军。西方人以生命爱国,中国人则以爱国为生命。断头而死,则舍其躯体之生命,以全其爱国之生命。而其生命,则依然可寄存在其他爱国者之同一心情中。故中国人视生命亦如一道。孔子曰:"朝闻道夕死可矣。"不闻道,则不知己之生命之究为何物。交友亦有道,故与朋友交,亦我生命之所在。能交友,其人之生命始大。此其为义,亦有重于夫妇父子兄弟君臣四伦之上者。

今欲宣扬中国文化,宣扬友道,亦一要端。如一国之政治元首,能广其友道,多交名贤,即此一端,便可于世道有大影响。学者能多交其他专家,哲学科学文学诸家,多相与为友,此便于学术上有大影响。非仅读其书,听其言论,而尤贵于日常生活之相亲。则在各自生命之内心潜存处,可各有转移,各有融通,而其影响之大,则非具体所能尽。转移生命,始是转移文化一大关捩。而中国朋友一伦,乃于此有其深究之价值。

(二)

人道有相处与相交。相处之道,如夫妇父子兄弟君臣朋友五伦,皆彼此相处融成一体。偶相交接,则彼此不相关切。老子曰："有德司契，无德司彻。"契分两半，双方各持其一。老子曰："圣人执左契，而不责于人。"其人即执右契者。夫妇之道，相互爱敬，琴瑟友之，钟鼓乐之，此为君子之德。为夫者自尽夫道，不以责其妻。举案齐眉，此乃孟光之德。为妻者自尽妻道，不以责其夫。父母之与子女亦然。父母之慈，于其子女，顾之育之，养之长之，非必责子以孝。子女之于父母则有孝。天下无不是的父母，虽父顽母嚚，舜之孝自若也。若必以道责人，此之谓市道，乃相交之道，非相处之道。以己所有，易己所无，交易各得其所，日中而散，与常相聚处者不同。

但父子一伦与夫妇一伦有别。父子乃天伦，而夫妇则属人伦。"游子寸草心，难报三春晖。"使非春晖，何来寸草。子女之生，来自父母，更胜寸草之与春晖。投我以桃，报之以李。孝心则本之性情，非以为报。或问孔子，以德报怨何如。孔子曰："何以报德。以德报德，以直报怨。"报乃人生之直道。孟子曰："君之视臣如犬马，则臣视君如国人。君之视臣如土芥，则臣视君如寇仇。"则事君之道，亦可以言报。杀父之仇，不共戴天。如伍胥之报楚平王是也。而屈原则为宗亲之臣，君亦宗亲，则身份与伍胥不同。作为《离骚》，沉湘以死。非以忠君，乃以报国。君之于我可言交。身之处国则非交。如岳武穆之于风波亭，亦报国，非忠君。

朋友亦如君臣，尽我忠信以交斯已矣。朋友不忠不信，则不成为朋友。故中国人言人道，必言孝慈。推此心以处世，即执左契而不以责人也。西方人有相交，非相处。合则聚，不合则散，一皆人与人相交，此老子所谓无德司彻也。彻者，孟子助贡彻之彻，故王弼注曰法。《老子》用此字，亦其书晚出之一证。西方人非以德相处，乃以法相交。而法亦创自人。谁创之，又使谁守之。故法必定于多数人之同意。多数人之意变，斯法亦随而变。则人之处世，其道无定，惟随多数意见而变。己又何得为多数，则惟有结党。曰党曰法，斯即道矣。故西方人乃知有道而不知有德。人之无德，何以处家，何以处国，何以处天下。不能处即不能安。一家不安，不能以法治。一国一天下不安，亦不能以法治。不治则乱，乱则可称曰无道。无德斯即无道矣。今国人乃欲创造群与己之第六伦，混中西而一之，亦所谓风马牛之不相及矣。

西方人好分别，故离人以言道。若于人与人相处之外别有道，人乃遵此道而行，则又何自由可言。人不能离此道，道亦不离人以为道，故必合言之曰道德。西方宗教既主人生原始罪恶，则人之生本无德，必有待于法治。老子生二千年前，已知其事，故曰无德司彻，斯亦可怪也。老子又曰："天道无亲，惟与善人。"此则老子亦分别人有善恶。西方人亦好分别，乃有所谓慈善事业。而行此慈善事业者，西方则不称之为善人。斯诚无往而不见其有所分别矣。

西方人又分真美善为三。真则自然之真理。美乃见于艺术。善则属人之行为，但必信仰上帝而始有。则真美善皆在人之外，不在人之内。要之，可谓无人之存在。苟有之，则惟见人之有欲，不见人之有德，则又何人伦之可言。

二九　中国文化传统与人权

人权一词译自西方,中国向无此义,然最知人权大义,最尊重人权者,则惟中国传统文化为然。并世其他民族难与伦比。

姑举一例为证。中国自黄帝以来,即已明确成立一民族国家。一民族,一国家。一国家,一民族。道一风同,向心凝结。五帝三王以下,土日扩,民日聚,而其为一广土众民大一统的民族国家,则不变不息,有进无已。秦汉以下,易封建为郡县,而其为一广土众民大一统的民族国家则仍然。迄今五千年,并世各民族,各国家,谁与相比。苟非尊尚人权,又曷克臻此。

《大学》言修身、齐家、治国、平天下。身不修,即家不齐。家不齐,即国不治。国不治,即天下不平。此四者,层累而上,本末一贯,而以修身为之本。修身由己不由人,此即中国人之人权。一家之人尽能修其身,斯其一家齐。一国之人尽能修其身,斯其一国治。天下之人尽能修其身,则天下自平。无他道矣。

何以修身?《大学》三纲领即言其道,曰:"在明明德，在亲民，在止于至善。"明德者，备于身而自显。明其明德，如孝如弟，如忠如信，则自能亲民。如夫妇相亲，父母子女相亲，又兄弟姐妹相亲，则家自齐。所谓家齐，乃其阖家之人，人人有明德，人各自明其明德而相亲，斯之谓家齐。非有一法律临其上而制之使齐。

人有明德，斯能相感。父慈可感子使孝，子孝亦能感父慈。相亲斯能相感，相感则更能相亲。人之相处，能各以其德相亲相感，斯即人生之至善。人生亦惟求能止于此至善，而更复何求。齐家如是，治国平天下亦如是，人人自能之。而又必待人人之自能之，非可从外从旁有强力以使之然，此即中国人对人权之认识。故中国人权有八字可尽，曰"乐天知命"、"安分守己"。

中国人不言人权，而言人道。道本于人心，非由外力，此始是自由，始是平等。权则是一种力，力交力必相争。力与争则绝非中国人之所谓道。中国俗语云，力争上流，此亦指修身言。彼人也，我亦人也，彼能是，我乌为不能是。希圣希贤，此即力争上流，而岂与人之相争。

《大学》八条目在修身、齐家、治国、平天下之前，尚有格物、致知、诚意、正心四条目。物字古义，乃射者所立之位。射有不得，则反求之己，此之谓格物。射不中的，非目的不当，亦非射者之地位不当，乃射艺有不当。家不齐，非家人之不当。国不治，亦非国人之不当。天下不平，亦非天下人之不当。乃齐之、治之、平之者之自身之道有不当。过不在人，而在己。不能以己志不得归罪他人。此尤中国人尊尚人权之大义所在。

故格物斯能致知，必先知有此规矩不能逾越，乃能反而求诸己，求方法上之改进，而一切正当知识遂从而产生。故孝子不能先求改造父母，天下无不是的父母，即父母而善尽我孝，此之谓人道。吾道所在，即对方人权之所在。岂得背弃父母不加理会，即显出我之人权。换言之，在人有权，我斯有道。既人各有一分不可侵犯之权，则拟必有一套和平广大可安可久之道，以相处而共存。其与高唱人权，相争不已，高下得失，亦不待言而可知。

周武王伐纣，战于牧野。纣之众皆反戈。彼辈亦知纣之为君无道，武王始合君道，叛殷而服周，此亦纣众之人权。自古不闻以纣众之反戈为非者。然伯夷叔齐则以武王不当伐纣，扣马而谏，武王谓其义士而释之。周有天下，伯夷叔齐耻食周粟，饿死首阳之山。伯夷先曾以不违父志，让国出亡。其弟叔齐亦不欲凌其兄而居君位，遂亦让国偕行。两人皆以孝弟修身而让国，又岂能同意武王之出兵争天下。然后世皆崇奉周武王，不闻以其革命为非。而孔子称伯夷为古之仁人，孟子尊伯夷为圣人。人生必有群。君者，群也。有群则必有君。故尊君亦爱群一大义。君有一时之善恶，而君臣上下，乃千古之大防。伯夷之存心，亦惟此千古人群之大防。故孔子称伯夷求仁而得仁，与周武王之吊民伐罪同得称为仁。当孔子之时，君道已久不行。孔子虽尊伯夷，而亦未效伯夷之隐遁饿死。孟子称伯夷圣之清，乃圣中一格。孔子为圣之时，则为集圣之大成。而周武王与伯夷与孔子，乃同为中国古代之圣人。要之，自尽其心，自明其明德，自修其身，自行其道，及其至，虽事业有大小，地位有高下，而同得为圣人。由此亦可觇中国文化传统之大义深旨所在。

中国古人又以经权并称。经，常道。然道虽常而必有变，衡量其是非、利害、得失、大小、轻重而为变者，称为权。故经必有权，而权必合经。变之与常，是一非二。多数人惟当守经守常，惟具大智慧有大见识之少数人，乃能通权达变。孔子述而不作，信而好古，历史经验乃人道守经守常之所本。然孔子又曰："人不知而不愠。"又曰："知我者其天乎。"此乃孔子之随时代而通权达变处，岂尽人之所知。故孔子十有五而志于学，三十而立，四十而不惑，此乃其为学之守经守常阶段。及于五十而知天命，乃其为学之上跻于通变之阶段，又岂人人之所能企。

故孔子又曰："弟子入则孝，出则弟，谨而信，泛爱众，而亲仁。"此乃多数人所当守。又曰："殷因于夏礼，所损益可知也。周因于殷礼，所损益可知也。其或继周者，虽百世可知也。"此则少数人始能知，断非多数人事。知识不平等，亦可谓即是人权不平等。然人权终有一平等处，则即修身是也。修身有高下，人各不同，但亦有一平等处，即人人对人当知有所尊有所亲。果使人人知修身，则人之在大群中，亦必各得有尊之亲之者。而治平大道亦尽是矣。

西方言人权，主要乃为多数人言。人人有权，各自平等，各有自由，遇有争端，惟赖法律为解决。然法律不教人有尊，不教人有亲，仅保卫各人之权利，禁人之为非作恶而已。中国人言道，则主在教人知所尊，知所亲。此尊与亲之两种心情，最是人权基本所在。果一付之法律，法律岂能强人孰尊而孰亲。重法而轻道，则人权终不立。

《大学》一书，在中国成为一部人人必读书，已逾六七百年之久。《大学》言修身，乃教人在大群中如何做一人。西方注意教育普及，乃正名为国民教育，其意在教人在某一国之政府下如何做一公民。教人在人群中做一人，与教人在某一政府下做一公民，此两者意义价值大不同。在上者既要求民众在其政府下作为一公民，斯在下之民众势必要求对此政府有预闻之权。此一要求，乃成为近代民主政治之理论根据。而政治遂成为多数人之事。《大学》又言，"自天子以至于庶人，一是皆以修身为本。"则依中国之道言，多数人欲预闻政治，仍必先自修身。孙中山先生根据中国自己文化传统，乃有权在民而能在政之辨。民众有权要求政府用人选贤与能。政府不贤能，决不能久安于位，此即民权。然选贤与能，则非多数民众之所能。其事仍当由政府少数贤能者任之。中山先生乃于五权宪法中特设一考试权，不仅被选举人当经考试，即选举人亦当先经考试，此始有符中国传统文化之深义。

抑且在人群中做一人，必当知有尊，知有亲，必当知谦虚，知退让，必当知与人和不与人争之大义。果使稍受中国文化传统修身大教之陶冶，而使其人出头露面，在街头大众前，自夸己长，指摘人短，以博取多数之选票，则必耻此而不为矣。果使西方民主政治结党竞选之风气普遍流行于吾国，则国人向来所受修身大教，主谦主让，主退不主进，主和不主争，群认为人生美德者，势必沦胥以尽。而伯夷之清，柳下惠之和，虽其德性修养已臻于圣之境地，亦将不得预于竞选之林。即以伊尹之任，亦当随时代潮流而变其风格。至如孔子之时，则不知对今日之民众竞选，将具何意见，抱何态度。要之，当前之所谓民主政治，一切矩范在西方，不在中国。则身为中国人，惟有作东施之效颦，邯郸之学步，亦复何人权之可言。

文化传统本有相异。西方政教分，宗教信仰独尊耶稣上帝，不尚多数。西方政学亦分，学术各部门科学哲学文学等，各有专门，各有权威，亦不尚多数。惟近代民主政治则转而尚多数。每一事之是非从违，即从举手与投票之多少数而定。其言人权，亦指政治言。中国文化传统则政教合，政学亦合。惟学术必在政治之上。未闻不受教，不尚学，无知无识，亦得与闻政事者。不先修身，焉得问政。西方人主分，故于人事中政治亦独立分出为一项。中国人主合，则政治亦只视为人事中一项。政治领袖与社会平民，职位有高下，而其为人大道则仍合一不分。惟当一政治领袖，其权大。所谓权，乃其通时达变之权。故为一庶人，能守经守常即可。为一政治领袖，通时达变，须具大智慧，大见识，大修养，大决断庶可胜任。中国历史上，历代帝王能胜任愉快者，实不多。犹赖有政府中其他文武百官，辅之弼之，承之翼之，以共维此大业。但犹治乱相乘，不易见常治久安之局。一部二十五史，言之非不详。而岂帝王专制政权之六字，所能恰当表达之。今吾国人，又奈何不重视吾五千年相传民族国家之民族权与国权。五千年来，凡吾国人所能组织成此一广土众民大一统之民族国家，以绵延长久而不坏，其所经营，岂能不闻不问，而仅曰："我有人权，我亦当预闻国事。"乃不惜酿乱以相争。则国人必曰，西方进步，我岂能故步自封，常此守旧而不前。则试问，西方之进步又何在？自第一次第二次世界大战以来，西方实在退步中。美苏对立，岂即英法之进步。两次大战后,不知警惕,不加谨慎,大战之再起,又岂即是美苏之进步。今日美国总统以人权二字来呼喝苏联,而苏联人则以整军经武为对美国争国权之惟一上策。苟无国权,又何有人权。人权乎!人权乎!其终将以何辞作解答。窃恐在西方亦未有一定论。我国人追随其后,恐终亦望尘而莫及。

兹当遵依中国文化传统来试释西方所言之人权。窃谓人权当不属于分别之个人,而当存在于和合之群体。人之处群必有其道,必当有所尊,有所亲。人生来自父母,中国人提倡孝道,为子女者必当对其父母知亲知尊。斯则为父母者,必各得其受尊受亲之地位,此可谓天赋之自然人权。人之处群,所当尊亲者,不只父母。推此知有尊知有亲之心情,以修之身,而见于行,斯其人亦必受人之尊亲。此可谓乃经文化陶冶之人文人权。由此道,而使人群成为一相尊相亲之人群,亦为一可尊可亲之人群。国治而天下平,即在是。

西方人重个人主义,乃谓人权分属个人,争富争强,自尊自亲。近代西方国家之帝国主义,乃至其社会之资本主义,胥由此根源来。但耶稣言,富人入天国,如橐驼钻针孔。是耶稣不教争富。又曰,恺撒事恺撒管。上帝不管恺撒事,则恺撒当非可尊可亲。是耶稣不教人争强。惟西方政教分,故在政始言人权,在宗教则不言。人生与罪恶俱来,岂有权争入天国?

中国孔子之教,与耶稣又不同。孔子五十而知天命,六十而耳顺。凡所闻人之一言一行,入于耳而皆顺。盖孔子至是始知,凡属人,皆有一分天命在其身。故皆可尊,皆可亲。惟当有所教导感化，以使归于正，故能所闻不逆。至七十则从心所欲不逾矩，此心能对人知尊知亲，而能达其极，斯我心自无不是，乃可从其所欲而不逾矩矣。若使对人不知亲不知尊，斯其人即不足尊不足亲。此乃中国文化要旨。惟耶稣则教人对上帝当知尊知亲而已。至今日之言人权者，除其小己个人外，果谁当尊谁当亲？如谓惟当各别自尊其个人之地位，自亲其个人之利益，而人与人之间，既互不相尊，亦互不相亲，则所谓人权亦仅一法律名词而已。若谓法律可以齐家，可以治国，可以平天下，则除上帝外，谁能来制定此法律。故中国人向不重法，而一切最后则归之于天命。天命则犹人生中最高最大之法律。然谁知此天命，则仍贵由少数以达于多数。中国教人，惟教多数亲少数，尊少数。而岂尊多数个人各自之人权。然果使吾国人能对此五千年炎黄以来，历祖历宗，所艰难缔造之民族国家，历史文化传统，古圣先贤之嘉言懿行，知所尊，知所亲，则道在迩，不烦求之远。中国人权即可由此而得。

今人言人权，权字本义为权衡，舜父顽母嚚弟傲，日以杀舜为事。何以处其家，此须舜之自作权衡。周武王伐纣，伯夷叔齐扣马而谏，武王不从。既得天下，伯夷叔齐耻食周粟，饿死首阳之山。阳货欲见孔子，孔子不见。阳货时其亡而往拜之。孔子是否当答拜，则须孔子之自权。楚聘庄周以为相，允之拒之，则待庄周之自为权。司马迁以死罪下狱，非出五十金赎，则自请宫刑可免，亦待迁之自权。严子陵垂钓富春江上，光武招之，仕乎否乎，亦待子陵之自权。曹操封关羽以汉寿亭侯，留乎去乎，亦待关羽之自权。岳飞出师金仙镇，朝廷以十二金牌召还，父子终死风波亭下。文天祥在蒙古狱中，为《正气歌》，卒赴刑场。曾国藩以在籍侍郎办团练自卫，应邻邑之呼援，卒以平洪杨。即如为陈胜吴广，为黄巢，为李自成张献忠，为吴三桂，为洪秀全杨秀清，何亦非其自权，又何一非其自由。以上不过偶举其例。读一部中国史，邈古不论，唐虞以下四千年，即一部人权史，亦即一部自由史，岂不昭彰已显。

中国人分人为狷，为狂，为中行。孔子所最个齿者为乡愿。生斯世，为斯世也善，斯可矣。此非其人自为权衡之一种自由乎。即如一部西洋史，希腊人亦自权自衡自由为希腊人，罗马人，中古封建社会，近代国家资本主义帝国主义诸色人等，亦何一不然。直至晚近世，始有自由之呼号，更进而有人权之主张，此非一可怪之事乎。试一比读中西双方史，始知其深蕴之所在矣。今国人则群以不知自由不知人权为中国古代人耻，不知其较乡愿之可耻又为何。

三〇　简与繁

人生有喜走向简单，有喜走向繁复，此亦中西文化一歧点。

姑以音乐为例，中国在三千年前即极知重视。其时乐器有金、石、丝、竹、匏、土、革、木八种，但以丝竹为主。诗曰："鼓瑟吹笙。"丝音之主为琴瑟，此后渐变出筝篌与琵琶。琵琶弹奏自较琴瑟为简单，又其后有胡琴，不用指弹，只用手拉，只两弦，更简单。笙如庄子所谓之比竹。其后仅用一管，如箫笛，亦更简单。明代昆腔以笛为主，清代皮黄以二胡为主，皆极简单。其他乐器皆属配音，亦有趋于简单之致。中国人重视人生之整全体，一切发展尽视其对此整全体之功用与影响而定。

中国古人重视礼乐，礼为主，乐为副，乐当配于礼而行。《书》有言："诗言志，歌永言，声依永，律和声。"乐以配于诗，言语则配以文字。诗以言志，所谓志，实属情感方面。《尚书》所言皆关政治，故用散文体。《诗》以表达情感，故用韵文体。所言不同，文体亦随之而不同。情感不易言宣，喜怒哀乐，有无可言者。情志深处，又绝非一两语可为表达，则惟有表达之以声。如哀则哭，喜则笑，然哭笑又嫌太简单，仍不足以深达人心之深处，遂有歌以代。我之情志，只一语可尽，而又万语千言不能尽，则以诗以歌。诗限于文字，仍属言。而歌则永其言，使其一语缠绵，反复而不尽，此所以达吾之情。又依声而副以乐。使吾之歌更尽其缠绵反复悱恻动人，而吾志遂庶可达。是情为志，言副之，诗又以副言，歌则以副诗，而乐则又以副其歌。其间有主有副，而副则终不当转而为主。如人无情志内蕴，何来有诗有歌，更不必有乐。故乐之在人生中，少可自发展，自为主，以成为人生中一独立项目。此乃中国人生主要趋向之一例。

试再以旁例说之。礼，妇有容。而又言女为悦己者容，此又不同。其意不在礼，而在情。女之有情而为之容，亦如唱诗言志，以永其言而已。故此女之为容亦决不违于礼，非特为容以求取悦于人。犹歌者之非特为此声以取悦于人。失其本主，而徒求取悦于人，于是音乐乃始在人生中自有其独立发展之前程。中国人则不乐有此等独立发展，遂称之曰淫声。淫，多余意，如称淫雨。女有淫色，乐有淫声。声与色，在人生整全体中，皆有其正当作用，因亦皆有其意义与价值。多余则为淫为害，为中国人生所力戒。

古诗三百首之配有乐，此本有甚深意义。但古乐渐衰，今乐日兴，乐声渐趋于淫，后人乃仅诵其诗，而不复配以乐。故至汉代，有《诗经》，无《乐经》。因古乐沦亡，而今乐又日趋于淫。经学家讲究人生，不再加以提倡。然歌与乐之在整体人生中，终不能缺。燕人送别荆轲，歌曰："风萧萧兮易水寒，壮士一去兮不复还。"此亦诗以言志。"壮士一去不还"六字，岂能尽当时送别者之情意。然亦仅此六字可言，乃只有加以歌唱，以永其言。当时抑或可有人随带乐器配合歌声以为之和，而庶可更多其表达。惟记者则仅言送别者之歌，而未及其乐。此即古诗三百首中风诗之流变。项王困于垓下，而有"虞兮虞兮奈若何"之歌。试问此七字，内涵项王当时几许心情，非以诗歌唱，其何以达。但此垓下之歌，以当时情势言，决不附配以乐器，亦可知。但以乐副歌亦人心一种至深厚之自然要求。后人言丝不如竹，竹不如肉，则歌声自胜于乐声。但乐声之附带于歌声，则此下中国一部音乐史终属常然。

汉高祖以一泗水亭长贵为天子，锦衣荣归。丰沛父老，乡里民众，集会欢迎，高祖有"安得猛士守四方"之歌。较之项王垓下之歌，一喜一悲，而亦忧深思远，有其说不出说不尽之一番心情。付之一歌，附之以乐，此与垓下情势大不同。但此等音乐乃始于人生有大意义大价值，亦可谓乃汉初开国一气象。岂仅为音乐歌唱而止。在中国文化体系中，音乐不能有其专门独立之发展，此等妙义，又岂尽人可知。

武帝在位，始命李延年广搜各地民歌集为《乐府》一书，此亦三百首中风诗之遗响。能下察民情，了解各地之风俗疾苦，此亦为政一要端。然而时变世易，一千年前周公制礼作乐之深情密意，汉武时已不能追求恢复，此亦无足深怪。要之，音乐乃中国文化体系中一要项，则无可否认。

曹孟德挥兵南下，而有"月明星稀，乌鹊南飞，绕树三匝，无枝可栖"之诗。蔡文姬自匈奴南归，而有《胡笳十八拍》之歌。凡此之类，皆渊源深远。下至唐代，七言绝句，仍皆付之歌唱。其事多见于唐人之传奇杂载中。宋代则有词，元代则有曲，文学流变，但亦多副之以歌乐。至于丝竹乐器，虽多独立吹奏，但终不得谓在中国文化传统中，音乐有其独立发展之一途。如明代之昆曲，清代之平剧，乐器演奏，皆占重要地位。但其演变，主要在文学一端。而音乐则仅为其附属品，亦不待深论而可知。

今论文学。《诗经》为三千年前一部文学总集，为中国文学传统之鼻祖。此下三千年之中国人，无不爱诵知敬。即近代国人提倡新文学，排拒旧文学，亦于《诗经》尚少诟詈。窃谓专就此书，正可阐申中国文学之特性。孟子曰："《诗》亡而后《春秋》作。"《春秋》之为史，涵有极浓之政治性，而孟子不以《春秋》继《尚书》，顾以继《诗经》。窥其意，《尚书》只收集一些政治文件，乃历史材料，而非一部历史著作。《诗经》则包罗西周一代，远自后稷文王以来，又旁及列国诸侯。既富社会性，更富历史性。其在西周一代政治上之实际运用，亦更重要过于《尚书》。苟不熟当时之政治情况，即决不能窥其诗中大义妙用之所在。此可说明中国文学自始亦即无其独立性。换言之，文学亦当在文化之大体系中而始有其地位与价值。乐以辅诗，诗以辅政，必与其他事项会通配搭，始能于人群大道社会整体有其相当之意义。诗言志，志亦然。其他事项莫不然，此为中国文化传统一大特色大要项所在。

孔子曰："诵诗三百，使于四方，不辱君命。"春秋时代，国际外交多以唱诗代达辞令，其事具详于《左传》。

孔子又曰："不学礼，无以立。不学诗，无以言。"人与人相交，必以言语传达意志，而又戒直率冒犯，故以诗代言，斯则最为有礼。国际外交辞令，尤为重要。孔门四科，言语犹在政事之上。如是言之，修身齐家治国平天下，皆有待于学诗。孔子又曰："人而不为周南召南，其犹正墙面而立。"面墙而立，岂处群之人道。则诗之为用，不仅以言志，乃使言与言相接，志与志相通，人生之整全体由此而立而成。岂仅以取悦于人或擅名于己而有音乐与文学之发展。

《离骚》继《诗经》而起，同为中国文学古远之鼻祖。"离骚"犹"离忧"，乃由屈原之忧心而作。然屈原所忧，不在其私人，而在其宗邦。忠君爱国，志不得伸，终于沉湘而死。非知屈原其人，非知屈原之时代，非知屈原当时之天下，即不知屈原之所忧，亦即无以读《离骚》之为文。故欲通《离骚》，首须读《史记·屈原列传》。知其人，知其世，乃能谈其文。亦如不知周公与其时代，即无以读《诗经》三百首。故中国传统文学，必与史学相通，必与其作者之身世，与其当时人生之整全体相通，乃知作者之志之所在，而其作品之意义价值始显。换言之，即文学非有独立价值可言。文学之意义与价值，乃不在其文学之本身，然后乃得成其为文学。此又岂今日所谓文学专家之所得预知。

诗如此，骚赋如此，即散文亦然。战国时文字最为后世传诵致敬，认为文学之上乘楷模者，有乐毅《报燕惠王书》。读此书，当先知乐毅其人，其身世，及其离燕去赵之经过。知其人，读其书，又当论其世。必先有知于当时之人生整全体，以及作者个人之所志所立，而尤要者，则在读者所自立之志，如是始可会得其作品之精义妙道所在。若必脱离一切，专以文学言文学，则中国文学决不如此。

继乐毅《报燕惠王书》后，有诸葛武侯之《出师表》。诸葛武侯高卧隆中，即以管仲乐毅自比。斯其有志当世为一大政治家可知。然其《出师表》言："苟全性命于乱世，不求闻达于诸侯。先帝三顾臣于草庐之中，遂许先帝以驱驰。"则其出处之间，亦可谓略与乐毅相似。所谓苟全性命，苟不知人生之整全体而有其所志，则何为性，何为命，亦岂易言。迨及荆州失守，刘先主逝世，大局不可为，诸葛固已知之，故曰："鞠躬尽瘁，死而后已。"此亦即全其性命之所在也。此种为人处世之大志大节精神所在，苟非有通于我中国传统人生大道，即人生之整全体，则又何足以及此。故非其人则无其文，非其志非其世则无其人。乐毅与诸葛武侯，时代不同，此为命不同，而两人之于性之表现亦若有不同，此两文遂亦不同。以此两人比之屈原周公，又不同。故曰："苟日新，又日新，日日新。"文学亦日新又新。墨守前人成规，岂得成为一文学。但又岂立意创造之作品，乃得成为文学乎。

上举周公、屈原、乐毅、诸葛亮四人，皆从事政治。随其所需，而得创造出中国文学之极高榜样。而在四人之当时，可谓乃尚未有文学一观念之存在。此四人亦绝未想到撰出文学作品，成为一文学家。中国人开始有文学观念，可谓即在诸葛亮同时之曹操，即后世所谓之建安文学。曹子丕乃有《典论·论文》一篇，备及当时诸文学家，而曰："文章经国之大业，不朽之盛事。"后世之有文学独立观当始此。但必以文章为经国大业，是其文学观仍未能脱离政治观之证。

晋宋之际有陶潜,唐代开元天宝间有杜甫,皆未于政治上有表现,而独以文学擅名。然彼两人心中,亦何尝欲专为一诗人或文学家。韩愈文起八代之衰,为百世之师,而曰:"好古之文,乃好古之道也",则亦岂专一有志于文学而以古文家自命。即如十国时之李后主,及南宋之辛弃疾,亦何尝欲专成一词人。近代国人,乃专认元代明初之剧曲说部为文学,因其略有似于西方文学之所为,不知其特为中国文学中一歧流,一别派,一旁支。时代人物不同,而作品亦随而变。上述古人多求在时代中做人,近代国人乃求特出时代在时代外做人。读古人之作品,当先知其作家。读近代作品,可不详究其作家。亦可谓中国一部文学史,凡其作品乃均涵有作者之一番苦心存在,而此心当不得仅谓之文学创作心,乃正胚胎于全体文化之传统中而生此心,亦非别有所创新。清初,金圣叹以董解元之《西厢记》,施耐庵之《水浒传》,媲于庄周、屈原、司马迁、杜甫,定为中国六大才子奇书。此实不失为一种通识。圣叹亦在异族政权统治下,故特寄意于《西厢》《水浒》之作者。而岂如近人之强为区分,必以开新除旧之见羼其中乎。

《小戴礼·大学》篇提出修身齐家治国平天下四项,条贯而上,为人生之大本要旨。中国并无社会一名称,所谓天下,实犹西方人所言之社会,而广狭不同。西方社会在政府之下,中国人言天下,则在政府之上。政治乃人群中一组织,然所能讲究治理者亦有限。天下则更超政治之上,犹言人道尤超于治道之上。《小戴礼·礼运》篇言天下为公，即指普天之下之全人群言。古今中外全世界人，言社会则花样百出，言天下则全体如一。简单繁复之分别，主要乃在此。

周公事业主要终在政治上，孔子事业则超乎政治而在天下后世人群大全体上。中国人尊孔子为至圣先师，其地位尤超尧舜禹汤文武周公而上之。中国人又言"作之君，作之师"，师道当犹在君道之上。此又中国人一特有观念。

范仲淹为秀才时，即以天下为己任，先天下之忧而忧，后天下之乐而乐。其时宋以外尚有辽与夏，天下分裂，仲淹仅为宋朝一秀才，未登仕途，乃即知以天下为忧。此惟中国传统之士，乃有此想。仲淹极推东汉严子陵，子陵值光武东汉中兴，垂钓富春江上，不出从政，其出处进退实有关人道之大。孟子称伊尹圣之任，伯夷圣之清，柳下惠圣之和。庄周、屈原、陶潜、杜甫，不从事政治活动，而同受中国后代人崇奉。其仕其隐，亦有外在条件。为清为和，同得为圣。顾亭林有言："国家兴亡，肉食者谋之。天下兴亡，匹夫有责。"其言天下兴亡，乃指人伦大道，风俗民情，即人生之总全体，近人谓之文化。政治仅文化中一项目，在政治上无可用力，犹可在天下更高处文化之广大面用力。惟其用力中心则在各己个人身上，至为简单。苟无此中心，则时地不同，性情不同，各有志向，各自努力，各辟途径，互不相关，并生冲突。在人事繁复中，乱端迭起。而无一共同大道可遵。乃仅于繁复中求其融和会通，此事甚难，西方社会即如此。

希腊乃一商业社会，各人经商道路不同，向外发展，相习成风，影响及于学术界。如文学，不重作者从人生内部深处自吐心情,以获读者之同感。专从外面猎取恋爱战争神话探险等题材,讲造故事,曲折离奇,紧张刺激,取悦人心,消遣娱乐,斯即至矣。所谓文学之美,在外不在内,在事不在心。如此发展,乃于人群大道日趋日远,转增纷扰。

又如音乐,中国重由内发出之心,西方重向外发展之音。故中国音乐与文学常能融合为一体,而西方则音乐文学各自独立,分别成两途。以乐器言,如中国之笙,转入西土,演变为风琴,组织繁复,音声之变,日渐超越。尤其如各乐器合奏,益增繁复。音乐乃若离开人生,别有一境界独立在外,待人寻求,由人发现。不知音乐本亦从人生内部发出,如鸟鸣兽啼,在鸟兽内心自感舒畅。西方音乐则变而益远,至少由声动心,非由心发声。愈失其简单,愈趋于复杂,遂使人生问题日漓而失真。

更如希腊有哲学,乃为人生要求认识问题解决问题之一项学问。但亦不本之于内,而主向外寻觅,乃有宇宙论形而上学等讨论。而在中国则无之。中国所谓一天人,合内外,仍主反就己心自找出路。故《论语》论仁,孔子并未把自己意见组织成一套仁的哲学来自我发挥,只就其门人随问随答,留待问者之自悟自定。儒家如此,道家亦然。凡属中国思想,都不独立成哲学一门,亦并不讲究逻辑,强人服从。但由此却正见其自信之深。孔子曰:"人不知而不愠。"又曰:"知我者其天乎。"但自信深,而对人则有仁有礼,此即中国之人道,亦可谓即是一种人生哲学。西方则如亚里斯多德言:"我爱吾师,我尤爱真理。"惟求自伸己见,恐人不信,多方作证,成篇累牍,著作专书。但多外面发挥，而己心之内蕴则转少。人生外部何等广大繁复，道路分歧，景象各别。聪明智慧无继承，无积累，各自向前，乃终不能有一共同之定见，则又何所谓前进。所进则惟日趋复杂而已。

孔子卒，墨翟杨朱竞起，皆反孔子。孟子则曰："乃我所愿，则学孔子。"各人为人群一中心，皆可自择其所学。一世尽臻于乱，而我一人仍可自学自修以臻于自治。孔子曰："后生可畏，焉知来者之不如今。"孟子即孔子之后生。孔子能自修其身，孟子亦然。两千年来愿学孔子者多矣，各得自修自治，不随一世以俱乱，人道遂终得一大传统，与天地以俱存。孔子畏后生，此诚一种甚深之人生哲学，而自信之坚，亦建基于此，岂待言辨。孟子曰："余岂好辩哉，余不得已也。"今诵孟子书，其所谓好辩，亦与西方哲学中之辩学有不同。其故可作深长思。

庄周与孟轲略同时，兼反儒墨，倡为齐物论。孟子曰："物之不齐，物之情也。"阶前小草，岂能与千年古柏相齐。墙角一老鼠，岂能与深山猛虎相齐。庄子则以比竹人籁众窍地籁为喻。风为地籁，兼众窍声为声，吹万不同而使其自己，咸其自取。众窍自发声，合为一和，冷风则小和，飘风则大和。风非有声，乃和众声以为声。人间世群言共鸣，合成一大共和声。岂能以一声蔑众声。然庄子则效大鹏高飞远走作逍遥游，但世间除大鹏外，亦自有鷃鹨，不妨两存。此其意境何等恢宏，亦何等豪放。

其实儒家亦与庄周持义无大相异。孟子告曹交："子归而求之有余师。"不屑之教诲，是亦教诲之矣。孔子曰:"有鄙夫问于我,悾悾如也。我叩其两端而竭矣。"鄙夫亦自有其意见,孔子亦只就其意见推及其正反两端而加以叩问,使此鄙夫自有所取舍,执中亦出其自取。孔子之所最恶者曰乡愿,以其随众无己见。孔孟亦何尝欲以一声掩众声。但孔子又曰:"君子之德风,小人之德草。草上之风必偃。"孟子又曰:"待文王而后兴者,凡民也。若夫豪杰之士,虽无文王犹兴。"豪杰之士,即犹庄周之言大鹏。故儒道两家,义非大殊。中国三四千年来一部思想史,实乃集众呼声成一大和。如吹笙管,众口一声,先后一调,诚可谓简单之至。

西方人则各务自创一调,自成一声,以不和互异为尚。不自辟蹊径,则不得认为一思想家。故一部西方哲学史,则日趋繁复,不相协调,而成一争衡不统一之局面。循此以往,争衡愈多愈烈。宗教若求大同,然宗教与哲学仍不和,仍有争。

科学则更多歧,更繁复,更以启人争。故西方学术最后乃归趋于科学一途,惟求知物,不求知人。人亦物中一物,与物为伍,乃至从物为奴。而人事乃更趋于复杂。果使有物无人,宇宙重反于大自然,则较当前人世岂不转趋简单化。岂此乃非人性之所向往乎?即以医学言,中国人认人身一体,医理亦力求简单。西方医学重解剖,病生一处,即加割除,其对全部人生亦如此。希腊病,割除希腊。罗马再病,割除罗马。全部欧洲史,直到现在,依然如此。一部西洋史,乃一部人类病痛割除史。历经大手术,病痛越大,愈求简单,愈趋复杂。中国则四千年来依然一中国,首重卫生调养,割除大手术极少应用。此亦简单与繁复之一具体明例。今人乃谓中国无科学,焉得如孟子之好辩者起而辩之。

总之,中国主从整全体来推申及于各部分,故其事简单。西方主从各部分来会合组成一总全体,则其事繁复。何以有此岐趋,则散见本书各篇,此不一一详论。

三一　尊与亲

（一）

天地君亲师五字，始见荀子书中。此下两千年，五字深入人心，常挂口头。其在中国文化中国人生中之意义价值之重大，自可想象。但在西方则似乎仅有天与君两字。耶稣自称为上帝之独生子，上帝事由他管，恺撒事则由恺撒管。天上人间划然分开。但他则由恺撒管了，钉死在十字架上。此后罗马皇帝亦信了耶稣，但上帝只管皇帝之死后，人间事则仍由皇帝管。一时有神圣罗马帝国之想象，但终于做不到。政教分离，天与君在西方遂生死两界分别为两尊。

孔子亦尊天，《论语》可证。庄老道家，以及邹衍阴阳家以下，乃天地并尊。有些处则地代表了天。天高高在上，哪管得尘间私人一切事。尘间私人亦无法一一接到天，于是在人间由君来代表天。西周统一天下，上推文王为开国之君，乃言文王之神在天，克配上帝。诸侯来朝，皆祭文王。在其国内则只祭其境内之山川，所谓河岳之神是已。民众则只祭土地神，即所谓社。稷为五谷神，天子祭社稷，则天上人间同有尊崇融成一片。而人间则自有尊卑之别，故民众不得径祭天，只祭土地神。

周文王天下同尊，祠在京师，列国诸侯须赴京师与祭。在其国内，惟得祭其开国之祖，不得祭文王。卿大夫亦各祭其祖，须陪赴诸侯之祠，始得祭其国君。故惟上帝与天子乃天下所共尊。此下则人各私其私，亲其亲。天子则以至尊待天下以至公，此下诸侯卿大夫各等职司，层累而下，斯民各得所亲，可各伸其私。层累而上，以获天子与上帝至尊之兼顾。故俗言天高皇帝远，尊而不亲，而仍觉其可亲。此乃中国人文大体一极细密之组织，务使此总体之尊而可亲，此乃其极深用意之所在。

西方如古希腊，尚未成一国。城邦分治，选民集议，亦并无一共尊共亲之对象。故希腊社会，实为一无尊无亲之社会。个人主义之功利观念，遂得普遍流行。

罗马帝国建立于武力，故其社会，乃有尊而无亲。耶教传入，群信上帝天国，仍是有可尊而无可亲。或可尊在上帝，而可亲则仅在恺撒。罗马人亦知有家庭，但尊父，称父系家庭，社会则尊法律。故仍若有尊无亲，则大群集居，宜趋于崩溃，而无可收拾。

中古封建时代，堡垒贵族，亦各仗武力。若论大群，则亦无可归向，当时有神圣罗马帝国之幻想，欲依上帝神权来统治各贵族。以教廷之教皇为代表，其地位乃高出封建贵族之上。然政教终属分离，教皇实无权力来统治贵族。于是私人内心要求直接上帝，则反觉教皇横亘其间，乃有马丁·路德之新教兴起。实际则终有文艺复兴之城市兴起，此乃希腊型之复活。继之而有现代国家，则为罗马型之复活。于是政治所尊在人间，宗教所尊在天上。而帝王专制，终非可尊，遂又有人权运动之革命兴起。政府改为民选，政治元首成为公仆。独立平等自由人权之呼声，弥唱弥高。人类大群，乃无一共同所尊。于是在国内则争财富，乃有资本主义。国际则尊武力，乃有帝国主义。西方社会乃彻头彻尾，只向个人主义之功利观念一途上前进。

至于宗教所尊之上帝，则转觉各人可以私下相亲。但耶稣明说，富人上天国，如橐驼钻针孔，而资本家大富翁，仍亦信上帝。似乎上帝亦仍许其进入天国。此如父母之亲其子女，子女虽骄纵，父母终亦不忍深究。是则上帝之道，亦不能如人世父母之教子以义方，当终不能领导此世界，惟留人一条可亲之路而已。故近代西方虽自然科学倍极发展，天文学物理学生物学新发明竞起，处处与宗教信仰有冲突，而科学宗教终亦并存。不忍放弃其一，亦只为此。

中国社会则不然。虽说天高皇帝远，而地在天之下君之上，则可尊又可亲。人生必在地，天亦必倚于地而见，政亦随于地而施。普天之下，莫非王土。食土之毛，莫非王臣。天地人之关系，亦可据是而见。故地之可尊，一如天与君，而其可亲则过之。中国人言天人合一，其最显见者，则莫过于人地之合一。凡一名胜，必有古迹。凡一古迹，皆成名胜。圣贤明德，乃与河岳山川结不解缘，同尊同亲。即如城隍土地神，到处有之，皆与其地之孝子烈女，忠臣义士，亦同尊同亲。人生地上，后人乃若与前人同群同生。长宇广宙，融成一可亲可尊之境。故中国古人，言天必兼言于地。中国人之天地并言，亦中国文化一特征。又由土地而旁推及于金木水火，地上万物，合为五行，同此德，亦同此心，可尊可亲。人地合一，乃天人合一之具体实证，而为人生之最安乐之所在，亦为人死之最后归宿处。中国人从未认为人死必离开地而升上天去，此亦与西方信仰一大不同处。西方人之视地，则惟有利用价值，既不亲，更亦无足尊。而中国人之人群相尊，尤其尊师，乃有更在其尊地之上者。

人之有生，赖于父母。故父母之尊，实可上拟于天，而亲尤过之。中国五伦最重孝，孝为百行之首。故父母之尊乃在君之上。中国人只言移孝作忠，可见人当先有孝，亦必共有孝。出而从仕为臣者，遇父母丧，必告假乞归，守哀三年，君丧则无此礼。故不孝则非人。既有孝，斯必有尊有亲，不能有个人主义。人之孝其父母，乃本其有生之情义，非为功利。孝如此，百行亦当然。天地生人，亦非为功利，乃一大自然。中国人言道义，亦一本于大自然。故曰杀身成仁，舍生取义，仁义亦天地大自然。故人亦必以仁义为情义，而岂功利之足云。

明此天地人之自然大道义以教人者是为师。不明此道此义，则人而非人，故人生自幼即从师受教。师之可亲，拟于父母，可尊则尤有在父母之上者。父母生我，使得为人。师教我，使知为人之道。父母之亲，则若有私。师之尊，则一本之公。故父母重抚育之慈，道义之教，则在师。若父母教子女以孝，似若父母有私，故父子不责善，又易子以教，乃见道义之大公。

韩愈《师说》篇云："师者，所以传道授业解惑。"人道即天道，人道沦丧，祸乱相寻，天道亦无以见。人生必有业，业皆以善道，亦即以善我之生。君亦一职一业，亦有君道，亦待师之教。故人群中有师，其位当尤在君之上，为君者亦必尊师。孟子曰："闻诛一夫纣矣，未闻弑君也。"纣无道，乃为一夫可诛。则为君者，亦必尊道尊师可知。于道于业有惑，则赖师为之解。故传道授业解惑三者实一事。

圣君必推尧舜。孟子曰："人皆可以为尧舜。"非言必效尧舜之为君，乃学尧舜之为人。为师莫高于孔子，孟子曰："乃我所愿，则学孔子。"然不曰人皆可以为孔子。故孔子弟子曰："夫子贤于尧舜远矣。"则师尊于君，中国古人早有定论。故人可以不仕，但不可以不学。人可以不亲于君，但不可以不亲于师。中国人重道犹过于从政，尊师尤过于尊君。自称弟子，则视师犹父兄。又自称门人，犹言家人。孔子死，门人心丧三年。孔子曰："回也视我犹父，我不得视犹子。"则孔子颜渊，岂不如父子之相亲。

孔子终生，门弟子七十余人。此后师道益广，而弟子之亲其师，则若无减。即君之事其师，如东汉之明章二帝，其尊其亲，亦一如社会之平民。下及北宋，王荆公程伊川为君师，争当坐讲，君为弟子当立而听。当时从之，后人亦未有非议。则中国天地君亲师五者中，惟亲与师为最当亲，亦最当尊。自孔子以下两千五百年来未有变。事例昭彰，不能缕举。

人生有亲，乃由人之性。亲中又有尊，乃属人之行。仁本于性，乃见人之德。智由于行，乃成人之业。生而不知有亲,是为不仁无德。生而不知有尊,是为不智无行。尊必尊其亲,亲必亲其尊,尊与亲又必相和合融为一体,斯为德性与事业行为之合一,即仁智合一,此为人道之大本,乃人生之原始与归宿之所在。西方人男女恋爱结为夫妇,斯亦成家。但父母子女之爱则较淡。子女成长,各有婚嫁,又别成家。故其人道,似以夫妇结合为中心。异性相合,乃暂时的。中国家庭以父子相传为中心,世代绵延,此为长时的。兄弟亦可分财别居,但同尊一父母,其精神则仍属一家。于是世代相传,由家成族,有祠堂,又有义庄,绵延至数百千年以上,仍有一共尊之祖先。

母族则称外家,为表亲。故中国乃为一宗法社会,古代之封建政治亦由宗法社会来。由亲亲而贵贵,中国民族之人一统乃在此,与西方中古时期之所谓封建人异其趣。故中国古代之封建政治,以生物学言,乃同一血统。以文化学言,则由亲亲而达于尊尊,乃同一德性。尊君亦尊其祖先,亦尊其所亲,非凭权力以为尊。井田授地,亦非农奴,君民上下一皆有其所亲,仍属平等。

亦可谓中国社会乃一个人中心之社会,而非个人主义之社会。人孰不有父母祖先,亲而尊之,斯一家一族即以个人为中心,但绝非个人主义。或疑中国社会重男轻女,但在一家中,母更亲。周人尊其祖为后稷,但《生民》之诗述及后稷母姜嫄,而不及其父,岂此之谓重女轻男。依西方人观念来解释中国事,必有难圆其说者。姬姜两族,世代联姻。果使男女必争平等,妇不为媳,婿不为子,子女各自成家,不复亲其父母,则只有效西方之短暂家庭。亲既不存,尊又何来。人之所亲所尊,不从其自然内心来，乃转从外面财富权力来，人生苦痛即由此。若不尊财富权力，而求一共尊，则惟有宗教。但上帝耶稣，可尊终不可亲。而仍留一恺撒，强之必尊，故遂不断其独立平等自由之要求。但人类之群体又何从而维持，于是尊恺撒转而为尊法律。近代西方之民主政治，必得三权分立，民主乃由法律来。然法律亦终非可亲。人群相处，而心不相亲，又何以善其群，此诚一大问题。

故人群相处，终必建基于各人内心之相亲。有亲斯有尊，尊必本于亲。则天理人情，吾道始可一以贯之矣。此道由师而传。师之传其道，则首贵教人以修身。《大学》言自天子至于庶人，一是皆以修身为本。其实修身只在修其心，此曰明明德。必使其心知所亲知所尊，则齐家治国平天下皆一以贯之矣。修身则必由己，不能由他人作代，亦不能由己代他人。故惟修身乃最独立最平等最自由之人生大道，而必属于个人。其实一切可亲可尊，皆由各自一己之心来。而己心之有亲有尊，乃更见己之可亲可尊。故谓中国社会乃以个人为中心之社会，但绝非个人主义。

西方宗教信仰似近中国之所谓道。惟中国人于人道天道有分，故曰："天道远，人道迩。"而耶稣不就本身可亲之人道，而只教人信在远之天道，此则与中国异。中国以人教人，孔子述而不作，信而好古，非自创教，乃称述古人以为教。汉宋儒教，皆承孔子。故其道乃人群之道，乃我民族自古相传之大道。可广大，可绵延。今人乃讥中国人为守旧泥古，宇宙间宁有一日新月异之上帝与天堂？又宁有一日新月异之国与群？惟个人在人群中，无尊无亲，乃见其短暂多变为可慨耳。

西方哲学，亦历两三千年。但必人人自立说，自创论，始成一家。故西方哲学，均重思维探讨辩论，而无所谓传道。中国师道，惟贵善述古人之道而传之。孔子传述周公，上及尧舜。墨子述禹，庄周述黄帝，许行述神农。战国九流十家，皆有所述。郑康成朱晦翁，为汉宋两大师，亦功在传述。师之贵与尊，在其人，更远过于其知识。略近西方之宗教，而与哲学为远。近人但称孔孟庄老郑朱为思想家，斯又失之。或称学者，乃庶近似。

抑且中国成年犹从师，一大师之门人弟子，尽属成年人。其学乃谓之大学。终身于学，斯乃人生大道。韩昌黎言："师不必贤于弟子，弟子不必不如师。"而为弟子者必尊师，此为礼之常然。故中国之师道，乃与中国之历史文化民族精神，相融而为一。西方近代之国民教育，乃教幼年为一国民。不及成年，亦非教以为人之道。进入大学，则惟传播知识。皆与中国之所谓小学与大学者不同。

近人又谓国人尊孔，乃由专制皇帝所提倡。董仲舒三年目不窥园，尚在其为《贤良对策》前，岂亦由汉武帝所提倡。武帝在即位前，亦师儒家受学。及其即天子位，尚属一青年，读董仲舒《天人对策》，而加喜爱，乃因近其师传。此下中国乃有士人政府，岂不与帝王专制背道而驰。后人尊董仲舒更尊于武帝，乃为尊其道与学。公孙弘不能正道以言，乃曲学以阿世，特为后世所轻鄙。汉宣帝欲立《公羊》博士，须经博士论定。东汉太学生则轻视朝政。东晋南渡，王与马共天下，此下南北朝多门第执政，亦非帝王专制。孔子之尊，乃由历代中国学人之自由意志之共相推尊。周濂溪言："士希贤，贤希圣，圣希天。"中国乃一四民社会，士风如此，而政风随之。故中国人尊孔乃远在其尊帝王之上。帝王亦必尊孔，始为国人所尊。而历代学人见尊过于帝王者，亦累世有之。

今人又每以孔子与耶稣释迦同视。惟耶教必结党以博人信。佛教僧侣沿门求乞，不闻僧侣沿门传教。高僧则居深山，世人自往学。但教出世，则与孔子之教淑世异。而孔子之非一宗教主，则亦一言可尽。人自束脩以登孔子之门，乃自求其尊亲，孔子则学不厌教不倦而已。中国人重言信，必自信其己，而后能信及他人，人亦自信之。既有上帝，亦必由己之信。不求自信，而仅求信上帝，则显存有功利之心，而非道义之归矣。父母则可亲可尊，不在其可信。师道亦然。

今再要言之，个人主义与功利观念，不成家，亦不成国，又何以言及天下。宗教信仰，灵魂死后登天堂，仍属个人主义之功利观念。即如佛教之言涅槃，中国学人亦谓之是一种个人功利观。必人与人相亲相尊，乃始是中国之人伦大道。宗教之信在外，亲与尊则在心在德，此即人生之至善。故中国文化惟以人之德性为重，所谓"一天人""合内外"端在此。此乃中国文化之深义所在，当加以深切之体认与宣扬。

（二）

中西文化各走了一条不同的路线，双方亦各有其升降起落，同以曲线前进。若随时以一平切面来衡量，则极难判定其是非得失之所在。近百年来，此两线始紧密接触。

中国满清政权，已走衰运，即无外忧，内乱亦不可免。嘉庆末之川楚教匪，即其显征。而西方则正值上升之期。西葡英法，扬威海外，所向无敌。帝国主义，殖民侵略，如日中天。鸦片战争，英伦以一岛国，迫使清廷割地赔款开埠通商。国势之强弱高下，俨有霄壤之别。然而各有因果，各有其内部之所以然，非可邯郸学步，舍己从人。正是自毁生命，万无是处。但中国以前究是何等一社会，惜乎近代中国学人乃鲜有措心及此者。

马克思论西方，先为农奴社会，次为封建社会，下及近代，乃为资本主义社会，而主张改为共产社会。以中国社会论，既非西方之资本主义，亦不同于其中古之所谓封建社会。中国自古以来，有一中央政府，决不当与西方中古时期相提并论。又西方希腊罗马时期皆有城市，而中古时期无之。中国则唐虞以下，早有城市，即政府所在地。中央政府所在称京师，如西周之丰镐。诸侯政府所在地曰国，如鲁之曲阜，齐之临淄。此下复有分封，是曰都。如鲁三家分封，有费郈郕三都。此下尚有城市，如子游为武城宰。战国时，齐国共有七十余城。专以商业名者，如陶朱公所居之陶。中国古代社会，即以城市为中心，此又与西方中古时期大不同。

城市既为政府中心，社稷宗庙君臣百官廨署皆在。民众亦同居城中。农民郊外授田，春夏秋二季出居城外，故曰田中有庐。冬则归入城居。士农工商同为民，农属第二位，焉得独为农奴。封建时代十一而税，汉三十税一，唐则四十税一，轻徭薄赋，乃中国传统政治一要点，故农民乃特受优待。

工业亦由官派,同亦世袭。百工亦称百官,凡所制造,皆供公用,非私产。盐铁全国共用,汉代有盐铁政策,由政府经营,使不得成私家资本。其他如丝绸陶瓷以及制茶开矿等,凡所社会共需,可成私家资本者,均由政府设局经管。故中国虽广土众民,地大物博,国内商业极臻繁盛,而始终不能有资本主义之产生。非属共产,而求均富,此亦可称中国文化一特征。

商业在古代,亦由公营,设官为之。主要在国际通商,民间仅日中为市,各以所有,易其所无,交易而退,非有街市商店。孔子谓子贡不受命而货殖。此乃子贡奉使出国,道途所经,随便买卖,乃以赢利。此下乃有自由经商。然商居四民之最后,备受政府种种限制,历代皆然。唐以后科举考试,必报家世清白。祖先三代中有经商者,即不得预考。商与仕严格分别。又称信义通商,经商者不得以谋利害其信义。此见中西社会,分别各走一路线,不得以西方社会之各名称来相比附。

中国乃一宗法社会,小宗大宗有别。小宗五世则迁,大宗百世不易。唐虞夏商周时代固然,即秦汉以下亦仍然。东汉以下之门第社会,即古代宗法社会之变相。宋初有百家姓。每一姓皆可上溯至唐虞三代,乃至唐虞以前。其一家之史,即可与一国之史息息相通,血液流注,融成一体。而每一个人,即不啻为此一全体之中心。此为宗法社会即中国文化大传统一特性。

中国自春秋以下,又可称为四民社会。士居农工商之首,亲亲之外,尤当尊贤。中国五伦中夫妇父子兄弟三伦皆主亲亲,君臣朋友两伦则主尊贤。尧舜禅让,皆尊贤。禹让天子位于益，国人思念禹德，共拥其子启接天子位。是由尊贤而又归于亲亲。此见中国人心理，亲亲亦归于尊贤。

夏桀无道，商汤起而征诛。东面而征西夷怨，南面而征北狄怨。汤之革命，代夏称帝，是又以尊贤代亲亲。商纣无道，周武王起而征之。而武王军中一车载文王木主。及代商有天下，尊文王为开国之祖。此亦亲亲中有尊贤之一证。周人追溯始祖，必推后稷。而后稷亦有父，周人不之及。此又亲亲中尊贤之一例。姜姓祖神农，同于姬姓祖后稷，此皆农业社会之尊贤。故曰："亲其亲而尊其尊"，所尊则必贤，而仍在亲亲中。权力势位，非所尊亲。

周初封建，不专姬姜二姓。兴灭国，继绝世，凡古贤圣，亦皆封其后，此亦由尊尊而亲亲。故中国社会，乃由此尊尊亲亲之两语而定。中国历史，亦由此尊尊亲亲之两语而变。孔子殷人之后，乃曰："郁郁乎文哉，我从周。"又曰："如有用我者，我其为东周乎。"是则孔子之尊贤尤在亲亲之上。此亦深得周公封建制礼作乐之大意，而承续光大之。

中国人尊君乃尊其贤，非尊其位。否则孟子曰："闻诛一夫纣矣，未闻弑君也。"君如不贤，乃一匹夫，何足尊。其他政治人物亦然。夏有傅说起于版筑之间，乃一工人。商有伊尹，耕于有莘之野，乃一农夫，而皆为一朝之相。周初有伯夷叔齐，乃孤竹君之二子，让位在野，饿死首阳之山，而后世推以与傅说伊尹同尊，皆称之为士。春秋时，齐桓公首创霸业，其臣管仲鲍叔牙先皆士。晋公子重耳出亡在外，从者五人，亦皆士。士之见尊，亦中国传统文化。及孔子起，而士乃益尊益显。此皆证中国社会尊

三一　尊与亲

贤之风。

秦并六国，改封建为郡县，皇帝之位乃益尊。而始皇帝乃永为后世诟病。然始皇帝亦知尊贤，李斯为相乃楚人，大将军蒙恬乃齐人，其长子扶苏亦从在军中。刘邦以一泗水亭长而跃起为皇帝，自言能用张良萧何韩信，此亦为能尊贤。及即天子位，即下诏求贤。但又恢复封建，非刘氏不得王，非有功不得侯，此又并重亲亲尊贤之两意。及吴楚七国乱后，武帝起，一尊儒术，尊贤之意乃益显。公孙弘为相封侯，虽其曲学阿世，后世不谓之贤，然亦不害武帝尊贤之用心。博士弟子为郎为吏，创后世士人政府之新局，此诚一种尊贤政治。惟王位世袭，犹存前世亲亲之意。

宣帝以下，举朝诸臣竞言自古无不亡之王朝，与其下起征诛，不如王室先自禅让。虽蒙杀戮，言者继起，遂有王莽之受禅。但王莽亦非贤，无以负众望。光武中兴，则仍汉室之贤。曹操司马懿伪为禅让，实则篡弑，有才无德，不贤之尤。魏晋而下，中国遂臻衰运。然如刘渊、石勒、苻坚，胡人而慕汉化，北朝魏孝文益然。隋文帝唐太宗贤君迭出，中国重臻盛世。赵宋经五代后，益尊贤，有不杀士之家训。而士之见重，更超越前代。蒙古满洲入主，科举制度仍保持，社会尚贤之风依然。中国文化传统精神，亦可由此一端而见。

孙中山先生肇建民国，秦以下两千年之王位世袭告终。创为三民主义五权宪法，民族主义主承续民族传统文化。民权主义主权在民能在政，不失尚贤之意。于西方三权外特增考试监察两权，皆中国旧有。考试为政府求贤，隋唐科举承两汉选举来。中山先生主张被选举人选举人均当先经考试，此即古人所谓"善钧从众"，贤钧亦当从众，不当不论善恶贤不肖，而徒务从众。当先尚少数，乃及多数，义始深远。汉代旧制，丞相主行政，御史大夫副丞相主监察。御史有中丞，监察王室内朝。地方行政，则郡国太守外有州刺史，亦司监察。监察之外，复有专司谏议者。唐代三省中有门下省，明代尚有六科给事中。中国自秦以下之传统政治，考试监察两权占重要地位。实际史迹，一部二十五史网罗详备。复有《通典》、《通制》、《通考》，三通九通，详陈其利弊得失之所在。近人以帝王专制四字，尽弃古籍而不读，则论政惟有一趋西化，乃无丝毫自由可言。中山先生之五权宪法，即承其民族主义来。乃有超乎西方三权以外之两权。近百年来，能于中国与西方以平等地位看待，则实惟中山先生一人。民生主义亦非慕效西方专重经济。中国历代田赋制度兵役制度等，君民一体，百姓一家，亦均不失亲亲传统之大意。故不本于民族主义，亦难究民生主义之深旨。

不幸近代国人群以"帝王专制社会封建"八字括尽了中国以往传统，则与中山先生之民族主义已大相违背，其他更何足论。孔子曰："必也，正名乎。"名不正则言不顺，事不成，礼乐不兴，刑罚不中，民无所措手足。今为中国社会正名，当称宗法社会四民社会。为政治正名，当称士人政治尚贤政治，庶为近情。中山先生之民族主义，乃指以往旧民族。今人则仅望开来创造之新民族，两者相异，犹当深思明辨，万不可忽。

以今日言，可谓社会士阶层已没落，政治尚贤之意已消沉。社会惟求工商化，政治惟求民主多数化。要言之，则惟求西化。而自两次世界大战以来，西方已成美苏对立，除美苏外，已别无西化可言。以中国较之美国，乃成为一无产社会。如此则马恩列史以无产阶级一党专政，岂不于我转为合情合理。大陆政权乃以此特兴。再论政治旧传统，中国所重在礼乐，轻视刑罚，财与权更所不论。西方则尚法不尚礼。大资本大企业大组织皆赖法。丰衣足食，众所想望。但资本愈集中，企业组织愈庞大，无产阶级愈普遍，如此则劳工守法，何乐存之。马克思在伦敦亲睹其现象，倡为共产主义，仍是一种变法，非变礼。并其所变在社会经济，不在政府。其说传至苏维埃，始变为政治性。一旦移来中国，则又五千年相传之旧礼，成为马克思思想之大敌。此礼为何，曰亲亲，曰尊贤。

中国社会上下一体，本由宗法来，但宗法之维持扩张则需贤，故亲亲中必尊贤。礼尚祭祀，祭祀则最崇贤。故中国社会政治得融成一体，秦前之封建与秦后之郡县无大殊别。资本主义则重私财。马克思共产主义，乃求私财公有，此则与礼无关。中国之礼，则有公无私，凡私皆融入公中。由宗法而产生井田制度，亦公私融成一体。百工之官亦然。后代有社仓，有义庄，亦公私共成一体。如盐铁，如茶政，如漕运，一切财赋政策，皆求公私融合，合归一体。此皆中国传统政治尚贤不尚权之所致。故中山先生言权在民而能在政。革命即革去其不贤，禅让即让于贤。西方人高唱民权，中山先生则说之曰权在民，谓政治当一依民生为依归，非当由民众来作主张。既如此，则能在政，亦权在政。五权皆属政。惟选举属于民，而中山先生则主选举与被选举皆先以考试，则仍上下一体，礼即体，则仍是一礼治，与法治不同。西方尚法，则统治与被统治显分两级，显成两体。无产阶级专政，则专以财富分阶级，不分智愚贤不肖。共产主义之本于唯物史观，洵可谓信而有据矣。此与资本社会之专重富又何异。知此则知东西双方之政治社会，乃亦各有其一贯相承处。

今必慕效西方，则必破除社会之尚宗法，政治之尚贤。人与人无亲无尊而后可。孟子曰："仁之于父子，义之于君臣。"今则不讲仁与义，惟求财与权，乃庶可获西方化。大陆政权首惩温情主义，主要在家庭。次则惩有产阶级之意态，即指才智与贤能。民族传统文化，即民族之大财富，尽破一切传统，无文化，乃成无产唯物。马克思乃一犹太人，亦如耶稣，无深厚之家国观。惟耶稣则独尊上帝，马克思则转主唯物。列宁史太林，则非其比，毛泽东则更非其比。列宁借共产思想作政治运动，毛泽东则借作文化运动，一若非扫尽中国五千年旧文化，即无以完成马克思之思想。今国人于马列毛三人亦鲜知辨。

中国社会拥有四五千年来亲亲尊贤之文化大传统，唯物史观绝不相当。中国人所重在同德，非共产。然则当前如邓小平，果欲行中国式之社会主义，首当知亲亲。家庭宗族百姓，一国如一家，公中有私，私中有公，非无产，亦非共产。深一层言之，则财富绝非人生要道。国以民为本，民以食为天，食求果腹，与剩余价值资产无产无关。知此义，即贤者，尊之信之，不待结党竞选。则民主独裁现代化口号，亦岂能挽回当前之国运，而使我民族再登康庄之大道。然孔子曰："后生可畏，焉知来者之不如今。"拭目待之，又复何忧。

三二　色彩与线条

绘画有色彩，有线条。西方人生似重色彩，中国人生则重线条。姑以男女言，西方人重恋爱，情感方浓，男忘其男，女忘其女，两人浑如一人。但此种态度有其限止，正常人生不能老如此。西方人言结婚为恋爱之坟墓，结了婚，成了家，以前那一种浓郁色彩便消褪了，不能再存在。中国人重夫妇，男女双方有其分别，两人间若有一线条，然此乃人生正常状态，可久保勿失。

以几何学言，线条在两面中间，无宽度。有了宽度便成面。因此夫妇间纵存一线，实则两体融和合一，有界隔还是无界隔，此为中国之理想夫妇。其实五伦尽如此，宾主相见，显有界隔，情味和洽，则不啻一体。线条乃和合成体无可避免之必有现象。

"君子之交淡若水"，此言其无浓郁之色彩。言辞赞颂，货物馈赠，过分在礼貌上用心，亦如酒食征逐，同为一种市道交。色彩浓，则情味淡。君子之淡，则淡在色彩上。水则融成一体，浅深流止皆然。人与人相交，则必有一彼此之界线。故《论语》以绘事后素为礼后。君子相交,礼随于情。但必有其礼,而后情乃可久。人事贵于有线条正如此,形体已成,而再加以线条之划分。此为中国文化,所谓止于至善。徒求色彩之浓,则不能久而不变。

朋友然,君臣亦然。君臣无贵贱,同为国,同为民,亦一体,惟职位不同而已。君臣之礼,亦君臣间一线条,亦实如无此线条。果真有此线条,则君臣间隔,不成一体,又何从相与为政。今人惟重权,有君权,有臣权。臣权在下,恐受吞灭,制为法律,求加保障。君臣非一体,冲突不可免。

以人体言,如首领,如胸腹,如手足,苟使各为一体,则人体分裂,乌得为人。故人体不可分,首领胸腹手足乃体中之部分,各居其位,各有其职,而血气相通,可分而不可分。犹如几何学上之线条,实无此线条。余之谓中国人生重线条,乃指此。即师弟子间,亦当有线条。教者当为学者留余地,不当蔑越学者之位以为教。孔子曰:"学而时习之,不亦说乎。有朋自远方来,不亦乐乎。人不知而不愠,不亦君子乎。"此乃学者之三大要事,孔子未作定论,亦未加详论,仅粗引端绪,以待学者之自思索,自体会。又曰:"不愤不启,不悱不发。"教者之启发,必有待于学者之愤悱。故教者如一钟,大叩则大鸣,小叩则小鸣,不叩则不鸣。孔子又曰:"不患莫己知,求为可知。"尽其在我,知与不知,事属他人。人我之间,不得不有此一线条。此线条即中国人所谓之礼,乃中国人生中国文化主要精神之所在。

西人似无此线条,亦知尽其在我,而不留他人余地。教者尽为教,色彩太浓,已浸染淹没了学者之地位。惟恐人不知我，不厌在我之表现，则人我之间，倘其见解不相投契，惟启相争，而不得融和成一体。贵贱之外有贫富，富者崇楼峻宇，画栋雕梁，务极其富有之色彩。相形之下，贫者之草庐茅舍，几若不得成为家。贫富仅有界隔，而非线条，则贫富不相和。中国社会亦非无贫富，孔子曰："贫而乐，富而好礼。"贫者若不知人间之有富，自足自乐。富者则自戒夸耀，贫富之间乃仅见一线条，即孔子所谓之好礼。西方社会无此一礼字。家与家如此，国与国亦然。今人所谓国际，亦当使国与国之间仅有一线条，此即为国界。同立国于天下，贵相和相通，不贵相争相凌，故得有界若无界，此亦有道。一天下，平天下，即此道。亦如一国一家一身之为道，各有部位，各有界线，而相和成一体。故人必自修其身，又能通于他人，不加隔阂，不加侵犯，则可以齐家治国而平天下，而岂争富争强争权争位之所为乎。

今言通商，日中为市，以所有，易所无，各得其所欲，交易而退，中国古代商业乃如此。其间当有信有义，而岂攘利谋富之谓。使必攘利谋富，求己之有，乃以致人于无。于己有得，乃必于人有失。则经商不如整军，希腊转为罗马，而循至于近世之帝国主义与殖民政策，乃有共产主义继起。西方文化演进如此。此亦如绘画之仅务于色彩，而不知有线条。

彩色外加，若具体。线条则本体所涵，若有若无，乃抽象。西方人生重外，重具体，如富如强，如权如位，莫不相与重而争之，有增无已，即自己本身人生亦为淹没。试问大富大强其对人生本身意义价值究何在。故色彩愈浓，而内涵则愈淡。此如饮膳，五味令人口爽，而或致伤及胃肠。又如五色令人目盲，五声令人耳聋。又且口舌耳目萃于脸面，通于全身，伤及此则必害于彼，增于外有害其涵于内，即小可以喻大，即近可以喻远。而西方人又好分门别类，专业以求，则其人生各部分之外加，其有害于人生全体之内涵者，亦推而可知。当前世界种种病痛，则皆感染西方文化有以致之。中国人生则务求有节有止，有廉有度，相通而不害其内，则积久亦自能及于外。此所谓身修家齐国治天下平，吾道一以贯之也。

目之于色，耳不必知。耳之于声，目不必知。互不相知，而自有其相通。所以人生当知有线条，而线条实非有其存在。西方几何学，积点成线，积线成面，积面成体，此乃一说。亦可谓有体乃始有面，有面乃始有线，有线乃始有点，此则为又一说。否则以无厚无宽无长之点，何能积成一长宽厚之体。果使点亦有其长宽厚，则点即成体，而几何学亦无可成立。西方个人主义，若能真为一个人，其生命无厚无宽无长，则何能成人之大群。惟当先有此大群，乃始有国有家有身。有此大群之和通而合一，悠久而常存，故得在此群中成其为一人。见父母必知孝，见兄弟姊妹必知友，夫妇相处必知相爱敬，君臣朋友相处必知有忠恕。其一人生命之有长有宽有厚，皆于其身外之家国天下得来。倘仅视一身为我生命之所存，而家国天下皆在我生命外，与我生命无关，则我此一身，岂不将如西方几何学上之一点，无长无宽无厚，又乌得谓之为有生。故人生之内涵应为仁孝忠恕之明德，人生之外扬应为修齐治平之至善。《大学》三纲领已言之。今人则以食衣住行为人生，不以身家国天下为人生，则诚孟子所谓人之异于禽兽者几稀矣。

原始人类先有此天下。群生演进，乃有国有家，乃始有今日之人生。有巢氏燧人氏之世，当已有群，斯即为天下。庖牺氏兴，其时当建有国。庖牺氏始定嫁娶之礼，而其时或尚未知有家。自神农黄帝以至于尧舜，而中国人群家国天下之各线条始渐显。此下中国人继此演进，而始有今日之中国。

希腊人海外经商，非不知有天下，但抱个人主义，则天下仅为人类谋生外面一环境。犹太人到处播迁，亦非不知有天下，但谓人类创始于亚当与夏娃，则亦仍是个人主义，而天下大群，亦在个人生命之外面。直至近代西方，仍为个人主义，无天下观。国与国相分裂，以侵略吞并为务。仅得有小家庭，而夫妇仍以自由离婚为个人之权利。近乃盛行男女同居，而婚姻制度可有可无。则可谓直到今日，西方之国与家，实尚未成体，相互间仍不能如中国古代之各有其线条。天下终如一外加物，惟个人乃有其确定之存在。

释迦佛教，认生老病死为人生四苦，若求摆脱，乃有四大皆空之说，则整体人生失其意义，但实仍为个人主义。耶稣倡为灵魂上天堂，而有世界末日之说，则整体人生失其价值，而各自一灵魂，则仍属个人主义。惟中国人观念，则修齐治平，个人生命即在天下国家整体生命中，而又为天下国家整体生命之一中心一本。此说乃恰合于几何学中体面线点之观念。《大学》三纲领八条目，即明白昌言个人与天下之融成一体。三纲领中之明德属于个人，亦通于天下，故明明德斯必亲民。惟此乃至善，既可普及于天下，亦可单属于个人。知此义，乃知人生之有止。止亦人生一线条。西方人则尽在色彩上着意，求富求贵，争权争利，个人如此，家国亦然。有进无止，前途难言。将来不可知，即如过去无存在。而人生则终于在不断前进中落空。

是则西方人生虽重外加，而所加则只在点上，不在体上。既不在体上，亦不能有长度宽度。愈务其厚，而愈见其薄。观于当前之人生，岂不然乎。

三三　礼与法

老子言:"失道而后德,失德而后仁,失仁而后义,失义而后礼。"此由老子重自然,轻人文,认惟道乃自然,德以下皆已落入了人文,故有此言。其实人文亦从自然演出,亦即自然中一枝节一表现。依儒家言,德出于性,性即自然。《中庸》言:"天命之谓性",韩愈言"足乎己无待于外之谓德"是也。人类既具此德,便演出仁来,仁乃人之德性中一最先亦最高之项目。有此内在之德,与外达之仁,乃始有一切人道可言。孔子曰"志于道,据于德,依于仁"是矣。孔子言人文之道,而其道乃由天来。孔子十五志学,五十而知天命,即知此人文大道之本源来历。当谓有道始有德,有德始有仁,乃为有当于自然人文演进之道之大顺序。老子重本轻末,乃有此失。

人类原始时代,惟见有自然之道。由是而演出德与仁,乃始有人文之道。义与礼,则为推行仁道之两项目。仁根于其内在之德,义与礼则仁之表现于外在之枝。孔子常仁礼并言,而曰:"人而不仁如礼何。"则仁在内,礼在外,仁为本,礼为末。至于义,在《论语》中其地位似尚不如礼之重要。故言仁义，或言礼义，义皆居次，有其遵依，似无独立地位。

墨子始重言义。孟子并言仁义。而荀子则重言礼。孟荀皆阐扬孔子之道，孟偏内，荀偏外，孔子则执其两端用其中，更为周到而完备。老子言："礼者，忠信之薄，而乱之首。"是亦谓礼当本于忠信。忠信亦德之内存，亦仁之所有，外见于礼，较之内存于德者，自易趋向于薄。非谓礼无忠信，读《老子》原文自知。至其曰乱之首，则礼亦在治道中，非可谓礼即为乱，亦读《老子》原文而可知。

惟人道演进至于礼，当已为人文之道之最高阶层。离失于此即成乱，此亦无可疑。然则人群果失于礼而乱，又当奈何？今姑为《老子》续下一语，则或当曰失礼而后法。荀子言礼，韩非学于荀即继言法。韩非书中，又多阐申老子义。司马迁言："申韩本于老庄，而老子深远矣。"《老子》书不言法，此即较申韩之深远处。而申韩实从老庄来，司马迁所言，亦见其深远。

中国重礼治，西方重法治。然西方社会亦非无礼，中国政治亦非无法，主从轻重之间，乃成双方文化一大差异。中国古人言："礼不下庶人，刑不上大夫。"此已礼刑并言，惟礼在上，刑在下，此乃在西周盛世，宗法封建，礼乃其大端。宗法重孝，孝道乃仁道中最主要者，则宗法亦仁道之本。以今日语言人，政治即建基于人之性情。换言之，即建基于人之德。所以礼治亦即是德治，非可离人之德性以为政而治。刑非人之德性，外于德性乃有刑。故刑法乃政治之末梢，非政治之基本，不得已而用于庶人，但决不能尚刑以为治。

自孔子以下，可谓礼已下及于俗庶。《仪礼》十七篇，乃士礼，实起于孔子之后。礼既下及于士，遂亦广及于庶人，而刑法乃亦上及于高级行政人员，即大夫一阶层。因宗法封建，即不啻政府操于一家长族长之手。春秋战国以下，宗法政府日趋崩溃，士庶人升进从政者日多，则在政府中亦自不能只尚礼而不用法。礼下及庶人，而刑上及大夫，此为秦汉以下政治与上古三代政治一大演变，亦可谓，乃由社会演变到政府。社会既变，政府亦不得不随而变，是亦一种极自然之趋势。

然变亦由渐不由骤。如西周之初，周公诛管叔，称为大义灭亲。一门亲族同执政，何得论法。以义灭亲，乃礼之变，非法之所能定。下及战国，如吴起在楚，商鞅在秦，乃客卿，非亲属。则可以法处，不以礼遇。刑不上大夫之说遂渐废。下及李斯，以楚国一庶民为秦相，父子同遭斩首，乌所谓刑不上大夫。汉兴，萧何与高祖同起，最相亲。然其为相，亦以罪入狱。行政不能无法，有罪嫌宜当下狱受审。然当时一般人心理，皆以周祚八百载，秦二世而亡，故群尊礼而鄙法，认为既居宰相之位，又焉得下狱受审。士可杀不可辱，宰相尤为士中之冠冕，岂得施刑。故此下汉廷大臣遇罪嫌，乃仅由皇帝赐死，不再下狱受审。乃以表示皇帝尊礼大臣，不敢以法相处。大臣自尽，乃表示其地位之尊，其人格之高，而死生则犹在其次。故此下中国武臣有宁为杀头将军，不为降将军之风。下至宋儒，亦有饿死事小，失节事大之说。此皆重视礼在生之上。孟子已言："嘑尔而与之，蹴尔而与之，乞人不屑也。"所谓"无羞恶之心非人也，羞恶之心义之端也"。礼之本在仁，而礼之节则为义。过此一步，虽死不蹈。中国文化传统尚礼之风有如此。尚礼则主者与受者，人我易成为一体。尚法则执法者与犯法者，彼此敌对。故礼启和，法启争，此为二者之大别。今人竞慕西化，轻礼重法，乃以西汉赐大臣自尽为帝王专制之一证，此犹指鹿为马，而竟不知马之外尚有鹿。万物有生，何必只是一形。可悲亦可叹矣。

从中国文字言，礼即体。诗云："相鼠有体，人而无礼。"鼠属自然生命，有此体，即有此生。人类进入人文生命，单有此身体，则仅为禽兽生。前进而为文化人生，则必处大群中以为生。礼即是此大群之生之体。饮食、衣服、居住、行走往来，此属维持生命之手段，而非人类有生之体。人生之体在其群，非可单独以为生。礼则以处群，离群即无礼，斯不得有人生之体矣。衣食住行所需，皆属物质，皆在身外，亦仅以补给维持此身。其生命之内存于心者，则为人之情感。中国人则谓其最主要者曰仁，仁即人生群居之情。故曰："人而不仁如礼何。"则礼虽表现于外，而必属于心。仁与礼当表里一致内外一体，亦不能仅存此仁而无礼以为表。

人生之礼最大者有二，一曰婚礼，一曰丧礼。夫妇人伦之始，无夫妇即无人生，即堕退为禽兽生。禽兽之生，亦有演进成夫妇者，故婚礼最为人文之大礼。而丧礼则更大于婚礼。礼尚往来，来而不往非礼也。往而不来亦非礼也。惟死生之际，丧葬哀祭，有往而无来，有施而无报，最见此情之真，此心之仁。合死生为一体，故丧礼尤大于婚礼。西方文学重悲剧，中国人则哀礼犹重于喜礼，孰为有当于人生之真情，此亦一大别。

中国人言社会，则尤重其礼俗。俗亦礼也，惟俗限于一地一时，礼则当大通于各地各时，其别在此。故中国言天下，而西方则仅言社会。而其言社会，则仅重经济，不重礼俗。如此则将何以得大群之长治而久安。老子以礼为忠信之薄，而乱之始。如婚姻之礼，相与为偶，即终身不变，此非忠信之厚乎？一死一生，乃有葬祭之礼，此非忠信之尤厚乎？人无忠信则其群乱，群之乱，则非法无以为治。故当曰"礼失而后法"。西方人婚姻，法尤重于礼。结婚离婚莫不有法，无法则无以为夫妇。然法制双方之外，礼则实根于双方之内，而相通相和，成为一体。则亦可谓礼厚而法薄矣。中国社会既贵礼，彼我相通，则不待法之制其外。余抗战时寓成都北郊赖家园，识一老农，年逾八十，其家距成都府城不到二十华里，步行两小时即达，但此老农终其身未到府城。中国人未赴城市，未睹官府衙署者，到处有之。晚清一德国人至北京，城内亦有警察装门面，城外无之，大惊奇。遂留中国，研究中国文化，读中国书，成为西欧一有名之汉学家。中国广土众民，乃可无警察，近代国人则亦谓之帝王专制。不知民众尊王，乃其礼。而政府之统治，亦不待警察。此亦中国文化一特征。

中国崇礼，精义深旨，繁文缛节，非片语可尽。如衣服，西方人主要在求个人合身，中国人主要则求在群中得体。故西方衣服亦一种艺术美，即使特出群中亦为美。中国则衣服之礼亦在道义中，非可谓之乃艺术。但亦可谓中国道义乃人生最高艺术，则中国之衣服是一种群体美，须其融入群体以为美。故西方人袒胸露臂，衣服可不掩其肉身。衣服乃是艺术美，肉身则为自然美。中国则以衣服掩其身，露其肉身，则为非礼。冠冕裙钗都为礼，非为美，故曰得体。亦可谓此乃中国之一种抽象美，即人文美，乃属精神之美。西方则重具体美，即自然美，实亦一种物质美。

如平剧，梅兰芳、程砚秋皆以男性为名旦，亦有以女性演男角者，男女互易，不觉其不自然。此因中国人重抽象尤过于重具体。人皆可以为尧舜，圣贤亦一种人文抽象美。若必求具体，则如富贵，又乌得人人同有之。故西方女性美，则具体言三围，中国则曰窈窕淑女，言其德性，乃在抽象。又或言其动态之美，如西施之颦，而东施效之。又曰巧笑倩兮，美目盼兮，一笑一盼，皆属动态人文，非具体物质。

又如民间游戏，舞龙舞凤，皆属抽象动态美。龙最无具体可求，乃于人人之心意想象中得满足。《论语》言"北辰众星拱之"，此亦非具体，乃一抽象。中国人尊君，亦如在天之北辰，在地之龙，亦皆尊抽象。尊其位，非尊其权。位则虚。为君者能恭己而南面，仅居虚位，不仗实权，则其尊长在人心。今人以西方凭仗实权之君，疑中国自秦以下两千年为帝王专制，则拟不于伦矣。

然抽象亦不离于具体。离具体，则无抽象可言。《易》言："亢龙有悔。"凡具体则无不卑下，无不平常。能于具体中呈现其抽象，始有高贵稀奇可言。而抽象必落入具体中，孔子门人称孔子贤于尧舜，因尧舜犹高居天子之尊位，孔子则一卑下平民，乃更见其伟大。孟子曰："规矩方圆之至。"方圆亦一抽象，规矩则落于具体。西方人重具体更甚于重抽象，柏拉图榜其门曰："不通几何学，勿入吾门。"几何亦一种抽象之学，而柏拉图之于方圆，则从具体求之。认为真方真圆乃在天上。落入世间，则具形非真。是世间实无抽象可求。则西方人之重具体，亦由此可推。

今以礼言，天子居朝廷，进宗庙，万方诸侯皆来朝，雅颂即属治平之大礼。然庶人宾主相聚一堂，亦同是礼。中国人以天地万物为一体，关关雎鸠通于夫妇之礼，呦呦鹿鸣通于宾主之礼。上下交相敬。孔子之在鲁，进而仕，退而离去，鲁君及三家皆于孔子致敬礼。其游齐，及在卫、在陈、在楚，各国君臣亦均知敬礼。老而返鲁，鲁君臣仍敬礼不衰。虽不听孔子言，而敬礼有加，孔子当身固亲受之。苏格拉底在雅典，青年相从讲学，乃下狱幽死。其所讲较之《论语》，一属玄言，一属实论。孔子对时政明加讥评，而备受尊养。苏氏未有具体陈说，而遽婴罪戾。尚礼重法，东西社会显不同。

孔子后有墨子，亦显获诸侯之尊礼。下至于孟子，后车数十乘，从者数百人，传食诸侯。见梁惠王齐宣王，皆当时一世巨君，其致敬礼于孟子者又何如。而柏拉图则在自己宅第中，讲学著书，不闻雅典政府于彼致敬礼，亦不闻其他城邦社会上下于彼有若何之礼遇。

下及罗马，希腊诸学人多以家奴为师。犹太人耶稣，自称上帝独生子，于偏僻小渔村传道，信从者得十三人。而上十字架与两盗同钉死。其徒乃潜入罗马，黑夜地下讲道。其时乃值中国西汉之初，如淮南王河间王，皆广揽宾客群聚讲学。其风传至中央，武帝亦心慕之，乃以天子之尊，礼贤下士。朱买臣以会稽一樵柴汉，其妻耻而离之，武帝乃加亲遇，任为宫廷侍从。朝廷无此用人之法，而帝王有此赏识之礼。在上者有礼以亲其下，在下者又乌得无礼以敬其上。而今国人则鄙之曰专制。不知专制民主，皆西方语，皆从法律制度言。中国则崇礼。叔孙通为汉定朝仪，尊君卑臣，后代学人讥之。礼之深义，叔孙通固未足与语，但其所定朝仪之尊卑，亦与近代国人所深讥之专制有别。要之，礼与法必当辨。

在上既重法，在下者亦不得不对法有争。耶教徒始在社会下层兴学，首为在下犯法者做律师辩护。次为医，为贫病者治疗。但避不言政治，乃由纳税人争选举议员，始成民主政治。政府征税，必得纳税人同意，此亦法，非礼。至如为君者上断头台，政治领袖称公仆，更为非礼。上下无礼，何以言治。此为西方历史演进与中国大不同处。

中国人道贵人，而西方无之。如言男人女人，在中国语中同是人，而西方则分别为两字，无同一人称。又如中国语，希腊人、罗马人、英国人、法国人同是人，而西方则主要以地区为分别，亦无共同一人称。即此一端，可证西方人自始即无一共通的人之一观念。孟子曰："彼人也，我亦人也。"西方似无此观念，则宜其个人主义之伸张。非赖法，无以成为群。中国则在大群中有个人，由礼以见其相互之分别。若果各个人本自分别，则独立平等自由，何待有礼来再加以分别。然果各以独立平等自由为务，则何以成群。群日大，争日烈，惟有绳之以法，而法亦终难以作长久之维持。

今国人则一慕西化，惟知法，不复知有礼。夫妇之礼，则谓之夫妇之不平等。父子之礼，则谓之封建思想。君臣上下之礼，则谓之专制政治。清末谭嗣同有言，中国有五伦，西方人惟朋友一伦。其实中西双方之所谓朋友亦不同。苟使西方人亦知有如中国人所谓之朋友，则乌得不知有父子兄弟夫妇君臣其他中国之四伦。谭嗣同受知于光绪，终以身殉，中国传统君臣之礼未尽摆脱。此下如王国维，曾为宣统师，乃不薙长辫，终亦于颐和园投水自尽。此亦有君臣之礼存其心中。然谭王两氏此等行为，拘小礼，伤大道，实未可谓有当于中国传统尊五伦之要旨。王国维昧于民族大义，堪供嗤笑姑不论。谭嗣同在保王变政运动中为四君子之一，其所为虽亦忠君爱国，实亦不足为当时之楷模。中国人之知礼守礼，其中乃有一套大学问。王国维治文学，奖许及于曹雪芹，实已深染西化，未能通达大礼可勿论。谭嗣同首得读《王船山遗书》，出处进退，此诚中国士人所讲求之大礼所在。果以谭氏较之船山，则相差远矣。通时达变，大仁大义，此乃中国尚礼一重大精神之所系，谭氏似不足以语此。

礼之大者姑勿论，而论其小者。余生晚清之末，幼时见婚礼中新娘必穿红裙，礼毕即卸，平时决不穿。遇家族有礼，始得再穿。死后入殓又必穿。红裙乃婚姻之表帜，女子必成年出嫁始得穿，所以每逢穿红裙，即不啻告其已为一成人，必郑重将事，是谓礼教。此乃教其心深处，而岂法律禁戒所能及。不忆何时起，遂不见此红裙，此之谓礼废。

中国称衣冠之邦，亦不忆自何时起，男子乃无冠。尚忆民国十六七年间，教书苏州中学，讲堂上学生二三十人，各戴一帽，各不相同。余告诸生，如此成何形态。然其时尚各穿一长袍，以后则长袍亦不见。衣与冠皆以蔽身御寒而止。不知国家社会遇大典礼，何以为容。但当时尚有此感想，此后则并此感想而无之。

又其时中学开学放学必在礼堂行礼，大学则无之。丧礼为中国社会相传一最大典礼，今则尽在殡仪馆举行。吊者可集千人以上，送葬则数十人而止。公墓兴，私墓几废。要之，丧葬已变成一公共仪式，私家哀情转非所重。丧服亦废。中国之人生变文化变，当以礼之变为最重大最首要。所变者，不在其仪式之表于外，乃在其情感之存于心。中国民族成为举世最大一群体，其来源首当及于其心之能有诚。孔子曰："人而不仁如礼何。"迄今则人而不仁无情无礼，不知将何以维其后。但遇一运动会，则观者可上万人，又有圣火传递，更形隆重。国家大庆典游行结队可达数十万人，一时喧传谓其空前。皆尚局面观瞻，不问内心情感。一散会则渺不复存矣。此非礼变，实乃心变，乃实际人生一大变。此社会将何以维持。今日国人深慕西化，则惟有待西方人来作维持，庶国人有所追随。

实则西方自始即是一商业社会，个人之交接，以及群体之团结，皆赖财富。故不贵礼而贵法。中国此下立国，群认惟有进为一商业国家，乃始有望。西方又是一宗教社会，宗教亦有礼，惟在信仰上。中国此后倘能亦同有此等宗教信仰，岂不亦庶有望。而中国文化大传统中之所谓礼，则与商业与宗教信仰皆有扞格不相容处。仅言民主科学，似非穷源探本之图，此有待善言历史文化者有以阐发之。古人言，舍其旧而新是谋。舍旧非难，谋新实难。此则待吾国人之善谋之。

三四　教育与教化

（一）

余尝言中国文化主和合，西方主分别。和合中亦有分别，惟共有所主，乃见和合。

民初创办新教育，率言德、智、体三育，后乃增群为四育，今又增美为五育。就中国传统言，教育在教人如何做人，知识属其次。虽不识一字，亦得受教做人。人生乃一自然人，受教育应为一理想人，或称文化人。西方则似乎认为自然人生即是人，不再有理想人。惟宗教似乎开始教人做人，但所重只在死后灵魂升天堂，恺撒事恺撒管。其人生前仍是一自然人，教会并不过问。近代西方开始有国家义务教育，其大学则由教会创始，最先有神学与逻辑，为传教主要所需。医学法学，则为医师为律师，可以救助人，如是而已。此下大学教育分院分系，课程繁多，则胥为传授知识，重智不重德，重技不重行，中国则惟以德行为教育主要目标，显成中西文化一大歧点。即中小学教育亦然。中国近代新教育一切皆承袭西化，但传统心理积习一时未能尽皆祛除，故于各门课程外，又特加品行分数一项，此见未忘德行教育之重要。故德育在智体两育之上，而其实际重要性则为智育。

体操唱歌两科，本属身心修养。而在中小学中，则视为附属课程。中国传统教育首重礼乐，即犹近代之体操唱歌，而近代则转不重视。定为德智体三育，乃为注重运动，甚至出国竞赛，争取国家民族荣誉。其实运动只是一项技术，果为私人健康卫生，则不需做种种比赛，多耗精力，而有损智育之进修。甚至各项运动，乃分别成为各项专门教育，或跑步或跳高，分别至数十项目。一青年即专门受此一项之训练，如此以为人生之教育，从中国传统教育言，真可谓无理之尤。

群育一名，尤不可通。人之处群，端赖德性，次之则为知识。中国传统言齐家治国平天下，乃德育，亦智育，此即是群育。除却家国天下，更何有群。中国传统又以父子兄弟夫妇君臣朋友为五伦，除此五伦，又何有群。至如日常生活乃及开会旅行等，皆当有德育，并需有智育，除德智两育外，不需再有群育一名称。苟使除却德智，特别来提倡群育，不知如何提倡法。果其群育别有一项技能，则就中国传统观念言，可谓乃反群育之至。

美育则更难独立成为一目标。西方哲学家有真善美之分，中国则无之。不善而美，要不得。不真而美，亦要不得。善而诚即是真，亦即是美，此即是一种德。但中国传统在人文方面，很少言一美字。即如女性，中国诗人有淑人佳人之称，但亦少以美人为尊称。故以中国教育言，决不能有美育一名目。亦可称中国有艺术学，但亦不得称之曰美学。今乃有德智体群美五育，可加分别，各自发展，则歌女舞女亦经美育，核武专家亦经智育，此等教育之于人类，其为祸为福，恐难判定。依中国观念言，中道而行，为一善人，此其自由。违道为恶，则不得有自由。同为一善人，斯即平等。求富求贵，争权争利，斯即求为不平等。处群恶中，仍可为善，斯即我之独立。富贵权利，则必争于人取于人，非可独立得之。凡中国人之大群相处，自立为人，则惟一道，曰德曰善，斯即中国教育传统之大宗旨所在。中国人又以立德立功立言为三不朽，然业与言，皆随其德以立。苟非有德，则又何业何言可立。故中国传统最重此德字，而知识在其次。德乃共通性，知则有分别性。愈分愈细，则忘其共通所在。如今又并言德智体群美五育，则德与智之意义与地位，已远为低落。当前之人生日歧，世乱日亟，人莫不惶惶然不知所归向，亦胥此之由。在西方传统下，则惟归向耶稣。两年来，罗马教皇每赴一地，群众围聚每达二三十万以上，可见西方人心之一斑。但齐家治国平天下，人生具体大道，耶稣均所不言，此诚一无奈之事。

今人于学校教育外，又言社会教育，家庭教育。此又言纷意杂，转失教育之真意。教育功能主要当由学校负之。中国人本无社会一名称，群居相聚，重言风俗风气，可以影响人，陷溺人，鼓励人，但非教育之比。人人各当受教育，而教育此群体，主持其风气，转移其风俗，以启导人心之向往，则非大德高贤莫能胜其任。西方人无此观念，不知人品有高下，仅在法律上作平等观，防制其为非作歹,而不知以教化作领导。譬之治水,西方如鲧,仅知筑堤防。中国有大禹,乃知导其流以归于海。此乃通知水性以为治,正乃如孔孟儒家之通知人性以为教。知共通之人性,乃知共通之人道,斯知有共通之教育。故中国人言,主持教育者为师。师即有众义,非通知大群之共同性,又何以成为人师以有教。西方教育以知识为教,故尚专家。中国教育以人道为教,故必尚通德,此又其异。

至于家庭,乃社会中一小团体。有家风,亦有家教,亦由家中之贤德长者主持之。但家中子弟,仍必送学校受业。中国传统有易子而教之语。孔子之教伯鱼,其事俱详于《论语》,实不能如其教门弟子之详且尽。故凡贤父兄,均不能尽心力以教其子弟。果使无学校之教,又何得专责社会与家庭以为教。今人因青少年犯罪问题,不能详究学校教育之得失,反以责之家庭与社会,则学校岂反无其责。孟子曰:"遁辞知其所穷。"此等多立名目,广为说法,实皆遁辞。当前世界其途益穷,其道益窄,则遁辞亦益张。如人人争财求富,则有各种科技以及各种企业方法以辅导其发展,复有种种法律以防止其泛滥。又人人争权求贵,则有民主政治结党选举等种种规定以使其步伐之常有范畴,复有种种法律以防其逾越。一若思虑周详,防备严密。然而举世之求富求贵,循至国与国群与群相争相乱。当前世变,今日不知明日。群言庞杂,实多遁辞。各有所获,亦各有所穷。触目惊心,宁非明证。

途穷则知返,西方人则必返之于宗教。果使人人不求富,不争权,尽到礼拜堂忏悔祷告,斯亦未尝非一道。终奈其稍安则思变,仍趋权富一路,又将来一次文艺复兴。

而当前之世变，则仍必接踵追来。然则人生究何望？曰，仍必望之于教育。教育与宗教大不同。教育重在人性与其当前之处境，此则正中国传统文化特殊精神之所寄。国人不此之究，而一惟西化是慕，斯亦无奈之何矣。

中国古代不言教育，而常言教化。育化二字，有自然与人文之辨，倍当深究。如养育婴孩，此属人文。《易》言："果行育德"，此育字，则深居自然功能。《中庸》言："赞天地之化育"，化育连言，实多属自然天道方面，而教则偏在人文方面。西方教育与宗教分离，偏在人文。中国则言教化，一天人，合内外，更重自然方面。孔门四科首德行，德本于性，则人而通天，由人文而重归自然。此乃中国文化中教育一项之重大目标所在。故西方宗教重在死后，而中国教育则重在生前。颜子居陋巷，一箪食，一瓢饮，人不堪其忧，颜子不改其乐。人文修行之与自然天道，短暂狭小之个人生命与广大悠久之宇宙生命，均已融为一体，颜子乃可谓受孔子化育最标准最理想一人物。其内心之乐，又何乐如之。而颜子不寿。倘以近代国人教育观念言，或当谓颜子于体育有未尽，而于群育美育颜子似亦皆有所缺。然颜子则谓："夫子博我以文，约我以礼"，则今人之所谓体群美三育岂不均已存在孔子博文之内？抑孔子之约礼，亦已及于体群美之三育。孔子曰："吾见其进，未见其止。"则颜子之学，常在进步中。今国人自慕西化，轻薄孔颜，此辨自亦为言中国教育者所当知。

道家如庄周，亦乐举颜子为言。东汉中叶，名士黄宪，人称其汪汪若千顷陂，澄之不清，淆之不浊，或以颜子相拟。宋代理学家周濂溪，教二程寻孔颜乐处。又曰：

"学颜子之所学。"胡安定主教太学,乃以颜子所好何学论命题。中国人不敢轻言孔子之为教,乃好言颜子之为学。从来中国人于颜子无贬辞,无异论。而中国人之好学,其心诚挚,其情深厚,并世民族亦无其比。故中国人好称学者。人而能为一学者,斯即其最高之人品。而中国人之学,不仅在其少年时,尤在其中年晚年,时时有学。即为官从政,亦多不忘学而好之。至如西汉初曹参,以一军人,任齐相,乃知遍国中求贤问学。贾谊《陈政事疏》,主太子必从师为学。此下即帝王亦有师,亦向学。四邻受中国文化,如朝鲜,如越南,如日本,帝王从师,亦多有之。

西方则政治领袖惟有信宗教,不闻尚有从师为学之事。而西方人士所谓学,亦多在人文界,甚至有反抗自然战胜自然之口号。故教育愈发达,而人文地位愈增。不仅人自相争,抑且与天地大自然争,德性沦丧,而人心亦转以不安不乐。如颜子之居陋巷,贫而乐,自亦不为当代人所齿矣。

近代大学任教称教授,实本一职业。其所传授之知识,亦俨如一商品。来学者多知识多技能,亦如一商人之能自成一资本家。则西方教育岂不亦俨如一职业。中国教育则大道之行,为政者亦当受教,而教之为业乃高出于人生其他一切业之上。天地君亲师,师之地位之尊如此。故中国人每不敢自称师,孟子曰:"人之患在好为人师。"但不讳言学,故学者乃为人类一最高尊称。今人不知中国传统文化中此等深义所在,乃改称学者为知识分子,或高级知识分子。一切语言尽皆西化,即教育一门亦无以异。然则自今以往，做一中国人，语言观念，尽当以西方为准，并亦有似是而非者，则亦何所谓社会教育。

今人又好言复兴文化。则中国以往之教育恐首当注意。倘必以复兴文化责之人，则弗以责之师，当以责之学者，尤其责之中年以上之学者。中国传统文化，学者多在中年以后，乃在今日大学毕业以后。乃大学，非幼学小学。大学者，大人之学也。求其标准，则如颜子。颜子未著书立说，亦未建功立业，而又生活贫困，但其于中国传统文化则有大贡献。亦可谓中国历代莫不有颜子其人者出。今日中国社会何以无颜子，其中必有一番深义，或可资求欲复兴文化者寻究。

（二）

新旧观念，又为近代国人相争一要端，教育亦然。当前之所谓新教育，已与百年以上之传统旧教育相违异。喜新厌旧，固是近代国人一普遍心理。西方属新，群所向慕。传统属旧，群所鄙弃。但苟无旧，何来新。人之婴孩以迄青少年岂不是人生一旧，中老年乃人生之新。人生岂能有新无旧。果人生无旧，尚犹何堪情味。天地更是一旧，天地变新，则人文何所寄托，又何堪留恋。抑且西方人亦喜旧。埃及金字塔，竞相重视。埃及尚非西方直接之祖先。希腊则更受重视。余游英伦，参观其牛津剑桥两大学，尤其是牛津，亦可见英国人尊古崇旧之心理。余游美国耶鲁哈佛两大学，美国人心理尊古崇旧大体亦然。哈佛一小楼，专以招待外宾，自路右迁路左，自基层起整栋迁移。屋宇不大,陈设亦简,倘另构新屋,既省财力,又可创新规模,而哈佛则以能保持此一旧屋为荣。又如芝加哥大学,新校舍落成,墙壁故加涂饰,以减其全为一新学校之愧惭。

惟西方人之慕古好旧,重在外面物质上。人文方面无可慕无可好,乃付阙如。学术方面亦仅知以人为学,不知学以成人。故仅重学,不重人。即一人生哲学家,其人生亦无足称道。中国孔子,除晚年作《春秋》外,本非有意著书。《论语》乃荟萃其门弟子所记,言简意深,后人阐申不尽。更要者,乃由孔子之学以成孔子之为人,故曰:"吾无行不与二三子。"又曰:"如有所立卓尔。"反求之己,则先得吾心之同然。一贯相承,何待自起炉灶,再创新说。希腊如柏拉图,一意著书立说,所言务求详尽,期无罅缝。乃使后起者不能不趋变趋新,别成一套。故亚里斯多德谓"吾爱吾师,吾尤爱真理"。其实西方人所谓之真理,乃在人生之外,则亦宜其人各一说,可以日变而日新矣。

故中国人之慕古好旧,乃在人文方面,尤要则在人生内部之本身,即心性方面。而外面事物,则转加轻视。中国人慕尧舜,而尧舜时一切器物此后尽无存在。宫殿坟墓亦无可考。迄今古迹留传,则首惟曲阜之孔林。中国人好古守旧之所偏重,即此可见。

人生有异同。《中庸》言:"天命之谓性,率性之谓道,修道之谓教。"性与道,乃人生最大相同,亦即最大相异处。此即所谓命。地域不同,世代不同,时空异,斯凡人之性与其所行之道,亦必有相异,故人生事业各相异。尊其大同，人生虽只百年，而性命自可常存。尊其小异，则所得甚少，而所失则甚多，转不如一器一物有其相同，斯得长留矣。

如为一网球家，即不得同时为一足球家篮球家棒球家。如从事开矿，即不得同时又从事于造船。又所事相同，必于竞争比赛中始见我。运动会必争一冠军，工商诸业，必争为一厂主资本家，始为出人头地。但得于己，必失于人。又不能常保。人群日相争，终不得安乐，而常陷于纷乱。今之世局岂不如此。

实则同异内外亦无可深辨。人皆求同，但亦可杰出异人。人争求异，天下乌鸦一般黑，又何以异。各尊一己之性命，事若务内，而孝弟忠信则必见于外。各重一己之事业，务外而无己，无己又谁其成者。论新旧，实一体，无旧则无新。故心理物象，有可辨，有不可辨。天地大自然，乃亦日变日新，但亦一常仍旧。

近日国人好言新，但凡所谓新，实指西方言。其实乃亦有中国远出于西方之上之新。如言国，中国远自黄帝尧舜以来，列国并存，而共戴一中央政府，其元首为帝为天子，成为统一之大国。此事远早于西方。中国人言一统，有统亦有散。统益大，散益远。西方则有散无统。本于散以求统，则难大难久，至今乃为一四分五裂之天下。中国之国统，乃由人生性命之统来，而中国人则谓之为道统。西方重物质，亦以物质建国，曰富曰强皆是。今西方之资本主义与共产主义，民主自由与极权独裁，亦从人生外部之财力权力上生此分别，与人类心性之共同大生命无关。故其所争，亦惟在力不在道。有强弱，有胜负，而无是非本末可辨。中国自民国成立，民主宪政，定时选举，政府按年改组，但立国大本则以个人经济为立场，此亦可谓由散求统，但七十年无宁日，窃恐其终难如往古传统之可大而可久。则国人当前之喜新厌旧，亦不啻舍本务末之谓矣。

又如学校，远自西周中央已有辟雍，乃至乡里之庠序，此不详论。而国立大学之创立，亦远自西汉武帝时。岂不中国之新实远早于西方，乃若益见其为旧。中国儒学传统远自周公孔子，绵历三千年包括了一部中国学术文化史，可谓政治史亦在其内。守旧开新，一贯相承，学术文化乃一大生命，又何新旧可分。中国民族五千年之生命，所系亦在此。若必斩绝旧生命，始能产生新生命，试求之宇宙生物，又宁有其例。

又中国社会师弟子相从讲学，主要乃在中年以后。颜渊子路从学孔子达三十年之久，直至明代阳明讲学，其弟子相随亦多达二三十年以上。此风下迄清代犹未变。故书院讲学就世界教育史言，亦可谓乃中国之一新。今则新教育开始，从学年龄率在三十岁以前。小学以至大学，师长当可达百人。此属中国传统教育下层小学一阶段已大变，而中国传统教育之上层大学一阶段，则已废失无存。

夫妇好合，百年偕老，已成为中国自古相传五千年来之旧风气旧传统。今台湾仅一千八百万人口，据统计，不到半小时即有离婚案一起，按月当得一千五百件。夫妇关系变，父母子女家庭关系亦随而变。自此以往，旧家庭当不易再遘。故中国之宗族制度，宗法社会，就世界之社会史言，亦可谓乃中国之一新。

中国五千年来之旧文化旧传统，家庭生活与学校教育,以及政治制度,当为其主要之三根干,三基础,今则皆已解体,恐再难复兴。即商业上之机械与资本,乃及工厂与公司组织,亦当追随西方而变。则试问何一乃可不变?又可不追随他人而变?此实深堪警惕矣。

简言之,中国重人,西方重物。中国人言:"人惟求旧,物惟求新。"今日国人最所醉心者,曰科技,曰财富,皆物非人。由科技争财富,由财富争权力。今乃由政府来倡导科技财富,再由拥有财富人回头来向政府争权力,而主要根源则在科技上。能发明科技而加运使,乃得为新人才。人才建国,实即科技建国。物为主,当重。人为副,可轻。自中国观念言,则本末倒置。若更求重人而轻物,则中国人之旧或将又转为此下世界之一新。期吾国人能于人物轻重,乃至风气新旧间,面对当前国际之实际情势,而再加深思。于一务求新中,风气人心能转一新方向,更臻一新境界。不仅吾国家民族前途所赖,亦于世界情势增添一新希望。幸吾国人能勿忽此。

三五　操作与休闲

人生之勤劳操作，与休闲娱乐，同占重要。而中西人生对安排此两部分，则有重大之不同。

西方社会对此，自始即有其严重之分别性。如古希腊郊野农民，仅供奴役榨取，乃无休闲娱乐可言。罗马军人主政，农民仍供奴役，与希腊无异。中古封建时代，贵族仅封闭在堡垒中，工农皆供奴役，更无休闲娱乐可言。文艺复兴，城市兴起，稍复希腊罗马时代之工商生活，而农人则仍仅操作。现代资本社会，即工商业亦惟少数资本家有休闲娱乐，多数则仍劳动操作。其如何获得少许休闲娱乐生活，则无人计虑及之。故自由平等，实乃社会多数人向少数人争取此休闲娱乐生活之口号而已。

中国社会则不然。远在夏商周封建时代，即有城市。除中央政府所在地京师以外，诸侯则君有国，卿有都，大夫有邑。春秋时代，国都邑之可考者远超两百以上，大体为政府百官宗庙社稷贵族家庭及农工住宅一集合区，而以政治为中心。农作地在郊外，田中有庐，以便春耕夏耘秋收之操作，冬令则归城居。百工城中授宅，生活有廪饩，其操作等如一艺术活动，仅给公家之需。商人最居少数，亦居城中，仅供上层国际贸易，亦官给廪饩，不为私生活顾虑。农人最劳苦，然井地授耕，亦仅供九一十一之税，生事易足。故中国古代实一宗法社会，乃同一血统之共同生命一集合体。虽分贵族平民，亦团聚如一家，与西方社会大不同。农工商各有盈余，乃择城中旷地，日中为市，各以所有易所无，交易而退，如是则已。非如后世有商业店铺之街道。孟子曰："劳力者食人，劳心者食于人。"各有所劳，亦各有休闲。而劳力者之休闲，则由劳心者为之安排。

《诗》有"豳风"，豳非国非都，仅一邑。从其《七月》之诗细玩其农民生活，勤劳即似一休闲，操作同是一娱乐，融成一体。非丁勤劳操作之余，来别寻一休闲娱乐。此实中国人生活一理想境界，远在三千年前之豳农已得之。此下历代有悯农诗。农人生活固可悯，然玩赏其诗，亦一如豳诗所吟唱所描写，其生活非真有可悯。其他郑、卫、齐、晋、秦、陈诸国风诗，民间风俗各不同，然同有休闲娱乐，为此下三千年来国人同所追慕。故得同与二南、豳诗传诵不绝。

当时贵族生活则备详于雅颂诸什。祭祀盟会，朝聘宴享，凡属军国大事，政治要端，莫不行之以礼乐，实即当时勤劳操作与休闲娱乐之凝合结晶，此乃中国人生一特性。虽曰礼不下庶人，然如冬猎春渔，贵族平民集体举行，既以表上下之亲和，亦以习武备战。治社会史者，苟于中国古礼细加阐寻，则知中西人生理想之大不同所在矣。

又两军交战，个人之死生，集体之存亡，决于片刻，此乃何等大事。然读《左传》，晋楚城濮、邲、鄢陵三大役，乃及其他战事所载，在兵刃交战中亦多有礼，参插有许多休闲娱乐成分之种种雅事佳话，尤见中国人生之特殊性格与其特殊面目，非如西方小说家描述战事凭空想象之所能及。在中国，战斗人生亦几如一种礼乐人生，乃形成为一种极上乘之文学人生，亦即艺术人生。非有文化传统之极深积累，又何克臻此高雅之一境。

中国之为四民社会，远在春秋初年即见有士之一阶层出现。而孔门儒家在春秋晚期最见特出。《论语·乡党》篇，纤屑记载孔子之日常生活，其他十九篇中，亦几于每篇有之。孔子乃中国一大圣人。圣乃指整体全人生言，非指其一特殊面。西方人对人生无此观念。周濂溪言："士希贤，贤希圣"，乃希其全人生。大思想大哲理，终属人生之一方面一部分。凭此即成为西方一哲学家。如康德如卢骚，或严肃或浪漫，均不得奉以为人人之准则。北宋张横渠《正蒙》，颇似西方一哲学书，同时二程议之，谓其乃苦思力索所得，非由整体全人生之自然体验中来。此一分辩，涵有极深意义。象山阳明亦犹嫌伊川晦翁过具学者气味，与亲切之日常人生若有隔，而在理学中别创其理论与风格。明初吴康斋、陈白沙，学奉程朱，亦重日常人生，皆似一诗人隐士。惟康斋严肃，白沙放任。但两人之人生，皆即操作即娱乐，亦休闲亦勤劳，不失自古相传礼乐人生之精诣。凡此皆与西方哲学家不同。

墨子兼爱，摩顶放踵利天下为之，近人拟之于耶稣十字架精神。然耶稣教人灵魂上天堂。墨子则上法天，下法古人中之禹，仅为个人人格力追上乘，自我作牺牲，享受则在他人，与西方宗教信仰大相异。但其惟务勤劳操作，不图休息娱乐，整体全人生，仅趋一边，非礼非乐，终非中道。故庄子非之，谓墨翟人格固为大群所仰慕，然非人情所堪，乌可奉为人生之准则。

杨朱为我，拔一毛利天下不为，近人又拟之于西方之个人主义。然为个人计，拔一毛乃小损失，利天下亦于己有大报偿，即专论个人功利，亦何乐不为。实则杨朱乃专论私人人格，不作功利打算。此亦中国一种有所不为之狷。若谓墨翟所教为一种礼，则乃一种非乐之礼。若信杨朱之道为一种乐，斯乃一种非礼之乐。孟子谓墨无父杨无君。中国人为整体全人生着想，则必有家有国，有父有君。既有己，必有人。有爱亦必有敬，斯之为礼乐精神。故中国人对上帝鬼神，有礼亦必有乐。专为个人独居，有乐亦必有礼。此之谓中国之礼乐人生。周公制礼作乐，夏商之际已远有其渊源。

杨墨之后，庄周老聃道家继起，亦如杨墨，不言礼乐。消极无为更近杨朱。但亦能于休闲娱乐中不废勤劳操作，而旁通于儒。孔孟儒家之积极有为，似近墨翟，但特重休闲娱乐，则旁通于道。中国后代人生，则兼采儒道，树立一大中至正之理想。《中庸》《易传》成书，当已在秦代，已指示其蕲向。要之，则亦以倡导整体全人生为主，与西方哲学之别于人生外求真理者不同。

次论文学。《诗三百》后有屈原《离骚》。屈大夫忠君爱国，投湘自尽，《离骚》篇中所呈之文学人生，亦即礼乐人生。宋玉景差慕师为文，勤劳操作，而非其整体全人生之暴露，乃始近于现代国人所称重之文学。仅技术，非生命。汉赋亦欲追踵雅颂，但非但内容不符，而徒骋辞藻。扬子云悔之，谓雕虫小技，壮夫不为。故司马相如实亦宋玉景差之流。惟如《长门赋》等尚稍存古意，然以较之汉乐府所收民间作品，则尚非其伦。

最堪上承屈大夫之流风者，晋宋间有诗人陶潜。诵其诗文，可想象其整体全人生。此即一礼，其作品乃一乐。陶潜为人，亦可谓儒道兼融。其心性生命，与其生活作品，亦合一无间。如是始谓中国文学之上乘，亦即中国人生一楷模。陶潜生平，有情志无事业。言其情志，则田园饮酒。言其田园，则鸡鸣犬吠，五柳一松。其作品乃堪与屈子《离骚》上下媲美，则古今无异辞。屈原为仕宦中人，陶潜则隐逸中人，如诸葛亮，兼此两型，高卧隆中，自比管乐，隐逸中不忘仕宦。及其白帝城受托孤之命，军国大事寄于一身，但仕宦亦一如隐逸。诸葛非文人，其《出师表》《诫子书》，亦传诵千古，无愧于屈陶。既曰鞠躬尽瘁，又言澹泊宁静。食少事烦，而一生如在休闲愉乐中。亦可谓儒道兼融一人物矣。片语只词，凡此流露，亦皆得成为大文学。"一为文人，斯无足道。"自然流露斯乃真文学，刻意为文则终为一文人。

即如乐毅《报燕惠王书》，后世奉为战国时代第一篇文章。但乐毅非当时一文人。庄周著书入子部，今人谓之哲学书。司马迁《太史公书》入史部，今人谓之史学书。而此两书，则同为中国文学之冠冕。汉初贾谊，作《过秦论》，上《治安策》，皆属政治文字。虽作《鵩鸟赋》，但后人终不称之为一文人。然尊之为中国一大文学家，则绝无愧色。故在中国，文人与文学家乃大有差别。中国古代最高文学，皆出自非文人之手。宋玉司马相如始有意为一文人，然终不得成一高标准之文学家。《东汉书》始有《文苑传》，而陶潜在《宋书》中入《隐逸》，不入《文苑》。及唐人修《晋书》，仍有陶潜，一若不列其人，即为《晋书》损色。然仍列《隐逸》，不列入《文苑》。则中国古人之视文苑人物，其意量轻重，亦由此可想矣。

此下在中国文学史上之第一流人物，为后人历久崇奉者，如唐代之李白、杜甫、韩愈、柳宗元，北宋之欧阳修、苏轼，南宋之陆游等，莫不以其一生之整体人生写入其文学中，而其作品亦即为作者生平之写照。故其文学之高下得失，乃胥视其作者之生平为人而定。杜甫为诗圣，李白为诗仙。儒道高下，亦依以定。此皆在人品上。至于所谓神理气味格律声色，亦尽在其中。此亦中国文学一传统精神所在。故凡属中国之文学家，并不以文为生。换言之，中国人之学，皆属其人之品德，非其职业与行业。此如封建时代之农工商，其行业乃由官授，由公家廪给。其私生活则乃公职，非私业。中国社会中之士，实亦一公职，非私业。李、杜、韩、柳、欧阳、苏、陆，莫不有公职，莫不有其生计安排。其文学写作，则乃其闲暇生活之自由流露，乃其内在品德之表现发展与完成，绝不为其私生活之职业经济打算而有此写作。或讥韩愈受谀墓金，然此乃当时门第积习，此下亦因承不辍。较之今人一意骂祖，又何遽为非。愈亦岂为此而起八代之衰，为百世之师。非明乎此，则决不能知中国社会之特有情况，亦决不能欣赏中国文学之特有性格。中国历代有书画名家，亦岂如西方，有展览会公开出售，乃始有其作品之成就。

中国社会亦有依赖文学为谋生职业者。放翁诗："斜阳衰柳赵家庄，负鼓盲翁正作场。千古是非谁管得，满村听说蔡中郎。"此负鼓盲翁之唱说蔡伯喈故事，也即一种文学生业。其事有似于西方，乃大为近代国人重视。其事虽在南宋，但已远有渊源。最早当始于唐代，而渐盛于金元以下。然元明两代之说部，如施耐庵之《水浒传》，罗贯中之《三国演义》，亦多为其一生之休闲娱乐，而非为其身家谋生之一种勤劳操作。此则仍未脱离中国文学之特殊传统。惟不为作者自己生平性行作表白，异于屈原贾谊之所为，然言其写作内容，则仍有传统之递承。

施耐庵避吴王张士诚之召，隐居淮北，其叙水浒诸英雄，既有官逼民反，亦有民逼官反。一面反对朝政之败坏，一面亦不赞同江湖之作乱。大旨仍宣扬其对当身时代一己之意见。而罗贯中之《三国演义》，描绘历史人物，纵其违失本真，有似负鼓盲翁之唱说蔡伯喈，仍存有一种文化传统之大意要旨。通俗演化，使普遍民众共得了解，其用心亦在公不在私。如其阐扬关公之为人，道义昭然，五六百年来深入人心，有功社会，此不再述。如其描绘诸葛亮之纶巾羽扇，指挥若定，数百年后之京剧，其神情意态皆从罗贯中之演义来。如其坐街亭城楼上，一童一琴，弹弄泰然。城门洞开，两老头军坐城门外，诙谐作态，而司马懿大军竟不敢进空城一步。此其表现出一种休闲娱乐之人生，真可谓只应天上有，不在人间逢。中国历代正史及各大家诸文集，几许大人物，惊天地，泣鬼神，遭遇着绝大艰难曲折，而竟以孔明城楼上琴韵悠然之心情应付渡过，以完成其品德与事业。表出之于小说与戏剧，则人人易知。虽不能符合于文化深处之高度修养与其境界，而小说戏剧亦遂得由此而预于中国文学之林。

中国后代文人，又常分咏渔樵耕读。柳宗元诗："千山鸟飞绝，万径人踪灭。孤舟蓑笠翁，独钓寒江雪。"此渔翁之生事艰窘，不见诗中，而其所处境界之敻绝尘寰，则供后世读者想望无穷。其于樵于耕亦每见其如此。其于学者之读，亦何独不然。即如柳州之山水游记，下至欧阳永叔之记醉翁亭，苏东坡之赋游赤壁，穷途潦倒，仕宦颠沛，遭遇人生中之大失意，而文中所表达，又岂非休闲娱乐之一种至高佳景乎。

只身行役，本非乐事。而唐诗人张继《枫桥夜泊》诗则曰："月落乌啼霜满天，江枫渔火对愁眠。姑苏城外寒山寺，夜半钟声到客船。"江枫渔火，月落乌啼，山寺钟声，后人诵此诗，莫不心往，乃以不能同尝此终夜对愁之苦味为憾事。又如杜牧诗："清明时节雨纷纷，路上行人欲断魂。借问酒家何处有，牧童遥指杏花村。"于是此清明之时雨，路旁之牧童，杏花村中之酒家，亦常在后人心中。路上断魂，乃亦同所向慕，勤劳操作与休闲娱乐，既已浑化融成一体，人生之悲欢离合，乃不如常情之所分别。孔子曰"杀身成仁"，孟子言"舍生取义"，杀身舍生，尚所不计，勤劳操作，更复何言。岳武穆之赋《满江红》，文文山之作《正气歌》，其为大仁极义可无论。即诗人之对愁无眠，行路断魂，论其心情，亦何尝非孔门所唱修心养性之流风余韵。中国诗中乃别有天地，别有人生，此则可与知者言，难为俗人道耳。

故中国文化有其传统，有其端绪。历史文学皆然，而社会人生亦已尽在其中。近代国人慕尚西化，群认中国乃一如西方中古时期之封建社会，非可与现代欧美工商资本社会相比。于是遂认中国文学与其人物，莫非封建性贵族性官僚性，非现代所宜有。于是称中国文学谓死文学，惟后世晚起之白话章回小说，尚稍近西方体裁。而书中之人物生活，则仍为要不得。一如今人之意，不仅中国已往旧文学乃死文学，中国已往旧人生亦不啻是一死人生。此下则需有大炉灶，另加制造，则又谁来任此。

近人尚犹推尊清代曹雪芹之《红楼梦》，乃有所谓红学兴起。贾宝玉林黛玉之相恋，若有近似于西方。然本不为中国人生所重，亦非曹雪芹著书用意之所在。诗骚以下，历代诗词歌曲，亦多男女相恋。晚起之通俗文学，演义及戏剧中更多。余曾于论中国之悲喜剧中略抒其意。即如蒲松龄《聊斋志异》，尽以托之狐魅，而极富人情味。中国人生之可贵，正为其人情味之到处洋溢，不择地而出。父子君臣忠孝大节，则尤人情味中之更深更大者。《诗三百》，首《关雎》，夫妇一伦又岂男女相恋而止。贾宝玉与林黛玉，亦当从中国文化大体系历史大传统人生大理想文学大宗旨中，加以衡论，于此亦始见曹雪芹《红楼梦》一书作意之所在。

提倡新文学，先当提倡新人生。西方人生固是一新，但亦只是一异。中西人生如此，文学亦然。西方新文学乃从其旧文学中来，中国此下有新文学，亦当从其固有之旧文学中来。若单论中西双方之文学，则中国之变，实远多于西方，此又不可不知。

元剧《赵氏孤儿》先传入西方，德国文学家歌德甚加欣赏，谓其时我德人方在树林中投石掷鸟为生。其实《赵氏孤儿》事起春秋，不在元代。此见双方文化演进深浅之不同。英国莎士比亚略与我明代归有光同时。归氏善写家庭乡间生活，琐情细节，栩栩如生。至今读之，犹如活跃纸上，尚能深入人心。莎氏则生世不详，至今在英国仍无定论。故中国文学乃作者之内在人生，而西方文学则作者与作品可以绝不相关。若谓人生乃一勤劳，文学乃一娱乐。在中国则两者一体，在西方则两者各别，亦即就归氏与莎翁两人之生平而可知。此非文学相异，乃文化相异。两人苟易地而生，不知其两人之作品又如何。

同时又有魏良辅，孤居楼上，二十年不下楼。此下两百年间，红毡毹上，亦歌亦舞，莫非魏氏之新腔，即所谓昆曲。甚至满洲入关，此乃民族兴亡一大关键，而社会上魏氏新腔，依然演唱不绝。"商女不知亡国恨，隔江犹唱后庭花。"即至近世，昆曲仍尚流传。较之歌德与莎翁，影响深远，当犹过。今日国人则惟歌德莎翁是崇是慕，诚使善得其神髓，在中国文学史上，亦可另放一异彩。但归氏魏氏，何必轻之鄙之，定要其作品死去。民族自由，岂果如此。

胡适之提倡白话新文学，曾有《过河卒子》一诗，以自喻其不后退之意。其实象棋卒子不仅过河不后退，未过河前亦不后退。抑且过河后犹得旁行，不如未过河时之只有前进。知象棋者多矣，但屡见称述胡氏此诗，旨在通俗，终未闻有讥及于此者。今日国人批评古人则太严，批评今人又太宽。或以古人已死去，乃可肆吾自由。今人尚活在，则犹得稍有顾忌。如此心情，距文学意境已远，可不再论其新旧之别矣。

近代新文学运动从新文化运动来,亦可谓是一种新人生运动。人生当会通各方面,非文学一项可尽。文学新旧亦不专在文言白话上。胡适之《白话文学史》,其所举材料,亦远及汉唐以上。其实中国文学至少已有三千年,焉得无新旧之分。《离骚》楚辞之于《诗三百》即是一新,两汉辞赋又一新,建安以下又别为一新,此不详论。但新旧非即是高下是非之别。中西相异更然。中西同有新旧,西方非全新全是,中国非全旧全非。文学然,人生亦然。呱呱坠地,随时有新人生加入,乃弥觉旧人生之可贵。否则旧人生要不得,则惟有自杀,再做呱呱。今日国人对我民族五千年历史文化人生文学,正在努力向自杀一途前进。而此七十年来之新文学新人生,究在走向何处,此真我今日国人所当警惕作深长思者。

本文主要在讨论人生,亦即讨论社会,历史文化思想文学皆所兼及。而勤劳操作休闲娱乐之当融为一体,则犹本文要端所在。幸读者善体之。

三六　生命与机械

（一）

中国以农立国，以耕稼为业。五谷百蔬，瓜果虫鱼，牛羊鸡豚，无日不与生命为伍，亦无日不赖生命以为生。其四围之生命，即其己之生命所依存。故其与四围之生命，乃无不亲之如家人，爱之如手足。以耕以耘，以抚以育。其视宇宙自然界，乃亦如一生命界。天地之大德曰生，凡属生命皆从天地自然中来。春风夏雨，秋霜冬雪，土之培植，水之滋润，自然界之护养群生，可谓无微不至。故其仰天俯地，亦如一家四邻之和睦相依，以共维此生命。

生命时时变，节节变，大体有生长成熟之四阶段。方其生，即依其他生命为养。及其熟，则还以养其他之生命。故生命乃一大共体，绝无不赖他生而能成其为生者，亦绝无不以养他生为务者。故有孤生，有群生。一谷一蔬，皆独有其生命，然无不群集以为生。孤生有熟有成，群生则相继不绝。百亩之田，以养五口之家。生命成熟，即以奉养其他生命。而其孤生又必传种再生，以达于无穷。人生亦如此，方其初生，及其既老，己不能自生，必赖他养以生。方其壮，则以己生养他生。不仅其居家侍奉父母有孝，抚育子女有慈，即其日常辛劳，操耒耜以耕作，其视田中禾麦，亦不啻如家人。人之养五谷岂不亦如五谷之养人。则不仅一家一国一民族为群生，人之与禽兽草木同此天地同此会合而相聚，亦不啻相互为群生。此生命乃为一大总体。孤生有死，群生则传，世代绵延，日益扩大。孤生之死，只是此大生命中一小变化。此为耕稼人民共有一宇宙观，共有一人生观，即成其共有之生命观。虽不明显共有此观念，实则潜藏有此共同一意想，即其民族生命之悠久演进而可知。

西方古希腊，乃一工商社会之都市生活。农业非其大群生活主要所赖，故郊野农民仅为农奴。工业与农耕不同，对象多属无生物，富机械性，缺生命性。一斧一凿，一尺一绳，一切物皆成材料，由我意向，经我制造，以供使用与玩赏。制造既成，乃由商人外出贩卖，以其利润供生活。故工商亦非一体，一卖方，一买方，双方性质不同。卖方先逆探买方之意向，投其所好，然后有条件的出卖。故交易非友谊，乃不啻为有敌意，但可和平解决，不必以兵戎攘夺，如是而已。故交易双方虽各得所欲，而相互间无感激无怀念。故工商社会之与外界接触，虽较农耕社会为广大，而其心意间，则终存一种封闭感孤独感。大都市人群相聚，亦不存有一种和通感亲睦感。有孤生，无群生，与农村社会绝不同。

农业社会中之工业，为农业之副。最要如丝织，其侍奉蚕蛹，莳桑采叶，待其产卵，照顾周详，辛勤劳瘁，乃有过其侍奉己生者。故农桑并称，其奉他生以还养己生，体贴周至，情意相似。又如陶业，烧土为窑，对象为无生物，与农桑若不同。然辨土性，则仍同其对有生物。人生出于自然，自然亦俨若一大生命。故陶业非如机械性之制造，亦可谓乃富生命意味，故其供日常应用，愈悠久，而愈生亲切感。其贩卖，亦与其他商品贩卖意义有不同。

农人凿井，为桔槔以取水，庄周道家乃谓其具机心，将有害于自然与生命。此一层，讨论人类文化演进，不当不深辨。机心起于功利观。自然酝酿出生命，生命依顺乎自然，非由功利观主使。中国人不言功利，而言道义，乃一本之自然与生命，而功利亦不能外于道义而自立。此为中国人文演进一重要原则。

中国商业起源亦甚早。然日中为市，以其所有，易其所无，交易而退，与西方之城市交易大不同。故商为农工之附属，与农工之附属于商，其意义亦大不同。不同深处，乃在人之心理上，在其对人对物之观念上。生命有其全体一贯性。其过程中，亦有种种变。必会合部分之变，从其全生命看，始得生命之真意义与真价值。若划分全生命为各部分，各自切断，单从每一部分之变分别来看，必失其生命真实内容之意义与价值。如植物，先有根苗，然后有干枝花果。故根苗在植物生命中，有大意义大价值。又如青蛙，初生为蝌蚪，仅为青蛙初生期之一变，非有独立性。苟使不长成为青蛙，亦非可有蝌蚪之生命。

人类生命有一绝大冒险期，即其婴孩与幼童期，遂使其此下之成年期有更大可能之变化。人文界可以卓然独出于自然界，而与其他生物大相异，以自臻一妙境，正为其有一较长之婴孩幼童期。故婴孩幼童期之在人生全过程中，乃有其至高无上之意义与价值。亦庄老道家所谓无用之用。

孔子乃中国之至圣先师，自言："十室之邑，必有忠信如丘者焉，不如丘之好学也。"孔子乃一学者生命，其生命即学问，学问即生命。其言十有五而志于学，至于七十而从心所欲不逾矩，此乃自述其学问生命之进程。可谓自自然生命中创造出一最高理想之人文生命来。十五志学，即志于道。三十到五十，则修道。五十以下，则行道。孔子之道即孔子之学，孔子之学即孔子之全生命。而孔子之生命与其道与其学，皆自十五志学之一念来。第二第三阶段，整个学问生命，由志于学以达于从心所欲不逾矩，融贯为一。孔子生命可谓乃一最自然之生命，可为人人生命作模范，其可贵乃在此。至于婴孩幼童期，乃人类由自然进入人文一最先阶段，孔子亦不例外，但孔子未详言，今亦难作深论。

就一般言，人生婴孩幼童期，苟无家庭，早投入自然环境中，向外奋斗，早长成了许多应付自然的机智技巧，则人类亦将如其他动物一般，所谓习与性成，此下的一切即常困在此积习上，不能更有进步。惟其人类有此较为隔离自然环境之一段预备时期，遂为人文演进增加了种种可能性。

幼年如此，晚年又然。人到耄老，亦得有一人文环境，善加护视，使可远离种种挣扎。至少在其心理上，可得一分恬淡安泰,自在不烦,少生忧伤。此一心理之在大群人文中,有益无损。抑且大群人文之获有大启发大进步,实多从老年人来。果使老年入困境,生命无安全感,则无此影响可生。抑且未臻老年,其心已变,其影响人文界有损无益。故幼年老年,乃人生中无用而有大用之两时期。孔子言:"少者怀之,老者安之。"人之全体生命中,必求其幼有怀而老有安,乃可使其中年生命有一正当之展拓。此为中国人在人生全体过程之各阶段中,各有其稳妥安排之大理想所在。

人之生命不仅当通历其全体,又当融入于总体。个人生命有其全体性,而群体生活乃有其总体性。既不当从总体生命中单独抽出个人生命来作考虑,亦不当从总体生命中抹杀个人生命来做安排。必面面顾到其生命之全体与总体,乃可使人类生命有一广大高明之理想演进。

人生在婴孩幼童期,则总体生命主要在家庭。及其成年,男婚女嫁,结为夫妇,中国人称之为人伦之始。人生必有伦,人伦即人之总体生命之所由以表现。自夫妇而有父母子女,此为每一人生命总体之扩大。人类又必由家而有群有国,于是而有君臣朋友,此为总体生命之更扩大。由是而有天下,乃始为人类生命总体之大全。更由是而有古往今来之延续,于是此总体生命乃传达于无穷。故中国人言人生,乃由修身齐家而达于治国平天下,使人生总体生命获得一好安排。而其基本则仍在人之个体生命上,故曰一是皆以修身为本。

西方人则并不顾及生命之总全体,而单独抽出其个体小生命,有所谓个人主义之提倡。迄于近代,又有社会主义之产生，其对生命，扩大观点达于世界性，而及于生命之总体，但又抹杀了生命之个体。此皆违失了人类生命之自然性，无异生命之自杀。又在个体生命之全过程中，就其各阶段而一一为之切断分离，各视为一独立性，此亦不啻乃一种生命之自杀。

男女恋爱，异性求偶，此亦生命过程中一应有之事，在全生命中有其意义与价值。若抽离为一独立事项，则必失去其意义与价值，或将损害其生命之全过程。异性相恋之情感，实本自然。如饥思食，渴思饮，寒思衣，倦思睡，皆其生命对外在物质之需求，中国人谓之欲。人对人，则谓情。生命中有此情，乃求配偶，非为求配偶乃生情。中国人观念，情由性来，但非凡情即性。婚嫁本于人之性，非可谓一本于人之情。换言之，婚嫁乃生命中一大事，而恋爱则不然。食衣睡眠皆当有一适可之限度，欲如是，情亦然。夫妇和好，有礼有法，而情更加深。故夫妇之情实非男女恋爱可比，此乃由自然进入人文一大关键。中国人以夫妇为人伦之始即此义。西方人重视男女恋爱胜过于夫妇结合，重欲胜于重情，更甚于重礼，亦中西文化一大相歧。

西方又言恋爱自由。饥思食、渴思饮，乃生命要求，非自由。能解饥渴即可，宁必严择对象。恋爱亦有限，非尽得自由。父母之命，媒妁之言，其于对象，亦有一番客观挑选，岂即违反于人性。西方文学过分渲染恋爱若神圣，今则自由离婚日增，一结一离，内心之激荡转变，所影响于其生命之全过程者，难以想象估计。其他则更何言。

生命过程中有恋爱，又有斗争。动物禽兽皆然。人文社会则婚姻求安定,战争求消失。中国人言止戈为武。言其感情,恋爱属喜,战争属怒,而中国人则哀乐尤在喜怒之上。力戒怒,慎言喜。周武王一怒而安天下,但又言哀兵必胜,故在人文生活中,哀远胜于怒。诗云:"琴瑟友之,钟鼓乐之。"则乐又远胜于喜。喜怒无常,最要不得。中国人分别喜怒哀乐之高下深浅,莫非有当于全体生命之意义与价值。西方人似对生命深处有所疏隔,事事物物仅重外面。哲学家探讨人生真理,专尚理智客观,摒弃感情,一若其与真理为敌。而文学家又特好言感情,又偏重喜怒,皆触景而生。事过境迁,喜怒无常,哀与乐则深著而常存。

中国人之生命观,大之为通天人,近之为合内外,故其宇宙观亦为有机的。大自然乃一生命之大总体,此体即是生命一神灵,亦有其德性。人生即从此生命之大总体而出现,又归入此大总体而长存。故在中国,只言天不言上帝,而地则可以配天。长宙广宇中有天地,一阴一阳亦如自然之与人生,又如人生之有男女夫妇。死后灵魂,亦归入总体化,天地即人类生命一大灵魂。故在中国文化中,无宗教,无上帝与天堂。

西方人必于自然与生命作分别观。其视自然,则几如一大结构、大组织、大机械。宇宙则为一非生命的,无机的。故西方有宗教,信有一上帝,在主宰管理此世界。无机中有一神。唯物论与有神论并存相济。若此宇宙唯物无神,则此亿万种生命又将如何安排。生命亦是一自然,但究与无生物不同。西方哲学有唯心论,亦有唯物论。惟宗教则心物虽有别,仍同在一世界。科学则专注意在物质方面作研寻,以求满足人生之种种欲望。至如达尔文生物学,主从无生物中产生出生命,则生命岂不乃无中生有,又何来有如中国人所谓之性灵。故西方生物学仍是一自然科学,与宗教不同。而与中国人之生物观亦大不同。

中国亦早有科学,惟中西科学之发展过程亦有不同。如医学,中国人即常以一有机的生命体视人身。头颅手足心腹肠胃种种不同,然在同体中各有所司。故言生理病理,皆主言气。气即有生命性。其言宇宙亦然。天地万物全体中一气运行,即属有机的,即具生命性。西方人则无此观念。

对日抗战时,余在成都,有两英国农业专家来考察灌县都江堰水利工程。曾言中国农田施肥都用有机物,如河泥之类,盼加意保留。西方肥料用无机物,久则土质变,有损农作物,今乃知其害。余曾访之金陵大学农系某教授,彼言西方人言如此,但吾侪仍当采西法。最近有日本京都某教授来台告余,彼退休后筑室湖滨,以种植自娱。试用东方旧习,以有机物为农肥,效果甚佳。中国之治病施肥,皆用有机物。此即中国观念信自然即具生命性一征。而西方科学,则必在自然中尽量发展其非生命之一面。此诚中西文化传统一大相异处,不得不深加注意。

西方人看人群社会,亦若一无机体,好言自由与组织。人群集居,生命之总体机能即潜伏其中,善为发挥,乃能以安以久。岂如一器物,可专以机械与组织来求其完成。中国社会尚礼,西方社会尚法。礼主利导人性,亦可谓乃有机的。法主防堵人性,属无机的。西方社会组织皆由法,极权民主皆然。工商企业,教会组织,皆凭法。马丁·路德之新教与后起之共产主义，亦皆凭其组织，即凭法以争。故西方社会，不仅商场如战场，即政治界宗教界亦然。而耶回两教中古时期之相争，乃至今不能平息。佛教具东方性，虽亦有分别，但无组织，无战争。人群自可有组织，亦见有力量，但无组织之力量，有时则更远超于有组织之上。佛教来中国，至唐代禅宗，深入人心，掩胁全国，绵延达于千年之久，然亦非有特殊之组织。棒喝乃是一种机锋非斗争。

即言政治，西方亦重组织，近代政党即其显例。共产主义一党专政，非组织，又何以建权力。中国秦汉以下，全国统一，皇位相承，但非有组织为之支持。细读中国史，亦何尝有所谓帝皇专制。中国传统政治，其大群内部之共同生命性，实远超于其外在之组织性之上。苟以近代西方之组织与功利观相绳，则中国上古三代开始，禹之卒，中国人朝向启而不朝向益，诚为在民权政治之发展进程上一大退步。但此乃出于当时群情之所向，此亦一种民权表示。政治当以民情为本，中国人言民为邦本即此义。

中国传统惟曰，"尚德不尚力。"力须组织与机械，德则是一种自然。中国人常连言德性，性是生命的。生命同，性与德亦同。故曰同德，使人心服，乃是一种无形之力，乃一种有机力。西方哲学不言德，科学研究物理，在力不在德。宗教主原始罪恶论，亦不能有德。故中国人之德性观，乃为西方人所无。

西方人言知识即权力，但知识只是生命中一项次要工具，非即生命。故知识可分门别类，无整体。由此知识生长出另一知识，故知识有进步。西方人对知识，又分归纳与演绎。归纳则是一组织,演绎则实是一变相之归纳。如言人皆有死,苏格拉底是人,所以苏格拉底亦有死。其实苏格拉底亦有死一语已包涵在人皆有死一语中,故可说是一种变相归纳。中国宋明理学家分别德性之知与见闻之知。见闻之知得之外,乃事物性。德性之知发于内,乃生命性,其重要乃远过于见闻之知。西方人只重见闻,不言德性。柏拉图榜其门曰,"非通几何学,勿入吾室。"几何学乃机械的,无生命的。几何学中所解答,实皆包涵在定律中,并无新意义生长。孔子曰:"过吾门而不入吾室,我无憾焉者,其惟乡愿乎。"乡愿生斯世,为斯世也善,无个性,不重一己之内德,即是不重其一己之生命。知识即见闻,而不能深切贴近于其内在之德性,则于自己生命无关,乃为孔子所不喜。西方人所重之知识,可以日变日新。中国人之知识,则于日变日新之自然过程中,更有一种内在生命日化日成之体性存在。由此形成双方学术之相异。一重己心之修养,一重外在事物之运用。重外在运用,乃日趋于机械化,而生命则几近于停息。今日之世局乃如此。

孔子问子贡:"汝与回也孰愈。"子贡曰:"赐也,何敢望回。回也,闻一以知十。赐也,闻一以知二。"闻一知二,限在见闻上,知其正面,即可推知其反面,此乃所谓是非之知。如知人,即知其他有生无生诸物之非人。西方人言知识,于逻辑外又有辩证法。逻辑言归纳演绎,辩证法则言正反同异。甲与非甲合为乙,乙与非乙又合为丙。如是求知,则纯成为机械的组织的,只见自然面,不见生命面。子贡之闻一知二,与相近似。颜渊之闻一知十,十是全体总体,惟德性之知能之。心与物,自然与生命,会通以为知。亦可谓子贡之闻一知二,其知在量上。颜渊之闻一知十,其知在质上。西方人之功利观重在量,中国人之道义观重在质,此亦中西文化一大相异。

颜渊又自言:"夫子博我以文,约我以礼。"博我以文,即见闻之知。约我以礼,则反之己身己心,体贴之以自己之生命,乃可知其全体。虽若亦仍有限,而可得其会通。如婴孩幼童,不能知成年耄老之所知。颜渊年未过五十,仅到孔子不惑而知天命之阶段,未能到孔子耳顺从心所欲之阶段。故曰:"如有所立卓尔,虽欲从之,末由也已。"孔子以一大圣人体段昭示于颜子之前,颜子知有此一境界,乃叹无法企及。孔子则赞之曰:"吾见其进,未见其止。"其在川上则曰:"逝者如斯夫,不舍昼夜。"又言:"后生可畏,焉知来者之不如今。"则生命有止亦有进,故孔子学不厌,教不倦。至善只是一境界,虽可止,而学则乃是一生命,不可止。耄老有如婴孩,孟子曰:"大人者,不失其赤子之心者也。"赤子当学,大人亦当学。生命相通,时代千古亦相通。后圣之学通于前圣,而学则无止境。岂如是非之与权力,乃可定于一时一事而有其所止乎。亦可谓东方人看生命,乃视其自幼到老之一段进程言。西方人看生命,则重由我与彼之一种比较言。一重时间性,一重空间性。亦可谓西方人不知有生命之学,故亦不知有此等境界之存在。

宋儒言德性之知,亦即犹孟子所谓不学而知之良知。陆象山言:"尧舜以前曾读何书来。"但中国古人自始即知读此一部有机宇宙天地大自然之无字天书,生命与大自然起共鸣，此即其德性。只读诗三百首中之比兴部分，即知中国文化之深根固柢即在此。孔子曰："仁者乐山，智者乐水。"见于山之宁静生育，其内心深处即有乐，启牖感发乃其德。见于水之流行滋养，其内心深处亦同有乐，启牖感发即为智。人类生命德性中之仁智，即从大自然中来。人类中有先知先觉，亦从大自然来，此之谓德性之知。如何培养牖启此知，中国人之传统教育精神即重此。

自中国观念言，身家国天下，皆同一生命之一贯相承，层层包容，通为一体。西方人则一意加以分别，其病乃由中国道家庄周所谓之机心来。如言国，乃必分别为土地人民主权之三者。人民之上，何以又必加一主权。非有人民，主权又何由生。必分人民主权以为二，此可谓不自然之至。改言人权，人各有权，苟不相通，群又何来。乃言组织，以组织来运用此权，此之谓机心。既非自然，亦非生命，乃凭空创造以求运用此自然与生命。机心之要不得乃如此。中国人则言，天时地利人和，三者合而成国，此始是自然人文之合为一体。故中国人言国，乃深具生命性。西方人之国，则只具机械性。人之为群，在德不在力。一切人事须从生命上着眼用力，若以机械来求驾御人事，则无往而可矣。

（二）

余一友，其女来北平投考协和医学院学医。一日，告余拟退学。问其故，言上解剖课，面对课桌上一尸体，心不能忍。余告以当改变己心，莫作一死尸看，只当一机器看。心变则自忍。逾月又来告，已心安。遂留校续学，十年后，成为一名医。此即西方医术不存生命观一证。

西方心理学言，人之知觉记忆全在脑。但无目何见，无耳何闻，无鼻何嗅，无舌何味，无皮肤亦何痛痒。使此脑离此身，更何知觉。故依常识，知觉在身不在脑，亦未可谓之不是。记忆更难言，此身绵延数十年，使无时间积累，又何来有记忆。知觉与记忆乃生命中事，不尽在身，更不专在脑。但生命何在？岂不仍在身，亦在脑。使脑机能失灵，纵此身尚存，亦如已失去。

可知生命中实确有如机器之存在。生命乃有赖于此机器，而更有其超机器之存在。或言脑，或言身，皆可作一机器看。心亦身中一机器，但中国人言心，则非机器的。亦可谓心即生命，乃一超物之存在。此一存在非可具体指说，惟有心领神会，以心知心，更无他途可循。

今试再言心在何处，亦可谓在全身之综合和会处，更可谓乃在超躯体以上之综合和会处。西方人喜在具体中来加以分别，专就一事一物言，乃不得中国人所谓之心之所在。不得心之所在，斯亦不得生命之所在。不仅医学如此，其他学术亦全如此。多分类各成专门，如文学、科学、哲学，自希腊开始即然。因此乃无当于人心，亦无当于人类生命之存在。

因此言西方历史，罗马史希腊史现代欧洲史，各自为体，在其内部绝无一贯之相承。现代全欧洲形成数十国家，亦难和合为一。政治如此，社会亦然。亦各分别，无一超其上之综合和会可言。中国则不然。

姑以死生言，其实亦是一体。生必有死，而死则仍在生中。中国人言生生，即指之不绝言。而西方社会则显分死生以为二。世间事恺撒管，此言其生。上帝事耶稣管，此言其死。死生显有一大别。人生必有男女，实亦一体，而西方人亦作分别看。某一西方学人言，穿皮鞋与穿拖鞋不同。男性生活如穿皮鞋，女性生活则如穿拖鞋。中国古人穿履，入室前，脱在户外，履之内有袜，或厚脚套。履后变为靴。又有布鞋，日常所穿可不多变。亦可谓中国布鞋乃中性的，男女无分别。

中国家庭男主外，女主内，男子自外归，一家团聚。不仅夫妇和合，上有老，下有小，乃成生命一大和合。中国社会富生命性，家庭尤为社会之中心。农业社会日出而作，日入而息，夜间则一家人团聚，故农村亦为中国社会一中心，失却此农村与家庭之两大中心，即不见中国社会之特性。

西化以来，中国社会最大之变在女性，婆媳不再能同居，即变为一夫一妇之小家庭制。又妇女亦必离家工作，亦与旧时小家庭不同。中国社会之第二大变则在都市地位超农村之上，以前是都市附存于农村，此下则变为农村附存于都市，此两者间，意义亦大不同。

中国人言一阴一阳之谓道，此道即指生命向前一大进程言，阳其明显处，阴其隐藏处。阳指动，阴指静。阳在外，阴在内。然中国人言阴阳，不言阳阴，即就生物进化言，亦先有阴性，后有阳性。幼稚知识亦先知有母，再进始知有父。阴为生生之主，而阳为其副。阳在外活动，乃以辅阴之在内生生。中国人言天地阴阳，其实天道亦有其阴面。中国社会之人生大道即在此。

原始人类，惟求谋生，乃能用器。如今人言石器时代铜器时代铁器时代等，然器非生命，一如人之身，耳目口鼻手足肠胃皆其器。器为生命之副，非生命之主，仅供生命之利用，非生命之本质。乃手段，非目的。由于器物之运用，乃分职业。职业亦供生命之利用，断非生命目的所在。中国在战国时，已成士农工商之四民社会。农工商皆职业，士则可谓乃一非职业之职业。孟子曰："士尚志"，孔子曰："士志于道，而耻恶衣恶食者，未足与议。"是士不当以衣食为志，道则生命之大道，亦即人心所向往。而人各有心，苦不自知。诗曰："他人有心，余忖度之。"能忖度此心，以诏导群众，以共赴此人生之大道，士之大业乃在此。

汉代成为士人政府，士人从政，先由察举，后有考试。选贤与能，为其要旨。是士人政府实即一种民主政治。惟西方民主尚多数，中国民主则尚贤尚少数。故士人政府亦得称为贤人政府，由社会中少数俊秀杰出之士，出而任之。西方社会中之教徒与中国之士略有相似处。学校本由教会设立，学校任教，亦非为谋生。而递变至今，教授亦成一职业。学校在社会中，亦如一机器，有其特定之用途。今人群中各机构，皆各有使用，皆如一机器。则人群乃如一架大机器，无生命之真实意义可言。

生命与机器有一大分别，即一有情，一无情。换言之，亦可谓一有心，一无心。人心之主要生命即在情，故人心即人情。人而无情，即可谓之无人心。人类心情之表现，或在空间，或在时间，皆在其综合和会处，不得一一加以分别。又心情必在隐藏处，未可明显指示。其可明显指示者，乃欲非情。草木禽兽亦有情，其生命之表现，即在情。中国人言修身，实乃修此情。先之曰齐家，即修其对家人之情。扩之曰治国，即修其对国人之情。又扩之曰平天下，即修对天下人之情。家国天下，皆就空间言，谓之行道。又有传道，则加入时间言。道可以亘古今而贯万世，而皆自每一人当前之修身做起。故曰："自天子以至于庶人，一是皆以修身为本。"其实修身乃指修心言，指心之表现于身者言。本则在隐藏处。苏轼诗"万人如海一身藏"，修身则贵在隐藏处修。千仞之木，亦必有本，深根固柢，人所不见。所见者，乃其枝叶之茂盛，花果之灿烂，皆由其本来。

今再约略申言之，身如一架机器，人则是一生命。无此身则无此人，但人与身终有别。中国人言修身，乃由各人自修己身，修己身以善为人。社会之根柢则在此社会之每一人，故每一人之自修其身，即为社会深厚培植其根柢。

中国人本不言社会。家国天下皆即社会，其本则在各个人，中国人称之曰己，家国天下则其枝叶花果。老子言："三十辐共一毂，当其无，有车之用。"车亦一器，构造极复杂，但其用则在车之无处，此即其和会综合处，亦即其隐藏处。和会综合无处可指。如身可指，人不可指，须从此身之和会综合处得此人。亦可谓其人乃在无处。此社会之大生命，亦即在无处。专从有处求之，则必失其所在矣。

中国人之为学，主要亦在其无处。换言之，乃学其人，非学其人之事业与作为。颜渊学孔子，博文约礼，即孔子之所学。如有所立卓尔，乃即孔子其人。战国百家并起，儒家之学在孔子，墨家则学墨翟，道家学庄周老聃，名家学惠施公孙龙，阴阳家学邹衍，法家学申不害韩非，农家学许行。杂家无其人，不得谓学吕不韦。纵横家亦不得谓学苏秦张仪，小说家更无其人可学。故九流十家中，杂家纵横家小说家，其学无主，实亦不成家。其他七家皆有所主，故亦相传成家，而最大最久者，则惟儒道两家，而孔孟庄老遂永为中国社会之宗师。

西方人为学乃学其人之所学，而非学其为学之人。西方之学术传统，亦在其所学，不在其学者。文学科学哲学，各有传统。实则以中国人观念言，亦可谓非传统。因中国人言传统，其传统必有人。西方则无此观念。如学文学，读莎士比亚书，可不知莎士比亚其人，即其例。故西方学术分门别类，各有专家，而无其综合和会处。实则专家只为个人，非可谓之有家。中国则不然。司马迁为《太史公书》，为后代史学鼻祖，而司马迁自言其书乃学孔子之《春秋》。深一层言之，司马迁亦有意学孔子其人。非学其人，又何以学其书，此乃中国人观念。韩愈倡为古文，其实亦有意学孔子，故曰并世无孔子，即不当在弟子之列。故孔子乃为中国社会之百世师，即在其学之综合和会处。学者学为人，即从其生命所在处为学，由小生命通入大生命，故其学乃得为百世师。

苟失其生命所在，则人之一身可分为头脑手足胸腹耳目口鼻诸部分，地位不同，职司皆异。然则谁为此一身之主？西方医学对人身亦各分科，有眼耳口鼻各科，可以各擅专技，互不相顾。其他诸学亦然，政治社会经济法律外交军事，亦各得为成专门。但一国之大政方针，岂能如此割裂拼凑，而谓可得一正确之方向。遇有争议，则惟于会场上以多少数为定。政治然，社会尤然。社会乃人群大生命一集合体，其根柢所在，乃尤难言。

姑依马克思所分之西方社会言，希腊罗马时期为农奴社会，农奴低压在社会之最下层，岂得以之来代表当时之社会。中古时期为封建社会，当时封建贵族堡垒乃高压在社会之最上层，然整个社会则不尽在贵族堡垒之内，又岂得以此来代表当时之社会。现代则为资本主义社会，继之则为共产社会。资本家亦高压在整个社会之最高层，资本具体内容为财富，可以继涨增高，于是西方人对社会乃有一进步观。然财富之进步，岂即社会之进步，又岂即是人类生命之进步。自中国人言之，财富乃身外之物，不视财富为生命。共产社会只是把资本家的财富，分到无产大众手里。其分其合，实仍于生命无关，则又何进步可言。原始人类全是无产阶级，岂得谓之乃进步。孔子曰："贫而乐，富而好礼。"同一社会中，虽有贫富之别，而其乐其好礼，乃见人类之真生命，社会之真进步。中西双方，一重生命，一重器物，于此亦可见其相异。

中国人言社会，只有一分别，曰有道无道。有道则治，无道则乱。乱而不救则亡。西方历史，希腊亡，有罗马，有中古封建时期，有现代资本主义社会，实可谓是乱亡相继。今则英法诸国亦已衰，伦敦巴黎亦将仍蹈雅典罗马之覆辙。中国人言，鉴古知今，观于西方史之过去，亦可知西方史之将来。中国则自炎黄以来五千年，仍只是此一社会。枝叶花果或有变，至其根深柢固处则无变。

中国社会根柢首要则在士，而男女相较，则重女性。近代国人群讥中国为重男轻女，其言荒谬，余屡有申阐，此不详论。老子曰："天下有始，以为天下母，既得其母，以知其子。既知其子，复守其母，殁身不殆。"雌性女性乃生命之始，雄性男性则其子。大抵雄性男性多在明显处，供使用。雌性女性则在隐藏处，为根柢。庄老道家所谓之无用之用。生命固贵有用，但更贵其能藏。孔子曰："君子不器。"非主无用，乃不贵如器之徒供使用。称子贡为"瑚琏"，瑚琏亦器，但藏在宗庙，不供人随意使用，则有用若无用，故为器之贵。其称颜渊则曰："用之则行，舍之则藏。"是颜渊其人乃一有用之人，而非徒供人用，为一被用之人。用则行，是其有用。舍则藏，是其不为被用，所以为大用。其主要处在能修身。女性亦贵在修身，能务修其身以为不可用，乃为最上之用。此义又谁知之。

生命之用首在食。民以食为天。士之修身，则谋道不谋食。其为学，亦贵在志道行道明道传道，女性亦同然。而谋食为生，则多由男性任之。男主外，女主内，即由此。生命藏于内，身体显于外，凡用其身，皆以保其生命，故曰："既知其子，复守其母。"中国之士道，凡修首贵藏。诸葛孔明言："苟全性命，不求闻达。"高卧隆中，自比管乐。藏器在身，非诚无用，不求闻达，则贵潜修。同时如管宁徐庶，皆知藏。近代国人竞尚西化，只求表现，此义已失。乃谓中国之为士者，皆志在仕进，萦心利禄，一惟奉迎专制帝王之颐指气使，为官僚则不啻为奴隶。其所想象，距五代时长乐老冯道尚远。不读书，而轻肆讥评，其荒唐浅陋又何足怪。

《诗三百》，《关雎》为首，曰："窈窕淑女，君子好逑。"惟言君子求淑女，不言淑女求君子，窈窕亦言其深藏。中国言女性有三从四德，三从已别阐。德、容、言、功为四德。容不指色，窈窕亦即容。德、言、功则叔孙豹所谓三不朽，女性所同具。烹饪纺织，衣食大端。相夫教子，为功尤大。德与言亦胥综合和会，不能强作分别。故求人生大道真象，观于中国之女性，即可得其梗概。倘专在大群外在事功上求，则女性转不见其重要。中国人惟为深知人生大道，故重士，而士则无职业。又重女性，女性则藏于内而不外扬。能无业内藏，乃始易保其性情之真。既敦厚，又深挚。中国人文演进乃深赖此两端。

中国农工商三业，又重农。农之求食，首在修身。日出而作，日入而息，春耕夏耘秋收冬藏，稼穑艰难，首重勤劳。三年耕，有一年之蓄，则又重在俭。勤俭为修身之根柢。中国为士者，必出于农。唐代科举，先须家世清白。三世为农，斯为清白。工商业皆不预。农人勤劳无贪求，安分守己，故生活易清白。商人向外牟利，则生活易陷不清白。中国人重农轻商，其中亦寓有人生大道。近人乃专以财富功利观，谓农业社会乃一未开发之社会，进步而有工商，更进步而有机器。但机器可使财富进步，不得使生命进步，或转使之退步。知其子不复守其母，而危殆随之矣。

欲知中国社会真相，试先求之中国之文学，尤要者在诗。古诗三百，首《关雎》，即咏男女夫妇。《豳风·七月》，则咏农村。妇女与农村，乃中国诗主要题材所在。

此下三千年皆然。又有田园诗人，如晋宋之际之陶潜。此下亦代不乏人。田园诗之外有山林诗，"问我何所有，山中有白云。只堪自怡悦，不堪持赠君。"求之孔门，颜渊曾点乃田园山林诗人所宗。《尚书》曰："诗言志"，志在颜渊曾点，所言自不离田园山林。田园诗多近儒，山林诗则多近道，综合和会以求，则孔孟庄老儒道两家仍为中国社会所宗师。用而行，则廊庙朝廷。舍而藏，则田园山林。故不亲田园山林，则亦无从认识中国人之真趣所在。

田园山林之外，又有边塞诗。中国军人尽出于农。不认识中国之农，亦无以认识中国之军人。士则兼通文武，出在边塞军旅间，即犹在田园山林中。此一义，不熟诵中国之边塞诗，又何以知。外此乃又有廊庙朝廷诗，乃独无市区商旅诗。白居易《琵琶行》，浔阳江头商人妇，乃可入诗。宁有一市井商人而入诗者。商不入诗，亦中国文化传统一特征。但亦有酒楼妓女入诗者，此当善求其意义。"商女不知亡国恨，隔江犹唱后庭花"，此其意义易求。独以不知亡国恨责之商女，则其意义又难求，试观史乘所载亡国之际，一国之人能知其恨者又几人。非有游客，何来此商女之唱，诗人亦自抒其恨而已，又何尤于隔江之商女。非融通生命大道，又何以诵中国之诗。

诗之后有词，其体裁内容与诗亦略相仿。然词为诗余，其所咏亦转益深藏。多在闺门之内，多在行旅之余。"杨柳岸晓风残月"，咏在行旅，情在闺门，而能为一代之名词。非深求，又何以诵中国之词。今国人则一律谥之曰死文学，又曰封建文学贵族文学官僚文学。如"杨柳岸晓风残月"此七字，岂不仍在目前，而岂得谓之已死之封建贵族与官僚。

词之后又有传奇剧曲，主要题材仍不得离女性与家庭。其家庭亦多在田园山林间。即帝王家庭，亦必田园化山林化。如《贵妃醉酒》，如《四郎探母》，皆有园林。又如《游龙戏凤》，以一帝王，入市井一小酒店中，遇见一酒家女，此亦诗词题材。戏剧一贯相承，其背后皆有一修身齐家之人生大道存在。剧情反正离合，观者自可会心。一帝皇之尊，一商女之卑，游龙戏凤，礼貌曲折，同一寻常人，同一寻常事。孟子曰："大匠与人以规矩，不能与人以巧。"诗词平仄声韵有规矩，戏剧亦同有规矩，一启口，一发声，一举手，一投足，到处有规矩，演唱者惟于规矩中见巧。规矩实即生命之本质，道家称之曰自然，儒家谓之是天命。孔子五十而知天命，即是知此规矩。七十而从心所欲不逾矩，乃始是生命全在规矩中。大巧若拙，孔子晚年，乃到达此境界。此非外面安设些规矩，以强加之生命之上之所能比。

希腊以商立国，弄巧营利，不如农业之耕耘收藏显有规矩。中国社会妇女与农民，皆能不失规矩。为士者之修身明道，则亦必纳己于规矩中。一切学问皆然，文学亦无不然。今日国人竞慕西化，文学如小说电影，以男女自由恋爱为题材。亦必别开生面，出奇制胜，紧张刺激，为人意想所不及。必求旷天地，亘宇宙，可以一遇，难以再遘。失生命之自然，无规矩之可循。即当前文学一门，亦可识中国社会古今一大变。

或以为社会必求变求新以达于时代化，不知每一社会皆必有变有新有其时代化。以中国史言，尧舜禅让，汤武革命，下及春秋战国，两汉魏晋南北朝，隋唐宋元明清，莫不各有其时代化。蒙古满洲异族入主，中国社会亦依然有其时代化。但虽屡变，而终不失其为一中国社会。不如西方史，希腊罗马中古时期以迄现代，前一时代化为乌有，后一时代乃告兴起。故中国史乃一生命之时代化，而西方史则为旧生命变成了新生命，时代变而生命亦变。而今日国人心中之现代化，则实为西方化一代名词。老子曰："知和"，曰："常"，中国社会重在求和，故变而不失其常。西方社会重在争，故此起彼仆，乃成无常。今日西方已成为美苏相争之局面，更何有往日英法之常。今日国人亦以尊美尊苏相争，而所谓西化，亦与两次世界大战时迥异。如此则现代化实即一无常化。老子又言："善建者不拔，善抱者不脱，子孙祭祀不辍。"中国社会一部百家姓，西方社会无之，此亦一相异。

余曾游南洋新加坡马来亚一带，其华侨社会应自明初郑和下西洋开始，此乃远在哥伦布横渡大西洋之前。哥伦布仅以一叶扁舟达美陆，而自此西班牙葡萄牙乃在太平洋上划一界线，以分彼此两邦向全世界开辟新径之蓝图。不久而荷兰比利时继起，又不久而英法追随其后。俄国彼得大帝失败在前，德意志两次大战又失败在后。然而目前之英法又如何？比荷西葡又如何？其间又何尝不各自有其现代化。而如中国明代郑和之下西洋，则大海船结樯连舱而去，较之哥伦布之西渡远为壮盛，并连续十余次，所航日远，直达非洲，亦在欧洲人之前。但中国社会则依然如故，郑和事，若无大影响。而移殖南洋各地之华侨，则日增无已，至今乃俨成为中国社会，不仅远在英人移殖美洲之前，亦尚在西葡南美移民之前。最相异者，中国侨民寄人篱下，所至即安，不争政权。英法帝国主义后来，遂高踞其上，而中国社会则依然如旧，仍不失为一中国社会。亦可谓亦经多次之现代化，而依旧不失其故常。故风遗俗，犹有超中国大陆之上者。

惟一大异，大陆重农，而移殖南洋者多务商，少业农。其最守旧者则为女性，故家庭完好，子孙相承，祭祀不辍，迄今无大变。又尊士，侨民多闽广籍，开设私立学校，必往上海延揽江浙籍人去任教。其惟一憾事，则国内西化之风已盛，往为师者，每携带西化观念俱去，幸未能骤改其旧习。此乃余三十年前之所见，今则又经现代化，则不知其详矣。

南洋华侨外，又有美国三藩市华侨。初以劳工赴美，迄今亦历一百三四十年，可谓已达五世之久，而中国之故风遗俗亦多存在。民国数十年来，中国力求开新，而旧金山华侨则仍多守旧。纽约市亦有华人街，其他美国都市同有数十百家中国人集居，亦多保留有中国社会之旧状。礼失而求诸野，今国人竞求变求新，求现代化，而游览美国，华侨转多较中国本土为落后，亦是一奇。

最近美国太空梭之创始，可谓现代化最新一目标。然美国外，继起者惟苏维埃，英法诸邦无意追随，则现代化亦自有其限度。抑且今之所谓现代化，乃在机器，非在生命。生命待机器而化，机器则别有其根柢。非得有如美国之财富，又乌来有太空梭之创造。苏维埃则牺牲生民衣食以为之。然老子又言："物壮则老，是谓不道，不道早已。"太空梭不十年亦将臻于老化，西方科技进展当如此。中国人言，人惟求旧，物惟求新。中国社会主在人类生命本身上发展，故得有炎黄以来五千年之旧。西方社会主在器物资本上发展，生命本身转居其次。生命表现，亦仅在器物资本上。如一工厂，其重要表现，亦惟器物资本，多数劳工无表现。但如太空梭，岂非亦造于劳工，太空人亦可谓即劳工。围观其起飞与降落者，可多达数十万人。其他全世界人，则全在电视中略睹其形象，或在电报新闻中略聆其消息。故今日之现代化，可谓已全落入机器，而人类生命之本身似已不复足道。然苟无生命，何来机器。惟机器之享受，虽曰归于多数人，而机器之创造，则终必归于少数人。今日之言现代化，则惟求多数之享受有机器生活而已。中国人言人生享受，则如父慈子孝，齐家治国平天下，均属生命，不属器物。今日言享受，则惟器物资本之相争，他复何有。

老子又曰："含德之厚，比于赤子。"赤子知和不知争。窃恐两百万年前原始人类之赤子，亦复如是。中国人则善保此赤子之心。西方人求变求新，方其为赤子，亦如在天堂。及其中年，乃如入战场。及其晚年，则如在坟墓。视人如物，则亦宜其老而早已矣。耶稣以原始罪恶言人生，今日科学昌明，世界进化，乃证耶稣之言不虚。本此而言现代化，则恐非末日之来临，无他途之循矣。现代化之意义岂果如此？窃愿有意治中国社会史者之有以阐其说。

三七　共产主义与现代潮流

马克思共产主义思想，不数十年，影响全世界，势力之大，可谓前无伦比。但其主张唯物史观，则实一大问题，岂能遽视为定论。人类历史千端万绪，而马克思所注意者，实只经济一端，其他尚有政治教育宗教信仰等各大问题，马克思似乎并未顾及。

马克思当时亦仅据其在英国伦敦之见闻，而提出其主张。认为资本主义社会发展达于顶点，乃可有共产社会之产生。苟其无大资本家有产阶级，则何来有劳工无产阶级。马克思认为欧洲在资本主义社会之前，尚有中古时期之封建社会，乃及更前希腊罗马时期之农奴社会。其说是非且不论，但马克思并不认农奴为无产阶级，亦不认封建贵族为有产阶级。当知马克思之所谓有产无产阶级，乃专主同一工厂中之厂主与劳工言。果其社会并无工厂林立，即不可谓有此两阶级之存在。故马克思之共产主义，乃从其工业生产之剩余价值观立脚，非谓贫人可以分富人之产乃谓共产。稍读马氏书，其义即易知。

俄国列宁乃借端于马氏之说来从事推翻俄国之帝王专

制，此乃一种政治革命，与马克思意见大有距离。在欧洲历史上，政治乃另一端，别有其来历，又别有其趋向。此当分端讨论，而为马克思注意所未及。

欧洲史发端于希腊，论其政治，则为城邦型。希腊一半岛，地区狭小，而城邦林立，迄未形成一国家。马其顿崛起，乃始立国。罗马继之，以罗马一城市兼并意大利半岛，又兼并地中海四围欧非亚三洲广大土地，而成为罗马帝国。其中心基点则仍在罗马，是则罗马建国仍本源于希腊之城邦，扩大成国。非合各城邦共建一国。在欧洲文化传统中，论其政治，可分希腊罗马之两型，一为城邦自治之民主政治，一为向外侵略之帝国政治。此下仍承此两型而演变。

中古封建时期，则仅一社会形态，无政治可言。迄于现代国家兴起，全欧洲分立为数十国，此则仍是一希腊型，不过稍加扩大而已。又继之以海外殖民，乃始蹈袭罗马型，而有殖民帝国之产生。其先为葡萄牙西班牙，继之以荷兰比利时，又继之以英法。此可谓欧洲政治史乃希腊罗马两型并存之显证。

惟其希腊乃欧洲文化大传统之始祖，故欧洲人虽主向外扩展，而至今仍是数十国并列，难以融合，亦难加兼并。惟其在欧洲文化大传统中尚有罗马为之继宗，故各国间多主海外兼并，而殖民帝国纷起。其间尚有一问题值得注意者，欧洲人海外殖民，实仍从希腊型之重视商业来。而罗马型之武力侵略，则仅为之副。欧洲人又有一种安土重迁之心理，不惯与异族人和平共处。希腊人虽历世经商海外，而终必回归希腊，仍为一希腊人。此一心理，迄今无变。罗马人亦如此，近代英法人亦无不尽如此。

美国人移民新大陆，北美十三州已集为一大群，离英自建一国，此即希腊型之心理。否则只要求英政府减税，平等相视，岂不可仍永为一国。其他如加拿大澳洲，闻风继起，英帝国只能在海外统治异族，而同为英国人则尽归分裂，此为欧洲文化之希腊根柢，无可否认。

又美国十三州不断向西扩展，而印第安人则屠杀殆尽，此亦欧洲人不易与异族人和平相处一特征。英国人对印度惟求统治，不求安居。从政经商，终必回归。数百年来，英国人留居印度，成家传代者极少，可谓无之。其在香港亦然。香港本一荒岛，倘英国人不断停居，迄今百年，香港早可成为英国之一部分。但迄今百年，英国家庭定居香港者，可谓绝少其例。

此一心理远自希腊起，商人自居为供方，对象则属求方。自居为赢方，对象则属输方。供求赢输之间，乃自尊而卑人。故希腊人永为希腊人，雅典人永为雅典人，直迄近代英国人永为英国人，法国人永为法国人。不仅如此，爱尔兰人永为爱尔兰人，苏格兰人亦永为苏格兰人。又不仅如此，美国为十三州联邦，至今扩大为五十一州，仍为一联邦，各有政府，各有宪法。欧洲人重分不重合，其趋势有如此。

而在同一政府下，又必分党相争。中国人言群而不党，群主合，党主争。欧洲人则不分党以争，即不能合成群。重我轻人，常称之为自我主义或小我主义，今称个人主义。政治权力方面如此，社会经济方面亦然。耶稣马克思均犹太人，所倡导皆一世界主义，非欧洲人所自有。而其道乃大行。就实论之，耶教与共产主义仍亦以个人为本。灵魂上天堂，财富平均分配，仍皆以个人为起点，亦仍以个人为归宿。

欧洲人信奉耶教，而政教分离，宗教不当影响其政治。近百年来，欧洲资本主义国家，亦非不采用马克思共产思想，如各工厂皆许劳工组织工会，争取报酬。政府则推行社会福利政策，年老退休及失业者，皆予养护。此等在各国皆已成为共同性，而各国之政府则依然是分裂性独立性。

列宁在俄国推行共产主义，下及史太林，而性质乃大变，政治权力更重于社会经济，依然承续帝俄时代之大传统，分裂性仍重于和合性。第一次第二次世界大战以来，近四十年，第三次大战已如箭在弦上，一触即发，此见欧洲大传统绝非耶教与马克思思想之所能取代。此为欧洲文化大趋势，深值认识。

马克思共产主义本主分富于贫，亦可称为是一种共富主义。列宁则一转而为合贫求富，此当称共贫主义。如何合贫求富，则须政治力量，与马克思之专言经济者已不同。至史太林则又转为合贫求强，此尤大不同。而经济衰退与经济不景气，实乃发自富国，即工业先进国，即资本国家。可见共贫虽不易，而共富则更难。就社会求共富尚易，就国际间求自己一国之独富则更难。孔子曰："富而可求也，虽执鞭之士，吾亦为之。如不可求，从吾所好。"又曰："富与贵是人之所欲也，不以其道得之，不处也。"又曰："不义而富且贵，于我如浮云。"又曰："邦无道，富且贵焉，耻也。"西方社会上自希腊罗马，下迄近代英法美苏，始终以求富求贵为目的。中国人则必主仁义，不求富贵。孔子之所谓富贵不可求，乃属自然天道。富者不三四世，或四五世即衰，贵亦然。例证显然，不详举。故曰："黄金满籝，不如遗子一经。"又言："自古无不亡之国。"此可谓之深识明见矣。西方宗教信仰灵魂上帝天堂，岂不亦亿兆斯年，恒常不变，更何富贵之堪求。故中国传统文化，家必求齐，国必求治，此为与西方大不相同之处。

商业必分供求赢输。今日之工业先进国家，为供方赢方。而工业落后国家，为求方输方。事势转变，非可预测。姑举一例，如皮鞋、汽车，皆为人生行之一项所需。但皮鞋易得，汽车难求。而皮鞋获利微，汽车获利昂。工业先进国家乃不造皮鞋，竞造汽车。亦可称皮鞋为必需品，汽车则为奢侈品。贫国以竞买汽车而更贫，致于不能再买，而经济不景气则见于工业先进之富国。

又且工业先进国不仅不造皮鞋，竞造汽车，又更竞造军火。如坦克车巡洋舰，如潜艇，如飞机，其出售获利，又更甚于日常交通运用之汽车。工业落后之贫国亦以竞买此等军火而更贫。但更贫后可以不买，而经济之不景气与衰退，则反易见于工业先进之富国间。

求方输方已无力求输，供方赢方乃贷款济之。以今日之科技进步，而人生日进于奢侈，以至于军火杀伐之成为商品，则更由奢侈而转进于罪恶。至于倡导此等奢侈与罪恶，而使人生陷于不得一日安者，则为工业先进国。如是则经济之不景气与衰退，就全世界人类大群言，乃福非祸。而今日之所谓经济景气与经济旺盛，则实为人类之祸而非福，而其不可久之势亦甚显。

故今日之世界，实非一资本主义与共产主义相争之世界。双方各谓消灭对方，世界可跻于和平，实为一种皮相之论，亦非诚实语。内心所存，争富争强，以小我为中心，政治社会种种祸害皆由此起。专就社会经济言，苟上有好政府，均富不难，均贫亦不难。惟就政治言，求均权均贵则难。就国际言，则更难。主要在人心之均与和。不尊己而轻人，不重我以轻彼。勿争人权，仅讲人道。父子争权，则无孝慈之道，仅得有小家庭。夫妇争权，则婚姻破坏，惟可男女同居。人道不立，而求取政权则惟结党相争。但论多少数，而贤德是非皆所不计。以如是之政治，而推之国际，则争富争强，商业战争之上，继以政治战争。希腊型之上又继之以罗马型。自欧化言，世态千变万化，要之，不外此两型。而马克思乃卑浅言之，专为贫者争均富，则宜乎掀动一世得多数之乐从。今乃谓天下之乱由此起，一若共产主义为天下之祸源。然果使百年前无马克思其人者出，岂天下即能遽归于平治？稍知欧洲史，宜见其不然矣。

今人好言平等，不好言贵贱，但商业所争在物品贵贱。多数人能买决不贵，惟少数人能买始贵。是商业乃重少数，不重多数。杀人利器最贵，凭以交易，则商业盛，斯人无噍类。

植物花草亦有贵贱。商品贵难得，中国人最贵梅兰竹菊，皆易得，所贵则在其品格。动物亦有贵贱，西方动物园必畜狮虎猛兽，中国则称麟凤龟龙为四灵，皆不噬人。庄子言凤鸟非梧桐不栖，非练食不食，其所贵在此。龟之生最易足，而又最寿，故在四灵之内。是中国人所贵于草木禽兽者，皆寓人生教育意义，其贵贱人者亦在此。

寒食节始于介之推，乃晋文公出亡一从者。文公返，赏未及，之推耻自言，奉母隐介山。文公烧山求之，竟不出，致焚死。中国人贵之。读《汉书·古今人表》，帝王少得列上品，多下品，则帝王非所贵。又如宋徽宗好绘画，又擅书法，实一艺术家，但为帝王，乃不获人称道。斯则平民易贵，居政治高位则难贵矣。台湾有吴凤，仅为一通译，其人乃更贵，即郑成功若不及。使一台湾总督，能防止高山族杀人，职责所在，亦无足称贵矣。

又中国人贵师，孔子为师，自行束脩以上无不诲，非以收学费为教。颜渊死，其父欲乞孔子车以为之椁，孔子不之与，其同学乃助其父厚葬颜渊。孔子曰，伯鱼死有棺而无椁，予不得视渊如子，非予之罪。此下至战国为大师者，来学转得给养。中国贵师道乃如此。如市道交，则又何贵之有。中国此风，西化新式学校起乃变。

又如平剧，观《三娘教子》，无不贵其家人老薛保。观《西厢记》，无不贵其丫头红娘。为人自有可贵处，而不在其富与贵。

惟社会可以无巨富，政治不能无高位。中国人言君一位，臣一位，此亦阶级。马克思言阶级，仅只贫富，故曰有产无产。政治上之权位上下，马克思所不论。若分无权有权为阶级，而出于斗争，此岂马克思之意。故西方论学，贵专不贵通，否则其弊不堪言，如列宁史太林之于马克思即其例。今国人必连言马列，政治经济混为一谈，不仅不识列宁，亦为不识马克思，乃兼失之。故今日西方人所严斥，乃在史太林以下。而中国人所慎防，则当在马克思以前。此尤关心人道而论世者所宜深知。《易·系辞》言："乾知太始，坤作成物。"马克思所论如唯物史观阶级斗争，皆就其当时之所成。有坤无乾，其为浅识，无可深责。

最近如石油之产销，足以影响一世人生之荣悴与安危。古代无石油，岂不同样有人生。人本有能，今乃称如石油等品为能源。马克思之唯物史观，本由观于当时伦敦商业资本主义之情况来，亦待此下商业资本主义之继续发展而加以证成。果使经济不景气，不再复苏，商业资本主义不再生长，则马克思之唯物史观与共产主义，亦将随以消失。

第二次世界大战，苏俄共产与英美列同一阵线。苏俄势力东来，亦美国所引。中国共产党崛起，英法首加承认。迄今凡属欧洲资本主义国家，几无不承认共产党中国，甚至美国亦然。美苏对抗，西欧诸国亦各有取舍，并不一意偏袒美国。可见资本主义国家，无分敌友，惟争一利。今法国政府中亦有共产党加入，故谓当前为自由世界与共产世界之争，实属皮相之论。所谓自由世界，主要在自由通商。一国受其利，他国蒙其害。共产党国家乃闭关自守，不与资本国家自由通商。继之则以核子武器为双方斗争之最后工具，如是而已。斗争乃西方传统，商业争富，必继以武力争强。则经济不景气，争富之风衰，或转为治本之道。

农工商三业分别，人尽知之，惟业农则必天人合作，业工则必物我同规，此皆易有一和合心。而又自给自足，不分敌我。中国人自古在农工社会中，物质生活到处同然。故遇异地人，易生同类感，相亲相和，结为大群。上有贤德，助成其大群之结合，则群尊为非常人，至于累世不忘。立德立功立言之三不朽，即由此来。其言夷狄，则多指畜牧渔盐之群。如骊戎，亦姬姓，又有姜戎，非同姓，同目为诸夏。故孔子曰："微管仲，吾其披发左衽矣。"故中国而夷狄则夷狄之，夷狄而中国则中国之。苟其生活习惯同，斯亦一视同仁矣。此即所谓人文化成，重道统尤过于重血统。其言商则曰，日中为市，各出所有，各取所无，交易而退。则此交易乃两利，非分敌我。以己所裕，易人之裕。遂使己无不足，人亦无不足，如是而已。故于农工俱足之余，乃有商。汉代以下，乃采贱商政策，如盐如铁，后世如漕运，凡公用所需，政府皆加管制。并禁商人进入仕途。武装军备，亦绝不经商人之手。要之，一国维持，绝不赖于商，可谓与欧洲人走了绝相违异之两路。

希腊内不足，始经商。供之在我，而取不取之权则在人，而又为我之所必争。故个人主义与人权观念，古希腊已开始。而人权观则必分敌我。我有权，逼人不得不取，斯为商业之上乘。所谓出奇制胜，商战与兵战亦无异。故经商心易启作战心，希腊型之后，又易起罗马型。近代科学发展，此两型乃益见进步，而人道亦益不易立。中国人言人道，乃本之农工业，商业居其次。欧洲人则倒转为商工农，不言人道，惟言人权。必分敌我，难期和合。此乃其大相异处。

然则处今世，当何以为人，何以成家为群而立国，又何以谋国际和平，而臻于一大同太平之天下？此恐惟有如中国，置商于农工之下。此则非有深心达智厚德仁道之人，不足以当倡导之大任。此则中国四民社会士居其首，要义所在。

现代科学发展，果使各安于农工业，以求家给人足，事亦不难。西化已遍全人类，无不知争平等争自由。只欧洲人不再侵犯他人自由，则平等亦即在目前。商业资本主义消退，则共产主义亦不复存在。即就当前情况，亦未尝不可盼此世大同太平之来临。经商勿争利，从政勿争权，亦和平即在望。吾往古至圣先贤之崇言高论，可渐待阐申，亦勿烦今日国人之必加驳斥鄙弃矣。如此之好景，我惟有拭目以待，企足以俟。又复何言。

三八　道德与权力

今人竞言自由平等与独立，其实人生是多方面的。若各别分开，则千端万绪。但其在人生总体上之意义与价值，则总不能说平等。

专就人身生活言，五官四肢百骸七窍，各有其作用。目司视，重对色。耳司听，重对声。但各在全身生活上始有其意义与价值。视生活发展而有绘画，听生活发展而有音乐，绘画音乐则成为艺术人生。但艺术人生不全凭耳目，亦仅只是人生总体中之一部分。其所有之意义与价值，须凭其在总体人生中之意义与价值而定。独立分离，则其意义与价值便不见。

手能持，足能行，其在人身总体生活中，亦各占地位。手足残废，使日常生活不健全，但其人仍有一整体生命。耳目功能较近心，其在生活上之地位高，手足不能与相比。故手足残废，不如耳聋目盲之更多损失更可怜悯。

近人尽说平等，又尽想出人头地，分别人生各部分活动作比赛，如种种运动会。但就人生理想言，应可说有艺术人生，却不能说有运动人生。西方有艺术家运动家，运动与艺术，似乎成为一种分别观。人生之意义与价值，乃亦随而变。

运动会比赛，在争胜败优劣。竞争群情所喜，但出席运动会者，则只少数，多数人环而观之。少数中得胜，已成出人头地。万众欢呼，在得胜者之心理上更感满足。但就其人之全人生论，其意义与价值究何在？逢场作戏，偶一为之，亦非不可。今乃成为人生一目标，一专业。方幼年时，即全部精力加以训练演习。但过三十四十，即须退出运动场，尚有下半生又将奈何。其回顾前半生，则如一梦。若以获取奖金，换来下半生温饱，则其前半生，亦仅是一手段，或似一货品，不得谓是真人生。

人生相处，理当相亲相敬。作一拳王，或可置人于死地，则更要不得。黄金与头衔，名利当非人生之所求，此一义，今人又谁知之。

最近有世界奥林匹克运动会，乃引起美苏等国之国际冲突。许多运动员竞起反对，谓政治不当干预运动。是犹不啻谓运动人生可以超出政治人生，而有其独立之地位。但每一运动员，亦必兼具一国籍。近代人群争自由，但尚未有一无国籍之运动员。个人自由，不当侵犯他人之自由。而在大群中，则必有其不自由处。至于个人内部自起冲突，则又何以完成其个人。

个人主义乃起于西方之商业社会，所争有其共同目标，一曰财，一曰权，为富为贵。财利不平等，乃转而争权力之平等。争则必有胜负，而胜者终属少数。多数不得意，乃另求发泄，如运动会之花样，层出不穷，即其一例。但此种发泄，反以提高其求争求胜之心情。发泄亦即是一成长，非解消。求争求胜之心愈趋强烈，祸乱迭起，乃使人生共向于无意义无价值之途径而迈进。当前世局之可忧，其本源即在此。

人生决不是个人的，而有其总体，即群。亦如五官四肢百骸七窍，同属一身。夫妇父母子女，同属一家。列国则同在一世界一天下。各有其地位，即各有其意义与价值，总体相通，即决不能各自独立平等与自由。故个人在群体中，一如水滴之在川流，亦如各细胞之同在一身，各有作用，各不可少。而其意义与价值，则在全身，不在各细胞上。

家为群中之小者。夫妇和合，百年偕老。有子女，有孙曾，可以递传而不绝。一家之内则人人平等，又各有其独立与自由。如父为慈父，子为孝子，就人之内在德性言，岂不各自自由平等独立。故曰妻者齐也，又曰齐家，夫妇平等，一家之人亦相聚平等。若子女不孝，父母不慈，则其家散。夫妇亦必相爱敬，其相互间之自由独立当有限，否则即不成家。故一家生活在和不在争。

家为小群，国则大群，乃有政府。中央地方，文武百官，各有职司，犹身之有耳目口鼻，亦同称为官。职司有大小，地位有高低，然同属一政府，于不平等中仍属平等。但不得各自独立自由。生命乃一自然，目视耳听，中国人谓之自然之性。性乃一大生命，身之视听乃生命中分别一功能。人身乃一自然生命，其有群，则成为一人文生命。人之在群，各有职司，共为一体。此由人之性，即人之德，故又合称德性。孔子曰："志于道，据于德。"人群大道，必本于各己之德。老子则曰："失道而后德。"又曰："六亲不和有孝慈，国家昏乱有忠臣。"不先有人性之孝，何来有六亲之和。不有忠，何来有国家之平治而不昏不乱。老子重自然轻人文，意态偏激，终不如孔子所言之中正。

西方重个人主义，昌言人权，谓由人权结合乃有群。故家有母权父权之别，国有神权君权民权之别。卢骚《民约论》谓人之有权，乃由天赋。由人群授权于君，乃有君权。则君权不得凌驾于人权之上。西方人尚权，中国人尚德。权必争之外，德则修之内。此乃中西文化精神之大不同处。

言人权，则家与国乃人生外在一组织，即不啻对人生一束缚。自由与束缚争，乃尚法。然法由何来，故西方政治必争立法权。而其权又必在多数，不在少数。民主政治之大经大法乃如此。君民结合，有法有争，夫妇亦然。争法争权，则一家荡然。国际间乃无法而必出于争，则天下荡然矣。自由平等独立，乃相争一口号，而人道亦荡然矣。

中国人称"天生民而立之君"。天地生人，有其性，有其德，则自能有群。有群则必有君，君者群也。人之有群有君，人文大道亦由自然来。君在政府中，亦一位一职。此下尚有多位多职，则政府亦一群。故家国同是群，忠孝同是德。德由天生，亦须人为。而人为必合于天道，此为中国人理想。

人性非无争，主要则在和。和之意义与价值则更大。如人之一身，相互间亦有争，而必以和为主。家国天下皆然，而每一人为之中心。故修身为齐家治国平天下之本。修身乃修其德性，使和而不争。所谓政治，政正也，治则平也。何以能正而平，则在明德以亲民。故齐家为政均尚德。天德王道，不言权利。王霸之分，即尚德尚力之分。人同此德，故能使人心悦而诚服。力则必出于相争。孔子曰："君子群而不党。"又曰："君子无所争。"西方民权政治必结党以争。不待修身，亦不重道德。惟党争之上必有法。中国则道以待君子，刑法治小人。此又中西之相异。

人群大道，非限于政治一项。中国传统政治，选贤与能，广罗社会人才，以组成此政府。而人才贤能则必待教育。故道尤重于君，君道之上又有师道，为君者亦必有师。孔子为至圣先师，中国历代帝皇莫不知尊孔子。君道行于政，师道则行于天下之大群。中国人言天下，犹在国之上。故道统必尊于治统，而师道则决不尚权力。

西方人又谓知识即权力。中国则师以传道，非以传知识。道亦须知，而知识非即道。西方人凭知识向外求真理，中国人则内求之德性以明道。孟子告曹交，归而求之有余师，又曰："尧舜先得吾心之同然"，则道在人心。中国人言道德若先天，西方人言知识则在后天。孔子之言道，有非人人之所知，但亦以先得人人之同然。故中国人言学，先德后知。西方人则知识为重，德性乃所不言。

人性亦喜自我表现，又喜高出人上。中国人教人表现高出人上者，亦在其德性，不在其知识。知识而违于德性，则亦同为小人。德性人所同有，知识则可独出。故德性乃平等，可自由，可独立。知识不平等，乃成为一权力。中国人只争在己之德性上，不争外在之权力，乃以成其和。

德性尤必见于群，如仁义忠信皆是，独立不惧，遁世无闷，必远离于权力财富举世所争之外乃能然。伯夷饿于首阳之山，而获万世之同情。孔子称伯夷为仁人，乃言其德性，非言其事业。其身独立于一世之外，而其心仍常存于万世之所同然，中国人称其人曰圣。西方则人世间无此等人之存在。

中国人重德性，亦可谓乃是另一种个人主义。德性天赋，此为大同。但亦因时因地而人各异。故子路颜渊不能尽同于孔子，禽滑厘不能尽同于墨子，老子更不能尽同于庄子。故德性虽平等，可自由，而必有其独立性。孔子曰："古之学者为己。"乃求独立以自成其一己。又曰："为仁由己。"则己之处大群，求能为一君子，即多得与人相同处。又曰："富不可求"，富则必求异于人以见。故德性乃为至广大至悠久之个人主义，而争财富争权力则为短暂狭小之个人主义。近代人务求之外面之财富权力，乃愈见己之不独立不平等不自由。尽力以争，所争仍在外。真所谓道在迩而求之远，南辕而北辙，其终将何所达而止。此以成当前之悲局。但反而求之，道固犹在，则亦无足悲观。

孔子常仁智并言。后儒以仁义礼智信为五常，后起阴阳家乃以五常配五行。人生原始当先有仁，人生演进乃继有智。是仁在先智在后，有仁乃有智，不仁则智又何途之用。今大体言之，中国人尚仁，西方人尚智。故中国人重道义行为人物，西方人重物质功利事业。中国史圣贤迭起，辉煌照耀。"高山仰止，景行行之。虽不能至，心向往之。"其文化乃仁者之静而寿。孔子言："仁者乐山，智者乐水。"如山巍然，屹立常在，万物滋生，蕴藏无穷，而山则仍然是一山。西方史如水流前进，"逝者如斯。"后浪推前浪，仅见波涛汹涌，而涓滴若无预。事业则愈变而愈新，功利则日扩而日大，其文化传统或可谓乃智者之动而乐。事业变，人物乃无足追忆。求其举世共尊，千古常在，则惟耶稣一人。但耶稣乃犹太人。抑且耶稣之见尊乃因其在天国，不在尘世。西方人物多以事业传，如哥伦布横渡大西洋，其平日为人，则无可称述。莎士比亚创为乐府，其人有无，尚难寻究。其他率类似。要之，重事不重人，即重功利不重德性。中国如大禹，治水乃其功业，其子方呱呱，三过其门而不入，乃其德性，功业无可详述，而其德性之一端，乃千古传诵不绝。又如关羽岳飞，事业则失败，其品德则尊为圣。近代国人乃谓中国崇拜失败英雄。不知事业失败，乃其德性之完成。文天祥史可法同然。孔子言"杀身成仁"，孟子则曰"舍身取义"。所取所成为仁义，所舍所弃则属其人之生命。中国人之教人有如此。

又如三国时曹操，政治武功之成就外，文学亦卓越。然后人则崇拜诸葛亮，不崇拜曹操。同时又有管宁，并无事业，而后人崇拜，或有尤超诸葛亮之上者。至如吴泰伯虞仲，伯夷叔齐兄弟，则更不待言。中国女性，刘向《列女传》以下，历代正史所载，难以数计。皆无事业，而以德性见尊。故中国人生，宜可以寿称。一人之生，可传数千年，常在他人心头口头，笔下歌下，追忆不辍，称道无穷，岂不可谓之寿。即读百家姓家谱亦可见。若论乐，则寿即是乐。女性如孟母，欧阳修母，乃及其他节烈，就其景况言，岂不悲多乐少。然就其心情言，则仍是一乐。人不堪其忧，回亦不改其乐，此等处皆似之。中国人之乐，乐在其德性，不在其事业。周濂溪教二程寻孔颜乐处，所乐何事，皆不在饮食起居生活上，亦不在事业上，而在其德性上。近人谓西方文学重悲剧，实则西方人仅在生活上寻乐，而悲剧则涉及德性，乃以补西方人生之不足，故西方人重之。在中国则偏重德性人生，全部历史人物，几乎无不具有悲剧性。惟此种悲哀，乃为真乐至乐，春蚕到死丝方尽，蜡炬成灰泪始干。试问人生到此境界，究竟是悲是乐。当知孔颜乐处，亦正在此等境界中。人生自有其心向往之欲罢不能之一境，此即情味无穷，又何必强加分别其为悲为乐。真人生即真乐处，而勤劳操作，自在其中。即寻不到真乐处，而勤劳操作，仍不能免。故曰"民生在勤"，"君子无入不自得"，"小人闲居为不善"，其理亦在此。若谓西方历史多悲剧性，则中国历史实多喜剧性。寿即是乐，五千年相传不辍，生命日繁，非有喜乐何以得此。

中国人尚仁，亦兼重智。西方人尚智，则并不兼重仁。此如高山峙立，外观无水，内实涵水，不崩不裂，丛树灌木生焉。而且山静无争，水则流动有争。无堤防，则泛滥横越。故读中国史，实觉人生可乐。读西洋史，则时时有虞有防。孔子歌"梁木其摧，哲人其萎"，可为中国人写照。耶稣之上十字架，则为西方人写照。故孔子不言复活，非其悲。耶稣言复活，非其乐。

今日国人争慕西化，到处寻乐。独立平等自由，若为人生三大乐处。夫妇和合，何必争独立。父慈子孝，何必争平等。出门则警察林立，读报则罪案罗列，又何再争自由。不仁不智，人生乐处又何在。中国人言人伦，言相人偶，言人与人相处，乃不争独立平等自由。披阅一部中国史，广土众民，相生相长，以有今日，岂非人生一大乐事。其由道德，抑由权力来，幸吾国人其回头深思之。

三九　道义与功利

（一）

孔子曰："三人行必有我师焉，择其善者而从之，其不善者而改之。"孟子曰："舜之居深山之中，与木石居，与鹿豕游。及其闻一善言，见一善行，沛然若决江河，莫之能御。"《中庸》言："天命之谓性，率性之谓道，修道之谓教。"人文本于自然，人类文化衍进亦自然之一途。天赋人性，有善有恶，但亦有由恶向善之可能。故三人行，此两人之善恶由比较而自见，第三人则于两人中择善去恶，即是人文衍进之大道。

尧舜为中国上古大圣。陆象山言，尧舜以前曾读何书来。然学问不限于书本，舜居深山之中，其闻善言，见善行，亦可有学有进。人文衍化如是。上引《论》《孟》《中庸》三章，可谓尽之矣。

子在川上曰："逝者如斯夫，不舍昼夜。"此章可谓乃孔子之人生哲学，如诗之赋而比。人生如水流，为善去恶，由是至彼，其前无已，其道不竭。中国文化自皇古有巢氏燧人氏，下至牺农黄帝尧舜，以至于禹汤文武周公孔子，循是以下五千年迄于今，传统不绝，如水流之逝，中国人称之曰治。率性而行，其心自安。长治久安，乃见人文衍进之无穷。细读一部中国二十五史即如是。

欧洲人天性若与中国有别，其文化衍进亦与中国异。希腊亡，有罗马，有中古时期之贵族堡垒，又有现代国家兴起，而有当前之美苏对立。同一水流，但非治水之流，乃属潮流，今称时代潮流。前潮后潮，波澜汹涌，起伏无常。自中国观念言，乃动乱，非治平。就西方现代国家兴起之一时期一阶段言，远自葡萄牙西班牙远航大西洋，海外争霸，分全世界为两部分。荷比继之，下迄英法。陆上争霸，又迄于德意英法。第一次第二次世界大战，直迄于当前之美苏对垒。欧洲民族常此数十国并列，兵戈相争，迄无宁日。西方文化三四千年衍进率如此。此与中国之长为一民族国家，惟见生齿日繁，疆土日扩之大一统局势相比，岂非一人文衍进之大相异。

立国形势如是，其他学术思想之演进亦复类是。依照中国人观念，学术思想之进步，当在国家社会之长治久安太平无事中。故中国人言治学犹言治水，当和平前进。其进平则顺正通达，非如波澜之汹涌，潮流之起伏。

孔子一日与子路冉有公西华曾点同坐。孔子言，平日言无知我，倘遇知者，当如何。子路言治军，冉有言理财，公西华言外交，各有所擅。曾点鼓瑟不言，询之，谓异乎三子者之撰。促之言，曾点舍瑟曰："暮春者，春服既成，冠者五六人，童子六七人，浴乎沂，风乎舞雩，咏而归。"孔子叹曰:"吾与点也。"孔子非不欣赏三子者之各有所擅,然既怀才不遇,其心已不平不安。一旦遇机得逞,又或有偏有激,不能达于平正和顺之境,非能如孔子之所谓游于艺。如水流有木石阻塞,下流即多激荡,失其平畅。故学者亦贵先正其心,其学乃得平正通达。有宋理学家,于孔子"吾与点也"之意深有契悟启发,可参究。

孔子赞颜渊曰:"用之则行,舍之则藏,惟我与尔有是夫。"颜子居陋巷,一箪食,一瓢饮,人不堪其忧,回也不改其乐。颜子之乐,乐在其能以孔子为师学孔子。颜子曰:"夫子步亦步,夫子趋亦趋,既竭吾才,如有所立卓尔,虽欲从之,末由也矣。"此欲从末由之叹,实即其学而不厌之乐之所在。颜子又曰:"夫子博我以文,约我以礼。"如治军,如理财,如外交,皆孔门博文之一端,故能用之则行。约之以礼,则出处进退辞受之间,自有道义可循。孔子为鲁司寇,堕三都,不成而退。倘必欲行其志,则当如西方政客之反抗与革命,而中国人则谓之非礼。孔子之去鲁赴卫,仍求行其道。及其失志于卫,又困于陈蔡之间,乃曰:"道之不行,吾知之矣。"乃归鲁以老。然孔子曰:"人不知而不愠",又曰:"七十而从心所欲不逾矩"。颜子之居陋巷而不改其乐者,亦犹孔子之此心。

中国自古即以农立国,但问耕耘,不问收获。其生勤劳,乃是道义,非属功利。其为学亦然。虽讲究治平之大道,其心有伊尹之任,而亦有伯夷之清与柳下惠之和。孔子圣之时,即任清和之随其时宜而互发。西方人自古即以商立国,功利观念充塞胸中,有功利无道义,影响及其学术,乃至于政事。自希腊人已然,衍进迄于今,人生惟多刺激多问题。一切学术思想，乃为消弭刺激解决问题，特富功利性。上引子路冉有公西华之志，略与相似。与曾点之意则大相背。换言之，亦可谓中国学术思想重情感，而西方则重理智。中国人乃本于其情感而生理智，西方则必排除情感乃见理智。

中国人非无刺激无问题，主要皆从内心情感来。西方人之刺激与问题，则主要多在外面物质对峙之形势上。故中国人言学，主要曰孝弟忠信。而西方人则曰富曰强。一重内情，一重外力，相互间大不同。

诸葛孔明教其子曰："澹泊明志，宁静致远。"方其高卧隆中时，苟全性命于乱世，不求闻达于诸侯，可谓澹泊宁静之至矣。刘先主三顾之于草庐之中，遂许以驰驱，及辅刘后主，乃曰："鞠躬尽瘁，死而后已。"是诸葛一生，皆由刘先主友情刺激所生动。

徐庶母被拘于曹操，徐庶告刘先主，本欲与君同事者乃此心，今此心已乱，请辞君别，遂去曹操营。终其生，乃再不见徐庶之一言与一行。如诸葛亮与徐庶之故事，大可发明孔子"吾与点也"之用心。倘诸葛亮徐庶专以讨伐曹操为其出仕用世之大业，则决不如今传之诸葛亮与徐庶。

南宋岳飞，其母以"精忠报国"四字刺其背，飞父子同死风波亭狱中。宋高宗所以一意信从秦桧谋和，乃为受金人威胁，将放纵钦宗南返，使其不得安于帝位。即岳飞死，国人莫不以为冤，高宗乃悔悟，让位于其子孝宗。故《大学》言齐家治国平天下，一是皆以修身为本。修身即修其心。诸葛亮徐庶岳飞三人，事业皆无成，而此三人之心，则长在后世人心中。人心有清有和，如伯夷、柳下惠，岂必以伊尹之任为心。中国文化传统之杰出于其他民族之上者乃在此，五千年来之永为一民族国家之长存而日大者亦在此。此之谓道义心，非功利心。

若为功利心，企业家赢利，劳工即集体罢工求增薪。企业家歇业，诸劳工亦失业，则岂不以罢工求歇业。美国首先以核子武器战胜日本，今日乃受苏维埃核子武器之威胁。故富更富，强更强，吾道一以贯之，争富争强无止境，乃至无一日之安宁。以前然，以后当无不然。

今之日本，最为举世一富国，其要在于经商，出口胜于入口。然使举世经济不景气，入口皆减，日本之出口岂能独增。苏维埃以核子武器凌逼群敌，然使群敌尽屈服，核子武器亦无所用，又何以长此称强。罗马帝国征服四邻，而帝国亦随即崩溃。富者即败于其富，强者即败于其强。往迹昭然，岂不足戒。

今再约略言之，道义可从贫弱中转富强，功利转可从富强中转贫弱。中西史迹昭然，不烦缕举。不幸西方历代学术思想多具功利观而不悟。姑举宗教一项为例。耶稣一日讲道，听者告以其母其姊亦来听。耶稣谓，孰为吾母，孰为吾姊。女老者皆吾母，女长者皆吾姊。耶稣自称乃上帝独生子，则耶稣本不认己有父，此又不认己有母与姊。上帝教义本出犹太人，谓犹太人当有上帝相救。耶稣则谓上帝不独救犹太人，乃当救一世人。是则耶稣心中，不仅无家人特出，并又无其同族犹太人特出。耶稣心中，举世人尽皆一罪恶，信教得救，乃有世界末日。则其视举世人，亦有如其他犹太商人之视一切财货诸物，其无人与人之一番情感可知。故信耶教，崇拜上帝，仅求登天堂，仍是一种功利观。不如中国人，从尊天观念中生出一种人与人相处之道义观，而达于举世之治平。西方大学，最先即从教会来，则西方知识界之不重人生道义亦可知。

余有一美国友人卢定，本北欧瑞典人，移居美国，曾为耶鲁大学历史系主任，喜治非洲史，不直西方帝国主义。在香港酒席上告余，彼欲为一书，专写世界人类一切罪恶祸害，皆从人群社会中知识分子来。余告以中国殊不然，一切人类相处相安之治平大道，皆由学者发明提倡。尤其如儒家孔孟，更为特出。如西方史实，可如彼意著一书，特不当举以概中国。中西文化不同，主要正在此。而当前国内学术界则多主张西化，亦正如卢定所讥，多足以增祸乱，非可以期治平。青年从中学生起，其心中已不知积有若干刺激，若干问题。绝不问自己当如何对人，惟求他人当如何对我。亦知求知己，能赏自己长处。但不问如何亲近人，只求如何对付人。人生如陷群围中，只求自由平等独立，而无中国人积古相传家国天下父母兄弟夫妇君臣朋友之五伦观念。如此处世，自无道义可言，只有功利可商。

孔子曰："文胜质则史，质胜文则野。文质彬彬，然后君子。"此犹今人之言人文物质。中国重人文，西方重物质。中国人之视物，甚至亦尊之亲之同于人，故曰"衣冠文物"。衣冠亦物亦文。人为万物之灵，而禽兽中亦有麟凤龟龙四灵。《诗》与《易》涉及物者何限，西狩获麟，孔子乃以作《春秋》。孟子曰："民为贵，社稷次之，君为轻。"都邑山川，古迹名胜，天时地利人和，非有物，又何以成家国天下。《大学》言"格物致知"，横渠

《西铭》言"民胞物与"。文质彬彬，乃人群和合大道，故曰然后君子。近人或讥中国为多神教，其实盈宇宙一自然，即一大神体。人文仍在自然中，宜其多神。岂如西方只上帝一神，恺撒事恺撒管，上帝弃置不管，则宜其祸乱相乘，而末日之终必降临矣。

西方之重物轻人，商场战场皆可见。英人之 Civilization，德人之 Culture，皆从物质方面言。最近发明之电脑机器人，岂不皆是物。故中国人对物皆论品，西方则论量。甚至治平大道，选举会议，亦论量重多数。中国则善钧始从众。如是则西方文化其重物精神，岂不仍上同于皇古原始野蛮人。而中国则为文化传统最悠久一史国，孔子之言可谓信而有征。

然则此下人类如何转移重点，能在人文方面着眼用力，其道则甚简。首当重人情，知率性之为道，知自然与人文之和合而无间。孟子曰："养心莫善于寡欲。"加重人情，减轻物欲，则庶乎近之。

（二）

孔子言用行舍藏，儒家为学重在人群相处之治平大道，故学而优则仕，仕而优则学，仕学兼营，乃有出处辞受进退之礼。颜子曰："夫子博我以文，约我以礼。"人文治平大道皆属文，如言夫子之文章。孔门四科最终为文学，治军理财外交内政一切诸端皆属之。舍而藏，则称文学。师弟子相传如一家，可以永世不绝。战国时代称为家言。今称西方学者为专家，有行无藏，不待用于政治，与中国之家言大不同。如哲学，本其一人思想著书立说，即以行世。亚里斯多德言："吾爱吾师，吾尤爱真理。"其师柏拉图早亦著书立说行世，亚里斯多德承之，亦如其师。哲学非政治，故仅言真理。倘亦一守师说，依样葫芦，则不自成家。故西方专家之学，正如西方父子分财，各成一小家庭。非如中国大家庭制，子孙对其父祖以述以尊，世世相传，始谓成家。故中国贵守旧，西方贵开新，此为中西双方学术上一大异。

中国人之道，贵在用世。时代不同，则道亦有变。孔子曰："如有用我者，我其为东周乎。"故学道贵能用世，非为世用，故曰君子不器。孔子曰："道之不行吾知之矣。"不行则藏，所藏乃其道。不用吾道，乃为舍我。西方人重才艺不重道，才艺乃方法技巧，仅求供人用，最要如科学。不适用不时髦，则为不成学。中国长生家言，实亦如西方之科学。但他人不信，己可独守独行。西方文学如小说剧本，乃亦如商品，必讨他人欢。不时髦则废弃，非可藏。中国文学则必藏有作者之生命与个性，故亦可谓以文学作品藏其己。如屈原《离骚》即是。宋玉则仅慕效其师之为文，非有藏，故不如其师之成家。扬雄早年为辞赋，晚而悔之，曰："壮夫不为。"乃为《太玄》《法言》，始有己可藏。故曰："后世复有扬子云，必好之矣。"柳宗元虽不昌言如韩愈之愿为人师，但其为文亦有藏，与韩无大异。其他中国文学，上乘名作皆有所藏。

今言哲学思想，儒有用行舍藏之两端，墨家偏于用，故曰"非禹之道不足以为墨"。禹治洪水，十三年在外，三过其门而不入，腓无胈，胫无毛。墨则视人之父若其父，用世之心太过偏切，非尽人所堪。道家则惟主藏。楚聘庄周为相，庄周辞以愿为涂中曳尾之龟，其不求用世有如此。老子则并其人之详而不知。《易传》《中庸》以道家言加入儒学，亦并其作者而不知。故此下中国传统，乃儒道兼融，儒为主而道辅之。

东汉如严子陵，垂钓富春江，其人应属儒，而大似道。三国诸葛亮苟全性命于乱世，不求闻达于诸侯，其人亦儒而道。西方之学非深本于人性，如柏拉图亚里斯多德，所思所论，皆在其一身生命之外。读其书，非可得其人。全部西洋史，一切科学文学皆然。即如宗教，亦可谓耶稣信己为上帝独生子，实与耶稣之己无关，道在其父上帝，不在己。与中国人之言孝道，道即在子，大不同。并尚不如中国墨子，视人之父若其父，而孝道则仍在己。故非上十字架，即无以见耶稣精神。西方人重客观，全部西方史一切人事，皆依着于身外之物质上。即己身亦一物质，亦可谓有物无人。故其人生，乃有变无常，有行无藏。

中国社会之士精神，随时有进退。最堕落，在晚唐及五代十国时期。宋代士道复兴，已在开国后五六十年间。清代人著《宋元学案》，《濂溪学案》前诸人皆是。最先胡安定，次孙泰山，次范希文，而实当以希文为最要。范希文生已在宋开国后三十年，父早死，母再嫁，后父朱姓，希文年长复姓范，读书苏北长白山一僧寺中，断齑画粥，晨去暮归。考试得秀才，即以天下为己任，先天下之忧而忧，后天下之乐而乐，其语见于《严子陵祠堂记》。是希文初未意获仕进，而已志在天下，亦可谓如伊尹之任。及其任宰辅，两子仅一袍，不得同出外。又创设义庄制，使同族中孤儿寡妇皆得育养。千年来此制遍行全中国，实为中国农业社会一共产制度，影响之大莫与比。

又有胡瑗读书泰山栖真观道院，在苏湖创办书院，其事已详予他著，此不赘。与希文两人，一仕一不仕。清儒为学案，首胡瑗及孙复，次乃及希文。实则希文长孙复三岁，胡瑗四岁，因看重隐退讲学者更过于出仕从政者之上，故如此。其实就当时情况论，则希文之贡献与影响，不亚于胡瑗。此下如司马光隐退十九年著《资治通鉴》，其对后世之贡献与影响，又远胜于王安石之为相行新政。但其时贡献影响后世更大者，则莫如周濂溪，为一小县令，而著《通书·太极图说》一小篇，又与二程兄弟短短作两夕之谈。此见用行舍藏，各适其时，相互间实无轻重高下之分，不必只以舍而藏者为高，以用而行者为下。亦不必以用而行者为幸，舍而藏者为不幸。一阴一阳之谓道，此皆天道之流通，不须斤斤计较于其间。

惟如最近世之新会梁启超，不幸而幼年即从师于康有为，名满朝野，未及六十而死。其晚年实迭有契悟。其为《国风报》，实已远胜于其先之为《新民丛报》。初仅知有新民，次乃知有国风。其在抗袁运动中，又能知晚清曾国藩之足可师承处。其后又知在野为师，自称二十年不再有意于出仕，此则亦近于知舍之则藏之一途矣。其在南京讲演，有提倡中国崇尚礼治之说。及其为《欧洲战役史论》又《欧游心影录》两书，与其幼年之醉心欧化者大异。又能发老子不出孔子前之论，乃中国学术思想史一创古未有之大发明。惟其最后为《近三百年学术史》，则仍未脱早年从师康氏之影响，此诚大可惋惜之事。但其为《欧游心影录》,则足可证明其思想之已有变。而惜其不寿,未能更有所深入。

以梁氏如是不世出之奇才,而惜其幼年从师康氏。此如韩非李斯,亦误从师于荀卿。使颜渊不得孔子为师,则不知其成就当如何。师道之可尊乃在此。故千古人才,其性则赋于天,而其才则成于师。师道之可贵乃如此。然而即就梁氏之一生,已足开示吾人以无穷之契悟,则在吾人之善自反躬以求。如梁氏,其对当身则贡献小,而损折实大。近百年来之新风气新潮流,灾祸未知所终极者,则梁氏之影响实更大更广于康氏,此则诚近代史上一大堪惋惜嗟叹之事。

故中国社会之重士重在道,不重其为器。在能用世,不在其用于世。故曰"君子不器",又曰"大器晚成"。此则其能藏终贵于其能行。其行于当身,终不如其更能行于后世。此则已成中国传统文化中一常识。所谓实至而名归,盖棺而论定,其中皆有精义,所当深究。

(三)

中国人常才德连言,犹其道器连言。德属形而上,才则形而下。德则相和通,才则相分别。德则藏之内,才则显之外。德为心对心,才则物对物。故尚道义则必言德,尚功利必言才。中西文化相异正在此。

余尝谓西方人重事,中国人重人。实则重事即重其才,重人乃重其德。如尧舜禹之世,禹为治水长才,但使无尧舜,禹何得自竭其才。禹亦非无德,其子启方生呱呱，禹三过家门而不入。又其父殛于羽山，禹岂不孝不慈一意以功业自显之人。则其为德之厚，亦诚难言之矣。非有此德，亦无以自竭其才。而中国人志在尊德性，乃并薄功业而不谈。故多言尊尧舜，少言尊禹。

叔孙豹三不朽，立德在立功立言之上，此为中国古人一绝大见识，并世其他民族莫能逮。孔门四子言志，子路志在治军，冉有志在理财，公西华志在外交，皆分别专门之才。独曾点"冠者五六人，童子六七人，浴于沂，风乎舞雩，咏而归"。无志事功，乃见其德，而孔子与之。孔门四科，德行为先，言语政事文学为副，此皆尚德次才之意。孔子曰："古之学者为己，今之学者为人。"为人即须才，而为己则见为德。自此以下，凡有为有迹可见，皆归入于才。而无为无迹可见，乃归本其德。诸葛亮谓"苟全性命于乱世，不求闻达于诸侯"，是矣。而后世尤必以管宁为三国第一人才，则中国人重德轻才之证，由此可见矣。

孔子问子贡"汝与回孰愈"。子贡曰："赐也，何敢望回。回也，闻一以知十。赐也，闻一以知二。"此正才与德之辨。闻一知二，乃其才。闻一知十，则其德。孔子自谓虽百世可知，乃即孔子之德。德在内，天之生人百世皆然。得之己，则百世可知矣。闻一知二，则对物之才。如知前则知后，知东则知西，能知成斯知败，能知直斯知曲。子贡在孔门，乃以才胜。而颜渊则以德胜。观于此章回赐孰愈之论，诚子贡评论人物方人之至言矣。今人则方震于西方人之才，又何以衡量测度中国人之德，则宜其读古书而全不知其所云矣。孔子曰："信而好古，述而不作。"不为己尚德，则又何所信而述。信则当知反己以求。信即信其己，斯能信及人而有述。今人果知反之己，又认为要不得，必求变。则试问天之生我，又岂如今西方电脑之类之所能变。故古之学者为己，亦贵其能自信于己而不变。孔子之当其世而不变，宜亦于此求之。孔子又谓子贡亦器，但惟为瑚琏宗庙之器，非家常日用之器。又谓其不受命，义旨诚深矣。倘今人亦知畏天知命，则亦何有核子武器之发现。

当年美国两度投原子弹于日本，可以预知美日战事之胜败。但何能知四十年后之美日，又何能知更四十年后之世界。则所谓闻一以知十者，岂今日自然科学之所谓知者之所能及。今日全世界方群骛于为西方自然科学之知，乃至举世人尽不知世界明日之究将为如何之世界。则孔子之所谓虽百世可知，岂非乃大愚欺人之妄言。

今再进一步言之。才实为一应付，而德则为一领导。事之来，必有才以资应付。事既过去，人生仍当向前。但外面事来则甚复杂，故才必分门别类，各尚专门，不相会合。西方人自古希腊起，即重才不重德。即如哲学文学，以至宗教，实亦皆重才不重德。故人生必分别相争，而不能和合成群，直至于今依然。中国人尚德，乃以一和通合一之性之才能来领导人，得于不知不觉中不断进步，乃有今日。故平天下观念，惟中国人有之。其他民族能事止于治国，而平天下则无其意想，其本亦在此。故中国人重视政治人物，重视帝王地位，而岂得以西方君主专制四字妄自菲薄。

举世人不忘禹往年之大德，而求有以报之，此亦子夏之所谓慎终追远民德归厚，亦可以见中国国民性之厚德于一斑。而又岂权力一语所得羼列其中。是则不明人心，不尊古人之德，又乌足以谈前古之史事。即汤之南面而征北狄怨，东面而征西夷怨，亦何尝不见当时中国国民性之厚德。今人必以秦代以后两千年为中国一帝王专制政治，亦见近代国人之德薄，不足以继承往古之传统。

法国人重拿破仑之事功，而忘其为人。凯旋门之雄峙于巴黎，斯即见东西方人心理之相异。倘以伦敦西敏寺较之法国凯旋门，亦见英国国民性，尚较厚于法国。而英法两国在近代西方史上之成绩，亦居可见矣。

然则当今之世，欲跻一世于太平，得免武力兵火之争，得免贫富有无之争，而相和相安，以渡此一世，其大本亦当建基于中国传统无为与为己尚德之学。改国民教育为普通教育，或人本教育，则使世人尽有志于为一人，不止为一国民，不止为一民族分子。必有中国而夷狄则夷狄之，夷狄而中国则中国之之观念，则庶乎近之。此则希有德者能畅发其大义，以待世人之共信，其庶或有福于世人。

四〇　创业与垂统

有垂统必先有创业，有创业则不尽有垂统。就西方历史言，希腊罗马垂统已绝。即现代国家如英法诸邦，能否常有垂统，亦在不可知之数。西方人重创不重垂，创斯为新，垂则旧矣。竞尚趋新，不尚守旧，此若为西方文化之特性。中国则不然。

中国重垂统，若尤过于创业。业之可贵，亦在其能有统。如治统，中国政治乃远自四千年前之唐尧虞舜，直垂至于四千年后之清末。今日国人言中国政治，率好言秦以下，而不详言秦前秦后之分别。自尧舜以迄周末，一王在上，诸侯封国在下。自秦以下，一王在上，其下不复有诸侯封国，然其为治之道则一，非有异也。故治统即道统，道统之在上则为治统，在下则为学统。学统中有儒家，自孔子至今二千五百年，此统未绝。有道家，庄老以来，亦逾两千年未绝。其他百家诸子，无不有垂统，惟久暂有别而已。固中国学人重传统。

家世亦有统。孔子一家，传至今超七十世。此非孔子一家为然。中国人尊孔，乃独尊此一家以作榜样。宋以下有百家姓，赵钱孙李，周吴郑王，莫不有家谱。远溯数千年前，枝叶纷披，一脉绵延，家史乃与国史媲美。国史乃其大一统，家史乃其各分绪。由国史创兴出家史，由家史会合成国史。惟中国文化之家与国乃有如此之分合与异同。

中国人之重史，其好古守旧，乃其天性，为功为罪不在人。中国乃一大陆农国，在黄河长江南北东西方数千里间。五口之家，百亩之田，到处所见皆同等相似，无大差别。故使中国人认为此世界乃大同而小异。生斯世，则为斯世之所同。又农业必依仗于天时，春耕、夏耘、秋收、冬藏，在天有四季之变，但不失其四季之常。又使国人认为此世界乃在小变中有大常。变不失其常，所变小，所守大。故中国人非不知变与异，乃若终不如其常与同之可守而可信。此则中国人所谓之天人合一，乃人生大道之所在。

西方地形，割裂破碎，错综复杂。既非大平原，亦无大河流。居民各自困处在一小区域内，出境所见多异多变。气候跨寒温两带。若在中国，不啻远自贝加尔湖以北，南达彭蠡洞庭。故其所遇天时亦无常。虽亦有农业，皆分在各小区，互不相闻。商业都市则大群聚居，家各相异。出外贸易，一切行为，又得随时随地而变。除俄罗斯天寒地冻，自有一范围外，其他各地则惟知有异有变，不知有同有常。中国人大同至常之天地观，在西方人心意中，则不见其存在。此亦自然所限，无足深怪。

于是而西方乃有耶稣教之信仰。惟有上帝，乃亘古今遍四方而不变。但耶稣言上帝事由他管，恺撒事恺撒管，则天上人间仍加分别。直逮罗马帝国崩溃，恺撒不再管世间事，人心所向，求耶稣之恺撒化，于是乃有罗马教皇之出现。但教皇非即耶稣，人间世亦终为天时地理所限，神圣罗马帝国之梦想难以实现。人间仍要有新恺撒来管理，而政教之争，乃在西方历史上兴起。政在人间，尚异尚变，教在天上，始有同有常。人间则在生前，天上乃在死后。则无怪西方之终不离于一多异多变之人生。

中国人生主同主常。举头在上之天，已降落人间。好好做人间事，既不啻如在天上。尧舜禹汤文武，乃恺撒而耶稣化，故曰"克配上帝"。而如西方般的宗教信仰，在中国文化中，遂失其地位，不可得而存在。魏晋以下，中国转入衰世，佛教适自印度传来。印度之天地，又与中国及欧西不同。处在热带，林间摘果，即可充饥。身披一衲，即可御寒。可不需农商业，所忧则只在此身之生老病死，转瞬眼前，无可摆脱。释迦则既不重视人间，亦不重视天上，认为根本一切皆空，则生老病死亦不为患，佛教大意如此。皆据人间实事言，不据对天之空想言。此一层，却与中国人心理大体相同。于是佛教在中国，一时乃大行其道。

然中国之天时地理，终与印度不同，人间亦各相异。及唐代再转盛世，佛教中乃有禅宗特起，即心即佛，即身即佛，立地成佛，佛即在当下现前之吾身吾心中。推言之，佛即在现前人生中。不在天上，即在人间。一切空，转成一切有，一切实。由同时佛教中之华严宗言之，则事理无碍转成为事事无碍。又由同时之天台宗言之，则一切空乃一切真，一切假，一切中。一心三观，所变只在此一心。故天台、禅、华严三宗，皆是中国佛学，与印度原始佛学有不同。此亦由中国之天时地利人和来，与印度终有其不同。故出世成佛，转成为现世成佛，又转成为即身成佛，宗教亦化入人文，而相通为一体。如此亦可称为乃一种人文宗教。中国亦早有科学，惟亦当称为一种人文科学。讨论中国文化者，此层不可不知。

由唐代之新佛教，转入宋代，乃有理学之兴起。中国之学术思想，遂又成一大一统局面。佛教乃尽化入中国传统中，而成为中国人道至常大同之一部分，多相通，少相异，有所变而终不变，有所异而终不异。此诚可见中国文化独特精神之所在。故创业必求有垂统。非有垂统，则中国当成佛教化。今则佛教终成中国化，中国文化力量乃有若是伟大之成就，是亦大足矜尚矣。

中国人创业必求垂统。如农业，百亩之田，父子相传，可以百世。其他工业亦然。工业为农之副，本由农业分出。如陶业，亦世代相传，故古有陶唐氏。唐者，搪塞其外而中空，陶器即然。其部落中之酋长，为其他部落酋长公推为共主。其时中国或尚未发明有文字，不知当时每一人如何取名。后人传述，乃姑名其酋长曰帝尧。尧字上从垚，乃为累土之象。下从兀，乃一高出而能转动之器。垚在兀上，陶业从事即如此。此酋长乃以其共主地位，让于另一部落之舜。舜为有虞氏，虞乃掌山泽之官，常巡行山泽草间，当时亦视为一工业。舜本草名，其弟名象，则乃山泽间一兽，性善良，易受教，不似狮虎之难驯。舜弟亦终成为一善人。则舜与象之取名，或亦后世传述其事者姑托名之而已。舜父瞽瞍，双目有病，非其本名。

尧使鲧治洪水无效，舜殛鲧于羽山，又命其子禹继父业。鲧乃大鱼名。禹则乃一大虫，当亦水族动物。然则鲧与禹之名，亦以其父子以治水为业，后世取以名之。在当时则有其人，或无如后世相传之名。吾友顾颉刚，由此禹字生疑，创为"古史辨"。不知遇古史有疑，当就其时代善为解释，不当遽以疑古为务。倘中国古史尽由伪造，则中国人专务伪造，又成何等人。此岂不别生一甚大问题，令人无可回答。或谓中国古史乃一部神话。但中国古人亦非好作神话，仍与中国国民性不合。明属人文社会事，中国人信而好古，本之传说，而姑为之假托一名。则中国古史之异于神话，亦显然可知。宋代陆象山有言，尧舜以前曾读何书来。其时不仅无书，疑亦无文字。今故为之猜测如此，不知其有当否，则待国人衡定之。

自尧舜又推而上之，有黄帝轩辕氏，又上有神农氏庖牺氏，更上有燧人氏有巢氏，凡此均不得谓无其事无其人。但其人名则显由后人假定，非前世真有。故中国古史乃显属历代传述，非神话，非伪造，其故事亦少穿插。如大禹治水，岂不绝少想象穿插之故事。而其所穿插，则如三过其门而不入之类。故中国之上古史，乃以特见中国文化与民族心情之一斑，岂其他民族之神话伪造可相比拟。

尧舜在中国邃古时代，诸部落之共主亦当时一高位，何以尧竟以让之舜，舜又以让之禹。尧舜禅让遂成为中国古史一佳话，永为后人所仰慕。此因中国天下大，居其间，凡事可让。让之人而仍有其自身及其后代之地位。西方天地小，居其间者惟有争，无可让，让则何以自容。在西方辞典上，乃无一字堪与中国让字意义相当。此亦中西文化一大不同所在。

再推说之，中国古代商人，亦由官设职，世世传袭。

商人之祖先名契，乃券契之契。最早商人疑不用契。则商先之契，殆亦后人假托名之，与姬姓之祖稷，姜姓之祖神农相同。故在中国古代，农工商凡百诸业，皆世袭相传。故后代凡有创业，则必求有垂统。其风至春秋时犹然。如齐桓公有臣管仲、鲍叔牙，管氏治乐器，鲍氏治皮革，此亦世代相传之业。管仲、鲍叔牙，乃由其业中脱身为士。其后，士之为业，亦世代相传。孔子亦一士，其后人亦世代相袭为士。直至西汉孔安国，世为士，皆有名字可考。如颜渊曾参，皆随其父在孔子门下，此亦世代相传以儒为业。于是中国社会，乃有士农工商之四业。有创必有垂，其中乃有甚深甚妙之精义。姑以余一人生平所历，微小一例，来加说明。

余幼居无锡荡口镇，家宅前门有一酒酿铺，已历数十年。酒酿味美，冠绝一镇。每晨一大缸，未及傍晚即销售一空。铺主夫妇有三子，年皆二十许，每日下午各挑一担，出街分售，不到薄暮，亦空售而归。每年秋，添制一缸糖芋奶，亦美味，三子亦分担出售。年以为常。其家老幼勤奋安详之生活情况，常在余心。余年长，经验多，乃知此家之保泰持盈，只求细水常流，维持此一生活水准于不败不坏之地，不求扩大发展，此亦创业不忘垂统之一种精神。

余后移家苏州，城中有稻香村采芝斋两著名糖果店，两铺骈列，门面皆不大。时京沪铁路已开始，顾客麋集，朝晚不断。此两店皆有数百年历史，或云起于清初，或云传自明代。苏州糖食小品驰名已久，此两家招牌日老，而门面依然。因念此与荡口酒酿铺实同一精神，保泰持盈，不求无限向前，此亦我中华文化传统一特征。

又有一庆裕堂老药铺，亦盛名久传。药材来自四方，皆须精选精炼，又须善保善藏，此为药铺信用，可使购者安心。此药铺又发售一种膏药，闻系一江湖走方郎中所授，每年按时制造，求者自远而至。但膏药销售，本为药铺增加信誉，不为求利，乃从不增价。因念中国江湖多有秘方绝技，不轻传人，必慎择传者。或仅传一人，垂统不绝如缕，此亦有深意。多传则不胜防，或牟利，或争名，渐传而渐失其真，反以误人害世。故创业又必慎谋其垂统。湖南有辰州符，能赶死尸回家。在途四五日，其尸步行如常，一到家门即气绝倒地。对日抗战时，有两美国人亲访此术，邀两术人赴美，以广传授。许以巨额美金，两人拒绝。谓受此术时，曾誓言乃以济人，非为牟利。若背誓言，术恐不灵。此若迷信，实涵至理。凡事必具一心灵作用，非其心，则失其传。语大语小，无以异也。则垂统当守旧，又何讥之有。

苏州以园林名，狮子林创自元代，拙政园创自明代，留园在城外创于晚清。内容各别，各擅胜场，皆成一极高艺术境界。使游者生遗世之感，发思古之幽情。可以再至二至，屡至常至，不生厌腻。其他唐宋以来名园故迹，无虑尚一二十处。又如虎丘，仅近城一小丘，南朝生公说法之千人石，已历千五百年上下，来者不期而发思古之幽情。但仅山坡一小茶楼，可容数十人。倘亦效今俗，辟为观光区，多加增饰，尽广招揽，图眼前一时之利，则决不能保此千古常垂之统矣。

故苏州在中国历史上成为一商业都市，远超两千年之久，其实则艺术集中。自微小一糖果一食品起，上至名园古迹，使居者常置身在一艺术天地中。实乃居者所集合创造，而得永垂千古，举国涎羡。一部中国史，皆可举此一地推之。凡事凡物，各有其恰到好处一境界，常守勿失，不再求创新。亦可谓中国人心理，重视垂，更过于其重视创，故惟中国文化乃有传统可言，甚至达五千年之久。而今国人乃轻忽视之，一若平淡无奇，又转生厌弃之心。岂非一索解无从之奇事。

中国人言："上有天堂，下有苏杭。"余童年常有修理家用金属品之行脚商来村中，都挂张小泉招牌，乃杭州一家有名刀剪铺。及去杭州，城中见有一街二三十铺，尽悬张小泉招牌，并都悬有只此一家并无分出的另一招牌。此或是不肖商人冒名顶替，否则由张氏一家分出，宜可注名二房三房，三代四代诸分别。又其他诸街，亦极多与此相似。同一铺名，可达十数家。此诚是一种恶劣风气，但仍从旧传统看重垂统一观念来。一若旧家世旧招牌则必更有价值，他人亦不敢轻加非议。但何以杭州一城此风特盛，则余未加详究。杭州乃南宋旧都，何以政府对此等事置若罔闻，亦可见中国人重视垂统一观念有如此。若在西方重商尚争之社会，商品必有注册商标，使人不得假冒。但又酝酿出另一种心理，一切商品，总是新的好，旧的差。求异求变，求创新，求进步，如张小泉旧招牌便成最要不得。试问此又岂是事理之公？此亦可谓楚固失之，齐亦未为得矣。

但杭州的西湖则不然，此是中国历代传统一大名胜。唐代有白堤，宋代有苏堤，循此以下释回增美，续有新建，成为千五百年以来一集体创业。此则创业与垂统，乃融成为一体。以众名胜，成一总名胜，积新成旧，垂统亦同即是创业。到今已完成为一最佳最大之名胜，此可谓乃中国一种最高艺术结构，为中国文化传统中所特具的一种艺术表现。最近西方风气传来，即亦随之有破坏。在西湖边上创建了一所艺术学校，高楼耸立，全采西方式建筑，斗争性掩灭了融和性，四围风景尽受威胁。十景中之平湖秋月一景，虽只水边小小一亭，而规划周至，令人体味无穷。自艺术学校兴建，此一小亭即全无风景可赏。又湖边有诂经精舍，在自然风景中增添了人文历史之回忆，大可留恋。后又兴造西湖公园，公园是新的，精舍是旧的。但争新，不守旧。自然风景中抹去了人文精神，风味大异，全无深度可言。若循此以往，兴改不已，西湖可以面目全新，而精神则一非往旧，无可追寻。今日全国名胜，乃至全国人文旧统，大体尽然。知创不知垂，弊害如此。一切创实非创，仅乃追随他人脚步依样葫芦，此诚良堪嗟叹矣。

中国旧都北平，又是一集体创业，千年垂统尽纳其内。即如小小一白切肉铺，招牌脍炙人口，至少亦有百年以上之历史。中国饮膳，亦一艺术，至今为全世界人所共认。所贵亦在其有垂统。又如昆明有一米线铺，以一小铺面，擅名全城。外省人来，必一赏其异味。余乡无锡，以肉骨头驰名。但标准美味，仅城中一家。于家门口每晨仅售一锅，九时至十二时即罄。相传其锅底留有原汁，已历百年之上。北平一煮羊肉锅，亦如此。昆明此米线锅，亦如此。中国地大，家传一两百年之珍味者尚多。昆明又一家售火腿月饼，远方争购，中秋前后一月间，即闭门谢售，谓让同业同沾利市。在其闭门期间，则航销京沪北平各地。利市不减，而美誉益盛。中国向称信义通商，无义则何信。不求暴利，不博虚名，不务广告，不争宣传，货真价实，深藏若虚，乃决无如西方资本主义之出现，此亦中国文化一特征。成都有豆花，亦如昆明之米线。佛寺尤精制。有远起唐代之佛寺，其煮豆花，当亦远有垂统。常熟虞山佛寺筵席精美，亦远非市区素食店可比。中国工业制造多成艺术品，亦在其世代相传，有垂统。商业亦臻艺术化之境界。烹饪工而兼商，亦成为至高一艺术。而中国文化传统之富有艺术性，亦可由此为证。

民初新文化运动，有打倒孔家店之口号。孔家店三字虽属生造，亦具意义。中国学称家言，亦贵垂统。孔门七十弟子，递传以至子思孟子，此谓成家。庄老之衍为道家亦然。此两家递传迄今已逾两千年。司马迁曰："究天人之际，通古今之变，成一家之言。"使非明天人之际，通古今之变，乌得成一家之言，而永久垂统不绝。中国学术思想凡成家言，乃亦一集体共创之大业。垂统亦如创业，前后相承，俨成一体。使无孟子，则后世所传之孔子亦必有异。使无程朱，则孔孟此下传统又必有异。使无班固，则司马迁史学之传亦当有异。使无欧阳司马，马班史学之传又必不同。使无李杜韩柳，则古代诗骚辞赋之成为中国文学者，亦将必不如今日之传。使无后起之桐城阳湖，则李杜韩柳亦有异传。故学术史上一家，亦如商业中一店。非有垂统，何成创业。今日则人人尽求创业，无统可垂，又何业之存。日新又新，须成一旧。政府有朝代、有守成乃见有开创。使无守，何来创。人人竞求开新，则一切旧皆必闭歇消失于无形。人生限于一空，则末日自将来临。故西方在科学开新中，必有宗教之守旧。两者对立，亦合成一体。新文化运动，打倒孔家店，专主科学民主，乃不同尊西方之宗教，则无旧又何以见新。中国有平剧，本属新兴，乃成旧传。余幼年知有谭鑫培，后知有梅兰芳程砚秋，姓名相传，历数十年，亦各弟子相传，音韵依稀，风格犹然。尚不闻在菊坛中昌言创造进步。今则风气已非，不能再有谭梅等名角出现。同时如大学教授，亦竞创新说，不提旧传。不待其死，亦不待其退休，其门弟子即已群起代兴。讲台精神可谓新兴不已，各自创业，各无垂统。全人生之意义与价值，只在求变求新中，而后起之青年，乃为惟一可望之角色。但转瞬亦为老成，即无典型可言。只有新门面，更无老招牌。孔家店该打倒，百家姓中任何一家店面，都该打倒。社会一切商场化，而商场则不得成为资本化，仅求眼前暴利，商人亦有新无旧，则一国一民族之生命，又何所寄存。孟子曰："亦义而已矣，何必曰利。"今日之人生，其大义亦仅在一新字，利害在所不计。打倒孔家店，仍沿孟子语格调，岂即此之谓新乎。

中国文化已历五千年，自当为一旧文化。当前如美国，仅两百年，自当为一新文化。如苏维埃，仅五十年，更当为一新文化。人生自幼童乃至成年，岂不群望能为一八十、九十之老人。宁得以幼童稚龄即为人生之准则。而八十、九十之耄老，则即当摒弃。岂必立国达于几何年，而其国必亡，其社会则必变灭无存。谁定此准则？谁为之证明？又谁加以信仰，以传授之于吾今日之国人。

伊朗为回教民族，王位传统已达一千五百年，此与吾今日国人所仰慕之西方国家亦有别。最近以石油骤增国富，乃亦引起内乱，王位传统中绝。其国人言，日产石油五百万桶，达二十年，油藏即罄。故欲减少产量，以为久远计。今试问石油岂立国之本？往年无石油生产，何以早得有伊朗之存在？而多产骤富，则适以增乱。乃有人能不图近利，而远为二十年后谋，则亦近代所少有矣。姑以美国言，科学发明，资本雄厚，举世莫比。然人生日常必需品，多赖国外输入。输出则多杀人兵器，如飞机、潜艇、大炮、坦克之类。试问二十年后，杀人利器充塞全世界，但即美国日用品所赖。世界将是一何等世界？而美国又是何等一美国？又美国乃是今世民主政治之标准，其国内黑人日增，已有人出而竞选副总统。倘二十年后，果有黑人总统出现，那时之美国又将是何等一美国？而今美国人乃只争目前利害，不考虑二十年乃至二百年后事。果照中国人意见，眼前二十年可让步，二百年后事却当顾虑，绝不放松。此因中国天地大，不争空间争时间，不争眼前争身后，所以商业资本主义亦不在中国滋长。其他中西文化相异，实难屈指计数。中国史有统可垂，有成可守，乌得蔑弃而不问。

四一　帝王与士人

中国文化有一特征，即自西周开国，周公制礼作乐，列国诸侯贵族阶级，无不受诗书理想之教育。迄于东周，《左氏传》所载春秋时代君卿大夫遗闻逸事，嘉言懿行，随在可证。孔子始在社会讲学，百家继起，战国诸君，尊贤养士，其风益炽。秦汉一统，封建改为郡县，乃有士人政府之成立。受教育之士，未必全上政治舞台，多数隐沦在下。从政受职，亦有高卑。但政府礼贤下士之风，则相承不辍。虽帝王宰相，其对卑职下僚，乃至遁退在野者，亦多崇敬，史不绝书。直迄清代之末，古今一贯，其风犹存。近代国人，则多斥自秦以来两千年政治传统为帝皇专制，然即以此一政风，加入思考，可知君尊臣卑，乃政治制度所宜然，而士贵王贱，亦中国文化传统中一特殊观念特殊风气，有非晚近国人高呼民主政治者之所能想象。下文偶举数例，恕不能详。尝鼎一脔，亦庶略知其味。

汉高祖以一泗水亭长，略如当前偏县小乡一警察派出所所长。其人本未受良好教育。遇人戴儒冠，则取而溺之。其无礼如此，亦乃表现其一种反抗心理。及其得天下，尝过鲁，乃以太牢祠孔子墓。则其心中已受尊儒感染可知。晚年昵戚夫人，欲易太子。吕后用张良策，卑辞厚礼，为其子惠帝邀致商山四皓，年皆八十余。一夕，四皓从太子见高祖，须眉皓白，衣冠甚伟。高祖怪问之，四皓答。高祖惊谓："吾求公等数岁，公等避逃我，今何自从吾儿游。"四皓对："陛下轻士善骂，臣等义不受辱。太子仁孝，恭敬爱士，故臣等来耳。"事毕，高祖召戚夫人，曰："我欲易之，彼四人辅之，羽翼已成，难动矣。"遂为戚夫人楚歌，曰："鸿鹄高飞，一举千里。羽翮已就，横绝四海。横绝四海，当可奈何。虽有矰缴，尚安所施。"汉高祖毕生在戎马中，跃登开国皇帝之大位。晚年诛戮功臣，韩信彭越虽拥广土强兵，曾不厝怀虑间。乃于此隐遁山林四老人，独踌躇崇重，爽然自失，内心充满了一种无可奈何的压迫感。纵以儿女私情，亦不得不翻然改图。此种心理，实大值后代国人之玩味。

汉文帝召见贾谊，谊年二十余，文帝大赏异之，欲不次超迁。绛灌诸功臣言，洛阳少年初学，专欲擅权。文帝不得已，出以为长沙王太傅。岁余征见，宣室对语至夜半，问及鬼神事。文帝不觉自移其座席近贾谊。语罢，曰："吾久不见贾生，自以为过之，今不及也。"又拜为所爱少子梁怀王太傅。梁王出猎，坠马死，贾谊亦愧怍而卒，年仅三十三。文帝孙武帝，又召贾谊孙二人任用之，位至郡守。其一贾嘉，最好学，昭帝时列为九卿。此见文帝之不获任用贾谊，乃为异世所同情。故武昭皆着意擢用贾生之后人，而史官又备载其事以传。又何帝王专制之足云。

东汉光武帝，以王莽时一太学生，起兵光复汉室。一时太学同学如邓禹等，攀龙附凤，位登宰辅。严光独变名姓，隐身不见。光武心念旧游，图其形貌遍国求之，得于会稽钓泽中，安车征至。光武亲幸其馆。又引入宫内，论谈旧故，相对累日。因问，朕何如昔时。光对，陛下差增于昔。夜留共卧。欲官之，不屈。归耕富春山。此一故事，千古流传。西汉商山四皓，已老年，尚屈赴太子之召。严光与光武同学，光武有天下，严光尚年壮，慕为巢父，而光武终物色得之。同榻留宿，情同手足，乃竟放归。光武在帝位十七年，复加特召，光竟不至。八十卒于家。光武伤惜之，诏下郡县赐钱谷。中国自秦代亡，而上古封建贵族之王室遂以消失。两汉之兴，皆以平民为天子。而光武犹能不忘其早年士人修养之情意与风范。明章继承，家风家教，益明益显，较之西汉惠文二帝犹有过之，而无不及。则帝王专制之制度又何由而来。

郭泰亦一太学生，获见河南尹李膺。膺时名高海内，士被容接，名为登龙门。乃忘其名位，而与泰友善。泰后归乡里，衣冠诸儒送至河上，车数千辆。泰惟与膺同舟而济。众宾视之，以为神仙。自郭泰事，稽之上古，下考后代，中国政府之帝王卿相，以及社会中之士人，其身份阶级，可分可合，若即若离。故曰："作之君作之师"，又曰："天地君亲师"，则在全国人心中，君师并尊，而士人之为师，抑犹有高出于为君之上者。如孔子之为至圣先师是已。即如汉文与贾谊之宣室夜话，如光武与严光之宫内共卧，如李膺与郭泰之同舟济河，彼等当时之心情意态，岂不从政者忘其尊严，而在不自觉中，一如同为一士人。故中国传统政治，其中央地方之政府，尽由士人组成，当名为士人政府。士人则代表民众，帝王世袭，则利便于广土众民一大国之一统。而为帝王者，亦必深受士人之教育。其中所涵蕴之精义，则有难于详申者。一诵史乘，事证俱在，亦可不烦详申矣。

下及三国，天下已乱，但从政阶层与士人阶层之融和会合，沉瀣一气，则更深更甚。曹操为汉相，刘备奔迸流离，穷而归之，操表以为左将军，礼之愈重，出则同舆，坐则同席。一日，操从容谓备曰："今天下英雄，惟使君与操耳。"备方食，失匕箸。于时正雷震，备因谓操曰："圣人云，迅雷风烈必变，良有以也。一震之威，乃至于此。"两人皆一世枭雄，此番对话，固是充满了不同寻常之心情与机变。但其相与之间，亦皆不失一种书生本色。今人读史，其自身已远离了中国传统所酝酿之士人风情。则对此故事，亦将难以体会其当时之真味。及备去荆州，闻诸葛亮名，三顾于草庐。时亮年二十余，躬耕于野，固是绝无所表现。而备以汉朝左将军之尊，并为举世群雄所重视，而不惜三度枉驾，乃始得见。两人从此情好日密。备自称得遇诸葛，如鱼之得水。及备永安病笃，召亮，属以后事。谓曰："若嗣子可辅，辅之。如其不才，君可自取。"又为诏敕后主曰："吾亡，汝兄弟父事丞相，令卿与丞相共事而已。"此等处，岂当以政治体制看？以君臣身份地位看？惟若以中国传统读书人间之相往还视之，则寻常可解。

两晋以下，门第鼎盛，士人阶层与政治阶层间更形混一。抑且士阶层之气势地位，尤见为凌跨在政治阶层之上。元帝东渡，登尊号，百官陪列。命王导升御床共坐，导固辞，至于三四，元帝引之弥苦。导曰："若太阳下同万物，苍生何由仰照。"帝乃止。若谓秦汉以来，中国政治已走上了帝王专制一途，则何以到此又忽然冒出门第来，有此王与马共天下之形象。大抵南朝诸帝，其朝位固犹踞百官之上，其君臣间之尊卑倒置，则率可以此为例。

下及唐代，复睹统一盛运，唐太宗尤为中国历史上一杰出英明之帝王。高祖武德四年，寇乱稍平。太宗为天策上将军，留意儒学，于宫城西作文学馆，收聘贤才，杜如晦房玄龄等十八人，并以本官为学士。分三番，递宿阁下，给以珍膳。每以暇日，访政事，讨论坟籍，榷略前载，无常礼。命阎立本图像，使褚亮为之赞，题名字爵里，号十八学士。在选中者，天下慕向，谓之登瀛洲。此在当时，一方面固是一政治集团，亦可称为一革命集团，而在同时则显然是一士人集团。治中国史，讨论中国文化传统及政治体制者，于此从政阶层与士人阶层之融和无间之一特别形象，诚不可不深加注意。及玄宗开元时，亦仍于宫中含章亭别有十八学士，绘其图像，皇帝御制赞。佳话流传，迄今犹有知者。顾何以于中国古人重视社会群士胜于朝廷百官之此一番遗意，乃漫不加省。言政治则必曰专制，言社会则必曰封建。惟求以西方名词，强自诬蔑中国历史，必求证成中国两千年来之传统政治为无一是处而后快，斯诚不知其用心之何在矣。

宋以下，门第衰绝，群士皆以白衣进。而士之在政府，其气势地位乃益进。姑举神宗一朝之情势为例。神宗亦宋代有志大有为之一好皇帝。惟其当朝有新旧党之争。此为士阶层之争，而为帝王者亦无奈之何。王安石在英宗朝，已名重天下，士大夫恨不识其面，朝廷常欲授以美官。神宗为颍王时，韩维为之讲论经义，神宗称善。韩维曰，非维之说，乃维友王安石之说也。神宗即位，乃召安石。初入对，神宗问方今治当何先。安石曰："陛下当以尧舜为法。"神宗曰："卿可谓责难于君矣。朕自视眇然，恐无以副卿意，可悉意辅朕。"安石遂大用。观其一时君臣对话，固皆不失传统书生气味。研究一民族之文化，于此等千古相传神情之常然处，不当不更加以深切之体会。

司马光与王安石同负盛名，神宗即位，首擢为翰林学士。光力辞，曰："臣不能为四六。"神宗曰："如汉制诏可也。"光曰："本朝故事不可。"神宗强之，竟不获辞。在当时神宗意，亦惟知重士尊贤。王安石司马光同是当时一名士，在神宗心中，同占重要地位。神宗之重视此两人，亦由当时群士之公论，神宗固别无私意存其间。此下新旧之争，则更非神宗所预知。司马光既不赞同王安石之新政，而神宗则一面信任安石，一面亦仍欲重用光。光曰："陛下徒荣以禄位，不取其言，是以大官私非其人。"于是神宗终不能不许光之退，然仍不愿其离去，乃许其设局继续编修《资治通鉴》。司马光不愿居汴京，欲迁居洛阳，神宗仍许其以局自随。光居洛十五年而书成。刘恕刘邠范祖禹，皆许随局编修。二刘皆有官位，许以原官随光。独祖禹仅登进士甲科，未仕，乃宁愿牺牲仕途，亦随光在洛十五年。及《通鉴》书成，光乃荐祖禹为秘书省正字。祖禹之得仕，乃违反于当时之政治体制。其时安石尚当国，尤爱重祖禹，乃祖禹竟不往谒。凡此等事，皆当时政治阶层中事，但必当从士人阶层中之传统风气中去求了解。若专以政治言，则此等事皆与规章法制无合。惟有深晓于中国文化传统中士阶层之风气习尚，则上自帝王宰相，下至卑官隐逸，同此一矩矱，同期于趋赴，无足深怪。故刘安世尝言："金陵亦非常人，其质朴俭素，终身好学，不以官爵为意，与温公同。但学有邪正，各欲行其所学。而诸人辄溢恶，谓其为卢杞李林甫王莽。故人主不信。"则当时之党争，明系士阶层中一学术思想问题。故刘安世谓其邪正有别，而宋神宗则双方兼重。司马光在当时，俨然以政府之政敌自居，而神宗始终优礼不稍衰。此又岂帝王专制之谓？故凡有志研讨有宋一代之政治情势者，与其求之帝王之身，实不如求之当时之群士，更易直捷明了其一切症结之所在。今日国人，于中国社会四民之首之一士传统，既漫不经心，则无怪其论中国文化之一切无当情实。则谓中国乃一专制政治与封建社会，其又何怪。

王安石在神宗初年，为经筵讲官，又争坐讲之制。其意谓，论职位则君尊而臣卑，但讲官所讲者道，帝王亦当尊师重道。于是安石坐而讲，神宗立而听。神宗对安石之益加尊信，此一事宜非无影响。此亦帝王之尊士，自有其历史传统，不得谓乃以助长其专制。安石后，程颐以布衣为讲官，亦争坐讲。正言厉色，又时有谏诤。时文彦博为太师平章重事。侍立，终日不懈。上虽谕以少休，不去。或问颐："君之严，视潞公之恭，孰为得失。"颐曰："潞公四朝大臣，事幼主不得不恭。吾以布衣职辅导，亦不敢不自重。"同时司马光、苏轼辈，则皆疑颐之所为。今试以现代人目光评论，又岂得以王安石、程颐为正，而文彦博、司马光、苏轼之遽为不正乎？评论一件事，宜可有正反两面之意见。即如文彦博、司马光、苏轼诸人，彼等岂亦赞许帝王之专制。历史事件，又岂得不精心细究，而轻以意气加以评判。

在中国历史上，开国之君与其同时之士最疏隔者，在前为汉高祖，在后为明太祖。而明太祖尤甚。但历代开国，士儒之盛，唐初以外亦首推明初。明太祖对士人，亦多方罗致，无所不用其极。洪武十五年，国学成，行释菜礼，令诸儒议之。议者曰："孔子虽圣人，臣也。礼宜一奠再拜。"太祖曰："圣如孔子，岂可以职位论。昔周太祖如孔子庙，将拜。左右曰：陪臣，不宜拜。周太祖曰：百世帝王之师，敢不拜乎？遂再拜。朕深嘉其不惑于左右之言。今朕敬礼先师之礼，宜特加尊崇。"儒臣乃定其仪。

尝窃谓西方政教分离，上帝事由耶稣管，恺撒事由恺撒管。神圣罗马帝国，乃中古时期教会中一幻想。故在西方政治自成一集团，不如在中国，政治集团即同时为一士人集团。中国历史有孔子，非宗教主，而为历代帝王所共尊。中国传统政治历代取士标准，亦必奉孔子儒术为主。政统之上尚有一道统。帝王虽尊，不能无道无师，无圣无天，亦不能自外于士，以成其为一君。明汪仲鲁《朱文公年谱序》所以谓"师道之立，乃君道之所由立"。但明太祖既得天下，乃私欲尊君道于师道之上，而遂罢废宰相制。清初，黄宗羲《明夷待访录》，倍加诃斥，以明太祖之废宰相为大不道。

近代国人，必斥秦以下历代政治为帝王专制，则孔子亦不得辞其咎。故民初新文化运动，盛倡民主，非孔亦题中应有之义，故有打倒孔家店新口号。惟《论语》《春秋》，其书俱在，是否提倡帝王专制？二十五史及三通九通诸书亦俱在，是否其一切制度及其故事皆为帝王专制？义理考据，而皆明备。若必以帝王专制作定谳，则此诸书，惟有弃置不读。本篇所举，乃属随手拈例，无当于九牛一毛，亦仅姑妄言之。非必欲回护中国传统政治，然亦足资必欲鄙斥中国传统政治者作一参考。

四二　风气与潮流

　　风气二字乃一旧观念、旧名词，为中国人向所重视。近代国人竞尚西化，好言潮流。潮流二字是一新观念、新名词，为中国古书中所未有。此两名词同指一种社会力量，有转移性，变动不居。惟潮流乃指外来力量，具冲击性，扫荡性，不易违逆，不易反抗，惟有追随，与之俱往。而风气则生自内部，具温和性，更具生命性，自发自主，自有其一番内在精神，不受外力转移。然则吾今日中国社会，如何能适应外来潮流，而不随以俱去，犹能善保其生命内力，与固有的独立精神，使风气与潮流得相与引生而长，实为当前最宜看重之一要点。

　　中国古人言风气，请举孔子为例。《论语》孔子曰："君子之德风，小人之德草。草，上之风，必偃。"孔子生在两千五百年前封建社会尚未崩溃之时，其言君子，指在上层贵族言。其言小人，指在下层平民言。而其主要则在德字。德指人之德性，为人人所同具。孔子言，在上君子之德性如一阵风，在下平民之德性如一丛草。风东来，则草西偃。风西来，则草东偃。社会风气之易成易变有如此。

孔子又言："道之以政，齐之以刑，民免而无耻。道之以德，齐之以礼，有耻且格。"可见转移社会风气，主要不在其上层之政治与刑法。政治刑法虽是一种力量，但此力量可求避免，而不生愧耻心。于其心可无所转移。故政治与刑法之力实有限。惟能以在上位者之德性为领导，而具体化，成为一种上下彼我共行之礼，则受者内心自生感动。不够此标格，会自生一种愧耻心。能不别加限制而自生限制，不别加压迫而自感压迫，自能到达此标格。

故中国人言政，不重法治，重礼治。此为中国文化自古相传一特性，历两千五百年而不变。西方社会中稍具此力量而与中国略相似者，则为宗教。不尚权力，更不待刑法，进教堂唱诗膜拜，有似中国之礼乐。而耶稣之十字架精神，亦可谓尚德不尚力。其所表现之力，乃出自耶稣内心之德。耶教传布亦近二千年，遍及欧洲全社会，此亦一种道之以德，齐之以礼，而信教者自有一种有耻且格之风。其力量不仗政治，不仗刑律，可勿论。所异者，西方政教分，中国则政教合。而宗教所最后归宿则仍为上帝之力，而非耶稣之德。中国则崇尚人类共同之德性，虽曰赋之自天，但所重近在人，不远在天。在中国文化中，并未产生宗教，然亦同具一种信仰。惟其信仰之主要目标，则在人之德性。即在上位者亦无以自外。故其精神有与宗教相异而实同之处。孔子虽非教主，而永尊为至圣先师，其一种德性教育之力量，实即近似一种宗教力量。

中国人言风教，言风化，社会风气乃由一种教化来。注意及此乃能来研究中国之社会史。晚清曾文正有《原才篇》，开首即曰："风俗之厚薄奚自乎，自乎一二人之心之所向而已。"人才自社会善良风俗培育而成，而善良风俗则从其社会中一二人之心之所向来。曾文正所生之社会，距孔子时，已逾两千年，社会形态已大变。而曾文正所言，亦与孔子意无大相异。试以历史事例为证。

中国政治风气之败坏，莫过于三国时代之曹操与司马懿。社会风气之败坏，则莫过于唐末与五代。宋兴，有胡安定范文正，而风气复归于正，一时人才辈出，此风气之厚薄非由于一二人之心之所向而何？蒙古入主，有文文山、谢叠山、黄东发、王伯厚。满清入主，有史可法、顾亭林、李二曲、王船山。政权移于上，而社会风气则坚定于下，依然一中国人之中国社会，无可摇移。此无他，亦由于一二人之心之所向而已。旷观古今中外，此惟中国始有之。古希腊古罗马乃及现代之西欧，宜皆不能相比拟。此乃中国文化之特可自傲处，非其他民族所能想望。

西方重多数，中国重少数。多数尚力，而少数则尚德。以力服人，非心服也。以德服人，乃使人心悦而诚服。不尚德，乃始转而尚力。多数压迫，乃若潮流之汹涌。少数主持领导，有同情心，有感召力，乃为大众所归往，始成一理想之风气。中国社会风气之堪贵乃在此。现代西方虽科学昌明，而宗教则依然尚在。彼中有殷忧其文化之没落者，亦惟以复兴宗教为念。可见人类社会不能专尚科学与物质文明立国，即西方人，亦自知之。

近代中国，则惟有一孙中山先生，堪当少数中之尤少数。其倡三民主义首民族，次及民权。民权当由民族来，非团集多数人，即得成为民。而民族精神其深厚基础，则保存于少数，亦惟递禅阐扬于少数。故中山先生有知难行易之论。不知不觉而行易者属多数，后知后觉已属少数，而先知先觉则更少数中之尤少数。故中山先生之革命过程亦分三阶段，一曰军政时期，次曰训政时期，最后始曰宪政时期。中山先生所理想之宪政，实必由民族传统文化之精神来，当称之曰民族宪政，既非向外袭取，亦非多数能创。故中山先生心意中之国民代表，不仅被选举者当先经考试，即操有选举权者，亦必先经考试。此等主张，今日国人皆不敢明白称引。何者，西方论政重多数，潮流所趋，既不深知，自难违抗耳。

今日国人，观其体肤毛发，则俨然仍是炎黄嫡系。论其心情好恶，则尽归现代化。其实今日国人之所谓现代化，即属西化。就历史实况言，中国五千年来，非不时时有其现代化。孔子即周公之现代化。中山先生在近代，亦即周孔之现代化。现代化贵能化其自我，而非化于他人。故中国宜有中国之现代化，而非即中国之西化。如今日国人之所谓现代化，则不过为时代潮流冲卷而去之一较好名词而已。故中国之古人，即吾侪之祖宗，则必加鄙弃。中国之后生，即前代之子孙，则首贵留学。行易则在中国，知难则付之外洋。故中山先生其人，则必比拟之于华盛顿。其所创之三民主义，亦必比附之于林肯之民有民治民享，乃始有其意义与价值。

中国人言道统治统，必曰"作之君，作之师"。并不期望之于人人。中国人言政治，必归之选贤与能。而其选举权，则下不操于民众，上不操于帝王政治领袖，而别有其客观之规章与职位。中国人言生活，亦不专为物质生活与私人享受。中山先生三民主义中之民生主义，其言明白具在，亦岂林肯之民享一项可相比拟。今日台湾人乃有从事台湾独立运动者，其意即自谓乃追随美国十三州独立之脚步。判定是非之权威在国外，在此权威下，则一切言论行动各得自由。若言平等，则古今不平等，中外不平等，惟时代潮流之马首是瞻。吾国今日之社会风气，非此而何。蒋中正先生乃为此而提倡文化复兴运动，但吾国人则仍以当前之社会风气为应，则又其奈之何。

孔子不得中行而与之，则曰："必也狂狷乎。"则又曰："过我门不入我室，我不憾焉者，其惟乡愿乎！"今日国人，就其在中国社会言，则崇洋排己，有似于狂狷。就其在外国社会言，则舍己从人，皆为一乡愿。惟为洋乡愿，国人仍所崇重。故当前之中国社会，实已变成一洋社会。其名犹是·中国，其形象则全成一洋象，较之蒙古满清入主时，可谓已天壤相别。此诚时代潮流之所迫，又何风气可言。潮流乃外在一种力量，风气则成自内在之德性，由我为主，非在外力量之所能操纵。但德性出于共同之天赋，实属多数，而权力则必掌于少数人之手。故中国传统实为真重多数，此又难于以名言分析之。

孟子曰："经正则庶民兴。"经者，正常大道，乃树人立国之大本所在。此非多数所能知，然多数亦必由知以行。故孔子曰："民可使由之，不可使知之。"此不可，非不欲。顾亭林亦有言："天下兴亡，匹夫有责。"此责亦在少数，非每一匹夫尽能负其责。苟欲负其责，则必学顾亭林范文正，乃知周孔之为人。如演平剧，一跑龙套一打鼓手，同需负责，但谭鑫培梅兰芳则仍需深厚培养。今必求每一匹夫之同负其责，则宜天下之日趋于亡而不可救。

经不正，民何由？奉公有贪污，居恒恣奢淫，此乃一种歪风秽气，为国法所不容，刑律所当先。若欲正人心，兴风气，首必及此。然正本清源则别有在，当求之于正常之大道。惟此乃我国人之旧观念，旧信仰，又为当前之时代潮流所不容。不知今日国人贤者，其终何去何从。国人今方讨论改革社会风气，漫谈及此，以供贤者之参考。

四三　自然与人为

近人率称西方近代科学为自然科学，其实西方近代科学主要在反抗自然，战胜自然，征服自然，乃一极不自然之手段。如自来水，大城市中皆填塞河道，另装水管，即三四十层高楼皆可输送上达。显属人为，绝非自然。电灯发明，经千次以上之试验始成，至今转夜为昼，通宵达旦，光明照射，亦出人为，非自然。自有电灯与自来水，乃有现代之大都市。此亦出人为，非自然，更可知。

又西方自罗马时代即有喷水池，至今各地林园，几乎到处皆有。中国则筑石为假山，如元代苏州有狮子林，至今尚屹立如旧，尤为奇特。假山较近自然，喷水池则显见人为，以此为例，可谓其余皆然。

深论之，人为必本于自然，而自然中亦必演生出人为，两者不能严格划分，然终不免于有轻重之偏。东方偏自然，西方偏人为，此乃双方文化一相歧。姑就气候历法言，地球绕日运行，同此自然，同此岁月。而计时计月计岁，则可有不同。西方用阳历，一年十二月三百六十五日，年年如此，每年只有一天之差，此即显见其重人为之迹象。中国用阴历，一年亦分十二月，但以空中月光为准，月圆为一月之中。其他如上弦下弦晦朔，皆以月光定，其与自然若更亲切。惟分年有闰月，则稍似不自然。

中国最先有夏历，其次有殷历周历，岁首相差各一月，但同为阴历。孔子曰："行夏之时。"以春夏秋冬四时言，则夏历更自然。殷历以十二月为岁首，周历以十一月为岁首，皆在冬，不在春。冬春夏秋则为不自然。故孔子主用夏时。以太阳之运行论，日南至宜为一岁之首。中国人亦言冬至夜大过年夜。兼顾季节及农事，则夏历岁首若最为自然。西俗又特重耶诞，虽与冬至相近，然其重人为不尚自然之意，则更显。

又中国分二十四节气，亦最重自然。以三月三为上巳，五月五为端午，六月六为浴佛，七月七为牵牛织女两星相会，八月十五为中秋，九月九为重阳，则因农村人事辛劳，故多择春秋佳日，供其休息娱乐。而配以端午重阳等名词，则若人事必追随于自然，而又必附会之以历代人文故事，则若休闲娱乐之更富自然性。西方城市工商之寻求休闲，从事娱乐，假宗教之名，七日得一假日。又增周末，则每七日得两日假。此等规定，亦显属人为，非自然。中国则五日旬日一休沐，亦似较近自然。

推此言之，一尚自然，一尚人为，事无大小深浅，到处可见。如文学，中国人谓诗言志。人心有志，出言成诗，此亦一自然。西方如荷马史诗，沿途歌唱，博求听众，事同商业，则属人为。故其题材多恋爱战争神话冒险等外在故事，而张皇夸大，耸动听闻，则更见为不自然。神话为玄古人类之自然所有，但亦可张皇夸大，离情离理,失其自然。

中国古诗三百首,亦有恋爱战争神话,但一出于自然。如"期我于沫之上矣",此亦言恋爱,然仅止于此。又如:"昔我往矣,杨柳依依。今我来思,雨雪霏霏。"征人远戍,有涉战争,然亦仅止于此。《生民》之诗,"履帝武敏歆",此明是神话,然亦仅此而止,更不张皇夸大。周公孔子以后,神话渐消。墨子言天志,庄老言自然,皆无神话成分。屈原《离骚》始有之。但《离骚》乃忠君爱国之辞,神话非所重。近人乃从诗骚中,挑出其神话成分,亦可得数十百条,拟之西方,则如小巫见大巫,不相伦类。

汉魏以下,诗体大变。《孔雀东南飞》、《木兰从军》,皆如小说,可以演成戏剧。然后来此等诗体绝少。《孔雀东南飞》本言爱情,《木兰诗》本言战争,而两诗叙述,则皆偏重在家庭伦理方面。此可征中国诗之特性,亦即中国民族特性文化特性之所在。

唐诗有:"闺中少妇不知愁,春日凝妆上翠楼。忽见陌头杨柳色,悔教夫婿觅封侯。"又有:"打起黄莺儿,莫教枝上啼。啼时惊妾梦,不得到辽西。"此两诗亦兼涉战争与恋爱,而吐词含蓄,乃深入人心,传诵不辍。若亦小说化戏剧化,则事变感人转不如性情感人之深切。中国诗特性正在此。近代国人乃谓中国诗文不昌言恋爱战争,为封建礼法所限,认为其不自由不自然。不知恋爱战争特草昧时期之自然。发乎情,止乎礼义,不务战争,乃进入人文时期之自然。人类之从自然进入人文,乃人类一大自由,进化一大自然。又安得以恋爱与战争为人生终极之止境。

西方自史诗外，又有小说戏剧，皆主恋爱战争，力求张皇夸大。于恋爱战争外，又有神话武侠冒险侦探等。但真实人生中，此等事极少见。乃又有创为写实体之文学。而写实终非写实，仍必张皇夸大，否则无以刺激人，广号召，即不成为文学。故西方文学终属人为，非属自然，亦宜可知。

中国人言目击道存。张皇夸大非可目击，即失真非道。中国文学则贵能抒情写意。人生情意无穷，然人同此心，则亦同此情意。人能深入此大同中，独自抒写，迥异寻常，此乃是文学家大本领大手笔。故曰："文章本天成，妙手偶得之。"此妙手之偶得，乃始为文学家能事所在。但非深入自然，则亦无可有此偶得。故中国文学不重在外面事务之描写，而小说戏剧乃不得为中国文学之正宗。唐人元微之有《会真记》，乃当时言情写实一小品，不能跻于文学之上乘。元代乃有《西厢记》，始成小说，可演为剧本。实则从《会真记》来，一如《搜孤救孤》之从《史记·赵世家》来。此皆张皇夸大，而近代国人则必认此等乃始为中国之新文学。明代又有《西游记》，始近似于西方之神怪小说。但元明兴起之小说剧本，皆非中国文学之正统，在中国文学史上乃后起一旁支。近人乃必崇奉此等作品，认为到此中国乃有真文学之影子出现。而认为以前文学皆死文学，必如此乃始是活文学。不知在人生中，事变皆易死去，情意则可长存。中国文学重情义不重事变，正亦常求其能成为一种活文学。此则近代国人或尚未深知之。

人类思想亦即人生一自然。日有所思，夜有所梦。孔子梦见周公，则曰必思之。孔子又曰："学而不思则罔，思而不学则殆。"孔子自称好学，则绝非学而不思。孔子之于学于问于思三者，乃相互融洽会通一体。下及墨翟庄周诸人皆然。思必见于行，行必本于思，行与思同归一体，故不得单独称孔子墨翟庄周诸人为一思想家。要之，学问思想行为三位一体，齐头并进，中国学者则皆然。专务思想，此惟西方哲学家为然。此亦先有一番张皇夸大之心情寓其间，乃以思想为人生一项最大学问，终身以之。而其与当身当代之日常人生亲切行事反不顾及。于是西方之哲学与文学乃同为专门，同出人为，于人生中之学问行为转多不自然处。中国人从事学问，皆从其当身当代日常人生亲切行事之实际需要，有情意，有思想，一本自然，而不加以人为之过分张皇与夸大。故在中国学术史上，多通人，少专家。不仅无哲学家，亦可谓无思想家。张横渠著《正蒙》，程明道犹言其乃苦思力索所致，非自然所得。西方则好言创造，力求自我表现，必别标一格，以求异于他人。此又中国尚自然，西方务人为之一例。

故倘谓一部中国思想史，古今几千年来，先后相承，只就前人所认几项大题目大纲领上，不断推阐体认，极单纯，但亦多变化，如一老树，冬季枝叶凋零，而根干依然。西方则如杂树丛生，虽亦蒙密郁勃，然无巨干大本，不能有老树之参天。又譬之水，中国如长江大河，众流汇归。西方则不择地而出，各成断港绝潢，即有大湖巨泽，亦无朝宗于海之大观。即譬之史乘，中国古代封建上有一中央政府，西方封建则各拥一堡垒而止。故西方学术思想，于哲学外，仍得有宗教。中国则无哲学亦无宗教。近代国人讥中国如一盘散沙,守旧,不进步。但趋新尚异,只是花样多,未必是进步。中国人信古好学,西方人则重自我表现。中国文化寓有极深厚之时间性,西方文化则重在空间之扩张。西方亦有自然,但不如中国乃为人文化成之自然。中国亦有人为,但天人合一,内外合一,乃成为一种极天真极自然之人文。此乃其大异所在。

历史记载人事,亦一种自然之学。中国历史远古即有。西方历史则极为迟起,既重现实,则前代人生有所不顾。罗马帝国崩溃,乃起后人之惊讶。何以若大一帝国,竟尔一蹶不振。于是乃旁搜远索,网罗一切零散材料,编排比次,写为《罗马衰亡史》一书。西方之有史学,可谓肇于此。但史学记往事,须求真实,不当张皇夸大,尤其记一国之衰亡,更无可张皇夸大处。于是遂继起有文学史学之争。中国则诗有雅颂,宗庙歌唱,文学亦即史学。司马迁成为《史记》,为中国正史二十五史之开山祖。其书之文学,亦卓绝千古。文学通于史学,中国人并不以为异。马迁有言:"明天人之际,通古今之变,成一家之言。"是乃马迁之一番历史哲学。文史哲三学,在中国,乃可混然一体,不得显为划分。此下不详论。西方文史哲为学,则可各自独立,相互不顾。故中国学问,和而不争,一若皆本于自然。西方学术间,则争议纷起,尽出人为,违于自然。

重学重问,则其心中常有他人之存在。重自我表现,则其心中常有一自我,求标新立异,跨越他人,以成就其一己。故西方自有史学,亦即分门别类,纷歧百出,政治史社会史等,难可缕举。其在中国,则社会之上必有一政府组织，政治之下必有社会基础，上下一体，无可划分。即如先秦时代，诸子百家兴起，岂非当时一大事。但究该划入社会史抑政治史，岂不转成一难题？汉初社会又变，《史记》有《货殖列传》，《游侠传》，《儒林传》。若此三者尽归入社会史，则仍必并入政治史，乃见当时之真象。若谓《儒林传》宜归入政治史，则《货殖》《游侠》又何一不与政治有关。合而观之，始成史学。分而成书，则一鳞片爪，真相难明。

又如魏晋南北朝隋唐，门第鼎立，此又中国社会一大变。然若将门第归入社会史，则各朝正史又将如何写？今人则谓中国古人不详知社会史，不知中国社会史已尽融入正史中。今人必以西方眼光读中国书，则宜其有此误解。佛教东来，下迄隋唐，此又中国社会一大变。宋代理学兴起，书院讲学，直迄明清，此又中国社会一大变。释氏出家逃俗，正史中只约略道其情况，山林僧侣之思想行事，则别以专史详之。宋明理学家，仍如汉唐之儒林，正史不得不详。若专写中国社会史，岂可只详释老，更不提儒学？又岂可一并付阙，则不成为中国之社会史。又如宋代之义庄，以及宋代之乡约等，皆归入社会史，则以前之门第，此下之书院讲学，又何得不列入？书院讲学列入，则如东汉马融郑玄等，俱当列入。而洙泗孔门早当列入。其他当列入者又何限。推类求之，必将见其扞格而难通。

中西社会不同，斯历史记载亦不同。国人尽可不通希腊史，而径读柏拉图亚里斯多德之书。亦可不通中欧史，而径读康德黑格尔之书。但岂可不通春秋战国史，而能通孔墨诸子书。又岂可不通汉史，而径读董仲舒之书。不通宋史，而径读程朱之书。故专治哲学，在中国学人中，即为不通。因此中国无哲学与哲学者之专称。

近代国人，写中国社会史，乃将端午竞渡，中秋赏月等，尽量纳入。不知此乃社会风俗，而在中国，风俗与教化，又融为一体。风教间，文学又是一大项目。《诗经》有十五国风，《楚辞》有《九歌》，两汉有《乐府》，魏晋以下有《世说新语》，唐代有《太平广记》，宋代有《宋稗类钞》，元明之际有元剧，有《水浒传》，明代有《金瓶梅》等，此等皆文学书。又如清初顾亭林有《天下郡国利病书》，非文学，而实为明代社会经济一部主要参考书。其他有关社会问题之书尚多。不通正史，此等皆无可详论。今人读大学历史系，即不理会文学。又治社会史，即不理会历代正史。又不通历代之教化风俗，又或将社会史与经济史相混淆。要之，历史乃一大整体，不会通以求，则真相难得，此乃一极自然之事。多为之分门别类，则出人为，非自然。

西方又有经济史，特为最近国人所重。中国以农立国，国之本在民，民以食为天。敬授民时，乃古代政治一重要项目。又井田制度，受田者既非农奴，而授田亦非西方之封建。又兼有庠序之教，俊秀得进为士。秦汉以下，井田制度废。而轻徭薄赋，俊秀皆得经选举考试入仕。其他如农田水利，更为政治一要项。《史记·河渠书》，历代漕运制度，清初胡渭《禹贡锥指》所载之历代治河防灾政策，何一不以农业经济为重。其他工商业，自汉代盐铁政策以下，相承有一贯之政策。通商惠工，而不使走向资本主义之途径。考论中国经济思想与经济制度，舍弃正史，则无所本。汉代如晁错，唐代如陆贽，其所抱之经济思想与经济政策，莫不一一与当时之现实政治息息相关。但在中国，乃无特出之经济学与经济学者，正如其无特出之政治学与政治学者。社会学亦然。融通协合，不再多有分别。则其无一部专门经济史，固亦宜然。

中国经济无不与社会政治有其紧密之相关。如顾亭林《天下郡国利病书》，网罗晚明各地经济情况，分别撰述，而追溯渊源，有远至数百年千年之上者。故治中国经济史，不重在年代分别，而尤重在地域之分别。中国疆土广，生产富，工商业各具地方性。利病得失，既相通，又相别。政府之各项制度总其成，又以社会风气立其基。故如经济，必当由通学，不得为专家。即读顾氏此书而可知。

故治中国史，又必通疆域舆地之学。《汉书》有《地理志》，唐有《元和郡县志》，宋有《太平寰宇记》，明有《一统志》。舆地疆域之学，遂或从史学中独立，而有若与史学并驾齐驱。各地疆域志，自魏晋以下已极盛。惟其书多失传。至北宋，有《吴郡图经续记》，类此者当可二十种左右。此下愈兴愈繁，分省分府分县，莫不有志。下至清代，如吾乡有《泰伯梅里志》，此乃与无锡同城之金匮县所辖之一部分，东西南北各不逾二十里之一小地区，乃自吴泰伯以下三千年来，社会经济，人物文化，靡不毕载。乃成为·最小型之地域史。下至一山一寺有志，一书院有志。风俗经济，人物文化，莫不归入，融为一体。此亦本之自然，非出人为。西方一多恼河，一莱因河，既非长川巨流，两旁又疆土分裂，诸国骈立。此皆违背自然，事出人为之证。故西、葡、荷、比，各自立国，不能合并。甚至如英伦三岛,英格兰、爱尔兰、苏格兰,虽同为一国,犹必分疆裂土,各有其独立之鸿沟。此尤西方史不自然一明证。

西方人群尊耶稣,必分天堂人间生前死后以为二,此亦为一种违反自然之信仰。又必共推一教皇,乃有马丁·路德之新教兴起。新旧教相互冲突,遂成西方史上一大事。而新教中又宗派繁兴,分歧百出,几于难可指数。此又一不自然。中国佛教寺院林立,分宗分派,亦在疆域上。如禅宗有南岳青原之东西分峙,临济之北方特起,此亦形势自然。倘亦必推一佛教皇,以为一举世之宗主,则纵无争端,必多弊端。人为之不可久,亦自然趋势所必至。余又论东西方之音乐,亦一重自然,一本人为。已详别篇,不再论。其他类此者尚多,俟读者推类求之。

其实此一东西文化之大分别,乃从农业商业来。中国以农立国,故崇尚自然。西方古希腊即以商立国,乃重人为。其相异处,人人易知,不烦详论。而工业则界在两者之间。中国农工相连,即如歌舞,亦属工,故又连称工艺。中国一切工业皆趋向于艺术化,实则乃天人合一化。而西方则工商连言,乃日趋于机械化,而唱歌跳舞等则不谓之工。艺术必求精制,若系人为,而忽视其本源之同本于天,亦出自然。机械则求赢利,亦若自然,但实一出人为。此中奥义,恕不具申。

四四　组织与生发

西方社会重组织，中国社会重生发，此又东西文化一大歧点。西方古希腊乃一商业社会，人生分为两截。经商乃手段，赢利寻乐始是目的。故其工作必带有一种功利观。城邦林立，不易团结。海外活动，蹈履风波，妻离子别，死生莫卜，家庭观念遂滋淡漠，易生一种个人主义。悲莫悲兮生别离，又易带一种悲观主义。

他乡异国，投人所好，此乃一种揣摩心理。机械变诈，不以深厚之同情为基础。还乡享乐，如文学，如戏剧，如艺术，如跳舞运动之会集，都在大群中寻找个人乐趣。内外分隔，各重其己，不在于群。又转瞬即变，贵能当前争取，不计前，不计后，无长久之时间观。但每一人终须在群中生活，此群则总是个人的，功利的，分散的，暂时的。如何来维持此群，则端赖于有组织，有法律。这又是外在的。人生须在此外在束缚中来谋求个人的功利与娱乐。

法律组织力量薄弱。马其顿起，希腊即告崩溃。罗马于商业外，注重军人之武力结合，乃有帝国创兴。而罗马法亦为此下欧洲人所称道。帝国崩溃，封建贵族堡垒纷峙，终不能组成一国家。其时宗教盛行，各求灵魂上天堂，亦属个人主义。而恺撒事由恺撒管，宗教信仰，其势单弱，乃有教会组织。故西方宗教，不如中国社会之礼乐。亦仍是西方社会一形态，一组织，乃必附带有法律。苟非法律与组织，即不能维持此信仰之存在。

文艺复兴，城市工商业又复起。现代国家建立，其组织又变。然个人主义之本源则仍无变，乃又产生出近代之民主政治。但仍必有政党组织。要之，有组织必生有分裂，亦惟有分裂乃始有组织。西方社会，乃可谓实一分裂性之组织，亦可谓乃一组织性之分裂，如是而已。

现代科学兴起，商业益盛。大企业大工厂大公司，各有其组织，而个人主义则亦日益猖狂。自由平等独立之口号，乃举世弥漫。要之，则是个人与组织争，组织与个人争。宗教信仰，国家政治，社会经济，莫不皆然。科学乃为其相争之武器，其他各项学术思想则为之助阵。此诚近代西方世界不可避免之一大悲剧一大厄运。

其实人生分先后两截，内外两面，自原始人类已然。出离洞居，以渔以猎，图果己腹，此为其生命之前一截。及其返洞闲暇，漫向洞壁绘画雕刻，或月夜洞外，歌舞作乐，此为其生命之后一截。而其显分内外，则人人易知，不烦论。渔猎转为畜牧，此为人生一大进步。牛羊成群，同游如友朋之好，同时即是一种娱乐享受。人生之前后两截，内外两面，不啻融成一片，岂非一大进步而何。所憾者，逐水草而迁徙，穹庐流徙，无可宁居。及其转为耕稼，而人生又获一大进步。

农业人生之进步有两端。一在其有定居。再则耕耘收获,可免游牧人群之日务宰杀,以成全其内性仁慈善良之德。日出而作,日入而息。其于五谷,生之育之,若抚婴孩。长之成之,若侍老人。而俯仰天地,一心同德。苟不与天地参,亦无以成其业。故农耕民族,一天人,合内外,亦辛勤,亦娱乐,其生命乃可无先后内外之分。水旱荒歉,则三年耕有一年之蓄,九年耕有三年之蓄。日勤日俭,有生产,又有积蓄。子孙百世,不尽顾其前,乃亦顾其后,而始有一种悠久之生命观。邻里乡党,率土之滨,亦莫不同此一生命。于是乃又有一广大之生命观。抑且业农不尽为己,亦以为人,故绝非个人主义。天地生五谷,不专为农人。业农亦不专为己。孔子曰"仁",曰"知天命","罕言利,而与命与仁",实已道尽农业人生之意义与价值。中国儒家思想,实本农业人生,一而二,二而一,非有他也。

农业之外,又辅以工业。蚕桑纺织,陶冶为器。一家织,一家陶,衣服居住,利及他家。自无而创有,为私亦为公,并在工作中带娱乐性。工农性质同。百工繁兴,乃日中为市。各以所有,易其所无。交易双方,商得同意,故曰商。非由第三人居间为商。有登垄断而望者,孟子讥之。此后乃有第三人居间为商,又有货币为媒介。商人乃可掌握货币以为生,不渔猎,不畜牧,不耕耘,不制造,而乃可获大利,超渔猎畜牧耕稼制造之上。于是遂又回复到原始两庭生活截内外两面之人生。惟商人重利轻离别,则其家庭生活,较洞居人为不如。此则又为人生一大变。虽在人生中若有大进步,而亦有大退步之另一面。不定居，此其一。心多机巧，投人所好，斲人性，伤人德，有所不顾。获大利而求娱乐，亦以斲己性，伤己德，此其二。商业之有害人生者在此。

中国古代，早有商业。然始终以农工为本，商业为末，本末分明，故商业乃未见其大害。后代中国人则言信义通商，讲信则不务欺骗，尚义则不重私利，商业乃亦不以个人功利为本。凡属公利，则不许私营。商人并受政治统制，不许进入仕途。选举考试，商人皆摈不在其列。祖先曾有经商者，乃谓之家世不清白。故商人之在中国社会，乃为四民之末。中国人之轻商有如此。中国人仅重谋生，不重营利，此为中国社会一特色，亦即中国文化一特色。

中国人又言，利者义之和。大群人生必主和，即个人人生亦主和。夫妇为人伦之始。禽兽之生命延续，乃一自然。人类之生命延续，则属人文。西方重男女恋爱，为夫妇之始，仍属个人主义。中国主夫妇和合，融成一体，为成家之本。礼者体也。故夫妇和合，有礼有乐，成为人生一新体，但非如西方人所谓之组织。父子易代，亦有礼，先后亦合成一体，而乐亦寓其中。此皆从生命言。个人乃一小生命，夫妇父子各相为伦，乃成大生命。生命则必有一种生发作用。夫妇生育子女，乃由夫妇一伦生发出父子一伦，由已有生发出未有，从旧有生发出新有。诗曰："周虽旧邦，其命惟新。"汤之《盘铭》曰："苟日新，日日新，又日新。"五谷一年一新，人生则可以日新月新。成群为国，亦可常新。此乃一民族之大生命，推而至于天下并世各民族亦无不然。

故中国人言，修身齐家治国平天下，皆从生命内部生发来，不从外部组织来。中国乃一宗法社会，群体日扩，主要在其内部生命之生发，不重在外部之组织。自部落社会进至于诸侯封建，又进而至于郡县一统，政制体制之日益扩大，亦由内部生发，不由外部组织。近人亦知中国人群乃由礼治，非法治。此言甚允。中国人仅称君位，不言君权。位以礼言，权则以法言。居君位，当尽君职。为君者而求拥有权，必先掌有军。但中国秦汉以下，中央卫兵额数少，边陲戍卒多。战事平，统帅回朝，有爵而无位，乃绝无军权可言。唐代府兵，分布全国，而关内占少数。宋代佣兵制，亦多在地方。明代卫所，略如唐代之府兵，同亦分在地方，不集在中央。唐宋明三代之兵部尚书，乃文职，并不由帝王直辖。皇帝既不拥兵，又何得而有专制全国之权。元清两代，外族入主，乃特有蒙古满洲之部族兵，以防汉人之动乱。但其他制度，则一承中国，无可改动，仍依前朝。要之，中国自秦以下两千年，绝非一军人政府，亦无帝王专制制度之存在。一读《通典》《通考》诸书自知。

再言法律。历代律文，皆可详考。制定法律，亦政府专职，而皇室无其权。律文大意，亲亲尚贤。君位自当尊，君权则有限。君位世袭，可免争端，而亦无伤于一国治平政治之大体。中西法律用意大不同，乃由其社会与政府之不同来，此篇不详论。

唐以下，有礼户吏兵刑工六部尚书，迄于清，千年未有变。礼户吏乃为政之体，兵刑工则为政之用。六部之上，则尚有相位总其成。王室则与政府分，政府内部和合成体。职位之别，则如一身之有五官四肢。故政治实同人类一生命体，乃由其生命生发出组织，非由组织可以产生出生命。

近代西方民主政治，立法司法行政三权鼎立。国会代表民意，与政府相对立。而司法院则评定其两敌体之争。行政则美国由总统英国由首相一人掌握。三权之分，乃由组织。而此组织，则非生命。则可谓西方民主政治乃无生命的。若谓其生命在民众，则民众与民众，又必分党以争，则仍是组织，非生命。生命乃一和，岂有一内部分裂相争之体，而得成为一生命体。

美国总统之下有国务院，实即外交部。中国外交属礼部。孟子曰："仁之于父子，义之于君臣，礼之于宾主。"中国国际关系亦尚礼，礼则与仁义相配合，则国与国，亦当如父子君臣之融合为一体。此乃见生命之大。故一国一政府之在天下，亦如一身之有五官四肢，同在一大生命中，又岂当分权以相争。近代世界各国皆由组织来，而国际则独无组织。天下无一大生命，则列国生命又乌得相安而长存。

中山先生之五权宪法，参酌中西，主要乃主权在民，而能在政。行政立法司法考试监察五院，一归治权，不属民权。惟国民大会选举总统，始属民权。而选举人被选举人其资格皆须经考试院衡定，此不失为中国传统尚贤政治之用心。汉代有御史大夫，唐代有门下省，宋代有谏院，明代有六科给事中，皆司监察之职。有考试，有监察，而政体仍属合一，何待于竞选与司法之必分权以相争。

故知中国传统政治自有其一套内在精神。换言之，此亦一种生命性能之表现，不断绵延，不断发展，此可谓之乃代表民心民意，而始有此一种生发。如父母教子义方，子女幼稚无知，其生命前程正由父母代表做主。学术生命亦有其传统。后生无知，正待为师者之督促领导，代表做主。政治亦然。蚩蚩者氓，正待圣君贤相之代为做主。父子一体，师生一体，君民一体。中国人称天地君亲师，每一人之小生命，皆有一大生命为之代表做主。人文生命亦当由自然生命为之做主。今则因果颠倒，乃由各个人之小生命自我做主，争派代表，监督指挥，则为之君为之师者，转为之仆为之从，又何政治学术之理想可言。为父母者，又岂能先征胎儿同意，乃始生男育女。为师者，又岂能先听学生意见，以教以诲。为君者，乃必得听从民众决夺遵以为政，意见分歧，则必服从多数。则一身之头脑，必尊重于五官四肢互相分裂中之大部分，而定其趋向，又何以为头脑。人之处群必相争，其处宇宙万物亦必争。今谓征服自然，战胜自然，乃有人生之前途。则人生本出自然，亦即自然。战胜征服自然，人生岂不亦将被征服而败下阵来。当知个人小生命，终不得与大群乃至宇宙之大生命争。故生命终由生发而来，非由组织而成。尚德不尚力，此诚人生最主要一大原则。

撒克逊人远涉重洋，开辟新大陆，此本撒克逊人生命体之一大发展。北美十三州独立，自创新国，则乃由发展而分裂，由分裂而敌对，从此英美两国再不能和合成为一体。又如加拿大、澳洲，亦皆由撒克逊人分散发展而各成国。此皆分裂乃有组织，组织即成分裂之一证。其他西欧各国之海外殖民莫不然。即西欧本土亦各国分裂。今则大敌在前，各国仍不能和合。只从外面组织，即断绝其内部

四四　组织与生发

生发之机。苟能从内部生发,则自无另加以组织之必要。其病害则仍从商业来。故其开展中即有限制,成功中即寓失败。其实商必以农为本,古希腊之经商,亦即以农奴为之本。近代资本主义之帝国,亦仍以殖民地之农业为之本。生命之寄托,在外不在内,在人不在己,则何得有此生命之常存。

农业民族,生生世世,永在生命亲接中乃知生命之深义。孔子曰:"志于道,据于德,依于仁,游于艺。"人生大道必以生命所天赋之德性为根据,即仁心为依归。德与仁,即在其生命之内部。修身齐家治国平天下,人伦政治,礼乐工商,人生各业,皆属艺。惟从内部生命根基上出发,则生生不已。可以游泳自在,济其深而达于远。人生百艺本属相通,亦得和合成体。长江大河,达于海洋,实皆水滴之集合和会,流动不居。不待组织,而自成为江河。中国传统文化,即依此形象而前进。五千年来一部广大众民之大历史,又谁与伦比。

学术思想方面,亦可用组织与生发两观念来作东西双方之分别。西方重向外,注重纯理性之客观探求,人生情感摈而不论,谓是主观。哲学如是,科学亦然。皆摒去人事,而向外面自然界。其实即宗教亦外于尘世而求之天堂。则宗教哲学科学,此三者,皆同一向外,非有内在生发,均不能善尽其指导人生之功能。既不能单从一方面来指导,又不能把此三者组织为一。而实际则取决于人生当前之利用,乃为一种纯功利的,至少是以当前功利为主,其距客观之纯理性则甚远。

中国人则认为人生真理应从人生内部生发,不从人生外部求。再进一步言，人生真理应向自己求，不向他人求。亲切真实，易于从事。人生有此身，更有此心。身属物质，心属精神。物质乃一自然，精神则发于人文。自然人文，本属一体。有其分别性，但亦有其和合性。西方人认精神物质为二，双方应有一组织。中国人则主精神从物质来，仍然和合。再言心，西方人分作智情意三面。惟纯理性乃属真理。中国人则认智情意三者合一，即心即理。毋宁由情感生发出理性，而纯思辨即非真理。故西方必分知行为二，中国则主知行合一。而行为实即是智情意三者之和合而产生。孔子仁智兼言，仁偏情感，智偏理性，由有理性，而情感始得表现到恰好处。故真理不在哲学之思辨组织上，而在人生之行为上。此种行为，乃由人之德性。德本于性，而性则是人生行为不断生发之真来源。

西方又有经验主义，仍重人生外面种种经验，组织成为一真理。此种真理，仍是一种认识性，仍待一种纯理性之智慧来探求。孟子曰："尽心知性，即知天。"由知性透到知天，则仍是一种生命性之生发。尽心知性知天，一贯相承，只是一种生发，决不是一种组织。而尽心工夫则已兼行为，亦非一种纯理性之探索。

西方哲学宗教科学，此三者既相分别，此外又如文学政治学法学社会学等，亦分门别类，各有专家。大学中分院分系，尽向广大外面分别探求。大学则亦如一组织，而实无组织。倘能有组织，则院系分别上，当更有一会通所在。故组织亦只是外面一形式，不能成为内在一生命。

中国各项学术思想，则多自人生实际行为及其生命中生发而来。如文学，古诗三百首，岂不即生发于当时之实际人生。风雅颂皆然。不了解于当时之政治与社会,即无从了解此三百首。屈原《离骚》,亦自屈原之实际人生及当时楚国之政治情况来。近代国人又认文学应具独立性。则如乐毅《报燕惠王书》之类,皆因事而发,岂不得称之为文学?而中国传统文学,其原有地位乃可一扫而空。

又如庄周书,内篇七篇,断然为中国文学之无上妙品,此岂庄周有意为一哲学家,又兼为一文学家,乃得有此成就。又如司马迁《太史公书》,其文学之美,有口皆碑,亦岂司马迁有意为一史学家,又兼为一文学家,乃得有此成就。实则庄马之哲学史学文学,皆从二人之内心来,亦即二人之生命来。故知人当知心,而知人论世,如屈原庄周司马迁,皆当就其时代与其生平,而识其为人,深体其性情内蕴,及其真生命之所在,而始得了解其所表现。此真近人所慕拜之所谓创造,惟乃一种生命创造而已。但正其名,则应称生发,不曰创造。

东汉以下,中国始正式有文学一名目。此下凡为一文学家,莫不从中国人文精神之长期生命中栽根立脚。故文中必有作者其人,无其人则亦无其文。但中国人又称,一为文人,便无足道。此乃求以文为人,而非有意于以人为文。中国人在一切学问背后有一人,故其学问皆乃其人之生命生发,即由其生命发出学问来。西方一切学问,则皆可超离于学者其人而存在。从事学问,即所以成其人。无此学问,即亦无此人。故其学问皆从外面知识组织来,非由内部生命生发来。

西方学人之成就,可谓乃其人生命中之一番事业,不得即谓是其人之生命。如是则事业乃以功利为目标,而生命转成为手段与工具。中国则生命乃目的，事业则为朝向此目的前进过程中之生发。组织则即是手段，亦为功利。生命自身之生发则为道义，非为功利，甚至亦不称为事业。西方重事业，乃有组织观、功利观，而生命地位则为之退失。中国则重道义，轻事业，而生命之意义与价值乃益显。此为中西文化相异绝大一要端。

西方医学重解剖，亦即重人体组织。而此人体之全生命，则转所忽视。重解剖乃重斩割。人体可斩割一部分，换进一部分，以革新其组织。如最新之机器人、电脑等，乃皆以组织代替生命。中国人则重人体中之生命，更过于其组织。精气神皆对全体生命言，不对部分组织言。有生命乃始有组织，重卫生尤过于治病。其治病亦通全体以为治。

随生命而自然生发者，有两要项：一曰病，一曰死。但生生不已，乃为生命之真生发。其病其死，则为其生发中之一附带现象。生命之附带，则为病为死，而无害其生生不已之真生命。中国社会乃一生命生发之社会，故有治亦有乱，有盛亦有衰，有升亦有降，有进亦有退。通读中国一部二十五史，在其大生命中，不少病死之象。然病必复健，死必再生，无害其生命体之继续发展而前进。

西方重组织，非生命，则病而死，乃不再健，不复活。故中国好言常，而西方好言变。中国则变而不失其为常，西方则即变以为常。中国又好言同，西方好言异。中国乃于同中见异，而仍不失其同。西方则求异中得同，其所重则仍在异。此亦其相异处。

四五　雅与俗

中国民族之历史文化生命，绵亘五千年，不断扩大，举世无匹。其有关人生大道之理想与实践，经多方斟酌调整，尊德性而道问学，致广大而尽精微，极高明而道中庸，绝非专拈片面单辞，所能发其蕴奥。余曾论中国民族重群居，但绝不妨碍其个人特立独行之抒展。又论中国民族重视人生之普通面，但亦绝不妨碍有关其个人超卓之表现。今再重提一义，中国人每分雅俗，崇尚雅正，轻视流俗。此一观念，似与其重群居言普通寻常，义相反而实相成。

《小戴礼》有言："广谷大川异制，民生其间者异俗。"《汉书·王吉传》言："百里不同风，千里不同俗。"故俗必富地方性。拘阂于俗，实与重群居重人生之普通面者有别。中国古人每言，移风易俗，匡时正俗，拂世摩俗，化民成俗。又言：振风荡俗，陶物振俗，镇风静俗，和人宁俗。又言：倍世离俗，拘文牵俗。凡涉俗字，皆加鄙视。惟老子主小国寡民，使民甘其食，美其服，安其居，乐其俗，邻国相望，鸡犬之声相闻，民至老死不相往来。果如此，决不能形成为一民族团体，与文化传统，并亦决不能求其扩大与绵延。与尚群居而言，普通寻常之义显不同。《庄子·山木》篇，与老子抱不同意想，市南宜僚告鲁侯："南越有建德之国，愿君去国捐俗，与道相辅而行，涉于江而浮于海，望之而不见其崖，愈往而不知其所穷。送君者皆自崖而反，君自此远矣。"此言必远俗乃能近道，捐俗乃能建德。离俗愈远，捐之愈尽，而后道德之意始显。

史记赵武灵王胡服骑射，告其臣下曰："穷乡多异，曲学多辩。齐民与俗流，贤者与变俱。"肥义之劝其君则曰："有高世之功者，负异俗之累。论至德者不和于俗，成大功者不谋于众。"盖俗必限于地，限于时。既富区域性，亦限时代性。《庄子·秋水》篇所谓："井蛙不可以语海，拘于墟也。夏虫不可以语冰，笃于时也。曲士不可以语道，束于教也。出于崖涘，观于大海，乃知尔丑，将可与语大理。"故重群居与普通寻常，譬之水，乃大海，非潢潦。仲长统所谓至人能变，达士拔俗。俗与群不同。务功利如赵武灵王，倡为道德如庄周之徒，莫不知此。孔孟儒家，教人不从流俗之持义，则尤峻而平，尤通而实，最为的当。

最先辨雅俗者，起于《诗》。凡中国传统论及音乐艺术文学，皆必辨雅俗。《论语》："子所雅言，诗书执礼。"雅言乃指西周语，如今人言国语。方言则是乡音俗语。凡大群相居，必当有一种普通语文，如欧西中古时期，亦共同使用拉丁语、拉丁文。现代国家兴起，语言文字乃始日趋分裂，于是欧西诸邦，遂极难有融和合一之希望。在中国则自西周封建，其时疆土已极辽阔，包有河淮乃至长江流域，诸侯之朝聘盟会，必有礼，亦有乐。礼则雅言，乐则雅音。礼乐之用，主要在诗。文字音声皆尚雅，即是一种普通语言与普通文字。亦如西方中古时期耶稣教会之必用拉丁文、拉丁语。故在秦代郡县统一之前，西周时代已有封建之统一，提倡尚雅实有莫大之影响。即从春秋时代列国卿大夫所取名字，亦可证其时采同一文字，有同一意义，并寓同一尊尚，此即文化统一明白可指之一例。

文字一成不易变，语音则易变，乐声则更易变。孔子主放郑声。郑声先只流衍于郑地，乃受各地之喜好而竞相慕效。虽若通行，实系俗化。此犹妇女服装，亦分雅俗。雅取共同一致，俗则各趋所好。战国时邯郸赵女，其服饰仪态，亦受各地之慕效，李斯称之为随俗雅化，佳冶窈窕。其实赵女之佳冶窈窕，其得举世之慕者，虽若已化而为雅，实则仍是邯郸一时一地之俗而已。故梁惠王告孟子，亦曰："寡人非能好先王之乐，直好世俗之乐耳。"先王之乐，可以通行于各时各地，历久不变，故谓之雅。世俗之乐，则起于一地，盛于一时，不久而必变，故谓之俗。

中国传统观念，则贵矫俗厉化，须能矫其俗而化之于雅，不贵随其俗而貌化为雅。随其俗而貌化以为雅，论其实质则仍是俗。西方文化传统，则正近于李斯之所谓随俗而雅化，故多变。如妇女服装，经三数年一变。即如音乐，在先有古典乐，继起有爵士乐。经多数爱好，即风行一时。久则生厌，标新立异，花样又变，格调更新，主要皆在投人所好。此之谓时髦，此之谓潮流，大众随之趋赴。孟子告梁惠王，提出独乐乐与人乐乐，与少乐乐与众乐乐之分别，而主要则在与民同乐。因曰"今乐犹古乐"。此虽孟子所言，后人终不以为然，乃曰：今乐古乐何同。当如孔子言，必用韶舞，必放郑声，乃始是为邦之正道。孟子之言，则属救时之偶语。孟子意，只劝梁惠王能与民同乐。果能此，则必知进而求人心之所同，则终必归于雅道。限于一时一地之俗，非人心之大同，则终与雅道异。故中国人常连称雅道，亦称雅正。正即有定义，本于道始得定。

古人称，君子三日不废琴。又称雅瑟雅琴。琴瑟乐器，日常不废，此亦一道。钟子期死，伯牙终身不复鼓琴。此事流传古今，亦成一佳话。伯牙擅琴技，为一大音乐家，但人不易知。中国人观念，睎人能知音习琴，但不望人人能为一伯牙。不知音不习琴乃俗人，知音习琴而必求为伯牙，亦未能免俗。悼念知己，心有不忍，若鼓琴专为求知于人，亦仍不免俗。鼓琴本以自怡悦，求如伯牙，乃在成名。怡悦在心，大群普通寻常所当从事，不失为雅。伯牙之不鼓琴，乃为人生一大话题。人生贵能超俗自娱，自适其适。尽其所至，而得为一不世之人物。故人人可习音乐，但不必人人成一大音乐家。宋玉言，有下里巴人，有阳春白雪。此一喻，亦千古流传。下里巴人多得附和，仅是俗。阳春白雪少获知赏，始是雅。故欲知中国文化传统，雅俗之辨，涵有深义，不容不知。岂得由比较多少数而即知。抑且鼓琴本为自怡悦。钟子期死，伯牙心念知己，鼓琴而不悦，其不鼓琴固宜。至如论道讲学，则孔子言："人不知而不愠，不亦君子乎。"故颜渊死，孔子哭之恸曰："天丧予！天丧予！"而孔子之讲学论道则如故。又岂得以伯牙为例。

论音乐必分雅俗，论其他一切艺术亦然。文学亦然。唐之初兴，文章承续徐庾余风，天下祖尚，乃已成俗。陈子昂作《感遇诗》三十八章，始变雅正。文学复古，即是文学开新，亦即是由俗返雅。由俗返雅亦是变，但变而不失其常。其诗曰："前不见古人，后不见来者。念天地之悠悠，独怆然而涕下。"在子昂心中，正为知前有古人，又知后有来者，乃不欲以追随时尚俗好为足，而有此怆然涕下之心情。继子昂而起者有李太白，其诗曰："大雅久不作，吾衰竟谁陈。"此亦一种复古呼声。而太白之诗，在唐代，显然亦是一开新。惟中国文化传统，开新必在复古中。蔑古开新，则必随于时俗，不得谓之雅与正，亦即非道所在。李白同时有杜甫，亦以复古为开新。其诗曰："山居精典籍，文雅涉风骚。"又曰："风流儒雅亦吾师。"中国人必连称文雅，而雅之一义必兼古。盖雅必通于古今，俗则限于当世。后浪逐前浪，后浪起即前浪退。故尚俗则惟知当世，前无古，后无来，惟知变，不知常。若言有常，亦惟常陷于俗而止。此非中国文化之大理想所在。中国人亦常言儒雅。因儒学贵通古今以求常，故荀子有雅儒俗儒之分，其实俗儒即不得为真儒。

韩愈倡为古文运动，亦承陈子昂李杜古诗运动一脉而来。韩愈自言为之二十余年："始者非三代两汉之书不敢观，非圣人之志不敢存。处若忘，行若遗，俨乎其若思，茫乎其若迷。当其取于心而注于手，惟陈言之务去。戛戛乎其难哉。其观于人，不知其非笑之为非笑。如是者有年，然后识古书之正伪而黑白分。其观于人，笑之则以为喜，誉之则以为忧，如是者亦有年，然后浩乎其沛然矣。"韩氏所言，实亦只辨一雅俗。正即雅，伪即俗。古书中亦有雅俗，惟其历久而能传，则必雅多而俗少。韩氏言，志乎古必遗乎今，今即是俗。韩氏之文，亦未能大行乎其世，直至于宋始大行，苏轼谓其文起八代之衰，即指其能反俗以回之雅。俗必变，雅则始能正，垂之后以成其常。

推而言之，中国全部艺术史、文学史，乃至文化史之进程，亦莫非以此一义，贯彻始终。即在庄子，亦必言"技而进乎道"。昌黎亦言："非好古之文，好古之道也。"中国人言道字，即犹今人言文化。理想中之艺术文学，必从全部文化中生根流出，亦必回归于文化大体系中为其止境。此等理想，即在魏晋南北朝时代，亦同样有之。陶渊明言："少无适俗韵，性本爱丘山。"又曰："诗书敦夙好，园林无俗情。"渊明之为人与其诗之备受后代爱崇，其主要即在此。其先曹植亦曰："人主有所贵尚，出门各异情。朱紫更相夺色，雅郑异音声。"上自帝王所好，下至社会众情所向，自中国传统观言之，皆不脱俗。林逋诗："闲草遍庭终胜俗，好书堆案转甘贫。"庄子亦言："不为穷约趋俗。"故必甘贫乃能违俗。苏轼诗："可使食无肉，不可居无竹。无肉令人瘦，无竹令人俗。人瘦尚可肥，士俗不可医。"又曰："鸣蛙与鼓吹，等是俗物喧。"范成大诗："竹枝芒鞋俗网疏。"司马迁《史记》亦谓："今拘学或抱咫尺之义，久孤于世，岂若卑论侪俗，与世沉浮而取荣名哉。"是违俗必耐寂寞，薄荣名。此非达理慕道，无以跻斯。陆游诗："穷理方知俗学非"，此皆辨雅俗。

会合中国古今各时代各方面之共同意见，无不以媚俗为羞，脱俗为高。中国以一广土众民之大国，统一政府高高在上，君相之位，贵莫与伦。自秦以下两千年，为士者，不论在朝在野，不论治乱昏明，要之，当有一番自立不屈之气概，不为当前政权所掩抑。又其民阜物丰，从事工商业，易有成就，致富不难。然在社会上，亦终无豪商巨贾大企业之得意兴起，如近代西方之资本家。此正缘中国传统观念，富贵皆不能免俗，乃皆淡漠视之。此实中国传统文化一项内在精神之所寄，所当特别提出，而继之以深入之阐发者。

权势所在，财利所集，则必为众情所共赴。而中国传统观念，则深思远虑，视之为畏途。防微杜渐，戒人勿近。而统以一俗字包括之。人既鄙耻其俗，则权势财利，可于人群大道少所牵掣，而每一人之内在心情，乃可多有其自由发抒之机会，而不致为外面事态所沉溺。今再以中国历史上学术思想之转变言之，西汉以经学取士，迄于东汉，群目以为禄利之途，而民间之古文学，乃与朝廷博士之今文学代兴。魏晋以下门第鼎盛，而佛教东来，高僧迭起，乃以出家为人生最高之向往。唐代禅宗如日中天，北禅成为两京帝师，三朝法祖，而神会菏泽辨道，不啻公开向朝廷作翻案。厥后南禅掩胁天下，五宗七叶，全国皆南禅，而神会之名字与其著作，转归湮晦。最近始于巴黎重睹敦煌子遗之孤本，乃知在当时有此一番惊天动地之大事。然何以南宗诸禅之祖师皆不乐予以称道，遂使此事于短期间即归消沉，若不复为人所知。此亦中国人观念，轰动热闹，喧张翻滚，大众奔凑，一时甚嚣尘上，皆不免于俗情俗态，而鄙夷视之。方外自属尤甚。苏轼诗："屡接方外士，早知俗缘轻。"此见中国僧侣更不喜世俗嚣张。今人乃以西方观念读中国史，遂认此事为不可理解。

又如唐代以诗赋取士，宋代易之以经义。然王荆公《三经新义》，亦招来同时之诟议。元明清三代，以朱子四书义取士，而当时群鄙之曰时文。姑不论其内容，政府所提倡，社会所群趋，即不免为俗套。今人又群以中国自秦以下两千年，乃一帝王专制政府，一若惟帝王一时意志所向，即举国遵奉，而不知其有大谬不然者。中国观念中，又有道统治统之分。道统属于雅，此始可尊。治统则可雅可俗。果失雅正，即不为群所尊。故自古无不亡之皇朝，而孔子则永为中国人所尊。此可谓无统，必附于道以成统。则中国人论政治，实亦凭于其雅俗之辨以为判。

西方人似无中国所谓雅俗之辨，亦可谓有俗而无雅。如希腊各城邦各有其俗，但如何得为一希腊之大雅君子，则各城邦人士均无此想。如宗教，如科学，以及各项学术分派皆以成俗，非以成雅。耶稣之上十字架，以及罗马耶教之地下活动，岂不皆以此俗反他俗。但及耶教风行，教会教皇，蜂起蠹立，便又有新教，起而反对。科学亦如宗教，其先在落寞中为人所不为。但其后则与宗教成为对立之两型。如哥白尼之天文学，即遭教会压制。其他大批科学家，亦几乎莫不如此。马丁·路德与哥白尼，皆受囚禁。而伽利略则遭遇更酷。其实宗教科学外，哲学亦然。苏格拉底被判死刑。凡一俗起，即遭他俗之反对。此乃违时违俗，并非违理违道。班固《汉书》有言："依世则废道，违俗则危殆。"此两语，在西方历史上，表现得更鲜明。

事态时代化，习俗难返，流弊滋生，此一层，亦在西方史上表现得更清楚。即如科学，在今日之西方，岂不已成世俗化。寻求真理之精神日减，供给俗用之趋向日增，其所以为学者已变质。姑举爱因斯坦为例。初发表相对论，几于欲索解人不得，此真乃一种超俗之新理论。但原子能被发现，美国制造原子弹的曼罕顿计划，究不能不说其亦由爱因斯坦所发动。要说明一个秩序井然的宇宙存在，此显是一项真理寻求，但变成为一项大量杀人之武器，终不能不说是一项世俗应用。最高宇宙真理，一经世俗运用，而转成为一项大量杀人之武器，可使人类在刹那间全归绝灭。原子能的惊人力量，不得不谓之亦出于真理。但今天人类的迈向原子时代，却不能说其亦是一真理，只能说其仍是一世俗。真理与世俗间，岂不应有一分别。中国传统观念，力求提出道与俗，雅与俗，正与俗，真与俗的一切分别，正为此故。惟其如此，故在中国传统文化四五千年的长期演进中，世俗力量，终不能过分得势。在西方文化中，则正因此一分别未能鲜明提出，遂不免世俗力量时时上升。苏格拉底、耶稣之遭遇，在中国史上固未见。而如爱因斯坦，虽不愿接受原子能之父之称号，但原子时代，究是由其开始。此亦可谓俗势终于胜过了真理。西方史上一切悲剧皆由此。

今天的中国人，一味西化，道俗、雅俗、正俗、真俗之辨，不复关心，而且尽可能加以放弃与否认。尽求科学化，一若科学即是真理，不悟羼进了世俗，则真理可成为非真理，抑且反真理。今天的中国人，又甚至认为能供世俗应用，才始是真理。则如耶稣上十字架，当时其所宣扬，尚未为世俗接受信仰，岂得因此即认其为非真理。又如爱因斯坦之相对论，是否当因其发展成了原子弹，乃始可十足认其是真理。又如康德在十八世纪之末，写了《永久和平》一书，主张有一个强大的国际联盟来维持世界之永久和平，此一理想，至今已弥见其不失为人类和平前途一真理，但此理想，迄今亦仍未能为世俗所好好接受与运用，又岂得即此而便认其非真理。

上举西方史上宗教、科学、哲学诸项来阐明中国传统观念中道俗雅俗之辨之涵义，可会通于西方历史之具体演进而无碍。此下试再举艺术、文学为例以加说明。中国人辨雅俗，主要本在文学艺术两项，已如前举。在西方历史上，宗教、科学、哲学诸项，显可援用中国道俗之辨来作说明，而艺术与文学，则西方人似乎更偏尚通俗一面，与中国传统观念中雅俗之辨更有距离。俗则必尚新，必趋变，无传统可言。近代西方画家如毕加索，在其中年以前，实于彼邦传统画法，有甚深造诣。但晚年则画风一变，大异往昔。在世俗眼光中，新与变，总觉可喜，而毕加索之画，遂更轰动。但循此以往，另有新毕加索继起，仍必求变。毕加索亦仍必被遗弃。全部西方绘画史全如此，全以能变能新轰动一时，但不久即又为后人之求新求变所弃，而弃之惟恐不速不尽。在中国传统观念下，则一画家果能获得同时及后人多数之爱好欣赏，自必有画理画法寓其中，一为共通之理法，一为独擅之技巧。若过分注重其前者，则理法不免成为俗。惟注意其后者，则理法虽创自前人，然可以为后世继续发扬光大，成为传统，而永垂不绝。庄子曰："超乎象外，得其环中。"象亦称相，属外在。环中当属体，乃内在。外在之相，与俗共见，内在之体，则作者一心之技巧，惟待知者知。固须内外共成一体，但西方则似偏重外，中国则偏向内。但中国人之重其外，亦有过于西方人之重其外。故在中国画史上，历代画品非无变，但规模格局，比较近似守旧，只在守旧中不断有开新。西方则在不断开新中，到底亦脱净不了旧。其不同只在此。孔子说郑声淫，淫即指其太过渗进了俗的成分。俗声俗调一时成为风气，最多只如李斯所说之随俗雅化，究与雅声有辨。俗情雅意互为消长，苟不能超乎象外，即不能直探环中。明代理学家倡为流行即本体之说，究非真言。果违本体，流行亦何足贵。故庄子屡言技而进乎道，而并不贵于道之流为技。绘画与音乐皆如此。

文学亦然。韩愈倡为古文，惟"陈言之务去"，陈言即是俗套。韩愈又言："乐也者，郁于中而泄于外，择其善鸣者而假之鸣。"人声之精者为言，文辞之于言尤其精。当尤择其善鸣者而假之鸣。韩愈于音乐诗文一贯说之，郁于中成其体，泄于外成其象。善鸣绝非世俗。又曰："人之于言有不得已。"其歌也有思，其哭也有怀，声出于口，皆有其弗平。若俗情，则其所谓不平与不得已者皆甚浅。亦可谓无所思，无所怀，随于众以成俗。时俗既迁，风气随之。故其人苟习熟时俗，则天下靡靡，日入于衰坏，恐不复振起。又曰："与世沉浮，不自树立。"虽不为当时所怪，亦必无后世之传。韩氏所论，皆从古今道统大本原处出发，不依世俗之毁誉从违为进退。后人称其文起八代之衰。若依当时俗见，则一部《文选》已足，而韩愈力求跨越，一意上追三代两汉，亦欲以复古为开新，亦甚赞陈子昂与李杜。此虽韩愈一人之言，而全部中国文学史演进精神，亦可谓无逃其所指陈。

宋元以后，戏剧说部，骤兴特起，如王实甫之《西厢记》，施耐庵之《水浒传》，尤其脍炙人口，迄今不衰。然戏剧说部，终不免以英雄美女，战争恋爱，为其主要中心题材，此皆于世俗大众，有刺激，有兴奋，有迷恋，有向往，为俗情所共凑，然究非人道大统本原之所在。渲染过分，近于孔子所欲放之淫。故终不得预于中国文学之正统。远自诗骚，下迄近代，在诗文辞赋之正统文学中，亦未尝不及于英雄与美女，战争与恋爱，然皆避俗而归雅，亦不以为文学之中心题材。故立言得与立功立德并称三不朽。而又连称文化文教，凡言文，必不忘于教与化。犹如凡言技艺，必不忘乎道与德。故文艺必主于雅而忌于俗，此为中国一传统观念，亦中国文化一特殊精神之所寄。

今人慕效西化，崇尚通俗，好言地方化、时代化，独避言一雅字。于绵延五千年之文化传统，转成广土众民之大一统国家之所以然，全不顾及。则兹篇所陈，亦仅拾古人余吐，殊不值时贤一哂矣。

三聯學術

著作财产权人：© 东大图书股份有限公司
本书中文简体字版由东大图书股份有限公司授权生活·读书·新知三联书店在中国境内（台湾、香港、澳门地区除外）独家出版。
本书中文简体字版禁止以商业用途于台湾、香港、澳门地区散布、销售。
版权所有，未经著作权所有人书面授权，禁止对本书之任何部分以电子、机械、影印、录音或其他方式复制或转载。

钱穆

作品精选

晚学盲言（下）

三联书店

Simplified Chinese Copyright © 2018 by SDX Joint Publishing Company.
All Rights Reserved.
本作品简体中文版权由生活·读书·新知三联书店所有。
未经许可，不得翻印。

图书在版编目（CIP）数据

晚学盲言／钱穆著．—北京：生活·读书·新知三联书店，2018.10 （2022.12 重印）
（钱穆作品精选）
ISBN 978 - 7 - 108 - 06289 - 5

Ⅰ．①晚… Ⅱ．①钱… Ⅲ．①比较文化－中国、西方国家 Ⅳ．① G04

中国版本图书馆 CIP 数据核字（2018）第 077676 号

责任编辑	冯金红
装帧设计	蔡立国
责任印制	李思佳
出版发行	生活·讀書·新知 三联书店
	（北京市东城区美术馆东街 22 号 100010）
网　址	www.sdxjpc.com
图　字	01-2017-8544
经　销	新华书店
印　刷	三河市天润建兴印务有限公司
版　次	2018 年 10 月北京第 1 版
	2022 年 12 月北京第 6 次印刷
开　本	880 毫米 × 1092 毫米　1/32　印张 35.125
字　数	731 千字
印　数	36,001 - 41,000 套
定　价	130.00 元（上下册）

（印装查询：01064002715；邮购查询：01084010542）

目 录

序 / 1

上篇 宇宙天地自然之部 / 1

一 整体与部分 / 3
二 抽象与具体 / 28
三 时间与空间 / 42
四 常与变 / 53
五 自然与人文 / 69
六 变与化 / 78
七 道与器 / 86
八 物世界与心世界 / 99
九 道与理 / 124
一〇 中庸与易简 / 137
一一 质世界与能世界 / 150
一二 人生之阴阳面 / 170
一三 灵魂与德性 / 185
一四 大生命与小生命 / 199
一五 天地与万物人生 / 213

中篇　政治社会人文之部 / 229

一六　国家与政府 / 231

一七　中国历史上的政治制度 / 244

一八　政与学 / 256

一九　政党与选举 / 268

二〇　权与能 / 279

二一　国与天下 / 285

二二　政治与社会 / 291

二三　群居与独立 / 311

二四　群与孤 / 320

二五　中国家庭与民族文化 / 331

二六　中国文化中之五伦 / 341

二七　五伦之道 / 362

二八　中国五伦中之朋友一伦 / 375

二九　中国文化传统与人权 / 385

三〇　简与繁 / 394

三一　尊与亲 / 406

三二　色彩与线条 / 422

三三　礼与法 / 428

三四　教育与教化 / 439

三五　操作与休闲 / 450

三六　生命与机械 / 461

三七　共产主义与现代潮流 / 486

三八　道德与权力 / 496

三九　道义与功利 / 504

四〇　创业与垂统 / 518
四一　帝王与士人 / 530
四二　风气与潮流 / 539
四三　自然与人为 / 545
四四　组织与生发 / 555
四五　雅与俗 / 566

下篇　德性行为修养之部 / 579

四六　生与死 / 581
四七　乐生与哀死 / 591
四八　性与命 / 603
四九　平常与特出 / 622
五〇　公私与通专 / 648
五一　公私与厚薄 / 654
五二　情与欲 / 661
五三　天地与心胸 / 670
五四　己与道 / 680
五五　心之信与修 / 693
五六　为己与为人 / 703
五七　性情与自然 / 723
五八　手段与目的 / 734
五九　传统与现代化 / 753
六〇　历史上之新与旧 / 776
六一　辨新旧与变化 / 786
六二　内与外 / 794
六三　安定与刺激 / 805

六四　器与识 / 812

六五　孟子论三圣人 / 818

六六　中与和 / 830

六七　人物与事业 / 836

六八　知识与德性 / 851

六九　学问与知识 / 862

七〇　知识与生命 / 874

七一　知与情 / 884

七二　修养与表现 / 892

七三　为政与修己 / 902

七四　进与退 / 916

七五　积极与消极 / 935

七六　存藏与表现 / 951

七七　入世与出世 / 964

七八　宗教与道德 / 974

七九　平等与自由 / 982

八〇　文与物 / 990

八一　静与减 / 999

八二　广与深 / 1012

八三　多数与少数 / 1024

八四　福与寿 / 1045

八五　同异得失 / 1056

八六　德与性 / 1062

八七　尊与敬 / 1067

八八　德行 / 1074

八九　客观与主观 / 1093

九〇　理想与存养 / 1103

下篇 德性行为修养之部

四六　生与死

生必有死，乃人生共同一大问题。世界各地人类对此问题具有甚深异见，姑扼要言之。埃及人认人死可复活，遂发明了木乃伊及金字塔。今日犹称其为古代之杰作，群相瞻仰，无可模仿。实则木乃伊终未复活。此则当时聪明绝顶之发明，乃从至愚极蠢之想法来，此亦人类一莫大讽刺。至今人类已不建金字塔，不造木乃伊，然从至愚极蠢之想法中，产出聪明绝顶之发明，其例尚多，则诚大堪警惕。

耶稣上十字架，自言将复活。至今耶教中复活节仍为一大典礼。试问果谁见耶稣之复活？纵使耶稣复活，亦非尽人之死皆得复活。然则此一举世风行之绝大典礼，亦从一至愚极蠢之想法来。人生同有此希望，虽至愚极蠢，仍得流传。可知凡属流传，非尽可信。

至耶教之一般信仰，分人生为两截。一为生前尘世，则属恺撒世界。一为死后天堂，则为上帝与耶稣之世界。故生前则争财争权，求富求贵，惟恺撒之是瞻。死后则求恕求赎，悔罪悔恶，惟耶稣之是依。兼顾并及，斯为耶教民族共由之大道。最近罗马教宗若望六世前去波兰，数百万人在渴望宗教信仰之自由，重获上帝神力之佑护。举国若狂，盛况空前。即在意大利境内，其人民三十年来不断有恐怖活动，使意大利政府长陷于不安宁之状态中。安得使波兰意大利两地人民各餍其望，生则享无产阶级无上之人权，死则父有神权下灵魂之安定，彼此双全，宁非两地人民之无上希望。但耶稣所管与恺撒所管，又何得会通而合一，此诚人类莫大一问题。

释迦既怕死亦畏生，求得不死，莫如无生。于是生老病死遂视为人类四大痛苦。佛教不信灵魂，却认有前世之业，六道轮回，投胎转世，痛苦无竭。惟信佛法，消除业障，成大涅槃，得大解脱，到时则无人类生存。此与耶教之有世界末日大意略同。惟世界末日乃上帝之惩恶，而涅槃境界则人类之自觉醒自修为所致。故其他宗教多尚神，而佛法则尚法尚己，最后则期求其己之绝灭，归于大空，此为佛法在各宗教中一大异之所在。

以上举其大者，其小者不详言。惟中国人对人类死生之想法则与各民族皆不同。中国人先分人生为两方面，一曰身生活，又一曰心生活。身生活属于气质，今称物质生活。心生活谓之德性，今称精神生活。中国人之灵魂观亦与其他各民族异。中国人分魂魄为二。魄属体，故曰体魄。人死骨肉埋于地下，魄亦随之。骨肉腐朽，魄亦随失。魂则不附体而游散，故曰魂气，亦曰神魂。后死者制为木主神位，使死者之魂有所依主，而藏之宗庙，岁时节令，以祭以拜。故古人祭在庙，不在墓。死者之魂，亦与生者之心相通，乃得显其存在。逮及三世五世，死者之魂与生者之心已渐疏远隔绝，则宗庙中之神位亦移去。年代既久，斯神魂亦失其存在。

故中国人所重在生，不在死。孔子曰："祭神如神在。我不与祭，如不祭。"神在祭者之心中，祭乃祭者自尽其心。至于心外是否真有神，是否真能来受享，孔子似所不问。故曰："慎终追远，民德归厚。"葬祭其死，可使生者德性归厚，厚死即所以厚生。不仅死者可以长留生者之心中，抑且身体发肤受之父母，生者之体即从死者来，是死生身心实相通。即从物质躯体言，六尺之躯，百年之寿，此乃个人之小生命。上自父母，下及子孙，一线相承，大生命犹尚超其躯体小生命而存在。故中国人特重血统家族观念。一阴一阳，一昼一夜，同是一天。一死一生，一存一亡，同是一生命，即同是一人。故曰不孝有三，无后为大。为后则我此小生命中断，父母祖宗之生命传统由我而中止，此为不孝之大。

身生活如此，心生活则犹有大于此者。人群之生，其心相通，不限于家族血统之一线。身之外有家，家之外有邻里乡党，以至于有国有天下。同此人生，心生活皆相通，成一大生命。此一生命则超血统，而成道统。身家国天下皆一统于道，一切有血统之小生命，皆在此道统之大生命中，此道上通于天。天之大德曰生，生从天来，能上通天德，则此生命可以旷天地亘古今而不绝。《中庸》曰："小德川流，大德敦化。"小德乃个人之小生命。父传子，子传孙，一如川流。圣人具大德，则如天之敦化，亦大生命之所赖以永存，其他各民族仅见川流之变动，不觉敦化之常存。或又必分川流与敦化以为二，不知其融合而为一，乃与中国人生观多别。

春秋时代，鲁国叔孙豹先于孔子，而以立德立功立言为三不朽。此为中国人对死生问题千古永传之名言。何以谓立德不朽，如舜之孝，至于周公，即不啻舜之复活。迄于后世，孝子辈出，诗曰："孝子不匮，永锡尔类。"果使中国民族长在，中国文化不灭，则在中国社会上将永远有孝子出现。就孝子之肉体生命言，固各已消失。但就孝德及孝子之心言，则长留后代生命中不匮不朽，斯舜与周公乃及一切孝子之生命皆不朽。此乃小生命在大生命中之不朽。苟无大生命，则何来有小生命。就个人之小生命言，则皮肤骨肉之身生命必有死，而心情德性之心生命，则可永传无死。此乃中国人观念。

又如尧以天下让舜，舜以天下让禹，让之一德，亦永为中国后代重视。吴太伯三以天下让，周初有吴太伯，即犹尧舜之复活。伯夷叔齐之让国，让有大小，而同一让德，是伯夷叔齐亦即尧舜吴太伯之复活。孔子论伯夷叔齐求仁得仁又何怨，仁之为德，惟在心生活大生命中始见。重视个体小生命必有争，重视心生活大生命则始有让。亦必重视心生活大生命乃始有孝。孝与让，德相通，皆孔子之所谓仁。仁即人类在大生命中之一种心生活，故朱子释仁曰："心之德，爱之理。"若就个体小生命言，则所爱惟此一身，而此身则必死而无存。西方人既重个体小生命，则必重此身之死，乃有宗教。然宗教爱上帝，非人与人相爱，故其不朽则必在灵魂之上天堂。中西双方观念不同，宜其思想行为之见于实际人生者多不同。

立德之次有立功。生为天之大德，亦即天之大功。耶稣钉死十字架上，耶教徒乃不许人世复有第二耶稣，是则耶稣在人世，仅有立功，未为能立德。人人不得为耶稣，以至世界末日之终必来临，此非上帝于人类以一大惩罚乎？即亚当夏娃，亦膺罪被谪而生。则与中国人观念天之大德曰生之涵义大相反。中国人意见，人类生生不绝，此即天地之大德。中西双方同戴一天，而其异则无可会通。耶稣为上帝独生子，而在中国则天降斯民，人皆可以为尧舜。此又何说以相通。释迦则主人自凭己力得大涅槃，天亦无如之何。此与中西双方又不同，惟与中国人观念较相近。佛教入中国，有禅宗，即身成佛，立地成佛，人人现前当下一心之悟，皆得成佛。悟立信谢，悟在己不在佛，只凭己心，斯亦不再须有心外之佛法。

中国言立功，每指大禹之治水。禹父鲧，治水无功，殛死于羽山。禹继父业，终成父志，是即禹之大孝。在外十三年，三过家门而不入。子生方呱呱，亦不一视。急公忘私，此见禹之为人之德。试读中国史，凡建功者莫不有德，背德则无功。亦有当其身若无功，而功传后世，亦其德使然。如岳武穆，朱仙镇召回，复国之功未见。文文山军败被俘，保国之功以败，两人皆不保其首领，而功垂万世。故立功皆以立德，专于事上求，则其功必浅，或竟无功。

又次为立言，亦必有德之言。言有德，斯有功。如叔孙豹言三不朽，即有德之言，其为功亦大矣。近日国人率讥中国乃一封建社会，然叔孙豹明言世禄非不朽，此绝非封建社会人观念。倘谓孔子亦封建社会人，但孔子为中国立言不朽之最高榜样，何尝教人常困缚在封建社会中。人生必能超社会，乃能超时代而不朽。今日国人方自负得为工商社会人，得为民主自由时代人，得为全盘西化人，鄙薄孔子。不知身死即朽，而孔子言则犹当垂世。一则囿于社会囿于时代，虽有此生，非有此德。一则上通于天，下通于群，有德方有言。则盈世之鄙薄，又何伤孔子之毫发。曾子曰："鸟之将死，其鸣也哀。人之将死，其言也善。"人将死，其囿方解，其德或露，故有善言。今日工商自由社会亦临将死之际，容有善言，如鸟哀鸣，则亦天地生人之大德，而人生乃亦终有其可望。

孔子曰："学而时习之，不亦说乎。"孔子之德生于天，然亦成于其学。学以成己，其说如何。孔子又曰："有朋自远方来，不亦乐乎。"一门师生讲学，成己亦以成人，其为乐又如何。然天有不可知，人之生能上达天德，斯亦宜有不可知。就私人小生命言，人不我知，此亦可愠。就人之大生命言，则世代相传，后生可畏，岂知来者之不如今。言垂于世，有私淑艾者。孔子百年后出孟子，私淑艾于孔子。自此以来，两千年私淑艾于孔孟者，又何止千百人，斯皆孔孟之复活长生而不朽。亦有未闻其言而遥符其德者。均在大生命中，其德相符，亦即己之不朽，而又何知不知之辨，故人不知而不愠。

中国后世多以文章为立言，然亦必有德，其言始不朽。陶渊明诗："采菊东篱下，悠然见南山。"菊到处可采，山到处可见，然渊明之采菊见山，乃有渊明之心之德之存在表现。诵此十字，而冥然有会，则渊明其人亦恍惚如在诵者之心中。此亦即渊明之不朽。陶渊明后有杜子美，皆以有德之言成其不朽。即如李太白："举杯邀明月，对影成三人。"一己独酌，若觉有三人同欢，此亦太白一时之心情与意境，亦即其心德之流露。诵其诗，想见其人，斯亦即太白之不朽。又如陈子昂："前不见古人，后不见来者，念天地之悠悠，独怆然而涕下。"此与李太白心情意境又异。一人忽若成三人，斯即不孤寂。举世忽若只一人，其孤寂之感又如何。然在此大生命中，必有会心之人。或前在古人，或后在来者。斯则子昂之不孤寂，乃更在太白一人独酌之上矣。此即子昂之不朽。故凡所不朽，皆在己心，而又何求于后世之不朽，此即其心之至德矣。

中国人重心生活，故其诗人亦多直吐胸臆，道其心事，自古诗三百首以来皆然。故曰："诗言志。"心牵于事，即不成志。诸葛孔明"澹泊明志"，其心澹泊，即不牵于事。诗之外有文，战国时有乐毅《报燕惠王书》，有鲁仲连《义不帝秦》，皆千古至文，亦皆直道己志，不为事牵，乃卓然见其为人，即卓然见其居心。苟心随事转，心不为主而为奴，所谓心为形役，仅知有身生活，则生老病死四字足以尽之。鲁仲连曰："惟有蹈东海以死。"死者此身，非此心。孔明亦曰："鞠躬尽瘁，死而后已。"死者亦此身，其心报先帝以驰驱，亦驰驱此身。心则主宰此驰驱，此谓之志。志不俱死，既非苦痛，亦非空幻。中国人生之不朽，即不朽在大生命中，亦即在此方寸间之一心。故诵中国之诗文，而中国之人生亦宛然在目。西方人生与中国异，亦即观其文学而可知。今国人惟求西化，移西方心易己心。见中国古人心，厌恶之惟恐不远。读中国古诗文，谥之曰死文学。若就五千年中国文化大传统言，则谁死谁不死，宜仍当有辨。

惟心生活则仍必寄托于身生活。不论其身之在廊庙，在市井，在田野，在山林，处身有别，而心则可通。此相通处，即心之德。如人身耳目手足五官六脏各有所司，而通于一身。主宰此相通者即心。心不在焉，视而不见，听而不闻，行尸走肉，身又何贵。身在家，则求通一家之心。身在国与天下，则求通一国一天下之心。故齐家治国平天下，一是皆以修身为本。

修身则以正心诚意致知为本，此心此意此知，则又必外见于物。《大学》八纲领首格物。不论在农村社会封建社会工商自由社会，物各不同，必当随物而格。此格字，即孔子从心所欲不逾矩之矩字。即在一家之中，父母兄弟姊妹乃至夫妇，此心皆有爱，而所爱有分寸之不同。贵合格，不贵过格与不及格。则《大学》之格物即孔子之中道。一家然，一国一天下亦然。大生命一气相通，而有理存其间。故朱子言："仁者，心之德，爱之理。"德在心在内，理在物在外。故朱子言："众物之表里精粗无不到，而吾心之全体大用无不达。"心物一，即内外一，天人一。亦即我之大生命所在。

《大学》三纲领曰："在明明德，在亲民，在止于至善。"明德即此心。此心即人类之大生命。故明明德则必亲民。即在犬马，亦非终日蹄啮吞噬之为生。程子曰："观雏鸡可以知仁。"雏鸡之相处，与其母，亦有相亲相安之状，亦即其心其德，其仁其善。即此亦是大生命中一表现。倘悖德违仁而徒务外在之功言，则为祸为害之烈，乃别有其不朽。故中国儒家孔孟以来，即少言叔孙之三不朽，即防其德功言三者之皆化而外在，失其中心内在之一德。今则人生进步，乃有资本主义帝国主义之相争相杀。徒慕其经济之财力，与其武装之强力，而曰惟我个人之自由。此吾国人今日之所心慕。而西方人则尚存一身后天堂可资归宿，否则又何至善之可止。幸吾国人其三思之。

抑中国古人言，凡有生必同有此身此心此德，此心此德皆禀赋之于天。此不专为中国人言，乃同为天下人言。故曰："中国而夷狄则夷狄之，夷狄而中国则中国之。"舜东夷之人也，文王西夷之人也，先得此心此德之同，乃同为中国之大圣。孔子欲居九夷，或曰九夷陋，孔子曰："君子居之，何陋之有。"释迦耶稣亦夷狄之人，其道来中国，中国人同以圣人视之。但孔子之与释迦耶稣，其果孰为圣人之正乎，于何正之，亦正之于我国人之心之德之同。今日吾国人既不以孔子为正，又不以释迦耶稣为正，乃一正之于银行中之美钞，武装库之原子弹。而反之于心，终有未安。举世之乱，乃由此起。故中国古人之所言，依然可证验之于当世。今日吾国人之所非未必非，所是未必是，亦惟有曰"明明德以亲民，以止于至善"而已。

人生有死，此乃人类惟一大事，即释迦耶稣孔子所欲格之惟一重要之物。但三家对此所知各有不同，然三家之所从格，则同由诚意正心来。今日世人所知曰美钞，曰原子弹。赖美钞以为生，是曰贪生。遭原子弹而死，则为枉死。于贪生中求免枉死，今日人类生死问题则此一语足以尽之。但今日美钞之主要任务则为制造原子弹。是不啻以贪生为借径，以枉死为归宿。此诚一种至愚极蠢之想法。而美钞之与原子弹，则终不能不认为是一种聪明绝顶之发明。惟与中国人之所谓格物而致知，则有其不同而已。

果如孔子言，"后生可畏，焉知来者之不如今。"则芸芸众生中，宁不再有释迦耶稣孔子之复生。是则非有世界末日，即为大涅槃，否则为天下太平。此三境界之展开，终为人生必有之三结局。美钞之与原子弹，则皆产生于耶教世界中，是耶稣之人生原始罪恶论，亦信而有征矣。若果世界末日来临，或亦可谓其犹近似于释迦所想望之一大涅槃。惟吾中华子孙则沾溉于孔子之教言以为生者，亦积两千五百年之久，天下太平，终非世界末日。此则当警惕者，亦终以吾中华子孙为尤然矣。

若使孔子而生今日，诵李太白诗，方其月夜独酌，岂不有释迦耶稣两影可以伴饮。孔子而时代化，是亦可陶然而醉矣。若诵陈子昂诗，则知我者天，亦可怆然而涕下。然而前有古人，后有来者，则吾心之怆然亦从心之所欲而已。其与良夜之独酌复何异哉。是则孔子生今日，亦必诵太白子昂之诗，是亦终不失为一中国之人生。君子居之，何陋之有。今日吾国人亦多乘桴而浮海，此亦皆可为今日之孔子，其亦终将有契于孔子之所言乎。企予望之，企予望之。

四七 乐生与哀死

（一）

乐生哀死，为人生两大事。西方社会信有灵魂，生前死后与现此生世各不同。如生世为一家，父母子女，生前不如此，死后亦不如此。故孝父母仅当生现世之事。抑且家人集居，同财不同权，故西方有母权父权之分。父母死，即无权，子女得自由，对死父母自亦少哀思。其灵魂上天堂，又何哀。其灵魂下地狱，必其生世有罪孽，亦不足哀。

故西方人在生世，仅知对生求乐，不知对死有哀。其历史人物能对后人留哀思者亦极少。如古代亚力山大，恺撒，近世如拿破仑，生掌大权，来自武力，死后仅供景慕，不留人以哀思。其他军事家政治家哲学文学艺术科学各界诸伟人，当生享名获利，受其所业之报酬，死后亦留有景慕，无哀思。埃及古帝皇，死后有金字塔。巴黎有凯旋门。美国华盛顿市，华盛顿大铜像矗立。雅典罗马，以及其他各处，古迹森然，皆增景慕，非存哀思。要之，西方社会可称乃一无可哀思之社会。其惟一可供人哀思者，惟耶稣。但耶稣乃犹太人，其十字架精神诚堪哀思。进教堂听颂祷诗，亦多哀思声。教中人物如圣女贞德之类，亦可生哀思，然为数甚仅。西方乃一个人主义之社会，人与人间惟有争，对人之死，宜无可哀，亦无足深怪矣。

中国则大不然。中国人生仅自然大生命中一现象一枝节。身体发肤受之父母，我生即从父母来，父母之死不啻若己身之死。如是则父母之生，已变而为己身之生。故曰节哀顺变，则其哀亦可知。故中国古代家宅其西偏为生人所居，东偏为死者神位所藏。岁时祭祀，即在家中。后世农村多聚族而居，亦必有祠堂，即在村中。岁时礼拜，哀死亦即所以乐生。

《诗》有风雅颂，颂专以致哀死，而最为礼之大者。周人尊文王，又尊后稷，岁首必祭，天下诸侯皆集。《清庙》之歌，一颂而三叹，庄严肃穆，大小雅迥不能及。然则哀死岂不犹远在乐生之上。《中庸》言："喜怒哀乐之未发，谓之中。发而皆中节，谓之和。"后人遂以喜怒哀乐爱恶欲为七情。人惟有情，方其未发，藏于内，故曰中。其存藏于中者，仅此一情，非有七也。及其受外面事物刺激而发，其状异，遂目之曰哀乐。然哀乐非有二情。其发而中节，不失其分寸，则当曰和。不仅与外面事物和，其藏于内者，亦仍一和，非有哀与乐之分别。父母在堂，寿登耄耋，孝子不胜其情，既歌且舞，人目其情曰乐。及其父母死亡，孝子不胜其情，既泣且踊，人目其情曰哀。孝子内心非有二情，但其发而有异。乃是此孝子之心与父母和合为一，故其情亦与父母之寿考与死亡之异和合为一。故情藏于中，因于外而发，贵其能内外相和合，斯曰中节。哀乐如此，喜怒亦然。独怒之发，每易与外不相和合。然武王一怒而天下平，则怒亦一和。苟能中节，则怒亦如喜，非有相异。中国古人言，发乎情，止乎礼，礼即其节。又曰："礼之用，和为贵。"人生无情，则又何礼何和之有。

人之生命惟一情，生则乐，死则哀。顺于生则喜，逆于生则怒。生所需则爱，生所厌则恶。此皆生命自身内部一自然动向，即谓之欲。如饥欲食，与之食则喜，夺之食则怒。遇食则乐，失食则哀。可食则爱，不可食则恶。使无欲食之心，则上之六情皆不见。此欲食之心与生俱来，谓之性。性则在内未发，发而向外则曰欲。生命对外，复杂多端，变化无穷，乃有可欲有不可欲。故《中庸》言"天命之谓性"，即言其与生俱来。"率性之谓道"，即本乎性而发于外，一切人生皆即道。"修道之谓教"，则道亦须修。如饥欲食，但食不能不择，又不能无节，又须食而知味。仅知饮食，则为一事，可谓不知道。

中国乃一农耕人生，日与生命相处，种植耕耘，日夜勤劳，惟以养育生命为事，与畜牧不同。畜牧则大群牛羊，任其自为生长。稻麦五谷，则由农人助之生长。孟子曰："心勿忘，勿助长。"实则此心之不忘，即在助之长。孟子之所谓助，则谓不中节之助。故农业民族乃特与生命有情，熟知各种生命内部自生自长之真情，而从外助其长。中国文化之最高可珍贵处即在此。

中国人哀死之情，成为一种礼俗，普遍全社会，其事至明显，其义至深厚，如端节祀屈原。屈原特一楚国人，忠君爱国，而赍志以殁，未有勋绩成就，乃获得此下全中国人之哀思，历久而不衰。即论文学，《离骚》非人人能读，远非如西方创造一剧本一小说可以广泛流传之比。而屈原身后，能获得全中国人广大深厚悠久之同情与哀思，则全世界各民族之文学家，亦绝少有之。可见此不当专以文学论，而当以文化论。近日国人认为文学可以获人心，则不免为一种偏浅之薄识。

如春秋时代晋人介之推，从公子重耳出亡。重耳返国为晋文公，行赏未及，之推偕母遁隐山中。文公求之，终不出。至焚山搜索，而母子俱死。遂有寒食节，亦迄今不衰。论其人，无事业功绩可言。而守志以死，引发国人之哀思。又如东汉初严光，乃光武一同学，避不出仕。光武访得之，终辞归。而严滩古迹，两千年来遭人凭吊思念不已。严光高德，固不可及，而中国人之深情，亦由此而见。近人好言中国为专制政治，为封建社会。上述屈原介之推严光三人，其高节卓然，历两千年，国人思念之不已，岂亦帝王专制社会封建强令之然。而此三人之人生，其为可乐抑可哀，又岂今人之言哀乐者之所能评定。

以上不过于天时节令地理名胜上偶举此三人言之，其他不能一一详及。春秋时代有息夫人。楚灭息，楚王纳之，息夫人三年不言，名载《左传》，为后世所称道。今试问《左传》二百四十年列国之治乱兴亡君卿大夫贤奸昏明有关世运之大者，千端万绪，长篇巨幅所不能尽。息夫人特一亡国之嫠，既不能以死守节，其与当时国际大局又何斡旋，又何建白。而楚王之宠爱，终亦未转移其内心之深痛。三年不言，斯诚竭人世之至可哀悯，而时人能与之以同情，传之后世。此乃中国人道一大节目，治国平天下一大纲领所在。岂有人与人无同情，而此生可乐，此群可安之理。读史者不深明乎此，又何从与言中国之文化。

若循此以诵中国一部二十五史，以及古今各家诗文集所咏所载，旁及地方志乘小说笔记中所述，其人其事，何限何尽。即如汉末有蔡文姬，弃其异国之夫与其子女，不顾其为一国后妃之尊，而决心归汉。途中有《胡笳十八拍》，其诗岂不亦传诵千载。归国后之晚年生活，亦未见传述。要之，其无关世运，无所影响于当代之治乱，而其孤独一人之凄凉身世，则为尽人所同情。蔡文姬之名字及其作品，遂亦永传于后世。观于息夫人与蔡文姬，死可哀，而生亦有可哀。但生可乐，死亦有可乐。伯夷叔齐，饿死首阳之山，孔子曰"求仁得仁又何怨"。杀身成仁，舍生取义，成仁取义，岂不可乐。秦桧死岳飞于狱中，瞻拜西湖岳飞墓，岂不岳飞死可乐，而秦桧生可哀。死生一体，哀乐一情，此当体之生命深处，而岂言辞之分别所能尽。

故在中国，史学文学，一皆取材于真人真事。而衡量取舍之标准，则不凭于权位财富，亦不专限于功业成就。品德修养，乃为中国人之最所重视。但悬格亦不严。苟有一节可取，尤其遭世不淑，受人所难受，则悲天悯人之情，乃于是乎发之。韩愈有言："诛奸谀于既死，发潜德之幽光。"此乃史家之职责。而集部中所见之潜德幽光，则盈幅皆是。故中国乃有最富人情味之人生，同情心到处充沛洋溢。苟其专为一己，则乃私欲，为中国人所不齿。欲亦本于性，而可以害性。发为情，亦可以害情。中国人贵性情中人，而深戒多欲。孟子曰："养心莫善于寡欲。"

周濂溪言:"主静立人极,静者无欲之谓。"寡欲无欲,非寡情无情。情欲之辨,一对人,一对物,乃为中国后代论人生最大一问题。

争权夺位,谋才求富,皆欲非情。西方惟以财富权利为尚,全部历史活动亦以此为中心。其文学则多出虚构。好言恋爱,孝弟忠信人情之大者,甚少涉及。哲学则更讳言情感,一若人情皆无当于真理。故言政治,无论君主民主,言社会,无论为封建为资本主义,同属无情。法律之最高境界,则仅可免于过分之不义,而无仁。此为中西人生一最大相异处。

余于民国十三四年间,初看西方电影,尚系默片,片名已忘。其事迹依稀犹在记忆中。一德国中年人,忠恳诚实,成家立业,有社会地位。因事远行,火车中邂逅一女,钟情为偶,伪造死讯不归,其家人信之。历年后,女忽死,其人潦倒念家,出门漫游。一夕,偶抵家门,适逢其生辰,家中妻儿正广邀亲朋饮宴纪念。宾散,家人犹聚谈,灯火辉煌。此人终不叩门直入,仅窗外窥视,黯然离去。剧情生动,乐生必哀死,哀死即所以乐生。果使此老人叩门直入,哀乐之情又当如何。往事荒唐,老人内心之愧耻,家人意外之惊诧,皆非日常人情所有。咄嗟间,又何得相安相乐,一如往年。老人离去,则终以保全其一家之和乐。而此老人亦犹得常念其家人以为乐。此亦可谓不幸中之大幸。此片亦甚富人情味,但荒唐终非不幸。不幸由命乃在外,荒唐失德则在己。中国人同情不幸,不幸事遂亦因而减少。果遭不幸,亦得自宽自慰,而轻其不幸之感。人同此心,心同此情,则贵乎其慎修己心善自为处。

则人生主要仍在此一情字上。

余以十三岁幼年，初读西方小说《天方夜谭》，迄今八十年，尚所记忆者，乃其最后能言鸟一故事。此鸟在一山上，山下有人指示，循路而上，寻求不难。然当一意直前，路旁群石竞发人声，呼之喝之，苟一回顾，即亦化石倒毙。路益上，石益多，声益大，终使人不易不回顾。某家三兄弟，其两兄皆已一去不返。最后一弟，乃塞两耳上路，终得此鸟而返。路旁诸石亦尽得复化为人。此乃一阿拉伯神话，后乃知其影响西方实亦多。西方人皆一意向前，虽经失败，而目的在望，仍不回顾。西方宗教哲学乃及文学科学，皆不啻为人指示一能言鸟所在地，教人信从，决心向前。已往之失败，既无同情，亦不回顾。如中国人，尊崇古人，同情不幸，则惟为路旁之石，又乌能终得此鸟。西方文化之向前迈进，岂不如此。

现代人称中国社会多人情味。其实味犹情，甜酸苦辣咸实一味，犹之喜怒哀乐实一情。物必食之始知味，人必相交而有情。物与人在外，味与情在内。内外和合，而情味生。惟所食异则味异，所交异则情异。能于异中知其同，乃为知情知味。饮食所以解饥渴，然当有余味留在舌根，存在心头，始为乐事。苟事过境迁，饮食下咽，更无留存，是为寡情，亦成乏味。孔子曰："饭疏食，饮水，乐亦在其中矣。"又曰："一箪食，一瓢饮，人不堪其忧，回也不改其乐。"此谓人生于饮食外，尚有他乐，更深更厚。若仅知饮食之为乐，则孟子所谓乃饮食之人。然孟子以易牙比之师旷子都，则饮食之乐，圣贤亦不讳言。《中庸》言："人莫不饮食，鲜能知味。"亦犹谓人鲜不有生，乃不知生之宜有情。无情求乐,亦犹不知味而求饱,则仅求为一饮食之人而不如矣。

余家在江南鱼米之乡,干饭稀粥已不知有几多做法。自冬至至岁尾,农家种种糕团,亦不记有几多名目。鱼虾果蔬,俯仰即是,若可一拾而得。又家家户户各种腌菜腊味,多者可有二三十色。孔子曰:"贫而乐。"饮食知味,最普通,最基本,亦最易得。然亦经两三千年文化积累,乃有此成绩,非偶然而致。

又余家曾住北平,佣一车夫,擅制面食,品类多种。余常至灶间赏其技。对日抗战时,余又历各地,皆有特制饮食,价廉而味美,易得而难尽,此亦即中国贫者之乐。今人皆必谓西方物质文明远胜中国,但中国之庖厨烹调,能在物质中深藏人文精神,西方饮膳乌能相比。姑举茶与咖啡一项言之。咖啡味浓刺激,多饮易厌。茶味涵泳,自唐迄今实历千几百年之演变。亦如西方都市味浓少变,居久易生厌。中国乡村味淡多变,久居而安,不易厌。故品茶乃知茶味,品人则知人情。而人之高下亦以别。财富权力惟有争,惟有斗,无能品。今日国人亦尽尚争,不知品。回念数十年前,穷村三餐较之今日市肆之一席千金,其为味或有过之。然年老知味者,则亦与日俱逝。既无老成人,亦少典型,渺不再得,世运堪嗟乃如此。

中国人言声必及韵,言色必及采。此犹食之有味,生之有情,皆在质体之外,有余不尽。而其感动影响,留在人心,则惟深惟厚。孔子曰:"未知生,焉知死。"又曰:"未能事人,焉能事鬼。"此非孔子不信有死有鬼。苟无生,何来死。苟无人,何来鬼。声色而无韵采,声色倏去，复何可乐。然使无声色，亦无韵采可求。生可知，死不可知。闻声乃知韵，知生斯知死。中国人又言风采风韵风味风情。风亦非质体，而在人心和通相互感动影响之间。孔子又曰："君子之德风，小人之德草。"其实风起于青蘋之末，果无草动，何来风生。然而今世之抱物质主义以为生者，此皆知有草而不知有风，死即绝灭无余存。后世人生，皆从前世来，故中国人谓前世人生为神。中国人又言神采神韵神味神情。自自然言之，则曰风。自人文言之，则曰神。神与风亦无大分别。西方人言人体美，必先论三围。中国人则曰神采风韵，风神绝世。即一颦一笑，亦必有风有神。若惟知三围，则必寡情乏味，归于一堆泥土，复何风神可言。

晋宋间有陶渊明，史乘列之"隐逸"。隐藏尘俗之中，而又逸出于云霄之上，斯诚人生一种至深厚之韵味。其诗曰："此中有真意，欲辨已忘言。"韵味固非言辞之所能辩白，然使人低徊神往历千五百载而不能已。斯文学所以尤为人生韵味之所在。

即证之家人父子之间。中国人以三十年为一世，父母三十生子女，父母为前世人，子女乃后世人。然子女一世则无不深受父母一世之影响。中国人教孝，父母之生，子女应无不知。父母之死，他人则谓其已去，其子女乃感其常在心头。故知生方知死，死与生乃同一存留。人鬼之间，息息相通，此即所以为神。但家人父母之死，三世而绝。贤人君子之死，则其生常在。不惟在其家，抑在于天下，如孔子岂不上下古今四面八方而常在。中国人之视人生如此，此之谓大群主义之精神人生。与近世个人主义之物质人生大不同。前人已死，后人继起，在后一世之人心中，决不留存有前一世。惟有向前追求，更无向后回顾。但求乐生，不知哀死。寡情乏味，虽千言万语，亦难道尽其种种。此则惟个人主义之物质人生为然。则复何乐生哀死之有。

（二）

人各自爱其生而畏死，则其世易治。人不爱其生，轻生而不畏死，则其世易乱难治。此理甚为明显，可不详论。

今问人为何不畏死？曰轻生，不自爱其生，故不畏死。再问何以轻生不自爱其生？老子曰："为其生生之厚。"家畜一豕，他无所有，转觉其家之可爱。女主中馈，不务外勤，其家乃可安。此皆生生之薄，乃有此心理。今则成为一科学世界，机器世界，各项机器增新无穷，农渔工商各业，衣食住行各项，皆赖机器。人力为副，退居次要，或不重要地位。家中电灯、自来水、冰箱、电风扇、冷气机、暖气机、电锅、电话、电视、吸尘机、洗衣机、汽车、照相机、手表、计算机，凡此之类，举不胜举，觙缕难尽。此可谓生生之厚矣。而人力乃无所用。故人之生亦惟机器为贵，而自身人力，皆遭蔑视。于是乃轻生，不自爱其生，而转爱身外之物。非此诸物，亦即无以为生。

但此身外之物，取之无尽，用之不竭。我得其十其百，所缺何啻千万。抑且必求变求新，历时三载，家中所有诸物皆陈旧，非另换一套，则将无以见人。故凡我之所尽瘁耗神者，皆为获取此诸身外之物，而非一己之生。非此身外之物，亦即无以成吾生，则其贵物而轻生也亦宜。

故物质世界愈前进，则人生价值愈后退。资本工商业愈发展，则人生情味愈减缩。身为一汽车司机，日入甚微。如此人生，复何意义可言。只有驾驶前进之顷刻，始若稍可快意。车经平交道，复何耐心停车枯待。驶车直前，与火车相撞，此司机当场死亡，而其他司机闯越平交道而身死者不断继续而来，此之谓憨不畏死。人生贵在能快意，彼何尝求死之心，乃求当前之快意。此种心理，亦宜同情。行刺大总统，行刺教宗，亦何尝与之有深仇大恨，但亦求得一时之快意而已。今群众方以小心谨慎告诫汽车司机，世风方趋于轻生不畏死，以务求一时之快意，则此告诫宜不生效，更何论于古训。

今日世界大量需用人力者有二，一曰军队，一曰警察。警察不许人快意，惟专以法律束缚人，则亦徒增人之不如意。军队则仍亦自求快意。苏维埃派兵直入阿富汗，一时何尝不感有快意。美国飞行太空梭，则所感快意益甚。第一次第二次世界大战以后，未满四十年，第三次世界大战，即咄咄逼人，呼之欲出。生不如意，乃求一时之快意。然此快意则仍须在物质上机器上求之，此乃今日世界形势之无可奈何者。

马克思倡导共产主义来反对资本主义，其是非得失暂不论。但其主张唯物史观，则全部西洋史，实尚未到达此境界。而此下演进，则物质势力日益增高，马氏观念恐不久终将实现。人生所求惟在物质方面，所凭以求者，仍在物质方面。以前是以物质来供献于人生，此后则以人生来追随于物质。物质进步，始是人生进步。人生之于物质，一如影之随形，则宜乎其轻生贵物不畏死，而惟恐物质之不具备，不满足。伸于物，而屈于心。则姑于仅备之物质上求获一时之快意。人同此心，心同此理，亦何可违逆。

释迦指出四大皆空，教人归于涅槃。僧尼皆单身出家，逃深山，居佛寺，以求其道。然跳崖自杀，绝食自尽，凡诸轻生事，皆所力斥。耶稣教则以十字架为标帜，此非轻生不畏死一象征乎？人生自始即一罪恶，则生自不足重，尚复何爱于此生。所爱乃在死后之灵魂上天堂，则复何死之足畏。故在西方史上，宗教战争屡见迭出。逮于文艺复兴城市兴起，古希腊罗马之物质人生重见追求，而始有今日之欧洲。然则唯神唯物，实同为轻生不畏死之一种表现，则无怪于西方之卒有今日矣。

余生八十七年前无锡南郊四十里外一乡村，其时现代西方种种科学机器皆未见。一家墙上悬一大自鸣钟，则家家欣羡。一人进城摄一照像，则人人争慕。不忆何年，乃始见有电灯自来水汽车与飞机。然至今回想，当时亦确然一人生，其与今日实亦无大差异。因此追想及于两千几百年前，孔子老子亦确是与我相似同在一人生中。孔老当年之物质生活，一切条件，当较我幼年时远逊，自不待论。单就我一人之心境论，则幼年愉快实远胜于晚年。再就古今人之生活与思想观念言，则孔老当时之一切，又岂余幼年所能知，所能遇，所能相比拟。可征物质人生愈进步，精神人生，或当愈退步。今人乃专以物质与机器来作人生一切之评价，亦终宜其更无有称心满意之一日矣。则又生何足爱，死何足畏乎？余老而贫，乃幸得有幼年一番境遇，又多读中国古人书，乃不禁发此怪论，则幸读者恕之。

四八　性与命

（一）

中国人言性命即犹言人之生命。实则性命二字，当作分别观。《中庸》言："天命之谓性。"人性禀赋于自然，若天所命。人之为生，贵能知性兼知命，而善加保全，并加发扬。诸葛武侯曰："苟全性命于乱世。"乱世性命不易保。苟全则指其他一切于不计，惟求全其一己之性命，则正见其事之不易。饥思食，寒思衣，亦性亦命，而一身温饱，不得谓之性命之全。

性与命之分别，性在己在内，而命则在天在外。孝亦性，在己之内。所孝为父母，则在外。人之父母各不同，此皆天所命。舜与周公，父母兄弟各不同，斯即命不同，但其孝则同。舜处境之艰，远异于周公。而其孝，乃若更大于周公。

中国人又称不孝曰不肖。实则舜之不肖其父母，即其孝。周公圣父贤兄，求肖若更难。则所谓不肖，实非谓其不孝。尧子丹朱，舜子商均，同称不肖。一则不能肖于其父之为大圣，一则不能肖于其父之担当当时天下之大任。其所谓不肖当如此。非谓其不能孝。若不能孝，则不惟不孝其父，并亦不肖于人矣。抑且尧禅舜，舜禅禹，乃禅以天子之大位。丹朱商均当仍居于其父尧舜所传邦国诸君之小位，为当时一诸侯，非废为一庶民。此虽史所不详，亦可推而知。而丹朱商均之孝其父母，或尚更胜于常人。此可不再论。

由上言之，境有顺逆，行有难易。舜处逆境，其孝若难实易。周公处顺境，其孝若易实难。丹朱商均处境更顺更易，而实更难。故性与命有别。孔子志学周公，而其处境则较周公为难。故周公得成为一西周，而孔子不得成为一东周。后人处境，多似孔子，少似周公，故师孔子，不师周公。孔子乃为至圣先师，而周公则否。故周公之政治事业，虽大于孔子，而文化事业则为逊。此则不在其性，而在其命。

故人文修养有两大原则，一曰尽性，一曰安命。诸葛武侯言："苟全性命于乱世，不求闻达于诸侯。"而刘先主三顾之于草庐之中，武侯遂不得不出。推荐武侯者为徐庶。徐庶母见拘于曹操，徐庶不得不北上以侍其母，乃无一辞一行以终其身。孔子曰："不知命无以为君子。"徐庶之与诸葛，在三国时代，一出一处，诚可谓知命而安之两大贤。中国历史类此人物，不惶枚举，此皆中国传统人文修养之所成。

宋儒张横渠《西铭》，以事天地与事父母并言。而曰："富贵福泽，将厚我之生也。贫贱忧戚，庸玉汝于成也。生我顺事，死我宁也。"富贵之与贫贱，一顺境，一逆境，皆天命，皆当顺受。此即孔子之所谓知命，亦即孟子之所谓尽性。尽性乃所以顺命，而知命则所以尽性，故性命虽别，而尽性安命，修养则一，非有异。今人或不知尽性，而仅求安命，或不知安命，而仅求尽性，则胥失之。

知命乃知其外，尽性则尽于内。人生内外一体，不能有外无内，亦不能有内无外。尽内所以事外。如孝，如凡五伦之道皆然。人相与则为伦，人不能无伦，不能离伦以为人。伦在外属天，顺事之，则本性。喜怒哀乐爱恶欲谓之七情，果无外，则何来有情。而情则在己心之内，方其未发谓之中。发于外，乃谓之和。人之五伦其相处亦贵能中和，能内外和合而为一。于人如此，于天地万物亦如是。故曰："致中和，天地位焉，万物育焉。"其主宰则在己之一心，尽性安命，非有二也。

昧者不察，认为喜怒一在心，不悟吾心仅能喜能怒，而所喜所怒则在外。乌得有能而无所，有心而无物。释迦主外不见物，即内不见心，此为大涅槃。但此为死道，非生道。儒佛不同。曾子曰："死而后已"，横渠曰："殁我宁也。"自古皆有死，然死道即在生道中，惟生乃有死，故死道亦生道之一。人生贵求生道，死道乃亦兼在其内，此孔子之所谓执其两端。

西方人惟求所喜所乐之事，而不知能喜能乐之己。仅求之外物，不重其内心。不知有能喜能乐，乃亦不知有当喜当乐。一切科学发明，仅求可，不求当。故重功利而轻道义。以外在之命为敌，而不知以内在之性为主。有敌无主，则争亦成空。故凡人之喜怒哀乐，皆当一内外，兼能所。喜不专在外，亦在内。有能喜乃知所喜。不有所喜，亦何见能喜。外面一切空，己亦不存在。庄子曰"至人无己"，此非真谓无己，乃谓无人己之分为无己。贵能和于人以成其为己，有己无人，则必并己而失之。

故外面一切存在，实皆存在于己心。而己之心则并不专存于其己，上自千古，下迄千古，人同此心，则此心乃千古万古心，非一时一己心。诗曰："孝子不匮，永锡尔类。"舜与周公，与历代之孝子，其心同。中国人以孝为道为德。道在外，行之千古。德在内，存于一己。则己即千古，千古即己。道德即人之性命。性得于一己，故曰人性。命行于千古，故曰天命。行于千古，在外有命，使人不得不安以顺之。但顺之即若主之，则若命之在我。张横渠言"为天地立心，为生民立命"，如舜与周公是已。

孟子曰："口之于味，目之于色，耳之于声，鼻之于臭，四肢之于安逸，性也，有命，君子不谓之性。仁之于父子，义之于君臣，智之于贤者，礼之于宾主，圣人之于天道，命也，有性，君子不谓之命。"孟子性命之辨，亦即庄子所谓内外之分。后人言："先天而天弗违，后天而奉天时。"先后之辨，亦即内外之辨。口、目、耳、四肢之欲，皆本于天，是亦性。于此求之，即后天而奉天时。仁孝之于父母，此亦人性，亦禀赋之于天。父顽母嚚，舜不违其孝，乃成为大孝。孝乃人之同行，舜之孝则后天而奉天时。然其孝乃有人之所难能，则为先天而天弗违。上古尝有不葬其亲者。群不知葬，己亦不之葬，此亦后天而奉天时。惟见父母之尸，狐狸狗食之，蝇蚋咕嘬之，而心有不安，乃归反虆犁而葬之，此则亦是先天而天弗违。天何尝教人葬其亲，故人之葬其亲，乃先于天之意，而天亦不之违。然此不安之心，则亦出于天。而葬亲求安，则非天之命。故孟子曰："性也有命，而君子不谓之命。"天非以葬父母命我，乃本我性而葬我之父母，则我之于天，可谓乃先意承志，横渠之所谓为天地立心亦此意。

至如埃及之金字塔，则在尼罗河旁，另创一新天地。若谓死魂复归，则保留木乃伊即可，又何必建筑此金字塔。此亦违于人性。一人所好，非人人同好，则不谓之性。人文然，物质建设亦然。虽亦有当于物质之性，而无当于人文之性。则此等建设，并无当于天地人三者会合之总礼。只是在人文社会内，别创一特殊之形与质，而与人文总体则有碍。近代科学演进，种种发明宜可援此推说之。中国万里长城，则保国卫民，本之人之性。因天地自然大形势而立此边防，亦可谓之天命。故游万里长城，所见乃天地大形势，与土石物宜中，而人心人力隐焉。当从国防之意义与价值上论其是非得失，与埃及金字塔大异其趣。金字塔则惟见人力，不见人心，除收藏木乃伊外，并无其他一切之意义与价值，又乌得以伟大建筑一观点，与万里长城相提并论。

天地之大德曰生，人群之生，不得不谓之天意。人有群则不得不立之君以为治。人属平等，谁为君，谁为臣，天未立此分别，人自立此分别，而天亦不之违。人之贤愚，天亦未为人分别，亦人自加分别。教人为贤勿为愚，亦先天而天弗违，亦即横渠所谓之为生民立命。

人之生，有父母。长大成人，则可离父母而独立。此亦天命。故子女之独立为生，乃后天而奉天时。而心有不安，遂终身侍父母，创为孝道。此则人性，非天命。然性由天赋，故孝为天道。实则人自创之，而天弗违而已。故曰"为天地立心，为生民立命"，此皆大圣之立德，亦即大圣之先觉而先知。故继往圣之绝学，乃可开万世之太平。

舜父顽母嚚，而以大孝化之，亦即化其父母之天。荀子言人性恶，惟可化性起伪，舜之父母终与舜相和协，即其化性起伪。化而起之者则为舜，是荀子言亦有验。惟舜之父母，终亦可化可起，此可化可起者即其性，即亦天之所命。则孟子言人性善亦非无据。惟荀子据舜之父母为标准，孟子则据舜为标准。荀子化性起伪之伪，即人生之有为。天属自然，人属有为。以有为变自然，则自然不能无违，此则为性恶论之无当。

西方古希腊自始即为一商业社会。须先知外面需要，再由我来制造。宋人端章甫适诸越，则惟有饿死而归。故商业必依外以定内。心理习惯所影响，故其科学哲学皆主向外求。虽知有天人之分，而不知有性命之辨。注意偏在孟子性也有命之一面，以个人主义之物质生活为重。至于孟子命也有性之一面，如仁之于父子，义之于君臣，则非其所重。而智之于贤者，圣之于天道，则更非所知。故其所谓智，亦仅向外寻求，即此以为贤，非中国人之所谓贤。既无贤，斯无圣。故西方文化，乃有天无人，有命无性，有外无内，有自然无人文。此终人心所不安，乃言自由平等独立，皆主向外抗争。本无内而求有一内，诚不自然之至矣。

故西方知有个人生命，而似不知有群体生命。有个人之物质人生，无群体之精神人生。换言之，有小生命，无大生命。希腊有城邦，无国家。罗马帝国实非国，故不久而崩溃。现代国家林立，而不知有天下。即在同一国之内，亦仅知有个人，由外在种种物质条件而结合以为群，非有其内部精神心灵之凝合而成群。故其群乃亦建于法制，而非一生命体。自中国人言之，则可谓西方人乃知有命而不知有性。

耶稣创教乃曰，上帝之事由彼管，恺撒之事恺撒管，此亦分天人而为二。但恺撒则终钉死耶稣于十字架。故耶稣非教人以争，而其徒则必结党以争以传其教。灵魂上天堂，仍属个人事，但求免上十字架，则不得不结党以争。故世界之有末日，不待灵魂尽上天堂之后。而信与不信之相争，已足陷斯世于末日。甚至欧洲第一次世界大战，英法军德意军同信耶稣，同在战壕，同祷上帝，迅赐胜利，早获和平。求和平亦不求之人必求之天，知命不知性，西方史悲剧率类此。中国人之生命观，与西方个人各具一灵魂之观念大不同。中国人认大群同此一生命。不仅人，甚至动植物无生物，亦各有其生命。此乃一种自然生命，而人文生命亦由此来。故天乃一大生命，有空间，有时间，乃综合此一天体而谓之神，谓之上帝。非由上帝之神来管理主宰此一天。

人之中有小人，即分别之个人。有大人，则个人而融入大群体。圣亦然。孟子曰："大而化之之谓圣，圣而不可知之之谓神。"则圣犹天地。各人小生命由天赋，自然人文之大生命，则由人中之圣之神合于天而融合之。故曰"先天而天弗违"。今日眼前之大群体，岂能离天而独立。群体之上有一天，然此群体则实非由天所创，乃先天之意而由人自创之。但其所凭以为创者则仍本之天。故先天后天其实则一，惟圣乃能一天人，此其所以为神也。

周濂溪有言："士希贤，贤希圣，圣希天。"天能创，圣亦希天而创，故曰圣合天。文王在上，克配上帝，西周八百年之天下，亦由文王首创之。故由中国人言，则恺撒必效上帝。恺撒事固非上帝所能管，但恺撒亦必代表上帝来管人间事，不能由己意来管，此始为中国人理想。而西方则恺撒事恺撒管，似上帝不能管恺撒。于是耶稣之后，又来了穆罕默德，而此世乃管得更乱。

科学重物，异于宗教之重天。然其重外则同。天生电，非以供人，乃科学能役电以供人，亦若先天而天弗违。但发明原子弹，则绝非天意。循此发明，将可不举手，不动足，安坐一室，而人类宰尽杀绝而无遗。则科学岂不更胜于天更较宗教为可信？实则宗教科学皆在争，不仅异教有争，即同教亦有争，科学更不论。所争则在财富，在权力。西方人言智识即权力，故知识亦所重，但不重德性。耶教主原始罪恶，无德性可尊。故信仰天，不信人。一落人间事，难免有争杀。科学能助争杀，故为当前所重，但亦岂天命所许。

止争止杀，实乃人生之大任。孟子曰："舜发于畎亩之中，傅说举于版筑之间，胶鬲举于鱼盐之中，管夷吾举于士，孙叔敖举于海，百里奚举于市。故天之将降大任于是人也，必先苦其心志，劳其筋骨，饿其体肤，空乏其身，行拂乱其所为。所以动心忍性，增益其所不能。人恒过，然后能改。困于心，衡于虑，而后作。征于色，发于声，而后喻。入则无法家拂士，出则无敌国外患者，国恒亡。然后知生于忧患，而死于安乐也。"孟子此章，先举个人，推及群体。就个人言，凡其所举，非哲学家，非科学家，亦非宗教家，而均得为政治上一杰出有成功之人物。在西方均属恺撒一边，而绝少其例。此皆本于人之性，而亦若出于天之命。中国人谓人生大任，必降于劳苦忧患之社会，而非温饱安乐之社会。果使此社会惟求温饱安乐，此乃死道，非生道。西方人言文化生于闲暇，孟子则主文化生于劳苦忧患，两意适相反。耶稣犹太人，犹太乃当时一备受流亡奴役之民族，故得出生耶稣，膺此大任。其教播之罗马，必先在地下，不得在地上，乃得发扬光大。此亦劳苦忧患，而非温饱安乐之所能致。而耶教在西方，终不能克尽厥职。温饱安乐，哲学科学易于上扬，宗教信仰转滋衰落。性也有命，务求饱逸安乐，则必出于争。故孟子曰："君子不谓之性。"君子之尽其性则多在劳苦忧患中。董仲舒亦有言：质朴之谓性。又谓性必成于教化。质朴赋于天，教化出于人，两者相融，斯能成其德而当大任。西方人于此不深知，此乃其大缺点所在。

今试问中国之大群人文精神，其渊源究何在？牺农黄帝以上不可详，尧舜禹三代，实有其远大之影响力。当尧之时，部落酋长号称万国。洪水泛滥各地，无法自救，尧居天子位，乃命其臣鲧治之。水不治，灾益烈，乃访求得舜，使摄政。舜改命鲧子禹。禹之治水，跋涉山川，在外十三年。尧已老，天下人心所仰望者则在舜于禹。于是尧传舜，舜传禹。此皆一以天下心为心。洪水既平，天下人心尽在禹，而其子启乃承父为天子。此亦天下人心所同归。则当时中国之得成其为中国，亦中国之人心共成之。

此为并世其他民族其他国家所无有。而洪水为灾，亦即天之命此大任，亦即孟子之所谓生于忧患也。惟忧患乃易见人性，亦见天之命。中国文化精神之渊源即在此。

今再言尧舜禹乃中国古代三大圣人，皆生于天，故中国人心中有圣即有天，惟圣配天。此即中国人之信仰，亦可谓当尧舜禹之时而已大成。则中国人之观念实亦一本于事功，此亦人心之共同自然。惟能在事功观念上，又增出一德性观念，此则为中国人所独。德性亦天亦人。人与天地参，在其事功上，而其基础本源，则在德性上。天之生人，性中有欲。德性立，则欲成和而不起争。孔子七十而从心所欲不逾矩是已。孟子性也有命、命也有性之精义亦在此。

孟子又言："禹抑洪水，而天下平。周公兼夷狄驱猛兽，而百姓宁。孔子成《春秋》，而乱臣贼子惧。"孟子历举禹周公孔子三大圣人，亦皆指事功言。自大禹治水，乃有中国之天下。自周公之制礼作乐，乃有中国之社会。自有孔子之设教，乃始启中国文化之大统。此为以下中国大功大利大本大源之所在。但中国人则必同尊此三人之德性。孟子道性善，言必称尧舜。又曰："人皆可以为尧舜。"然未闻其言人皆可以为大禹周公与孔子。孟子仅曰："乃我所愿，则学孔子。"而不谓其能为孔子。颜子亦曰："彼人也，我亦人也，有为者，亦若是。"然其于孔子则曰："既竭吾才，如有所立卓尔，虽欲从之，末由也已。"尧舜禅让乃其德性。而德性之上，则犹有学问，有事业。惟学问事业则仍当一本之德性。中国人一切学问事业莫不皆然。孔子曰："好古敏以求之。"其所好而求者，亦在古人之德性。又曰："行有余力，则以学文。"其文则为古人之知识与事功。德性乃天之所命，知识与事业，则由人性之学问而始成。孟子性也有命、命也有性之两语，其中乃寓甚深妙义，姑为粗发其旨，如上所述。其深义所在，则贵读者之反躬深思而自得之，非语言文字之所能传。陆王主以传心，其要义重在知性尽性上。程朱则又重在知命安命上。幸读者其深体善会之。

（二）

孟子曰："人之异于禽兽者几希。"人与禽兽同具生命，但人生婴孩期特长，此乃人生之异于禽兽处。赤子离母胎，有此身，尚未成为人。无知无能，亦未知彼之何以生世。若谓有知，则仅知此浑然之一体，一天人，合内外。但不知内之有此我，外之有此世。呱呱一啼，渴则饮之，饥则食之，寒则衣之，欲睡则卧之摇篮中，人生之初乃如此。

婴孩渐长渐知内外分别，然所亲则在外，如父母兄姊祖父母，日夜在旁，彼则亲之。但尚不知亲之者为己，但已知饥知渴知寒知倦。亦可谓已知有求，但不知求者之为己，而所求则在人。此之谓性。性反身而见，所求则各不同。更若有在其上而命之者，此之谓命。谁命之，谓天。孟子曰："莫之为而为者，谓之天。"则亦莫之命而谓之命，命亦实即性，但性命属己。又孰为己，则自天地有人至今亦复不知。惟知赤子为己之始，故孟子曰不失赤子之心为大人。实则大人即天真。故庄老道家又谓之真人。若失其天真，又何得谓之人。

不失其真，中国古人谓之全其性命。安常处顺，治世则易，乱世则难。诸葛孔明有言，"苟全性命于乱世"是已。今试言，自赤子而婴孩，渐长达于成人，当有二十年时期，此为人生之预备期，即渊源期。生长在家庭，不出门户外，无职务，无营谋，惟性命之真，无人为之扰，此为人生之培养期，即人生之最宝贵时期。逮及七十八十耄耋之年，血气已衰，精力日减，此为人生之回味期，家庭生活又胜于门户之外。职务卸，营谋息，反老为童，天真烂漫，转与未成年人相似，此亦同为人生之宝贵时期。其为人生之主干期者，自二十以上至七十，当得五十年。在此期中，职务忙，营谋繁，日不暇给。幸而有一家，孝其老，慈其幼，天伦之乐，性命之真，时得流露。有此心情，精力赖以不疲，血气赖以日旺。人生所为何来，乃若时有昭示其前者。故童年老年，乃为人生无用期中之大用。

今若缺去一家庭组织，无老无幼，人生乃专为职务营谋。何为如此，则曰衣食。进则曰富贵，曰名利。富贵名利无限度，于是而比赛斗争，富求愈富，贵求愈贵，名利之上复有名利，既无止极，亦难满足。人生惟相争相伤，而互不满足。岂天地之生生不已，乃仅惟此之为。

斗争之外，复求娱乐。人生最大娱乐，则当为孝老慈幼。他人同乐，乃己之真乐，此即性命所在。失其性命，而求之衣食物质生活，则一无是处矣。中国人则生活必在性命中，此之谓一天人，合内外。赤子之心，则正在此。赤子变而为成人，尽失其本来，转认为人生之进步。人将进于非人，又何得有止境。

诸葛孔明许刘先主以驰驱，其驰驱亦一皆从性命中来。刘先主卒，事势已非，诸葛尚鞠躬尽瘁，死而后已。成都有桑八百枝，军中食少事繁，病死五丈原，诸葛之生活可想。但诸葛非为生活，乃为性命。同时管宁徐庶亦兼能全性命，中国史上之乱世，此等人物亦多有。诸葛亮自比管乐，拨乱反治之才，本其素养。一世豪杰，故求全性命。倘庸俗亦能全性命，则世自不乱。此乃吾中华文化传统所孳孳以求者，乃吾中华文化大意义大价值之所在。

庸俗全性命较豪杰易，豪杰多知多能，宜多务。庸俗人则淳朴简单，可少务。余在五十年前，首次看一部西方无声电影，片名已忘，德国一富商，出外经营，火车中遇一女，生恋情，乃伪称己死，变姓名与女同居。女亡，商人潦倒为丐。返家，从窗外窥视，见室内宾客群集，妻老，子女皆成人，方为己纪念生辰。宾客散，妻子女仍哀悼不已。欲叩门，终不忍，踉跄离去。

人同此心，心同此理。此一故事，正是生活与性命相冲突之一例。果使老人叩门径入，一家人十余年来环境依然，惟憾老人之遭横逆。忽而再面，心之愉快，生之幸福，孰更超之。然而一失足成千古恨，此老人应本属忠厚淳朴一君子，故得使其家人与相识怀念无穷。十余年后，生辰纪念，犹如此之盛。果吐露往事，他人纵深责，而一己前后已成两人。生活可恢复，性命则如一白璧，遭击破坏，宛然心头，修复无从。此老人终于徘徊门外而决去，其心中自有一番难言之隐，所不得不然者。而其妻与子女心中，则常保一美好回忆。失在己，而得在人，此诚性命与生活相争一好例。

西方人不辨性命，过重生活。婴儿独卧摇篮中，父母道一声晚安，即熄灯而去。习惯成天性，婴孩自摇篮中已知独立为人。余尝旅居美国华盛顿，每晨见幼童乘自行车送报，宅主告余，此等皆国会议员之子，假期派报，觅外快，供积蓄，此亦早为他年生活打算。但苟留家，父母膝下依依言笑多欢，有事服劳，既感亲切，亦人生一乐。岂必出门送报，乃为人生之正道。东西习俗，此亦当辨。要之，西方人认独立谋生乃人生要道，于是有牺牲性命来谋求生活者。惟性命乃生活根源，源不深，根不固，生活终无良好前途。

老年人更无好安排。子娶女嫁，皆离去。老夫妇亦凄凉为家，自谋生活。鳏寡更难度，或入老人院，惟老人相聚，子女孙辈，偶一来访。纵其生活优裕，其性命中乌得无余憾。然则人惟独力谋生，人与人间，即同一家亦互不相顾。外此惟有市道交，徒为一己谋幸福，则尚何幸福可言。

西方个人主义，男婚女嫁，亦终不得常为个人。但男女婚嫁乃性命中事。婚前恋爱，始多个人意味，遂为西方文学一主题。上述电影中此德国商人，亦为恋爱而失其性命。西方人非不知，遂成为题材。但在西方文学中，则此等故事并不多见。西方人重生活轻性命则宜然。

余常劝人，求知中国人生，莫如玩赏中国文学。今姑举戏剧一项论。如《四郎探母》，此正性命与生活相冲突一好例；亦是一失足成千古恨，生活难赎性命之遗憾。杨四郎本宋朝一名门子，不幸为辽俘虏。若求不辱家风，则惟有一死以了。既为忠君报国一豪杰，亦当为一己性命之所安，非由外在道义所逼。四郎不此之图，改姓易名，惟保残生。乃又受辽国重视，妻以公主，贵为驸马，安富尊荣几达二十年。又与其妻铁镜公主相爱逾分，生一子，家庭幸福，万倍寻常。乃宋辽边衅又起，其母其弟，率军临辽境，四郎乃能不忘其旧，渴盼一晤。此即四郎之性命。骤获机缘，忧形于色，生活为之不安。其妻察问，又不加责备，并许以盗取令箭，俾其出境。此亦铁镜公主之性命深处，非常人可及。

四郎既出关，晤其母弟。其故妻亦在营中，骤遇岂忍遽别，其悲痛之情乃超四郎之母之弟之上。四郎非不孝不弟，亦非不爱其妻，而铁镜公主之情义又何能蔑弃。为生活计，回归宋朝非无尊荣，但性命终所不安。不知大贤君子，为四郎谋，又何道义可循。四郎乃一豪杰，又出名门，又贵为异邦之驸马，其妻其岳母又尊之亲之逾于平常。生活之荣华，乃与其性命不相当。一失足成千古恨，则实大值深思一名言。

四郎既归辽，终以铁镜公主哀求获释罪，仍得过其安富尊荣之生活。然而经此一度之身份吐露，则其内心终有难安，不得与前二十年相比，剧中不再及。然其成为一悲剧，则观者皆所同感。故知诸葛孔明苟全性命一语，此中深义，岂徒谋富贵名利物质人生者所能知。中国古人之所谓名教，中国文化大传统之深谋远虑，试观《四郎探母》一剧，亦可心知其意矣。

平剧中又有《三娘教子》，亦观剧者所尽知。故事为薛家主人因公外出，讹传死讯。家有一妻二妾，闻讯，大娘二娘盗财改嫁，三娘独留。二娘有一幼子，三娘抚之，认为薛家惟此一子，当使长大成人，为薛家留一后代。乃命之从师受学，勤加教督，期其长进。三娘可谓乃能从性命中见真情，与大娘二娘之仅知生活者大不同。而其子听人言，母非生母，归而抗命不顺。三娘方织，垂泣训之。老仆薛保，同情三娘，旁加劝譬，此子终勤读如常。如老薛保，亦可谓不计生活能全性命之一人矣。

中国戏剧中常有义仆。专就生活言，如老薛保，离去薛家，岂遂无一啖饭地。中国故事中又常有义犬。近见报载美国最近亦出现一义犬，主人死，教堂出殡，此犬随众往葬。众散，此犬时常徘徊教堂四围不忍去。遇有他人出殡，亦每随往，归则仍留教堂四围不离去。犬无知识，仅知念其主，认为与教堂有关，此亦如人之有赤子之心。有生活，亦有性命，故称之曰义犬。老薛保亦一义仆。倘谓之愚，则惟失性命乃得为大智，与图知生活之知又不同。此亦惟中国人乃有此分别。

三娘之夫，竟于边疆立功得高官以归，其子亦应科举得中状元。夫妇父子欢乐团聚，煊赫震动。大娘二娘乃亦欲归同享其盛，则真可谓无耻之尤矣。近日吾国人竞慕西化，乃谓西方小说剧本以悲剧为尚，中国人好言团圆荣华，俗陋非文学。不知团圆荣华即在性命中，但当全性命，乃为真生活真荣华。人生非无荣华，但有违性命，则不真不实终成悲剧。身家如此，国亦然。故西方历史乃为一悲剧的。中国则炎黄以来五千年，何尝是一悲剧。将来当仍望其不沦为一悲剧。即以夫妇团圆论，亦岂得尽望其离婚为悲剧。岂团圆即是庸俗，仳离则为文学乎？《红楼梦》中之贾宝玉林黛玉，亦岂得乃为人生之榜样。

就中国传统观念言，亦可谓贾宝玉、林黛玉非知性命。贾宝玉仅知大观园中有一林黛玉，林黛玉亦仅知大观园中有一贾宝玉。曹雪芹《红楼梦》乃叙述大观园为贾府一悲剧。近代国人则以贾宝玉林黛玉之未能相互完成其恋爱为悲剧。西化浅薄，诚近代国人一大悲剧。

必以悲剧为尚，《四郎探母》一剧当为其上选。普通人观此剧，每好其坐宫与回令之两幕，而于探母正题反多忽略。即论坐宫，悲剧情味已够深沉。若论回令，为人子探视其母，匆匆一面，即当正法论死。仍得不死，依然享受其安富尊荣之生活，就人心性命论，尚何悲剧堪出其上。再言之，悲喜亦如死生，同为性命中所有。岂必悲无喜，乃为人生上乘。必求死不求生，乃为人生之正规？中国人作悲喜平等观，以不失性命之正为止。

不仅对人生如此，对宇宙大自然，万物群生，一草一木，一禽一兽，一皆重视其性命。唐人诗有之："旧时王谢堂前燕，飞入寻常百姓家。"昔为王谢之堂，今为百姓之家，人世炎凉，惊心动魄，而燕子归来，则仍栖旧巢。贫富贵贱，在所不问。即此一端，可入诗人之咏矣。诵诗者，只悲王谢之无常，不慕飞燕之念旧，亦不得谓善诵此诗。又如中国人喜爱梅兰竹菊，称为四君子，此亦从梅兰竹菊之性命言。中国人非不喜爱桃李。孟子曰："待文王而后兴者，庶民也。豪杰之士，虽无文王犹兴。"桃李有待于春风之吹嘘，梅则先春开花。如兰如竹如菊，皆可无待春风吹嘘。自中国观念言，一为豪杰，一则庸俗。从师为弟子亦称桃李，此乃赞师道之如春风。师之为教，亦犹文王之为治，而一世庸俗，尽成桃李，岂不亦人群一理想。

今再论《三娘教子》，机房之训，悲凉万绪。果使其夫不复归，其子冥顽不灵不上进，而三娘牢守此心，老死不去，则亦知命安命，即孟子所谓之尽性知天。大圣大贤，同企此境。人生到此，亦岂得谓之乃悲剧。今日国人则于知命安命，不加斗争，不加进取，必予姗笑。三娘岂逆知其夫之必归，又逆知其子之必达，而始为此训子之一幕，以坐待他日团圆荣华之来临？果如此，其生活打算，可谓难得之上智。其内心品格，则下流所群趋。三娘岂果其人？叔孙豹以太上立德为三不朽之首，如三娘，可谓即叔孙豹所谓之太上立德矣。孟子曰："人皆可以为尧舜。"如三娘，乃女尧舜。惟今日国人言之，则《三娘教子》即一幕悲剧亦无堪承当。此皆不识性命徒务生活之所宜至。

《论语》言："弟子入则孝，出则弟，谨而信，泛爱众，而亲仁。行有余力，则以学文。"中国人教人，常从其为弟子时教之，即从其在未成人时教之，即从其居家在乡时教之。能知孝弟谨信，泛爱亲仁，庸俗人亦可全其性命。但人群不能徒有庸俗，无豪杰。作之君，作之师，此惟豪杰之士任之。故曰："行有余力，则以学文。"此即求于庸俗中出豪杰。故中国人为学，亦与西方不同。要言之，则为学亦当重性命，不为谋生活。所谓学文，非学文学，古圣先贤，前言往行，人生中多种花样，多知则于己之性命多所择。不为成学计，仍为做人计，豪杰即由此而出。

立德之外，乃有立功立言。司马迁成《太史公书》，为中国史学之鼻祖，但司马迁意在学孔子，何尝有意求成一史学家。韩愈文起八代之衰，为后世古文开山，但韩愈亦在学孔子，何曾有意求成一古文家。以人为学，学之前人，所学不离于性命。求有成学，学为一业，则所学仍在生活中。西方人不免于此。年过六十五、七十，即当退休，则教与学岂不亦生活中一业。孔子学不厌教不倦，非闻其七十而退休。一部中国学术史，年过七十，教学不厌不倦者，尚多有之。彼等亦仅全性命，非为生活，此亦鞠躬尽瘁，死而后已。宁有所谓退休金，以补其晚年之生活。试求之西方学术史，亦见有学问所好，但非此即可谓之性命所好。若谓亦其性命所好，则不得不谓中西双方人之性命各不同。岂然岂其然乎。

人之性命果何在，中国人常言之，西方所少言。耶稣教乃有原始罪恶论，亚当夏娃之生，乃由上帝之降谪，则世界末日亦惟为一悲剧。教徒惟忏悔赎罪，求灵魂上天堂。则上帝亦如一司法官，人生则如在监狱中待判。稍得闲暇，自寻娱乐，宜亦为上帝之所许。而中国人所谓之天命，则决不如此。天有好生之德，并求能好好做人，遂赋人以德性。故为人之道可反己而自得。双方意想中之天有不同，斯其为人亦不同。中国人只求为一好人，乐取于人以为善，乐于与人为善，斯即成为于己可乐一善人。学即学于此，教即教之此。善属性命，若求生活，则富贵为尚矣。故生活求之外，性命求之内。求之外则成为事业，求之内则成其德性。中西双方文化传统之不同，正在此。德行多求亲近人，而事业多求突出人。如伯夷叔齐，非有事业可言，然孔子称之为古之仁人，孟子称之为圣之清。则虽遁世独立，其意仍与一世大群为亲，非有事业，而德行则高不可及。至于两者间之是非得失利害祸福，则此篇不详论。

四九　平常与特出

（一）

我们该做一普通人抑特出人，似乎东西双方在此有分歧。东方重在前者，西方则重在后者。西方是一工商社会的文化传统，工商业花样多，大家总想与众不同，有所特出，乃可谋利。不如农业人生，大家差不多，无可特出处。大家想特出，互为不同，即就此点上，依然会见得中西双方大家都一样，不见有真特出。大家走普通的一条路，无多相异，但也依然会在普通中时见有特出。

西方人看人生重在其外面事业上。业各不同，而亦时有特出。但农业五谷桑麻，生产收获，年年差不多，因此农业虽不可无，而不为西方社会所重视。在古希腊，工商百业居都市，自成一阶级。农人居郊外，听命于城市，其身份较卑，被视如农奴。罗马军人最特出，其地位尤在工商百业之上，而农民则仍视为农奴。中古时期，又以教会中掌教权者为最特出，当时惟罗马教皇，尤特出于举世人之上，一切人皆当俯首听命。其次现代国家兴起，于贵族阶层中产生出政府，国王最特出。政教历经冲突，教权终屈居政权下。此后革命迭起，有民选议会、民选政府、民选总统，而选民则以工商界资产阶层为主，于是贵族渐失势，工商业遂跃居社会中最高特出地位，此为近代西方自由资本主义社会之来历。故西方社会多变，主要在孰为当时之特出阶层，而在每一阶层中之每一人，又复各求特出，乃终使其社会常处于不安。

近代西方社会，惟工商企业界为最特出，至若政党政客，乃及自然科学界之智识分子，不过为工商界作扶翼与依存而已。乃又有工人崛起。近代工人在机械统制下，本属普通人，无特出可言。乃美其名曰无产阶级，无产阶级革命专政，又预言此下人类，惟将以无产阶级为最特出。并不许无产阶级外，另有其他名色之存在。此惟西方社会传统崇尚特出，一线相传之历史演变有如此。

东方观念则重人不重业。人则普通，业较特出。百业中以农为主，农最普通，亦最受重视。其他工商百业，较不普通，较特出，乃亦较不受重视。其实凡百诸业，莫非附加于人之上，皆不普通，更普通者乃是人。业农者是人，其他工商百业亦同是人，惟以农人居多数，较更普通而已，故中国农人最受重视。此不专为经济政策，乃为人道主义。近人好中西相比，所谓人道主义，亦非西方社会以济贫恤灾、慈悲为怀者为人道。中国人之所谓人道，乃是一种人伦大道，人则必当以普通人为主，不当以特出人为主。人伦则是普通的，非特出的。中国人的传统观念，则抱一种极宏通极和平的人道观。

人总是人。不论诸名色、诸行业，人与人之间，必有大家差不多的普通面。如每一人必各有其父母，则为子女者应如何对待其父母，亦应有一番普通道理。中国人称此曰孝。每一人亦必各有其年长的一辈，幼年人对年长人，亦应有一番普通道理，中国人称此曰弟。每一人，年长了，进入社会营生做事，应必忠于其业。在每一团体中，又必有上下之分。忠于其业，亦应忠于其上，中国人称此曰忠。人与人相交，必该有信，彼此不欺骗，不谎言。中国人认为孝弟忠信，乃是做人一项最普通的道理，人人都该遵行。富贵贫贱，男女老幼，都一样。贵为天子，也该懂得孝弟忠信。富可敌国，亦该懂得孝弟忠信。每一人，在此项道理之下，则都属普通的，更无特出可言。如是始得谓之人，中国人最看重此一点。在此最普通之道理中，亦可有特出人。如古代舜与周公之孝，后世岳飞文天祥之忠，此是大孝大忠。乃成为孝子忠臣中之特出人物，为中国人之最所重视。其他特出，中国人观念，则转居次要地位。

在中国人此项观念下，最成问题的应是宗教。因宗教显具特出性，中国文化传统里不能自己产生出宗教，正为此故。佛教来中国，教人出家，出家是一项特出事，但我们只读中国历代的高僧传，却也没有不孝不忠的。而且中国社会，每以佛事为亡故父母求超度。如此则佛教虽若特出，但在中国社会里，亦已尽量普通化了。其次如哲学，每一哲学家，似乎都在思想上务求特出。但中国思想界，则似乎先有了一限制，种种思想，似乎都只在此限制下进展。老子说："六亲不和有孝慈，国家昏乱有忠臣。"老子之意，应是不求在普通人中有特出的孝子忠臣。他认为六亲和，便不必有特出的孝子。国家政治清明上轨道，也就不须有特出的忠臣。若如此，老子思想，乃求正本清源，使人生更普通，更没有特出处。老子只求于自然大道中谋求六亲和、国家治，其意决不在提倡不忠不孝。宋儒在佛学禅宗盛极之后来提倡理学，近代人多喜指摘他也深受了禅学影响。其实理学家主要宗旨，亦正求在人生大道中尽量回到最普通的孝弟忠信的路上来，至少是反对人出家，反对人离开了普通人群来做一特出人。

再其次，如近代西方自然科学，其中所发现的种种自然奇秘，中国人非不信服，亦非有意拒绝利用。只因自然科学主要在讲求自然物理，而中国传统文化中最所重视的那一套人伦大道，则不为自然科学所研究探讨。科学真理乃都是一套特出真理，只在特出场合中使用。而中国人最重视的普通人所最当普遍遵行的那一套孝弟忠信的道理，则并不能因有了许多特出场合中之特出使用之发现而便弃置不问。这一层，实为近一百年前中国智识分子最先接触到西方新兴的自然科学所极端关心之事。最近，科学潮流，似已无可遏逆。但在整个人生文化问题上，能不能把自然界许多特出真理来代替了人类大群所应共同遵行的一些普通真理，此处终是一大问题。

再简要地说，人生都趋向特出，总易忽略了普通面，如此则易使人群陷于涣散破裂。而且一种特出面占势，另一种特出面便受压抑。无论是工商业方面，抑或是军人武力方面，宗教信仰哲理思维乃及科学方面，只要一方面太占势特出了，便易忽略了其他方面，使人群滋生不和不安。此就西方历史已有过程,即见其如此。所以中国传统观念,常着重普通面更过于特出面,只求于普通中见特出,不求于普通面之外来寻求特出。这一主要观念,还是值得我们来重新提出、重加探讨与发扬。

如言宗教,西方历史上的宗教冲突与宗教战争,直至于今,仍不绝迹。每一宗教,当然绝不在提倡冲突和战争。但因各宗教都不免有其特出面,于是相互间遂易生冲突。是否该提出一项普通的来领导此一切特出面,或和协此一切特出而解消其冲突。如每一宗教,都主博爱人群,我们先该有此普通信仰,信此教与信那教的同是人,甚至不信任何教的亦同是人。信此一教,是我之特出面。但我仍还是一人,则是我之普通面。我不该把我之特出面来毁灭了我之普通面。不要把我此一信仰看得太特出了,如此则不仅妨害了其他信仰之存在,抑且会妨害到人群大体之其他事项。因任何一事项,都不该太特出。太特出了,便会不普通不平常。任何一人亦然。一人太特出了,便易妨害到其他人。故人生不该尽求特出,但可尽求普通平常。各大宗教的教主,似乎都被其信徒信其为太不普通了,这中间便有病。只有中国人观念中之圣人,则仍依然还是一普通人。圣人固亦有特出处,但总不损害其普通处。惟因其不过分特出,遂不成为一教主。

其次说到一切学术思想,哲学科学都在内,当然亦各有其特出面。但尽管是一大思想家大学问家,他总还是一人,总还有他普通的一面。只要他跳不出那普通的一面,即可证普通一面之重要性。那即是任何一思想家学问家,都该有他普通平常为人的一套。就中国人观念言,他总不该不孝不弟不忠不信。或许有人以为中国人向来提出的孝弟忠信,并不能认为是人生的普通大道,则试问人生普通大道究该是什么?此仍是今天人类所应最先注意探讨的问题。今天的时代思潮,似乎认为自由即是最普通的人生大道。但自由也该使人人各自由在普通面,不应使人人各自由向特出面。人人各向特出面自由,便宜滋生种种病害。

如近代欧洲,贩卖非洲黑人到美洲去当奴隶,但还向他们宣扬耶稣教。传教是他们的自由,贩奴也是他们的自由,他们不悟两种自由间有冲突。只把宗教看得太特出了,遂认为人人该信教,其他全可不问。即其人沦为奴隶,亦若无足措怀。西方人对其殖民地民众亡国之痛,亦淡漠置之,仍亦向他们传教。一若亡国灭种皆次要事,信教乃首要事。或许认为亡人之国,沦人为奴,可使其人转易信我之教。或许认为既非同一宗教,则其国可亡,其人可奴。总之是把宗教信仰看得太特出,遂使对其他事的认识全差了。

最近科学地位又特出在宗教之上,于是只把科学上之发明与使用,凭为衡量一切人事之准则。西方人以科学先进自傲,其他全目为落后。向落后民族与落后地区宣扬科学,遂成为西方人今日惟一大任务,而宗教信仰转可不问。但宗教是一种精神人生,科学利用,则只是一种物质人生。遂使今日的西方,以物质人生为其惟一的特出面,不悟在宗教与科学之外,尚有其他人生之普通面。信仰相异,物质差别,不该使人生在此上太过划分。如黑人为歌后、为拳王,亦受西方人重视。但仍只重视其特出面,与人生普通面无关。

在中国文化传统中，亦未尝无许多特出面。试举一例如音乐。中国古代有关教育上师之得名几从音乐来。故师多为一瞽者、为乐师。殷代掌乐者有太师挚，少师阳。周官有声师、钟师、笙师、龠师。春秋时有名人师旷，为晋太师。孔子学琴于师襄。此等皆瞽者，以其人身体上之特殊性，遂使其成为一特出人物。然理想之师，则更应在普通面。又如受业肄业之业字，本称悬挂钟鼓之大版。《诗经》"虡业维枞"，又曰"设业设虡"。《礼记》："乐正同业。"音乐在人生中有其特出面，亦有其普通面。孔子学琴于师襄，在孔子人生中即属普通面，在师襄则属特出面。陶潜诗："息交游闲业，卧起弄书琴。"中国人主要在从人生之普通面学琴治音乐，并不重在求为一音乐方面之特出人，如学琴必求为伯牙，治音乐必求为师旷。嵇康之卒，《广陵散》绝，然后人之悼念于嵇康者，决不为其《广陵散》。盖嵇康仍自有其人生之普通面，其能《广陵散》，则仅属其特出面。中国古人又曰："经师易得，人师难求。"专业治经，亦属人生之特出面，人师之可贵，则在专业外尚有其人生之普通面。

循此推论，一切为人、修学、治业，愈普通愈平常愈可贵。愈见为特出者，纵为人生所不可废，然在中国观念中，每恐其因于特出而有伤于普通平常面而不加提倡。教育子女，必望其为孝子忠臣，或贤妻良母。在家庭，在乡邑，在邦国中，更要者，在希望其为一普通人平常人。近代社会，慕效西风，观念转变。颇闻人言，今日乡村妇女，生男盼其能成一少棒名手，可以扬名海外，举国皆知。育女盼能成一歌星，在电视台夜总会播唱，月薪收入，超过一大学教授三五倍以上。此皆前廿年所未有之新名色、新行业。费数年时间，在青年期即成社会一特出人物。就社会总体言，亦若多彩多姿。就每一人之出路言，亦若远较以前之安常习故为变通而进步。然在前代，亦并非无此等名色与行业，而社会终不重视，目之为江湖卖艺。非不得已，辄戒勿为。即如国剧一项，在百年前，朝野欣赏。名艺人如谭鑫培、余叔岩、梅兰芳、程砚秋辈，岂不举国崇仰。然社会终以流品观念，因其易特出，不认为一普通职业。亦有性所喜好，私下演习，偶尔登台，谓之玩票。若竟转入此业，则称下海。此非一好名称。可见不普通不平常之特出人物，向为中国社会所戒慎，不加提倡。

又如一名书家名画家，岂不更受中国社会尊重。然其最要条件，应是一业余者，必在普通名色之范围内，成其绝艺。试读历代书画名家之传记，自钟繇、王羲之以下，迄于近代，凡为此项艺术大名家，必求不脱离其普通身份，不仅见为一特出人物。如西方习惯，开一展览会，公开售其作品，恃为一职业，凭以营生，在中国即受轻视。若富贵人出重赀求之，每拒绝不与。而随兴所至，濡墨扫毫，播之贫贱交往中，乃成佳话，增其地位。亦有受政府罗致，培养宫廷中，如翰苑供奉之流，纵其作品亦臻绝顶，而在社会心目中，终亦不与业余人等量齐观。

又如诗文作家，其受社会重视，每更过于书画艺术。然同样须在普通行列中有其特出表现，不凭以为特殊一生业。所谓洛阳纸贵，乃属社会传钞，非作者借以牟利。后世印刷术兴，大著作归书商贩卖，作者绝无版权享受。亦有为人家子孙撰其父祖墓志碑铭,而接受润笔,此亦交谊人情,非论价售货之比。然若为额已丰,亦添朋侪间口实。

又如其他大著作,亦皆由公私旁人代为付印,俾便流传,绝无赖此凭为生业之事。若果有之,则学术亦如市道,必受社会鄙视。即如明清易代之际,士人不愿出仕,生事维艰。其抗节不屈,乃属一种特出表现,然其维持生活,则仍必有一普通规范。或处馆,或行医,或出家为僧,或赴边垦荒,要之仍不失为一普通人。如吕晚村以选刊制科时文获厚利,虽其内情乃为宣传民族思想,在当时亦发生甚大影响,并在身后受祸。然在中国传统观念下,此等事,要不可为训。在其当身,亦已不受朋侪之原谅。

然则中国传统所重视之普通人,不仅在其行为操守上,有一普通规范;即在其营生过活上,士农工商,亦各有规范,戒其逾越。在此普通规范下,尽可有特出表现。但种种特出表现,却不可夹杂有一种营利谋生之目的。纵如一工人,亦可有其特出表现,如陶瓷、如雕刻、如纺织、如纸墨制造,历代皆有名匠。但其表现,乃本之其内在德性之自然流露,非仅为营生。中国社会上,工艺精品,优美绝伦,自古流传,为今人所宝赏者,难可缕举,然要之不为经商营利,则故事轶闻,可资为证者实多。果若夹杂了营利谋生之目的,则其动机在外不在内。若有所成,中国人鄙之为奇技淫巧。若推广此义,即书画诗文,若亦夹杂了营利谋生之私图,亦可不必是其内在德性之自然流露,中国人亦鄙之为一匠,同样亦可列之于奇技淫巧之列。技巧可以特出,而奇淫则所当慎戒。总之,凡其人之特出表现，均应表现在其人生，即表现在其德性上。即其人之行业，亦即其人生之一部分。一切特出表现，纵是从其行业中表现，亦即是人生与德性之表现，不应由其在行业上之特出表现而妨碍及其全人生与其德性大本之所在。此为中国传统观念中所深思慎虑之一要端。

盖人之德性，本于天赋，乃属人之普通面。在人之普通德性中本可有种种相异与互见特出处。人类大群，则必建基于其普通德性之上。若人人仅求自异，各务特出，离此普通大本，则其群终必涣散，乃至破裂。在人事上，求为特出，实并不难。而在人伦大道上，能仅保此天性，以谋发展而共同形成一普通面，其事实不易。中国文化传统，四五千年迄今，惟因看重此一大目标，谨守弗辍，骤视若蹈常袭故，陈陈相因，遂无急剧之转变与改进。然而其群自大，其基益固，纵经艰险，亦能维护其群于不坏。较之其他诸民族，殆少其匹。今若改弦易辙，奖励人人求特出，又以外面功利为诱导，则天赋共同之德性，终必日以稀薄。而人之处群，乃惟以相争互胜为事，不以相安互和为务。非不有一时之成功，恐难期长久生命之维持与滋长，此有中西历史为证，实亦大值深思也。

（二）

民国初年，《东方杂志》似有人写一论文，已忘其篇名与作者，称中国从来知识思想犯一通病曰笼统。一时此说盛行，报章杂志屡见笼统两字，成为诟病中国知识思想一公认通用之名词。由今思之，笼统犹言囊括，乃指包涵总体言，此正中国传统文化一最大特征之所在。当时以笼统二字群相诟病，亦正可谓把握得其要领。

如言孝，时代不同，社会不同，家庭亦不同。人各有父母，而父母亦各不同。即使是兄弟，甚至如孪生兄弟，其对父母之孝，亦必不能尽相同。如何尽其孝，既各不同，又何能清楚分别，具体言之。空洞只说一孝字，岂不为一笼统之名词。

如舜与周公均大孝，而两人之孝，具体言之，实大不同。两人之间又有禹，其父鲧治水无功，舜殛之羽山，而使禹继任其父业。禹治水在外十三年，胼手胝足，三过家门而不入，洪水终平。舜殛其父而用禹，禹能干父之蛊以答舜，此亦禹之大孝。而其孝则与舜与周公之孝又大不同。西周之初，又有泰伯虞仲，让国逃亡，此亦当称为大孝。中国相传有百孝，百人之行，互不相同，而互得称之为孝。可见孝正是一极笼统词，而乃特为中国人所重。

其他笼统之名词，屈指难缕数。如言让言和，言无所争，言礼，一切皆然。礼主让，以和为贵。孔子曰："君子无所争，必也射乎。"除射无所争，而射亦有礼，其争实非争。但所言皆不具体，皆笼统言之，而一切事则皆在此礼之一字之笼统之内。礼与孝两字亦同为中国人所重。

《大学》言："在明明德，在亲民，在止于至善。"此亦皆笼统之词。何谓明德，此指天所赋予人之性，而发之于吾心者，此非一笼统之名词乎。至于如何明我之明德，则人各反己自得，倘有所言，当更属笼统。然中国传统人生大道，则此笼统之明明德三字已足包涵净尽。孝亦一明德，此皆人生之至善，人生一切大道在明其明德，在止于至善。如为人父止于慈，为人子止于孝，为人君止于仁，为人臣止于敬，与朋友交止于信，皆笼统言之。慈孝与仁与敬与信，皆人之明德，皆人道之至善。人当知止于此而不迁，故曰："知止而后能定，定而后能静，静而后能安，安而后能虑，虑而后能得。"人当知为人子则惟孝为至善，当止于此至善，更无迁移。止于至善者，非谓己之能至于此至善，乃谓惟此乃至善，为人所当止。如舜父顽母嚚，至屡欲杀其子。然舜无他道，惟有止于孝。即只有此一道，未有其他路线可供选择。知此则心自定。

孔子曰："必也正名乎。"名乃其分别，而道则其笼统。孔子之意，乃更求分别以企于更加笼统。当知中国人之笼统正从分别中来。犹如中国人之认识总体，乃从认识其部分中来。此为研究中国传统文化者所不得不知，尤当加倍注意努力之所在，故不惮详言之如此。

父母只是父母，子女只是子女，名分早已定，而吾心不定，则何道之从。心定则自静。静者不动义，即止于此而不迁移之义。能静始能安。舜之孝，在能心安于其子之名位上，而道自见。其心安乃能虑。父母设计杀我，我奈何？听其杀抑逃之乎。逃了又如何？仍守子道，抑逃后再不为子？处处时时事事皆当有虑，而终不逃其子之名与位，斯可得矣。凡其所虑所得，皆具体有分别，而事皆未来，各不得具体分别以说。可说者，惟此一笼统空名曰孝是矣。故中国人必先知此一笼统大道，曰明德，曰至善。知此然后乃可分别时地以明其明德，而止于至善。明其德而止于至善者则在虑，非可前知，亦非能推知，在能随时随地随事而虑，始可有得。而其先决条件则在知此一笼统之大道。故中国人之止，乃可与中国人之通合而为一。犹之中国人之分别，乃可与中国人之笼统合而为一。孔子曰："执其两端，用其中于民。"两端即分别，中即笼统。正亦此义。

此一笼统，不仅笼统吾之一生，亦笼统一切人，一切时，一切境。有一道曰孝，此非极笼统之尤乎。若必具体言之，则必随时随地随事随人而有分别，难于前知，亦难可推知。此必先有一笼统之知为之本，即对人生大全体之终极理想与最高目标有所知，亦即所谓止于至善之知。无知无本之人，其平常处境，仍必随时随地随事随人而分别为虑。纵可虑而有得，然于笼统之大全体则并无有得，斯必于异时异地异事异人而俱失之。凡其所虑所得，皆至狭小至短暂。时地事人变动不居，而此心亦不定不静不安，有所得而无所止，亦终不得谓之至善。

《大学》书中，分知与虑为两项。以今日语说之，知乃知识，虑则思虑。亦可谓中国人乃以知识谓知，实即识而非知。而思虑则称慧。孔子之言仁且智，仁亦一种知识，即是识。智则指智慧言。知识乃笼统识得此总体。临时在此总体上分别应付则谓智慧，乃对部分，非对总体。西方人仅求知，而不论识与慧。其谓知识即权力，乃近慧，非近识。中国人则重识犹胜于重慧，故曰："士先器识而后才艺。"才艺乃本于慧，不本于识。又曰："识时务者为俊杰。"时务亦一笼统语，先识时务之大笼统，而后智慧有所用。苟不识时务，而徒用智慧，则虽有小得，终必大失之矣。西方今日之科技，亦属一种智慧，而总有其不识大体不得大体处。故乃对其大体为害甚大。

孟子以伊尹为圣之任，伯夷为圣之清，柳下惠为圣之和，其任其清其和，亦皆得谓之识时务。则识时务不仅为俊杰，抑更可为圣。孟子又称孔子圣之时，则变通任清和而随宜使用，尤更为识时务。识时务即识大体。孔子之赞颜渊曰："用之则行，舍之则藏，惟我与尔有是夫。"行与藏即任清和之更迭变换而使用，此之谓圣之时。孔门惟颜渊能有之。子路仕于卫而死，复何所成？冉有仕于季氏，季氏富于周公，孔子曰："冉有非吾徒，小子可鸣鼓而攻之。"足子路之善治军，冉有之善理财，其在具体事务上之智慧，虽可谓未必差于孔子，而其对时务之笼统大知识，则距孔子甚远，皆不得谓之识时务。孔子作《春秋》，曰："《春秋》天子之事也。"而《春秋》之一褒一贬，游夏之徒不得赞一词。是游夏在文学之科亦不得谓之识时务。不知又历几何世几何人之会合攻专，而始有《春秋》三传之结合。孔子又称管仲，曰："管仲相桓公，不以兵力。九合诸侯，一匡天下，民到于今受其赐。"则管仲宜亦可谓之识时务。但自有孔子，而孟子则曰："乃吾所愿，则学孔子。""子诚齐人也，知管仲晏子而已矣。"是则天子之事即时务乃王道，管仲则仅为霸道。孟子王霸之辨，为此下两千年中国儒道所承袭。可见知与识大不同。知有管仲，岂能即识王道。知治军理财一切文学之变，又岂能识王道。知仅是一分别名词，识则必达于笼统境界。王道乃笼统之更大者，又岂专务政事文学者之所能识。

今再严格分别言之，则识最居首，慧次之，智又居其次，知则最当居末。《书》曰："非知之艰，行之惟艰。"而孟子以不学而知为良知。但人断不能不学而有识。俗有云

"有眼不识泰山",则有眼能见不能识可知。故国人每以学识连言。而智慧见闻则皆从学功夫中所当有。此四字之大分别乃如此。而西方人似乎仅重一知字,此亦其文化相异之基本所在矣。

近人竞慕西方,亦崇其个人主义与功利观点。此须用智慧随时随地随事随人作具体分别之应付,俾易于有得。如冉有可谓理财专家,而孔子曰非吾徒也。孔子所言,乃为人生大道,虽若笼统,然易世以后,季孙之富终于何在。则孔子之言,岂不信而有征。今人看法则不同,认为冉有之后当求另一冉有继之,则季孙氏不患不长富。故惟求变求新,但求进步,不肯求所当止。人生千变万化,岂有一可止之境。西方社会与西方人生,自希腊至罗马,至近世之英法,而至当前之美苏,变则变矣,然希腊罗马乃至英法,其一时盛况皆不可得而止,岂美苏当前之盛境独可止。人心不定不静不安,纵亦有虑有得,然不旋踵即失之。孔子曰:"虽百世可知。"此知则即是识。由识自能有慧。个人主义与功利观念尽在眼前,宁论百世。故西方传统重当前之智慧,不重笼统之知识,此则与中国大异。近人以笼统识中国,亦此意矣。

孔子言:"足食,足兵,民信之矣。"又言:"去兵,去食。自古皆有死,民无信不立。"其言兵与食,皆具体易知。言信则笼统不易知。但死生乃宇宙生命大自然一体之两端,人生亦然。希腊罗马英法美苏,虽极一时之富强,其民皆有死,岂不易知。但生必有死,又死必有生。耶教所信,乃信在上帝天堂,不信及于尘世。中国人则信人同此性,人同此心,人同此德,人生大道乃本此心此德而立，可永存不息。故己之一生，即存在通达于他人之生命中，而有其不朽。果得有此信念，虽若笼统，即可信人生之不朽，而西方人不之信。民信而立，所立者即其位。故中国人必求正名定位，又岂西方人仅争平等之所能知。中国民族之立于宇宙间，则广土众民已绵亘五千年之久，此非孔子所谓信而有立之确证乎。则中国人所言虽笼统，亦皆有具体分别可证，亦惟国人之善体之而已。但若必求说明，则千言万语终有不尽不明处，亦惟反求之己心而可得。亦幸国人共识之。

（三）

平常乃一笼统语，而中国人则最重平常。安分守己，乐天知命，平平常常做一人，其中即可有杰出人。不安分，不守己，不乐天，不知命，不平不常，只想做一杰出人，则人而非人，决不得成为一杰出人。孟子曰："人皆可以为尧舜"，此一语七字，在中国流传甚广，影响亦甚大。但孟子意乃指尧之好贤，舜之孝，尧舜之让。指其德性，不指其地位事业与功名，尧舜德性，平常人所同有，故平常人同得为尧舜，非不能。但孟子也说人有所不能。孟子曰，天之将降大任于是人也，必先饿其体肤，劳其筋骨，违其心志，行拂乱其所为，所以动心忍性，增益其所不能。可见人是有所不能的。如尧舜为天子，出任人群大任，岂人人能之。

尧舜为人，史迹荒远，难以详考。但知尧为天子，闻舜至孝，嫁以二女，遂得舜之详。适逢洪水为灾，擢舜摄政,又以天子位让之,舜又以让禹。果使尧为天子,洪水未兴,则尧亦平平常常过了,哪能成得像今所传之尧。次言舜,无势无位,生在一平常家庭中,亦仅得做一平常人。乃不幸父顽母嚚弟傲,生在一不平常的家庭中而舜还想做一平常人,能孝能弟,于是历尽几多曲折艰难,而终以大孝名。经尧物色去,获禅天子位。同是在一不平常环境中,成得一不平常之杰出人。

再次言禹。其父鲧亦当是一平常人,并非一恶人坏人,所以尧使之治水。果使他是一恶人坏人,尧也不会使他来治水。舜殛鲧,而使禹。禹既先知其父治水之失其道,又念其父被殛,乃尽心力以治水,以赎父之愆。是禹亦在一不平常之处境下,而得成一不平常之杰出人,乃亦受舜禅为天子。果使无此洪水大灾,鲧与禹亦自在一平常父子标准下,不失为一平常人。但鲧禹又焉得乞求天降洪水,以期己之不平常。

今再就此三人论。治水大业成于禹,但非在上之尧舜授以此大任,则禹亦无以成其业。尧舜之于禹,正如孟子所谓天之降大任于是人。尧舜之德,实已上通于天。天生斯人,即赋之以斯德。故人皆可以为尧舜。但孟子继杨朱墨翟而起,其时则杨墨之言盈天下,天下不之杨则之墨,人人不愿为一平常人,斯诚一世之大忧。故孟子乃曰:"人皆可以为尧舜。"其意即犹谓人人能做一平常人,即已为尧舜。尧舜亦只是一平常人,无烦勉求杰出。孟子乃倡导天下以人人尽所能行之一正道,乃为平常人立教。谓平常人尽不平常,如舜以若是之父母而能孝,则平常人又谁不能孝。以尧居天子位遇艰难能让位,则平常人又谁不能让。孝与让，皆平常人德性所俱有而俱能。孝且让，斯即不平常矣。若必求如舜之为大孝，如尧之能以天下让，时运环境不同，则孔孟亦所不能，其他人亦谁欤能之。故孟子自称则曰："乃吾所愿，则学孔子。"但并不言愿学尧舜，亦不言人皆可以为孔子，则孟子之深义亦大可寻求。

人生必当为一平常人，但平常人中，又必当有杰出人。惟不能寻求违异于平常以为杰出，惟当在平常中能杰出。杨墨则务求违异于平常以见其杰出，故孟子指示一正道，即平常亦即杰出，如尧舜是已。如禹如周公如孔子，此亦皆杰出，则非尽人能为，此须进于学，成于才，乃能达。志学求达，此乃极平常事，为平常人所当勉。孟子曰："我四十不动心。"即犹如孔子之四十而不惑，此即志学勉达后所成，但岂平常人所能。此则已见在平常中杰出，而岂事业功利名望地位之所谓。当知此等在大群中既不能平，又不能常，虽若杰出，存心于此，则绝非人生之正道。

庄老道家则只教人为一平常人，不教人为一杰出人。老子曰"绝圣弃知"、"绝学无忧"。为一平常人，归而求之有余师，固不待学。佛教东来，教人学释迦，亦求为一杰出人。中国高僧如生公，则谓一阐提亦俱佛性，顿悟成佛，乃与佛教大义有违。生公之说，实旁采孟子义。及唐代禅宗继起，乃有即身成佛，立地成佛之说，则远非佛教之本义。佛教必求出家，尽屏人事，反己求之，庶得不学而能。若求为孔孟圣贤，在大群中做人，或将出任天下之大任，则焉能弃家而绝学。

南宋陆象山言："尧舜以前曾读何书来。"不教人读书，以一平常人，得为尧舜则可。以此为六祖慧能，求成一佛，亦无不可。但绝不能在平常人中，为一杰出人，出任天下之大任。当知象山教人不读书，在当时已为不平常。所以，不见有大害，因同时有朱子。朱陆门人互通声气，治象山之学者，常有朱子学在旁作警戒，故得规矩无大差。及明代王阳明，在龙场驿历尽艰辛，乃问使孔子亦如我今日，当作何处置。遂发明其良知之学。但阳明此一问题，在当时实是一极不平常之问题。以一平常学者来作问，当问我学孔子，当如何来效法始可。今谓果使孔子处我境，亦只得如此处。则未免自视太高，太杰出了。此等想法，乃使人不能真杰出。若问我处孔子境，亦得如孔子般处否？则其间自当有学。要我学孔子，乃一平常人想法。要孔子亦如我，此乃一杰出人想法。此后阳明离去龙场驿，出任政府重任，乃有事上磨炼之教。则已知人当在事上磨炼，不能仅凭良知。然事上磨炼已不易，仍当先在学上磨炼，惜乎阳明在此终未有大发挥。

继阳明而起者，有王龙溪王心斋，专以阳明良知之学来教平常人，乃二王亦见为杰出。尤其如王心斋，本一摆地摊之小商人，其在乡任教，陶匠樵夫，皆闻其风而起。殆皆上承孟子所谓人皆可以为尧舜义。然天下尚有大任，则恐非龙溪心斋之教所能尽。更降而有罗近溪，乃至有李卓吾，则离题更远。卓吾本一政府官史，乌得摇身一变即为一佛徒。以卓吾之才情，入深山中为佛徒，亦得为慧能，为一代宗师。何得身披僧衣，仍预尘事，仍滞仕途，仅凭一己良知，岂得尽杰人世规矩历史经验于不顾。即昔之狂禅，亦不若是之狂。孟子仅言人皆可以为尧舜，并不曾言人皆可以仅凭一己之良知。后人之言良知，实已非孟子所谓之良知，孟子所言乃一平常语，而后人之论，则甚为杰出。亦已不待论而知。

禹治水有大功，不得谓人人可以为禹，而中国人则认立德尤在立功之上，其义深矣。继尧舜禹而起者，有商汤周文王武王周公，文王之德尤在汤武之上，而周公则最难为。使武王不遽死，或成王年已长，或管蔡不如是之无道，则周公尚不若是之难为，亦无以成今传之周公。惟周公兼德业于一身，有似于禹。但禹治天灾，周公则处人事，其难则犹甚于禹。孔子志道志学，乃独以周公为其最高之准则，曰："甚矣，吾衰也，我久矣不复梦见周公。"斯见孔子一生志业之所在。

孔子又曰："十室之邑，必有忠信如丘者焉，不如丘之好学也。"则十室之邑皆有忠信之德如孔子，但不能如孔子之好学。好学必先立志。即人人立志好学，亦不能人人如孔子。但孔子又曰："道之不行，我知之矣。"是孔子已知其道之不能行，而犹学不厌教不倦。其门人弟子则曰："夫子贤于尧舜远矣。"孔子之贤于尧舜者何在，此则值后人之深思。孔子亦居平常位，为一平常人，而已能与尧舜同跻圣人之列。则果使孔子亦居尧舜之高位，当尧舜之大任，尧舜又何得与孔子相比。墨翟继孔子起，亦立志好学，但曰："非大禹不能为墨。"则又岂得人人而为禹。杨朱继墨翟而起，又唱为我之学，拔一毛利天下不为。杨朱宜非一不学无志人，然欲尽人如杨朱，斯亦甚难。而当时则杨墨之言盈天下，天下不之杨，则之墨。此则当时学风尽求为一不平常人，而不计其可能与否。故孟子曰："乃我所愿则学孔子。"则因孔子为学之造诣虽不可企及，而孔子为学之路向则仍不异于平常人。仅曰"三十而立"，又曰"七十而从心所欲不逾矩"，此非平常人之所想望乎。是则孟子之学孔子，亦非求超出平常为一杰出人可知。

今日之世情，则人人尽求为一杰出人，再不愿为一平常人。争富争贵者不论，即日常游戏，参加一运动会，亦必求列为冠军。人人又尽加以荣誉奖励，则世道所趋，更何可问。人人能为之事，我不能不为，此乃平等而不自由。人人不能为之事，我亦不能，而必求能为，此则自由造成不平等。此亦中西文化相异一要点。而孟子人皆可以为尧舜之说，乃误解为人人皆可杰出为世界第一人之想。而不知最杰出者，仍当不失为一极平常人。则误解孟子义，其为祸之大，乃必有出乎李卓吾之上者。而今人治学亦正不以李卓吾为怪，而更有重加以崇奉而取法者。世道人心如此，使孟子复生，不知又将何以为言。此诚大堪警惕矣。

（四）

中国人好言心，人之相知，贵相知心。但心有深浅厚薄高低之不同，因此杰出人要得一知己不易。

西汉初贾谊，少年杰出，汉文帝赏识了他的《陈政事疏》，但同时朝廷先进绛灌之徒都不赏识他。文帝无奈，命他为长沙王太傅。贾谊屈居远僻，不免自伤悼，自比屈原。再见文帝，作长夜谈。文帝说，久不见贾生，自谓进步了。再见贾生，乃知仍不如。但当时朝廷形势依然，乃命其为梁少王太傅。梁王出猎,坠马身死。贾谊亦忧伤不寿。一代伟人,遽此长逝。数十年后,司马迁为《太史公书》,以贾谊与屈原同写一列传,贾谊遂成此下两千年来,中国历史上一杰出人物。

使贾谊于文帝世,果得大任用大作为,恐亦未必有大成就大建立,使其名望地位更远超于今传之上。贾谊亦幸而仍为一平常人,乃更见其为一杰出人。此则诚学者所当深切以思,恳挚以玩之一途。

北宋苏东坡与王荆公,各为诗文来批评贾谊。东坡作《贾谊论》,说他修养不足,政治前途须耐心等待,忧伤遽逝,岂不可惜。荆公作诗咏贾生,则谓贾生因梁王坠马未善尽师傅之托付,遂自忧伤而卒。两人批评大不同,证得贾谊内心之真?贾生初赴长沙,或亦自伤不遇。待其再见文帝,仍不识文帝心情,一意只在自求进取,那亦无足深取。荆公之评应得其真。今姑不论贾生,即就荆公东坡两人之批评,亦自见两人之心,深厚浅薄高低之不齐。单就两人在其当时之一切表现言,即把他们批评人的来批评他们,亦宜不太离谱。

余尝深玩荆公之诗文,较之其并世前辈欧阳六一,同辈如曾子固苏东坡,亦决不少杰出处。而荆公特多受当时与后世之诟病,此亦因其得神宗之赏遇,过分杰出于寻常之上之故。此亦学者知人论世之所当深思。倘以邦国相拟,今人之议论,岂不于美苏为集中特甚,亦以其地位杰出之故。明白得此一番道理,则中国之特能于衰后转盛,亡后复兴之所以然,亦可研思以得矣。

今再以美国论,人称美国为一移民国家,其国中各处移民杂居。英伦最先移民，实属少数。但彼等乃美国之主人，乃处处必求杰出于其他移民来此之上，此实美国前途殊堪忧虑之一端。而何以善其后，则不仅深谋远虑所未及，抑且亦少明白提出认为一问题。是诚堪忧虑之更甚矣。又如苏维埃远自俄罗斯彼得大帝以来，以俄国较其他欧洲现代国家为落后，一意追求前进，迄今仍专求杰出，不甘平常，乃其立国最大之病根。

中国人则时时处处教人为一平常人，又时时处处每以杰出他人为虑。此诚一极平常，而又极杰出之一大道理。"贫而乐，富而好礼"一语，则更寓精义，更当实践勿违。当知贫应是人生一平常状况，富则乃属人生一杰出状况，故曰："士志于道，而耻恶衣恶食者，未足与议也。"岂务求争前惟恐落后者之所能体谅其心情。此诚值得提醒国人崇慕西化者之再加深思。

民国以来，批评成风，尤好批评古人，号为文化自谴。而孔子遂为批评最高对象。打倒孔家店，口吻浅薄，号为新文学。当时《论语》受批评最普遍者有两章，一为女子小人为难养，一为子见南子。此事在当时子路已怀疑，但孔子不自表白。人之一心，岂能事事自加表白，此亦见己心之无深度无高度。故孔子对子路亦仅曰："予所否者，天厌之，天厌之。"孔子他日又曰："人不知而不愠。"老子亦言："知我者稀，斯在我者贵。"中国人不求人知，乃为人生一要端。子路伉直善改过，其从孔子忠诚不变，偶有怀疑，当已冰释。及卫乱，孔子在鲁，早知子路之不归。子路死，孔子自哀曰："天丧予，天丧予！"若其恸颜渊。则子见南子一事，孔子子路已绝无芥蒂可知。

在鲁在卫在陈在楚，亦绝不有为见南子而稍减其对孔子之敬礼，何期两千年后，乃成为批评孔子一好题目。即此见批评者之浅薄，于孔子曾何损。

某年前，有十数大学生见余，谈及中国文化传统。余告以当稍读几部中国书，《论语》尤当先读。一女学生即问，孔子言"惟女子与小人为难养也"，何义？则此一语受国人疑难已历数十年未变。余告以此语当注意难养二字。若母若妻若女，岂得认为仅受我养，又复难养。又岂得谓近之不逊，远之则怨。则此章女子显指家中佣仆，不指凡天下之女性。余家一女佣，正如孔子言，甚感其难养。诸位崇慕西化，今台北家庭雇女佣者日少，渐已接近美国，而孔子已先两千五百年言之，岂得为此一语，遂弃《论语》而不读。

近年来则风气又变，古人已不值批评，乃转对同时人批评。批评他人，不啻即表扬自己。风气如此，自己即同在受批评之列。知名度愈高，受批评亦愈烈。人与人不相敬，不相信，又何以成群而相安，更何相乐之有。

西方人重人事，不重人心。一事之是非从违，乃不得不以多数人意见为定。而多数人之心则率浅率薄率低，深厚与高度则仅可从少数人心求之。故当前西方民主政治，实是一平常人政治，非中国古人所追求之贤人政治。使贾谊从事竞选，参加会议，必不得多数赞同。此层在近人中，惟孙中山先生一人提及，但亦绝不为大多数崇拜孙先生者所称道。中山先生言知难行易，而惟知心为尤难。但人群相处互不知心，则又何以自安而自乐。

既知己心之可贵，斯知知心之难求。所以中国古人说："得一知己，死而无憾。"然人不知我无可责，己不知人斯可惭，亦可耻。父母不知我，无可责。我不知父母，当自愧自疚。此舜之所以成为大孝。所以知人为贵。能友一国之士，友天下之士，而犹不自足，乃求尚友千古，此为中国人处人处己之最高理想，最高态度，中国文化之最高可贵正在此。人与人相友，何与人与人互相批评，其间究当作何分别？孔子曰："知之为知之，不知为不知，是知也。"颜渊最能学孔子，正为颜渊能自知于孔子犹有不知处，故曰："既竭吾才，如有所立卓尔。虽欲从之，末由也已。"不知为不知，斯为颜渊之知。故周濂溪言学颜渊之所学。濂溪不敢言学孔子之所学，而濂溪遂亦卓绝于千古。中国人之所以为中国人者正在此。而今人则岂肯自承于孔子有不知，仅以能批评孔子自负。人心人道如此，可慰抑可乐？

今人好学西方，如希腊之亚里斯多德，曰："我爱吾师，我尤爱真理。"今人亦当谓"我爱古人，我尤爱真理。"岂不即已西化。真理则在亚里斯多德之一己，不在其师柏拉图，此之谓自由平等独立。东施效颦与邯郸学步，则非西方人所贵。今以颜渊之学来学西方，则又当为西方人之所惭所耻矣。

孔子曰："君子无所争，必也射乎。"今当易其辞曰："西方无所学，必也争乎。"罗马与希腊争，英法与罗马争，美苏又与英法争，善学美苏则当与美苏争。批评自己中国古人，又曷若能批评西方之更为西化？如参加西方运动会，即在能与西方争。今全世界无一处不相争，即美苏亦无奈何。国人求现代化，莫如不让而争。古人已死，与我无可争,转移目标,始为善学。美国行民主政治,苏维埃则为极权统治,惟中山先生乃创为三民主义与五权宪法,斯则可谓善学西方者,不知国人以为如何。

孙中山先生亦为中国五千年历史上一杰出人,但同时实亦是一平常人。论其生前实迹,辛亥革命成功,身居临时大总统位共几月,即谋和让位于袁世凯。及再起革命,偏据南土,又共几年,即北上与张作霖段祺瑞谋和,而病逝北平。其创立之三民主义与五权宪法,皆待后人为之实现完成。故中国人论人生,必在大群中有其历史绵延,中山先生一生之意义与价值即在此。其所倡之民族主义,或亦以此为要。愿国人之崇奉孙先生者,其再熟思而深发之。

五〇 公私与通专

农业生产赖人力，当属私行为。近代资本主义工业生产赖机器，应属公行为。公私轻重，亦中西文化相歧一要点。

古希腊以商业立国，不尽赖个人劳力。海上航行，集团出国，皆非私人行为。业农则可私人各别为之，被视为农奴，其受轻视可知。罗马帝国兴建，赖军队武力，亦属集体，私人力量不受重视。现代国家自航海发展，继以工厂兴起，资本主义与帝国主义兼营并进，实汇通古希腊罗马而一之。故西方社会虽重个人主义，而实际则其内心乃轻视个人。个人无可作为，乃以种种方法种种行为以加强其个人。故个人主义虽借公营私，实则重公贱私。

马克思侨居伦敦，成其共产思想，首唱剩余价值论。认为工厂工人赖机器牟利，厂主擅有机器，而劳工则为机器之附属品。但机器生产利润当由厂主与劳工平均分享。若其重视劳工，实则其思想乃从西方传统个人主义而加以一番纠正，非专从重视劳工来。换言之，机器是一公，而劳工则各别是一私，如是而已。又岂得谓其乃重视劳工之亦仍各为其私乎。故马克思又谓其主张乃唯物主义，此亦自谓其主张乃非一种人生道义论，非为劳工阶级仗义伸冤抱不平，其意亦自可见矣。当时如英法诸国，皆已自农业社会转进为工商社会，农产品则赖殖民地供给。故马克思共产思想并未讨论及农业。惟应推行于资本社会帝国社会中，而不意列宁乃在苏维埃首先推行。

当时农业生产，机器并不重要。倘亦推行机器，人力将感过剩。如当前美国，农村占地虽广，而人口则稀，其农村亦俨如一工厂。苏维埃则农业落后，其工商业亦终不能与西欧北美相抗衡，其机器使用主要乃集中在武装设备上。今日苏维埃核武器演进，至少堪与美国相竞。而世界第三次大战，乃若迫在目前，此为当前人类最为警惕，而又无可挽救一大难题。

然则马克思之共产主义，乃求劳工私人力量与机器力量之稍加平衡。而苏维埃之共产政策，则并厂家资本而尽加深斥，乃使机器力量远驾于私人劳力之上，而尽供政府之用。一思想之推行，其结果乃可因环境有别而得如此之相异，而有如此之不同，此亦大可惊奇矣。

继苏维埃之后，中国亦推行共产思想。中国自古以农立国，其农业成绩远超西方之上。近代机器之使用，中国则尚无基础。马克思共产思想本为机器与劳工打算，中国农业则不用机器，亦非劳工，于是共产思想推行到中国主要乃成为分农产，遂创为人民公社。使人人不愿尽其私人之劳力，而农业遂成为无产，使全国陷于无衣无食之困境。不注意自己文化传统，而轻效他人，肆意改革，其为祸有如此。

今日大陆已有废弃人民公社，重归旧日农村之意想。然重返旧日农村，则须赖私人劳力，又必让私人自享所得。则共产主义又何得维持。抑且农产仅赖私人劳力，重私不重公，又何得与并世工商资本社会之重公轻私相抗衡。若必走向近代工商社会，而不推行共产思想，又何以避免劳资利润之不公，如当前资本社会之弊害。此其间有种种问题，须待思考，须待解决。而此种问题之提出与思考与解决，则必有待于史学与文化之通识，而非今日所谓之专家所能胜其任。

依据中国历史论，既未有农奴社会、封建社会乃及资本主义社会之出现，则何来又忽然需要一共产社会。若必改为共产社会，则其他一切人事尽待改革，岂经济分配一项所能限。今日国人已在知识上仅尚专门，不知有通才，其他种种病害乃连带发生。中国古人则必尚通，不求专，身、家、国、天下，一贯相通，其间皆有道。以专门知识论，则无可相通。

此因中国重师承，尧舜禹汤文武周公以至孔子，皆以一师承来领导群伦，故一人之修身可以达于齐家治国平天下。西方人轻视师承，故只许在大群中分门别类作专家，不许驾大群而作为一领导人，此乃中西文化一大相异。

故中国历史上一切人才皆尚通识，而专门知识则居其次。农田水利，岂不有赖于专门知识。而授田制度租税制度等，则皆须有通人为之规定。此须善治中国政治制度史社会经济史者为之阐述，而岂徒拾西方人牙慧，谓其乃农奴社会封建社会帝王专制者，所能有当于万一。舍此不论，专论当前，中国传统观念，身家国皆属私，天下乃一公。而一身之私，则可直达于天下之大公。西方人则仅知有国，不知有天下，可谓其心乃有私而无公。明末遗民顾亭林言："国家兴亡，肉食者谋之。天下兴亡，匹夫有责。"亭林自为一亡国遗民，而其心犹能不忘兴天下。故中国平民，必顾全其自身之私生活。而高级知识分子，则必鼓励其有志于天下之大公。今则一趋西化，仅尚专门知识。而通才达识，以前中国人之所谓士，则已失其存在。而私人生活，则或主共产，或主资本主义，要之，皆仅有群体共同生活，不得有私人独立之生活，实已全失中国之旧传统。既无当于中国四千年相传之人心积习，其前途之无可期望，亦可不待论而知。

如何维持四五千年来吾民族自己之传统文化于不坠不失，而又能对近代世界之经济侵略武力侵略善为维护，此须具最高通识之大圣大贤为之计画，为之领导。而近世通行分门别类之各项专家知识，皆不足以胜任因应，而亦非结党结派多数会议之所能制定其策略。此两项乃不幸不为近代国人所认知，于是国事蜩螗，历百年之久，而益趋于纷乱。即如当前大陆人民公社废除，此下农村生活如何善加领导，此亦非农业专家之所有事。又如大陆森林水土尽遭破坏，水灾恐当遍及全大陆，不仅社会人心变，而天地大自然亦随而变，此诚中国最近一大问题。亦岂民主自由之所能解决，又岂传习西方农业水利之专门知识所能克治。此须熟识中国人文地理之历史演变，乃及历代相传之水利水害之具体事状有所通晓，否则不足以谋对策。而又岂今日国人用心之所在，专作无知识之应付，其后果又何可设想。不读胡渭之《禹贡锥指》一书，何得轻言黄河之水害。不读顾亭林之《天下郡国利病书》,有关三吴之一部分,又何得轻言太湖之水利。岂当前现代知识尽在西方,而中国旧传统乃更无一顾之价值乎?

又如当前英国与阿根廷有关福克兰群岛之争议,此乃举世一注目之问题,而爱尔兰之于英国国策,可以公开反对。又爱尔兰亦可公开加入西欧之列国会议,而英伦三岛之共为一国,岂不人人尽知。此乃当前最近世界最大一帝国,试问不通晓英国民族心理,乃及英国历史演变,何以解答此问题。推而言之,不通晓西方人心理及其文化精神,此问题亦无可解答。

今日国人一惟西化是尚,则试问中国自今以往,又何得常为一拥有广土众民之大国。苟非亦如欧洲分成二三十国,又何得谓西化之有成。无论此下中国之共产化,抑自由民主化,最主要者,皆在其求西化。而如中国四五千年来之统一大国,则绝非西化所能有。即如美国,此亦广土众民,然有黑人有犹太人诸民族,乃一移民国家,与中国之形成为一民族国家者又不同。而今日国人又盛倡汉满蒙回藏五族共和,则不知当为文化旧传统之共和?抑为现代化美国式之共和?其间宜亦有一大分别。此须中国人自以中国民族心理,中国历史演进,中国文化传统解决之。而岂仅仗师法于美国,或师法苏维埃,所能解决其问题。即如中国西南诸省,如云南、贵州、广西、四川皆有土司制度,以容回民之自治。此一制度,岂西方诸帝国所能知,所能有。

今试问,不远以前,吾国人能具吾国家民族自己相传之一套历史知识,即修齐治平一贯相承之一套大道理者,能有几人？苟有其人，能出而为中国全民族做领导，则中国而民主，必为一套中国式之民主，即中国传统文化下之民主。中国而共产，亦必将为一套中国式之共产，即中国传统文化下之共产。虽亦西化，终当具中国固有之特性，成为中国之西化。岂如今日言共产则必马恩列史，言民主共和则必旁通之于美国林肯之民有民治民享，而即以解释三民主义之内容。此则以西化化中国，中国又将成何模样？此皆无可说明。而今日国人渺不知明日之前途，而不举以为怪，斯诚可怪之尤矣。

然则继今以往，窃以为国人宜有两大任务当先明知。一则当知须先顾及吾国家吾民族自己之私，即所谓传统文化，亦即我之私而非公。次则当知现代化，当具世界知识，当知全世界各民族各国家亦各有其私。故虽现代化，亦仍当容有吾一国之私。不得为现代化世界化而把自己私有之传统文化尽加蔑弃，一扫而空。而其事实亦有所不能。能胜任此两大任务者，则须一番通识，此由自己民族一番私有之学术传统来。专尚西化以求通，欲并揽西方之各项专门知识，则更为难通。知识不通，则事业亦无可通，可不待论。

然则西方知识何以尚专不尚通，则因其文化传统与我有别。其先乃为一商业社会，重公不重私，故其知识乃尚专不尚通。惟此当分篇另论，兹不及。

五一　公私与厚薄

中国人言社会，首要在其风俗。俗因地而殊，风则随时有变，而风尤重于俗。余少时读曾国藩《原才》篇，开端即谓："风俗之厚薄奚自乎？自乎一二人之心之所向而已。"此谓人才兴于风俗之厚，而风俗厚薄则源于一二人之心之所向。每喜其持义之高，而近百年来国人则少言及此。

西方小国寡民，地区已狭，疆域不宽。一国之内，风俗可以无相异。故其言社会，乃不重言风俗。即如英伦三岛，有英格兰，有苏格兰，有爱尔兰，风俗各异，但亦无大相殊，习以为常，不再重视。如何移风易俗，西方人似少措意及此。此亦中西文化相歧一要端。故风俗厚薄之辨，西方亦无之。商业重广告宣传，务向外不向内。宏扬宗教亦重向外。政治则多结党羽，亦主向外。专重外则方向多而内容变，其心不安不定，不能积，亦不厚。亦可谓之为无情。中国人则事事必求向内，一心一意，贵其情厚。

尝闻民初北京大学聘马一浮任教，一浮以"礼有来学无往教"七字拒之。一时群讥以为不合时宜。其实中国传统学风正如此，乃尊师重道之礼。近代则以教育为职业，宜其不相合。佛教东来，中国高僧率隐居深山僻寺中。行脚僧可以持钵沿门乞食，但非沿门宣教。此则仍是中国风气。至于政治更少宣传，即观历代皇帝诏令可知。中国各种文体，惟诏令最贵简要，不主繁文浮辞。倘诏令不厌详读，则必增群下之轻视与反感，更又何可宣传。此亦见中国风气之一端。

中国人移风易俗，主要枢机在一二人之心，更要者，其心若只为己不为人。果行育德，是谓修养。换言之，若只为私不为公，而人自向往，风俗亦自见转移。即以学术思想言，先秦诸子中，儒墨道三家最大。墨家似乎重向外，重宣传，而墨家终于最不传。庄老道家最尚隐，最不重宣传，而在诸子百家中，除儒家外，其传乃最广最久。儒家居墨道之中间，即所谓有来学无往教者，而其传乃最大。即观其传授方术之不同，亦可征其内容之有异矣。

儒家言孝弟，岂非仅一身一家之私。然人心所同，至私即大公，故曰："孝弟为仁之本。"中国人言德，必据私言。行其德，感其德，皆在私。非私不成德，德之厚，即易得人心之同情。墨家主兼爱，视人之父若其父，同视天下为一家，岂不大公无私。然必分而薄。故无私即无公，舍其私而为公，转不易得公众之同情。故墨家虽明辨畅论，而践履笃实，又党徒团结，自鸣以大义，其宣教之人，远胜于西方之耶稣，但不三百年，战国末即衰。杨朱为我，拔一毛利天下不为。有私无公，则不得谓之成德。人自为我，似亦人心所同大公之道。人孰不爱其私，于是

五一　公私与厚薄

有人谓杨朱近仁，墨翟近义。或则谓杨朱近义，而墨翟则近仁。要之，杨墨之言盈天下。孟子则曰："圣人先得我心之同然。"我即是私，同此私则成为公，但须一二人之成其德。杨朱为我之教，则非成德之教。儒家教成德，乃始有移风易俗之效，则在其能即私以为公之教。孔子所谓"执其两端，用其中于民"是也。

至于在位行政，居上以临下，地位不同，则凡其所言必当属于公，而无可疑拒于在下者之各可有其私。但为政者之言，既必出于公，乃最不易得在下者之信。中国之居政者明乎此，故凡其所言，每不据政治职位言，乃常本儒道教化言，即言必出于道，而不本于权，以明凡所言之不出于我私，而尽为公。而今国人则讥之，谓其借孔子之道，以申其专制之权。则试问为君者终将如何以为言，而所言之必求得在下者之信而有其效乎？明乎此，则可谓中国传统政治，乃一儒道政治。为君王者，亦多知其道。为天下之公，即亦保其君王之私。故通读中国历代帝王诏旨，自得其用意深厚之所在。当知帝王诏旨，亦非出帝王之亲笔，必慎选一代名儒以掌此大任，所以得有此成绩。但如雍正御批等，则又当别论。此非兼通史学文学之士，难与详言。

当前社会风气日趋颓败，而一应学术机关，则尽归政治统治，于是移风易俗，乃亦责归政府。然除法令外，政府又何能别有措施。又有报章电视等，广肆宣传。然此等功用乃在诱引人之欲望，否则激发人之怨愤。生事则易，移心则难。故民主自由，仅用法治。而移风易俗，则非其所能。中国人所重，又岂当前西化时代之所能有。

当前时代人心，可称有两大端，一曰要人穷，一曰要人死。如商业求富，岂非要人穷。国防求强，岂非要人死，而科技综其枢。科技仅以对物，今人则称之曰客观，一若其学至公无私。其实仅对物，此无私即无情。故无私之公，较之借公济私，为害更大。中国人重言德，德必具于私，而即私以为公，其事乃诚，其心则厚。社会风俗求其诚而厚，而不求其伪而薄。一切人才当由此分。

故中国人必言人品，诚而厚者其品高，伪而薄者其品低。西方人无人品观念，惟有法律观念，法律之前一切平等。但坐轮船，舱位分上中下三等。乘火车亦然。甚至搭飞机，亦无不然。则西方人之等级观，乃在物，不在人。坐上等位，其人即属上等。坐下等位，则其人即属下等。则岂非人之上下之分，即分在其拥有之财富与地位权力之大小上？故富贵即属上等，人如此，国亦然。所以有帝国主义资本主义之出现，一若乃天地间一大公至正之道。但反而求之人人之私心，其何能安。

即西方之有宗教亦然。必选一教皇，亦尚位不尚德。若谓乃由大群公选贤德以登此位，则岂得谓德贵公认，不贵私修。求公认必趋于伪而薄，务私修乃跻于诚而厚。孔子曰："不患莫己知，求为可知。"今日世界风气，则竞求人知，又必求广众大群多数人知之，其诚与厚，则不可再论。然则从宗教之弘扬，商业之广告，以及政治之宣传上来求风俗之改移，自无甚深之希望可冀。

今人但言时势，不言人心。一若时势属之公，人心则属私。但中国古人则谓公由私来，故时势实启自人心。而一二人之心，乃可转移天下。今人则谓必如西方，由广众大群多数人乃可转移天下。进一层言之,乃由物不由人,资本主义帝国主义皆由物来,非有物之转移,又何得谓之有转移。今人又好言求变求新,其实在求物变物新,非求人变人新。中国古人则一由人心来转移人心,其间乃有一大不同。故中国社会乃建立于人心上,而西方社会则建立于物力上。果其物力变,则其社会自不得不随而变。故帝国主义可以没落,而资本主义亦可有不景气,乃至于崩溃。故西方社会必趋于变。而中国则积四五千年来,此一民族国家之抟成,可以绵延扩大而终不变。今则人心变,斯其社会自亦变而不复矣。

然则今日人生大道乃有一要端,即当研究人心何以胜物力。换言之,人心私可以胜物力之公。此因人心有情乃若私,物力无情乃若公。中国人则重情而轻力,西方人乃重力而轻情。知此乃可知公私之为辨。即人可以胜物,最重要者,在使人知此心之属于我内在之私,而物则仅属于我之外在之公。心不变,乃得积而愈厚。物则必变,故孔子曰:"富而可求也,虽执鞭之士,吾亦为之。如不可求,从吾所好。"

当知吾心所好实在内,不在外。如衣食,如居住,如行路交通,其事皆在外。不仅在心外,并亦在身外。身之一关,最当明辨。身亦一物,身之主乃在身内之心,不在身外之物。此层最为中国古人所尽力明辨,而惜乎今人则不加注意矣。心之所好亦有属物者,举最浅例言之,如咸蛋皮蛋,皆为中国人所好。今则皆变质,更乏佳味。又如中国家庭善做腌菜,每家必制七八瓮,或十几瓮,味绝鲜美可口,今均失传。衣着如绸缎刺绣,今亦尽变不复传。

如居住，则中国所最不如西化者，为茅厕。而独胜西化者，乃园林。今则每家必具新式茅厕，而园林之胜则失传，亦见西化之无深趣矣。

耳目之娱为声色。姑举乐器一项言，琵琶亦外来，然自西汉迄近代，亦历两千年。余幼年尚习闻之，今数十年来，国人皆竞学钢琴或大小提琴，擅弹琵琶者乃较少。是则人心所好之变，其主要关系岂不亦在外。西化属新，尽可喜，旧传则尽可弃。此心已为奴，不为主，亦由此可证矣，更何论于学术思想之高出其上者。明白言之，可谓今日国人内心之所好，已无一己之私，而尽属天下之公。而其将日趋于薄于伪，亦可不待有争矣。

然则尽今日国人之所为，乃日向于外物，而不求之内心。果可美其名而谓之务公不务私，然实为奴不为主，而仍美其名曰自由，曰平等。今再明白言之，则此乃中国人之平等意志，求与西方人平等，而中国人生之内在价值，则置而不顾。而中国旧风俗则有较西方更为平等者，如父母家产必分传其子，长子则稍优，其他兄弟必平等分配。而西俗则待其父母临死遗嘱，高下有无，漫无定准。然则谁为平等，谁为不平等，又不待辨而可定。

抑且国人常言中国男女不平等，其实嫁女必备嫁妆，四时之衣装，日常之家具，乃及金珠首饰，视家有无。其女嫁后，毕生使用，可以无忧。而其翁婆丈夫，皆不得顾问。此非法律规定，而系风俗习惯。有嫁女时家境尚佳，而临死时家境已落，诸子所分，乃远不如诸女之嫁妆所得。此又何得谓中国之重男而轻女。自社会新风气渐成，嫁妆一事乃告阙如。而国家法令，乃有出嫁之女亦得分父母遗产之规定。余在大陆时，乃有出嫁女回家争遗产，与诸兄弟争讼上公堂之事。风俗厚薄亦由此见矣。故倘尊西化，必求将一切旧传尽量废止，父母遗产则一依其父母死时之遗嘱，然又岂得当于中国之人心。

要之，风俗既薄，则人才无望，自非中国古人言全不可信。否则中国前途亦必终自有艰耳。

今再要而言之，西方人多私，故贵公，乃重于物而轻于人。中国人多公，故贵私，乃厚于人而薄于物。东西文化相异略如此。

五二　情与欲

西方人信有灵魂，遂生宗教。又在科学哲学上皆主身心两分，故哲学上有唯心唯物论，科学上有生理学心理学。然西方科学言心理学，实多偏在生理。心之一切作用，皆从脑部求之。孔孟庄老之脑，若经解剖，宜与其他人脑无大不同。而其心则大不同，则又何说以解。中国人之于身心，每不过分作分别看。心在身而为之主，如国之有君，而君亦不离于其国。无君不成国，离国亦不为君，大体如是。

庄子《齐物论》："南郭子綦隐机而坐，嗒焉似丧其耦。"人与人相处为耦，而此处耦字，则不仅指人与人言。下文："形固可使如槁木，而心固可使如死灰乎。"身如槁木，则丧其心。心如死灰，则丧其身。则此处乃谓心与身相耦成我，丧耦即丧此心与身之相耦。故曰："吾丧我。"我即此身心之相耦。

心必接于物而见。身亦物，苟无此身，又何由见此心。庄子曰："非彼无我，非我无所取。"是亦近矣。此可指自然与人生言，亦可指身与心言。慧可问达摩安心术，达摩答,"将心来,与汝安。"慧可悟,离开事物,心何可得。达摩面壁,已离开了外面事物。目不见色,即如无目。耳不闻声,即如无耳。耳目俱无,则已失去了此心之大部分。伊川瞑目闲坐,不知门外雪深,不知两弟子侍侧,此所谓心不在焉,则视而不见,听而不闻。不视不听,又何见闻之有。儒释道三家,皆有打坐工夫,主要即在丧耦丧我,即以求深处之真我。

中国为人本位文化,重要在人与人相接相处。普通人皆从此相接相处中见心,而儒释道之深处,则求于不相接不相处中见心。其先原人时代,主要在与物相接。及其有家洞居,主要乃在人与人相接。人与人相接相处,乃有中国人所谓之人伦大道,亦即是中国之人生哲学。此处乃见有人心。惟人与人相接相处,千差万别,有难有易。最亲切,最接近,则最难处。夫妇人伦之始,朝夕相处,长时相接,而求能百年和好,成为佳耦,此实最难。西方人言自由恋爱,十万人一都市,成年未婚之男女,各可达万。万中择一,此自由即不易。仅从少数几人中偶尔相值,则仅乃一极有限之自由。又主自由离婚,则见夫妇相处久安之难。其实自由恋爱易,夫妇相处难。西方人又以结婚为恋爱之坟墓。中国人则夫妇求如雎鸠,求如鸳鸯,雎鸠鸳鸯仅乃一生物,可以人而不如禽乎。则最难亦即是最易之至矣。

有夫妇乃有父子,已成隔代。能不生代沟,父慈子孝,代代相传,家祚永隆,事似不易。但慈以教义方,孝以干父蛊,有道亦即易。兄弟如手足,兄友弟恭,实亦不难。倘一家夫妇父子兄弟尚不能相处,则又何论于出门处世。故君臣朋友两伦，必在夫妇父子兄弟三伦之后。《大学》言："家齐而后国治，国治而后天下平。"治国需有君臣之义，平天下需讲朋友之道，其本皆出于一心，其事皆始于一家。岂有不能齐家，而转能治国平天下之理。

孔子言道依于仁，孟子曰："仁，人心也。"又曰："仁者，人也。"其实皆言人与人之相接相处，皆在此一心。不有此心，亦不成为一人。《大学》言："自天子以至于庶人，一是皆以修身为本。"其实修身即修心，即修其人与人相接相处之道而已。

中国以农立国，百亩之田，生事已足。五口之家，和乐且耽，乃更所重视。治国平天下之大道，亦推此和乐之心以为解决。西方古希腊以商立国，生事问题难于农，不能心顾其家。先求人对物，再求人对人。又先对人中之疏远者，再来对人中之亲切者。情感轻于功利。并不须夫妇和好，父慈子孝，兄友弟恭，始能出门经商。乃反其道而行之，必先出门经商，获得利润，乃始回家享乐。但回家无乐可享，于是乃仍求之都市中。男女恋爱亦一乐，甚至兵戈相见，战场相杀，亦够刺激，亦一乐。其他乐事亦尚多，但非人情之常，亦非齐家之道。乃至无国可成可建，其天下乃一功利之天下。罗马乃一帝国，罗马人、意大利人、意大利半岛以外人，分为三大部分。亦惟一兵力统治之暂时局面而止。

西方现代国家，乃衔接其封建时代之贵族，扩大成一王室，组成一政府。封建贵族建立在权力上，现代国家亦然。故西方人言家庭，亦言母权与父权。权力与权力间则必言法。有法而无情，乃有近代民主革命之兴起。遂由神权君权而变为民权，主要仍在一权力。乃结党争权，以多数胜少数。其天下乃成为一权力之天下。

故西方有个人主义，又有集体主义，主要皆在权。集体主义实即个人主义之变相，则人与人间自无情感可言。权力则为人欲，中国则重情轻欲。但情中必有欲，欲中亦必有情。大体言之，对物则欲多于情，对人则情多于欲。对未得则有欲，对已得始有情。故男女恋爱多在欲，夫妇结合乃见情。果有情则欲自淡，至于无，斯见情之纯。夫妇之百年偕老是矣。父母子女乃天伦，父母非欲谁某之为其子女，子女非欲谁某之为其父母，非欲故其情纯。夫妇结合，亦求其不本于欲而纯于情，故虽父母之命，媒妁之言不为病。则夫妇虽人伦亦如天伦，乃得成为佳耦。以道义相处，则情深而可久。以利欲相结，则情不深不可久。虽男女之爱亦如此。情发乎己心，故可自由。欲起于外物，故不应有自由。内自足则生情，内不足始生欲。饥欲食，此欲即是性。食求美，乃欲非情。情以理节，欲以法制，两者之别，实有深义之存在。

推至于君臣朋友亦然。孔子曰："不仕无义。"仕非为欲，君臣初不相识，但相与间亦可有真情。朋友相知贵相知心，知心则真情生。酒肉朋友，乃市道交，各先有欲，而无情，又乌得谓之为朋友。故中国人好言名义。父子夫妇君臣朋友皆是名，有是名则有是义。名乃指一种既得已成之局面，非由我要来，亦可谓由天赋。如天生我为人，在此家此国此天下，而有父子兄弟夫妇君臣朋友之五伦。非由我之私欲来，我一任其天，仁至义尽，则我乃为一天人。倘必欲违天由己，只自寻烦恼，自找苦痛，自毁其己而已。故夫妇则言"天作之合",此中大有妙义,惜乎今人之不加体会。

中国乃一农业人生,有其绝好之教育场所,自能多情寡欲。乃使中国造成一惟主多情,但求少欲之文化传统,此亦可谓得天独厚。

情有爱有敬,爱易滋生欲,敬亦人心自然。农村人多知敬,天地山川,一草一木皆所敬。乡村曰桑梓,一桑一梓,植自父祖,与我并生并长。任意斩伐,心有不忍,并亦敬之若神。今日国人则讥之曰迷信,又称之曰多神教,不知此亦农民心中一番敬意之自然流露。既敬天,乃敬及草木。其心有敬,乃不于己自足自满。

孔子言仁亦言礼。孟子曰:"仁者爱人,有礼者敬人。"爱与敬实只一心。孝养父母,孔子曰:"虽犬马亦知有养,不敬其何以别。"又曰:"弟子入则孝,出则弟。"孝可有私,敬则大公。中国尚敬老之礼,老而得人敬,岂非人生一大安慰。近代老人得一份养老金,乃以济其欲,不足以慰其情,此亦一大分别。

敬者尊人,非自卑。爱则当知尊,夫妇相敬如宾是矣。礼有宾主,敬其宾,亦即主人之自尊,非由宾争来,此之谓平等,天与人不平等。中国古礼天子祭天,诸侯祭其国之山川,平民不得预。但祭者是主,所祭者则是宾。宾主平等,即天与人亦平等,惟在主者之心知有敬而已。阐明此道者为师。故天地外,君亲师皆当尊。尊亲为孝,尊君为忠,尊师为重道。忠孝亦皆道,尊师尤人道之大者。孔子为至圣先师,其尊乃犹在君亲之上。中国之人道乃如此。今人乃谓当尊青年。青年乃子弟,尊幼不尊老,岂不颠倒之甚。此乃一种功利观，非道义观。

中国子弟入学，教以敬业乐群。能敬业，斯知尊师。同有所尊，亦人生一乐。西方人进礼拜堂亦一乐，正因其同有所尊。孔子曰："有朋自远方来，不亦乐乎。"同受教，同相尊，亦为师者一乐。今日则教师亦一职业，受业同为谋生，同业相争，即非乐。今社会乃仅知有爱不知有敬，财富权力皆不足敬。徒重财与权，绝非人情之正，亦非人道之常。

孔子仁礼兼言。墨子主兼爱，非礼非乐，转言天志，则非人情之爱。乃言尚义，此义亦当属天不属人。庄子兼反儒墨，盛言自然，人与物相类，无爱亦无敬，尤少言人情。但庄子实近儒。内篇七篇，《逍遥游》、《齐物论》，开宗明义。继以《养生主》，则生命当养。又继以《人间世》，则人当处世。继以《德充符》，有小德大德有德无德之辨。继以《大宗师》，大德则为世宗师。殿以《应帝王》，宗师大德，乃可为帝王。则庄子思想，实亦其与儒又何异。名家本物，则由墨家来。

墨子非礼非乐，一以自苦为极。庄子则非礼不非乐，与惠施游濠梁之上，而言鯈鱼出游之乐。惠施名家墨徒，与之辩。宁有人不如鱼，不知生之可乐者。庄子，妻死鼓盆而歌。此即阮籍"礼法岂为吾辈设"之义。妻死而歌，母葬而饮酒，蔑弃人间礼法则有之，非对母妻无情。《庄子》书又有《至乐》篇。治庄周道家言，无不知对外当和，对己当乐。和与乐，即皆情。庄子乃主寡欲以至于无欲，故曰："至人无己，神人无功，圣人无名。"无己即无一己之私。孝弟不为名，忠恕不为功，无欲而至情乃见。

故儒家言爱敬，道家言和乐，皆人情。墨家自苦以兼爱，亦非无人情。后代中国宗孔孟，兼采老庄，独墨学不传。中国文化一本人情，亦即此可知矣。

庄周兼反儒墨，但于孔子前提出一老子，于尧舜前提出一黄帝，虽寓言无实，岂不仍是孔子述而不作信而好古之意。墨子亦言，非大禹之道不足以为墨，则仍是述而不作信而好古。信好及于古人，此见人情之深厚。亦可谓中国国民性如此，中国传统文化如此，此诚无奈之何者。

孔子提倡仁，郑玄言："仁者，相人偶。"人与人相处成偶，其道即为仁。庄周《齐物论》南郭子綦丧耦丧我。其实彼我不两立，丧我正是成耦一最佳心情。易词言之，丧耦亦即所以成全其耦耳。孟子言舜为天子，瞽瞍杀人，皋陶为士，皋陶执法无私，则杀人当抵命。舜不能使其臣皋陶不执法，乃偕瞽瞍同逃海滨无人之境，以求全其父之生命。舜之逃离其天子之位，较之释迦之逃离王太子宫，岂不其丧我之心情更为崇高。孔子言杀身成仁，孟子言舍生取义，此又是丧我之一种最高心情。此皆中国人情之至深极厚处。中国人所理想之人生最高境界，乃在此。

人生必有耦，最大者有二。一曰生与死，一曰彼与我。人生种种问题皆从此二耦生。释迦牟尼为王太子，新婚有子，离家出走。一人坐菩提树下得悟，重还人间，宣扬涅槃境界，求解决人类生死一大问题。但中国人对此问题，则并不重视。君子休焉，小人息焉，生则勤劳，死获休息，又何足畏。张横渠亦言："生我顺事，没我宁也。"

宁即休息义。故死生在中国人观念中，终不相对立，不成一大问题。故亦不产有宗教。

近人言中国科学起于道家，是又不然。道家言自然，乃一种生机论。一切物，莫不以有机的生命体视之。故人之处自然，亦能和能乐。此一宇宙，似无情，实有情。《庄子》书中反对机械论，屡见不一见。近代西方科学，乃与权力观功利观同流，皆为道家所极端反对。故道家言自然之发展，乃艺术，非科学。科学中无人情，而艺术则极富人情味。苟无情，斯亦不成为艺术，亦可谓非中国之艺术。儒家言则为道德人生，道家言则为艺术人生。总言之，则为人情的，而非权力功利的，此亦中西人生大不同所在。

中国科学亦富同情心。大禹治水，求通水性。后稷治稼，求通五谷之性。神农尝百草以疗人疾病，求通百草之性。西方药物则多属无机性。中国人发明火药，演而为爆竹烟花，供人娱乐。西方则演为枪炮，为杀人利器。亦可谓中国之各种科学发明，亦均富艺术性。其端仍当自农业社会始。

故中国人生彻头彻尾乃人本位，亦即人情本位之一种艺术与道德。儒家居正面，道家转居反面，乃为儒家补偏而救弊。然皆不主张欲，故亦绝不采个人主义之功利观与权力观，此则其大较也。

西方宗教，权力一归之上帝。灵魂上天堂，则仍为一种功利观。哲学则知识即权力，而功利随之。科学改造自然，权力功利，两途兼顾，故在西方乃最盛行，超于宗教与哲学之上。然科学最为无情，启争有余，求和不足。惟见物对物，不见人对人，乃欲非情。艺术则物亦人化，科学则人亦物化。人世界全化入物世界，则不和不乐，无爱无敬。所敬只剩一上帝，可爱只在男女，此岂人类之真理所在乎？

要之，欲必以外物为满足。物无穷，则欲亦无穷。情则相通互足，相爱相敬，至和且乐，乃始为人生康庄大道所在。

五三　天地与心胸

余尝谓中国人重内，西方人重外。外则为天地，内则为心胸。天地愈大，则心胸愈小。心胸愈大，则天地愈小，适成对比。此又中西双方文化一大不同之点。

先以农业人生与商业人生言。五口之家，百亩之田，生于斯，长于斯，老于斯，卒于斯，葬于斯，子孙百世，如此相传，俯仰之间，天地岂不甚狭小。然而即此天地便是吾之人生。盈天地吾心乃无不顾及，吾心即此天地。吾此心已充塞天地间，则其心胸之广，自不待言。

古称十室之邑，其生活尽是一般，只各在一狭小之天地内。后人又称三家村，其生活亦尽是一般，亦各在此一狭小之天地内。故农村人天地之狭小，乃仅为其一心之所容。而其心胸之广大，则已能与天地而为一。

五口之家，各有父母子女。我孝，谁当不孝，则孝已尽人道。我慈，谁当不慈，则慈亦已尽人道。三家之村十室之邑相为邻里，我对他家人尽其忠信，又谁不当忠信，岂不已尽了天地间之人道，于我又何憾。

若我不孝不慈，在家即不和不安。若我不忠不信，在乡党邻里中亦将不和不安。此理至明，反之吾心而即知。则天下人之道，又孰能外于此心以为道。吾心即天地间人之心，吾道即天地间尽人所当行之道。简单明白，如是而已。

都市商业人生则不然。生活条件内不自足，必求之外。如古希腊，仅一小半岛及近海各岛屿，通商非亚两洲，复杂多变，形形色色，难以言状，惟求一己赢利而止。然亦多变，亏者倾家荡产，盈者富可敌国。故商人无自足心，亦无自信心，互顾皆然。惟见外在天地之广大，内在心胸则渺小，与农人心理又乌得相比。

孔子亦生农业社会中，自称好学，亦学于十室之邑之忠信。扩而大之，忠于国，忠于天下。信于一世，信于万世。心胸愈扩愈大，求与天地参。则孔子心中之天地，岂不仍是一小天地。孔子不仅在曲阜，至齐至卫至陈至楚，天地亦无大变。其弟子有子曰："孝弟也者，其为仁之本与。本立而道生。"曾子曰："为人谋而不忠乎，与朋友交而不信乎。"则孔门之所谓道，亦惟此心之孝弟忠信而止，又何尝离此心胸而别有所谓道。

古希腊之学有两大端，一曰科学，一曰哲学，皆本于外以为学。上本天地，旁及万物，其所求知既在此，则所学亦在此。天地既大，事变既繁，孝弟不得专恃以养家活口，而忠信亦不得专恃以出门营利。古希腊人之为学，其主要乃在向外求真理，而科学哲学遂以成立。不信人性有天赋之善，故在人生行事中无真理。向外求则重客观，在己在人，则为主观，皆不足信。于是其所求，乃在物不在人。在天地万物间求得真理，乃反以限制人，是为法制刑

五三 天地与心胸

律。人事不越出法制刑律之外，斯可矣。然希腊人尚计不及此，必待罗马人起，法制刑律乃特见重。故希腊仅有城邦，至罗马乃始有帝国之建立。

然法制刑律仅在消极地限制人，不能积极地领导人。总之，法制刑律非即真理，何能成群立国。故罗马帝国未崩溃，而宗教即兴起。但宗教信仰灵魂降谪，人生由原始罪恶来，则人生中仍无真理。果使宗教即真理，此真理亦在外，在上帝，不在人。人生罪恶除忏悔祷告外，别无其他得救之道。故宗教所信仰之天地虽大，而信教人之心胸则更狭。甚至只许有上帝，不许有己心。

西方人之所赖以维系人群，建立国家，则惟科学、哲学、法律、宗教之四端。皆求之人之外，不求之人之内。愈向外求，则天地愈大。愈不向内求，则心胸愈狭。至于今日，因于科学之发展，交通之便利，商业之繁兴，而五大洲人类可以朝夕往来，天地益大，而心胸则益狭。几于人人尽守一个人主义，互不信，互不亲。即男女婚姻双方，亦各站在其个人立场而结合，而离散，亦惟双方个人之自由。其他如父母子女兄弟姊妹君臣上下朋友，相互之间，又更何亲信可言，此非心胸之日狭乎。

孔子曰："足食足兵，民信之矣。"其弟子问，必不得已，于此三者而有去，当何先。孔子曰："去兵。"又问于此二者必不得已而去，当何先。孔子曰："去食。自古皆有死，民无信不立。"在今日，则首畏兵不足。两次世界大战以来，美苏为举世两大强，然孰居上，孰为次，美苏各不自信，惟日孳孳，患兵不足。继此以往，美苏互争，乃各不能有兵足之一日。其他二等三等以下，全世界百五十国，亦各求足兵，各自争强，各无兵足之一日。又美苏两强，争以赠与武装，出卖兵器，为其敦睦邦交之首务，故兵器精良，武装充实，今日各国已远超于第二次世界大战时。然而足兵之望，则渺不可即。小战赓迭不休，计惟美苏大战，两败俱伤，庶有了局。

次言足食。科学发达，足食非难。但饿死事小，失兵事大。今日之世界乃如此，以国与国无可互信故。不仅国际间无信，即一国之内亦无信。民主政治，下不信其上，故必选举。又必分党以争，故必经年改选，而党争终不已。苏联共产极权，则上不信下。流放拘禁入集中营，以至大量屠杀，亦无宁日。则孔子民无信不立之语，迄今亦信而有征矣。

西方宗教信上帝，而人与人间则无可信，即上帝亦无奈之何，故曰恺撒事恺撒管。第一次世界大战时，敌对双方，各在战壕中默祷上帝助我，和平庶可保。胜败既分，而和平仍不可保，第二次大战继起。兵力不足恃，上帝亦无可信，则人类和平其将何途之求。

和平真理惟一"杀"字，以杀止杀，而杀终不可止。中国人以天地之大德曰生，以止戈为武。孔子言民无信不立，已不可行于今日。倘明日美苏能互信，则核子武器一切杀人利器皆可废。孔子曰："子为政，焉用杀。"孔子又曰："听讼我犹人也，必也使无讼乎。"诚使无讼，则一切法制刑律亦可废。然则孔子言政治究何以为道，其道究将何从而得，实仍值深究。

孔子所言道重在信，信从心起。必先信己心，乃能信及他心。夫妇人伦之始，西方人言恋爱，但双方对此爱心均无自信，故对上帝宣誓，赴法堂定约，而自由结婚后仍得自由离婚。中国人则言夫妇和合，爱可信，斯和合亦可久。

晋公子重耳离狄出亡告其妻，待我二十五年而后嫁，其时本无女子不得再嫁之法律规定。其妻季隗告重耳，我年二十五，待子二十五年，将就木矣，愿终身以待。至齐，齐又妻以齐姜。齐姜亦爱其夫，与其客谋，醉而行之。重耳之秦，又娶怀嬴。重耳因秦力返，又将赖秦力以成其大志。是重耳志在功业，其爱旧之心则自有变。此亦天地大而心胸转狭。女子在闺房，天地小而心胸则大，能自守，能自信，乃能信及他人。狄人闻重耳返，而送还季隗，齐姜则不复有所见。若使当年齐姜不信重耳，乌能许重耳之离。城濮一战，重耳为诸侯盟主。使齐姜尚存，或闻之，其心当有慰，亦可无憾矣。中国人言一阴一阳之为道，非有当年之齐姜，又乌得有他日之晋文公。而今人则必为齐姜叫屈，使齐姜当年不许重耳离去，毁其夫，亦即以自毁。而今人仍谓之爱情至上，此则爱心大，而天地为之狭矣。

重耳亡臣中有介之推，重耳归，赏从亡者，忘之推，之推不言，其母从子隐。之推从亡亦其忠，岂图他日之赏。赏不及，无伤其忠。我获我心，何待自言乞讨。其母亦以子心为心，从隐亦一乐。晋文公物色之，之推隐不出，亦非心存怨恨。初不为赏，今又出而受赏，其君必表愧歉，其先受赏者必表仰敬，转滋多端，心反不安，乃终隐不出。搜者焚山迫之出，之推母子卒被焚死。后代有寒食节，即纪念之推，传遍全中国，逾两千五百年不息。在之推则亦惟守其初心不变而已，既不为当前之利，亦不为身后之名。名传千古，亦岂其当年意想所及。则亦心胸大，天地为之小矣。孔子言："七十而从心所欲不逾矩。"若齐姜，若之推，亦皆其一时之从心所欲。故孟子曰："人皆可以为尧舜。"能有此信，他复何言。

小国人言女子有三从：在家从父母，出嫁从夫，寡居从子。此三从皆内在之心德，非外定之法律。孔子曰："君子思不出其位。"齐姜当时惟劝其夫速离，在妻位则然。之推母从子隐，居寡母位则然。而中国此下逾两千五百年来之历史大传统，即齐姜与之推母，皆具有大影响。故仁义礼智一切人生大道，皆由此心之自信始，则非近代个人主义功利观念之所能相提并论。

汉乐府："上山采蘼芜，下山逢故夫。长跪问故夫，新人复何如。"婚后被弃，上山采蘼芜以为食，而其关切故夫之心则仍不变。长跪而问，有情有礼。短短二十字，可谓能深入天下千古之人心，至今传诵，犹有余味。离婚在中国，亦非法律所禁。乐府所咏，亦非重男轻女之意。此心异，则天地亦随而异。非此心，又何来有此辞。

程伊川言："饿死事小，失节事大。"乃指夫死寡居者言。然使寡而有子，其子不当饿死。范仲淹母再嫁，乃得使仲淹长大成人，此乃夫死从子，非失节。故女德之三从，乃一种无我之心，惟以父母与其夫其子为心，其天地乃甚小，其心胸则甚大。孟子曰："养心莫善于寡欲。"内有欲而求之外，则天地横亘矗立在前，所欲愈多，斯外面天地愈大，而内在心胸则愈窄。郑康成言："仁者，人相偶。"人必相偶为人，不能独立为人。女性多情，故窈窕淑女，君子好逑。能知求窈窕之淑女，斯其所以为君子，而岂好色多欲之谓。多欲则在家可以自陷于不孝，既嫁则可以离婚求自由，夫死则人尽可夫。天地更大，一惟己意之所欲，而己则独立为人，可有相偶而不相偶。故有欲斯有我，多欲则多我，多我斯多变。在我多变，尚不自信，何能信人。人亦岂能信我。各不自信，又不互信，斯其心胸愈窄，而外面天地则愈大。乃欲转向此大天地中寻求真理，是亦人心之一欲而已。道在迩而求之远，不知反求之心，而误认人欲为天理，斯其贻害人群将无穷，卒无思以挽之者，此亦诚堪悲叹矣。

范仲淹为秀才时，以天下为己任，先天下之忧而忧，后天下之乐而乐。即以天下之忧乐为忧乐，此亦一种无我精神。无我非无忧乐，乃不忧乐其一己之私，斯之谓无我。无我实乃一广我大我，则心胸大，而外面天地则小。不见一己之私忧乐，惟见一共同之大忧乐。颜子居陋巷，一箪食，一瓢饮，人不堪其忧，颜子不改其乐。实则颜子亦非有乐无忧，如见卓然有立虽欲从之末由也已，是则颜子之所忧，亦即颜子之所乐。范仲淹读书山寺中，断齑划粥，非其所忧，实其所乐。故其先天下之忧而忧，实亦即其一己之乐。此之谓天地小而心胸大。及其居高位当大政，两子共一袍：兄穿出，弟留家；弟穿出，兄留家。其子赴江南收租，故旧石曼卿三丧无以葬，捐租以济。归告父，父亦大乐。此种心胸，昭在史册。后人读史，岂不以人群中有范氏父子为乐。然范氏《上十事疏》，卒不行，实无以救当时之社会。此孔子之所谓道不行，而此道则长在天地间，此非心胸大天地小而何。中国之广土众民，至今依然，而益发皇，此即其道之所在矣。

顾亭林言："国家兴亡，肉食者谋之。天下兴亡，匹夫有责。"明社既覆，终不复兴，而中国人之天下，则岂不至今尚存。顾亭林自以一匹夫负其责。使当时无顾亭林、李二曲、黄梨洲、陆桴亭、王船山诸匹夫，则不知中国人之天下至今当何似。此亦天地小心胸大一例证。有顾亭林诸人，斯民有以立，立则立在其所信。先有亭林诸人之信，继之以大群之共信。明末以下之天下，即立于此信。今则此信失，斯民又将于何立，此则仍必待如范仲淹先天下之忧而忧者出。曾涤生《原才》言："风俗之厚薄奚自乎？自乎一二人之心之所向。"以今世言之，一二人之心，又岂能转移天下之风俗。天地已日大，心胸已日小。但今日之中国，而仍能有范顾曾诸人者出，则其言犹可信。文化传统不同，非可一概而论。今日国人一心模仿西化，心既变，天地亦随之变，虽有范顾曾诸人之言，亦将无足信。

其实新旧即时代与传统之分，故曰新时代，又曰旧传统。时代多重外在空间，传统则必经时间绵延。故每一时代中必存有某种或某几种传统之存在，未有无传统之时代。惟传统则必有其内在精神，以心传心，始有传统。外在事物，无传统可言。老子曰："功成身退天之道。"此功字，即偏指外在事物言。故凡重外在事物功利者，功成即身退，此乃历史之大例。专就近代史言，英国国旗遍受全地球各地太阳光照射，英国人之帝国主义可谓已功成。两次世界大战，英帝国皆占胜方，而英帝国亦告崩溃。则老子之言已有信，而今国人则改慕美国。倘美国亦有功成之日，我国人仍当改慕继美而起者。此见天地之大，而我国人心胸之狭，则宜我国人亦尽讥孔老所见天地之狭矣。

帝国主义既崩溃，而资本主义犹存。最近几年来美钞价格时有摇动，不能保有世界市场之标准价格。抑且美国之对外贸易，武装军备为最昂贵之第一项，日常用品反成入超。则美国资本主义之终将身退亦可知。

更进一层言，帝国主义资本主义共产主义，同是西方传统，一体多面，体亡则面不存。今人误解，以为变而日新，亦浅之乎其为见矣。然则此下之新时代又将为如何一时代，此诚人类当前一大问题，而有待详密之思考与讨论者。

则试重引孔子言说之。孔子曰："殷因于夏礼，所损益可知也。周因于殷礼，所损益可知也。其或继周者，虽百世可知也。"孔子此言，非不知时代之有变，而终有一不变者存。此不变者，则虽百世而可知。其所损益即其变，所因即其不变。变则成为时代，不变则为传统。所因则因于人心之有信，自信互信共信，则又何变。帝国主义崩溃，即孔子之所谓去兵。资本主义衰落，犹孔子之所谓去食。民无信不立，此一信字，内本人心，外通天道，乃可万世因之而变。西方文化重外在之事功，故随时代而必变。中国文化重人心，重忠信，故可随时代而变而终有其常。不忠无信，则此时代无可长存。

帝国主义资本主义决不能谓其忠于外忠于他人，而可得外面他人之共信。不共信，又乌能共存。今日西方人惟一口号，曰自由平等。惟其在帝国主义资本主义下，不自由，不平等，故此一口号乃获人人之共鸣。然果使人人自由平等，则何来有帝国主义与资本主义。然则近代西方人之呼号正不啻自毁其立场,则宜其时代之不可久而必变矣。

然则若使帝国主义崩溃,资本主义衰落,而人人自由平等,又如何?曰自由平等正对帝国主义与资本主义而发,若使此两主义俱告没落,则此两口号亦将失其存在,此亦功成身退一大例。婴孩初生,若使即获自由平等,则此婴孩亦惟有即趋死亡之一途。婴孩之获长大成人,即正为其不平等,不自由,而获父母之养育,否则何得长大成人。及其疾病衰老,又复不平等,不自由,有待人之护持。忠信乃人生始终所依,方得为人生之大道。

故不忠不信,则人生不能有夫妇家庭,而更何论于君臣与朋友。即论国际,亦赖忠信。如汉之对匈奴,唐之对突厥,皆有实例。而东北之有朝鲜,西南之有越南,中国对之尤复忠信有加,故此两国受中国文化之陶冶亦特深。三千年之史事,举不胜举。今日国人乃称汉帝国唐帝国,尤为妄称。帝国经营有成败,资本商业有盛衰,惟忠信之为人道,则无成败可言。忠信乃德性,非事业。大学之道所谓明明德于天下,亦明此忠信之德而已。使忠信之德而明于天下,则世界大同而天下平,斯曰至善,乃可止矣。

要而言之,人群和平相处之大道,家国天下之大本,必建基于人心之忠信。西方文化实亦不能离此,而演进日远,回头非易。若论中国,此义早揭发于古人,近日向慕西方,此义亦臻暗晦。迷途知返,非无其机。而当前人类之厄运,亦殊堪嗟叹。天旋地转,本于一心。心胸开,天地亦尽归此心中。有心者,曷不反省一试之。自觉自悟,当下即是。是不为,非不能。纵不信古人,宁不信己心。

五四　己与道

（一）

我们中国人最普通最重要是讲一道字。道是一条路。我们人生应该跑的那条路，就叫道。那条道不该只求知，更贵在能行。因此中国人看重行为更过于知识。中国人常知行合讲，《尚书》里说："非知之艰，行之惟艰。"知道并不难，行才难。这是说知易行难，鼓励人重行。到了明代王阳明提倡知行合一论，他说不行就等于不知，也是看重行，教人该去行。近代孙中山先生主张知难行易，好像与旧说知易行难相反。其实中山先生意，也在鼓励我们应该照他言去行，仍与旧说意见相同。可见中国传统文化重行犹过于重知，三千年来是一贯相承的。

中国人所谓道，指人生大道，贵人人能行。就空间论，中国人甚至于亚洲人、欧洲人、非洲人、美洲人、澳洲人、全世界人，都该行此道，此所谓大同，即是说人人同行此道。就时间论，每一人从婴孩到老，一生就该行此道。甚至千万年前，到千万年后，凡人都该行此道。所以中国人教人各自自己去行，不要等待别人，看别人。别人跑上此道你才跑，徒然迟慢误失了自己。此道人人当行，才称大道。由各自去行，亦可称是做人之道，要做人便该行此道。中国人看重此道，故看重己，即行此道者。

我在中日抗战后，第一次去日本，询问一日本学人，你们日本人自称学中国文化，证据何在。他当然很感到歉疚。但他说，中国人骂人说，你这样无道，不讲理，还算个人吗？这句骂人话，全世界其他民族都没有，只有我们日本人也普遍这样骂人，这是我们日本人接受中国文化一明证。此语有甚深妙义，我此下二十多年常以此语告国人。

（二）

上言中国人这道，在历史上由何人开始来提倡主张？实在没有这一人。中国人讲的道，古今中外人人该行，非由某一人来主张提倡而始有此道。故此道并不由特别一人的思想来。中国人言学问，并不重思想。学他人，问他人。西方哲学由专家来思想探求真理。中国从古到今，并无哲学一名称，此名称乃从翻译而来。中国人非无思想，但可说并无一套像西方般的哲学思想。中国人看重行为，看重学问。《论语》二十篇开始第一章，孔子说"学而时习之"。学就是一行为，习则是一长时间反复的行为。今天这样学，明天再这样学，这叫习。思想则不能如此，今天想过了，明天不再如此想，又另想别的了。季文子三思而后行，孔子说再思可矣，不必重复想到三次。行此道，你想一想对不对，就够了。所以中国的大学者如孔子、孟子、庄子、老子，都不像西方哲学家般的专一用力在思想上，也遂无哲学一门学问。现在我们不得已，称他们为思想家，其实也不通。他们不重在思想，重在学问行为。亲身经验如此，哪里只是一套思想。学问时该思想，所得是知识，思想在其次。中国人重学次知，不论思想。

中国人讲的道，乃是一本然之道，本来这样的。亦可说乃一同然之道，大家这样的。又可说乃一自然之道，它自己这样的。因此又是一当然之道，人人都该这样的。所以中国人又称此道曰天道，是天叫我们这样的。西方人观念，分别自然与人文。自然是外边物世界，人文是我们人类社会文化的人世界。中国人的讲法，自然出人文，人文本于自然，两者融成一体。人文不能违反自然，更不讲凭人文来征服自然战胜自然。人文只是自然中一部分。中国人讲的道，亦从自然观察得来。今称西方哲学有宇宙观、人生观，即此一观字。中国人一切道都由观察得来，有目共睹，一张眼便看得到。不是要一个特别的思想家用一套哲学的方法来发明。我今天此刻所讲，不是讲我个人的思想所得，乃是讲我们中国古人所讲。中国古人为何这般讲，乃由他们观察而来。亦非一人之观察，乃积累好多人的观察得来。我们亦可学这般的观察，所得自会相同。

（三）

现在我再讲中国古人怎么般的观察。中国古人说只要回过身来看你自己就知道，但我们回顾自身，大家谦虚，觉得我并非就算一个有道之人。我们或可说，人到成年，出在社会做事，种种牵涉，违离了道，越做越不像人。但当我们在未能言未能行的婴孩时期，确早已是一个天真的人。初从母胎出生，能说他不是一人吗？一两三岁的小孩，确已明白是一人。俗话称曰天真，这是一个由天所生真实不虚的人。年龄大，知识渐增，又有思想，天真丧失了，便会不像人。孟子曰："大人者，不失其赤子之心者也。"中国人所称崇之伟大人物，主要第一条件，便是要不失其大真的赤子之心。失其天真，便为小人，这是中国人讲法。

我们试来回想我们的幼年，不幸我们的记忆，最多只能回想到三四岁能言能行后的我。前面这一段，大家记不得想不起。三四岁以后，逐渐有知识了，才能回想，才能记忆。但没有知识以前，已有此心，已有行为，这是人生之大本大源所在。他一生下来便会哭，这就是他的行为。亦可说他当先有知觉，但与后起之知识不同。人是有了行为才有知识的，不是有了知识才有行为的。没有知识，不失为是一个人。没有行为，哪算得是人呢。有了知识后的行为，已经不同婴孩时期没有知识只有知觉的天真行为，这有时可称为不算是一人。我们虽不能回想自己的婴孩期，但可观察别人的婴孩期，如我的弟弟妹妹，可尽量观察。人同此人，心同此心，不是观于人就可知得了己吗？

现代想法，则要己异于人，出风头时髦。布衣菜根并不够，定要锦衣玉食。如我在此讲演，须要讲得和人家不一样，才是发明是创造。每一哲学家，必该有他自己的一套思想，高出于人。但中国人向来想法则不然。我今天所讲,不是我客气,只是讲的古人所讲,书上留下的,不过改用现代语来讲而已。我希望道道地地做一个中国人,不敢由我个人特出来讲一番与中国古人相异的道理。

婴孩初生,他有些什么呢?西洋心理学讲知情意三分法,人心分有知识、情感、意志三部分。但婴孩心可说是一无知识,什么都不知道。惟一所知,只是他的内心情感。他哭,或许因他初出母胎,皮肤受刺激,觉得冷。或许肚子饿,想吃。只此两项,没有别的。大人为他洗了身,加以襁褓,哺以乳水,他不哭了。或觉疲倦,卧之摇篮中,他安然地睡了。这是他所知。可用两个字来讲,一曰欲,饥欲食,寒欲衣,倦欲息,此之谓人欲。喜怒哀乐爱恶欲为七情,婴孩初生即有欲,并此无之,便不成人。欲连带便生情,喜怒哀乐爱恶皆自欲来,这是婴孩所有。意便是情之所向,实即是欲。饥思食,寒思衣,倦思息,这是婴孩的意志。其另一字则是一乐字。情感满足,心便安乐了。如此言之,情感与生俱来。西方人不这样讲,但亦可从此处去观察是否如此。现代人不同意此种观察,但还可有后代人继续观察,或许终会同意中国人的看法。西洋哲学只讲理智,不讲情感。或因情感属私,讲了情感,便怕寻不到真理。中国人看法,天理即在人情。人而无情,此外便无可讲。

上面说道贵同然,人情即然。我之喜怒哀乐,大体上须得人人相同,婴孩期便如此。婴孩初生即啼,这是一哀,岂不古今中外皆然。此下亦将仍然。婴孩同饮奶,只奶有不同。中国婴孩饮母奶,现在模仿西方饮牛奶,惟此不同而已。西方人信仰有上帝,中国人信天。天意便像要婴孩饮母奶，所以其母怀孕其两乳便生奶，婴孩口中亦不生牙齿。最多喝一年多两年，婴孩有了牙齿，母奶也没有了。不是其母自己要长奶，也不是婴孩自己不要长牙齿。这都是自然天意，亦即谓之天道，乃一本然同然自然当然之道。婴孩饮母奶，对母亲情感会更深厚，更能孝。现代人有思想，有理论，有种种方法，婴孩不再饮母奶，亦认为是进步。到底是否是进步呢？怕尚待讨论。

人生最先其心就只是一情感，此是人生之本源。树有根，水有源。人生究以身为主，还是以心为主呢？中国人最重此心此情，谓之天赋之德性。西洋人不讲心，讲脑。脑是人身一部分，一器官。目以视，耳以听，鼻以呼吸，口以饮食，脑以有知识思想，西洋心理学讲这些极详细。但人何以会有喜怒哀乐等情感，西洋心理学似乎并不太看重来研究。中国人说我觉得开心，这句话很重要，但西方心理学对此却不深加研讨。似乎西方人想法，认为物质生活便是人类开心的主要条件。西方对物质人生觉得有很多问题，须少数高级知识分子杰出人来研讨来解决。中国人讲道，乃为普通一般人讲。西方人论知识特别看重少数特殊人才，所以亦同意提倡培植此等少数人才。中国人所重道，在行为上要大家这样，从前这样，将来还是这样，此所谓中庸之道。那么中国在物质人生上，宜乎不能像西方般快速进步了。

婴孩能言能行，好像是人生一大进步。能言便把自己的喜怒哀乐告诉人，与人相通。中国人讲道，最要在能通。这里跑到那里，道要能通。己心与人心亦要通。语言转成文字，著书立说，古今相通。西方杰出的高级知识分子，著书立说，亦仅限少数人能通，多数人不能通。西方人要讲特别高出的，中国人要讲普通的平常的。故一贵专，一贵通，此又中西双方一相异。今天的现代人又哪个肯做一普通人平常人呢？于是中国旧的一套，要求人人能知能通，如言孝弟忠信等，亦遂不再成为学问了。

婴孩初生，接触外面便可分两世界。父母兄姊或其他家人，为人世界。襁褓乳水摇篮等，为物世界。人生亦可分身生活即物质生活，与心生活即精神生活之两面。长大成人，回忆以往，物世界一切可全忘，但谁也忘不了自己的母亲乃及父亲兄姊等，这是心生活精神生活方面的事。中国人认为乃人情之常。今天我们大家说要变，但变中有常，变不了。纵使你一切全忘，亦总该忘不了你的母亲。中国人说忘了父亲还可，忘了母亲连禽兽都不如。今天说我们中国人重男轻女，其实中国人从来不如此。物世界身生活可变可忘，人世界心生活不可变不可忘，所以人生以情感为主。西方一切都尚理智，不重情感。认为情感私，理智公，情感无用，须凭理智来满足。所以西方人重手段重方法。但中国人观念，婴孩私情正是人类之大公，亦即人生之目的所在。不失此心，乃得有世界大同，这是中国人的看法。

人生长大，读书求知识，学技能谋职业，这是手段是方法。但中国人更看重本源二字。一切手段方法，都当使用在此本源上。人生本源在婴孩期，在其天真之情感上。中国人讲道是人本位的，重在讲人道，人道之本源则为天道。婴孩从父母生，父母又父母，人类实由自然生。中国人所称的天，即是此自然。人从天生，一切人文皆从自然来。中国孔孟儒家重讲人文，庄老道家重讲自然，秦汉以下儒道两家思想又融通为一，故曰"一天人，合内外"。

外面物世界，我们的身生活，婴孩时可以一切相同。长大成人多所变。但物世界身生活问题，易于解决获得满足。只人世界心生活情感方面事，可以益广益大益深益厚，以期于世界大同天下太平，这就难于到达了。

现代人重要在讲自立，但中国人讲自立又不然。生物进化人类为最高一级，而惟人类之婴孩期为最长。自婴孩以全成人，此一长时期中，须经受一最大教训，即人生不能单独自立为生，要靠别人，须在群体中生，这是天意安排。父母兄长，以至家国天下，这都是你的人生，不能单独一人为生，这便是孔子所讲的一个仁字。用现代语讲，便是对人类的同情心。不要认为现在我进了大学，有了许多知识，学习到了许多技能，尽可自立谋生了。哪一人真能脱离人群自立谋生呢？西洋小说有鲁滨逊漂流荒岛，他随身还携带了一头狗，帮他忙。还带去漂流前许多东西，才能在荒岛上度生。倘鲁滨逊在婴孩期，他父母即放他到荒岛上，他能自立谋生吗？鲁滨逊也带去了许多人生日用知识技能，不是从别人那里学来的吗？孔子说，学而时习，这亦是天道天命，要我们人如此，我们人不得不如此。

纵使你谋一职业，你还得要靠他人，对他人还得要有一番情感。人生须有家，安家须赖国，治国须顾及到天下。像现在的天下，请问我们怎么办？经商要赚钱，卖方富，免不得买方贫。原子弹轰炸，你也得用原子弹对抗。在此世界上，不富不强，又如何立国。中国则治国不求富强,但求国际间能和平相处。从大讲到小,大家要富要强,便不免违法犯罪。法亦由人定,以法制人,还是一不平等。中国人不看重法,而看重礼。礼则是一道,此刻不详讲。大道之行,天下为公,当从礼来,不从法来。人与人有礼,国与国亦当有礼,这是中国人想法。

诸位只要看婴孩,再读中国书,自会懂得人道。西洋人不讲这一套,单读西洋书,亦就讲不通。

(四)

现在我要讲中国人所讲道的具体内容究是什么。我刚才讲过,主要是我们的情感,婴孩期大体相同。有了知识,有了思想理论,而忘失了本来的情感,就多不相同了。人之相知,贵相知心。婴孩期的心,称为天真,成年后的心,或许会都是假的人伪,不天真了。中国读书人自称弟子,在家为子为弟,尚未独立成人,他的心还都存有天真。中国人要保留其情感的天真,才来求知识。现在人进学校便称知识分子,中国人则称学问,要像子弟在家时的学与问,所学所问都是做人之道。深一层讲,情感的背后便是性。惟由天赋,故称天性。情从性来,性从天来,一切人文都从自然来。《中庸》言:"天命之谓性,率性之谓道,修道之谓教。"此下便提及喜怒哀乐四字。孔子说:"性相近,习相远。"婴孩长大,习惯不同,渐失天真,便就觉得人与人隔得远了。依照孔子的话,聚集一群中国婴孩,乃及亚、欧、美、澳、非世界五洲的婴孩在一块,他们的性情,岂不相近吗?肤色不同,这不算。逐渐长大了，黄人、白人、红人、黑人，便各不同了。婴孩期的相同，还是在情感上。

我此刻姑且只提出孝弟忠信四个字来讲。婴孩同知孝父母，敬兄姊。用现代语来讲，至少便是对父母兄姊有一番同情心，即是孔子所谓之仁。倘他对父母兄姊没有同情心，怎对别人会有同情心呢？推此孝弟之心，便是年轻人对长辈一番尊爱心。知识思想不论，将来的职业也不论。跑出家庭到社会做个人，便会懂得两句话，一是谦虚，不当骄傲自大；一是退让，不当抢先争强。像开运动会，冠军亚军季军，各抱一番争胜心，便少对落后失败者的同情心。

中国人教人做人，最好当做一小辈后辈。天生人先做婴孩，便是要教人懂得此道。现代科学进步，要战胜自然，有电脑，有机器人。电脑胜过人脑，机器人胜过生人。科学越发达，人的意义价值越降低。那么战胜自然，岂不就是战胜了人类自身吗？将来的世界，岂不将变成一机械世界，要人做电脑机器人的奴隶吗？

中国人讲孝弟，但每一家的父母各不同，兄弟姊妹亦不同。所以中国人讲道，要讲己。每一己所行道，即如孝弟，亦各有不同。大道尽相同，小道则各异。而小道相通，即就是大道。舜的父母和武王周公的父母大不同，但都得尽其孝。父顽母嚚，行孝难。但父母是圣贤，或许孝更难。我们不要说自己父母不好，父母更好，或许孝道更难。兄弟姊妹间的相互之道亦然。诸位亦不要说学校里老师不好，老师更好，好学生便更难做。我们要做孔子学生，怕真难。家庭不同，时代又不同。孔子教人孝弟，两千五百年后的我们,还得各自行孝,孔子不能一一来教我们。

《论语》孔子曰:"弟子入则孝,出则弟,谨而信,泛爱众,而亲仁。行有余力,则以学文。"孔子教人先行孝弟,读书求知识那是余事。孝弟外再讲忠信。《论语》首篇第二章,孔子学生有子说:"孝弟也者,其为仁之本与?""本立而道生。"孔子主要在讲仁,孝弟是其本。第四章孔子学生曾子说:"为人谋,而不忠乎?与朋友交,而不信乎?"尽己之谓忠,要把你自己的全心全力拿出来对待人,这叫忠,对父母之孝便如此。故对父母不忠,如何叫做孝?不孝又哪能忠?中国人的语言文字可分讲,又可合讲,同是这一道,人同此道,所以我国人能绵亘五千年,繁殖至十亿人口,试问全世界其他民族有此成绩没有?

老子曰:"既以为人己愈有,既以与人己愈多。"为了人,自己更有了。给予人,自己更多了。物质人生不如此。这杯茶你喝了,我就没得喝。这件衣,你穿了,我就没得穿。心生活精神人生便不然。我这一番情感,为了你,给予你,自己更多了。这即是孔子所讲的仁道。西方哲学不讲此,但人同此心,心同此理。西洋人亦逃不出此道。你这番感情不拿出去,永远不会长,还得减。中国人在长,西洋人在减。现在我们也都讲西洋道理,老子这番话便都不懂,想不通了。所以为人谋而忠,便是忠于他自己。或许别人所得,还不如自己得到的多。岳飞之忠,其实宋高宗全未得到,都是岳飞自得了,岳飞受后代崇拜。现代人说,中国人崇拜失败英雄。其实岳飞非失败,乃大成功。

与朋友交当信。仁义礼智信这一信字，极重要。我要信得你，你要信得我。至少我要信得我自己昨天与明天。进了学校，长了知识，反把自己的婴孩期大本大源所在不信。则试问你究竟到了哪天，你才正式成为你这一个人的呢？岂不是自己迷失了吗？现在我们要讲客观，岂不婴孩就是客观的你吗？这是一天真的你。现在你知识多了，反把对你自己的天真也丢了。此之谓忘本。

中国讲人道有五伦。父母、兄弟为天伦，夫妇、君臣、朋友为人伦。人生最重要的朋友，首先是夫妇。天生有男女之别，结为夫妇，仍是天意要我们如此。但今天只讲结为夫妇前之爱，不看重结为夫妇后之信。自由结婚，自由离婚。互不信任，爱又何在。今天信你，明天又不信了，一切情感随而消失，君臣朋友亦然。互相不信，于是来一套法律。对无信无情的人，法律又有何用。今天则是一法治的世界，宜乎祸乱日增了。

信则必能忠，忠则必能信。忠信便是爱，不忠不信便无爱。忠信亦就是人之德性，天意要你忠信，你自然能忠信。不忠不信，便是违天非人。中国人说信义通商，商业亦该讲道，要义要信，要能忠于人，不仅为自己赚钱。现在则相与争利，不信不忠，却谓是自由，那又如何讲呢？

我此刻引《论语》孝悌忠信四字，是孔子弟子有子、曾子讲的话。现在再引孔子自己讲的话，《论语》首章第一句，子曰："学而时习之，不亦说乎？"孔子所学，非哲学，非教育，非政治，亦非其他一切，实只是学的孝弟忠信做人之道。下面引的有子曾子两条可知。今天明天后天，今年明年后年，这叫时习，并不在求变求新求进步。人总是一人，我只是一我，父母只是一父母，兄弟只是一兄弟，家总是一家，国总是一国，天下总是一天下。现在我进步了，我不再是我，父母兄弟家国天下，都变都新了，这又何以往旧时之情道可言呢？悦即是此情感，你试反身自学，究竟此心悦不悦呢？这要问你自己了。诸位说，我心所悦运动、唱歌、跳舞、看电影、喝咖啡，多得很。孔子不是说这些不开心，孔子只说像我这般学习也开心。那么你何不从此途上来一试呢？"有朋自远方来，不亦乐乎？"悦在心，乐则显露在外。故悦在己，乐则在己之处群中。"人不知而不愠"，别人不知道，没有关系，我心乐就好了。这样便叫君子。若必待他人知，则权在他人，那就麻烦了。《论语》第三条"巧言令色，鲜矣仁"。讨人喜欢，迎合人意，失其真诚，即是不仁。故仁只是在己之一心，这不简单省力吗？而中国道即在己之深义，亦即此一语而可见。

中国道理，简单讲来，只在《论语》开头这四章中。第一句话，人生重要在情感。第二句话，情感要在己。第三句话，己心要能乐。人生大道只在此三句中。或说这是守旧不合时宜不进步，则孔子说"人不知而不愠"，也就够了。我今天讲题是己与道，亦盼诸位反己一省吧。

五五　心之信与修

（一）

中国文化重和合，西方文化重分别。中国文化重全体，西方文化重部分。中国文化重向内，西方文化重向外。故中国人贵通，西方人贵专。

孔子曰："执其两端，用其中于民。"每线必有两端，其中则指线之全体言，非指两端各折其半之中间一点言。庄周引名家言："一尺之捶，日取其半，万世不竭。"一线取其半，犹存其半，故云不竭。西方几何学重点，由点成线，由线成面成体。线有长，面有宽，体有厚，点则无长无宽无厚。但天地间何来有此物，故西方人言：真方真圆，只在天上，不在人间。分之又分必如此，一切皆成为虚无。中国人则认点在体之和合中，体则可万世不竭。

（二）

人生有身，心所附着。身有五官四肢百骸，乃有视听活动作为。西方人信灵魂，灵魂无身，则无视听活动作为可言，当仅有一存在，一如几何学之无长无宽无厚之点。抑且灵魂疑当无男女，否则亿兆斯年，天堂虽广，何得容此无穷之生育。故灵魂乃各自独立，互不相通。其高处有上帝，当亦一灵魂，对其他灵魂无主宰无管理，仅有降谪，灵魂无反抗无逃避。但降谪尘世，又分亚当夏娃，则无理可说。恺撒事恺撒管，上帝亦不过问。世界末日，亦若固然。上帝于尘世之无情，实堪惊诧。但累积两千年，尘世人日夜祷告忏悔，上帝无头脑，而能一一觉知，记忆裁判，或升天堂，或降地狱。此等皆无理可据，无事可征。

又上帝无配偶，无家室，乃有独生子耶稣。耶稣在人世上十字架，上帝亦无奈何。耶稣死后复活，当仍在人世，与亲生父仍久隔绝。此等亦皆无理可据，无事可征。是则上帝耶稣天堂灵魂之存在，惟一可信，乃在人之一心。使人心无此信，则耶教一切不存在。是西方之灵魂与宗教仍是一心，复何疑辨。但此乃东方人观念。西方哲学重思维，科学重证验，宗教一本信仰，故其内容亦各自独立。与东方人观念之尚会通者大不同。

西方人所信之上帝又与天有别，天堂乃其居处。西方天文学，星河云海，渺无边际，亦皆物，上帝对此亦不管。上帝乃一独立存在，与物若互不相通。西方之重专，重分别，上帝最其一例。

中国人观念则万物皆生于天，人乃万物中一物，而天则为其一总体。中国人亦言帝，为天体一主宰。帝在天中，犹国之有君，故亦尚有德，诗"文王之德，克配上帝"是矣。

又中国人观念，天生物各有性。人则有个性，有群性。性各有别，此谓个性。同在天之中，同受天之命，同相聚处，故有群性。故性命一体，即物即天，即别即和。有生无生，乃其小异。

西方人似重个性，不重群性。但如论多少数，少数亦皆有个性，乃见抹杀。中国人则于重个性中更重少数。如家有夫妇，有父母子女，有兄弟姊妹，一家如一人，群体中存有个体，个体和合成群体。故中国乃一氏族社会宗法社会，个性群性乃得兼育并长。而有祖有宗，有贤有圣，则属少数。齐家治国平天下，皆由此个性群性之互相和合兼长并育来。而一是皆以修身为本，所修则以宗祖贤圣为归，则仍重少数。而五千年之久，始终抟成一民族国家，皆由此群中之有祖宗圣贤来。

中国人言性又言心。心由性来，性相通始见心，心相通始见性。一身五官四肢皆物，和合相通始见心。心非身中一物，而附于身以着。西方人以脑为心，脑乃身上一器官，异于中国人之所谓心。中国人言心脏之心亦身上一器官，乃由其掌全身血脉流通言，而人心则不限在心脏。心之在身，无在而无不在。身内身外，一切相通处皆为心。心有知，可以若无知。心有觉，可以若无觉。深言之，此心即天。天人合一，即心与天之合一。

今人误认知识思想为心，此实仅心之一活动，一作用。中国人言性情，乃始是心之真全体。今可谓性属体，心属用。但亦可谓心性皆属用，惟物惟器始为之体。老子"有之以为利，无之以为用"，是也。故心性皆抽象名词,非具体事物。

(三)

印度佛教不信灵魂,谓尘世一切,皆由人生前业来。其视人事,有始有终,重时间绵延,与西方异,近中国思想。故佛教传入中国,中国化即有天台宗一心三观说,或中或假或空,皆出此心之所观。华严宗有理法界、事法界、理事无碍法界、事事无碍法界四法界。事有理为据,理有事可征,理与事皆无碍,即非业。业有障,理事皆无障,以其皆出于一心。禅宗六祖云:"本来无一物,何处惹尘埃。"临别五祖,赠以《金刚经》"应无所住而生其心"一语。理即由心无住而生,即有事非业。二祖向达摩乞安心术,达摩告以"将心来,与汝安"。二祖由此得悟。此非悟人之无心,乃悟心无住处。否则觅心者即心,岂不易知。此下禅宗皆畅发此心之义,即身成佛,立地成佛,即是即心即佛,与中国传统重心之义大相近。孔子七十而从心所欲不逾矩;庄周得其环中以应无穷,又言儵、忽为浑沌凿七窍而浑沌死。此心妙用,中国传统自孔子庄周以来,已深得其神髓之所在矣。

心非物,但必依于物而见。中国人所谓相反相成,心与物即如此。物乃存在,心则流通,此乃宇宙中一切存在之两端。西方哲学有唯心论唯物论,宇宙间有无心之物,却不易见无物之心。惟心能不住于物,而与物和合相会通,此乃心之正。庄周《齐物论》譬之以风,风必依于物,非物何有风。《养生主》又言:"指穷于为薪,火传也，不知其尽也。"薪尽火传，非薪何有火。如风如火，亦一存在，同时即一流通。流通必依据于存在，故二者实一。实则人心亦即存在与流通之和合，非有和合，即不见心生。故虽云无所住，仍必有所住。中国佛教此下有禅宗与净土宗合一，口念阿弥陀佛，心无所住，乃若有所住。若有所住，实乃无所住。此事人人能之，遂为中国佛学之最后最高一成就，其要义仍在心。

（四）

灵魂本皆中国字。灵，通义。心最相通，惟人有心，故称人为万物之灵。中国魂魄连言，又言体魄魂气。体言其存在，气言其流通。所流通者即其所存在，果存在亦自有流通。故魂魄乃一非二，亦可谓魄指身言，魂指心言。心之流通，自生已然。非必死后有鬼，乃见流通。夫妇好合，夫死，其生前之心在妻心中。妻死，其生前之心在夫心中。父慈子孝，父母死，其心在子女心中。人之相知，贵相知心。生处群中，此心即通于群。群常在，斯生前此心亦无不之而得常在矣。抑不止此，心可流于物，如作书绘画音乐舞蹈，乃至陶瓷雕刻制造，一切人间艺术，亦皆人心所寓。文学本之文字，亦即艺术。凡文学艺术，皆其人生前魂气所至。魂气在生前，故能无不至，非死后始能无不至也。孟子曰："乃我所愿，则学孔子。"此乃以孟子生前之魂气，上感于孔子气后之魂气。主动者，乃在孟子非孔子。

孔子曰："祭神如神在，吾不与祭如不祭。"则祭祀亦此心之魂气相通。祭者心在，则所祭者如在，此则信而有征。西方人祭上帝耶稣，当亦如是而已。故群体为大生命，个体为小生命。小生命当从大生命来，其死亦归入大生命中。大生命不绝，斯小生命亦常存，惟当入化而已。其化则不仅在死后，乃在生前。人心即此生命，近人乃知生命有存在，不知生命乃更有流通。此即犹知人有体之魄，而不知其兼有气之魂。

孔子死，其心尚在其弟子心中。其弟子乃心丧三年，庐墓不去，乃成孔林，迄今为中国一名胜古迹。试一瞻谒，即见孔子与其门人弟子魂气之所至。吾乡有泰伯墓，乃一小土丘，历三千年常存，此亦魂气积累。自泰伯之让天下，其心迄至今三千年，感动乡人心，知恭知敬共达于此墓。凡中国名胜古迹率如此。则死世界仍存在生世界中，而笼罩此生世界，相与和合会通，亦可见矣。

（五）

孔子曰："志于道，据于德，依于仁，游于艺。"凡心不能无物可依，空空仅一心。中国人谓虚心，乃近似佛家言无所住，非言心空无物。故中国人修心必言志。志于道，非志于物。孔子曰："富而可求也，虽执鞭之士，吾亦为之。如不可求，从吾所好。"不可求，故无志可立，仅从心好而已。道可求，始言志。实亦由志乃成心，故曰立志，即犹言立此心。言修身，亦犹言修心。则齐家治国平天下，所齐所治所平，皆此心，非物。物则何修齐治平之有。

道即此生命之大全体，德即此道之得而存于己，仁即此道之通而达于人。据德依仁，是为道德人生。艺即此心兼及物，使此诸物亦能会通和合而纳入人群之大生命中，与之俱化始为艺。文学亦一艺。人生不能离此物世界，又何得无艺。实则道德乃艺术之至高，而艺术乃道德之至精。中国传统人生当亦以道德与艺术合一并称，非道德即不成其为艺术，非艺术亦不成其为道德。

道德艺术皆由人心来，故中国人言人生必言心，与西方人言灵魂大不同。灵魂由人生外面来，又向人生外面去。人心则即此人生，人生在，即人心在。中国人生能通天人合内外，皆由此心。心不存，则人生活动犹如行尸走肉，复何生之足云。

孔子心，言其近，可以通于七十门弟子之心。言其远，可以历两千五百年而通于今。故孔子之心，亦即孔子之性命，亦即孔子之德之天。孔子曰"天生德于予"是也。亦可说孔子性命至今尚在。人生可以如天之尚在，此诚中国人生之大艺术，亦即人生至德要道之所在矣。

个性群性只通于人与人之间，惟艺术心则超于群而通于物。《大学》言格物致知，人生不能离于物，故心知亦必通于物，必格物乃可言知之至。是则人心不当仅通于人心，犹当通于物。不当专言道德，而又必兼言艺术。

西方人亦有艺术，但重物不重心，又主争。中国艺术则主和。西方艺术在分胜负，而中国艺术则仅见高下。近代西方各种运动会，则以艺术化入商场中。各种杀人武器，则以艺术化入战场中。中国艺术则非商非兵，皆在人生性命之安居乐业中。

孔子曰："君子无所争，必也射乎。"射亦以杀人，但射亦有礼，礼贵和。群中有杀，亦出天意，亦以致和。犹如生中有死，死亦生道中一端，死生乃终始如一。如天之有阴阳晴雨，阴雨亦通入阳晴中，共成一天。止戈为武，文武亦同在一道中。皆所谓相反相成，执两用中，此有深义，可密阐细究。

（六）

诗云："相鼠有体，人而无礼。"鼠生在其体，人类大群之生则在礼。礼分宾主，夫妇、父子、兄弟相处，亦互为宾主。礼即道德，亦即艺术。闭门读书，上友古人，则千百世上人皆如宾客，可以自由接对。而诸宾客皆静默无言动，尽待主人之心领而神会。为主人者，又何乐如之。此又非一种大艺术而何。孔子之学不厌即在此。

中国人生亦可谓乃一礼乐人生。古代礼不下庶人，文化演进，乃至全人生皆归入于礼。读清代《五礼通考》一书，约略可见。但吉礼、宾礼、嘉礼易言，凶礼、军礼难知。慎终追远，民德归厚，凶礼犹易知。军礼更难言，但当知非仅以礼治军，更要者，在知军之亦必以礼治。礼之用，和为贵；则军之用，亦必以和为贵。不惟在军之内当求和，即在军之外，与敌相对，其要亦在和。止戈为武，不嗜杀人者能一天下，治军所希之能事在此。

孔子曰："足食足兵，民信之矣。"不得已而去，先兵后食。曰："自古皆有死，民无信不立。"信即此心，苟非此心，何来有信。然则人生可去兵，犹可去食，最不可去者，乃此心之信。伯夷叔齐饿死首阳山，亦由伯夷叔齐之心有所信。非信纣可为天子，乃信周武王不当兴兵伐纣。孔子称其为古之仁人，孟子则称之为圣之清。至于今，伯夷叔齐之心尚传，抑且所传之盛，尚过于周武王之伐纣心。心之清，可除去一切，如伯夷叔齐岂不并兵与食而尽去之，惟存一信。其实不仅伯夷叔齐为然，人心亦莫不惟有信，惟所信有不同而已。

今日世人不知重此心，但亦仍有信。求富于食，更求强于兵。原子弹核子武器更所信，次之则经商求利润。核子武器且不论，经商买方日不足，卖方不景气，又奈何？若依孔子言，先去核武器，再去一切商业政策，惟保持此自信心，即人类互信心，则人类大群自可立。若问秀才遇到兵，有理说不清，有心者遇无心者又奈何？曰，心得性命之正，无心则违失性命。此天地乃一性命大体，亦即性命一大场合，违失性命，又焉得久安居天地间。故信天乃信心，心与天一，其可贵乃在此。

今人不信己心，又如何信他人心，当更不信古人心，如孔子心。孔子自信己心，由于信他人心，更贵在其信古人心。古人心犹能通于今，此则更可信。孔子信而好古，敏以求之，学不厌教不倦，乃成其为孔子。远推古代，为原始人，则乌有近世之核子武器与商业政策。然原始人与近代人，仅四围外物异，内在性命则同。递传迄今，仍此性命。故孟子曰："大人者，不失其赤子之心。"赤子尚不能视听，但已有知觉。此心即原始人心，亦即后来之大人心。大人心本源于赤子心。依孟子意，亦可谓不失古人心，乃得近世心。此亦始终一贯。

故心则只是此一心，天人如一，古今如一，焉得有所谓进步。外在年岁境与物可言进步，内在性命天与心不可言进步。故中国人只言此心之立与达修与正而已。顾亭林言："天下兴亡，匹夫有责。"此亦从心上立言。伯夷叔齐即此心。今人不知重心，则此等语又何从去解释。

余上所述，乃尽从余之读中国古书来。古人心藏在文字中，余从文字中检得，非一种艺术人生乎？故此一番心，只是检不到，却非不存在。其实天常在，群常在，斯心亦常在，惟有志者能信之修之。此乃一种道德人生，但亦有步骤，有规矩，此又为一种艺术人生礼乐人生。

但此心之信，乃由此心之修来。心犹天，岂不天亦当修。朱子言"理先气后"是已。《中庸》亦言："天命之谓性，率性之谓道，修道之谓教。""致中和，天地位，万物育。"印度佛教言，诸天亦来佛前围坐听讲，此亦稍近中国意。《易传》言："天行健，君子以自强不息。"今国人图强，惟求西化，美其名曰时代化。今日之时代，又岂尽为西方人所占？窃愿以《易传》"自强不息"四字与国人共勉之，惟国人之相与共信而共修，以归于正，则反己而自得之矣。其归则仍要在国人之能信。余年九十二，常在病中，报馆索稿，姑妄言之如此。

五六　为己与为人

（一）

孔子曰："古之学者为己，今之学者为人。"中国人言学，主要在为人。人生大群中，必有其一番道义与责任。学则在知此道义与责任，而如何善尽之。故为己即为人。取悦于人，见重于人，则生之意义与价值，在人不在己，此何可？荀子曰："小人之学，如禽犊之献。"见人携禽犊为礼，为人则如以己为禽犊。

西方人重权利，中国人重道义。故西方为人，在向外争独立平等与自由，中国人则重在己之道义与责任。孔子曰："为仁由己，而由人乎哉。"仁即人道，亦人生之大任。自行己道，自尽己任，此非独立平等自由而何。曾子曰："任重而道远，仁以为己任，不亦重乎。死而后已，不亦远乎。"自守仁道，自负仁责，毕生以之，虽独立而不惧，虽遁世而无闷。人皆如此，岂不平等之至。杀身成仁亦自由，道义即自由，而岂外面之束缚与限制。中国人谓此乃德性之人生。彼人也，我亦人也，有为者亦若是，复何权利之足言。

人生婴孩期最长，无知无能，此为人生与禽生犊生最大不同处。婴孩初脱母胎，惟能哭，但亦不自知。故婴孩实未成人，我非真我。其成一人，成一我，则胥赖父母之抚之育之，养而长之。但此已属人文人生，非自然人生。己不能自生活，乃赖父母兄姊之生活长成之。此即道义责任之所由来。而我生乃由人生之道义与责任中生，亦可知。

童年无知，胥待父母兄姊年长者告之，始渐有知，始得为人。故己之成长为人，即有种种道义与责任，此皆人文人生中事。人自有生，在其未成年前之一段长期人文人生中，亦无时无刻不在受教。人之教之，亦皆其人之道义责任，故可谓人生即由道义责任中来。

人生之老年期亦较禽犊为长，亦如未成年前得享受人文人生，须他人侍奉辅护。中国以农立国，十八授田，耕种为生。六十则还田，即须子媳奉养。老人在家，只以抱孙为乐。其实年老之祖父母，正如年幼之孙子女，各自无能，而相守为乐。此皆有中年成人，负敬老慈幼之道义与责任，否则又何克有此人生晚年之乐境。

西方小家庭制，年老受公家养老金，或入老人院。相顾同属可怜，心终无欢。中国则自古有敬老之礼，六十杖于乡，七十杖于国，到处受人敬。余生之中年，尚多获亲于各家各地之老人。政治乱于上，而老人仍得其安乐，幼小亦然。家不安于国，而老小犹得安于家，则人生若尚有一前途可冀。及今则情况大异。大陆不论，即在海外，家庭养老之礼已不易再见。二老相伴，子女则寄居异邦。即同在国内，亦每不同居。丧一老，则一老孤独，即子女迎养亦不安。近人言，美国乃幼童之天堂，中年之战场，老人之坟墓。人老未死，已如入坟墓。人孰不希老，但睹当前之老人生活，竟已逆知其人生前途之所趋。一老人之归宿，亦即为其一家人之归宿写照，亦可谓乃其社会全人生之写照。老人无归宿，即不啻告人以人生无归宿。今日世界人类归宿，即观于当前老年之无养不敬，亦已彰灼可见矣。人之成人，即各自奋斗，亦可谓是为己。惟乃自然人生之为己，非人文人生之为己，乃绝无道义责任之可言。

《小戴记·礼运》篇："老吾老，以及人之老。幼吾幼，以及人之幼。"人生老幼两端，皆不能自主自立，中国人特举此以为理想的世界大同作基础。其曰"天下为公"，公私一体，为公即为私，非废私以为公。惟人性慈幼易，敬老较难。西方个人主义，亦知慈幼。逮其长大，尚有功利可期。老年向死日近，养之敬之，无可期其报答，人死则一切皆完。而中国人特重丧葬之礼，孔子曰："慎终追远，民德归厚。"真实人生乃情感，非理智。老与死乃人生必然之归宿，由其老死，而回念其生平，亦可谓至是乃见其人之真意义与真价值。人有不随老死而俱往者，始是人生真意义真价值所在。财富权力，只是生前所有，死则转归他人。亦有死后不归他人者，事业可转归他人，而行为则不得转归他人。

尧舜禅让，天下之大，可以转归他人。而禅让之行为，则尧舜私有之。死则一切行为皆停，然如让天下之一行为，则尚存天地间，并仍存他人心中，可以永垂不朽，其人乃仍若未死。尧舜禅让，汤武征诛，事业不同，然汤武之征诛行为，亦同列为圣，亦得永垂而不朽。孔子开门授徒，其教言尚常存七十子门徒心中。及其编写为《论语》，其书流传，常存二千五百年中国人心中。中国人尊行为，不尊事业。周文王未登天子位，论其事业，若不如其子武王。然文王生前之行为，则犹在武王之上。故周人乃尊文王为开国祖，明非事实，而有合于天下之人心，亦有合于后世之人心。以此为教，则深入人心，而万世不忘矣。故好古非好古，乃好古人之不随古以俱去者。故好古人，亦即好今人。今无可好，乃好人生中之真意义真价值，乃人心所在，不随时代先后死生古今以俱变，而与人生俱在者。

父母生我，此乃父母一行为，非父母一事业。父母之老且死，此亦行为，则常在我心。我则养其老，葬其死，终我之生，不忘我之父母，此即人生之道义与责任。人心同，斯道义与责任亦同。故道义之与责任，乃人心所同好同安，则亦以自为我心而已。人人如此，则民德归厚，而人生之真意义真价值自显。若言功利，则此亦即人生莫大之功利。今人误认知识思想为心，此实仅心之一活动，一作用。中国人言性情，乃始是心之真全体。识得此分别，则一切心之活动与作用，自可无逃于人生之真全体。

墨家言兼爱，则近功利主义。惟不为个人功利，而为大群功利。但欲人视人之父若其父，则非人之真性情所能。人文亦从自然来，人各一父母乃自然，人文亦不能背。必求平等，则转成为己之父母亦若人之父母，孟子讥之曰无父。孝乃人心一私，人心各尊其私，乃为人道之公。惟此心则已属人文心。故行为之私，乃得成为事业之公。如尧舜禅让，汤武征诛，皆是。然征诛终属事业一边，故汤武终不如尧舜。中国人尊尧舜尚胜于汤武，非为尧舜更在古代。犹有古于尧舜者，如牺农黄帝亦不与尧舜同尊，可知矣。

西方无古可尊，英法之尊希腊，与中国之尊尧舜显有别。西方人并亦尊埃及尊巴比伦，此皆历史之古，非英法人心之古。惟中国史乃与中国之人心进程大体合一，此诚人类不易得一佳境。

中国人重行为，实皆属私。舜父顽母嚚，并世谁加重视，则舜之孝非私而何。但不能心其私，又乌能心其公。余幼时，西化已东来，国人自讥，引"各人自扫门前雪，不管他人瓦上霜"诗句，谓中国人知私德不知公德。不知德得自己心，即属私，舜之孝即舜之私德。门前雪，自当扫。他家瓦上霜，岂能由己来管。舜尽其私，而尧让以天下。庄子曰："为善无近名。"名乃公器，善则私德。人人舍其私而争为公，则天下必乱。人孰无私，幼其幼，老其老，皆私也。惟如此，斯世界大同而天下平，无他道矣。

人有私行私业，百亩之田，仰事俯育，即农人之私业。百亩之收获，无以远胜于他人。故农人之用心，尤在其仰事俯育，更过于其耕耘。轻事业，重行为，其教易。古代之工，由官授廪，生事无忧。故能使业工者不争量而竞于质。毕生从事，又世袭相传。习熟久而私好深，他人莫能逾，而中国之百工乃尽成艺术化。孔子曰："志于道，据于德，依于仁，游于艺。"百工之艺，亦志道者之所游。故中国古代之工农，所贵皆在其性情。

日中为市，各以所有易其所无，各得所欲而散。此亦私心即公道，乃行为，非事业。特商为业，则必求利润，故业商则必求损人以利己。中国古代，商亦由官授廪，而限于国际。国与国间之通商，有关治平大道，故不许私人经营。奉公守法，则有道义存焉。故中国古代社会，能使人重其私德不重其私业。凡业皆为公，而凡德则见之行。孝弟忠信皆本私德，而会为大群之公道，此实中国文化精义之所在。

明此道以教人者则为士。士不进而仕，则退而为师。士亦非业。孟子曰："劳力者食人，劳心者食于人。"秦汉以下，社会大变，而此大分别则无变。故四民以士为首，农次之，工又次之，商居其末。《大学》言："自天子以至于庶人，一是皆以修身为本。"即仍以各自之私人行为为本，则无大变。

惟其重私行，故伯夷叔齐犹尊于周武王。如夷齐，诚可谓之违公心而信私义。其信于私者，则历千万世而无与伦比，中国人之重视此两人亦在此。此可谓之最独立，最自由，而不平等。人各有私，伯夷叔齐可为之榜样。一切道义责任，即皆由其私来。老老幼幼，不信其私，又何以为人。

近人均认中国为人本位文化。然人不能孑然孤立为人，必人相偶，与人相处始为人，故有五伦。小人则离于伦以为人，乃不得谓之人。否则亦人中之至小者，此亦古人忠恕之辞。孔子曰："必也正名乎。"又曰："君子思不出其位。"名为夫，居夫位，行夫道。名为妻，居妻位，行妻道。五伦各有其名位，亦各有其道。各为其己，守己位，行己道，而家自齐，国自治，天下平亦如此。然则人本位即己本位。今人慕西化，好言人权。但争权即非中国人之所谓道。果使夫有道，则妻何待争权。夫无道，妻又何得争权，亦惟自守其道而已。晋重耳在齐娶妻姜，齐姜劝之行。重耳回国，不闻其召齐姜，亦不闻齐姜之再嫁。然而晋文公之霸业，不得谓齐姜之无功。孔子曰"晋文公谲而不正"，此亦其一例。为人妻，守妻道。齐姜可谓正其名而思不出其位矣。中国人言权，乃指己之权衡权量以定己之行为，齐姜则亦权之矣。后世敬仰齐姜，试披史籍，为齐姜者不绝书，则为己亦所以为人，惟权其道而已。而晋文公乃事业中人，非性情中人，亦可知。后人之评量前人亦有权，惟当权量其性情，不当权量其事业。中国圣贤，皆在其性情，不在其事业。亦皆在后人之权而定之，而岂圣贤之有权得自居为圣贤乎。故中国人本位文化，亦即己本位文化，亦可称之为心本位文化，然非西方哲学所谓唯心论之心。西方哲学重知识，向外寻求真理。中国之心本位，重性情，重一己之行为，向内自求己心。斯则其异。

然则人生无事业可言乎？此又不然。事业属公，而必本之各己之私。未有违于各己之私，而可成为公众之事业者。此种事业乃为祸害，事业成而失败随之。以西史言，希腊罗马封建贵族现代国家，皆由成而败，败则不复再成，而始有当前之美苏。岂美苏乃得长如今日。惟中国则五千年来日以扩大，而成为一广土众民之民族国家。孔子曰富不可求，从吾所好。富若可求，则希腊人先得之，何致递变递转手而有今日之美苏。从吾所好，各顾自己之私，而共同公行，乃为中国文化传统之本源所在。

今且莫问孔子大圣之所好,试问当前各自小己之所好。孰不好有一贤妻,则莫如先为一贤夫。又孰不好有佳子弟,则莫如先为一贤父兄。求于人,则莫如先求之己。己之行,则所好易得。己得为一好人,斯亦同为人所好。孔子大圣,亦不过同为人所好而已。妻贤而己不贤,子弟佳而己不佳。己之可耻可悲,又孰愈于此。一薰一莸,十年尚犹有臭,人决不以有臭自豪。此则人生之道义责任所在,亦即为己之学,吾国人其各扪心深思之。

（二）

婴孩初离母胎即知啼哭,所以啼哭,则为外面刺激。如光明耀眼,或寒冷刺肤,皆属外面事。次则如饥饿,如劳倦,乃属己身事。遂知有父母,有兄姊,或祖父母等,皆属家人与彼相亲者。最后乃知有己。其实己不能单独成其为己,必有内外始成己。先识外,后识内,此之谓合内外。外多属天,内始属人,此之谓一天人。合内外一天人始成己。

婴孩能学言语,言语不属己,亦属人。他人如何言语,己则学之。不仅言语,一切学习尽如此。学于人,乃成己。使外无所学,则己何由成。先学于家,乃成一家之己。次学于乡,乃成为一乡之己。继学于国,斯成为一国之己。再学于天下,则成为天下之己。所学有大小广狭。要之,己则为之中心。学于外,以成其内。学犹食也,食于外,以长养其内。物质的则为食,精神的则为学。合内外以成己,则如此。

家国天下皆在外，身为内。自身言，则心为内。自心言，犹有性为其内。而性则赋于天，受之自然，尽人皆同，无所大异。故人生乃同此自然，同此天下，同此国，同此家，同此身，同此心，同此理。外观多异，而内蕴则同。各成其一己，而尽归于大同。中国文化传统中之人生大道，主要即在此。

己之孝，所孝乃己之父母。孝父母乃己之心，亦即己之性。孝之一行，全以成己。外观之似为父母，内究之实为己。外孝父母，己始成为一孝子。一切德行皆如此，此之谓道。道者，乃指人生大道即为人之道，亦即所以成己之道。否则饥而食，寒而衣，百年匆匆而死，所为何来，岂不一场空。故佛教则要人修涅槃，耶教则指导人灵魂上天堂，皆为人求有一归宿。中国人则天生我为一人，我则在人群中修成为一己，此即己是人生之归宿，尚何涅槃与天堂之求。

何以天生我为一人，我必修成为一己。因人与人宜各有异，宜不相同。己之父母，非即彼之父母。己之家国天下，非即彼之家国天下。故人人修其一己，即所以成其为一人。人不修为己，则己不成为人。孔子言知天命，即知此，知此乃知学知行。舍于学与行，而空言知，今人乃尊之曰客观之知。不知客观之知，于己何干。

爱因斯坦发明四度空间论，在西方科学上，乃一新观念，在中国则是一旧观念旧思想。宁有无时间之空，宁有不与时俱变之空。孔子圣之时者也，时变则己亦变，亦可谓时即己之生命。天命日新，则为己之学亦当日新。然而天虽日新，而实陈旧不变。己虽万异，而仍是一共同不变之人。斯其义极精，而人人俱知，亦可谓之极粗。新旧精粗，即是此体。主观客观，亦同是此体。如婴孩，如幼童，如成年，如老年，同是一我，而与变俱新。惟主观乃知之，若求客观则不知。故知人始知天，知天始知人，同此一知，无大异也。

《大学》言格物致知，所知乃为知己，非为知人。百工成器精美，此乃知于己而始得成此精美。如丝织品，陶器品，何一不由识得人性所喜，乃得精美。物品须精美，人品宁得不精美。人之一生，若得烹饪衣着居住行走，以及日常使用诸物品，皆得精美，岂不为人生一大乐事。则人生交接，自父母家人，以及亲戚邻里，国与天下，皆属精美之人品，人生乐事宁有更大于此者。若人生仅知求之物，不知求之人，则将永为一无可喜乐之人生亦可知。又当知物品精美乃是一种艺术，而人品精美，则更属一种艺术，为人生中一最高艺术。艺术则必建本于人类心理学，其高低精粗，胥将于人心求判定。中国人说，人之相知，贵相知心，圣人先得吾心之同然。得己心，始可得人心。己心何由得，此乃人之为学至要一问题，亦人之为学主要一目标。

故学者学此心，有此心必见之行。故学者学此行，而知识乃为行中一手段一条件一小事，不能得于心见于行，孤立一知识，斯又何贵。孔子曰："性相近，习相远。"性尤是心之根，更所难知。而习则行之更显而易知者，故学必尤重习。孔子曰："学而时习之。"曾子曰："传不习乎。"中国为学则更重在习。不仅终生，尤贵世袭。丝织陶瓷百工之业，皆父子世袭。学成一家，门人弟子，斯亦世袭矣。而岂一世之所能尽其能事乎。

故西方学贵专，而中国学贵通。不仅贵通之人人，又贵能通之世世，此则惟心性之学为可能。故中国之学，内主心，外主行，而知识特其次。如言孝，人人同有此心，又必同见之行，而人之父母则各不同。如舜与周公，两人之父母分别如天壤，其当孝则一。舜何以行孝，成为一大难事。陆象山言，尧舜以前曾读何书来。实则即有书，各人之行孝，仍不能见于书。故学贵反而求之己。凡学皆贵本于己之心。古人言孝，后人当学，而学必能创。亦步亦趋，非学之能事所在。何况不本之心，不见之行，而客观特创一真理，则绝非中国传统之所谓学。故在中国学之传统中，乃特无一如西方之哲学。哲学教人一思想方法，即逻辑或辩证法。而中国则教人一行为方法，亦称规矩。近人称道德，然则道德当分别言之。德者其心性，道则其行为。行为必本于心性，而外面遭遇仍不同。故孔子曰："志于道，据于德，依于仁，游于艺。"仁即心之相通处，艺即行之所由得成之一种艺术。

中国古人以礼乐为艺，实则礼乐亦贵随人随地随时随事而变，岂可墨守成规，而谓之是礼乐，谓之是道德。此必知有化，亦称发。有化有发，始得成其传统。不能化不能发，又何传统之有。其化其发，乃其智。古人之重智慧，与今人之重知识又不同。一为一，二为二，此知识乃死物，而智则一活物。故孔子曰："仁者乐山，智者乐水。仁者静，智者动。仁者寿，智者乐。"人有智，乃能成其仁，有动乃能成其静，有乐乃能成其寿。中国传统文化,乃一至寿至静,四五千年不变之一种仁的文化,而其中寓有至动至乐之智的成分在内,所以得成其仁。舜之大孝,又何尝非其大智之所成。有智始能化,始能发。舜之大孝则胥由其能化能发来,岂死守成法所能成。

今日国人尽言世界大变,死守成法不能应。其实中国文化最不教人死守成法,最不教人死应。故中国人言治道,亦最轻法。孟子曰:"徒善不足以为政,徒法不能以自行。"中国人在政治上重道不重法,更不言权。权者,通权达变义。百官居职,在其职守上必须通权达变。如杀人者死,此乃刑法一大纲。然杀人情况不同,有须加重,或须减轻。故中国刑法于律之外又有例,此则审刑者之权。凡人处事,亦皆有权。孔子告曾参,大杖则走,小杖则受。则为人子孝道亦有权。权不离经,变不离常。人各有权,则亦权之道,权之心,权以成德,而岂有权力之谓。

故凡言权言变,则必须有智,非智则无以通权而达变。西方人言知识即权力,其义大不同。中国人言权,常蕴藏于内心。西方人言权,必表现在事外。中国人言智必本于仁,仁即道,亦即心。人各有心,此心则大同,而亦万变。此心即是己。人各有己,此己亦大同而万变。人必当知尊己。然人各是一己,则尊己自必知尊人。岂可独尊我之己而不尊人之己。己不变,而己之各有其一父一母亦不变,但己之父母与他人之父母则有变。如舜则父顽母嚚,与他人父母大不同,其各为己之父母则一。父与母亦各有己,其顽其嚚亦即其己。凡己必欲人之顺于己,又何况其父母。舜之父母亦欲舜之顺。欲杀舜,舜不能顺,然终不能不孝。舜非有大智大权，则又何能成其孝。然则成舜之为大孝，岂不其父与母之顽与嚚亦与有功。故凡子之孝，皆其父母预成之，未有无父母而得成己之孝者。

舜居山野之中，其孝乃上闻于天子尧，尧乃妻舜以二女，欲以详知舜之为人。使无尧，则又何以成他日之舜。然舜之孝，则出于其心之能权。舜之得妻天子之二女，则其权不在舜，而在尧。此乃尧之大智大权，非舜之所能预。然舜既妻帝之二女，处夫妇又须孝父母，岂不又增舜之难处，非更具大权大智则不能处。而舜则终能善处，此又舜之大权大智矣。故己之得成为己，必有他人助其成，而终于成者则仍是己。

孔子十有五而志于学，三十而立，所立即其己。然使无曾点颜路诸人之登其门而求学焉，亦何以成他日之孔子。孔子曰："学而时习之，不亦说乎。有朋自远方来，不亦乐乎。"学而时习，此出孔子之智与权。远方朋来，则权在朋，不在孔子。使无七十门弟子相聚，则孔子决不成他日之孔子。人知弟子之成于师，不知师亦成于弟子，无弟子又何成为师。然使无弟子不得为师，仍必为一我，仍必为一己。己之成己者，其权必仍在己。故孔子又曰："人不知而不愠，不亦君子乎。"亦岂有成己而必求之人，乃始得为己乎。

孔门弟子七十人，亦人各有己，各不同。孔子之教亦各不同。是孔子乃顺于弟子以为教。故善为师者，必知顺于其弟子，此又为师者之大智大权。不顺于人，又何成于己。然亦有独立不惧，遁世无闷，以成其己者。周武王伐纣，纣为君，武王为臣，臣伐君，此亦武王之大智大权。

五六 为己与为人

使非有纣，亦不得有武王。若是则武王之成，乃成于纣。惟君之暴与父之顽不同。父顽仍当顺，君暴则必争。然顺乃常道，争则非常道。伯夷叔齐扣马而谏，若以当时群情言，伯夷叔齐知常不知变，非能顺群情，转若逆群情。而伯夷叔齐执己不变，耻食周粟，饿死首阳之山。孔子称之曰："古之仁人也。"盖孔子谓伯夷叔齐其心为万世谋，不为当前一时。纣之为人，人人当得而诛之。纣之为君，为万世谋，则为之下者不当加之以杀伐。故夷齐为人，亦必待孔子孟子司马迁，下迄唐代韩愈特为《伯夷颂》，而后始得评定。

孔子曰："若圣与仁，则吾岂敢。"是孔子不自居为圣，而其门弟子则必尊之以为圣。下及孟子，以及此下两千年，无不尊孔子以为圣。并尊之为至圣，而岂孔子之所得自尊乎。孔子又言："仁者，己欲立而立人，己欲达而达人。"己之为生，仅限一时。而群之存在，则延于万世。己在群中乃有立达。苟使无群，己于何立，又于何达。故曰敬业乐群。己之立达赖于业，业之立达赖于群。仁道则必具敬乐心，又必具顺让心。一出于争，则无顺无让，更又何敬何乐。

今日之世则大不同，必主争之人，乃得成其己。如奥林匹克运动会，其源起于古希腊，至今世界盛行。我喜跑喜跳，举世人人莫不喜跑喜跳，在我言之，岂非一大佳事。而必集会相争，我得第一，人人尽出我后，斯为我之成功，则岂非求人之败，乃以成己之胜。人人如此，国亦相然。人之国尽为纣，我之国独为武王。抑且一国之内亦如此，我所欲争则尽为纣，我所欲尊斯为武王。杀人盈城，杀人盈野，要之非仁道，然又谁复知仁道之必出于顺与让。此或一时知其可然，而又岂万世尽知其可然。故人必有贤愚，而世则必有治乱。

故知一人如此，绝非人人能如此。一时如此，绝非时时能如此。惟顺与让，乃为人人世世可行之大道。但顺与让亦必不失其己。杀身成仁，舍生取义，夷齐虽饿死，终不失其己，斯则其可贵也。己之立，己之成，则必见于其行，而岂空言之谓乎。故中国人言学，亦必主于行。学即是行，未有离于行而得称之为学者，亦未有止于言而得称之为学者。《尚书》言："非知之艰，行之惟艰。"孔子曰："先行其言，而后从之。"今人则称言为思想，尤重视过于行。然孔子又曰："学而不思则罔，思而不学则殆。"思与学对称，又有辨。孔子又曰："再思可矣。"思只学中一事，宁有止于思而可得为学者。西方以哲学为思维之学，中国传统无哲学。孔子曰："吾无行而不与二三子。"惟有行，乃见为学，亦岂有仅思以为学。

孔子门人分先进后进。孔子曰："先进于礼乐，野人也。后进于礼乐，君子也。若用之，则我从先进。"礼乐必见之行事。野人质朴，即行以为学。君子多文，则先学而后行。然孔子则主从先进。孔门四科，德行、言语、政事、文学。其前三科皆重行，皆先进弟子所从事。其第四科乃重学，乃为后进弟子所治。然孔门四科之所谓文学，与后世之称为文学者又不同。其所治，实仍礼乐行事之实，惟博学先于实践，研讨多于习行，斯以谓之文学矣，其意则求知多于求行。孔子曰："知之者不如好之者，好之者不如乐之者。"好之乐之，皆必见于行。仅好知，仅乐知，而不务于行，则非学之正规矣。

西方哲学仅以好知为学，与中国传统讲学重行大不同。故在中国学问中，实无哲学一门。西方科学之最先亦务知不务行。如论地绕日转，如论万有引力，又论生物进化，皆与人事无关。有关人事者，厥惟宗教。然耶稣不问恺撒事，则其有关人事之实践者亦有限。至今则一切人事皆有学，然所学则多限于知识。故西方之学多为一事，而中国传统之学则学为一人，此又其大异所在。

己欲立己欲达，即指人言，非指事言。有人斯有事，非有事始为人，故当超于事而论其人。如读班固《古今人表》，可见其大义。此即中国史学重人不重事一极大明证。而为人则必于群中为之，非可孤独离于群以为人。故中国之学贵孔子所谓之为己。以今语说之，学者学做人，做人有道，人生所由之谓道，人所共由之为大道。故道则贵同，大道行于天下，此为大同。西方学贵知识，谓知识即权力，获得知识乃可超出人上，而知识又贵各别相异。人苟同知，即无足贵。故西方之学乃务求异于人以为知。故中国之学统于一，其一则曰道。西方之学趋于异，其异则曰知。

统论西方之学，有两大异。一则宗教，一曰科学。耶教有言，富人入天国，如骆驼钻针孔。而科学则利用物质以开财富之门。今日西方盛行资本主义，以致富为人生行为一大原则，然仍信奉耶教，则即在其行为上有两大歧趋，故其心终不安。众心不安，斯成乱世。中国人讲求做人之道，其最理想最高等者，谓之圣。人皆可以为尧舜，即人皆可为圣，所以为尽人可由之大道。如富如贵，有外在条件,非尽人可得。又必相比较,富之上更有富,贵之上更有贵,则必出于争,而不能达于同。斯贵有知有权,而其所谓权,则为一外在客观之权,非内心衡量之权。而中国之为道,则必由其同而归于治,必由其自审自好而定。此则人有其权,而非今日西方所谓之人权。故西方之学贵于多统而相争,中国之学则贵于一统而同道。孔子为己之学颇有些近似西方之所谓人权自由,开创变新,但与西方个人主义之功利观点则大相违悖,无相近处。

西方人贵求真理,中国人贵明大道。真理有正反两面,其实正反一体。中国人言一阴一阳之谓道,阴是暗面,阳是明面,明其正,斯则反亦存于此而不见。中国人重行,只向正面道上行,斯其背亦从之,不必反顾而论究其反面。如昼作而夜息,昼能勤作,夜斯安睡。睡得甜,斯即通昼夜之道。如善恶亦即正反面。扬其善,则恶自阴。故中国人之为学,务教人为一善人。而恶之一面,则君子道长,小人道消,自可不见有恶。西方学者求其正,而仍必求其反。反与正相敌,不与正相通,则反之一面乃层出不穷,可达于万异,而不见其一同。孟子曰:"舜善与人同,与人为善,乐取于人以为善。"善即人生之正面,其道可以一善而无异。恶之为行,则各不同。西方人不务归之一同,而戒其万异乃不重礼而重法。法以防恶,而恶不胜防。今日西方乃有主张废止死刑之说。孔子曰:"子为政,焉用杀。"又曰:"听讼吾犹人也,必也使无讼乎。"此乃从正面着想,与从反面着想之大不同处。

道又有内外两面。其实内外亦一体,如群属外,己属内,群己亦一体。中国学重行,故立之己而达之外。如孝道,岂不立于己而达于父母。忠信之道,岂不立于己而达于夫妇朋友。故重行则内外通。若重知,则内不易知,而外则不难知。人之知,必先知其外,如婴孩是矣。知人则易,知己则难。知物则易,知心则难。西方人重知乃重外,不论人生,而上究天堂,旁及自然界,故宗教与科学为所重。而中国人论孝弟忠信之道,则非彼所乐闻,亦若非彼所易知。

中国俗语有云,秀才遇着兵,有理说不清。今之世,西力东渐,正是此一形势,则中国人又当何以自处。实则其道仍在。父顽母嚚,舜亦有孝道可行。洪水为灾,尧亦有君道可行。顺于外,让于旁,而内守其己,父母亦为之感悟,洪水亦为之平息。若遇一兵,己亦变而为兵,则既先失其为己,他又何足论。《孙子兵法》有云:"先为不可胜,以待敌之可胜。"为己立己之学,此即先为不可胜之学。己之能立,即己之不可胜。能达,则胜于外矣。此须有待。孔子曰:"道之不行,吾知之矣。"知其外之不可胜,而仍能立其己以待,此亦中国传统之所谓为与学之所有事。而至其极,则曰杀身成仁,舍生取义,则至矣尽矣。己身可杀,己生可舍,而己之道则仍立于己,而可达之于后世,此则待己之有信而始能。故孟子曰:"人必有所不为,而后可以有为。"我必为一秀才,而不为一兵,此即我之不为人而必为己之志。为己则非不可为,而又非外力之所能胜。故为一秀才,乃中国为人之道之正面,为一兵则为人之道之反面。先自为一秀才,又多劝人为一秀才,为人之道止于此,又何不可为之有。

顾亭林有言,"国之兴亡,肉食者谋之。天下兴亡,匹夫有责。"人有不能为国谋而转能为天下谋者，顾亭林之言是矣。人有不能为一家谋而转能为天下及后世谋者，如舜之大孝是矣。中国人为己之学其意义之深长者有如此。或疑仅为己谋，如何又能为天下后世谋？则当知天下后世亦尽是人，己亦是人，先能为一己谋，是即可为天下后世人谋矣。《中庸》言："道在迩，而求之远。"若求为天下后世谋，岂不甚远，是固难。仅为己谋，岂不甚近，而亦易。惟当知其所以为己谋之道而已。今则尽人谋食不谋道，斯为可忧耳。

或又疑婴孩初生，即知求食，不知求道，奈何言大人者不失其赤子之心。中国古人言，民以食为天，求食即人生大道。自婴孩以至于老人，自有人类以至于天下后世无尽之将来，当莫不以求食为求生之大道。惟其为婴孩时，仅知求食，不知如何与人争食，亦不知攘人之食以为食。能保此心，即人类无穷大道之起先第一步。谓不失赤子之心者，谓不失其无攘人之食以食之心而已。《吕氏春秋》载一故事，谓有师弟子两人夜行，遇大雪无投宿处，师告弟子，我两人，一人合穿两人衣，则一人死，一人得生。两人各穿己衣，两人各不得生。则其师讲兼爱之道，谓己得生，可以传道于天下，命弟子让其衣。其弟子谓，师传兼爱之道，让衣于我，斯即传其道。弟子尚未得道，奈何反让衣于师。其师无言，遂让衣而死。墨家兼爱，即犹孔子儒家之言仁道。其师所为，亦即犹孔子言杀身以成仁。使两人争衣，可以并死，不得兼生。求为让，则求之人不如求之己。其师身虽死，而道则传。故谋生必谋食，而谋食亦必谋道。孔子言"谋道不谋食"，谋食即在谋道中。惟谋道则两全，谋食可两亡。《吕氏春秋》此一故事，亦可见中国人求仁以谋生之大道所在矣。当知其师之让衣以死，即儒家为己求仁之道。而墨家之言兼爱，有不得两全者，亦由此见矣。故儒家主言道，不主言爱。耶稣之上十字架亦此义。耶稣言当复活，十字架精神之常传即耶稣之复活。而岂耶稣之身之复活乎？然则即儒家之言，亦可阐申耶稣之道，岂必上求之于天堂，而后始可阐申耶稣之道乎？岂不秀才仍可向兵说理。必谓说不清，亦非儒家所许。科学发明机器，倘发明耕耘机，谋求多产，当亦为儒家所许。惟发明原子弹，求能多杀人，则决不为儒家所许。

或又疑人以原子弹对我，我何以对人。则舜何以对其父母，周文王又何以对商纣。而孔子终以伯夷叔齐为古之仁人。推此言之，自知为己之道，不明于己，又何更论及于家与国与天下之与后世。中国人之教，亦只教人以为己，而务教之以求仁之道，斯则止矣。继此而上，宜有大智，则非常人之所能预。而大智必终于不得违此仁，则可得而言，可得而知矣。

故惟中国人，乃能以一己之微小，而定为上下古今宇宙万物人类大群一中心，又能推扩此一己之微小于广大悠久上下古今，以宇宙万物人类大群为其外在一范围。此亦可谓是中国人之唯心哲学。而如何达到此境界，则有一番大学问大艺术存在，贵在能见之于当身之实行，非徒务空言想象之所能及，此则决然可知者。

五七　性情与自然

（一）

一般人想，人该有自尊自信之心。但他人对之不尊不信，他又何从得自尊自信。于是遂在外面客观具体条件上来争取。如今世界各种运动会，如五六人，七八人赛跑，我一身独先，荣获冠军，而他人并不即此尊我信我。此处赛完，或去他处赛，我不必定获冠军。今年赛后，明年又得赛。果使我每赛获冠军，然而体力有限，年老后不能再赛，那番荣誉也便结束了。

有一拳王，连获冠军，名满全球。论其奖金所得，也该一生温饱无忧。然而年过三十，尚有后半世，还不止三十年。往年拳赛雄风，常在心头，此心放不下。重登台，失败了，以前之荣誉翻成此后之遗憾，追念往昔，情何以堪。

台中市一青年，远赴美国参加青少棒赛，胜利还乡，全台上下奖励荣宠，已达其极。然而难乎为继：进学校则课业不如人,结婚成家则生活不如人,沦为盗窃,身陷囹圄。中国人称,人怕出名,猪怕肥。又说大器晚成。年轻人享大名,终非好事。所以如运动会等,中国古人向不提倡。

孔子曰:"十室之邑,必有忠信如丘者焉,不如丘之好学也。"参加运动会艰辛万状奋勉不已,究为忠于何人,岂忠于相竞之敌?抑忠于旁观者?惟得谓其忠于己而已。此之谓自私自利。其所信亦惟己。苟对他人有信,亦岂再有所争。然则学运动比赛,即学对人不忠无信。提倡运动比赛,亦惟提倡不忠无信。西方崇尚个人主义,岂有忠信可言。在中国亦非不知运动有益,乃于农隙有结为渔猎之娱,集群众为一体,以田野禽兽河海鱼虾为对象。人之有技,皆以忠于群。亦惟互信,乃有合作。此乃封建社会一种大典礼。后代又增以敬神赛会。一切高技绝巧,训练表现,皆以敬神,亦以娱众亲群。绝不作彼我相争,更不为自我表现。中国人凡有表现,皆求于古有宣扬,否则对神有贡献,于群有裨益。而岂一己之有可图,又岂彼我之有可争。惟可大众娱乐,又可亲切欣赏。如是则已。

富贵尤为客观具体博取尊信之条件。然而孔子说:"富而可求也,虽执鞭之士,吾亦为之。如不可求,从吾所好。"富贵为何不可求?富贵乃相比较而来,无止境亦无常态。苟其求之,心滋不安。最近台北县一议员贿选议长事发判罪,计其行贿费当达千万。一老友语余,人生尽多乐趣,使我拥千万家赀,一生饥寒无忧,即一议员亦拒不为,何事竞选议长。吾友深擅中国艺术,自有所好,宜其发此超乎常情之高论。今举世之动乱,则全为求富求贵来。孔子所言，亦仍值深思。吾老友所言，亦终不失为一中国人意境。

中国人教人自尊自信，尤更教人尊信他人。孔子曰："言忠信，行笃敬，虽蛮貊之邦行矣。言不忠信，行不笃敬，虽州里行乎哉。"孔子教人以为己之学，但忠信笃敬似在为人。为人即以为己，忠信笃敬即己心之德，得发舒，得成长，得圆满，自是吾心一大乐。而又到处行得通，自己亦更受人尊信，此诚为己一大好学问，一大好艺术。孔子所好，正在好己之德，在好吾此心固有之天真。孟子亦曰："辞让之心，恭敬之心人皆有之。"对人能让能敬，实获我心，焉有不乐。

吾乡距无锡城东南四十里有一小丘，三千年前，吴泰伯居此，相传称让王山。一千年后，东汉梁鸿夫妇又逃隐来此，故又称鸿山。每逢清明，乡人四集，跪拜瞻仰，尽欢一日而散。一乡人莫不以得亲吴泰伯梁鸿为己荣，此风三千年不绝，余童年亦同享此乐。全国各地名胜古迹，类此者何限。尊人信人，较之自尊自信，高下厚薄，相距何堪数计。

弟子尊孔子以为圣。孔子曰："若圣与仁，则我岂敢，抑为之不厌，诲人不倦，则可谓云尔已矣。"是孔子学不厌教不倦。其学则曰："信而好古，述而不作。"亦惟于古人知尊知信而已。故孔子乃一意承前，而其启后乃亦因此而无穷。孔子死，弟子庐其墓，心丧三年。子贡又续居三年。心有所敬，非苦事，乃乐事。人人知敬父母，斯即人人有乐。西方人幸得一耶稣，进入礼拜堂，岂不亦西方人一乐。惟乐中仍有求，希望死后灵魂入天堂。中国穷乡僻壤，皆有土地庙，一邑一都，皆有城隍庙。尽人得敬，斯即人人得乐。敬土地，敬城隍，亦有求。但惟求一乡平安，斯较一己私求为胜。惟学则求己之进德成人，斯求斯乐斯益胜矣。

姑以文学言，唐韩愈文起八代之衰，为百世之师，而愈之自言则曰："好古之文，乃好古之道也。"其《谏迎佛骨表》，亦为尊信孔子，情不自禁而发。仅免一死，贬官远谪，然而愈之心情态度则终不变，所谓乐此不疲，亦无奈己何也。有来从学者，愈必告以汝倘为古文，在当世无可求，无可得。若仍请不已，愈亦乐为之师。孔子所谓："学而时习之，不亦说乎。有朋自远方来，不亦乐乎。"以己所乐，教人同乐，岂不亦己心一乐事。

柳宗元与韩愈同为古文，有人乞师事者，宗元以蜀犬吠日为喻拒之。谓惟韩愈愿为人师，己则不敢为。即以此一端论，柳宗元心中实不能如韩愈之乐。斯其心境，亦决不能如韩愈之高。故后人论古文，柳亦终在韩下。韩愈早年即为《伯夷颂》，读之可知其心境。然愈死，古文终亦衰。下历数百年，北宋欧阳修起，而韩愈古文乃得大行。西方文学则不然。如希腊《荷马史诗》，沿途歌唱，听者群集，斯为成功。戏剧亦然，亦意在广集观众，凡所表演惟求广揽人心，广召群欢，但并不求发自吾心之深处。一重内，一重外，此亦中西相异之一端。

曹孟德始创建安文学，曾为诗曰："月明星稀，乌鹊南飞，绕树三匝，无枝可依。"即知曹孟德终为世俗中一醉心利禄之人。月明之夜，乌鹊惊醒起飞。方其倦，亦随枝可息，又何至无枝之可依。是则孟德之心，不如乌鹊之自由自在为多矣。苏东坡游赤壁赋,引此诗,当时东坡贬黄州临皋一室,亦几于无枝之可依矣。然而《赤壁赋》中所表现当时之东坡,则较之往年之孟德超脱多矣。所以韩愈文起八代之衰,终无取于孟德。而东坡则极慕韩愈。两人同为诗文宗师,而曹操终亦不得为一文学家。今人评论古代文学,不复知计较及作者之心情,斯则失之远矣。

艺术亦一如文学,伯牙鼓琴,志在高山,则琴中流露出高山声。志在流水,则琴中流露出流水声。是伯牙已能摆脱世间一切人事纠纷,而志在天地大自然,尤能志在大自然中之高山流水,而使琴与心一。此其艺术造诣固已迥出群伦,惟钟子期能知之,闻其琴而知其心。及钟子期死,伯牙遂终身不复鼓琴。是则岂非得一知己,而转丧其己,良可惜矣。孔子曰:"学而时习之,不亦说乎。有朋自远方来,不亦乐乎。"伯牙已能臻此两境界。孔子又曰:"人不知而不愠,不亦君子乎。"则伯牙似尚未能臻此一境界。此可谓伯牙弹琴尚求人知,未能达于旷怀自乐之一境。以今人言,伯牙乃一艺术专家。以中国古人言,则伯牙似尚未得高为一君子。

今吾国人,对自己民族四五千年相传敬心信心,全已失去。所幸者,今之美苏,犹为吾国人敬心信心之所在。安和乐利,惟此是赖。但一旦核子战争起,美苏两败俱伤,则不知吾中国十亿人心又将安放何处去。孔子曰:"学而时习之,不亦说乎。"人生乐事,其端在此。终不知吾国人此下将何所学何所习,此亦仍堪作深长思。

惟西方人相互间不忠无信,则非有法相绳,亦无以相处。惟中国群相忠信,尊敬相处,乃必有礼,不复需有法。纵有之,乃对极少数偶有事。故言政,中国尚礼治,西方尚法治,亦其一异。今人则尽倡法治,即运动会亦尚法。教人尊法,即教人倡行个人主义,不忠无信,此义又谁欤知之。

(二)

人身头部有脑,接受身内外种种感动,而作反应。西方科学家认为脑主宰了一身,但脑只是人身中一部分一机器,又谁在主宰此脑呢?中国人言心,实不指胸中之心。此胸中之心,亦是人身一部分一机器。而中国所言心,则乃主宰此身之全体,但无可指其具体之所在。正如中国人言帝,乃主宰着天,而亦无一具体可指。

中国人言心统性情,性较隐不易知,而情则较显易知。中国人谓喜怒哀乐爱恶欲为七情。喜怒之情尤显而易知,俗称喜气怒气,此气非有质之气,但亦可见可知。气之可见者曰象,亦非有形,但可见可知,而亦无具体可指。

西方人好言具体可指者,如耶教信上帝,虽亦非具体可指,然西方人心中所信,实与中国人所信大不同。西方人言心,实多指物理学生理学言,多具体可指。而与中国人所言之心大不同。如言喜怒,在心不在脑,亦非具体。而西方心理学家则必具体言之,如每一秒钟心跳几次,脉搏几动,是为怒。但不知是怒了始有此心跳与脉搏,非是由此心跳与脉搏始成为怒。喜怒是人生,一身之心跳脉搏是物理,人生则有超物理以上者。

不仅人有喜怒，其他动物亦有喜怒。如家畜一鸡一狗，岂不亦有喜怒，与人共见。宁必测量其心跳脉搏而始知。不仅动物，植物亦然。周濂溪窗前草不除，说它生意与我一般。有生意，即有喜怒。不仅有生物，即无生物亦然。天地大自然亦有喜怒气象。暮春三月，江南草长，杂花生树，群莺乱飞。春气来了，草呀花呀莺鸟呀，莫不喜气洋洋，哪能说春无喜气。

严冬肃杀，冰雪交加，草木萎枯。岁寒然后知松柏之后凋。实则松柏亦在凋，只凋得稍后而已。忽见梅花满树，又哪能不令人心喜。所以生在寒带，人易怒而少喜。生在热带，人易喜少怒。生在温带，人乃能兼喜怒而得其中。可见天地大自然亦有性情，人的性情则从天地大自然中生。

天地大自然性情易见者曰风曰水。和风柔水，易令人喜。狂风湍水，易令人怒。善相风水者，见此地风水好，劝人在此建宅或卜墓，庶生人死者均易得喜气。见此地风水坏，劝人勿建宅勿卜墓，庶少受恶气感染，不致少喜多怒。我尝与马一浮在四川乐山其所创办之复性书院中长谈，我言此处江山佳胜，君居此安乐否。彼告余，风水与江浙故乡大不同。风暴水粗，单说每天盥洗，江浙女性皮白手肤嫩，此间哪能相比。年老了，每念故乡居。此见中国人言语文字，须从中国人传统心情求解说，此乃中国心理学。谈及风水，哪能只据西方人心理谓其是迷信不科学。

西方人不言心乃言灵魂。人生前灵魂由天而降，人死后灵魂复归天上。灵魂又像是一具体。中国古人则言人死体魄归于地，魂气则无不之。所谓魂只是一气。今试分气为天然气与人文气两种。人文气从天然气来，但人文气亦可影响天然气。我游北平，此乃中国八百年来一故都，人文荟萃，人文气自与他处不同。江浙两省苏州杭州俱难相比。但江浙积有两千年来之人文气，一离北平城郊，河北全省到处气象，便难与江浙相比。

"振衣千仞冈，濯足万里流"，此亦一风一水，而壮志逸趣，想慕何极。但使振衣矮屋檐下，濯足臭阴沟中，复何志趣可言。故振衣濯足，人人能之。而千仞之冈，与万里之流，此风此水，则非到处所有。人之性情志趣，则必外融于天地，而非可内限于一身。此则风水亦所当重视。

风萧萧兮易水寒，此亦一风一水。非此风此水，使壮士之不还。乃因此风此水，与壮士胸怀有相同之气象，而遂生其感伤。壮士荆轲之不返，在此风下水滨，送行者早已知之，荆轲宁不自知，而慨然离去，此其所以为壮士也。故燕赵之士悲歌慷慨，关洛无之，江淮更无之。风水不同，斯人物亦不同，乃若性情之不同。性情非限于身体，实与天地万物共此性情。必此心能一天人合内外，而此性情之真乃始见，则亦可谓风水即性情，性情即风水矣。

今人误谓性情限于一身，满足我之性情者则在外。一曰物质生活，一曰都市生活，一曰政治生活。物质愈充盈，都市愈繁盛，政治愈显达，而吾身乃益见为渺小。性情无所发舒，于是奸淫窃盗，残暴诈欺，奔走逢迎，层出不穷，亦无所不用其极。要之，是天人隔，气象异，风水不同，而人之性情亦变。不得谓此非人之性情，而无奈其风水之不同，而命运亦随而不同。然而此等皆中国古代人所说，今人则嗤鄙之不以挂口，又何论于存心。

余此喋喋，则惟有使人怒，难以引人喜。此亦风水使然，天地使然，于人又何尤。

（三）

吾家住外双溪上，溪水常流，午间水已不是晨间水，晨间水尽流去了，流向何处去，向大海大洋中去。吾家住外双溪上已逾十五年，十五年前所见溪水，此刻当尽在大海大洋中。子在川上曰："逝者如斯夫，不舍昼夜。"孔子所见，人人能见。而孔子之所感所悟，则非人人所能感能悟。人生日长日老，到头一死。但活人世界与死人世界切不断，划不开。前人已死，造成历史，形成文化，依然在此人世，中国古人谓之不朽。涓滴成沧溟，人死则融入文化大海洋中，哪里就死了。《中庸》言："大德敦化，小德川流。"孔子以后有孟、荀、董、扬、王通、韩愈，以至周、张、程、朱、陆、王诸贤，中国儒学如一条长江大河，而孔子则启其端，为至圣先师，那就是如大德之敦化了。

积薪为火，薪尽而火传。庄周言："火传也，不知其尽也。"此亦妙喻。但薪尽火传，薪火显是两物。庄周道家太看重了自然，而轻视了人文。不如孔子以流水喻，则溪涧海洋纯是流水，人文终必融入自然中，而自然亦离不了人文，天人一体，逝者如斯，是天即是人，是人即是天，较庄子以薪火喻自胜。

再细言之，流水亦有渗入两岸土壤中，尽其滋润之功，而不流入海洋者。亦有日光蒸发，升入大气层中，又凝结为雨点，下落地面者。惟天有淫潦，地有泛滥，则不为利而为害。孟子曰："人无有不善，水无有不下。今夫水，搏而跃之可使过颡，激而行之可使在山。是岂水之性哉，其势则然也。"是言人性非不善，亦可使为不善。中国古人好以水性喻人性，水之下流，犹今人言向前进步。

火性则向上。而且水之流动，是水自身在流动。火之燃烧，则需另供燃料。庄子说薪尽火传，其实薪果尽，火亦熄。火只是一作用，一现象，无实质，无本体。

抑且水火同须有防。水须有堤岸，自沟浍以至于江河，达于海洋，愈会通和合，为利当更大。火则须分别隔离，如一灶一灯，各有功用，但会通和合了，则成大火，将毁及全屋，灾及邻居。

中国人好言水，又好言木，所谓水源木本。岁寒然后知松柏之后凋。松柏与小草，生命不同，不同在其根。星星之火可以燎原，小草受火，松柏亦可毁。金性近火。牛山之木，不能经斧斤旦旦之伐。故在自然中，金火皆能伤及其外围。

古人言，东方之人仁，西方之人义。仁是春生，义是秋杀。中国与西欧文化恰如其比。中国五千年文化传递，还是中国人。西方则希腊罗马以至现代英法诸邦文化，一线相承，但主体则随时不同。而且希腊城邦分离，为祸少。罗马统一，为祸大。现代国家如英法，因其科学发展，交通便利，为祸更大。故老子继庄周，惟求小国寡民，老死不相往来，此亦有深意。中国儒家言，如一条水滚滚东流。西方如一堆火，这里烧尽，蔓延到那里。此刻英法火势已衰，但蔓延到美苏去。不知一旦核子战争后，是否仍然有蔓延。中国如水，群木共受滋润。西方如火，群金同受销毁。恐核子战争后，再不能有核子存在了。

西方文化正如一堆火，核子战争岂不可将人类烧尽。杀人的不说，来说利人的。当前正发明了机器人，长此蔓延，恐真人必将让位。有了机器，一切不再要有人，这岂是人生真幸福，人类之真所想望。若读中国一部二十五史，人物登上历史的，秦汉多过了三代，隋唐多过了秦汉，宋明清又多过了隋唐，那才真算得是人的进步，是中国人的幸福。但火炎上其势易知，水润下其利难睹，中西文化不同有如此。

中国人尚仁，总有所不忍。西方人重义，尽言应该心无不忍。不忍人之心与应该做的事可相通，亦可相离。若只感得不忍，使许多事会感到不应该。若尽感得这事应该，则此心也只有忍了。在心情上，中国人是软了些。在行事上，西方人是强了些。今天我们则只是爱强不爱软，则也只有追随西方吧。

五八 手段与目的

（一）

人生当求快乐，此属人生大义，无可讥评。但何等事始是快乐，此则大值研讨。人生所有事，可分手段与目的两项。手段仅为达成目的，多属不得已，非深具快乐性。目的完成，始是真快乐，此亦无可疑。

原始人类，以渔猎为生，辛苦营求，非为可乐。待其有获，返其穴居休息，始为可乐。或在穴洞壁上偶有刻画，或月夜出穴洞门，老幼歌舞，洵属乐事。待其由渔猎进入畜牧，乃为人生快乐迈进了一大步。既常群居聚处，橐驼牛羊，又属可爱。有感情，可安逸，较之渔猎时代显已大异。然逐水草而迁徙，居穹庐中，斯亦可憾。转入耕稼，乃又为人生快乐迈进了一步。一分耕耘，一分收获，手段目的融为一体。且畜牧为生，日宰所爱以图饱腹，心有不忍。稼穑则收割已成熟之稻谷，非有杀生之憾。百亩之田，五口之家，既得安居，又可传之百世，生长老死，不离此土，可乐益甚。所谓安居乐业，惟耕稼始有之。

农事亦有荒歉，三年耕，常有一年之水旱。农人则诿之曰天命，然天命有正反面。但问耕耘，莫问收获，收获乃其正面，荒歉则其反面。乐天知命，外面大自然与内部人生亦融成一体。天人合一，自安自足，是为农业人生最大快乐事。

由农业转进更增有工商业，此又人生一大进步。但从此中西人生乃生起了大歧异。西方古希腊，自有城市工商业，而郊外农业，乃成为被奴役被榨取之一群，其生无乐可言。而城市工商业，则终是手段非目的。必出外贸易，争取利润，亦无自安自足之感。罗马继起，以武力向外征服，与经商为生又不同。中古封建社会兹不论。文艺复兴，都市工商业稍又复苏，乃建立欧洲现代国家。资本主义渐旺盛，亦终不能自安自足，乃向外竞求殖民地之征服奴役与榨取，而发生最近之两次世界大战，欧洲全部人生备受大顿挫。

美国继起，其民主自由之政体实为一手段，而工商资本之繁荣，则为其目的。其最基本之精神，则为个人主义。故民主政治服从多数。多数则是，少数即非。此正一种个人主义之十足表现。工商社会本属一种个人主义之社会。资本愈集中，则少数个人之势力乃日益膨大，于是被榨取被奴役之次级商人，乃及大群佣工，争平等争自由之心理，遂日益增强。民主政治由此建立。而今日美国社会，代表其政治力量者，乃日形分裂。拥有大量资本之犹太人，当占十分之三，黑人解放，生齿日众，其力量亦当占十之三，来自欧洲之白种人及少数亚洲东方人，当仅占其力量之十之四。此种形势，观于美国最近之中东政策，而内情益显。

次当论及犹太人。凭商业为生，而从不见其有一种建国能力，殆因犹太人最富个人主义。但单独一个人，何得生存，故犹太人乃必信有上帝。耶稣亦犹太人，近人考其幼年，曾游印度，或当受佛教影响。虽亦同信上帝，乃不谓上帝专爱护犹太人，并爱护及全世界人，乃有耶教之兴起。但耶稣倡教实亦一种个人主义，仍非有政治兴趣，故曰恺撒之事由恺撒管，置人世大群事于不论，而专一注意于个别灵魂与上帝之接触。灵魂信仰亦显属个人主义。惟耶稣心中之上帝，与其他犹太人心中所想望之上帝有不同。故犹太人不信耶稣教，而耶教盛行欧西，则亦非易事。

耶稣生前仅得信徒十三人，其中一人乃叛徒。耶稣死后，乃由罗马帝国中央政府所在地大群受压迫民众做地下活动，乃至罗马皇帝亦不得不信从耶教，以期平安。故西方社会之有耶教，实亦如此下现代国家之有民主革命，同是下层多数人对上层少数人之一种反抗运动。即近代之共产主义，亦由犹太人发起，而亦同是一种多数被压迫人向少数之反抗。一部西洋史，亦可说乃同向此一路线而前进。即如中古时期，耶教宣传能于欧西人之个人主义中，培养出一些大群的共同爱，北方蛮族能自封建社会中创建出现代国家，此即耶教教义深远影响之一种表示。故西方虽说是政教分立，但有政亦终不能无教。

耶稣又言，富人入天国，如橐驼钻针孔。此言亦犹太人所不能受。美国人自英伦三岛远赴新大陆，亦为坚守耶教教义，不为拓荒谋富。而犹太人之赴美，则专为财富，与英民移殖不同。两次世界大战后，美国社会最见繁荣，而美国犹太人之势力亦日见庞大。以色列之获建一国家，亦多仗美国。美国在全世界最亲善者，除英国外，亦首推以色列，财力武力不断援助。然此数十年来，以色列乃不断与阿拉伯诸邻国冲突，惟求国势向外扩张。石油问题兴起，美国人乃不得不急起谋求中东之和平，而以色列则无动于衷。既不信耶稣，而又必占有耶路撒冷。自愿有国，而巴勒斯坦人则尽可流亡。以色列之为国，乃毫无亲友睦邻之意向。希特勒尽力压迫排斥犹太人，大量驱入集中营。即如美国犹太人，亦身在美国心在以色列。不计苟无美国，何能再有以色列。图以个人利益为第一，犹太人次之，以色列以外，举世其他各国，美国在内，尽属第三。犹太人之始终不能自建一国者，其主因正在此。而以色列之终不能亲友睦邻，其主因亦在此。求其症结，则为犹太人之太过主张个人主义。

马克思亦犹太人，主张唯物史观阶级斗争。阶级斗争亦仅是一种手段，其本源则仍为一种物质人生之个人主义。物质人生与个人主义实一非二。亦唯个人主义，乃始有唯物史观之主张，两者实为一体。不主个人主义，便不可能有唯物史观。欧西人纵不采用马克思之阶段斗争，而仍多信从马克思之唯物史观，亦正为其同抱有个人主义故。凡所作为，其目的则同属个人相互间之斗争，惟手段有不同，只观其同务工商业即可知。

欧西工商业亦多属个人唯物，惟耶教则有一对上帝之共同爱，可为个人物质人生供一大补剂，使人心获得一安乐之向往。西方人信奉耶教,正为补己之不足,但亦信奉唯物史观。科学宗教并存,大体亦如其政教之分立,恺撒上帝相敌相争。西方民主政治,乃求减低恺撒权力,而世界人事仍感日难处理。如今日美国政治三力量,即成一难题。西方民主政治,即从个人主义起,终难对付其个人主义之存在,此为西方一难题。

西方民主政治当推英美为标准,而英国之英格兰、苏格兰、爱尔兰亦互相分裂,较之美国联邦为尤甚。其他各国多党群裂可勿论。失败之余,困难重重,而犹能稍有起色者,为西德,而亦仍有东德之分裂。故个人主义可以共危难,难以共安乐,而亦终不得安乐。

原始渔猎人,其时尚无群。争取对象,惟在自然,亦可谓其生活方式即是个人主义。西方工商社会已有群,惟争取对象除自然外,更转向其四围之大群,可谓乃原始渔猎人之一种进步。科学发明,自夸为战胜自然,实则主要乃在战胜同群。原子弹核子武器,可使大群歼灭,虽其发明运用,非赖个人,必赖团体,其实亦仍是一种变相的个人主义。民主政治必分党以争,其实亦皆个人主义。人类既必赖群以生,宜当有大群主义以超乎个人主义与团体主义之上。更宜天人合一,超乎自然人文对立之上。惟有大群乐天知命,安分守己,抱有天人合一内外融通之哲学观,如是乃庶有快乐人生之可望。

近代英国哲人罗素,谓美苏中可成世界三大强国。因此三国,皆可成一大农国。帝国主义崩溃,惟有大农国乃可不向外争取,自安自足。但美国则偏重工商个人主义,前有门罗主义,但不愿再向此途发展。苏俄则向为农奴社会，迄未能彻底消灭，又醉心于西方帝国主义之旧传统，信仰马克思阶级斗争世界革命之主张，更不肯向大农国自安自足之途发展。中国向以大农立国，深具一种大同太平之大群主义，乃及乐天知命安分守己天人合一内外融通之哲学观。而今则景慕西方，争学美苏，自相分裂。举世乃无一可求自安自足之大农国出现，人人怀抱一个人主义，向自然争，向大群争，彼我各相争。如此人生，又何得安乐。

现世界人生，既陷入一不快乐境界中，其寻求快乐，仍必采用一争字为手段，但不知人生以安乐为目的。从此手段，决不能达到此目的。如欲为一拳王，日夜苦练，此又何乐。一旦登台获胜，荣膺拳王宝座，名利双收，初若可乐。但以前是我立意要打倒人，此后则是别人立意要打倒我，仍得日夜苦练，再次登台，若被打倒，一切落空，乐又何在。若获连胜，仍是一该打倒的目标，仍该日夜苦练。但精力有限，年过三十，即须勇退，否则终被打倒。人生如一场梦，醒来最多四十岁，此下又究将以何为生？

抑且争胜负实如无胜负。如赛跑，抢先不到一秒钟，争前不过半肩头。裁判既定，第二名以下，尽只为此第一名捧场。又如赛篮球，相差半球或一球，而胜负定。分数相等，加赛五分钟再判。胜负定于法规，相争类似儿戏，究于人生有何价值意义可言。

更多者是观众，一场比赛，或数万人，鼓掌如雷，欢声四起，散场归去，各如无事。今日全世界各种比赛，无可计数，种种差不多，场场全如此。人生快乐，几尽此矣。其他如歌台舞厅，电影电视广播，凡属消遣娱乐诸项，实皆商业化，或供政治宣传，绝少人生意义。甚至如绘画雕刻文艺创作，亦尽成商品，以畅销广售为第一义。人生商业化，尽人尽事皆商品。只属手段，目的何在，无人知，亦无人问。今日之人生岂不如此？惟其如此，故不安不乐，求变求新，而又美其名曰进步。实则最多仅是商品进步，财富进步。而又以钞票代黄金，通货膨胀，商业不景气，又成今日人生一大忧虑。要之，非灵魂上天堂，则无以结束此不安不乐之人生，虽恺撒亦无奈之何。耶稣教义如此，西方人群所崇奉，即所谓十字架精神，岂不然乎。

近人或言经济当从稳定中求发展，但个人经济终不稳定，大群经济始有发展。西方资本主义，乃于发展中失去其稳定。共产主义唯物史观，根本不论所谓稳定，阶级斗争则惟于发展上求破坏。中国向来经济，纵谓其不符近代发展之水准，而稳定基础，则已深厚建立。近代国人，一慕西化，或美或苏，国家分裂，旧有基础扫地无存，又何发展可言。罗素仅着眼外面物质条件，未注意到人文全体，则所言亦如梦呓，渺无可证。而世界人生前途，乃亦难想。抑并世其他各民族，如阿拉伯印度已莫不采用西欧之科学经济物质建设，而犹求保存其自己之传统。果使中国人亦能以西方之科学与经济为手段，而善保其传统，以人群之大同与太平为目的，岂不可使大群人生共享其快乐。愿吾国人其深思之。

今人又言，牺牲享受，享受牺牲。不知此两语亦全属个人主义物质人生所有。倘为大群主义，则乐天知命，安分守己，非牺牲，亦非享受。即为杀身成仁，舍生取义，亦在大群中完成其一己，非牺牲，非享受，徒于语言文字上求变求新，而不求其内实深处，则终难免歧途之亡羊。

治中国近代史，西力东渐，乃最大一问题。但鸦片战争，割香港，辟上海为商埠。不过一百四十年，上海租界已收回，香港殖民地亦即将收回。此已一大变。而远在英国势力东来前，荷兰人已先来台湾，葡萄牙人又先来澳门，其影响乃远异于后来之英法。尤如利玛窦来中国，读中国书，学习中国文化。徐光启诸人之从学于利玛窦，皆有遗书可证。岂不亦远异于后起之所谓西力东渐。

利玛窦前尚有马可波罗，随回教势力而东来。所谓西力东渐，实阿拉伯回教在前，西欧耶教在后。而回教东来，则一变其一手持《可兰经》，一手持剑之旧习，而转融为中国传统之和平化。印度佛教东来，尚远在阿拉伯回教东来之前，但涅槃境界一转而为即心是佛、即身成佛、立地成佛之中国禅宗化。在一部西力东渐史上，其先后变化有如此。

而在西力东渐之前，乃为东力西渐。蒙古在俄罗斯建汗国为最后。先之有突厥在欧土建土耳其国，更先有匈奴在欧土建匈牙利国，而土匈两国迄今依然存在。何以故？则因匈奴突厥蒙古，尚在游牧社会中，大群主义已渐萌芽，故其势力每能衰而复盛。西方工商社会个人主义，其力量每一衰不复盛。此如人之老病而死，其生命又焉得复盛。中国人则又异于匈奴突厥与蒙古，乃一以其和平姿态而渐展渐拓。如明初郑和十三太宝下西洋，迄今马来亚新加坡中国社会依然屹立。清代中国人至美国，迄今亦仍有中国社会之存留。此亦一种东力西渐，其情况亦与西力之东渐大异,岂不就史迹而可知。而东西文化相异,亦从此可证。

中国封建时代有井田制,耕稼乃公职,非私业。惟九一而征,什一而税,轻徭薄赋,以公私皆足为主。故中国古代农业非私人资产,亦非劳工共产,乃国与民之公产。工商业亦皆分官授职,营公不为私。全社会成一政治结合,各个人在同一大群中,各有其本分,相安而不争,其理想境界则曰身修家齐国治而天下平。修即修其安分不争之德,齐治平则在经济上职位上,人生各方面,相融相和如一体,以达于大同而太平,此即人生目的所在,亦快乐所在,非更有他求,而亦何争之有。故可谓中国自有史以来即非一种个人主义,而为一种大群主义,故曰敬业乐群。其业乃为群,故当敬亦可乐,亦即是安分守己。若在今世,群集一资本家大工厂中做劳工,被榨取被奴役,业何可敬,群何可乐。中国古人不重在分古今,乃重在分夷夏,从未尝谓仅一言而可推之四海而皆准,行之百世而无疑,故须不断有修齐治平之功。

中国古人,亦非不知有平等自由。《大学》言:"自天子至于庶人,一是皆以修身为本。"此非平等而何?《中庸》言:"天命之谓性,率性之谓道。"此非自由而何?自修其身,即自修其性。故孟子曰:"是不为,非不能。"若在近世工商社会,修身即修在外部事物上,不修在内部心性上。所为乃为人,非为己。不为即失业,无以自活。中国大群社会,重为己,不为乃自暴自弃,故贵能知耻。所指各异,自不当相提并论。

中国秦汉以下,乃成一民族大国,亦即一文化大国,道一而风同。农工商各业，虽与三代封建时不同，然一贯相承，非有大异。政治大方针，仍以重农为主。汉代田租，仅收三十分之一。唐代尤只收四十分之一。其对工业，凡民间普遍日用，如丝织，如陶瓷，一皆以官设局，既禁私人营利，而治其业者，世袭家传，精益求精，皆得保有其一种绝高艺术，而不断向前，故中国人并称工艺工业皆成艺术，不言工商，非为牟利。而商业得擅大利者，亦均由官统制，如汉武帝时代之盐铁政策，开近代西方国营经济之先河，尚在耶稣纪元第一世纪，而迄为后世所沿用。如茶政，如运输漕政，莫不皆然。近代国人，乃谓吾国乃是一农业社会，不知农业社会自有进步。一切工商业亦自可包括在农业社会之内。中国古人已早知防止商业资本主义之为害农业于未然。故中国商业实早盛于西方，惟重农轻商，则为中国所独有。

西方古希腊，则即已重商轻农，故其人生亦常为一种个人主义。近代集体主义，亦即个人主义一变相。乃手段，非目的。中国则自古即为一种大群主义，故曰："普天之下，莫非王土。食土之毛，莫非王臣。"此言其共成一体，非谓是帝王专制。农业普济人，而己生益广。商业榨取人，而己生亦益狭。中国封建时代，已早有一统一王朝在上。西方封建时代，欲求一神圣罗马帝国而不可得。西方封建，乃经济性。中国封建，则属政治性。西方社会，以经济相结合。中国社会，则结合于政治。秦代统一，其时人则曰："车同轨，书同文，行同伦。"经济政治文化人生，同归一统。何以能然？则因其人生之抱大群主义，非个人主义故。今日国人，一尊西化，不肯言秦汉以下乃政治一统，而必曰帝皇专制。不知西方先求武力一统，故有罗马帝国。次求财力一统，故有资本主义之帝国出现。单凭帝皇专制，则仍是一种个人主义，乌得望大群之一统。中国大群主义为西方所无，乃亦为近代国人所不知。则中国四五千年来之大一统，舍帝皇专制四字外，又何以说之。

故中国乃为一种道义政治，非权力政治。道义之具体化则为礼乐。自秦以下，古代相传之礼乐乃渐趋于社会化，实进步非退步。故中国常以礼俗两字连称。礼已成为俗，而俗必源于礼。于是中国全社会人生乃成为一种礼乐人生。姑举岁时节令一项言之。如旧历岁除元旦，新春过年，是中国社会一大礼，亦即中国人生一大快乐。家家户户，不论贫富贵贱，同此礼，即同此乐。此乃大群一共同风气。又如清明扫墓祭祖，亦是一大礼，亦民间一大乐。又如端午节纪念大诗人屈原，赛龙舟，饮雄黄酒，吃粽子，举国一乐事，亦即举国一大礼。又如中秋赏月，重九登高，皆是人生适应大自然共同一礼，亦即人生共同一乐。推此言之，中国民间种种乐事，莫不存有一礼，上通天神，下及万物，广大人生，有甚深之涵义。岂如今日种种运动竞赛，专为私人或团体争荣，为大众寻乐作方便。此与中国之礼乐传统，自见有别。

余幼年居乡村，每年有迎神赛会。所迎或关公，或城隍神。神位前行伍，连绵亘数里。有乐队，有古器物珍玩之展览，有狮象龙虎飞禽走兽之模型制造，有猴有犬，既驯又乖，投以食物，接啗逗欢，有楼船车骑之队，有旗帜锣鼓夹队进行，有各种杂技表演，尤引人注目者，如高跷，足缚丈余双木，人行如在空中。又作各色打扮，如八仙过海，铁拐李何仙姑，神态逼真，演技生动，非经长期练习不易臻此。然非为比赛，亦无报酬，胥出自愿贡献，同为乡里造欢造福。群村踊跃观赏，并有远地亲戚前来，共娱盛会。要之，则象征一和，不涵蓄一争。此与近代盛行之运动会可谓迥不相侔。

又如神庙演戏，如关帝庙城隍庙等，必建有戏台，骑楼环拱，观者盈座。台前旷地，骈立皆满，亦有择空野临时筑台。要之为敬神，而兼存娱众之意。凡此等事，既非官办，亦非商营，乃由地方士绅筹款运用，系地方一礼俗，也即大群主义礼乐人生之一种表现。

余家居荡口镇，镇居鹅肫荡之口，亦称鹅湖。宽五华里，长十华里，平常禁渔捕。岁寒择日开放，大小渔船毕集，或用大网，或用长钩，或一船鹭鸶数十，满湖皆是。镇上士绅亦驾舟游观，余家某岁亦参加，旁近渔船获大鱼，竞奉献，即烹作午餐。此日所得鱼，除诸绅家得少量分送外，供全镇人度岁购买，各渔船仅得额酬，非可私占。其实此一礼俗，乃远从西周封建时代沿袭而来。

中国各地风俗大同小异，果能网罗备载，比类以观，又能追溯其渊源所自，阐详其意义所在，则所谓大群主义之礼乐人生，自可朗然在目。孔子曰："贫而乐，富而好礼。"贫亦可乐，富当好礼，实则同是一乐，尤要者在大群之同乐而无争。孔子又曰："君子无所争，必也射乎。"古代射也是一礼，所争亦当合于礼。现代人好言中国国术，亦称中国功夫。播为电影，举世爱睹。其实中国功夫之更要精义在于无所争。良贾深藏若虚，中国功夫之传习更受重视者，多在山林僧寺道院中。如武当山少林寺，绝技精工，超越一世，历代相传。不仅不与人争，并亦不轻表演。方其济危扶弱，乃是一种侠义精神。既非出风头，更不求名利。若如近代电影所播，亦成一种比赛竞争，精神既失，面目亦必走样。即如传授太极拳，亦成商业化之一种谋生职业，亦非往日精神。然则今日国人高呼复兴文化运动，必求中国传统之一一现代化，乃一如清代武当少林诸高手，一一应聘来港台拍电影，一切绝技尽演出在银幕上，一经商业宣传化，则除为赚钱外，前途复何望。

余在对日抗战时，曾一度返苏州，时印光和尚在灵岩山。寺僧尽散，一伙头工人随侍。除夕，印光赏以数百文。晚餐后，伙头告，当回家。印光言，汝今夜仍当返。伙头言，既回家，当俟明晨来。遂辞去。半山树林中一强人，劫其钱去。伙头念钱既被劫，不如仍返山寺。归告印光。印光言，钱仍当送回。劫者因已晚，不下山，来叩山门求宿。伙头开门见是林中劫者，云，你果送钱来了。劫者初不知应门者即是被劫人，至是遂直认，并请谒和尚，跪求留寺落发。印光劝其归，好自为人。此事传出，来者如市。印光静坐一室中，壁上一洞，装一小木板。来者叩此板，得缘，板即开。印光或有言，或无言，言亦数语而止，板即复闭。余返苏距此事已半年，幼年曾读印光书，遂欲约友往访。但闻日军纷往，乃中止。中国人尚让不尚争，尚退不尚进，尚静不尚动。犹可谓中国人生有偏，但不得谓中国人生全走错了路。尤其在乱世，尚让尚退尚静苟存犹可乐。印光故事，前世屡有，见于记载。但亦终非儒家礼乐中正之道。故在乱世，释老方外乃获一般向往。

武当少林乃及抗战时期之灵岩，凡所透露，实皆中国传统大群主义文化之一鳞片爪。今国人犹知仰慕，实属手段，非目的。今国人真所慕者乃如李小龙，若居之少林武当及灵岩，则瞬息间当失其踪影。此又不可不辨。

余闻印光事，乃知在中国历史上，逢乱世释老盛行，亦大有故。即在欧土中古黑暗时期，各地教会之贡献，其功亦不可没。正为其同能不争，能退能静，故能有此。惟今日则斗争进取，技术纷繁，日演日进，日扩日大，此诚为大可怕之事，岂不当憬然深思。

工商社会与礼乐社会相交换，工作与娱乐亦显然有分。工作乃手段，娱乐为目的。斗争比赛虽亦一手段，乃今日又成为人生一目的。流祸所及，所赖以防堵者，则为法律。自由与法律如胸如背合成一体。自由则如泽水横溃，法律乃如鲧之堤防。国际间两次世界大战后，洪水溃堤，依然随时随地可见。而个人自由之呼声，依然甚嚣尘上。世界祸乱日增，又岂得一一归罪于马列。蒿目世艰，尚复何言。

（二）

维持生命，乃其手段。生命之伸展，始是目的。树根在地下伸展，干枝向地上伸展，乃此树之生命本身。土壤雨露阳光，虽为树生命所不可缺，但非树生命本身，究与树生命有别。人生亦然。农业商业同为维持生命之手段，但农业是直接的，商业是间接的。农业较单纯，商业则复杂，多曲折变化。在维持生命的手段上，多耗精神气力，或可转有损于生命本身之伸展。或则误认手段即其目的，则其损害将更大。

论及伸展，须有环境。如一树生在高山深谷中，易成长，易伸展，易得为千百年一老树。若生在庭院中街市上，易受外面干扰，伸展难，更少百年以上的寿命。农人生活环境较安较宽，百亩之地，五口之家，子孙相传，邻里皆亲族，外面干扰少，本身伸展则易。商人群集都市中，出外经营，仍多在都市中，环境拥挤变动，不宽不安，其生命伸展亦就与农村人有异。

人类生命伸展，最要是男女结为夫妇，生男育女由家成族，由一小生命而推扩绵延成为一广大悠久之大生命，此是人文生命，较之其他生物之仍在自然生命中者大不同。农村居民稀少，村与村相隔亦远，男女之间少往来，而又非亲即族，择配不易。非父母之命，媒妁之言，不获轻易成婚。商业都市，居人密集，男女往来易，于是比较挑选，而成婚机会反较难，常先有一段恋爱时期。但恋爱只是手段，结婚才是目的，而易于使人误认手段为目的。一旦恋爱成功，结成婚配，回忆往前一段恋爱生活，不可再来，反若有失，于是乃有婚姻为恋爱之坟墓之想法。过分看重了其手段之经过，反而轻忽了其目的之完成。上文所谓在手段上过分花费精神气力，会转损其目的之完成，此最是一好例。中国人重婚姻，西方人重恋爱，亦见其文化之相异。

实则真生命之伸展，应在婚姻以后，乃见人生真乐趣。而西方人乃多误认人生乐趣在恋爱过程中。正如此身饱暖乃有人生真趣，而人多误认谋衣谋食各种手段，转成了人生之乐趣。如商人经商发财，亦觉乐趣无穷。待其衣食无忧，却茫不得真人生之所在，还是经商发财去，但经商发财总是人生一手段，非生命之本身与目的。因而发财纵可乐，非真乐，于是在此外来再求乐。饮食服装，亦作种种讲究。山珍海味，锦绣绫罗，亦得不到人生本身之真乐。商业人生迷不知返，乃酿成了人生种种之苦痛。农业人生其手段直接单纯，又因其日常与生命相亲接，易从自然生活中透悟出人文生活之真生命与乐趣，而又易于伸展。故农业文化乃与商业文化大不同。

即如文学。《诗三百》，首《关雎》，"关关雎鸠，在河之洲。"此是雎鸠生命本身之真乐。由此兴起了人生夫妇之真乐来。"琴瑟友之，钟鼓乐之。"琴瑟钟鼓亦尽是外面手段，而终不忘失夫妇结合之一段真乐。但此段真乐，则终不在琴瑟钟鼓上。西方文学则尽力写恋爱，不知恋爱尚非人生本身真乐所在。而又从文学演进出音乐，成为一项专门艺术，认为人生乐趣乃亦可于音乐中得之。今试问夫妇在闺房中深夜弹琴，与在音乐大会上以一音乐专家之美名出席弹琴，其人生乐趣，孰真孰假，孰深孰浅，试就人生本身内心深处自寻味，自体会，究是如何。

所不幸者，既成一音乐专家，自会喜欢出席千万人之音乐大会，得人欢呼鼓掌，认为此乃人生一大乐事。其配偶亦可出席大会中，随众高呼鼓掌，亦人生大乐。乃不知此乐非人人可得，亦非随时随地可得。得成为一名音乐家已不易，得在一音乐大会上表演又不易。人人尽从此等处来求人生乐趣，则花样百出，曲折艰难，获得一机会，而又转瞬即逝。事后回忆，则如梦如烟，已渺不存在。须另求机会,另作表演,乃可再得此瞬间之一乐。今日人生乐处,则多走在此途上,而人生本身则转成一苦痛。

放翁诗"夕阳衰柳赵家庄,负鼓盲翁正作场。"在八百年前,中国一小农庄上之小集会,其规模简陋,何堪与近代大都市之大集会相比。然论参加集会人之内心乐处,则宜可谓无大差别。甚至可说此八百年前小农庄一集会,其乐乃更真诚,更亲切。人既误于以手段当目的,遂以会场大小,布置华朴,人数多寡,来作衡量。不仅认不到真乐,而其损害于人生本身之伸展则更大。

即如一丘一壑,一小区处,甚至一矮檐下,一小窗前,亦随处有人生真乐可得,何必是名胜地,大建筑。陈抟之居华山,林逋隐西湖,同得人生乐处。古人云:"风景不殊,而举目有江山之异。"有和风,有轻阳,此即风景,到处可乐。以江山为风景,乃在江边山上辟为观光区,凭商业意味,广作宣传,游者麇集,肩相摩,踵相接,人看人,衣饰华丽,呼笑嚣张,一团尘俗,谓之观光。则手段已失其为手段,人生风雅有如此?

乐处在人生之本身。本身无可指说,人人反己即得。周濂溪教二程寻孔颜乐处,所乐何事。孔子饭疏食,饮水,曲肱而枕之。颜子则一箪食,一瓢饮,在陋巷。此皆维持生命之手段,生命本身不在此。孔颜所乐,亦不在此。生命有高低,孔颜所乐则在其生命之高处。平常人亦有生命,在其生命之平常处亦有可乐。而今人则在非生命处来求乐,并为求乐而损害及其生命之本身,而又误谓为人生之进步,则诚可惋惜矣。

犬生亦有乐,今人不能从犬身兴起己身之乐,乃以养犬为乐。人生如此，乐处愈多，反而无乐可得，乃惟攘夺斗争是务。如有名犬，身价千金，拥有财富，乃可购养。人生商业化，生命追随财富，乃终无乐可言。

今人又言美化教育。人生美化，亦是一乐。一群青年学生争头发长短，争学校制服之式样颜色，与教师争，与学校争，教育主要精神则搁置一旁。实则人生之美，即在人生本身之乐处。可乐即是美，非美始可乐。窈窕淑女，窈窕可乐，斯即美。窈窕乃指此淑女之生命本身言，非指一躯体段言。惟中国人能在生命本身来审美，故曰"情人眼里出西施"。人情即人生之本身。眼里所出，即由看者生命本身出，此乃中国人一种唯心哲学，乃主观，非客观。西方人则另有一种美学，一切美乃外于人生而求。乃标举其美，以供人生之猎取，此乃中国人所谓之自讨苦吃。

凡今日人生种种进步，实亦皆是自讨苦吃。第二次世界大战结束，迄今仅四十年，苦头愈吃愈多，抑且愈吃愈苦。其病只在误认手段为目的，不知向人生本身求，只向人生外面求。今当有一悔悟之机。如纽约富商，多不喜住纽约，多去郊外觅新居，有远去纽约数十里之外者。此即可生一悔悟。郊外居家，岂不乐。论其财富，即可不再往纽约做商业经营，衣食温饱，终生维持，不忧不虑，何必晨出晚归，只把郊外新宅作为夜间一休息所。精力恢复，仍赴城市挣扎。此非误手段作目的一明证乎。一人退休，人人效法，不数年而风气骤变。深言之，文化亦随而变。不仅纽约一市变，可以推至美国全国变，而举世亦随之变。中国人论人生，其吃紧处只在此。

或疑美国商业衰退，他国乘机跃进，又如何。不知人生本身并不专在商业上，亦不尽在商业上。他国商业跃进，乃与其他跃进者争，不与美国争。美国正可置身事外，在人生本身求伸展。如日本侵略中国，起而与日本争者当为美国。日本预防此争，乃先发动珍珠港事变。于是由中日战争而引起了美日战争。近世共产主义，乃为商业资本主义所激起。资本主义有变，并世共产主义亦将随而变。中国人所谓"明天人之际，通古今之变"，其所讨论以求明通，所谓本末源流，人生大全体，已和合成一，而复何内外得失之分。故中国文化乃为人生本身求目的，而一切手段则尽在目的上，不易走失，而人生之乐亦随以生。

孔子深得此乐，颜渊追而慕之，亦同得此乐。两千五百年来之中国人，亦多追而慕之。孔颜难复生，而商业之在中国，则终有一节度限制，不得形成为资本主义，此即文化之大验。

明初中国人经商南洋诸埠，远在西方人东来之前，历六七百年之久，但终亦未形成资本主义，亦未有殖民政策与帝国主义之出现，凡其移民，与其土著相和相乐，相安以处。此亦有若西方商业文化之向外追求，但终能保留中国传统不远离其生命本身，遂能得此成效。此为人类世界史上不远一明证。即美国旧金山华侨亦可同列此证，既与英人之移殖来者不同，亦与犹太人黑人乃至日本人等之在美国者亦不同。此在中国文化传统中，虽仅属一枝节，既有明显之示例，亦有潜深之涵义，幸吾国人其勿以轻心忽视之。

五九　传统与现代化

（一）

近代国人好言现代化，却似不好言传统。现代化实指西化，而传统则似仍陷守旧中。但西方人实亦尊传统。

姑以民族情感言，民族即一大传统。美国脱离英伦而独立，然英美两国情感，常相和协。欧洲两次世界大战，美国均派兵参加，主要在英美关系上，民族情感乃其主因。战事平息，美国人对西欧继续作巨额经济援助，实因亲英而兼及其他欧邦。英之对美亦较对他邦为亲。最近美苏争端，英国必站在美国一边，亦其民族情感之一种表现。

不仅英美，即如犹太人，第二次大战后以色列建国，举世犹太人无不奉之为祖国，爱护无微不至。美籍犹太人亦然，美国乃成为以色列一不叛不变之盟友。此亦民族情感特为显著之一例。其他如阿拉伯人印度人非洲人，亦何独不然。如今两伊战争，伊朗与伊拉克，亦有民族界线之潜存。全世界一切事变，一切纷争，可谓民族情感为其主要一原动力，而民族情感则由大传统来。故传统可以现代化，而现代化则终不能脱离其传统。

民族传统中，有语言传统。西欧语言分裂，拉丁语与希腊语不同。北方蛮族入侵，又因语言之变引起宗教分裂。各地群以自己方言翻译经典，于是乃有德、意、法、英各国语，代替了拉丁语。语言传统，同时即为民族传统，此亦极自然而又无可奈何之事。今日欧洲之不能融和为一国，语言分歧亦其主要之一因。

但民族语言传统，终偏在自然方面。不出数百里之远，数百年之久，而语言必变。西方文字则附随于其语言，而未能独立，故其人文化之范围常有限。惟中国文字则超乎语言之上，而能有其自身之展演，故其人文化之范围特广，绵延特久。中国民族生命，乃能广大悠久，日进无疆。论其传统，乃与西方特异。近人乃误谓中国人重传统，不知西方亦重传统，惟其为自然所限，乃若与中国有异。

中国人又特重雅俗之分。语言有地方性，称方言，即是俗。文字则全国性，不为时地所限，乃谓雅。西方人好言变，时地异则必变。中国人好言常，超于时地，乃见其常。非不有变，而变即在常之内。故知常即知变。但徒知变，则不定能知常。变而无常，今日不知明日，此方不知他方，则人道狭而不宏，暂而不久，如何能安能大。如中国人言明日，不言他日，他日乃今日之所未知未明，故贵能有明日，即其证。中国人又连言通常。此方通于彼方，今日通于明日，可通即见其有常。可通有常，皆人生之大道。中国人又言通常日用，日用处均能通常，斯见中国人生观之期于可大而可久。

中国古人言，书不尽言，言不尽意。斯又见中国文化传统之特深特异处。西方则似乎务求书尽言，言尽意。其他变化继起，则又需重加讨论。故中国人之出之语言著之文字者，仅略道己意而止。其未尽者，则待听者读者之自为体悟。其于吾言吾书能赞成同意否，则待其人之自加判定。即师弟子之间亦然。故言教化，闻我教者之自化，如阳光甘露，万物化生。教者一如春风，学者乃如桃李。春风之化桃李，乃由桃李之自化。"学而时习之，不亦说乎。"此待学者之自习，时习之而内心自悦，非教者强之悦。今问学者何以能自悦，则孔子言所不尽，以待学者之自证自知。

西方人则必言尽己意，务求他人之必信。乃若言者为上智，听者为下愚。果使闻所言而不尽信，则曰："我爱吾师，我尤爱真理。"在言者方面，一若真理言之已尽，无可疑，无可辨。听者不信，则惟有自造一番语言，自创一番真理。于是哲学思想，乃务于变，务于新，而其传统则非可大可久。在中国则为师者述而不作，仍有待于从学者之续加思索，续加讨论，而遂成一传统。故在西方为个人主义，在中国则为大群主义。如中国人称一家之言，乃子孙相传之家，与西方之专家不同。即此一端已可见。

但柏拉图理想国所主张，虽未为后代人接受，而其书中几项重要观念，则迄今两千年来，在西方实永传而无变。一重职业，职业则重商，更重军。日富日强，资本主义与帝国主义乃为西方传统立国两大基本，两大目标。而知识分子之最高寻求则在政治。此三大观念可谓乃西方传统，乃为西方文化一柱石。

故中国文化传统中有士，而西方无之。中国之士曰"志于道"，西方则当谓志于政。耶教后起，乃始离于政而传其道。传教徒亦自成一职业。西方有大学，肇始于教会。初兴分四科，神学逻辑为传教，另两科法律医学，律师医生皆成职业。实则此下大学分院分系，各教授仍是一职业。可谓于商与军之外，增出学之一业，如是而已。各业皆隶于政之下。西方政教分，故大学教授亦鲜有志于从政。理乱不问，黜陟不知。职业即人生。而文化传统乃亦各自分别在其职业上。最高政治外，又增宗教，又增科学。而各业之为生，则主要仍赖于商。政治统制，则赖军警权力。西方文化传统，大体言之乃如是。

中国士人不曰志于政，而曰志于道。道非职业，非谋生途径，故曰："士志于道而耻恶衣恶食者，未足与议也。"故士有进退出处辞受之自由，亦即隐显之自由。士之出仕，不为君，乃为道。士之传道，则为师，而中国社会则师犹尊于君。故师道犹在君道之上，道统犹在政统之上，此为西方观念之所无。老子言君则曰："太上下知有之，其次亲之誉之，其次畏之，其次侮之。"此四语二十字，可谓中国人对君位一观念，已尽其大致。而其论治道，亦涵有深义，岂如柏拉图之言哲人王，总揽万务，缕举详陈，连篇累牍，积千万言而竭尽无遗乎。老子又曰："信不足有不信，犹兮其贵言。"为政者高高在上，而在下者不之信，岂言辞之所能为功。中国人能知看重对方地位，不以言辞强人信，不仅政治如此，即教育亦如此。孔子曰:"学而时习之,不亦说乎。"自述己事,由人体验。又曰:"有朋自远方来。"师生相处如朋,非强之来。故曰:"有来学,无往教。"其不来,与来而不知,则又曰:"人不知而不愠,不亦君子乎。"老子则曰:"知我者稀,斯在我者贵。"岂强人以必知。故中国人虽重师道,而尤贵不求人知。孔子曰:"辞达而已矣。"语言文字表达己意而止,又岂在求人之必信。

孔子曰"自古皆有死",五字已足。西方人之三段论法则曰:"人必有死,苏格拉底是人,苏格拉底亦当死。"下两语实已在前一语中,何必增此下两语强人以必信。孔子又曰:"民无信不立。"此语大有深意,但孔子亦仅五字,未加发挥,以待人作深长思。又曰:"后生可畏,焉知来者之不如今。"又焉知来学者之不如我。喋喋以言,反使来者生厌,减其亲敬,又或侮之则奈何。为师教人如此,为政治人更宜然。中国传统政治,在上位者必少言,在下位者始多言,读历朝帝王诏令与历朝名臣奏议可见。近代西方民主政治,总统竞选,奔走道路,反复多言。当选者未必增人信,落选者转见受人侮。一切政事,又必出于大众之会议,仅以多少数争胜败,亲与敬在所不论,乃与中国传统意旨大相违。

中国人言商,则必曰"货真价实","童叟无欺"。又曰"信义通四海"。信不信在人,义则在己,货真价实斯止矣。广告宣传,迹近欺人,异于信义。为政亦然,能守信义,又何来有革命。今人竞好言革命,而不究革命所由来。此亦可谓竞尚现代化,置传统于不究。无本无始,又何以望于今。

再言宗教信仰。若果真有一上帝，则老子言"下知有之"，亦至高至善矣。中国人之上帝乃如之。耶教之上帝，使人"亲之誉之"。回教之上帝，乃使人"畏之"。回教终不如耶教，亦在此。

以中华民族较之西方，显见为乃一和平柔顺之民族。苏格拉底在雅典下狱死，耶稣在罗马上十字架。此两人讲学传道，未有犯法违纪之事，然皆陷于死。故争取思想自由，乃成西方一传统。在中国则如伯夷叔齐，饿死首阳之山，乃其自愿，非周武王逼之。而后世尤尊伯夷叔齐在周武王之上，此为思想自由。

孔子辞鲁司寇，周游列国，虽不见用，备受崇敬。老而归鲁，鲁之君卿仍加敬礼。若使伯夷叔齐如孔子，宜亦受周公成王之敬礼。实则孔子反时政亦如伯夷。两人生于西方，恐其获罪当不亚于苏格拉底与耶稣。

秦始皇焚书案，伏生之徒，皆得归隐。坑士乃坑方士，后世永詈秦始皇为暴君。汉臣亦有劝汉帝让位被诛，然继起言者不已，汉终让位于王莽。可见中国思想自由已成传统。

西方人好争成功，但成功后不免继之以失败。逮其失败，即不获再有成功。全部西洋史尽如此。中国人则不尚进取，尚保守。不务成功，诫失败。执中知止，谨小慎微，随遇而安，无所入而不自得。故在先举世之败而乱，不害后起一人之治与成。伯夷叔齐，孔子称之曰"求仁而得仁"，则伯夷叔齐乃成功人物，非失败人物。孔子曰："道之不行，我知之矣。不仕无义。"孔子之周游求仕，乃孔子之所以成其为孔子。孔子之道，不行于当代，而永传于后世，则孔子亦一成功人物，非失败人物。杀身成仁，舍生取义，杀身舍生非其失败，成仁取义乃其成功。故全部中国史乃一部成功史。在个人则成圣成贤，在大群则五千年来成为一广土众民大一统之民族国家，至今而仍屹立在天壤间，举世无与匹，此即其成功之明证。西方人争成功，群意每受裹胁，不得不丧其自由。故争自由乃为西方一传统。近代民主革命，共产革命，皆由此传统来。中国则自始即为一自由，但求无过，故言行道不言争自由。

项王被围垓下，单骑至乌江。亭长舣舟待，促速渡。项王曰："我率江东八千子弟渡江而西，今一人回，何以见江东父老。闻汉军悬赏得我头，今以赠君。"遂自刎。项王年尚壮，江东地大，焉知不能再起。然项王终不胜其愧惭失败之心，以生赠人，得后世广大之同情，此亦一成功，非失败。齐田横逃亡孤岛上，从者五百人。高祖得天下，召之，谓横来非王即侯，不来当派兵围剿。横应召，随二客至洛阳前一驿，告其二客，我与汉王同起兵，同王一国。今汉王得天下，我何面目往见。汉王但欲一见吾面貌，今我自刎，一驿之间，我面貌当不变，可速持往。二客携头往，乃亦自刎。岛上五百人闻之，皆自刎。田横虽亦如项王之失败，而英名百世，则亦一成功人物。吾中华民族如项羽田横具壮烈性格之人物尚多有，而吾中华民族乃竟为一和平柔顺之民族，其中乃存有文化大精义，深值阐发。

故中国人不争成功，而常能于失败中得大成功。史籍昭彰，难以缕举。即如关岳，尊为武圣，岂非乃其失败中之大成功。失败在一时一事，成功则在此心此道。而此心此道，则可历万劫而常在，经百败而益彰。其他如诸葛孔明、文天祥等，难列举姓名以详说者尚多。故西方历史尊成功人物，中国历史则多尊失败人物。但人事多变，成功而终归于失败，失败乃常保其成功。一则限于时代化，一则成为大传统。此又双方历史文化一大不同处。

求成功，必务进取。诚失败，常务保守。进取则必牺牲其当前，而企图于将来。将来复将来，牺牲又牺牲，乃永无实际之成功，此之谓功利主义，而实非功利所存。前人稍有成功，后人保之益谨，守之益坚，使此成功永在人间，此之谓道义。故尚进取则必蔑古而尊今，尚保守则每尊古而谦今。尊今蔑古，则后亦自尊而蔑今。谦今尊古，则后亦自谦而尊今。蔑古故求变求新，尊古则守旧守常。一则常弃其所有，一则保其有而不失。故中国人言政治，有开创，有守成。但又言自古无不亡之国，故或禅让，或革命，必有后王之兴起。中国二十五史，自《史记》开始外此下皆断代史。西方历史则与中国异。即如当前之美国，立国未达二百年，即已一跃而为世界之盟主，全世界事无不闻问。富益求富，强益求强，进取愈进取，骏马千里，不知税驾之所。中国则如一匹驽马，五千年治乱相乘，何啻十驾，而尚有前程，待其缓驾。传统不同，得失互见，若必务求现代化而弃传统于不顾，则驽马已弃，骏马未得，税驾无所，更何进退迟速可论。

孔子曰："殷因于夏礼，所损益可知也。周因于殷礼，所损益可知也。其或继周者，虽百世可知也。"其言因，即所谓传统。言损益，即其当时之现代化。殷周汤武，何尝非当时之现代化。孔子已早知必有继周而起者，但又知其仍必因于周，而亦不能无损益。秦汉以下迄今两千年何尝不然。但所因少，则传统弱，而不能常。如秦，如新莽，如三国魏晋，如隋，如五代，皆是已。所因多，则传统强，而能常。如两汉，如唐，如宋，如明是已。其间如五胡，如北魏，如辽，如金，如元，如清，皆以异族入主。因于中国者多，则亦能有常。因于中国者少，则无常。今人奸言革命，单即有所损当更多于所益。因与革之或当或不当，而得失高下定，又何得有革而无因。

至言学术思想，孔子信而好古，述而不作，亦有所因，亦有其损益。故孟子曰："孔子圣之时者也。"可谓孔子乃上承周公而亦现代化。孟子又曰："乃吾所愿，则学孔子。"孟子则亦可谓乃承孔子而现代化。荀子亦然。孟荀之于孔子，其所损益各不同，而高下得失亦以是而判。两汉以下，中国全部儒学史，亦复如此。同因于孔子，同有所损益以求其现代化。故吾中华民族，乃积五千年来之人文而化成。或可谓中国民族文化乃由神农黄帝尧舜禹汤文武周公孔子所开创，而此下则为守成。今则惟求因于西方，尽革故常，凡我所有尽必损，凡求所益则皆我之所本无。其在西方以及全部世界历史中，亦无其例。此乃举世人类自古未有之一番新企图，其成其败，又乌能遽加以论定。

庄周梦为蝴蝶，栩栩然蝶也。乃复化为庄周，又瞿瞿然周也。此仅庄周之一梦。今国人百年以来之猛求西化，乃一实，而非梦。我之固有，方将尽化为乌有。蝶乎蝶乎，翩翩而舞，又何得复化为庄周。我不知蝶之将何化，而庄周则已失。悲乎怆矣，庄周庄周，吾则犹望此百年之犹如一梦，则大梦犹可醒。天佑中华，斯文之幸。与我同感者，尚其善祷之。

（二）

人之一生，自婴孩坠地，迄于童年、成年、壮年、中年、老年、耄年，时时刻刻在变。当其在婴孩幼童时期，何能预知其将来中年晚年之所为。逮其届于中晚，回视往年，亦往往如隔世。

余生前清光绪末，在无锡南乡七房桥一小村庄中，是年台湾割让于日本。及余年过七十，乃播迁来台。以今日所居台北士林外双溪，较之八十五年前所诞生之啸傲泾上七房桥，显然是两个世界，漠不相同。然而在此两个世界中，亦显然有一不变者，厥为我之存在。存在于八十五年前之无锡七房桥者，是此我。存在于八十五年后台北外双溪者，仍是此我。我之一生，由幼至老，亦几全变。然我心自知有一未变者，即我其人。

人生在其成年壮年期，可以极多幻想，然此等幻想未必能实现。在其晚年耄年期，前途无多，幻想全消，渐多回忆。所回忆者，乃是我之真实生命。我之一生之意义与价值，则全在此老年之回忆中。在余八十之年，写为《八十忆双亲》一文，纪念我父我母。我之婴孩期，却不在我记忆之内。以其无可记忆，乃若无所存在，但却能明白记得我父我母。我之生，即从我父我母来。我之婴孩期，若我无生。我之生乃在我父我母之怀抱抚养照顾中，逐渐成长。待我五六岁以下，始渐有记忆。然凡我所记忆者，亦全是我父我母之抚养照顾为主。我之在此家，仅若一远来之客。我父我母与此家，乃我生之主，我仅是一附属品，乃全于此附属中成长。

及我成长为一人，为一我，后又渐变为一家之主。而我父我母，以老以死，生命失其存在，其犹有存在者，则惟在我之记忆中。我又念，父母生命其实仍存在，我即我父母之化身化生。由婴孩化为今日之耄老，亦犹由父母而化为今日之我。在变中有一不变者存在，及今回忆，若有一条线贯串此一切变，而此线则不变。此一不变之线，即是我之生命。此一不变之生命，惟我知之，惟在我之记忆中知之。除却记忆，则已无知。他人之不知，则更无论。

我又在八十四五岁写我之《师友杂忆》。远自七岁起，我即有师有友。及今八十五岁，回念亦近八十年。我之在此世界中，仍如一客。此世界乃我所寄旅之客店，我今方将离此寄旅而去，但此寄旅则常在，亦常变。我在此常变之寄旅中，所遇多矣，而惟我师我友，则若与我之生有大关系。我之得为今日之我，我父我母外，我师我友影响于我者实大。曾有一友朱怀天，较我年幼，先我而死。怀天之死，我亦仅二十余岁。纪念之余，我忽愕然惊惕，悟若怀天实未死，以其常在我记忆中。而我则实已死，因我之一切当在怀天记忆中，怀天既死，此等记忆亦随而失去。其他人不知我此一切，虽同在此世，然与我此一线之内在生命实无关。我之此一线，当不在此许多人心中，则我岂不虽生犹死。

我之《师友杂忆》一书中所记诸师诸友，十之九今皆已死去。我之回忆，乃存留其一部分。其实凡我之回忆，即我生命之一部分。我尝告人，我此一分回忆，幸而写在我之八十四五岁时，记忆早已衰退，所不忘者，正见其与我生命有亲切真实之关系。所忘者，只可证其与我生命关系不亲切不真实，忘之亦可无憾。

我因此想，我之一生，实常在今日国人所提倡之"现代化"一词中。如我某年得某师某友，某年又得某师某友，所变多，此非我生之一种现代化而何。然在我记忆中，亦常若有一条线贯串此多变而存在，此即我之生命传统。必打破传统来求现代化，则我之现代乃在台北之外双溪，而我犹忆我乃从无锡之七房桥来，幸而有此传统常存我记忆中，故我乃觉有此一生命。若仅有现代化，失去此传统，并求尽力打破此传统，只知我在外双溪，不记我从何来，则已失却了此我，即不啻失却了我此一生命。则一切完了，复何意义价值可言。

故知人生一切意义价值尽在记忆中，即尽在传统中。惟此一传统则势必现代化，亦不得不现代化。但此一传统只存在于我之以往记忆中，而现代化则属外在未来之遭遇。记忆在我心之内，由我做主。遭遇在我身之外，非我之所能主。孟子曰："口之于味也，目之于色也，耳之于声也，四肢之于安佚也，性也有命，君子不谓之性。"中国古人分人生为两大部分，一内在之性，人身五官四肢各有性。又一则外在之遭遇，是为命，因其非我所能主。身之对物，此外在部分之关系实较大，人生对此部分不当尽追求，亦不能尽负责，推而外之谓之命。孟子又曰："仁之于父子，义之于君臣，礼之于宾主，智之于贤者，圣人之于天道，命也有性，君子不谓之命。"此一部分中亦有命，如父母不能自主当生何等子女，子女亦不能自主当由何等父母生，此实命之大者。然父慈子孝各有性，性则内在于我，能由我自主，不当诿之命，而己不负责。如舜之父为瞽瞍，既顽，而母又嚚。然舜克尽其孝。又尧舜皆不以天下传其子，而传贤，实亦尧舜对子之慈。子既不肖，不能当天下之重任，传之位，亦适以害其子，于子何益，故尧舜不为。此一部分，非心之对身，乃心之对群。中国古人必教人在此上努力，而其本原则各在其一己之心性，亦无人不能由此努力者。近人争言自由，惟此乃人生最大之自由。近人又争言平等，亦惟此乃人生最大之平等。不仅人人自由平等，并亦对内最能独立，对外最能博爱。中国人所重之人生道义，亦尽在此。

近人又怪中国人不能在物质上求进步。其实物质生活之进步，非即人生之进步。如我生八十五年前无锡啸傲泾之七房桥，今居台北士林之外双溪，以两地八十五年来之种种物质状况言，确是大为进步。但我扪心自问，实不敢说我之晚年，心地人品，比我童年亦相随进步。若果人生全视物质生活而定，我何待自己努力进修，只再求移居美国，或居旧金山，或迁纽约，岂不较今即为进步。抑余思之，余亦决不敢谓八十五年前啸傲泾居民尽较八十五年后当前之外双溪居民为落后。以心地言，以人品言，或多转胜于今日。每念我父我母，如在天上，余惟自惭不肖。然以物质生活言，我父我母往年生活，何能与余今日相比。中国古人亦非不求进步，惟主要更在求为人之进步，故必论心地，必论人品。物质人生则在其次。

如言饮食。孟子曰："口之于味有同嗜焉。"易牙乃是古代之善烹调者，如使易牙生于今世，其所烹调，仍当为人人所同嗜。今世非无善烹调者，如其生在古代，古代人亦当同嗜其烹调。今日鸡鸭鱼虾果蔬百种，仅求大量生产。就余一人之口味言，终感往日童年啸傲泾所尝较今日外双溪所食反更胜。我母亦擅烹调，一盆一碟，一肴一馔，皆慈母所制。又有种种腌菜腊肉，皆经慈母手制，美味无穷，至今难忘。较之今日进大餐厅，大宴会，人生情调终觉不及往日。今日享有一席宴会，当费八十年前举家一月一年之所费。而宴会方毕，淡然遽忘，大异乎往时童年在家一日之三餐。此种人生，究为进步与否，凡有心人，皆当问之己心再自论定。

目之于色，有同美如子都，女性则如西施。此皆天赋，绝难模仿。要之，今日之美人，未必进步胜过古人。抑尽人亦不妄想嫁夫必如子都，娶妻必如西施。西方人好言恋爱，然又谓结婚乃恋爱之坟墓。又言恋爱非占有，乃奉献。中国人重视婚后生活，尤胜于婚前恋爱。离啸傲泾余家不五华里，有东汉梁鸿孟光隐居古迹。每值清明，四围十里内，谒拜者毕集。梁鸿孟光之故事，乃深入余童年之心中。此后能读西方文学中之恋爱小说及剧本，又看电影，积数十年，乃终不忘梁鸿孟光之为夫妇。即在此自由恋爱自由结婚之一节上，亦不得谓今日男女皆已进步，超出古人如梁鸿孟光之上。惟论物质生活，则梁鸿孟光自不能与今人相比。

耳之于声，亦有同听如师旷。音乐歌唱，此在今日尊为艺术。艺术亦在生命中，虽可与年俱进，亦不得谓今人必胜于古人。西方人亦不谓其今日之造诣必胜过三四百年前之维也纳。又西方人对中国烹饪美术两项，皆知爱好。

中国民初新文化运动以来，对以往传统竞致不满，群肆诟詈，独于烹饪美术两项，亦少批评。惟西方人对中国艺术独于音乐歌唱方面，少所欣赏。即如平剧，亦中国近两百年来一大创辟，继元剧昆曲后，一新放之奇葩，全国雅俗同所爱好。即以梅兰芳一人论，亦平剧旦角中一大人物。余曾读梅兰芳《舞台生活四十年》之第一册，知其初上舞台，即已成名，而虚心好学，努力求进，终其生不懈。剧场布置，上海远胜于北平。但梅兰芳表演，不闻亦以在上海为胜。此见进步主要在人不在物。好剧者，宁在北平听，不乐在上海听，此中意味更难言。中国剧一独特处，正在其排除舞台上一切布置，求能更表现角色之演技唱技来。

　　程砚秋亲受业于梅兰芳，然程之身裁体段，与其歌喉声带，绝不能一效其师。乃自创新风格，新腔调。寓居北平之好赏平剧者，特为程砚秋创作新剧本，谱为新曲调，乃使梅程各擅胜场。此亦在中国文化体系中，有其先例。如唐代李杜之于诗，韩柳之于文，亦复各就性近，分立疆界。杜为诗圣，乃指其代表传统之正。李称诗仙，仙非中国人物之正，出奇制胜，自创风格，而不害其传统。韩柳亦然。前之有陶潜之与谢灵运，后之有苏东坡之与黄山谷。其他不缕述。梅兰芳犹杜甫韩愈，程砚秋犹李白柳宗元。中国文化精神最重在人，而人又重在其性，较之西方文化显有不同。如莎士比亚乐府，至今为西方人所崇重，四五百年来，所创剧本更无推在莎翁之上者。是西方人亦认进步在人不在物，与中国同。然西方人推崇莎翁之剧，远胜于舞台上之演员。而中国则舞台演员其受人重视得人欣赏，乃更过于所演剧中之人物。梅兰芳唱《生死恨》之韩玉娘，程砚秋唱《锁麟囊》中之薛娘子，演剧者脍炙人口，造剧者转不被尊，此已异矣。至今此两剧仍流传，演唱不绝，然梅兰芳之为梅兰芳，程砚秋之为程砚秋，则千古杰出，使人向往。纵或有人演技能超梅程之上，而梅程之为梅程，则依然无伤，此乃中国文化精神之最特殊处。古今诗文名家，何止千万，然李杜仍为李杜，韩柳仍为韩柳，不闻必先打倒李杜韩柳，乃为能创新格。此即在西方亦然。文学艺术史上，有了新的进步，仍保留旧的未进步者。国人倾慕西化，于中国旧传统中歌唱名角中心爱好，而信念不能树立，则爱心亦日趋淡薄。亦有稍涉藩篱，即倡言改革，惟变惟新，是所膜拜，不知变与新当求之内。梅程几十年舞台生涯，何尝不日变日新。求梅程之进步，亦当在梅程之心地人品上求，始可得其进步之真处深处。文坛上起一李白韩愈，则文风自变自新。庄周言："吹万不同，而使其自己。"则变与新皆在己，舍己而求，又何变何新。

二十年前有电影明星凌波，以黄梅调唱梁山伯，一时听者如醉如痴，群情拥戴，凌波一如天神。此如游子离乡，老大回家。电影是现代化，而梁祝故事及黄梅调则属旧传统。耳之于声有同听，有不知其善而善者。然此一路之发展，终亦停下，不再继续。又有李小龙，在电影中以演国术获西方人欣赏。李小龙已死，而此一路线，则继涨增高，至今未已。自心不敢有好恶，惟以异邦人他心之好恶为好恶，尚何艺术可言。孟子之所主要提示者，乃在此心之同然。所谓以先知觉后知，以先觉觉后觉。如易牙之烹调，则莫不同嗜。师旷之歌吟，则莫不同听。推而大之，彝伦大道，治平大法，人生日常亦有同然。如伊尹，如伯夷，如柳下惠，己性非不同于人性，贵其能善尽己性，止于至善。又能大而化之，则如孔子。故孟子曰："知之于贤者。圣人之于天道。"其所追求，不在外，乃在内。尧舜性之，汤武反之。自诚明，自明诚。天人合一，孔子自知天命而达于从心所欲不逾矩。欲在己，而矩在外。方者必同此矩，善者必同此性。中国人之理想人生正在此。

人自婴孩，以至幼童，俱此心，未必识此性。从长者以为学，长者亦必有学。教子义方，乃父母之慈。然义方必待学而知。故学烹调必从易牙，学歌唱必从师旷，学为人则师圣贤。方人之自婴孩幼童而至于成年中年老年，何尝不始终在现代化之中。有不欲其化而不可能者。然化则必有一预在之境，此境乃不先知。果仅从俗而化，则达于耄耋，回念婴孩时，年龄已过，时代已易，日变日新，生已非旧。我之为我，不复存在。此诚人生一大悲剧。

西方人信有灵魂，死后上天堂。物质人生之日变日新，至是可一笔勾销。世界有末日，但科学日兴，宗教信仰日淡，人生在世乃惟求在末日前之眼前享受。世界末日虽未至，个人末日则转瞬而临，不容逃避，亦不容存疑。中国人想象不在此。西方乃个人主义，中国则为一宗法社会。百亩之地，五口之家，父以传子，子以传孙，百世不绝。于日变日新中有一大传统，即物质人生亦在其内，并无止境。若论精神人生，父慈子孝，千古同然。"孝子不匮，永锡尔类。"人与人同类，则一人之孝可以传于千万世之人人。大舜已死，大舜之孝尚在斯世，此亦犹舜之灵魂不死。人间世即是一天堂，舜之死后灵魂，岂不犹常在此天堂。故在中国不必有如西方之宗教。中国人言德，德者，足于己无待于外，故曰自得。西方人言得，必求之外面物质界，故重物质人生。中国人言得，则求之一己内在之心性，故重精神人生。故中国乃以心性教，不以灵魂教。灵魂属个人，心性则属群体。个人物质人生重空间，群体精神人生重时间。此乃中西双方文化传统大相异处。

今论心与物之关系。大舜若生今世，亦当为其父母供一切物质人生之享受。物质世界日变日新之遭遇，凡以尽我心而已。此物质世界，可以日新日变，此心则一保恒常。果使吾心亦日变日新，我不为我，则此物质世界转将不见其变其新。惟此物质世界由个人主义操纵，则日变日新而有原子弹杀人利器之产生，而犹日求其进步，世界末日终不可免。然又岂得谓人人乃必同俱此杀人之心，以与生俱来。孟子曰："恻隐之心人皆有之。"决不能谓杀人之心人皆有之。科学发明而至原子弹，可谓心之逾矩矣。其实科学发明亦何待原子弹而心始逾矩。

故中国人对于宇宙人生真理之探讨，一是以人本位主义出发。在人本位之立场下，尤以探讨人心为主要，更尤以探讨人心之所同然为主要。此一人心之同然，由空间言，山之陬，海之涯，凡有生民，则无不同具此心，即同禀此性，惟因所生地区不同，而容或有异，则待教育修养之功。故曰夷狄而进于中国则中国之，中国而进于夷狄则夷狄之。则中国人之重视人文道统，尤过于自然血统。诚使夷狄尽进于中国，则为世界之大同。苟其不能骤企于大同，则犹可得小康。一国同，斯为一国之小康。一家同，斯为一家之小康。亦求一人之同，夭寿不贰，修身以俟，亦即为一人之小康。

以时间言，则上下千古，时代屡有变，而人心之所同然者仍不变。天如此，地如此，人亦如此。果其此性不变，此心不变，有其同然，有其常然，则先知先觉宜可修身以俟。藏道于身，即亦传其道于世。历之千古而不惑，质之圣人而无疑。此为中国人之一种大乐观，并可随时随地随人而加以证实。即此瞬息间，一心之存，已是把柄在握。一拳石成泰山，一滴水成巨海，当前一颗心，即证宇宙万古人生之大同。宋儒张横渠言："为天地立心，为生民立命，为往圣继绝学，为万世开太平"，即此物此旨矣，其要则在己。故横渠又曰："昼有为，夜有得，言有教，行有法，瞬有存，息有养"，是在己之肯为之力为之而已。

故中国此一道最平等。人人有此天赋，人人有此能力，上下与天地参，而人与天地平等。人与人之间，又何不平等之有。又是最自由：彼亦人，我亦人，有为者亦若是，我何畏彼哉。非己不能，乃己不为，此非最自由而何。又最博爱：跻一世于大同，开万世之太平，爱之博，又何逾于此。又最独立，关键则在当前之一心。故《中庸》曰："极高明而道中庸，致广大而尽精微，尊德性而道问学。"要端则在能尊一己之德性。

天地君亲师五字，在中国两千年前已有。惟其有此道，故人得与天地参。亦惟共有此道，故师得与君亲伍。古人又言，"能为师始能为君"，则师道犹高出于君道，道统犹高出于政统。孔门四科首德行，师道最先亦在德行。不惟孔孟儒家为然，即墨家道家亦无异。庄周内篇《人间世》之后，继以《德充符》、《大宗师》、《应帝王》，有德始为师，能为师始为王。儒家言尧舜，墨家言禹，皆在此人世有德为师始膺此帝王之选。老子言："失道而后德，失德而后仁，失仁而后义，失义而后礼，礼者，忠信之薄而乱之始。"忠信即人之德性，十室之邑皆有其人，皆从大道来。故自天道以至于人之忠信，皆一统相承，绝非有了忠信即失去了道。孔子曰"述而不作，信而好古"，乃其尊传统。孟子曰"孔子圣之时"，此则其主现代化。贵能由传统中求现代化，非可打倒了传统来求现代化。道家主小国寡民，绝学无忧。于帝王，则尊尧舜前之黄帝。于宗师，则尊孔子前之老聃。轻视道统，必求挽此世运，以返之上古原始淳朴之境。故不贵有道问学，而惟求尊德性，则亦仍以德行为本。《中庸》言："博学之，审问之，慎思之，明辨之，笃行之。"凡一切学问思辨，莫不为行，即人生实际做准备工夫，亦可知。

其他如《诗》三百首为文学。《书》与《春秋》为史学，先秦百家为子学，亦皆尊师重道，其道则俱为人本位。人道中有师，其含有一种教育意义，则仍无大异。西方古希腊如荷马之文学，如苏格拉底柏拉图之哲学，则同为一种道问学。要之，非尊德性，非与中国之师道相一致。所师在学，不在道。在知识技能，不在德性。惟待耶稣起，乃有一种教育精神。然乃宗教信仰，亦不同于中国之师道。故宗教家乃在君亲师之外别有一格。而西方中古时期以下之教育，则全从宗教来。迄于近世，乃有国民教育，则从君道来。为一国民，异于中国理想之为一人。近世西方大学教育，宗教信仰亦转淡薄，仅求为一学者，亦非教育其为一人。宗教为神本位，科学乃物本位，其他诸科，皆为政治本位或商业本位，皆非人本位，故亦不以德行为本。惟文学艺术则于尊重神与物及政治商业之外，而似稍近于中国人之重德性。惟其德性亦尊重一种特殊的自我表现，不以人心所同然之大群体之德性为本，则仍与中国传统有异。

近代国人群言时代化，实乃西化。但西方亦自有传统，故中国近代言时代化，必反中国自己之传统，而不反西方传统。如言新文学，不反莎士比亚，乃至不反荷马，其他尽如此。然中国人岂能尽变成为西方人。求变于西方，究当变为美国法国德国俄国？在西方，各有其习性传统不同。而时代又不断在变，在其时代变进中有挫折，有阻碍，亦将莫不回顾已往，求之传统。如中古时期后有文艺复兴，现代有复兴宗教之想望。亦如老人衰病，每追念童年生活，此亦人心所同一极自然之现象。倘我中国人，亦能自随其已往之传统德性而为变，则在此时代化中，尚可容有中国传统之存在。中国人所重，在人心之同然。故当婴孩时，则有家庭教育，夫妇父母兄弟三伦，皆以教育其一家人心之同然。及其壮年成丁，出至社会，则有国家教育，君臣朋友两伦，皆教其一国人心之同然。其贤且俊者，则有圣人之教，以教其千古相传人心之同然，而进于世界大同与天下太平。今日则群慕西化，争尚个人主义，夫妇父子尚无同然之心，惟耶稣教上帝一神，乃使为人心所同尊。自然科学所研究之一切有生无生物，如电如磁，如洋老鼠，如小白兔，亦皆有同然之心与性。实验所指示，无可加以反对。而人生一切则除法律规定外，乃尽得自由。中国人已往五千年之文化传统，乃全无一回顾之价值。故使中国而现代化，则只许有现代中国人，乃不许有古代中国人。譬如人当青年期，绝不许其有婴儿期。及至成年期，又绝不许其有青年期。婴儿青年期早已过，乃不许其内心之记忆存在，则人生岂不全成为无中生有。试问西方人生亦果然欤，抑亦非欤？

现代化亦可有种种不同，耶教外尚有回教存在。欧洲人外，尚有阿拉伯人存在。则在现代化中，亦自可有孔子与中国人之存在。近代中国人高呼现代化，当于自己传统有其一番记忆与回溯之心情。然乎？然乎？则又有明日现代化所当企足而待，似当不必一概抹杀。

涓滴之水，可以成溪涧。溪涧汇为江河，江河汇为海洋。海洋所积，亦惟涓滴之水而已。涓滴之水可以解渴，溪涧则可以淹人死，江河溃决为害益大。禹治水使江河仍为江河，溪涧仍为溪涧，涓滴仍为涓滴，而不见水之害，仍存有水之利，人生乃以绵延而无尽。

人持刀杀人，斯为大不仁。然执刀杀人，仅限于近其身旁之人。持一枪，则可以杀远离身旁之人。改用大炮，乃可同时杀多人。人类自发明原子弹，美国人投之日本之广岛与长崎，杀人数十万。使此投弹者，手持一刀入广岛长崎，逢人即杀，尽日夜之力，所杀数千人而止。苟使其人不患神经病，亦无可连续杀此数千人。今惟一举手，投一弹之劳，死人数十万，其人尚缥缈在云中，或已驾飞机返，曾未稍动其心，乌得谓仁与不仁。

科学发明乃自然之理，依中国人语，亦可谓之是天理。然则近代人乃假天理杀人，人何以堪。今日之世，非洪水为灾，亦可谓是机器为灾。人生方赖于机器，而人力则微末之甚，人心则尽用在发明机器上，尽用在假天理以杀人，人又其奈天理何。

使有大禹复生，其又何以治此天理之灾。老子曰："其安易持，其未兆易谋。"今日世界各国尚未全拥有原子弹，一旦第三次世界大战起，势必为原子战争。则不拥原子弹之国家，或反可少受其害。则今日所谓落后之国家，其受祸或亦将落后。此即观于第一次第二次大战之往例而可知。大禹治水，亦从未受灾处着手。三过家门，亦即其未受灾处。惟未受灾处乃能救灾处，亦惟未受灾人乃能救灾人，此则决然可知。若竟以灾为福，则无灾可救。今举世所竞称之现代化，不如更其名曰将来之时代化，庶乎更有其意义。仅顾目前，不计将来，斯则其为害必更大。

要之，重物不重人，乃当前人类大弊所在。救弊者亦惟当奉此为最大之原则，外此则无足言矣。

六〇　历史上之新与旧

生命一体,无所谓新旧。强言之,生命乃是一旧,新在将来,尚未到达,无意义价值之存在。积旧成生,乃有真实性。对此不满,乃对未来之新有憧憬有想望。

婴孩出世,乃是一新生命。但空洞无积,尚待成长。果其夭折死亡,则不得视为一真生命,因此不得入祠堂亦无坟墓,不作久长之礼拜。成年婚嫁,始是生命开始。积累充实,必贵有寿。年老衰退,转为消耗,而非成长,故曰"老而不死是为贼",亦即失其生命之意义与价值。

中国历史文化传统大生命,三皇羲农时代,乃其婴孩至幼童期。倘即此夭折,文化更无传递,则其在后世,亦自无意义价值可言。黄帝尧舜乃为中华文化之成年期,自此递传递久,递积递厚,追溯以往,始弥觉其意义价值之深厚而无穷。及今思之,吾中华文化是否已届老死之期,则尚难断言。晚唐五代,乃如一场大病。蒙古满洲入主,则如犯了一场风寒外感。我中华之文化传统生命,则依然坚健不变。今国人崇慕西化,乃谓中国文化五千年来,从头不是,非连根拔起,即无可救药。此实由中国史一气相本，难于切断，指出其中病之所在，则惟有一笔抹杀始稍近是。今再言，生命当视为自未来向过去，乃见其真实而日长而日成。若视为由过去向未来，则生命乃日消日失，为走向死亡一条路。要之，中国文化生命则惟在一旧字上，由此旧乃可有其新，则断无可疑。

故凡属生命，则必好古恋旧，追溯既往，中西无不如此。惟西方之好古恋旧多在事物上，乃属生命之外在表现，而非其内在真实性之所在。希腊罗马亦多古迹，西方人追恋无已，但尽属物质的。精神方面如文学科学哲学等，固亦日新无已，但古旧亦仍为西方人所尊。惟所尊亦仍属事物方面。学问亦如一事业，非个人真实生命之所在。故亦仅传其学，而不详知其人。

如言文学，中国古诗三百首，作者都不可考，然诵其诗，而三千年前之古人生活如在目前。当年之生命精神，亦可依稀接触。古希腊神话童话，故事传说，亦以怡情悦性，但古希腊之真实人生则无可接触。如诵《离骚》，屈原生命活跃在前。而诵《荷马史诗》，荷马之真实为人则渺茫难寻。

孔子曰："吾十有五而志于学，三十而立，四十而不惑，五十而知天命，六十而耳顺，七十而从心所欲不逾矩。"孔子七十年之真实生命，即明白传达在此数语中。果能循此为学，则已学了孔子生命之真实精神。故学而时习，乃觉不亦悦乎。学即学此真实生命，只学到三十而立四十不惑之阶段，已属其悦无穷。其五十知天命以下，则颜子所谓："如有所立卓尔，虽欲从之，末由也矣。"此皆生命之真实境界，岂如希腊古哲学，凡其所论，仅是其人生命中思想上之一番表现，不得谓即其真生命所在。比读双方书，自知其区别。

中国人惟多注意其生命之真实，更过于其事物上之表现。故如唐尧虞舜，建都何在，生前宫廷，死后坟墓，皆无可查究。留传者惟其德，即其内在生命之所得。尧舜当时真实生命内在所得，后人何由知之？则以心传心，惟有以己之小生命，通入民族历史文化传统之大生命中去，斯乃可以得之。

孔子曰："泰伯三以天下让，民无得而称。"无锡东南乡，有泰伯逃来荆蛮后之故居，称曰皇山。实一土丘，距余生处四五华里。东汉梁鸿孟光夫妇，亦来隐，故其山又称鸿山。无锡南门外一水，则称梁溪。泰伯距今逾三千年，梁鸿亦近两千年，两人皆无详传史迹，而环此小丘十里内外之乡民，则无不知吴泰伯与梁鸿，清明佳节亦无不来此膜拜。中国古人之所谓立德不朽，有如此。而全国各地类此之名胜古迹又何限。此见历史文化传统，即民族大生命之所在，亦即全国人心所在，岂不真实而有据乎。

尧舜之德难求，大禹治水乃具体易求。但三过其门而不入，其家何在，今亦难求。惟读清初胡渭《禹贡锥指》，详考历代治黄河水利工程，四千年一贯相承，此亦有如禹之大生命之一贯相承。如四川灌县有二王庙，乃秦代李冰父子治离堆江水之患，亦迄今两千年。自灌县至成都，百里之间，农田灌溉，皆有成规，一贯相承。此亦不啻一大生命之持续，非亲履其地，则无可想象而得之。

又有万里长城，远自战国，下迄清代，积两千年，乃中国历史上极巨大一国防工程，亦民族生命之积累。虽不如大禹治水，李冰导江，有主要人物之代表可举，然同是中国历史上一大生命之表现，则亦明显无疑。

立德立功之外有立言。所言亦贵其有德，乃可有功而不朽。孔子曰："十有五而志于学，……七十而从心所欲不逾矩。"此即孔子之立德经过，即其七十年之真生命真学问。学问实即是生命，宜该可悦。后人倘能学如孔子，达于立与不惑之境，则在己之生命，亦当甚感其可悦。至于知天命以上，非常人所能企。颜子曰："如有所立卓尔，虽欲从之，末由也矣。"此卓尔者，即孔子之真生命。中国古人之学，即在其生命上，非生命中一事。学之所得，亦即是生命，非可谓于生命中别有所获。如文学，古人曰："诗言志。"所志即其生命，所言亦即其生命。屈原宋玉之高下，亦在其生命上，不在其文字上。读西方文学，则莎士比亚之乐府，非即莎士比亚其人生命之所在，并亦无由知当时一般英国人之真生活。仅得谓莎士比亚生命中有此一番表现，如是而已。莎士比亚与归有光略同时，试读归集，其为人，及其家及其时代，一一透出，可谓乃映出归熙甫之生命。而莎士比亚之生命则难可稽考，至今成一谜。此即中西文学一大不同之点。

如哲学，真实生命中，可有各种思想。但思想亦仅生命中一事，不即是生命。如耶稣，其生命岂只十字架一刹那可尽。而西方人则十字架即代表了耶稣，重事物轻生命有如此。教会组织，教廷建筑，教皇传袭，全转在事物上。而耶稣则成为神化，只可信，无可学。此亦西方文化一特征。

西方人自始即不悟到宇宙人群之大生命所在。个人小生命刹那短促，意义价值有限，遂转恋到事物上去。事物有新旧，而生命则无新旧。今日国人喜新厌旧，亦从西方观念转向事物去。至如生命，则耄老每念童时，岂有喜新厌旧之理。

埃及金字塔完成，埃及古生命则随以永绝。希腊罗马亦然。最近西方人对希腊罗马之一物一事，好恋崇仰终不能已。余游美国纽约附近，一中国古墓，乃从山西购来，石象石马翁仲林立，规模依然。中国乃一宗法社会，此等坟墓寓有一种大生命精神。美国无宗法，但对此等古墓亦可寄其好恋之情。余又在大峡谷见一印第安人之博物馆，印第安人几已歼灭无遗，而美国西部影片则不断流传，印第安人之遗物亦加宝爱。此皆见西方人之恋旧。

中国人重视生命，轻视事物，尤重于能以一己小生命投入群体大生命中。叔孙豹之三不朽，至今犹为国人传诵，而孔孟儒家乃颇不提及。此因叔孙豹仍从个人小生命着想，不知不朽者乃德功言，小生命则终必泯灭。孔子之卒，歌曰："泰山其颓，梁木其摧，哲人其萎。"曾子曰："仁以为己任，死而后已。"仁即其大生命，死乃其小生命。孔子曰："若圣与仁，则吾岂敢，抑为之不厌，诲人不倦。"其不厌不倦者，即其生命。何所学，何所教，乃其生命之所依附于事物者。所学即学此大生命，所教亦教此大生命，此即孔子之所谓道。孔子乃未敢自信自任，而曰"后生可畏"，则教育终于不绝。不朽乃在此，不在个人小己。故中国人乃论存亡绝续，不论新旧。

子路冉有公西华曾点四人侍坐，孔子命各言其志。子路志在治军，冉有志在理财，公西华志在外交，惟曾点言,"暮春春服成,冠者五六人,童子六七人,浴乎沂,风乎舞雩,咏而归。"孔子有吾与点也之叹。子路等三人皆志在事,其事皆有关群体大生命,非私人名利富贵。然此等事须有修养,须得机缘,非可必得。浴沂风咏,乃属日常生活,有志必可得。然小生命亦即大生命,故孔子有与点之叹。墨子继孔子起,而其志则在事物上,较子路诸人而益甚。庄老则近曾点,而于事物方面又过分轻视。中国传统文化,于孔门儒家外,不弃庄老道家。大体融括,可进可退,而大生命乃易从小生命中透出,此可谓是中国之文化精神。

以当前论,世界人类中国人为最旧。以小生命言,寿则旧。以大生命言,历史绵延则旧。既生为人,当求旧不求新。今日国人乃至谓四十岁人已无生存价值。求新求变,电脑机器人乃为人生最高目标。如此则何不求早死。最近全世界恐怖事件猖獗,正可为此作例。

程明道言,"观雏鸡可以识仁。"仁即大生命,母鸡孵小鸡,一次可得一二十头。依傍其母,或在腹下,或集左右,此即成一大生命之景象。今日养鸡科学力求多产,不断前进。而此大生命之景象,有近仁体者,乃不可复睹。今又力求人工受孕,循其所知,惟见机器之重于生命。然则喜好机器,厌恶生命,岂不将成为生命之性。

事物若称为花样,而事之变则较物为尤易尤大。如西方历史,希腊人罗马人,以迄近代之英国人法国人,又移转为俄国人与美国人,其在人的方面,可谓日新无已,万变不同,而其中实难有一贯的线索可寻。苟非有古器物之宝藏观赏,则全部西洋史岂不如云烟过眼,一去不回。又如波涛入海,转瞬迁流,无可留恋,无堪爱好。而当前人尚犹倡言突破,则复何所谓内在精神之可言。

中国史则绝然不同。近百年来,殷契古文字古器物发现,国人喜谓当于国史有大开创。其实中国史之意义价值则不在此。读孟子书,商汤伊尹之所作所为,读司马迁《太史公书·殷本纪》,殷商一代之经过,意义价值已具。文字器物之出土,对旧史或可稍有补充,稍有纠正,而大体则可谓其无影响。

最近大陆掘了秦始皇帝墓,轰动一世,争来参观。然欲了解秦代史,则《史记·始皇本纪》及《李斯列传》已够详明。阿房宫付之一炬,后人未加以惋惜。其墓地及殉葬诸品,则更无参考价值,何值重视。

余曾浏览一所欧洲中古时期之贵族堡垒,备极周详,但欲明中国魏晋南北朝之门第生活,则《世说新语》《颜氏家训》诸书,已尽足寻讨,何待当年王谢之居宅。

余又比较游览西方之哥特式教堂,以及文艺复兴时期之新教堂建筑,乃可约略想象西方教徒当年生活意想上之转变。但研讨佛教东来后之中国僧人信仰,则一读《高僧传》当可获得,何烦必寻访当年遗存之佛寺。又如清故宫,比之伦敦白金汉宫巴黎凡尔赛宫,真如大巫见小巫。然岂得凭此来衡量中西之帝王专制。又清室历代帝王为政之详,岂在故宫可觅。慈禧卧室陈设宛然,当年生活犹可想象。然慈禧之为人以及晚清之国运,则游此室者焉从得之。不读清史来游南书房,则又胥不忽之。数百千年后,此宫保存,可供来游者作一凭吊,史实则决不在此。在西方,则此等建筑,岂不有莫大价值。倘归消失,一部历史又将从何说起。此亦中西双方文化传统大不同一良好之说明。

最近美国总统雷根遇刺，引起人身携带武器一争论。或认携带武器可以自保，惟凶徒有武器，则益得恣行。又苟无杀意，身携武器亦何害。此亦言之有理。然美国百年来总统遇刺者七人，每日遭凶杀者逾六十人。身怀武器，则易起杀念。但此亦传统久远，原始人无不随身携带武器。中国古俗，生男则门外悬弧，孔子像亦腰带长剑。三国时曹操许剑履上殿，则其时男子带剑依然是一寻常事。此俗革于何时，今不详考。今日国人言中国守旧，不知亦有变，即随身不再带武器亦其一例。中国发明火药，但不制造枪炮。凡变必有因缘，最当注意。国人又言西方史在能变。如随身带武器，凭以杀人，系守旧，抑开新？尚待考论。所携带之武器，则日新月异，为变甚大。则器多开新，人则守旧。论史当重物抑重人，即此一例，中西双方历史文化传统相异，又大可研寻。

中国古史尧舜禅让，汤武革命，为圣帝明王之两大作为，传诵迄今三四千年。西汉尚有人劝王室早作禅让，王莽因之而起。此下则少言禅让，亦不言革命。以郡县一统之大局面，革命不易。晚汉黄巾之乱，董卓袁绍各方武力竞起，直至曹操亦不敢轻受汉禅，但亦不敢轻言革命。历史演变，又岂一两语所能规范。如近代之争民主极权，亦是其例。

近代梁启超言，中国有造反无革命。此言大值深玩。历史形势中国与西方大不同，故中国革命不易。法国巴黎，只放出狱中一群囚犯，革命即成。中国无此可能。东汉以下，中国造反较之西方革命，事势大过数十百倍，但终不能成为一种革命。此乃中国政治史走上了一条稳路。亦如中国人随身不带武器，而自觉安全，无畏惧心。此又中西历史一大辨。孰为进步孰为退步，待读者自定之。要之，不当只凭外国史来作一切之衡量。

清代洪杨之乱，明属民族革命，而亦只成一造反。近人又讥曾国藩既平洪杨不身自为帝，为不明革命大义。不知曾国藩果有此意，同时如李鸿章左宗棠乃至彭玉麟等，心下又如何？即如袁世凯洪宪称帝，部下冯国璋段祺瑞等，均表反对。历史乃人心之积累，西方人不明于此，故其史学最后起，仅留一堆古器物，成为历史之至宝。而今国人则目西洋史为最进步，此亦人心之变，良堪嗟叹，更复何言。又如耶稣教，亦只一些物质建设与教会组织。破坏此等建设与组织，即成为革命。所谓信仰，岂只在此等建设与组织上。故对事与物之革命则易，对心与性之革命则难。中山先生革命，先言排满。洪杨亦曰排满，而继之以天父天兄，创为天国，到处焚毁孔子庙，不啻引耶稣革孔子命，不易入人心，故曾左胡李乃得起而平之。中山先生则以民国第一任大总统位让于袁世凯，是中山先生于汤武革命后，即继之以尧舜禅让，四千年前之历史往事，仍见今日。而中山先生乃亦常在人心。鉴之以往，得人心则兴，失人心则败，袁世凯为其例。然则人心何在，国人岂不当最作深究。

中国人心当从中国史中求，不得从西洋史中求。一切事物可变可新，此心则不易变不易新。今国人但言专制政治封建社会，以西方语来批评中国，不求之列祖列宗我中国人之内心，则诚新之至，而无旧之可稽矣，夫复何言。故生命必表现于事物，而事物非生命。贵能从事物上来寻求生命，而事物乃亦俨若有生命。孟子曰："登泰山而小天下。"泰山并不高，但自秦始皇帝以下，历代帝王巡狩登泰山，直至宋真宗，上下亦千年。随时随地，并有名人古迹留传。登泰山亦如读一部中国史，有大生命之寄存，中国各地名胜如此者亦尚多。若果漫失其生命，而专一留情其事物，则亦无甚深意义价值之可言，而又何新旧之足辨。

六一　辨新旧与变化

中国重守旧，西方重开新，此亦中西双方文化一相歧点。所谓新旧，对象不同。一对器物，一对生命。器物旧则变新，如衣如屋，新以替旧，此之谓变，但属非生命。人身乃生命所寄，但亦同是器物，全身细胞不断在变，新陈代谢，全非故物。但其生命则一线相承，我仍是我。自婴孩至成年中年老年，有成长，有变换。一衣一屋，七十年均嫌老旧。生命得七十年，岂非人所想望。

抑且不止此。世代绵延，生命相传，此则为大生命，中国人称此谓化。中国人言，天不变，地不变，道亦不变。又曰"赞天地之化育"，天地言化不言变。中国人观念，天地即一大生命，化育皆生命所有事。变则不同，器物可变，而生命则不可变。

中国人又言："通天人，一内外。"孤男孤女不生，必男女和合通为一体乃有生。故生不由变，乃由化。夫妇为人伦之始，夫为妇外，妇为夫外，夫妇和合即是一内外。人必分男女则属天，故夫妇和合，亦即通天人。父母生育子女，乃有老少之别，老属旧，少属新，非有旧，何来有新。旧亦仍在新中,此之谓化育。故人生必在通与一之中。

人有男女,禽兽有牝牡雌雄。人由猿猴化来,生有人,仍有猿猴,此亦一线相承。非可谓由猿猴变为人,故有开新,仍有守旧,而守旧中亦自得开新。

植物草木不显有牝牡雌雄之别,微生物更显是浑然一体,两性分别从一体来。同一生命,一线相承,故曰化育。而天地则为化育之本,苟无天地,何来此生命。生命从天地化育来,有生无生,亦浑然一体,乃谓之大自然。

中国阴阳家,分阴分阳,谓阴阳和合乃生天地万物。又分五行,火木属阳,金水属阴,土则得其中性。如此则一切无生有生皆浑然成其为一体。人生亦在此一体中,故必通天人内外,而始全其生之真。

中国为一大陆农国,人民日与大自然生命相亲,故其五千年来历史,亦惟见其生命之悠久而扩大。西方希腊乃一半岛,离乡越海,以商为生。以货品贸易赢利,故其视器物较生命益相亲,生活乃若仅为娱乐享受。后起诸国亦尽承希腊传统,科学发展,四海如一家,而诸国间仍各分立,实则有国一如无国,与希腊之城邦亦无大差异,故个人主义与唯物史观,成为西方人生之骨干,亦即西方人生之中心。于是贫富强弱贵贱,乃成为西方人生中一大分别。此亦与中国文化传统不同一要端。

人之生命,千古如一,故后人必当奉前人为榜样,惟日新其德,以趋赴其所理想。孔子生周代,其时最高榜样为周文王与周公,但文王为开国之君,不可学。故孔子之志,惟在学周公,所谓乐天知命。但到后,乃知周公也学不得。其为鲁司寇,不得行其道而去,周游列国,归老于鲁。后代国人遂不学周文王周公,而群学孔子。孔子遂为中国此下两千五百年来之至圣先师,永为后人做最高之榜样。孟子所愿则学孔子。若谓孔子为旧人,孟子为新人,则人类之学,乃为以新学旧。前起之旧,又何得学后来之新。是则守旧即是开新,开新亦即以守旧。二者间,实无甚大之区别,而能融为一体,新人生中存在有旧人生,而日进无疆,以日新而又新,此始谓之真人生。

孟子曰:"有诸己之谓信,充实之谓美,充实而有光辉之讲大,大而化之之谓圣,圣而不可知之之谓神。"是人之日新其德,可以上跻于天,而使人同与神。其上跻天而为神者,则为人之德。德则赋于天存诸己,中国人之所谓乐天知命即在此。

生命至广大,至悠久,又无疆。其所表现于动植物者至有限,即人类亦然。孔子孟子所表现,亦限于其时其地,不啻如一鳞一爪。中国人对生命之最高理想,则为修身齐家治国平天下,以至赞天地之化育,以一己之小生命,融入自然大生命中,而成其为无限。在此必有一榜样。孟子言友一乡之士,友一国之士,友天下之士,更进而上友古人,其榜样亦益高益远,而吾之生命乃始得以日新。若限于其躯体,则亦一器物,而生命乃日以狭小短促,无以达其意义与价值之所在,西方个人主义与唯物史观近之。

人类生命有其悠久之绵延,亦有其宽广之展扩,断不当拘于一己之躯体以为限。农人春耕夏耘秋收冬藏,毕生以之。百亩之田,亦即其生命之所寄。夫耕妇馌,幼童放牧牛羊，耆老看守门户，一家五口生命融成一体。祠堂坟墓，邻里乡党，死生相承，戚族相依，生命扩展，乃成姓氏。绿树村边合，青山郭外斜，世代如是。天地大自然，亦融成一己之生命中。故农人之安土重迁，自有其内在深藏之生命意识，为之作主张。由是而修身齐家治国平天下，顶天立地，皆归并入其生命之范围。同此天地即同此生命，乃始有一乡之士，一国之士，天下之士，千古之士之分别。皆由其生命之悠久宽广而有异。

生命有大小，而必有一中心。庄周言"超乎象外，得其环中"。生命乃超乎躯体形象之外，非器物之所能限。然每一生命自成一环，而有其一中心。有此中心，乃得成环。人生中心乃其己，故中国儒家主为己之学。群体生命必以各自之一己为中心，己欲立而立人，己欲达而达人。立即立于其群，达亦达于其群。必立之己而达之人，一己之生命始为群体大生命之中心。群体生命绵延展扩，无疆无极，而一己之小生命乃亦由此而不朽。

董仲舒言："求其义不谋其利，明其道不计其功。"中国文化重道义，西方文化重功利。惟其重道义，故能融器物于生命中，而成为中国之艺术。惟其重功利，生命乃泯没于器物中，而起有西方之科学。中国于群体言风气，西方于社会言经济。风气本源人心，乃生命之表现。曾国藩《原才》言，风俗之厚薄自乎一二人之心之所向。人心所向成风成俗，一二人之心可以感召千万人之心，而成其共同之趋向。人才起于风俗，风俗厚，斯人才足以淑世济人，而举世大同，大道为公矣。风俗薄，则人务财利，道出于私，人各相竞，而公道沦裂矣。故中国以大同为理想，而西方则以衣食住行之种种个体享受为理想。

中国人日进其德，而圣而神，此乃人生之最高艺术。正德利用厚生，亦皆寓艺术作用。烹调纺织，建筑陶瓷，舟车运行，莫不有甚深之艺术性，即生命性之贯彻。世运衰，而器物制造或仍遵旧规矩，尚有日新之机。礼失则求之野，器物较礼乐尤易留存。小之如鼻烟壶，无关一世之盛衰治乱，而终为中国人生日用中一最佳艺术品。更高艺术如书法，作者有盛衰，而笔墨纸砚之制造亦以器物而益精益美，转不如人文之有衰落。可谓中国人之生命，其人文精神，固多寄存于书法中，而亦同样寄存于笔墨纸砚中。文房四宝，乃人文精华之所聚，为此文房之主人，生活在人生艺术中，虽不成一书法家，而亦甚裨于其德性之修养。即如山水名胜，如泰山华岳洞庭湖太湖西湖大明湖等，亦皆宇宙之精妙，艺术之结晶，为人生向往之高境界，使人心内德与之俱化。故中西方器物亦有大相异，西方器物多可入科学馆，中国器物则当入艺术馆。科学惟求其新，艺术则惟求其旧，愈古愈旧则愈贵。此又中西守旧维新一大不同所在。

汤之《盘铭》曰："苟日新，日日新，又日新。"《诗》曰："其命惟新。"《易传》言："天行健，君子以自强不息。"宋儒张横渠言："言有教，动有法。昼有为，宵有得。息有养，瞬有存。"中国人之精进有为日新其德，乃可返于天命之旧。此非天之日新其命。天则旧，而人日新。人则旧，而物日新。惟旧乃时间之悠久，惟久乃有意义价值可言。亦可谓新只是一工夫，而旧乃是其本体。晚清儒言，"中学为体，西学为用。"实则西学仅求用，果欲求其体，则非中学莫属。依西方历史言，迄今而其用日新。依中国历史言，五千年来其体仍旧。斯亦其证矣。今日国人之求新，亦主在器物利用上。果使本体已失，又谁用此器物？

西方生理学以人之一切情感智慧意识胥本诸脑。脑乃人身头部一器官，此证生命限于器物乃一科学真理。中国人不言脑而言心，但心不在脑部，亦不在胸部。心乃超乎象外之生命之一环中。生命主于心，人心相同，故各自之小生命乃可融成一群体之大生命，而在群体大生命中亦可建立起各自之小生命。故人生大道即在心，贵能大其心，以进于人心之大同处，而斯则为大人。小其心，则为小人。孔子曰："十室之邑，必有忠信如丘者焉，不如丘之好学也。"学当本其自心之忠信以为学，亦即学其自心之忠信。以心学心，不限于器物，如此则谓之灵。又得通于天，通于地，通于大自然，而谓之神。故曰神通广大，出神入化。乃中国人生理想之终极所归。以今日语说之，当谓此乃一种人文科学，以异于西方人之所谓自然科学。若其心不能化又多变，中国人则称之曰变心，决不当于人道，乃大要不得事。

西方人之唯物史观，实亦不自马克思始。在先已有石器时代，铁器时代，铜器时代，蒸汽时代，电气时代之说法。迄今已达核子时代。此谓人类生命受器物限制，随器物而进退。今已世界大同，然交通器材仍有限制，田野小道，惟可赖脚踏车。都市大道，乃可行汽车。重洋大海，则赖海轮。高空往来，则赖飞机。而进入外太空，则又另有太空船。岂非仍各有限，难可突破。语言文字亦如一种器物，凡属人生情感智慧意识之相通，亦各有限制。故上帝意旨，耶稣圣训，必赖教廷教宗神父牧师为之传递，乃成西方之宗教。西方各种学术思想，亦赖各种专门语言为之表达，此则西方人生当以唯物史观为准绳，绝非马克思一人所独创，岂不明证显然。故西方人如倡平等自由独立三口号，正为在唯物中，深感人生之不平等不自由不独立而来。中国则心心相通，大德敦化，小德川流，生命绝非器物，故于平等中求加品第，自由中求加规矩，独立中求加会通。此又为中西文化大不同之要点。

今日国人又好言表现，此亦向外一功利观，以今日之人生来换取明日之人生。中国人则言，"君子暗然而日彰。"根深而枝亦茂。其根表现在外，则此树生命即不保。枝叶日茂乃其新，深根埋藏则其旧。实则器物亦生命之枝叶，而生命则器物之根柢。一切学术思想，亦皆枝叶，亦皆器物。今人惟此之求，而漫不知生命之真义，则又何新旧之足辨。

庄周言："薪尽于为火，火传也，不知其尽也。"西方文化如积薪，后薪继前薪，故言变。中国文化如火传，薪尽于为火，故言化。个体为薪，大群则火。前薪后薪有变，而火则传。篇名"养生主"，生之主即火，而非薪。今人求变求新，乃惟薪之贵。贵其薪，又何来有火。庖丁解牛，善刀而藏，斯谓技而进乎道。今人则惟技是尚，鄙道不言。言及电脑机器人，莫不惊讶。言及孔孟庄老，置若罔闻。此诚今日国人生活一写照。

今再言社会，西方尚分裂，重个人主义，但犹有神父传道，教授治学，不专在电脑机器人科技方面用心。民主自由，则尚多数。中国主道一风同，乃为四民社会。士尚道，农工商皆尚技，但亦同崇道，故曰"技而进于道"。士则为四民之首。今则士阶层已不再存在，农工业亦将一隶于商，此即近代中国社会尚技不尚道一最显著之大变。

道有是非。果以西方社会为一新，中国社会为一旧，厌旧喜新，则中国可厌，西方可喜。但中国较西方尚属多数。必居少数于多数之上，岂不转成为反西化。但国人一惟科技是重，若对电脑机器人不加提倡，而别有用心，则顽固守旧，若将不得同侪于人类。此其重视道一风同，则有若转更甚于中国之旧。即就西方论，惟最近之唯物史观之共产主义，乃庶近之。但其民主自由与阶级斗争，亦同为争多少数。争多少数，则为个人之平等与自由。而今国人则似谓中西决不平等，中国决无自由。抑且依照西方，则共产主义岂不为一最新出，最当依从之一端？

今日西方各处实无不许共产主义之存在。其受诟病，乃在不许他人以自由。今国人若明此意，能以平等视新旧，而同许以自由，则或当为慕效西方一正途。国人其再深思。

六二　内与外

人类有天赋求知之本能，其他动物亦然。特人类求知，其路向与兴趣有不同。概略言之，西方人求知重在外，由远而近。中国人求知重在内，由近及远。因此双方文化有甚大之相异。

姑据近代西方自然科学之发展进程言，最先当追溯及于十六世纪中叶哥白尼之天文学。现代地质学，则肇自赫登所著《地球的理论》，已在十八世纪之末叶，相距当有两个半世纪。而达尔文的《物种原始》更后起，已在十九世纪之中叶，上距哥白尼天文学创始已三百年，距赫登地质学肇端亦七十年。探讨人心，事更在后。属于自然科学中之所谓心理学，其先实只是物理学，渐次涉及生理学。其真能直接有关人心的探讨，如巴甫洛夫的制约反射，佛洛伊德的精神分析及潜意识论，则皆已在二十世纪之初叶，上距达尔文《物种原始》，又已逾半世纪之久。

孔德的实证论，认为人类知识之每一部门，均须经过三个历史阶段。一是神学的，次是形而上学的，三是实证的。他的科学分类，以数学为基础。紧靠数学的是天文学，其次是物理学、化学、生物学，然后及于社会学、心理学。此一分法，实是根据近代西方之知识进程言。故西方人认十六、十七世纪为天文学支配的时代，十八世纪生物学研究开始，十九世纪乃可称为生物学时代，医药知识也可包括在内。巴斯德号为细菌学之父，即与达尔文同时。孔德亦同时，为社会学粗创端绪。巴甫洛夫与佛洛伊德则更后。至于西方将在何时乃见有社会学心理学时代，则尚渺无其兆。西方心理学，但寻究此心何从得知外面事物，却不反求自知此心之真情实况。故其处理外面事物，确有高明进步处。但对自身内心生活，则多未脱原始人野蛮境界，此为西方文化一大病。

至于中国，知识进展，果援用孔德语，则一开始即以心理学社会学奠基。远在春秋时代，孔子以仁设教，孝弟忠恕，皆本人心。知与行、学与思并重，无一语不可从事于实证。其全部思想体系之境界，早已明白超出了神学与形上学，而以社会学心理学为其主要骨干。至战国时，孟子提倡性善论，心性之学成为儒学中心。庄老道家，持论取材，多言宇宙自然，较之儒家，若偏外向。其实庄老思想，亦一本人心为出发，一依人心为归宿，与儒家无大相异。《庄子》内篇七篇首《逍遥游》，鲲鹏与蜩与学鸠，皆以喻人心。故曰："小知不及大知，朝菌不知晦朔，蟪蛄不知春秋"，所言虽皆外物，实指人心。又曰："至人无己，神人无功，圣人无名。"亦皆注重人之内心立言。卒篇《应帝王》则曰："至人之用心若镜，不将不迎，应而不藏。故能胜物而不伤。"所重在内心不在外物，更可知。又曰："中央之帝为浑沌，南海之帝为儵，北海之帝为忽，儵与忽试为浑沌凿窍,日凿一窍,七日而浑沌死。"儵忽之与浑沌,皆以言人心。人心怀藏知识,若蕴而不发,则为浑沌。若发而向外,乃见其为儵忽。是亦专就此心之内蕴与外发言。姑举此始末两篇以概其余,可知凡不识人心,即不足以读《庄子》书。

《老子》五千言亦无不然。如曰:"五色令人目盲。五音令人耳聋。五味令人口爽。驰骋畋猎令人心发狂。难得之货令人行妨。是以圣人为腹不为目,故去彼取此。"此亦重内心,轻外物,主张节缩省减外面人事以内养其心。又曰:"不出户,知天下。不窥牖,见天道。其出弥远,其知弥少。是以圣人不行而知,不见而名,不为而成。"尤见其由内及外由近及远之意。若以老子此言绳律近代西方之科学发展史,而以认识人心为要归,亦所谓其出弥远而其知弥少矣。弥远在物,弥少在心。今日西方科学家之求知人心,亦一本于外。如巴甫洛夫以狗,佛洛伊德以人之肉体之病,此皆由外以知内,由非我与非我之常以知我,夫又何从得之。老子又曰:"天下有始,以为天下母。既得其母,以知其子。既知其子,复守其母,没身不殆。"哥白尼之天文学,达尔文之生物学,皆在西方心理学正式兴起以前,亦可谓皆人心所由始。若非有天有物,何从有心,故此皆可谓人心之母,而人心则为之子。但知其母,未必即知其子。如知天文与生物,未必即知人心。老子所谓既得其母以知其子,今日西方科学距此尚远。以己心识己心,其事若不难。故曰:"塞其兑,闭其门,终身不勤。开其兑,济其事,终身不救。"今日西方之自然科学，即老子所言开其兑以求济其事。老子言开兑，亦犹庄子言凿窍。知识日启，而己心转昧。老子言既知其子，复守其母，亦犹庄子之言浑沌。人心明，乃可以保其天而全其物。在中国人心中，未尝不有天地与万物，然以西方近代科学之所得于天文学与生物学之知识视之，则中国人心，岂不如一片浑沌。其心浑沌，宜若于事无济，然中国文化传统母子相守，亦已五千年，迄今而不辍不息。若曰开其兑以求济其事，则近代西方之帝国主义资本主义，日富日强，而病态百出，亦究不知其终于得救之在何日矣。

庄老之书好言道与德，皆直指人心言。后之道家批评儒学则曰："中国之君子，明乎礼义而陋于知人心。"因礼义亦外在。又老聃告孔子以至道曰："汝斋戒疏瀹而心，澡雪而精神，掊击而知。"是儒道两家皆主言人心，而道家尚嫌儒家之外向。惟儒家谓道德礼义一本之人心，而道家则主张去礼义而道德始全。其本原人心以立论，则两家无大异。道家主张拨去外面人事以明己心，儒家则主张建本于内心以尽人事。由其于心理学上有异见，遂于社会学上有异想。

墨子主兼爱，欲人视人之父若其父，其立论根据，则在天志明鬼，不内本于心甚显。杨朱主为我，立论之详无考，然曰拔一毛利天下不为，是亦在外物上计较，不凭内心作衡量，皆非中国人性情所喜。许行为农家言，主张与民并耕而食，饔飧而治，此亦重外而忽内。名家惠施公孙龙，辨白马非马，辨坚白石，庄周之徒非之曰："伤人之心，易人之意，能胜人之口，不能服人之心。"申韩法家则利用人心弱点以供统治者之驱使，司马迁谓其原于庄老，然高卑深浅，迥不相侔。故先秦思想，流传后代，主要惟儒道两家。邹衍倡为阴阳家言，其意若欲融会儒道。然所言泛及天地万物历史远古，泛滥向外，而归本之于仁义，则近儒。要失儒道之真，虽盛于前汉，又转入民间，至今不息，然终不得与儒道两家同列为中国学术之正轨。

魏晋以下，佛教东来，中国高僧，主要皆以一心说佛。最先如支道林说庄子《逍遥篇》，则曰："逍遥者，明至人之心也。"慧远在庐山，一心念佛，为净土开宗。竺道生主张含生之类皆有佛性，则义近于孟子。天台宗倡为一心三观。禅宗六祖慧能则曰："但用此心，直了成佛。"又曰："一切般若智，皆从自性而生，不从外入。"佛法为宗教，释迦为教主，释迦说法，应是僧人信仰对象，此亦在外不在内。而中国高僧，则一挽之向内。心即佛，心即法。心贵悟，不在信。生公云："悟发信谢。"悟了便不需信。故佛法在中国，只成一种自心修行，终于失其宗教精神而成为中国传统文化之一支，其主要即在此。

宋明理学，亦承此系统来。周濂溪教二程寻孔颜乐处，所乐何事。所乐本原于性，发见于心。佛家稍近悲观，而儒家较乐观，亦犹道家稍趋消极，而儒家较积极，其内本一心则同。此下遂分程朱陆王性学心学之两派，然小异不掩其大同。亦可谓自孔孟儒家，庄老道家，以及两晋以下迄于唐五代之佛学，皆此一脉。全部中国思想史，主要精神即在此。皆内本一心为其出发点，则无大相异。

如上述，中国人论知识与西方有不同。中国人论知识，主会通为一体。西方人论知识，主分别为各门。此层余已在他处别论，今就本篇宗旨言，则中国知识，自先秦儒道，六朝隋唐佛学，宋明理学，皆可纳入心理学范围。此一说法，现代中西双方，皆将不予以承认。惟为双方学术思想作比较，方便立说，最少不妨谓中国人求知，皆从西方人所认为的心理学一门进入。即中国人求知，其兴趣与路径，喜好由内向外，由近及远，与西方人之由外向内，由远及近者实相反。此可由双方思想史学术史作证，读者善自体会之即得。

亦可谓中国人求知路径，乃从心理学转入社会学。中国五伦，家国天下，皆然。社会一名词乃自西方译来，社会学乃成为近代建立一门新学问。但自由乃专指个人言，刑法则专从政治言。除却自由与刑法，尚有何社会相处之道。《大学》八条目，格物、致知、诚意、正心、修身、齐家、治国、平天下。知意心三者在内，身家国天下在外。先其内，然后及于外，正亦中国人求知由内向外、由近及远之证。格物物字义训，此处暂不深论。要之，为切近人生之日常事物则可知。故亦可谓《大学》之致知诚意正心应属心理学范围，齐家治国平天下应属社会学范围。而修身则介于二者之间，而绾合内外，使之成为一体。而格物则指凡事物之亲接于其身之四围者。依中国人观念言，学本无内外，故《大学》言"一是皆以修身为本"，身即其内外之合。

今若推此意言之，一部二十五史，上自黄帝尧舜，下迄今兹，绵延五千年，民族国家，日扩日大。修齐治平，一切作为，一切措施，有渐进，无骤变，传统弗辍，精神如常，正可谓此乃中国早有一门深允完美之社会学，乃得有此。亦可谓在中国社会学之内，并包有教育学政治学经济学法律学等各部门。在西方，社会学乃一独立名词，与教育政治经济法律等诸学分门别类。在中国学术史上，则本无此等分别，亦无此等名词。中国学术以孔孟为儒家，庄老为道家，即以学者其人分，可谓亲切而有味。西方则以人之所学分，乃至泛滥而无归。此亦一近一远之别。中国又分经史子集，乃以时代书名分，亦为平易近人。实则经史合一，子集合一。非述而不作，即信而好古。志于道以游于艺，博于文而约以礼。为学即以做人，做人即以为学。以立以达，为己为人，吾道一贯。较之西方之学术分类，智识爆破，其意义价值，诚大异其趣矣。中国之社会学以现代人观念言，可谓早经发展达于成熟阶段，又与教育政治经济法律诸学相融合一。而中国之社会学，又一切建本于心理学，此即谓一切人事，皆当建基立本于人心。故套用孔德语，则当谓中国科学，乃以心理学为基础。而最紧靠中国之心理学者，乃为中国之社会学。较之孔德为西方科学分类，正属首尾倒置，此又不可不辨。

兹再依孔德之科学分类依次递升，而及于生物与医药两门。中国人亦早对生物界有广泛之兴趣与精详之探讨。即就中国诗人之比兴言，其意义已极明显。故《诗三百》，首言"关关雎鸠"。惟中国人对生物界之兴趣，主要仍在其与内在人心有关。此层容当更端别论。其有关农事之生物方面，在中国亦极知研寻。此层亦暂不在此详及。对切身之医药学言，在中国亦早有成绩。姑举针灸为例。此一术始见于《史记·扁鹊仓公传》。扁鹊先秦人，仓公汉初人，可知针灸一术在中国之远有来历。后代传人，又见《后汉书》之《华佗传》。又《南史》鲁爽被俘于北，以善针术见宠。《唐书·刑法志》，太宗尝览《明堂针灸图》，见五脏皆近背，针灸失所，其害致死，遂诏无得鞭背。杜甫诗："羸瘵且如何，魄夺针灸屡。"大概针灸一术，在中国至少已传两千年以上。最近始为西方医学家所知，然又疑其为不科学。纵其术已显能治病救死，而仍认为不科学。苟针灸常致人死，则其术亦必不传。其术既传达二千年以上，即有科学根据。惟其中奥妙，则仍未为现代西方科学家所知而已。吾友陆君，凭其针术，经美国内华达州诸医严加考问，由其州议会立法，准中医亦得悬牌。其他诸州继起，今已得五六州。由针灸图并知中国亦已早有解剖术，《汉书·王莽传》有明证。而中西医理，乃复有其大不同之点。舍亲某夫人，患高血压心脏病糖尿病，日服西药十种以上，病日甚。余介其就诊于台籍某中医，只切脉，不烦病人言，得其病患所在。谓西医治病象，余治病源。高血压心脏病糖尿病皆有来源。异同主从，人各有别。服其方未两月，病大瘥。此谓病象，即庄子所谓之象外，病源则庄子所谓之环中。西医主分别，重其外。中医则主通体合治，重其内。此亦可为中西双方对求知兴趣路径之不同作证。今中医不受重视，并加鄙弃，群目为不科学。则中医之江湖日下，亦固宜然。

再次述及物理化学。中国以农立国，于水利工程特所注意。如四川灌县之离堆都江堰，凿自秦昭王时蜀守李冰，溉田达数县。其工程之伟大，抗战时避至后方者皆所亲见。屡有西方水利专家来访，中国人必问何以求改进。皆答如此工程，惟待长期研究，何遽敢言改进。中国地大，道路交通工程，如蜀之栈道，抗战时避难者亦多亲历。诸葛亮创为木牛流马，以供运输，此亦人人皆知。其他各地水利灌溉道路交通两项之伟大建设，几于不胜缕举。非深通物理学，何得有此成绩。西方化学多从中国方士铅汞炼丹演化。中国人为切身实用，西方人则认为乃宇宙真理所在。此亦双方求知兴趣与其路径内外远近先后轻重相异之一证。内容方法，互有不同。若必以西方为科学，中国为不科学，则其间实无一鸿沟可划。

最后及于天文地理两门，中国重农，授民以时，厝心历法。但孔德所谓之神学与形上学，在中国思想史上，则神学早已舍弃，形而上学亦未发展。中国人乃从日常人生窥觇宇宙，不如西方哲学之先从宇宙论降及人生论。故如哥白尼伽利略发明新天文学，在西方备受磨折，在中国则极易接受。又在中国，地理学之发展，更远胜过天文学。天较远，地较近，故在双方进展先后又不同。又西方多注意自然地理，而中国则更注重人文地理。远自《禹贡》及《汉书·地理志》以下，中国人研究地理，皆重人文一面，而成绩斐然，此不详为阐述。在西方，地理一课，隶理学院，最近有隶社会学院者，乃始与中国人所研治之地理学意味较近。又南宋朱子据化石言地质变动，事在西历十二世纪之开始，西方地质学，尚起在后。

根据上述，西方近代自然科学之各部门，在中国亦已固有。惟双方求知心理不同，其兴趣与注意力有别，故其所得成绩，乃及进展先后，亦遂不能一致。中国方面因其以本身为主，故其知识常求融通和会，合成一体。而且因其亲接于人生，易使人兴感群怨，所知明，所欲减，人生易得一恰好之止境。《大学》所谓格物致知，知止而遂能定，定而后能静，静而后能安，安而后能虑，虑而后能得。孟子亦曰："学问之道，收其放心而已。"而西方人求知，则驰骛向外，意在远处，遂使学问范围四分五裂，各成专门，不相会通。中国古人则曰："文思安安。"未尝有文学哲学各自分别成为一项专门学问之想象。但在古希腊人，则文学哲学显然分别。文学中如神话史诗，亦远离日常人生分别发展。中国古诗三百首，则均在亲接日常人生处，既不分道远飏，亦难各别门类。而且亦并无一文学独立观，诗歌即在礼乐中，即是政治教化会合中之一部门。文学一观念之兴起，则远在东汉后。而其在日常人生政教会合之一体中，则实际仍未独立。至言哲学，则中国并无其名，更无哲学独立其事。西方乃在各门学问与知识之日趋独立中回头来指导人生，中国则在通常人生之大体中随宜分别而有各项学问与知识之呈现。此为中西双方文化一大异趋。

西方科学，亦在人生远处分别钻研，由远渐近，如天文学地质学物理化学，渐至于生物学心理学，而心理学则尚在初露端倪中。近代国人，震于当前西方一时之富强，而归功于其科学进步，乃谓中国从来一切学术思想，全不科学。中国古人在身心性命，人道政教，切近人生之会通合一处，逐步向前，逐步发展，自有步骤，而今人则全不加以体会。中国人从来由内向外，由合趋分之一求知大体系，乃全不为今日国人所了解。

最近英人李约瑟，创为《中国科学史》，亦仅以西方观念来衡量中国。其搜集材料，亦多赖中国人协助。然使此诸人在中国，恐不敢发此狂想。果有搜集，亦当受国人嗤骂。今由一英国人主其事，中国人乃以传译为荣。不知此书实无当于中国学术思想史之进展大体，亦与中国人求知精神之独特路径与其内在精神，无所发现。今若就中西双方之文化相异，进而深究及于双方求知心理上兴趣与路径之不同，在双方学术思想史上，可以有同一题材，同一论点，而其所探讨，则莫不有先后缓急轻重详略之相歧。则今日国人之所谓科学与不科学之分，殆皆一种目睫皮相之见。而李约瑟此书，较之百年来之国人见解，却亦不可不谓其宏通远过。此则言之诚堪深慨矣。

今果使吾国人能不忘旧统，遵其先辙，益加精阐，使将来中西双方有异途同归之一日，又有相得益彰之一境，则庶乎于人类文化，可以开新葩，结异果，将远超乎近代人之所想象。此则绝非吾侪今日仅知舍我从彼者之所能预知也。

六三　安定与刺激

人生首要在安定，但亦不能无刺激。安定中不断有刺激，乃能不断有进步。然若刺激过大，逾其限度，妨害了安定，则只可有变，不能有进步。失却安定后，再来刺激，亦只有变，难有进步可期。故人生必以安定为首要。

证之历史，中国地广民众，安定力强。犬戎灭西周，但崤函以东，齐鲁晋郑尚皆安定，此下五霸七雄，递有变，亦尚递有进步。秦汉一统，下至魏晋，五胡乱华，为中国有史以来第一次大刺激，但江南尚安定。中原故家大族相率南渡，文化传统犹获保存。故家大族留存北方者，胡汉合作，亦尚苟获安定，故北方亦犹传统不绝，以下开隋唐之盛运。

安史之乱，藩镇割据，唐祚以绝。然五代时南方各国亦尚安定，遂下启宋代之复兴。辽金夏侵扰北方，而南宋仍得安定。蒙古入主，全国陷于异族政权之统治，为中国有史以来第二次大刺激，但社会尚安定，文化学术大传统未断，以下启明代之光复。

满清入主，为中国史上第三次大刺激。但政权虽转移于上，社会仍安定于下。虽经扬州十日，嘉定江阴屠城，大局未遭糜烂，文化传统，幸犹存在。中国全部失其安定，此乃近百年来之事，是为中国史上第四次大刺激。

试读西洋史，疆域狭小，其安定力实大不如中国。马其顿崛起，希腊诸城邦即告覆灭。罗马帝国疆境恢宏，跨越欧亚非三洲。然其安定力量，则仅在意大利半岛，乃至仅限于罗马一区域。蛮族入侵，帝国解体，遂下启中古时期之黑暗。欧洲之安定力，乃仅分散在贵族堡垒及教会教堂之各别小区域中，其力量至为薄弱。及意大利半岛沿地中海及北欧沿波罗的海一带城市兴起，乃至现代国家之成立，其安定力量始逐渐扩大，以上追希腊罗马时期，而尤超过之。然自两次世界大战以来，欧西之安定力量又待考验。目前德国已分东西两邦，法意内部共产势力猖獗。英伦三岛之联邦组织，日形松散。而内部经济，一蹶难振。此下各邦之演变，要难逆睹。故专就安定论，时间久，地域大，西方实远不如中国。

而近百年来之中国，上下均失其安定。上层政府，辛亥革命，洪宪称帝，宣统复辟，国民革命军北伐，以至对日抗战，下及国民政府迁来台湾，种种事变接踵迭起。而社会情况，更可谓其变动不安定之程度，已达中国有史以来所未有。所谓变动不安定，不只外在之物质生活，更要在其内心。外在生活之安定，必建基于其内心。果使内心不安定，则一切外在生活，终无安定可言。无安定，又何得有进步。百年来之中国，只可说在一多变急变的时代中，却断不得称为一进步的时代。

中国社会主要在农业，农业人生比较安定。而中国社会组织，尤以家庭为基层，家庭尤为人生安定之温床。希腊家庭，即远不能与古代中国家庭相比。婴孩初生，乃至最先三数年之幼稚时期，其父母即当抉择或弃或养。此在小市邦少数公民权之授予，亦可谓有其打算。不仅斯巴达如此，雅典亦然。柏拉图《理想国》，儿童公育之构想，亦承其社会传统来。斯巴达雅典之儿童教育，都使儿童很早即离开家庭，此与中国古代家庭大不同。果自中国人传统观念看，希腊家庭，可谓有名无实。在中国，如周先祖后稷之诞生见弃，又如夏禹之三过家门而不入，曾不一视其呱呱之初生儿，此皆成为中国古代莫大之传说与佳话。故在中国，父母之慈，子女之孝，视为当然。中国家庭制度，自始即与其他民族有不同。而中国之人生安定，则实自其家庭培养而来。

中国有冠笄之礼，起源亦甚古。自此始谓之成人，在此以前，皆属儿童期，仅为家庭一附属。至其离家远游，宦学事师，则为成年以后事，然犹曰"父母在，不远游"，则成年而离家出游，仍为稀有非常之事。至其幼童生活，则全属家庭生活，成年后始称丁。东晋时以十六为全丁，备成人之役。以十三为半丁，所任亦非童幼之事。而范宁疏谓其"伤天理，违经典。宜修礼文，以二十为全丁，十六至十九为半丁。则人无夭折，生长滋蕃。"可见中国自古传统，即极重视此婴孩以迄成年之一段。此一段，既不得目之为成人，因亦不属于国家社会，全以归付之于家庭，尽其培育之责。故在中国社会之每一人，乃能各自获得其人生中一段较长期的安定基础，可使其成年后出为国家社会服务，接受刺激，有一准备。

《隋书·食货志》，男女三岁以下为黄，十岁以下为小，十七以上为中，十八以上为丁，从课役。六十为老，乃免。可见中国人自成丁到老，有四十年之长时期，当出身担当国家社会之任务。然六十后，又可退出社会，避免外面种种刺激，而回归家庭，以重度其安定的晚年生活。《小戴礼》："七十曰老而传"。则人生到七十，即家事亦当传付子孙，可不再管。中国人对老年生活，又有一番极周详的安排。曰养老，曰贵老，曰佚老，曰尊老，国家社会，定有许多礼制。家有高年，更可蠲免其子孙之赋役，称老复丁。此慈幼敬老之任务，则全归之家庭。故《礼记·礼运》篇有曰："大道之行，使老有所终，壮有所用，幼有所长，矜寡孤独废疾者皆有所养。"此皆由政府社会同尽其力，而使每一家庭，皆得以善尽其长幼终老养孤独废疾之责任。

中国家庭所以得成其为一种集体安定生活之结合者，主要正在其家庭中有老有小。含饴弄孙，乃人生一大乐事。老人有小孩为伴，在其心理上，得更获安定。小孩亦须有老人为伴，乃亦更易获得其安定之心情。若老年在家，仅有子媳，各当忙于内外事务，老人虽得养，其心不安定。若幼年仅有父母，亦各忙于内外，幼年虽得养，其心终亦不甚得安定。故中国家庭之主要理想，尤在其能有老有小。能祖孙三代同居，乃更合理想。老与小在家庭，乃成为无用中之大用。壮年人仰事俯育，固是人生一重担，但人生之主要乐趣亦在此。上不事老，下不育小，心中转若有歉，所乐反减。在家不得生活安定，于是更向外面找刺激，而社会亦增其不安。

就上所述，因有一生活安定的家庭，始可有生活安定之社会与国家，乃可有生活安定之大群与文化，乃可凭以应付外来种种的刺激，而仍不失其内在之安定。但不幸而当前的中国家庭，则正走上一条逐渐破坏的道路。首先是家庭中没有了老人。战国时商鞅为秦立法，民富子壮则出分，家贫子壮则出赘。当时极滋非议。今则不论贫富，子女成婚，即独立为家。家庭中只许有一代夫妇，此之谓小家庭。兄弟固必分财别居，公婆子媳亦当分财别居。老年夫妇固已寂寞，而鳏寡更甚。鳏者如鱼目之永不闭，老人在床，终夜不寐，其内心之不安定可知。

当前不仅老人多已退出了传统的家庭，即幼童亦然。且不说托儿所，四岁以上，即可进幼稚园。日入而息，勉可还家。日出而作，则已离家而去。其进入小学中学则更然。近代学校，与以前私塾亦大异。中小学前后十二年，所遇教师不下百人，同学不下千人。课堂学业外，尚有种种游戏活动，集会郊游。生活复杂紧张，多刺激。回家反感生活骤简，刺激少，无兴趣，乃仍求穿街越巷，呼朋邀友，另寻刺激。父母已非其生活中之重要对象，其在幼年，多半已过社会刺激生活。十八岁以后，少数进大学，多数入社会，早不知生活安定为何事。男女恋爱，尤为人生莫大刺激，由此成家庭。以前是男主外，女主内，门内安定，至少有女的守着。现在则男女各要独立自由，各在外营谋打干。纵使赋闲在家，不耐寂寞，同样有不耐寂寞人同寻刺激。如打麻雀，在刺激中求安定，又哪里是真安定。

除却家庭，社会也另该有领导群众走向安定的一项力量。在中国,则在四民之首的士阶层。进则从事政治,退则从事教育。国家有特定的考试制度,为士阶层安排出路。考试不得意,处馆游幕,仍有出路。政府重视于上,社会敬礼于下,于物质生活外,其精神生活仍得有安定。俗话说:"十只黄猫九只雄,十个教师九个穷。"但社会尊师重道,仍有安排。今日又不然,旧的考试制度已废弃,进大学,出国留学,获得国外最高学位,回国后仍得谋职业。一切职业,则胥以俸给衡量高下。沉沦为小学老师,则仅是一只黄猫,各求为一雌猫,事何容易,斯其内心之不安定可知。旧日领导社会的士阶层,又已没落了。但国人则认为由农业社会转进到工商社会,乃一大进步。人生仅限制在职业上,不着眼在心情上。求刺激,成为人生当然主要一大前提。人生安定了,又哪会有进步。

但今日人人竞求刺激,论其动机,实为求安定。有刺激,无安定,将使人生今日不知明日,连今日也将遑遑不可终。当今举世在刺激中,但莫谓刺激人生是现代化,这是一种要不得的现代化。而且中国人,享受传统安定人生已久,积习已深。一旦转向,内心刺激当更大。现代中国,如坠深坑,如溺深渊,拯拔无从。当前中国人之莫大苦痛与迷惑正在此。

因此当前的中国人,尽求国外定居,在刺激的社会中,内心转觉稍为安定。其留在国内,果能为一活动人物,群生羡慕。然试问整个社会,何以自安,其前途又安在?今日国人,则又认社会安定为落后,尽量追随于外来之刺激。其实刺激不求而自来,自身安定,乃能应付。自身不安定,刺激无法应付,乃又自诋为落后民族。自己文化乃一落后文化,如此则刺激来自内部。非内部彻底变动,生命彻底改造,将无安定可言。于是而求彻底改造士阶层,彻底改造旧家庭,彻底改造旧文化。刺激人生始是新人生,安定人生则是旧人生。"原田每每,舍其旧而新自谋",窃愿为我今日国人咏之。

六四　器与识

"士先器识而后文艺",此语发于唐初之裴行俭。因时人竞誉王勃、杨炯、卢照邻、骆宾王,行俭独不之许,遂有此语。流传迄今,已历一千三百年。文艺何以当后,此暂不论。姑先分别阐释器识两字之来历与意义。

《论语》言:"管仲之器小哉。"又曰:"君子不器。"朱注:"器者,各适其用而不能相通。成德之士,体无不具,故用无不周,非特为一才一艺而已。"今按:器分别供各种特殊使用,又人人时时处处皆得用之。君子在人上,当能用人,非供人用,故不器。不器非无用,乃用之更大者。又称子贡为瑚琏之器。瑚琏玉制,用于宗庙,以盛黍稷,其器贵重而华美,亦非人人时时处处所得而用。故子贡要异于仅备一才一艺以供用者。老子曰:"大方无隅,大器晚成。"则老子乃重器之大。又曰:"朴散则为器,圣人用之以为官长。"朴乃自然气质,原始人生多共相,相互间无大差异。人文日进,于是各就才性所近,演成别相。如孔门,子路治军,冉有理财,公西华掌外交,任职于政府,则皆老子所谓之官长。

然必有用之者，老子属之于圣人，是老子亦以圣人为不器。小器易造，大器难成。君子圣人，皆由学至。孔老之义，实本相通。庄子言"无用之用"，仍不抹杀此用字，则人之贵能成器致用可知。《易传》："君子藏器于身，待时而动。"此即孔子所谓"用之则行，舍之则藏"。又曰："负也者，小人之事也。乘也者，君子之器也。"小人仅能负，大器乃能乘。若使负物者乘车，是小人而踞君子之位，终将招来寇盗。《易传》陈义，亦无殊于孔老。孔子又曰："及其使人也器之。"从政贵能使人，能量才任用，乃为大匠。若一窗一棁，一榱一桷，此皆小器，仅备使用。能主宰使用之者，乃为大器，亦即不器。则自春秋末孔子，下逮战国庄、老、《易传》，儒道两家，莫不重此器字。人生当为用于社会，贡献于群体，此亦中国传统文化主要精神之所在。惟负物之与乘舆，用有不同，斯即器有大小而已。

此下中国人，常言器度器量，器宇器局，器之大小，即其为用之大小。《史记》："晋公子从者皆国器。"《汉书》："何武有宰相器。"《三国·蜀志》："蒋琬社稷之器。"此皆就政治言。政治贵大器，有大用，不贵掌权。

《易传》："备物致用。"又曰："立成器以为天下利。"凡器皆所以致用求利。有自然器，即物。亦有人文器，乃由人类文化所造，则人亦犹物。器物待制造而成，人物则自教育修养而致。凡人与物，皆期于天下有所利用。人之于群，亦如一器一物，以供群之利用。天地生人，乃如一自然原料，人贵能本其文化理想，运用此原料，制成器物，以供群用。故《中庸》曰："赞天地之化育。"又曰："因其材而笃焉。"天地能造物，人则教化人，故人与天地，并称三才。

人物之成，既需教育修养，而大人物则更需有大学问大修养。中国古人言，十年树木，百年树人。大人物之兴起，乃需历史性，经长时期之栽培。如何使用人，职在政治。如何栽培人，职在教育。故政治与教育之主脑人，皆须大器，或言不器。而推其本，则人亦自天地自然来。故曰："作之君，作之师。"又曰："天地君亲师。"天地与亲皆自然，而君与师则出于人文。中国传统文化为人文本位，其主要精义，更在作育君师。此处乃所谓天人之际，非深晓于中国传统文化之精义者，骤难与言。

孔门四科，德行为首。德行最是大器，亦是不器。有当于德行之科者，不仅备世用，亦知如何用世以淑世。成己成人，此即君师之大任。其他言语政事文学三项，志业各有专长，犹如今世之言专家，非通才。仅供人用，不能当化人教人之大任，则非君师之选。

中国文化传统，自尧舜以至周公，源远流长，亦已远逾千年以上。然其时则传统在上，在君，在政治事业。文化日演日进，孔子出，集千年之大成，乃使师道更尊于君道，传统乃转移而在下。必由教及政，由师及君。庄子言大宗师，应帝王，非主无用，亦主有大用，而亦师在先，王在后。中国此一传统文化意识，建立于春秋战国之儒道两家。下逮两汉，民族日恢宏，邦国日展扩，世运日昌隆，岂无故而然哉。

然而晚汉之季，此一传统文化忽遭挫折。古人所理想之所谓成器以备用者，至是乃不得不大有所变通。魏晋以下人，乃好言一识字。孔子以仁智并言，智字中即包识字。而魏晋以下人，则必举识字来代替智字。此中意义有大转变，非深通于此一时期之历史演变者，亦将无以深悟于此转变之意义。今苦骤难详论，姑举此下人之屡提此识字者，粗为引释。

司马德操告刘先主曰："儒生俗士，岂识时务。识时务者在乎俊杰。"此一语，亦已流传一千七百年，至今尚在人口。一时则有一时之所当务。时代变，则人之所务亦当变。识此变者，乃为俊杰。此可略分两面言之，一曰通识，知于古，又当知于今。一曰先识，知于今，又当知于后，要当知于时之变。魏晋以下，中国传统文化，似已走上了一条绝路，前无可通。墨守成规，则将器不成器，而用无可用。岂徒无用，转将有害；不徒害己，亦以害群。故魏晋以下人，其所务必将与两汉大殊，须别具一番识见，自觅一条路向，此即司马德操之所谓识时务。

刘劭《人物志》亦言："明能鉴机，谓之达识之士。"机亦一种器，而其器善变。时既变，所谓器者亦当变，故司马德操之言识时务，与刘劭之言鉴机达识，其实皆承旧传统来，亦求以致用，非与两汉以前真有违。后人率认两汉以前为儒家传统，崇尚人生之积极面。魏晋以下为道家传统，改取人生之消极面。其实此两面仍属一体，皆主人生在大群中如何致用，特补偏救弊，稍有变通而已。

此下人遂屡言此识字，如曰渊识远识，明识通识，博识先识，而后有器识二字连用者，则始见于沈约之文。沈约上距孔子，亦过九百年矣。《晋书·张华传》，亦以器识宏旷称之。裴行俭之器识二字，乃由此来。而裴行俭上距孔子逾一千年，此器识二字之来历乃如此。中国传统文化绵延之悠长，积累之深厚，即观于此两字之成立而可见。而又岂粗心短视，所能窥测其义蕴之所在。

今试略再申之。天地生人，亦万物之一，与禽兽无异。但人自有群，自创文化，便与其他生物不同。人在大群中，当如一器，以供大群之用，而后群道乃昌，人生日进。若由私人来运用大群，则群日窳而生亦绝。盖人之有群，本以对付自然，积久而人群内部自生问题，非以对自然，乃以对人类之自身。此为人类文化问题中更大之问题，非仅以对付自然为问题。

古代如巴比伦人、亚述人、埃及人、希腊人，非不一时文化灿烂，而忽然崩溃毁灭，皆不起于外面对自然界的问题上，而起于内部人文方面人对人的问题上。人人重己轻群，噬群以肥，仕群以争，而不知奉己以献群。中国传统文化，则人如一器，备供群用。惟群体日张，内部问题，日臻复杂。因于器字外又增一识字，教人籀出通则，以简驭繁，活变活用。故在两汉以下，虽演出了魏晋，但魏晋以下，终又孕茁了隋唐。唐初裴行俭"士先器识"四字，实乃远承先秦，渊源儒道，如深根老干之上，萌出嫩芽新葩，其为具有深厚的生命意义文化意义，稍思即知。

但今日国人，则鄙弃传统，一意崇洋。于自己传诵了千年以上之名言，可以漠不关心，而好拾西方人牙慧。闻个人自由则色喜，言知识即权力则首肯。不知西方人谚，亦从西方文化中来。中西文化传统不同，则所语宜亦有差别。试读《唐书·裴行俭传》，其人勋业卓著，岂是一不自由人。其语流传千古，有影响，岂得谓其无权力。惟中国古人好言器，求供群用，却不好言权力。中国古人又好言识，务于变通，却不好言自由。果仅争自由而无识，仅尚权力，而此权力乃不供大群之用，则群道何由而昌。群之不存，己又焉附。然则徒诵洋言，为时代之乡愿，作风气之奴婢，亦仅证其器小识狭，而又何文艺之是云。

六五　孟子论三圣人

中国古有庖牺时，显然还在畜牧时代。下及神农时，则已转进到耕稼时代。五口之家，百亩之田，只要大家和平相处，宜可各自安居乐业，因此一般希望都在上面政治阶层。自黄帝以下，尧舜禹汤文武，唐虞夏商周各代，圣帝相传。而西周的疆土已自黄河流域南逾淮汉，而达于长江。三千年前的中国，已是广土众民，完成一大一统的国家，为举世各民族所未有。其文化传统之独特成绩，主要乃从上面政治阶层来领导，来主持。

周公起，中国文化进展又跨前一大步。以前全靠一国之主，天下之君，来主宰，来发动。限制狭，机会少。周公臣而非君，西周一代礼乐制度全在他手里创造完成。这在文化演进的希望上，又大大放宽。孔子毕生愿望，便在学周公，故曰："如有用我者，吾其为东周乎。"又曰："甚矣，吾衰也。久矣吾不复梦见周公。"对大群人类有贡献，必要做尧舜禹汤文武，其事难。降低一步，做一周公，其事易。中国的文化想望，更要是在政治上。这一点，我们是首该注意的。

其实周公的地位，亦很难期望。周公以文王为父，武王为兄，成王为侄，故虽居臣位，毕竟与其他为臣者仍然有大不同。故孔子在当时，虽群尊以为圣，又说其贤于尧舜远矣，而孔子在政治上的真贡献，究自不能与尧舜禹汤文武相比，并亦不能与周公相比。下逮孟子，遂又有一番新观念新理论出现。历叙上古圣人，却特地举出伊尹、伯夷、柳下惠三人，以下达孔子。后代人惯读其书，习以为常，不感有诧异。其实在当时乃是孟子一番开天辟地惊天动地的新创论，新独见。即在孔子亦似乎未尝想到此处来，这真见孟子苦心，而影响后世亦特大。

伊尹耕于有莘之野，本是一农夫，其身份地位与周公不同。而自任为天民之先觉，欲以斯道觉斯民，则不得不在政治上求伸展。五就桀，五就汤，终于得志，造成有商一代之治。汤卒，嗣王太甲无道，伊尹放之自摄政。太甲悔悟，始迎归。臣放君，与周公之东征诛其兄管叔又更不同。孔子称诵周公，因其制礼作乐，开出此下一番治国平天下之大道，使人有所依循。而孔子本是宋臣流亡在鲁一孤儿。孟子先世，当更不如孔子，特提伊尹，称之为圣之任。此乃激励后人，天下兴亡，匹夫有责，不论身份地位，皆当奋发兴起，以大群治平之大道，自负担，自向往。这在教育意义上有其重大之启迪。

但政治乃社会之上层，无论为君为臣，皆高出人上。果使人人尽皆热中，此种风气，祸患实大。孟子遂于伊尹后又提出一伯夷。当武王周公兴师伐纣，伯夷叩马而谏。伯夷之意，君臣地位不能不尊，征诛革命终是一乱道，不当不防。周室既定天下，伯夷叔齐乃耻食周粟，遁隐首阳山,采薇而食,终以饿死。兄弟为人,后世议论不定。孔子极尊周公,但亦称伯夷为仁人,不论双方行义不同,其居心则一本之大群,一己之生死利害置度外,故孔子称其求仁而得仁。孟子亦以大禹、周公、孔子三人并称,皆指其对天下万世大群之造福言。是孟子非不重功业,又称"闻诛一夫纣矣,未闻弑君也",则当不与伯夷同情。但道非一端,天有阴阳,地有向背,人道亦然。武王周公之伐纣,有功大群,事无可议。有人反对,并亦站在大群立场上来反对。此等事非要不得,此等人亦不可缺。专据政治言,君尊臣卑,乃一必然定理。但有时臣亦可以反对君,武王周公伐纣,即其一例。伯夷叔齐以一穷匹夫,据定理来反对,宁死不屈,孟子特称之为圣之清。所谓清,不仅无功业可言,亦复无权势可仗,一身一志,求仁得仁,实则所得亦仅在其一心。然此心垂之万古,激励兴发又何限,此其所以为圣。孟子曰:"人皆可以为尧舜。"惟其人皆可为,乃得为圣。实则为尧舜尚有外面条件,为伯夷则可无外面条件,则伯夷之得为圣,亦显然矣。

就政治言,有人愿为伊尹,有人愿为伯夷,此等政治,乃始可资人想望。若仅有伊尹,而无伯夷,则此等政治终距理想尚远。但政治终是一大群众人之事,在大群中求如伊尹伯夷其人,亦终难得。于是孟子又特地提出了柳下惠。在春秋时,柳下惠似无大功绩大名誉,孔子《论语》亦未称及其人。孟子特以继伊尹伯夷而合称之为三圣人。在政治上,必求能负责任,伊尹为之代表,故曰圣之任。又求能不争权位,而自守己意,有所反对,纵居少数，亦不屈从，伯夷为之代表，故曰圣之清。更求能和协相处，不求积极主张，亦不严格反对，不站在正反之巅峰面，只站在全体中之宽平面，一若可有可无，但亦不失其己。政治乃众人事，而此乃众人大家所宜有所能有，始得和成一体，不相分裂。孟子则特举柳下惠为之代表，而称曰圣之和。此如甜酸苦辣咸，各具一味，乃能调和为味。倘其本身无味，多加渗入，亦使全体尽成无味。伊尹只求为此食品之主味。伯夷则保有己味，而不加入此食品中。柳下惠则可以调入任何食品中，而不失其本所具有之一味，故曰，"三任之无喜色，三已之无愠色。"又曰："虽袒裼裸裎于吾侧，亦何足以浼我。"任何一政治界，可以无伊尹，亦可以无伯夷，但终不可以无柳下惠。柳下惠之与伊尹伯夷亦同样难得。孟子特举柳下惠，可谓深识，尤耐寻味。

孟子乃继此三圣续举孔子，认为孔子乃圣之时。时当任而任，时当清而清，时当和而和，集此三圣而兼之，乃为集大成。孔子决不如伊尹之五就桀，五就汤，又以割烹要汤。门人四子言志，而曰，"吾与点也"。阳货欲见孔子，孔子不见，是孔子亦犹伯夷之清。及为鲁司寇，主堕三都，此乃伊尹之任。社肉不至而出走，则又为伯夷之清矣。然犹周游列国，曰"不仕无义"，"道之不行，吾知之矣。"是犹伊尹之任，而又终不失其伯夷之清。其赞颜渊曰："用之则行，舍之则藏，惟吾与尔有是夫。"是孔子实兼任与清，而始有柳下惠之和。柳下惠三仕，亦如伊尹之任。三已，亦如伯夷之清。然而柳下惠终不能为伊尹与伯夷，更不能与孔子比。因柳下惠一由外面摆布，不能如伊尹与伯夷之立意为此不为彼。然柳下惠终亦不失其己，斯其所以得与伊尹伯夷为伍而同为圣。

孔子曰，"不得中行而与之，必也狂狷乎。狂者进取，狷者有所不为。"孔子又最恶乡愿，以为德之贼，未可与入道。伊尹之任，即是狂。伯夷之清，即是狷。柳下惠不狂不狷，但亦决不为乡愿，然亦非孔子之所谓中行。中行须能兼狂狷，柳下惠不能。然在中行狂狷三者之外，亦自有此一路，孟子称之曰和。但知和而和，则终不能与中行比。故孔子得兼柳下惠，而柳下惠不能兼伊尹伯夷。孟子此论致广大而尽精微，极高明而道中庸，尊德性而道问学。后世论圣人，亦群尊伊尹伯夷，乃终少道及柳下惠。实则后世之为柳下惠者，乃亦多过于为伯夷伊尹。即非孟子此论所倡导，然孟子固已预瞩其趋势而莫之能违矣。

墨翟继孔子起，摩顶放踵，利天下为之，亦伊尹之流。庄周为宋漆园吏，楚聘以为相，周拒之曰，愿为龟泥中，此伯夷之流。孟子愿学孔子，辞受进退出处，备极讲究。其得为中行与否，兹不论。然后起儒家则多近柳下惠。如荀卿，在齐稷下三为祭酒，又为楚之兰陵令，此亦柳下惠之流矣。惟儒家终偏于仕进。既有儒，则墨家不复盛。道家偏于隐退，乃与儒抗衡。中国历史乃成为儒道两分之天下，则益见中国文化深厚之所在。

秦汉以下，政治组织日形庞大，规制日形细密，人事日形复杂，伯夷一流在中国重视不衰。然能为伯夷者日少，亦可说竟无其人。伊尹一流，在政治上亦甚难表现。霍光追法伊尹，废昌邑王，在中国历史上殊不一二见。但霍光亦岂能望伊尹。惟如柳下惠之和，乃在中国政治史上最占重要，为绝不可少之多数。中国政治之长治久安，历数千年，和之一德，最值称道。任与清，皆出其下。亦因中国人天性最能和，而和之为功亦更大。柳下惠之为人，虽若出伊尹伯夷之下，而其影响则犹远在伊尹伯夷之上。知人论世，决不当不予以注意。

汉高祖得天下，自称能用三人。韩信肯出人胯下，而自负能聚市人而战，多多益善。汉祖不知用，竟亡去。拜为帅，始留。此亦近任之一态。张良为报韩宿仇，遂从汉祖，然每不多言。天下定，即欲从赤松子游，此即近清之一态。惟萧何最无特殊可称，近一和字。然汉之得天下，若萧何终最不可缺。

此下如贾谊上《治安策》，任长沙王太傅，投文以吊屈原，及傅梁孝王，孝王坠马死，谊亦忧伤以卒，此近任。汲黯治黄老言，面责武帝外好仁义而内多欲，武帝惮之，此乃清之一途。然贾谊汲黯两人，形迹皆微近和，卒不与伊尹伯夷相类似。此乃中国历史古今一大变，而治史者或未之注意。古人形相，乃有绝不再见于后世者。而如东方朔之徒，则显有近于柳下惠之和。今终不能谓东方朔为人绝不如贾谊汲黯，亦不能谓其在当时无影响无功效。人之所敬在此，而所需要仍不能只在此，而不知有在此之外者。

光武时，严光圣之清，最为后人所推仰。然光武得天下，不赖于严光。三国人物最推管宁，亦伯夷之清。然严光管宁亦终不脱柳下惠和之一途。又如徐庶，赴曹操之召，其言行乃不复见，此亦一伯夷，然亦终不脱和之一途。此亦见世变。而有志伊尹之任者则更不论。如诸葛孔明，自比管乐，此即伊尹之任。然高卧隆中，刘先主三顾之于草庐之中，乃许出驱驰。可见后人形迹，自不得以古人拘之。

余尝谓，自秦以下中国政府乃一士人政府。诸士参加政治活动，皆可谓由任清和三色所配成。又凡士皆儒，皆慕效孔子，以为最高之准则。故任不如伊尹，清不如伯夷，和亦不如柳下惠，虽不能如孔子之中行，要皆本其性之所近，斟酌于其所遭遇，而成一任清和之配合。此乃中国之道统，而政统亦追随不离。两千年来，未有大变。而近人不察，乃谓中国士人崇拜孔子，仅能为一臣，以奉侍君主而助成其专制，讥之曰官僚，以为中国政治无革命，非民主，为中国政治传统一大污点，而归罪于孔子儒家。不知士之从政，果能任，能清，能和，则此政府自不待有革命，为君者亦不能恣其专制。则为之臣，为之官僚，又何罪之有。

中国政府，自宋以下，较之汉唐，又一大变。其时如胡安定、范文正、王荆公、司马温公，皆任之一流。而孙泰山、石徂徕，则清之一流。而如周濂溪，则巍然为此下理学开山。其为《通书》，乃曰："志伊尹之所志，学颜子之所学。"凡为儒士，则必以治平大道自任。孔子曰："用之则行，舍之则藏"，此为中道。濂溪生平，仅为一小县官。窥其意向，似决不欲为一隐沦，但毕生亦未一日臻显达。既非志为伯夷，亦未能为伊尹，终亦近为一柳下惠。其《爱莲说》有曰："出淤泥而不染"，此亦犹柳下惠之言"焉能浼我"也。

继濂溪而起者有张横渠，欲为天地立心，为生民立命。不得志于仕宦，犹与其弟子划地试行古井田制，是亦不失为伊尹之任。程伊川为帝师，争坐讲之制，其后终贬于蜀，似近伯夷之清。其兄程明道，从者如坐春风，较近中道。然亦安于卑微，犹柳下惠之和。以下理学家出处进退各不同，要之，皆在任清和之间，性之近，时之宜，而不一其趋，其道则一。

元兴，许衡出仕，于当代非无贡献。方其在流离中，坐一果树下，群皆争食树果，衡独不然，曰："果无主，吾心独无主乎。"是衡亦绝非乡愿之归。然后儒终鄙之，不得与同时刘因为伦。此见中国儒论之严。故每称伊尹伯夷，而颇不称柳下惠。然柳下惠与伊尹伯夷同为三圣人，又乌可轻。许衡不得望圣人之门墙，然亦具柳下惠之风矣。知人论世，或宽或严。前人鄙许衡，其论已严。今人轻鄙前儒，则适以证其无识。

满清入主，李二曲、王船山、顾亭林、黄梨洲，乃至吕晚村等，此皆抗伯夷之清，不仕清廷。而夷夏之大防，较之殷周易代，大义所系，抑犹远之。所以不采薇饿死者，则因社会体制变。故顾亭林谓："国家兴亡，肉食者谋之。天下兴亡，匹夫有责。"明代亡其国，而中国人则仍自有其天下，不随国家而俱亡。既有其天下，自可复兴其国家。故黄梨洲特著《明夷待访录》，维持此文化与道统，自可望政府与治统之复兴。则晚明诸遗老，不仅为伯夷，亦复志于伊尹。周濂溪言："志伊尹之所志，学颜子之所学。"在孔子颜子时，用之则行，舍之则藏。在亭林梨洲时，用之不行，只为伯夷，不为孔子。果孔子复生，亦必为亭林梨洲晚明诸遗老，不复为孔子。是则亭林梨洲晚明诸遗老,不学孔子,而孔子乃必反学于晚明。孔子圣之时,时之义亦大矣。斯晚明遗老之善学孔子,岂如近代国人之必以反孔非儒为善识时务之狂妄浅薄乎。

清政权既稳固,名儒仍出,仍以孔子为宗师。而如李恕谷、王白田、钱竹汀之流,依然不为伊尹之任,宁为伯夷之清。不得为伯夷之清,即为柳下惠之和。政权虽操于异族,而天下则依然是中国人之天下。文化历史之大任,则惟儒士负其责。洪杨倡乱,号称太平天国,奉耶稣为天兄,洪秀全自为天弟,所至焚烧孔庙。倘洪杨得逞,中国恐将不存在,降而为欧西人之寄子。如南北朝时,亦有北方中国人慕为鲜卑儿。幸有少数士人,出而任天下之兴亡。其形迹则柳下惠之和,与伊尹之任相配合,其心则伯夷之心,其道统则仍宗师孔子。当洪杨时,乃有曾国藩、胡林翼、罗泽南诸儒之崛起,岂果为满清政权做官僚。近日国人乃惟讥其不知革命,是亦浅之乎其视当时之诸儒矣。

民国创建,国人群尊孙中山为国父,认其足以远追美国之华盛顿。不知东西文化相异,传统不同。华盛顿乃于英国外别创一美国,孙中山创建中华民国则仍自为中国。而以临时大总统位,不数月,即让于袁世凯,以求中国之和平统一。革命之后,即继之以禅让。此亦如洪杨平,湘军即解甲归田。孙中山之与曾国藩,其斟酌轻重,天下为上,国家为下,道统为先,治统次之,皆以柳下惠之和继伊尹之任,而皆有伯夷之一番心意存藏其肺腑深处。知人论世,首贵识时务。使孔子复生,亦当无以大异于曾国藩孙中山之所为。抑别有更大之道义出乎曾孙意想之外乎?

此则有待真识孔子大道者之重为阐申。要之，孙中山与曾国藩皆确然成为一中国人，皆确然无背于孔子之大道。后人善继其风，则中国人之天下必依然常在无疑。

近代国人，则不以为满足，必以文化革命全盘西化为号召。毛泽东起，而有马、恩、列、史、毛为文化与政治之新传统。此五大偶像，每逢十月一日大陆国庆，高悬于北平之天安门。是则中国此下道统必出于马克思，治统必出于列宁史太林，必使中国人嗣此长为犹太人俄国人之义儿养子，乃始满国人之心愿。此诚言之若过激，而亦无以易其辞。毛泽东盛推黄巢、张献忠、李自成，尊之曰农民革命。一若中国无此数人，即无以预乎世界人类之行列，是毛泽东不愿为柳下惠无论。其晚年乃推崇秦始皇，其决不愿为伊尹亦可知。伊尹仅为一臣，不争为政治领袖，近代国人不满中国之儒士亦在此，宜毛泽东无意为之。至毛泽东之不愿为伯夷则更无论。寻之西方政治史，如伊尹伯夷柳下惠，实皆不易得，宜乎近代国人皆不复齿及此三人。毛泽东实亦近代崇尚西化一人物，非能卓然超乎一世，而自成其为毛泽东。

今日大陆渐知反苏，乃又转而亲美亲西欧。要之，今日已无中国人之天下，不依仗一非中国人，即不足以自立于天地之间。至于国家兴亡，政治转移，此皆次要，不足深论。在今日，中国人若仍然希望自有一中国人之天下，则顾亭林言"天下兴亡，匹夫有责"，在中国十亿十一亿之匹夫中，倘能不断出有伊尹伯夷柳下惠，岂不仍将有中国人之天下存在。而孔子大圣，则自可暂置不论。余读孟子之三圣人论，终不免低徊往复，心向往之，而不能自已。

今试以孟子此意观西方，则自古希腊以来，即为个人主义之商业社会，不论无一共同之国家，亦复无一共同之天下。若谓亦有一共同天下，则市场为其中心，即国家亦建立于市场之上。人各专一业以谋生活，哲学家文学家艺术家皆然，政治家亦无不然。有权有势，以凌驾于市场之上，斯即成一政府。强迫市人纳税，既无制度，索取无厌，市人群起反抗，遂有革命。民主政治即从此产生。故在民主政治下，主要问题，一切制度，惟以纳税人代表之多数意见而决定。多一票即为是，少一票即为非。然近代惟英美乃有两大政党分立，可以计多少数。其他如法国等，不成两大政党，各小党分立，多少数亦难计，乃亦无是非可分，遂终成一不安之局。知识分子各治专业，如研究一洋老鼠，即以洋老鼠为其研究对象。亦可在政治上各投一票，有其几百万分中之一分之价值与意义。实则其所寄居之市场与其研究之洋老鼠，即为其人之天下。如英国人迁来美国，即为美国人，不复为英国人，亦何得谓其有国家观。故西方人之国家观与其天下观，实与中国人不同。近代中国人一意西化，其主要途径，亦当先求人生之市场化与商业化。即为一哲学家文学家，实亦等于以一工人资格之参加商场而已。故中国有士农工商之四民社会，而西方无之。至少西方社会中无如中国之有士，则何来有伊尹伯夷柳下惠，更何论有孔子。耶稣教亦与中国之士异。故今日中国而求西化，首当求工商化个人化。若不以此自足，则又有一途，即如大陆之马列化。马列社会主义，其实亦即个人主义，惟许有工商集体，不许有宗教信仰。又仅许无产专政，不许有选举，两者间之差别在此。孔子曰："伯夷古之仁人也。"今日西方人惟争人权，不论人道。一人有一权，若能得多数权，即人生大道所在，又必随时有变。然则伯夷之仁，孔子之圣，又何从见于西方之市场。

近日我国人用文化二字，传译西语。实则此语在西方甚后起，大意指人事形态之普遍传布，如铁路电灯等皆是。德国城市较落后，不愿专为一追随者，遂另用新语，大意指各地发展，有其自身之传统性，如田野之生物。但中国自古早有文化二字，如曰"人文化成"。文即指道言，学求以道化其时代，则有伊尹之任。坚守其道，不惜违反其时代，则有伯夷之清。不违时，不失道，则有柳下惠之和。惟孔子亦任亦清亦和，能随时而变其三态度，但终不失其为己，亦不失其于道。中国文化二字，兼人事与田野，亦不尽于人事与田野，更要当在大群政治上，尤要则在每一人之德性修养上。依中国字义说之，文化即人道。而其发展与变化，其主要关捩，则在少数人身上。中国人称此少数人则曰圣曰贤。但人群大道与个人德性，在西方历史上，并无此同样观念之出现。依今日国人意见，则孔子亦可，伊尹伯夷柳下惠亦可，且先投入一市场，先做一平等之市民。否则加入无产阶级为一劳动大众，然后乃可追随时代，服从多数，与之俱变，乃庶可耳。惟投入市场中，则必有争，亦无所谓和。孟子之论三圣人，恐将无一而可。今日国人，对于古人轻肆讥评，固亦无怪。故中西双方文化自有分别，该先做一番郑重之分别研讨。

六六　中与和

《中庸》言："喜怒哀乐之未发谓之中，发而皆中节谓之和。"中和二字，乃中国文化传统一大要义，亦即中国人生理想一大要义。《小戴记·礼运》篇喜怒哀惧爱恶欲连言，后人乃以喜怒哀乐爱恶欲为七情。七情人人有之，方其未发，浑然一体，未见分别，故谓之中。发而中节，当有内外两义。外面事物上，当喜则喜，当怒则怒，各有大小，不失其分，此为对外之中节。所发或喜或怒，乃其一端，尚有未发者，不能因其发而伤其未发，是为对内之中节。父母之丧，哀莫大焉。然不当因其一端伤其全体，故当节。武王一怒而天下安，方其怒之发，亦尚有其喜与哀乐之未发，是对内亦当有其和。此浑然之体禀自天，其因事外发则在人，能一天人合内外，斯为致中和。故致中和而天地位，万物育，天地万物亦位育于此一体。故人生必有其未发，天地万物亦各有其未发。尤贵已发者与未发者和，而未发则为之大本大源。故必知中乃知和，必得于内乃得于外，必求其全体乃始有部分之相当，此为中国最高人生理想之所在。

孟子论三圣人，柳下惠之和，尔为尔，我为我，袒裼裸裎于吾侧，尔岂能浼我哉。是柳下惠和于外，而内不失其己。孔子圣之时，其出为鲁司寇乃其任，辞位而去乃其清，老而归鲁乃其和。后世师孔子，政治大一统乃多见有和。严光之钓富春江上，林和靖之在孤山，乃其清而和。王荆公两为宰相，老居金陵，乃其任而和，伊尹伯夷之为人后世乃少见。亦可谓耶稣圣之任，释迦圣之清，孔子乃圣之和。中国乃一尚和之民族，而中国人多言中。释迦之清，耶稣之任，但尢和，乃亦不得谓之中。是则非存之内之谓中，亦必和于外乃始得谓之中。故中和一体，乃一而二，二而一。无和则不中，无中亦不和。浑然一体，乃始谓之中和。

人生不能有内而无外，亦不能有外而无内，内外合一始是人生之真体。扩而言之，宇宙万物，不论有生无生，莫不皆然。其存于内者谓之中，其发于外者成为和。尽天地包万物，只此中和两字。故《中庸》又曰："致中和，天地位焉，万物育焉。"位即位于中，而育则育于和。人不知，误分内为己而外为物，物我对立，则既不和亦失中。无中不和，乌得有天地万物。

如外物引生我之怒，怒不在我，亦不在物，乃由物我之相交而发。惟贵发能中节，或小怒或大怒，恰符其分。物去事已，而怒亦随止复归于中。惑者不察，妄以为怒在己，所怒在物，务求己之胜物，则怒不中节，每易逾分。又或迁怒他及，则怒为一妄，非人生之真矣。

孟子曰："武王一怒而天下治。"又曰："闻诛一夫纣矣，未闻弑君也。"纣之为君，为之下者洵当怒。武王怒而诛纣，斯怒而中节不失其和。滥杀则增乱，非求治。如沛公入关秦亡，事可已矣。项王来，又欲在鸿门宴上杀沛公，此则增怒迁怒，怒不已而天下乱。不仅人事如此，即天地大自然亦如此。老子曰："飘风不终朝，骤雨不终日。"飘风骤雨，亦即天地之怒。不终朝不终日乃中节，而得和。

人生有喜怒，亦有哀乐，此皆人情。方其存中未发，则不可分，故不谓之情而谓之性。及其发，始有喜怒哀乐之分，始见情。生老病死，可乐亦可哀。可乐自当乐，可哀亦当哀。孔子曰："慎终追远，民德归厚。"中国古礼有三年之丧，其哀至矣。然哀而中节，斯即和，亦即一乐。则怒亦即喜，恶亦即爱矣。释迦乃以生老病死为四大痛苦，欲求避去，此为失人情之常。去其情，即去其生。求归涅槃，而无奈其不合于天地万物之真相。

爱与恶亦一中和，有爱则必有恶，有恶则必有爱。合此喜怒哀乐爱恶之六者则为欲。欲即是一向往，一趋势。人性即一欲，人生亦仅是一欲，宇宙万物仍仅是一欲。故七情乃归宿在一欲字上。此一欲字，古人不仅不戒言，抑又郑重言之，孔子曰："我欲仁斯仁至。"又曰："己欲立而立人，己欲达而达人。"又曰："七十而从心所欲不逾矩。"欲而逾矩正犹情之发而不中节，此乃可戒。情发中节，欲不逾矩，此即人生最高理想之所在。孟子亦曰："可欲之谓善。"又曰："养心莫善于寡欲。"惟寡欲乃始见可欲，亦非求无欲。后儒鉴于人欲横流，乃转言无欲。其实宇宙万物天地人生只此一欲字，舍却此一欲字，尚复何有。

然则人欲又何所畏。则在其妄分内外，必谓欲在我，所欲在物，乃争于外以足其内。不知物我相交始有欲，达于一中和之境即是道，则欲又何足畏。如男女结为夫妇，父子合成一家，此乃天理，亦即人欲。非欲则无理可见，所贵则在其中和。富贵权力名位功利，此皆近代一世人之所欲，则为中国后儒之所戒。

《易》言："一阴一阳之谓道。"德性存于内，未发为中，属于阴。情欲发于外，中节成和，即属阳。无德性即不见情欲，非情欲亦不见德性。亦可谓欲存于内，而情发于外。喜怒哀乐爱恶皆当从外发求和，而欲则其未发之中。又可谓七情皆其未发之中，而立德成性乃其外发之和。要之，一阴一阳始成道，一死一生乃为人。道家之神仙，释氏之涅槃，一求不死，一求无生，斯则皆失之。故生必归于死，今人则求发于外者之常存，而不复归于未发，则诚大误之尤。

今再言人文大道。宇宙大自然乃其未发之中，而人文则其已发之和。亦可谓原始邃古，牺农黄帝，尚是一未发之中。而尧舜三代以下，乃成一已发之和。又可谓尧舜三代，尚是一未发之中；而孔子以下，乃是一已发之和。中国人文演进，绵延贯彻，达于五千年之久，则因其常有一未发之中之存藏，乃亦常有其已发之和之呈现。若从后起道家神仙方士言，则人可有生而无死。从释迦言，则人当无生亦无死。从耶稣言，则人死后灵魂上天堂，又另是一生。儒家言中和，则生是一已发之和，而死当为一未发之中。推此言之，则今乃一已发之和，而古则为其未发之中。司马迁"通天人之际，明古今之变"，天人古今，一内一外，此即一阴阳和合之大道。

朱子诗言："旧学商量加邃密，新知涵养转深沉。"牺农黄帝以来五千年，古圣先贤之前言往行，其犹传今世者，皆旧学，此皆已发之和。内存之己，则皆未发之中。世态已变，人事非旧，凡所交接而引生者，则皆新知。求其发而中节，则贵能涵养，非旧学之邃密，又何以致新知之深沉。人生非尽于一世，则人之为学又岂限于一己。是则我之未发之中，不仅赋于天，抑且传自古。古之旧，实亦即我之天。此则今之中，亦即古之和。古之已发乃在外，而我之发于内者，则惟求加入此一外。此则外为主内为客，岂不成内外之倒置。内外可以倒置，而天人亦可互易。凡我之所发，而外及于人与物者，我若转为之天，则天人亦成倒置。孔子之为至圣先师，不仅为后人之天，即自牺农黄帝两三千年来之古中国，迄于孔子，而得会通融合，而成一大和，则孔子亦不啻为古中国之天。是则有人始有天，有已发，始有未发。自然之与人文亦相倒置，有此人文，乃始有此自然。此之谓通天人，合内外。大中至和，乃无可分别，而自成为一体。故我之为我，不仅顶天立地，乃可旋乾转坤。周濂溪之所谓圣希天即此。如此而立大中，致大和，人生而达于此境，则更复何言，此宁不为人之大欲所在。故《中庸》言："天命之谓性，率性之谓道，修道之谓教。"所修亦即天命之性，率性之道。人能修道立教，斯即人而即天，内而即外，亦即是和而即中，而岂语言文字之所能分别而解释之。反而求之己心，则《大学》之所谓明明德。故朱子言新知涵养转深沉，岂当前一事一物之知所能当。颜子曰："如有所立卓尔。"

司马迁言:"高山仰止,景行行之。虽不能至,心向往之。"好学者其深体之。

今人慕效西化,分别天人内外,务求由内克外,以人胜天,以今蔑古,以新破旧,以己凌人,则又何可与语此中和之大道。

六七　人物与事业

（一）

方今世界棣通，五大洲如一家，人生诸相，形形色色，缤纷杂呈。正宜放开眼光，放大心胸，辟新思路，创新见解。不宜孤拘一是，以排众异。美欧各大学设有比较文学一课，实具深义。惟不仅文学，即史学哲学，凡诸学问，在今日均当作比较研究。自然科学，亦不例外。英国人李约瑟写有《中国科学史》一书，材料虽不齐备，然椎轮大辂，略有规模。国人正可据此与西洋科学史作比较研究。

中国古代陆路交通，即以无远弗届，乃有指南车之发明。西方古希腊因航海经商，遂有几何学。地理异，斯发明异。中国发明火药，传至西方，遂造枪炮杀人利器。人性异，斯发明又异。人类文化最大工具推印刷术，中国首先发明。如是推阐，便知人类发明自然科学，苟由狮象鲲鹏或蜘蛛蚂蚁来发明，其所发明必各不同，焉可拘一是以排群异。

上陈实已侵入文化比较之范围。文化如一大建筑,实系一大生命。建筑必有基础,生命必有根性。中西文化相异,必有一基础根性之所在。由此措思,如网在纲,如水得源,可以操一以驭万,可以汇万以归一,可供比较一大方便。

文化包罗万象,尽属人事。中西双方观念,对此有轻重之分别。西方重事,中国重人,双方文化大异即由此生出。

二十余年前,余在美国耶鲁大学论史学应重人物。耶鲁历史系前主任卢定教授一夕招宴,席后谈此谓:史学应重人,此义固然。但其人亦必具历史事业,乃得入历史。余答:君言正见双方观念不同。中国史上,不具历史事业之人物为数当占十之三四,而且有极重要之地位。至其表现历史事业者,其历史地位反不重要,亦占大多数。一切历史事业皆决定于人物,此为中国人观念。此层大可深论。

嗣余又论及文学。谓西方重作品,可不问其作者,如莎士比亚,至今其人尚在不明不详之列,而其作品则脍炙人口。中国则惟元明以下,剧曲小说之作者,如关汉卿施耐庵乃至曹雪芹,亦可不问其人之详,而仅读其作品,一如西方之例,而文学正宗则不在此。如屈原与宋玉,陶潜与谢灵运,作品高下,定于作者。西方有了作品,即成为一作家。中国则先有作者,乃始有其作品。李杜韩柳苏黄,皆无逃此例。

以上两义,余皆曾撰文阐申,今乃扩大及于全文化。

窃谓西方人重事业尤过于重人物，而中国人则重人物尤过于重事业。西方古希腊马其顿之亚力山大，罗马之恺撒，法国之拿破仑，皆历史上第一号人物。前两人且勿论，专言拿破仑。出生海外一孤岛，未受高深教育，乘时崛起，一跃而为法国之大统帅，又为政府元首，军事上政治上辉煌成就且弗论，其对法律上文学上，亦莫不表现其惊人之天才。然而终于军败身降，幽囚荒岛上。又潜身逃回，再度兴兵，终在滑铁卢一战再次军败投降，又在流放一更远荒岛上，羁留至死。

成败人事难免，但就中国人观念言，有断头将军，无降将军。何况以一全国三军大统帅，又为国家政治元首，不惜两次阵前投降，受敌人之宰制，在其为人品格上，终不得谓其无瑕疵。乃法国人一意崇拜，凯旋门永为巴黎市之主要中心，来游者无不瞻仰。又增建拿破仑墓，为巴黎另一中心，全法国人至今仍以能有一拿破仑为荣。其他欧洲人，亦莫不于拿破仑加推敬。此乃西方人重功业不重品格一明证。

回论中国史。西楚霸王项羽与汉王刘邦争天下，垓下之围，乌江亭长舣船以待，劝项王速渡。项王慨然曰：我率江东子弟八千人渡江而西，今以一身回，何面目重见江东父老。此乃一番真情实话，肺腑之言。一将功成万骨枯，功成者尚如此，何论军败。然项羽事业虽败，其乌江自刎，在其人之品格上，则可谓是一白璧，完好如初。事业可败，品格不可败。至今读史者，对项王之自刎，无不抱同情，较之汉王成皋对语，"愿分我一杯羹"，轩轾显然。

同时有齐王田横，兵败于韩信，与五百壮士流亡一海岛上。汉王既得天下，招之，谓横来，非王即侯，否则遭兵戎。田横卒赴召，距汉王阙下一驿，告其随行二壮士，谓我与汉王并为一国王，今汉王为天子，我为荒岛一亡命，何面目拜之阶下。汉王欲见我一面，我死，汝二人携我头去，汉王犹得见我如生前。遂自杀。二壮士携其头赴汉阙，汉王大惊，谓我欲见田横，何忍置之死。遂封二人，并命速召岛上壮士来归。此两人回至田横死地，亦自杀。其余五百壮士留岛上者，闻之，皆自杀，无一生留。田横五百壮士墓，历世受人崇拜。田横事业无可言，然其不降志，不辱身，气节皓然，可与日月争光矣。

此等事，在中国历史上屡见不一见。春秋时，介之推从晋公子重耳出亡，重耳回国赏从者，忘之推，推亦不言。偕其母隐山中。文公求之不出，乃焚山逼之，推与母皆焚死。推无其他事业，孤傲负气，不愿再受赏；不降志，不辱身。而其母从死，若终不可以为训。但后世留传，乃有寒食节，继以清明扫墓，推行全国，至今不衰。可见中国人对此之同情，亦国民性之流露。论中国文化，当加注意。

其次又如公孙杵臼、程婴故事，千古流传。元人有《搜孤救孤》一剧，至今在京戏中尚流行。相传此剧初至欧洲，德国大文学家哥德不胜钦慕，谓中国人作此剧时，德国人尚在林中掷石捕鸟为生。哥德所知中国文学并不深，惟较之当前国人专捧西洋文学，鄙中国旧文学如敝屣，弃之惟恐不尽不速，双方意量相差，不啻天壤之相隔。倘从此等处轻视中国，乃庶近之。

唐代张巡许远守睢阳故事，亦为后世推敬。而民初提倡新文化运动者，斥之为礼教吃人。专就事业论，当时江淮亦赖以保全，唐室亦借以中兴。论两人之本身，则睢阳终于失守，两人亦相继被擒身死，不知竖白旗，效西方求光荣之和平。比论文化者，岂尽向西一面倒。

余幼年曾读一法国短篇小说，作家及篇名俱忘，犹忆其故事。法国一贵族老妇，寡居孤寂，来一村觅一养女。村东西各有一家，均仅母女同居。村东母拒之，谓不忍割舍亲生女给人做养女。村西母允之，其女遂随去，得入贵族学校受高等教育。越三年，返乡省母，高车大马，仆从如云，礼品盈箱满箧。一村轰动，群出聚观，村东母女亦预其列。三年之隔，一女已俨然成贵族名媛，一女则贫窭如旧，依然一村女。此文作者似盛赞村西母之远见达识，而村东母则为讥讽对象。余初读，亦深受刺激。悲莫悲兮生别离。村西母骤失其女，晨夕思念何堪。其女骤落富贵热闹场中，岂能遽忘慈亲。一夕欢聚，翌晨又散，纵母富女贵，较之村东母女贫贱中天伦之乐，孰得孰失，亦岂得谓西家全是，东家全非。窃谓此一故事，正可为中西文化作写照。商人重利轻离别，中国人亦有此咏，而西方亦同有村东母女。故曰人同此心，心同此理。惟多少数则随风以变，如是而已。

晚清王国维谓西方文学尤擅悲剧，曹雪芹《红楼梦》得其近似。此下竟尚西化，蔚成红学，至今犹然。惟曹雪芹绝非教人学贾宝玉林黛玉，并谓大观园惟门前一对石狮尚保得干净。曹雪芹意，乃教人勿做大观园中人。《红楼梦》虽非中国文学正品，亦尚未脱传统，文学即人生，人生即文学，作家作品融化合一，与西方文学之仅作客观描述者大不同。而中国人生中亦尽多悲剧，如前述伯夷屈原项羽田横，岂不俱是悲剧人物。惟西方悲剧多捏造无收场，而中国悲剧则真人真事，并有完好流传。乃可喜，非可悲。中西悲剧不同，亦即文化不同。今人乃多嗤中国人好作团圆想，认为乃文学卑品。夫妇好合，乃为不可贵之收场。反之人情，岂果如是。

余读西方小说，颇好托尔斯泰，乃一俄罗斯贵族，震于当时英法人言平等，心存愧疚，所言切近人生，而又多悲天悯人之感，近于东方人情调。晚年不安于家，只身出走，死于道路，可见其心情之一般。作品可喜，作者可悲，仍是西方文化传统，仍是一西方悲剧。中国如屈原，如陶潜，如杜甫，如苏轼黄庭坚，生平在坎坷困厄中，若亦是一悲剧。然其所悲在对外，其一己之内在心情，则自有安放，我行我素，无入而不自得。托尔斯泰则自心摩擦，自作矛盾。社会生理，个己心理，各有不同，人文化成之相异乃如此。

西方之自然科学最所短缺者，亦在心理学方面。最先是物理，进之乃生理，实皆是唯物的。最后有佛洛伊德之精神分析，乃是一种病态心理，在战争中从医院病床上得来。日常心理，西方人向少研寻。但非实际人生所能缺，于是西方人乃极言男女恋爱，此诚亦人生。但中国人谓夫妇人伦之始，夫妇和合，乃有人伦。西方人重男女更过于夫妇，于是男女恋爱遂为文学主要一题材。近代国人又竞相慕效，一若人生之爱惟在男女。转归宗教，则有博爱。马氏共产主义主张阶级斗争，乃必排斥宗教。资本主义偏在争利，本亦无博爱可言。故富人入天国，如橐驼钻针孔，耶稣《圣经》明言如此。则宗教家对资本主义亦所不许。但宗教家教人死后灵魂入天国，亦不重在日常人生之心地上立言。故西方宗教实不干涉人事。总言之，人生日常心理，西方人本未深入。而中国人教训，则更重在心性上。此诚中西文化一大相异。故一重事业，一重人物，实重在心性品格上。今国人摒此不言，则其他尚复何言。

（二）

中国历史以人物为主。耶鲁卢定教授在港与余言，世界祸乱，大率由智识分子引起。嗣又言，知识分子解释安定一义，时有不同。某一时谓安定当在此，别一时又谓安定当在彼。人事动乱，胥由此来。余念此层仍可以前论人物与事业之辨为答。大抵人物必趋于安定，而事业则多趋于变动。人之一生，必经许多事变，但事变则尽在人之一生中。故事有变，人可无变，终有其前后相承之一贯性，即相同性，亦即其安定性。故重人物，则其历史之进程必多安定性。重事业，则其历史之进程必多变动性。

以西方史言。拿破仑希特勒亦各有其一生之事业。个性不同，斯其事业亦不同。惟西方人重事过于重人，每以事业来评衡人物，故人物活动亦多注重在事业上。必求创造事业来增高其地位，其历史进程，自趋于乡变而难安定。中国人观念，则重人更过于重事，立德更在立功之上。有德不必有功，更为一受人重视之人物。如周武王开有周八百年之天下，而伯夷叔齐，在当时并无事业可言，然其德之所表现，或可谓更超于周武王之上。故伯夷叔齐亦名垂史乘，受后世尊重。

德性贵其同，事业贵其异。伯夷叔齐以让德称，人人可让，世世代代亦同可有让，伯夷叔齐之人之德之可尊乃在此。此即谓之立德。周武王伐纣有天下，乃一事业，遇此时际乃得为之，非尽人所能为。故虽立有大功，而其受后世人尊重，或反不如伯夷叔齐。

不仅如此，即尧舜禹汤周文王，功在人群，德冠万世，然其德可效，其业不可效。周公旦不居天子位，而其立功亦如尧舜禹汤文武，庶易为后人所效法，故孔子乃有志学周公。孔子未尝不关切当身人事，有志为天下大群立功，然不能求为尧舜禹汤文武。倘当世或加信用，彼宜可得为一周公。故其周游天下，遍历诸国，其意即在此。然当时诸侯卒未能加以信用，终归老于鲁。生平教导后进，遂为中国之至圣先师。

可知孔子一生，非不有志于天下人群，非不有志于政治功业，而最所重视者，乃其在己之德性。论其功业，远不如尧舜禹汤文武周公。而论其德性，则与尧舜禹汤文武周公相似。从中国后代人看，则孔子之功业，亦已超尧舜禹汤文武周公一般圣君贤相之上。故孔子弟子谓："夫子贤于尧舜远矣。"何以故？因尧舜地位人人所不得望，孔子则以社会一平民，其德性修养，讲学明道，尽人可效法，岂非孔子功业已远超尧舜而上之。故教育事业有功人群，应更超于政治事业之上。而道统则亦更高于政统治统之上，政统数百年必变，道统则可历万世而不变。人群中有道统存在，则终有前途可冀，其安定乃更超于其动乱之上。

就中国后代历史人物言,东汉光武中兴,太学同学得为开国元勋,名列政府高位者,不在少数。独有严光未来。光武登帝位,下令遍觅之,得于富春江上,以渔钓为生。邀至京师,宫中亲切晤谈,入夜又邀同床而卧。亲切爱敬如是,但严光终求还。光武不强留,放归。严光并无事业可言,但亦中国一极有名之历史人物,后人崇拜,尤在光武之上。故中国人崇拜政治人物极有限,而崇拜非政治人物则亲切有加,尊敬更深。王莽乱世,功业成就,非可尽人效法光武。而严光之钓鱼富春江上,则人人尽可效法。天生之德,同样无亏,则其人岂不宜更受重视。故可亲可敬在其人之可师法,而不在其不可师法处。

三国时代,有曹操与诸葛亮。事业成就,诸葛亮不如曹操。德性修养,则诸葛亮远在曹操之上。曹操不仅是一政治家,同时亦是一军事家、文学家。其事业表现,实远超同时及前后其他历史人物之上。但德性有亏,不忠汉室,存心篡弑,伪为周文王,待其子丕起为周武王。此种虚伪手段,更为后人轻鄙。此下中国历史上之长期动乱,亦可谓曹操乃其罪魁祸首。而诸葛亮则奉侍蜀汉后主,鞠躬尽瘁,死而后已。事业并无成功,而德性则一如伊尹周公。故其受后人崇拜,乃与曹操受后人之吐骂者,正相对比。同时又有管宁,避居辽东以师教为务。晚年复归中原,不受曹操之邀请,清苦自守,迄于老死,更无事业可言。但论三国人物,则有更推管宁于诸葛亮之上,尊为三国时代之第一人。诸葛亮乃一政治人物,身为汉相,非能人人同有此遭遇。管宁逃亡授教,乱定还故国,食淡攻苦,清节自守,则人人均可效法,故管宁乃更为历史人物之上乘。

唐末梁唐晋汉周五代，八姓十三君，又有十国，分疆割据，其为祸乱，较之三国时代益甚。宋兴，天下始安定。其时有陈抟，隐居华山，无事业可言。又有林逋隐居杭州西湖，无家无室，梅妻鹤子，终其生徜徉湖上，仅留诗数首而已，亦无事业可言。然论五代及宋初之历史人物，则终必首推此两人。冯道终生高居政治上位，经数代为宰相，自称长乐老。国家兴亡，政府更迭，丝毫无异于其身。当时亦受推崇，欧阳修为《新五代史》，乃加鄙弃。较之陈抟林逋，乃如霄壤之别。陈抟林逋德性无愧，供人效法，斯世终可望渐归于安定。冯道无德可言，人人效之，祸乱曷极。

元代蒙古入主，天下大乱，黄东发王深宁闭门著书，隐居明道，非有其他事业，但亦为历史上有名人物。较之他代，未见逊色。政治动于上，而社会安于下。迄于明代兴起，隐居山林，书院讲学，八十年中继踵相接，乃使明代依然得上承中国历史文化之大传统，而不感有中断之痛。此元儒之功，而东发深宁亦无愧为中国历史上之第一流人物。

清代入主，晚明诸遗老，如顾亭林、李二曲、黄梨洲、王船山之流，皆无事业，而同为第一流之历史人物。亭林言："国家兴亡，肉食者谋之。天下兴亡，匹夫有责。"此诸人皆在野一匹夫，而实负天下兴亡之大任。此下清代，仍得为一五千年历史相承之中国，亦诸人之贡献。

更当阐说者，中国史中，女性多占篇幅。全部二十五史，女性成为历史人物者亦不少。并无事业可言，而其德性则同得成为一人物，名列史乘而无愧。依中国文化传统言，则天下兴亡，匹妇亦当有责。即如顾亭林嗣母，身受明廷褒奖，遗命后人勿仕异姓。亭林谓身受遗命，故此身万不当出仕。此虽婉辞逊言，免遭不测之祸，然其母此言，亦足永垂史册矣。更有不知姓名，而亦得传于史册者，则如今平剧中之韩玉娘。其人本无姓名，其传见于《明史》《新元史》，亦中国文化一特色。

中国乃一农业社会，耕耘百亩，一家温饱，传子传孙，两三百年不变，故不言事业。宗亲乡党，聚族而居，守望相助，休戚与共，特重人伦相处，而德性为之首。故重人物轻事业，乃中国传统文化一特征。广土众民，一政府临其上，即可安定无事。非异族侵凌，可以不见兵革。五千年历史相承，敦品修行，可无他道。

余生清光绪乙未年，余家即聚族而居，一村百家以上，绵延五六百年。村中有事，皆由族长裁判。即四围农家，有事亦由我村中族长裁判。距城四十华里，舟行半日可达。然极少有上县署涉讼，县官亦少见下乡。乡人多毕生不见官吏。官民相亲如一家，亦相隔如云汉。惟安定中亦有动乱。余幼年即屡闻长老谈洪杨之乱，举族逃散。家有鸿议堂，即剿匪将帅在此集商得名。六岁庚子，有亲戚仕宦天津，避难来居。辛亥年十七，族中办团练，祖孙同队，余以一中学生，被命为教练，指挥诸祖伯叔兄长，演练兵操。至今思之，乱世应变，亦相亲接，一如平居。一地如此，想他地皆然。

抗日军兴，余一人居云南宜良山中写《国史大纲》。山距宜良城八华里，环城四周，余游踪所到，皆安堵如常，若不知在国家民族兴亡关捩之大战中。及移居四川成都郊外，常在乡村茶肆品茗，遇一八十老人，生平足迹未进城市一步。其实此村距成都城仅二十华里。在此大战乱中，而民间安定有如此。以余当身经历，回念历史上种种战祸，恐无大异。一邑之祸乱，不害他邑之安定。一时之祸乱，不害他时之安定。政府少干涉民间，民间亦少预闻政事。民间事由民间管，政府则由民间贤人组成。有考试制度，县试出秀才，省试出举人，京试出进士。全国各地官吏，皆由进士举人出任，又必派赴异地任职。云南人可远仕黑龙江，福建人可远仕甘肃新疆，使全国如一家，大群相处，安定无他虞。

余幼时在上海租界中始见有警察，俗称巡捕。租界与中国社会异，诸方杂居，事端百出。尚有吃讲茶。择定一茶楼，争议双方均到，各申理由，供仲裁人评其是非。旁听者亦许打抱不平，起立发言。亦有流氓参加，但决不愿巡捕房干涉。其他各地尚未有警察，但社会安定则过于租界。

不久情形变，各乡村各市镇，处理公共事务者，皆目为土豪劣绅。民间事尽由官府解决，乃有警察保护治安。实则所谓土豪劣绅，本亦地方乡村人物，其所贡献，未必下于警察。中国四五千年，广土众民，长治久安，何待有警察。岂得谓全部中国史，祸乱其常，安定其变。史籍俱在，焉容强辩。

今日国人尽称中国政治乃帝皇专制，然不派军队，不用警察，而能由帝皇一人专制全国亦一奇。又称中国乃一封建社会，然民间无贵族，无堡垒，即所谓之土豪劣绅，亦不闻有保镖有卫士。人自叩门登堂，听其裁处。封建权力岂果如此。

西方观念传入中国，而一切乃大变。争慕事业，不尊人物。无事业，则不得为人。所谓自由平等，平等当指人，不指其人所拥有之财富与权势。一切事业则不平等。自由指行为，争富为资本主义之社会，争贵为民主尚法之政治。自由争富，终亦有贫，决不平等。自由争贵，终亦有贱，仍不平等。倘言独立，则人与人相争亦非真独立。故今人仅求此三者，乃仅得一不安定，斯祸乱随之。

中国人不争事业，仅争为人，故曰："彼丈夫也，我丈夫也，吾何畏彼哉。"其乃向内向己争，不向外向人争，所争乃品德性行。孝弟忠信，智仁勇，此须各自向内向己争，于是向外向人乃益和。而且所争必得，宁有人而不得为孝子忠臣者。如争孝弟则家庭和，争忠信则乡党和，争智仁勇则国家天下和。不孝不弟，不忠不信，可以不齿之为人。斯非不平等不自由，但不由军警，不由法律，而人群自臻于安定。

重事故尚争，必分而日小。重人故尚和，必合而愈大。即言学术，西方亦主分争，如科学哲学文学皆相分争。对外如此，对内亦然。必成为一专家，此乃事业，非人物。中国人则立德立功立言。凡所言，非在己之德，即对群之功。道一风同，非求各成一专家。司马迁所谓成一家之言，乃指其群相景从，从其人从其言。故西方学术同归于事业，而中国学术则本之德性。

言进步，亦指事业非人物。西方重事业，故易见进步。然违离德性，故终难安定。中国重人重德，乃重大同，不言进步。但日趋和合，常见安定。苟有进步，则必仍在和合安定中。中西文化大别在此。西方学术分疆割席，各专一门，各求进步，亦人生中一事业。故贵自创造，自树立，知人之所不知，言人之所不言，乃成其一己之表现。故曰："我爱吾师，我尤爱真理。"但真理即在其表现中，乃点与线之真理，非面与体之真理。亦各有所见，各有所到，而未能会通和合发现一人群共同之大真理。故虽真理，亦必随时随地随事随人而变，终不能获得一大同安定之境。

故西方学术特缺史学，晚近始有。固史学贵人，贵会通和合，一切人事皆归纳在内。史学非自我表现，亦非客观。仁者见仁，智者见智，非己有德，不足以见人之德。非己之和且通，不足以见一世之和通。历史记载人事，而史家自身之事则不预。但其所谓史，实即其自身之事，故又与西方异。史学在西方为晚起，而终亦与中国史学异。中国贵通史，而西方无通史。亦如中国贵通人，而西方无通人。身家国天下，各不相通，则亦何有事业相通。故西方人贵专业，无通业。既有史学，乃复有历史哲学之出现。亦非根据历史来创造哲学，乃根据哲学来创造历史，如黑格尔。其在西方学术传统中，仍为一种自我表现。人与中国有不同，对历史所观察所发扬亦不同。历史已过往，亦不安定，仍可各自创造。

继黑格尔而起者，有马克思，创为唯物史观。在其史观中，乃更无人物地位存在，可谓乃十足表现了西方传统。马克思既自创了一套哲学，乃又自创了一套史学，又自创了一套经济理论，又自创了一套政治制度之理想。乃亦会通和合，兼哲学史学经济政治各项专门而并归一途。其影响乃超出西方各项专门之上，而引起了世界人心之大动摇大混乱。卢定教授所欲著书，马克思必为其最当涉及之一例。

中国人从事学问，根本不在自我表现，更非求在人群中自创一事业。所谓学问，乃在其如何在人群中做一人。虽亦千差万异，无可相同，尧自为尧，舜自为舜，周武王伯夷叔齐，周公孔子，亦各自为人，然其大宗旨大根本则亦无可相异。每一人各可有表现，亦可无表现。各可有事业，亦可无事业。即如韩玉娘，连其姓名亦不为人知，而见于史，并播为一戏剧，流传人间。七八百年来，世事大变，而人心终少变。韩玉娘之为人，则仍留在七八百年来之人心深处。西方正为缺少此等人物，于是其文学戏剧，乃特为创造，以资弥补。而史学则特闯进了种种哲学观点，以接近各时代个人之所理想。而历史则如一堆材料，供其使用。为利为害，则在史学家，不在历史本身。故史学亦史学家一事业。中国则人生乃是一事业，与西方人之事业观又不同。

今再综合言之。重事业，重各人在人群中之特出表现，则其群自易趋于变动。重人物，重各人在人群中如何安分为人，则其群自易趋于安定。群在安定中，自易进步。以变动求进步，纵有进步，其群仍难安定。本文大旨在此。至人心所乐，究在安定，抑在变动，或两者融会如所谓一阴一阳之谓道，底细他详，兹不赘。

六八　知识与德性

美国耶鲁大学前历史系主任卢定教授，余与相识近三十年。去岁香港重晤，在谦席上，卢定言，彼治西洋史，觉人类一切祸乱，皆自知识分子引起，不知中国史是否亦然。余答，中国史，治平大道知识分子负其责。卢定问，何以能然。余答，西方知识贵客观，以纯理性求。中国知识兼主观，融情感，不重纯理性。卢定谓，知识中夹杂情感，易有私见，更增祸乱。余曰，此诚中西歧见所在。中国人言"士先器识"。识属智，与今人所谓有不同。谦席上未能尽言，仅此而止。

别后，卢定自美来书，重提此事。余复书，中国道家老子言："圣人不死，大盗不止。""绝学无忧。"正与尊意合。但中国更尊儒，信奉孔孟。道家庄老特以补偏救弊。绝圣弃智，终非中国人所尚。余欲特撰一文答卢定，事隔数月，乃始下笔为此篇。

儒家知识从德性起。德性中即有情感。孟子曰："尧舜性之，汤武反之。"性之，谓一切知识行为由天赋德性来。反之，谓见人如此，反而求之己，乃见其诚然。《中庸》言，"自诚明"，即性之。"自明诚"，即反之。德性知识，本末始终，一贯相承。德性为本为始，知识为末为终。情感即德性中一部分，而且为重要之一部分。人而无情，即无以见性，无以成德，亦无以为人。宋儒陆象山言，尧舜以前曾读何书来。实乃读了无字天书，即伊尹所谓天民之先觉。中国人学字有两义，一曰觉，一曰效。觉即自诚明，性之。效则自明诚，反之。知识从德性来，而还以完成其德性。

德性由天赋。人同此性，亦同此德。时时地地人人事事若不胜其相异，不胜其区别，而终必有其共同大通处。中国知识贵通，各种专门知识居其次。如农学、医学、历数、算学、水利工程等，皆重在事行，惟此等事皆于人群生活关系极大，中国自古即有。然尤要者则在行，即做人方面，即人群相处之道，所谓修齐治平。故知识必贵通。《诗经》三百首，为中国最古文学鼻祖，然中国人不认其专是一文学。诗以言志，分赋、比、兴，我所志贵能通于人人之志，并贵通于其他生命。如咏夫妇和合，即起兴于雎鸠。而诗以用于政，分风、雅、颂，即通于政治之各方面。政治尤贵能通于事事。故不通人情，不通天道，即无以言诗。不通政事，不通礼义，亦无以言诗。古希腊有《荷马史诗》，为西方文学之祖，恋爱战争，杂以神话。然文学只是文学，非可通于社会人事，非可通于政治大道。中国古诗亦言恋爱战争，亦有神话，然其本源出发点，则在天道、人情、政府、社会之种种礼义法度。故于中国古诗中，有哲学，有政治学，有社会学，心理学种种知识学问，而融合会通以为诗。至少不通中国古代政事，即不足以言诗。不通中国古代社会情况，亦不足以言诗。若以近代观念，恋爱、战争、神话，分门别类求之，则全失中国古诗之大意。

又如《尚书》，更主要者为《西周书》，乃中国三千年前之原始史料。非通天道，即中国古人之宇宙观，非通政事，即中国古人之政治学，即无以言《书》。后世奉《尚书》为中国史学鼻祖，其实史学中，即包有哲学政治学等，非可专以史学求。故中国古代之文学与史学，皆通学，非专门之学。非可如后人观念，专以文学与史学视之。

中国后世之史学与文学，其渊源皆从《诗》《书》来，亦非可以专门之知识技能为之限。即如屈原之《离骚》，屈原非一文学家，而《离骚》非仅一文学作品。又如司马迁作《史记》，司马迁乃以史学名家之第一人，《史记》为中国二十五史之第一史。然司马迁师于孔安国董仲舒，孔安国治《尚书》，董仲舒治《春秋》。司马迁之《史记》，又明举董仲舒所言《春秋》大义为其著书之大本大法。故以中国旧观念言，史学必本源于经学。以近代新观念言，则史学必旁通哲学政治学。故司马迁亦不得专以史学家目之，司马迁之高出于其他史家亦即在此。

唐代韩愈倡为古文，为此下一千数百年来中国散体文一大宗师。然韩愈自言，"好古之文，乃好古之道也。"则韩愈之文，乃以明道。故韩愈自比于孟子之距杨墨，以辟佛自任，则韩愈固不以一文学专家自命。韩愈生平并未努力于史，然其言曰，"诛奸谀于既死，发潜德之幽光。"此两语十二字，已见中国史学传统主要精神之所在，亦可说中国史学仍即是一种做人之学。政治上为奸为谀，掌大权，乘大势，得意一时，然史家乃诛之于后世。孔子作《春秋》，而乱臣贼子惧。孔子曰，"《春秋》天子之事"。当时政治领袖不能诛奸谀，而后之史家诛之，使后之继起者知有惧。则不通道，不通政，不懂做人，何得秉史笔。潜德尤不易知，孔子曰，"泰伯三以天下让，民无得而称之。"此非潜德乎。司马迁作《史记》，"世家"始吴泰伯。伯夷亦让国为一平民，及其终饿死于首阳之山。孔子曰："伯夷古之仁人也。"司马迁《史记》"列传"首伯夷，此皆所谓发潜德之幽光。吴泰伯、伯夷远在三千年前，然三千年来之中国人无不知尊崇此两人，又连带及于虞仲叔齐，此皆由孔子司马迁之发其幽光。使非孔子司马迁之高瞻远瞩，亦何以识此两人之能影响后世如是之悠久。但今人则俱不尊泰伯伯夷，又不信孔子司马迁，则又奈之何。

孔子为鲁司寇，位居三家之下，不久即辞去。孔子亦一平民，然司马迁《史记》作为《孔子世家》。孔子非有爵位传其子孙，司马迁宁不知。然古代天子诸侯，爵位皆绝，而孔子则后世崇奉为至圣先师，其家世相传至今两千五百年不绝。司马迁自违其例，以孔子为世家，可谓有远识具百世之眼矣。

汉代崇经学，孔子《春秋》列为五经，孔子亦与周公并尊。孟子则在百家之列，与邹衍、荀况、老、庄、申、韩为伍。韩愈特提高孟子，是亦发潜德之幽光。韩愈在当时仅弟子三数人，其学不再传而绝。宋代欧阳修，始一意尊韩，此亦发潜德之幽光。欧阳修亦文亦史，其为《新五代史》，冯道始见贬斥，此则诛奸谀于既死。故中国之文学史学，乃立名教之大防，文化传统赖以维持，赖以发扬。西方人信灵魂，灵魂界与人生界分别存在。人生短暂多变，灵魂始悠久有常。人生善，死后灵魂升天堂。生而恶，死后灵魂下地狱。恺撒之事恺撒管，上帝耶稣不之问。西方惟宗教始稍近于中国人之讲究做人，但又大不同。中国则仅有此一人生界，奸谀纵得意于生前，亦必见诛于后世。潜德虽幽暗于一时，亦必光昌于百代。其权则在知识分子，中国称为士。士者，知识分子之志道、明道、行道、传道者之称。孔子后，战国时代即成为士、农、工、商之四民社会，而士居其首，故有士贵王不贵之论，其时则王者卿大夫莫不贵士。下至汉代，遂成为士人政府。从政者必以士，故中国知识分子，其权则尤高出于政治人物之上，道统之尊于治统亦在此。如三国时，有曹操、司马懿、诸葛亮，皆士，皆政治人物。然诸葛亮则流芳百世，曹操、司马懿则遗臭万年。南宋秦桧、岳飞亦皆士，皆政治人物。然岳飞流芳百世，秦桧则遗臭万年。人孰不愿为诸葛亮与岳飞，又谁愿为曹操、司马懿、秦桧。故中国人言，三代以上惟恐好名，三代以下惟恐不好名。名者，是非高下之准则，万世人心共同向背之表示。中国人所谓知识，则首贵于知此。

惟此等知识分子，实居社会之少数。中国社会多数多能尊崇此少数，服从此少数。故千人之诺诺，不如一士之谔谔。善钧始从众。西方社会不幸而不见此少数。西方知识分门别类，各务专门，钻牛角尖，一为蛮，一为触，不求相通。西方人重事尤过于重人。人即重其事。各项专门知识之求得，亦即事。中国则在知识与事业之上尚有人。道必求相通，中西史迹昭然。古代如苏格拉底，其社会地位，岂能与孔子相比。中世如康德，社会地位又岂能与朱子相比。即论知识，苏格拉底与康德乃西方一哲学家，孔子则中国一大圣，朱子则中国一大儒，此已大不同。若以中西社会整体与文化传统中之地位相比，则更见其不同。

即就近代论，中国在晚清之末，民国之初，有康有为、章太炎。论其学问知识，决不能定其为一文学家，或史学家，或哲学家、政治学家等。然论其在社会上所具有之力量与影响，亦断非西方任何一大学教授所能比。故中国一知识分子，其在社会上之地位与责任，实远较一西方知识分子为重大。顾亭林言："国家兴亡，肉食者谋之。天下兴亡，匹夫有责。"即指知识分子言。惟知识分子，仅亦一匹夫。天下兴亡，从何负其责。中国人言天下，乃指社会人群，兴亡则指文化道统。反而求之一身，反而求之一心，我身此心即天下万世人之心。此心所明即是道，可以通于天下之广大，万世之悠久。顾亭林《日知录》分三部分，第一部分明道。而亭林之影响于此下中国社会三百年，亦至大莫与京。康有为、章太炎，则不能与顾亭林相比。故使当前之中国，亦黯淡无前途。

谓天下兴亡，匹夫有责，此亦一种甚深之情感，岂纯客观纯理性之哲学知识可比。故在中国有文学，有史学，而无哲学。近代国人好以一切比拟西方，则庄老道家庶近西方哲学气味。因其疏外人事，戒用情感。其实深求之，亦不然。此处不详论。五经中有《周易》，近人亦好以哲学称之。然《易》本为卜筮书，此在《周易》上下篇有明文，在《左传》中有具体事例可证。倘哲学而以预卜人事吉凶为其主要功能，则仍不失中国文化大义。于人事预求吉凶，则必于人事求其通。枝节纷争，利于此，或害于彼，绝非大吉。故《易》曰："元亨利贞"。元者，事之始。亨者，事之通。事必求其始，求其通，又求能通于后事，乃始为有利之贞。又曰："义者，利之和。"一事一物之利，非于相互间求其和，斯为不义，亦即无吉无利可求。

西方古希腊哲学与科学本属同根。下迄近代，亦仍有其紧密之相联。中国古代，农学、医学、天文、历数、水利工程之学，本已早有发展，此皆于人世有大利用。然偏属物理，非人道，中国人乃以次要视之。西方人在此种种专门知识上求通，即彼方之哲学。中国人则在人群修齐治平大道之通则下，再来运用此种种专门知识。此即中西相异。

换言之，西方人求通于物，中国人求通于心。如发明蒸汽，即可通于其他事物，但心不通则争益甚。西方自然科学乃为人生多引争端，而其哲学终不能于此等争端上求会通。则知识诚为人类祸乱之本源。中国人先求通之心，修齐治平大道既立，纵于物有不通处，自可缓以图之。无大不利，亦无大凶。

今日国人一意慕效西方，不知修齐治平大道不可于蒸汽机电机中求之。亦不可分门别类，政治学、法律学、经济学、军事学、外交学种种各自独立。中国自然科学非无发展，但政治、法律、经济、外交、军事等，皆不成专学。如孔门，子路治军，冉有理财，公西华外交，当一专职则可，仍必有主持大计总其成者在其上。今日西方大学教育，亦复分门别类，军事更为专门。由中国观念言，非先求人事之通，岂能有政治、法律、经济、外交诸学。故纵谓西方人不通政治、法律、经济、外交诸学，亦无不可。既非所通，而登高位，掌大权。民选仅凭多数，多数无知，不得积成一知。以无知从事大政，引起人群之祸乱，非知识之罪，乃无知之罪。故近代西方民主政治下，非奸即谀，否则无以餍众选而当大任，而祸乱乃无终极。

中国《大学》之书，有三纲领，八条目。八条目之后四，曰修身、齐家、治国、平天下。而曰："自天子以至于庶人，一是皆以修身为本。"近代西方盛倡个人主义，但不言修身。帝国主义资本主义皆重向外发展，但不言平天下。《大学》言平天下，则在明明德于天下。明德即指人性，亦指人心，明此明德，修身、齐家、治国、平天下一以贯之，无他道矣。西方文学喜言恋爱，亦人性，但非明德，故恋爱非修齐之道。西方文学又好言战争，战争亦人性，但亦非明德，故战争非治平之道。

明德系何，则非大智不能知。《大学》八条目，其首二曰，格物、致知。致知首贵知此明德。格物者，物乃射者所立之位，亦射者所欲射之标的。射不中的，不在易射者之位，亦不在易所射之的，而在善求其射之道。格物即指不易其位与的言。如孝子，居子位而孝其父母，父母不欢，则益善求其道以孝。为子女而知如何能得父母之欢心，斯即明其明德矣。西方人言恋爱，亦必求得对方之欢心。然仅止于男女之间，上不及于对父母之孝，下不及于对子女之慈，更不知老吾老以及人之老，幼吾幼以及人之幼。则其爱，亦专而不通，即非明德。故专门之知，非大知。斯为小人，非君子。唯君子为能善处群，修身即求善处群。不修身，即无以齐家、治国而平天下。

故《大学》三纲领，明明德之下即曰亲民，夫亲其妻，妻亲其夫，上以亲父母，下以亲子女，尽人皆亲，而后天下平。此曰至善，知为至善，即当止。故曰，止于至善。西方人言人生，知进不知止。恋爱成婚，即为夫妇，当求白首偕老，而又言离婚自由。以中国人言，此非自由，乃不得已。周公大义灭亲，办不得已。战争办人生中一不得已事。故曰，止戈为武。必能以战止战，以争止争。但亦非失德以战昧德以争之所能同日而语。

故中国人言修齐治平乃做人大道，首贵在使人人知此心之明德而明之。此义发于《大学》。《大学》一书出于战国之晚世，而不知究出于何人之手。至宋儒始尊以为四书之一，而成为中国人人一本必读书。此亦可谓发潜德之幽光。今日国人尽讥中国人好古守旧。然古人何限，何以独尊尧舜禹汤文武周公，何以于此外又尊吴泰伯与伯夷。古书何限，何以独尊五经，而又于五经外又增以四书。此岂一意好古守旧者之所能与知。

宋儒张横渠有言："为天地立心，为生民立命，为往圣继绝学，为万世开太平。"如《大学》言明明德，即是为天地立心。《大学》言明明德以亲民，即是为生民立命。表章《大学》，即为往圣继绝学，而其意则在为万世开太平，此岂又一意好古守旧者之所为。明道伊川两兄弟，即同时以张子《西铭》与《大学》一书开示学者，又岂专以好古守旧为学。若必专以好古守旧为事，则《诗》《书》之外，不容再有孔子《春秋》、屈原《离骚》，以及此下司马迁之《史记》。孔子《论语》以后，亦不容再有《孟子》与《大学》《中庸》之合成为四书。天下亦宁有无旧之新，又宁有无古之今。抑且新转瞬即成旧，今转瞬即为古。本末终始，吾道一贯，又宁有古今新旧之可辨。然而吾今日之国人，则若西方无不新，号为现代。即希腊罗马犹然，因其为中国所未有。在中国则无不旧，是谓古老。不论唐虞三代，即下至宋元明清亦莫不然，因其为中国之固有。此又为当前不争之一种心理事实，然此种心理又何能不变，窃恐转瞬之间，亦将成为一种陈旧古老心理。此则今日吾当前国人所当反而自问之己心者，此亦当前一莫大知识问题。

今再综合言之，知识当为人生求，非为知求知。知识不当外于人生，而认其有客观独立之地位。如天文、历数，以授民时。阴阳寒暑，昼夜晦明，日出而作，日入而息，不仅为农，亦人生日常所当循。抑且人事必有是非、邪正、利弊、得失相反之两端，贵能执其两端而用其中。中国人求知天，亦为道，即为人生，非为知求知。西方人发现地绕日，非日绕地。此对西方宗教信仰有大争议。中国人得此，惟加首肯，于中国相传人生大道非有可争。西方天文学为知求知，寻而益远，所知益精益细，其对人生之意义价值亦日进而日微。增一新知，非必于道有裨。

中国古人言："天地之大德曰生。""民吾同胞，物吾与也。"同此生命，即同禀天德。惟大德敦化，小德川流，德有大小。西方人发明生物进化论，亦于彼方宗教信仰有大争议。中国人得此新知，于人生大道仍无大变，无多争。西方生物学，一蝇一蚋，尽毕生之力以求，所求日精，所知日细，亦可谓于人生非有大裨益。而更可怪者，自然科学本求物理，而西方人乃循此以转向人文。则人文又尽变为自然，乃天而非人，岂不即人世而已变为天堂。

中西双方求知态度不同，故其所求得之知识之内容方面亦不同。其于人生之意义价值亦不同，此则可一言而判者。其他种种，引申无极，本篇暂止于此，不复旁及。

六九　学问与知识

中国人重言学问，西方人重言知识。学问乃求取知识之工夫，知识则学问获得之成果。西方人重功利，故重知识成果。中国人重道义，故重学问工夫。此又中西文化歧异一要点。

但学问则人人可同，知识则各别相异。故西方人求知识必求标新立异，出奇制胜。我之所知所有，当为他人之所不知所无。亦如商品，只此一家，别无分出，乃可广事推销，多获赢利。此乃为自己谋，非为他人谋。商品出售，果于购买者有真利实益与否，此为商人所不计。古希腊人谓知识即权力。近代美国哲学家杜威谓知识当如一张银行支票，可向银行兑现，始有其意义与价值。

今日为知识爆破时代，然而社会不安，国际动荡，人生祸乱丛起，亟亟不可终日。几于知识愈进步，而人生愈堕退，此实一至为明显之事。如自然科学中之天文学，自哥白尼与伽利略发明了地球绕太阳转，非太阳绕地球转，太阳与月亮非可相等并视。此已为人类知识开示出一正确观点，于日常人生有大贡献。但继此而进，直至今日，太阳系外之无数星云，以及太阳系内环绕太阳之各行星，如火星土星之类，其种种知识，究与当前人类祸乱具何关系，有何挽救，岂不如河汉之不相涉。然而西方科学家，积数百年来对此方面耗费了大量心力财力，旦夕以求。天文知识日进无疆，而此辈知识分子，竟不肯稍回头来，先求解决了当前危机，再向此无限知识界探求。岂不如一企业家，只求自己商品推销，更不在当前经济危机上暂时有所措意，一色无异。

又如生物学发明了人类演进来源，此于当前人类日常生活之应有知识上，亦有相当效益。继此而进，世界生物何限，下至深海底，上及太空界，千俦万品，一一探索，此亦尽成为一种知识。但对人类当前危机究何关系，则亦置而不问。

自然科学界如此，哲学亦然。其实西方哲学知识亦从自然科学知识中来。自然知识无穷，斯哲学构想亦无穷。即如西方宗教，实亦是一种知识。惟耶稣为一上帝独生子，有关上帝天堂灵魂种种知识，只有耶稣得知。其他人只得对耶稣有信仰，不得在耶稣以外有知识发现。纵使自然科学乃及哲学有种种新发现，新解说，但信仰自信仰，仍可各不相牵涉。此亦如公司产生商品，各自牟利，互不相关。

中国人则不然。知识是各别的，而学问则是共同的。中国人奖励人教导人去学问，却不在知识上来过求分别。故中国人只称学人、学者、学士，却无知识分子一称呼。孔子自称学不厌，教不倦，只自称其学，并以学为教，即是亦教人学。至于学之所得知识方面之高下是非，则属次要问题。此亦犹农业之但问耕耘不问收获，同一意义。

学则必有知。中国人之学，主要在学做人，又更重在行。孔门七十二弟子，最能学孔子者，群推颜渊。颜渊有言："夫子步亦步，夫子趋亦趋。既竭吾才，如有所立卓尔。虽欲从之，末由也已。"是颜渊主要在学孔子之为人，不在学孔子之知识。而如何为人，乃有其难知难学处。故孔子曰："学而时习之，不亦说乎。有朋自远方来，不亦乐乎。人不知而不愠，不亦君子乎。"是孔子非不知自己为人有他人难知处，但只求自己为人，非为要人知我。不仅他人不能尽知我，即我亦何从尽知得他人，故孔子又曰："后生可畏，焉知来者之不如今。"是孔子亦自承对后生有不知，则又焉知后生之必知我。至于行，则有一共同标准。孔子所学在此，其教人亦在此。

此一共同标准，中国人谓之道。道重在行。西方人则言真理，真理重在知。我所知不能尽与人同。亚里斯多德言："我爱吾师，我尤爱真理。"师弟子间所知，亦不能无分别。与颜渊之称"虽欲从之，末由也已"大不同。故中国人言尊师重道，与西方人言我爱吾师，我尤爱真理大不同。中国文化有传统，一脉相承。而西方知识界则日变日新，师承传统，皆非所重。

中国人重做人，不重知识，故亦不重著书立说，为自己作表扬。中国相传最古书籍有《诗》、《书》、《礼》、《易》、《春秋》五经。《诗经》三百首，作者可考最多只几首，但绝不重要。此三百首诗之编集人，后世亦不知。《书经》数十篇，不知其作者，亦不知其编集人。《易经》《仪礼》，作者亦不知。惟《春秋》乃孔子作。但孔子作《春秋》，乃根据《鲁史》旧文，与自己著书立说亦大不同。然惟此已为中国古代私人著书之惟一例证。

孔子生平教育门人弟子，均出随时告语答问，并未自写数十条作为其授教之纲要，更未尝作一教本。《论语》所载，皆出其门人弟子所记录。逐条记录者，亦多不知其主名。《论语》一书之编纂，亦不知出于孔子身后几代谁人之手。墨子亦未尝亲著书。今传《墨子》书，亦不出于墨子弟子，乃在数传之后。《孟子》七篇，乃由其门人万章公孙丑之徒随时记录，或有孟子亲所撰写，然与立意自著书仍不同。

其他先秦诸子，大体皆然。惟道家如庄周老聃，《庄子》内篇七篇，《老子》上下篇，当出庄老之亲笔。《庄子》外杂篇，则不知出庄周后几代何人之手。亦不自标姓名，惟传师旨而止。今传诸子书，惟荀卿韩非两人最多自撰之篇。或荀子为楚之兰陵令，老于南方，遂多闭门撰述。而韩非则为韩之诸公子，不以传授弟子为业，故亦多闲居之笔。

最晚如吕不韦，为秦相，广招宾客，编撰《吕氏春秋》一书。但宾客姓名，亦所不知。西汉初，淮南王亦招宾客著书。宾客姓名略有传，然何人作何篇，则均不可考。《周易》十传，大、小戴《礼记》中所收各篇，后世最著名者如《中庸》《大学》等，均不知作者姓名。要之，中国人观念，著书乃以传道，非以扬名。道为公，名则私。为社会大群传道，非为个人著作扬名。果图私名，即非公道。孔子曰："述而不作。"先孔子，鲁国有叔孙豹，有立德立功立言三不朽之说。随时随事所言当于道，后人记述之，其言即不朽。则德功言不朽，皆公非私。孔子所言，由其门人弟子记下，非孔子自立言以求不朽。

故中国古代经子，皆非私人著书。史籍乃记古人前言往行，与著书自立说不同，故孔子作《春秋》。但记述前言往行，宜亦有道，其道则在褒贬。孔子《春秋》虽因《鲁史》旧文，然笔则笔，削则削，游夏之徒不能赞一辞。《春秋》有三传，《公羊》《穀梁》传其辞义，《左氏》详其事迹，两百四十年列国君臣前言往行，记载甚备。此皆出孔子以前列国史书，其作者姓名皆不详。司马迁身为史官，承父遗命，作为《太史公书》。义法一本《春秋》，是为中国史学界继孔子后著书有主名之第一人。后代史书，始多作者主名。然司马迁自言："明天人之际，通古今之变，成一家之言。藏之名山，传之其人。"则其书亦为传道，不为自立说自成名。

经史子三种外有集部，今人称之为文学。最早《诗经》三百首，继之有屈原《离骚》，乃为中国文学有主名作者之第一人。然屈原忠君爱国，离骚者，犹罹忧也。屈原所忧在楚之君国，亦为公，不为私。《离骚》外，尚有他篇如《九歌》等，合称《楚辞》。屈原弟子如宋玉唐勒，慕效其师为文，但其地位断不能与屈原相比。高下不在文辞，而在著作之心意。故虽同在《楚辞》中，意义价值自别。

其他战国时代文学作品有主名可举而获后世之极高评价者，最著如乐毅《报燕惠王书》。乐毅亦如屈原，忠于燕，爱其君，而遭谗以去。其意亦本不求为一文学家，故其《报燕惠王书》，乃与文学家自创一文学作品之意义大不同。其次如李斯在秦《谏逐客书》，与秦国当时政事大有关，其书亦流传，何尝是李斯创意求为文传名。又如其为《峄山碑》，亦为秦代统一后一政事文件，非私人一文学创作。而李斯亦绝非一文学家，但其作品则列入集部中。

汉初有贾谊作《过秦论》，此乃其青年从学，对当前史迹有莫大感触所发抒。其《上治安策》、《陈政事疏》，则对当时政治深思熟虑作莫大之贡献。及其远赴长沙，吊屈原，为《鵩鸟赋》，则其忧伤国事，感触遭遇，满腔心情所难禁之发泄。凡所写作，皆以一己身世作题材，主要则在性情上，对于国与天下人群有无上之关切，而岂有意于著书立说，为一己之表扬。更岂写为文学，以供他人之娱乐。汇而观之，则亦经亦子，亦史亦集，何尝如近人所想，乃有一套各自分别之专门知识，成为一专门之创造与发明。如贾谊，亦仅以一己之学公之当世。凡中国人之所谓学，经史子集四部大体皆然。

此下演变，同此本源。今不逐人逐书加以详论，姑举其较特出者略为陈说。东汉初王充《论衡》，人则隐沦，书则网罗以前各家各说，而一一加以怀疑批评，是亦见其知识之广。其人之杰出于俦类，而有近于今人所慕效西方著书立说之所为。近代学人章太炎，乃特加欣赏，谓中国有一王充，可以无耻。其自著书，名《国故论衡》。同时有《国粹学报》。太炎意以往陈迹当称国故，不当称国粹，又必一一再加以论定。此见中国古人尚学不尚知，述而不作信而好古之传统心情已大变。此下胡适之为先秦哲学思想史，不崇一家，不尊一说，所述必加批评，此亦太炎《国故论衡》之意。至于自著书自立说，则尚待后人努力。

中国之佛教，僧侣仅务传译，不事创作。或谓宗教信仰宜然。其实在印度，释迦以后，佛教僧侣多自著书自立说。中国僧侣则述而不作，亦如儒家。传译以外，则加阐说。同时五经有义疏，注外加注，此一风气亦受当时佛门之影响。隋唐以下，天台华严，中国僧人亦自成宗派，然不自创经典，仍据传译某部经为之会通阐说而止。同时有禅宗，则不立文字，仅有口说，受者写为语录。说者谓语录乃禅门之新创，实则如《论语》，亦即孔门之语录。惟《六祖坛经》乃用当时通俗白话，与《论语》雅言有别而已。是南北朝隋唐之佛徒，可谓仍不失中国学人传统。

唐韩愈以提倡古文名，自言："好古之文，乃好古之道。"又以己之辟佛自比于孟子之拒杨墨，毅然以师道自居，而曰："并世无孔子，愈不当在弟子之列。"是韩愈以孔门之传道者自任，非有意自创为一文人。惟道之所在，身家国天下，出处进退，一饮一馔，一会一别，一死一葬，随时随地，随人随事，一吟一咏，一章一篇，皆以见道，亦即如著书立说。韩柳然，李杜亦然，其诗其文，皆以传道。后人乃以诗人文人目之，宁待必自编一传奇，自创一剧本，乃始得以文学家成名。

宋代欧阳修承继韩愈，倡导为古文。然欧阳说《诗》说《易》，作为《新五代史》、《新唐书》，其学亦经亦史，其集即亦自成一子。经史子集四部之学，已兼有之，亦岂求为一文学专家。同时有曾巩，王安石，苏洵、轼、辙父子，其学其人，大体皆然。此等皆为中国之学人，与今世之所谓文学家知识分子有辨。

理学家起，周濂溪作为《易通书》，大旨在说《易》，亦所谓信而好古述而不作。张横渠著《正蒙》，书名亦本之《易》，大旨仍在阐说古经典，非为自著书自立说。二程兄弟，广传弟子，其学更见在其门人弟子之《语录》。伊川生平唯著《易传》一书，仍在阐说古经典。明道则无之。

南宋朱子，集周张二程理学之大成。著书说《诗》、说《易》、说《礼》、说《春秋》，又有《四书集注》，皆阐说古经典。有《名臣言行录》，乃属史。其诗文成一集，即其一己作品之自成一子。其学亦经史子集四部皆备。而生平讲学大旨，则更详见于其门人弟子之《语类》。亦非自著书，自立说，自成一专家，如今人所想象。朱子毕生勤学，乃可为中国传统学人一榜样。今人乃亦目为一知识分子，则不专门，非专家，泛滥无归，又何堪与当前分门别类之知识分子相比。

朱子先有《近思录》，荟萃周张二程言，分十四目，首道体。此见中国学问传统，主求道，即为己之学。中国古人称道，后称理，道学亦称理学。做人必讲道理，出处进退用舍行藏皆以道，一切财势权力无如之何。西方重知识，求为人用，由中国观念言，乃为人之学。乃有法律，保障自由人权。此乃中西为人为学一大相歧点。

《近思录》第二目为学大要，第三格物穷理，此言为学之纲要。四存养，五改过迁善，克己复礼，即言为学主在做人。六齐家之道，七出处进退辞受之义，八治国平天下之道，由修身推至于齐家治国平天下，四者一以贯之，而人道尽。九制度，十处事之方，十一教学之道，此皆由修齐治平之道来。十二改过及人心疵病，十三辨异端之学，十四圣贤气象，此三目乃言为人以圣贤为终极。故为学主做人明道，则重在大而通，知识则贵专而精。观《近思录》十四目，即知中国学问在做人，而知识非其首要。

书名《近思录》，乃从《论语》子夏"切问而近思，可谓好学"来。学做人，故需切问近思。西方哲学贵能远思，能自创说，不待切问而近思。此亦中西为学一歧点。

元代王应麟厚斋著《困学纪闻》。孔子言生而知之，学而知之，困而学之。陆象山言尧舜以前曾读何书来，则生而知之。孔子十有五而志于学，五十而知天命，则学而知之。厚斋亡国遗民，自居为困学，而不敢言知，故曰《纪闻》，实如一部读书笔记。然而经史子集四部之书无不学，此可谓博学多闻。其实厚斋此书即从朱子《近思录》来。《近思录》亦是一部读书笔记，惟只记原文。厚斋之《纪闻》，则记其读后之心得。得之古人，即心悟于道。非如今人必自创造自主张，乃为自我知识，非他人所能及。厚斋一代大儒，而自称《困学纪闻》。中西学人意态岂不显而易见。

清初顾炎武亭林，亦亡国遗民，著为《日知录》，亦从《论语》子夏"日知其所无，月无忘其所能，可谓好学也已矣"来。则亭林之所谓"日知"，亦犹厚斋之所谓"困学"。此皆见中国学人意态。其书亦即一种读书笔记，经史子集无不学。厚斋亭林乃皆以博学于文为教，其实即皆孔子述而不作信而好古之义。故中国人又称学人为读书人，谓三日不读书，便觉面目可憎。读书人求为一非可憎人，斯足矣。

亭林同时黄宗羲梨洲，著《明夷待访录》。其书根源经史，自成一家言。经史子集四部之学，亦兼而有之。贾谊《陈政事疏》，董仲舒《贤良对策》，梨洲亡国遗民，无此机缘，乃录以"待访"。心抱亡国之痛，而仍不忘以天下为己任，此亦传道宏道之心，上同于孔子之作《春秋》。而岂著书立说，自我创造，自我表现，以自扬己名，如今人所想象之知识分子专门学者所当同类而语。

乾嘉以下，学风又变，分宋学与汉学。宋学尚言义理，而汉学仅治训诂考据，发明古人之所言，斯止矣。戴震作《孟子字义疏证》，拈出《孟子》书中主要几字，定其义训。非我有言，乃阐述孟子之言，义理即在是，故曰："训诂明而后义理明"。此亦述而不作。乾嘉之学仍是中国旧传统，旧矩矱。其意若益谦，但实则为轻蔑鄙薄清廷之科举功令，亦上承晚明遗老之意来。惟戴震之徒，有学无己，重知不重行，则与晚明遗老大异。而近人乃谓其有近似西方处，倍加称重，斯又拟于不伦。惟高邮王氏父子著《读书杂志》，《经义述闻》，乃一意于训诂，不牵涉义理争辩，此始有似于西方专门之学，为知识而知识，转少大可讥评处。但其学术渊源，则中西终自大不同。昧于二王治学之用心，则亦不足以言二王之学。此义他详，兹不赘。

乾嘉为学，亦文亦史亦子，不专一于治经。钱大昕著《十驾斋养新录》，则亦为一部读书笔记，远追王顾遗绪。同时有章实斋著《文史通义》，其书不仅求通文史之学，并经子之学亦求通于一道。自谓其学渊源宋学，与当时分别汉宋以为学者不同。

晚清陈澧有《东塾读书记》，亦如钱大昕《养新录》，皆记录其毕生为学，读书所得，如是而已。何尝标榜一己，自谓高出前人。中国学术传统一大特性，即可由此而见。陈澧前有汪中，欲著《述学》一书，惜未成稿。述学者，即述其所学。中国古今学人，必重自述所学，学从何处来，不贵自创造。清末张之洞主张中学为体，西学为用。嘱其门客为《书目答问》一书，亦举古今书籍分类编目，读此可知中学之大概。

当时分义理考据辞章为三学。今人谓辞章为文学，但中国文学亦非一专门之学。姚鼐为《古文辞类纂》一书，亦指示人如何读前人文。曾国藩言"国藩之粗解文章，由姚先生启之"。乃自为《十八家诗钞》，又命其门客为《经史百家杂钞》。如何读前人文，此即自己学文之途径，如何读前人书，亦即自己为学之途径。舍此何以为学。故中国之学曰尊师重道，仍即孔子之所谓信而好古，述而不作。作为文章，尚不以自创造自开新为上。惟作者自有其身世遭遇，不同于前人，则虽好古不作，而仍不善其有自己特殊之一分，如此而已。辞章如此，更何论于义理考据，而可自夸有创造有开新。曾国藩又有《求阙斋读书记》，即《东塾读书记》之先例。故曾国藩虽自称学古文于姚惜抱，而又为《圣哲画像记》。又于当时义理考据辞章三门学术之外，加入经济一门。其所谓经济，即属治平大道。则湘乡之学，又更在重行可知。

西学东来，世风大变，而无奈拘墟坐井，所变亦有限。章炳麟自号太炎，乃表其超于顾炎武。康有为自号长素，乃表其超于孔子。然康章皆信重佛教。康有为著《大同书》，大同二字本之《小戴礼记》之《礼运》篇，而其书内容则多从佛说。太炎《菿汉微言》，排列孔子地位在佛门为第几等。则此两人亦皆述而不作，不自标彰其一己知识之特出而独立，实仍未脱中国旧传统。胡适之始转而师法欧美，曰赛先生德先生，全盘西化，但亦不谓有己见之特出独立。自此以下，国人已不读中国书，但依然述而不作，惟所述则在欧美，如是而已。然欧美之为学，则有作无述。是则今日国人之为学，岂不仍是一中学为体，西学为用之旧调。惟中国古人则主用夏变夷，近人则主用夷变夏。但西方主变，他日西方又变，则不知我国人又将何所承袭以自成其一己。

孔子曰："知之为知之，不知为不知，是知也。"是知必当兼知其有所不知，学亦当兼知其有所不学。颜渊学孔子曰："夫子步亦步，夫子趋亦趋。"在知识方面，易知则易学。又曰："如有所立卓尔，虽欲从之，末由也已。"则在为人方面，有难知难学者。孔子所言，读一部《论语》而可知。但孔子何由而出此言，又何为而出此言，则岂不难知而难学。若仅论知识，一部《论语》所言有限，我能超其所言而为言，岂不已超孔子而上之。孔子曰"述而不作"，一部《论语》，实多述周公之所未及言，孔子则若自谓未有言。孟子曰："孔子圣之时者。"孔子已与周公异时，乃成其为孔子。孔子之难知难学处乃在此。

今人则必曰现代化，生现代，当知现代，为现代人。现代与古代时不同，我乃得杰出于古人。但后人又必杰出于我。故仅知现代，仅学现代，不知有古人，不知有后人，则当成为一无知无学之人。孔子曰："其或继周者，虽百世可知。"则孔子为圣之时，与今人之所谓现代化又大异其趣矣。孔子又曰："后生可畏，焉知来者之不如今。"则后生之可畏，乃为其亦能如前人。今人则又必谓人类进步，今人当决不能追随后人，一如后人。斯则生为现代人，现代即变而去，又何知之有，何言之有。

七〇　知识与生命

中国古人极看重知识,孔孟儒家姑不论,即庄老道家亦然。庄子《逍遥游》称:"小知不及大知,小年不及大年。"知分大小,即其重视知识之证。又以知识与生命并言,更见其重视知识。中国人主从生命内部求知识,不向生命外面求。西方人则反之。此为中西双方求知态度相异一大特征。

庄子《养生主》又称:"吾生也有涯,而知也无涯,以有涯随无涯,殆已。已而为知者,则殆而已矣。"从生命外面求,时空事物,无边无际,无穷无竭,以我短暂狭小之生命,向之求知,此为一危殆之道。果凭此为知,则惟有危殆而止。此非不重知识,乃主知识不应向外求。

人生外部最大莫如天。人类莫不知有天,然天实难知,天上是否有一帝,此事不易知。中国古人似亦信天上有帝。孔子于此不加深求,仅曰"天生德于予",又曰"知我者其天乎"。则孔子似非不信天上有帝,但孔子仅从己言,不从天言。孔子仅自信有德。就一般言,此德应由天赋。孔子自谦又自尊,自安又自虚。德之所成,并世稀知,则曰知我惟天,但不言何待人知。人果不知,仍望天知。孔子又言"五十而知天命"。孔子五十成德,乃谓上天命我如是,此其意态仍可谓极自尊又极自谦,极自虚又极自安。能如此足矣,又何烦确求天帝之知。

孔子重道,乃人生之道,当就人生求。墨翟反孔子。孔子言孝,墨翟言兼爱,必欲视人之父若其父,谓此乃本之天志。孔子并未明言天上有帝,惟人生自幼即知孝父母,乃谓孝亦天命,如此而止。墨翟则似确信天上有帝,人生无不有父母,即天志命我以兼爱。此非内求诸己,乃外求之天。儒墨是非在此。庄子《齐物论》兼反儒墨,然其求知意态则实近儒,不近墨。

庄子《大宗师》有曰:"知天之所为,知人之所为者,至矣。知天之所为者,天而生也。知人之所为者,以其知之所知,以养其知之所不知,终其天年而不中道夭者,是知之盛也。"是庄子言知,亦兼天人言。惟庄子之求知于天者,仅曰"天而生"。人由天生,此易知。惟天之生人,欲其孝抑欲其兼爱,则不易知。故庄子不之言。然则人生当奈何?庄子意,天既生我,我当尽其天年,而不中道夭,斯可矣。何以尽其天年?是必有道。而其道则半在人,半在天。在天者,我不知。则惟以我所知养我所不知而已,无烦深求。

此处庄子意颇近孔子。孔子曰:"知之为知之,不知为不知,是知也。"有所知,有所不知。知我所不知,亦即是知。人能知己有不知,亦即是知。宁知上天之必有帝,又如何为帝,此皆不易知。孔子曰:"祭神如神在,我不与祭如不祭。"人之祭神,固知神之所在,又果知神之若何而为神，孔子不深求。祭神如神在，仅求之吾心。人岂并己心而不知，知吾此心，临祭而敬，斯即如神之在矣。然则神即在吾心之敬，若我不与祭，或心不生此敬，则祭如不祭。有神与无神事在外，孔子不论。祭与不祭在人事，孔子乃辨之。

或疑孔子果不知有神，何烦祭。但神之有无，孔子所不知，姑尽我之心而祭，此乃孔子对人生之慎，亦即庄子所谓以其所知养其所不知。临祭而敬，可得神欢，孔子知之。临祭而不敬，不可得神欢，孔子亦知之。至于神之有无，则孔子所不知，惟尽其在我，临祭而敬，斯可矣。若必废祭先求神之有无，万一果有神，我此不祭，先获神谴，慎于人事者不当如是。故贵以所知养所不知。

天与神，孔子不知。死亦孔子所不知。或问死，孔子曰："未知生，焉知死。"先从事于可知，庄子曰："善我之生，即所以善我之死。"此亦以其所知养所不知之一例。

个人如是，大群亦然。中国自尧舜禹汤文武周公以来，积两千年之久，若何则治，若何则乱，史迹俱在，宜可知。此下事变繁兴，岂能一一逆知。孔子曰："述而不作，信而好古。其或继周者，虽百世可知。"此亦以其所知养其所不知。而中国之大群人生，乃自孔子迄于今又已两千五百年，而尚未有艾，此亦可谓善尽其天年矣。

西方古希腊人亦重知识，并谓知识即权力。但从人生外部求之，并又认为可以无所不知，有所全知，求得真理，乃可凭以指导人生。然外于人生，又何人生真理可得。西方人于科学哲学皆有甚深造诣，但不知何以于异中求同。如古希腊有诸城邦，而无一统一领导之政府。有此民族，无此国家。马其顿起，希腊即亡，此未可谓尽其天年。柏拉图悬书门外，非通几何学，勿入吾门。但几何真理非即人生真理。从几何学所得知识，乃部分知识，非全体知识。柏拉图著《理想国》一书，不本之于实际人生，而仅凭理想。在当时无可通行，下及近世亦然。亚里斯多德继柏拉图而起，持论即与柏拉图相异，并曰："我爱吾师，我尤爱真理。"此与中国孔子庄子所言甚不同。庄子并不师孔子，而所陈义理尽多相同处。何以故，以其同本之实际人生内部故。西方哲学则人持一说，至今无定见。

　　罗马亦一城邦，凭武力统一意大利半岛，又环地中海拓展形成一大帝国。但罗马人不甚重知识，从希腊俘虏中获得一知半解，即告满足。罗马帝国崩溃，亦未可谓罗马人已尽其天年。中古时期，耶教昌行。但耶稣乃犹太人，其教何以得盛行于欧西？因欧西人生不安，信仰天国上帝，心始稍安。但真得安乃在死后。方其生前，固仍不安。循是以至现代国家兴起，其生前之人心不安则如旧。一方效希腊人经商成为资本主义，一方效罗马人整军经武继续帝国主义，富强不可一世。但经两次世界大战，国力均告衰退。以常理推之，能勿接踵希腊罗马遽此沦澌以尽，已为至幸。至于盛况再临，西欧人已不作此梦想。岂得谓已尽其天年而非中道夭。

　　继欧西而起者，曰美曰苏，今称世界两大强。然第三次世界大战是否不再继起，无人能加保证。原子弹肆虐，两败俱伤，已有作此预言者。然则美苏如何终其天年而不中道夭，亦复无此把握。西方文化陷此悲境，即在其不能以其所知以养其所不知，而仅求在不可知中求知。以为可以应变，而不知终是一危局。庄生则已先言之。

哲学宗教既均不能解救此危机，试言科学。余生晚清光绪乙未，无锡乡村中尚无电灯。十三岁入常州府中学堂，始见有电灯。及今回忆，余幼时十三年中，人生亦有快乐。十三年后，亦多极不快乐事。今人则谓科学使人生进步，实则科学仅与人一方便，非能使人生有进步。以余一人一生所知，此即一真理。科学发明，仅在物质上。人生安乐，则别有所在。至于人生之品质高下，则犹非安乐一端所能定。孟子曰："生于忧患，死于安乐。"此则可与知者知，难为俗人言。余此下八十年来，科学种种发明，而人生则日增其不安不乐。此下之不安不乐，或将更过于今日。物质人生尚如此，品质人生更何论。

宰我以三年之丧问孔子，谓一年春夏秋冬四季，气候变尽，守父母丧一年已可，何必三年。孔子意，父母死，究否有鬼，鬼经三年，其变又如何，皆所不知，亦不向此等处求知。只谓子生三年，然后免于父母之怀抱，故守丧三年，乃觉心安。今汝若觉一年心安，即守一年丧亦可。此非孔子深斥宰我，实告宰我以人生大道，贵在及己求之。孟子告曹交亦曰："子归而求之有余师。"古代是否有三年之丧，后人以考据家态度来疑孔子。实则孔子曰："慎终追远，民德归厚。"孔子着意处正在人生之德上。庄子亦好言德，故有《德充符》之篇。西方人不言德，此又中西双方言人生一大歧点。

庄子《大宗师》又云："以德为循者，言其与有足者至于丘也。"我何堪与无足者同至于丘，亦不能与无德者同臻于道。孔子曰："十室之邑，必有忠信如丘者焉，不如丘之好学也。"人群大道亦惟一本于人性之忠信，加之以学，乃可达于道。学即学己之忠信而已。行远自迩，登高自卑，人之至于丘，亦惟在己之双足。有足自能行而至，有德自能学而成，此亦以其所知养其所不知。不知孔子之道，岂不知己心之忠信，是在好学。孔子曰："学而时习之，不亦说乎。"学则自能悦，此亦人之德，在人自学而自知之。中国人教人，在教其内心之自知。西方哲学求知，则在人之外，不在人之内。故必有逻辑辩证，语言有组织，积累篇牍，强人以信。但人亦向外求，外又何限，求而得者不同，则曰："我爱吾师，我尤爱真理。"中国教人，只自述所知。人有同德，斯亦同知。故中国言教必言化，乃学者之自化，非教者所能强加之以化。

庄子《大宗师》又言："道可传而不可受。"孔子之时习而说，此即孔子之传道。学者自学自习，乃学者之自得。故学贵自学，得贵自得。西方哲学亦志在传道，而期人之受，不待其化。庄子又曰："其嗜欲深者其天机浅。"志在传道，不待人之自化，志在受道，不求己之自得，此皆嗜欲。自化自得，此乃人之天机，以其所知养其所不知，天机自发，则所得日进，此乃是自然。

庄子善譬喻，《养生主》篇曰："指穷于为薪，火传也，不知其尽也。"人文大道，即今人所谓之文化，如一大燃烧体，发光发热。人在大群体中亦如一薪，能发光发热，传及他薪。此薪已燃烧成灰，他薪仍续燃烧。尧舜禹汤文武周公前薪已尽，孔子如后薪，发光发热，但亦必尽。孔子曰："后生可畏，焉知来者之不如今。"庄子孟子，又属后生，同一发光发热，亦同归于尽。而人群至以永传。西方哲学，各别成家。希腊罗马各自成一文化，又有现代西方文化，文化日进步，前人不如后人，则人死惟有上天堂。故西方宗教虽与科学哲学各相异，而人各有其久传永存之价值。但人之知识，只能知其一部分，不能知其大全体。空间然，时间亦然。中国则以知养其所不知，西方则以互不相知互相争，此其异。

庄子《大宗师》又言："古之真人，不忘其所始，不求其所终。"人生所始，如婴孩三年，免于父母之怀抱，虽不自知，而能不忘。百年之生，亦非全知，而多能不忘。故中国人重记忆，乃重历史。西方人则不重记忆，亦不重历史。希腊罗马人，皆不言其始，乃亦不计其所终。现今西方人亦然。皆忘其所始，而又忽其所或终。故西方人乃轻其前后，而重视当身。求变求新，更求自创造。信当世不信先后天，乃至失其为人为我，而卒亦无可知其所将终。心劳日拙，现世则已，其果何为。故中国人尊先贤，畏后生。所知皆从先贤来，能为后生开一始，斯可矣。此亦以其知养其所不知，以待其自化。何尝如西方人，必求自创一真理，为后人永守。后人承此心理，亦求变求新，而所谓真理，亦随此日变日新而俱去。中国人则不求变，不求新，惟此一化，乃自变自新，而仍在此一化中。化即是道，万化而不出此一道。惟儒家言道重人生，道家则推而至宇宙自然，非有他也。

庄子《齐物论》，一儒墨之是非。然他篇如《人间世》、《大宗师》，多称仲尼，亦及颜渊，乃不提墨翟禽滑厘。虽亦寓言，而儒墨不齐可知。故庄子言至人神人，亦言圣人。老子始曰"圣人不死，大盗不止"，乃见非圣意。庄子言道亦言德，老子则曰："失道而后德。"庄老相较，浅深自见。老子又言："绝学无忧。"《庄子》内篇中有《大宗师》，既有宗师，则仍主有学。老子主张小国寡民，老死不相往来。而《庄子》内篇中有《应帝王》，既有帝王，则非小国寡民可知。则庄子对教育，对政治，仍与孔子儒家有吾道一贯先后相承之大义存在。而老子则言之过激。老继庄后，一如荀子继孟子之后。后人欲求异于孔子，乃多举老聃，鲜及庄周。但阮瞻终以"将毋同"三字得掾，见《世说新语》。则中国文化儒道两家融通和合之大体系，实亦为历代学人所同契。惟或偏庄老，或偏孔孟，乃若有其相异耳。

庄子《应帝王》又曰："明王之治，功盖天下，而似不自己。"孔子亦曰："尧舜恭己正南面而已矣，荡荡乎民无能名焉。"民无能名，即似不自己。可见庄子与孔子意实无大异。又曰："化贷万物，而民弗恃。"此语尤有深义。中国人言教，每曰教化。言治，每曰治化。言天地，则曰造化。化待万物之自化。《大学》言："自天子至于庶人，一是皆以修身为本。"修身即自化，故曰："反求之己"，"尽其在我"，则在外无所恃。西方人必求恃于外。希腊经商恃财力，罗马整军恃武力。直至近代资本主义恃财力，帝国主义恃武力。宗教恃上帝，科学恃自然万物，必在外有所恃，此在中国谓之霸道。中国尚王道。孟子曰："霸者以力服人，非心服也，力不足也。王者以德服人，心悦而诚服之也。"尚德必修之身。韩愈曰："德者，足于己无待于外。"故能弗恃在外。则庄周道家言，实与孔孟儒义无大殊矣。

《应帝王》又曰:"南海之帝为儵,北海之帝为忽,中央之帝为浑沌。儵与忽相遇于浑沌之地,浑沌待之甚善。儵与忽谋报浑沌之德,曰,人皆有七窍,以视听食息。此独无有,尝试凿之。日凿一窍,七日而浑沌死。"七窍在《养生主》谓之官知,目视耳听,求知皆在外。浑沌非无知,惟知在一身,融通和合,乃全体之知,非分别之知。若果无知,则何以能善待儵忽,此即儒家所谓忠信之德。忠信非无知,亦乃一全体知,非部分知。死生存亡均已融为一体,何论人己物我。曾子曰:"为人谋而不忠乎,与朋友交而不信乎。"浑沌善待儵忽,即此忠信之德。庄子德者成和之修,其言修德即犹儒家之言修身,忠信所以成和。而有子言:"礼之用,和为贵。"浑沌之善待儵忽即是礼。而老子又曰:"礼者,忠信之薄而乱之首。"则又拒礼于外,引而远之矣。存之内,斯为忠信。表之外,斯为礼。礼即内外一体,宁有表之外而无存之内者。不忠不信即非礼。老子又曰:"六亲不和有孝慈,国家昏乱有忠臣。"但孝慈即六亲之和,忠臣亦所以成国家之治。老子又曰:"同谓之玄,玄之又玄,众妙之门。"玄同犹言浑沌,老子言乃众妙所出,此犹近庄子。老子又曰:"古之善为道者,非以明民,将以愚之。"此则又失浑沌玄同之义,庄子断不为此言。惟曰"大巧若拙,大智若愚",则庶近之。故浑沌乃大智之谓。视听食息之知,外取于物,内供于己。物我别,人己亦别。近代个人主义之功利观,一切皆赖七窍之分别知,而浑沌之全体知则已死。庄子之言,仍必会通之于儒义,乃得其真解。

西方人求知重分别，乃尚空间扩张。中国人求知重和合，乃尚时间绵延。儵与忽，即指时间之无绵延而言。惟浑沌全体无分别，乃能绵延。中国自黄帝尧舜迄于今，绵延四五千年之久，仍然一中国，则惟浑沌之化。西方自希腊罗马迄于今，则惟儵忽多变，而浑沌则已死。庄子《应帝王》言政治，其大义亦何异于孔孟。惟儵忽分居南海北海，而浑沌乃居中央，空间不同，气候不同，生物不同，斯其民族文化亦不同，斯亦一自然，无可奈何。故庄子意，必求为鲲鹏，能作逍遥之游，庶可以有大知大年。其言不如孔子之亲切，有规矩。然能通庄子义，则更能通孔子义。中国民族文化之所谓知，其庶无所大违越于其所谓道。与西方人之言知识与真理，则大相异。

庄子与惠子辩。惠子曰："人而无情，何以谓之人。"庄子曰："吾所谓无情者，言人之不以好恶内伤其身，常因自然而不益生。今子外乎子之神，劳乎子之精，倚树而吟，据槁梧而瞑。天选子之形，子以坚白鸣。"惠施名家，其源自墨来。离坚白，近似西方哲学家言，庄子讥之。西方人求知识，皆求益于生。中国崇德性，即自然。好恶内伤其身，儒家谓之欲。故孟子曰："养心莫善于寡欲。"求知识仅养心之一事。会通而观，中国文化精神昭然若揭矣。今之求知者，又乌足以语此。

七一　知与情

西方人重知，中国人重情。知自外来，属分别性。情由内发，属和合性。孰轻孰重，人生随之大异。

人之外界所知，万事万物，各有分别。即就能知言，目知色，耳知声。目不能知声，耳不能知色。则能知在我，亦有分别。今问目何以能视，耳何以能听，则我不知，非习生理学医学耳目专科者不能知。即治生理学医学耳目专科，所知亦有限。耳目病求医，不能治者尚多。则人虽能视能听，实不知其何以视何以听。

抑人生非为求视听乃生此耳目。婴孩堕地，已带此耳目俱来。婴孩何知，亦有目则视，有耳则听而已。岂不在知之后面，仍为一不知。

人身外有五官，内有脏腑。脏腑更非所知。如胃肠主消化，并所不见，何知其若何为我消化。即胃肠专科医生，所知亦有限。故胃肠有病，亦每不能尽治。

人之一身，近代知识所不知者何限。至于如何由此一身，而成其为一我，而我此百年之人生，自西方学术界言，则又有心理学人生哲学宗教神学种种分门别类之研究。而至今仍是一谜，未有明确之解答。

中国人重情不重知。孔子曰："知之为知之，不知为不知，是知也。"人之知，必当同知其所不知。而知与不知融为一体，道家名之曰自然，儒家称之曰天。我之为我，乃由天命自然。一天人，合内外，乐天知命，主要在其情。五伦之情，在此不详言。

西方小说中有鲁滨逊漂流荒岛，无所用其情，但必用其知。何以得生存在此荒岛上，则一凭其知。其实今人处纽约伦敦巴黎各大都市，百千万人群麇集，亦何尝不如鲁滨逊之漂流荒岛。今日四五十亿人类，群居在此交通便利之现世界，又何尝不如鲁滨逊之漂流荒岛。惟鲁滨逊一人在荒岛，其为生活则易。今日世界则如四五十亿鲁滨逊同居一岛，其生活则殊难。今日不知明日，且度今日，则已竭吾知而无遗。

今则称之曰个人自由主义。然如何得成其为个人，又如何得完成其个人之自由，则恐非今日人类所能知。科学发达，有电脑，有机器人。电脑可代我记忆，供我咨询。机器人可由我役使，顺我指挥。电脑机器人胜过人脑人身。何以故？电脑机器人无个性，无感情，无欲望，乃可一任我之支配与命令。果使鲁滨逊在荒岛亦随身有电脑与机器人，岂非一大方便。然在今工商大群中，运用电脑与机器人，不啻以电脑来战胜人脑，以机器人来代替真人，今则称之曰战胜自然，克服自然。但世界四五十亿人，同是一自然。即我个人，亦仍是一自然。自然可战胜克服，则人类将尽，而我个人又何以独得存在。此虽不可知，实亦可知，可不烦深论。换言之，此种人生，只是以知来战胜克服不知，而知与不知实为一体，不知无以为生，仅知亦无以生。此仍是一天命，亦仍是一自然，则虽不知而亦可知矣。

今再换言之，能知当前，安之乐之，斯已矣，此为重情之人生。必求战胜当前，克服当前，不安不乐，以期求于将来之明天，此为重知之人生。而明天之不可知，则更过于今天之当前。则重知人生必深陷于不知中，宜为可知。

清末严复派赴英伦学海军。西方知识重分别，学海军亦当专心一意学。乃严复转而寄情于英国其他各项学术思想，归国后尽力翻译，如穆勒父子之哲学，斯宾塞之社会学，亚当·史密斯之经济学，达尔文之生物学，及法国孟德斯鸠之政治学。在严复之意，此等学术思想皆可指导辅助吾国家民族之前进，或更胜于海军武力。严复不知此乃以中国人心情来治西学，在西方则分门别类，各擅专长，岂可以一人精力尽通此诸方面。当时国人读严复所译，岂能由此进窥西学。知识重分别，不仅当前与将来有分别，此方与彼方亦同样有分别。不知重分别，即不知西方之为学。

同时有辜鸿铭，生于南洋槟榔屿，自幼即进英文学校读书。长而游学欧西，兼通英法德诸国文字，又通拉丁文希腊文，西方书无所不读。但专爱本国古典旧学，崇扬孔子《春秋》，与《语》《孟》四书。辜严皆以中国人治西学，不失当时中学为体西学为用之大义。西方人则敬其学之异，而中国人则不知其渊源宗旨之所在，成为一时之怪人。

继之有胡适之,亦以青年留学美国。先学农,又改治哲学。归国后,宣扬西化倡为新文化运动。自称服膺美国杜威哲学,则当终身任一大学教授,庶不失西方学者典型。宣扬西化,可收躬行实践之效。但适之于中西双方文学史学,皆稍窥藩篱,未能深入。乃肆意卑中扬西,批旧崇新,昌言高论,漫无防戒。其于西学,独尊民主政治,名之曰德先生。又尊自然科学,名之曰赛先生。其于哲学,则斥之曰玄学鬼,主张哲学关门。其于宗教,则鄙夷不谈。但文化当论全体,崇洋西化,岂能蔑去宗教哲学于不谈。西化重知识,贵专门。各务一项,亦属自由。适之为学,似偏于通,不尚专,诚是中国风范。故适之似仍不失为一爱国家爱民族之通人,但其求对当前国家民族学术上之改进,先则主张提倡白话,废止文言。又继之以打倒孔家店,以非孔反孔作号召。其于知识是非姑不论,其于情感爱憎,则颇似失常。

陈独秀与胡适之相友好,同为当时新文化运动一倡导主持人,乃一变而信仰共产主义。共产主义亦近代西方思想一支流。但如何以共产主义来改进中国,则千头万绪,问题复杂。此须长时期知识研寻,岂得如宗教,只求信仰,便即实现。则陈独秀最多亦仍是一爱国家爱民族,重感情尚实践,与胡适之同为一未失中国传统之时髦学人,如是而已。

当时新文化运动,陈胡以外,尚有人主线装书扔茅厕,或主废止汉字,改用罗马拼音。不得已则主汉字简化。不读古书,乃为惟一已见之成效。即尚有攻读,亦多趋专门化,乃无所谓经史子集,而哲学家文学家史学家等种种称呼出现,学术思想之西化,此可谓其第一步。

中国人做学问,不重分门别类,更重会通和合。非为求知,乃为求道。所谓道,主要为人道,为人与人相处之道。其惟一基础,为人与人之一番同情心。故中国人所谓道,则必兼情。本于情,始见道。西方人求知在求真理,真理在外面事物上,故重客观,不须兼以情。以情羼之,易失真理。中西求知态度大不同,而所知亦不同。中国人言修身齐家治国平天下,皆属道。人人同有身家国天下,则其道大同。岂得分门别类以为学,而知识遂亦无门类可分。

姑举最显见者言,汉代司马迁著为《太史公书》,今称《史记》。自称其书一本孔子《春秋》精神。然孔子《春秋》入经学,司马迁《史记》入史学。中国经史子集之分类,乃就其成书体裁言,不指其为学途径言。若言为学途径,则惟有一道。其道系何,曰为人之道。达此道,则非学问,非知识,惟其人而止。

唐韩愈以文学名家,但愈之自言曰:"好古之文,好古之道也。"文以载道,乃亦近代国人所诟病。其实中国传统,文学自《诗》《骚》以下,无不各归于道,绝不许违道以为文。凡称文,必通道。如言文化文明文教文章,岂得分门别类,独出一途径,以成为文学。

宋代朱熹所著书,分别列入经史子集四部中。然则朱熹之学,乃经学,抑史学,抑文学哲学,抑浑沌含糊,不知门类,不明家派,以自成其学乎?以近代国人治学眼光来论朱子,则或称朱子治哲学,或称朱子治文学史学,又别称朱子治经学,则朱子可谓不知学不成学,乃杂学,亦无学可言矣。

其他中国一切学人全类此。如欧阳修，究为经学，抑文学，抑史学，或别有其一套哲学，甚难判定。又如唐代陆贽，是否得称为一经济学者。宋代郑樵，是否得称为一社会学者。三国时诸葛亮，明代王守仁，清代曾国藩是否得称为一军事学者。求把中国学人分门别类，纳入西方学术规范，将见甚难安排。则中国民族，中国文化，岂为一无学无知之民族，无学无知之文化。则岂不又贬抑之过甚。

又如孔子言："辞达而已矣。"又曰："言之无文，行之不远。"则文辞非可独立成一项学问，乃以表达心情，而有文辞之修饰。文辞仅为一工具，中国古人称为艺。故诗言志，言之不足则歌唱之，歌唱之不足则不知手之舞之足之蹈之。则歌唱音乐与舞蹈皆一艺，而又与文艺相通一贯，融和会合，又增之以脸谱服装彩色图绘。如近世所传播流行之平剧，不得不谓其亦是一项艺术，但亦不得谓其非一项文学。若必分别论之，则果为艺术，抑为文学，岂不又成一争辩，而亦无可判定。故中国学术皆必通而为一。而西方如文学音乐绘画舞蹈，则皆可分门别类，互不相通，各自独立。其和合乃偶然，其分别乃正途。此则与中国显有异。

近代国人必称中国无科学，而英人李约瑟乃著为《中国科学史》一书，历举史实，绝非空言。而在中国语文传统中，则并无科学一名词。李约瑟书称中国科学源于老庄，其言是非，此不论。但老庄书中，绝无科学一词，是老庄不知有科学可知。老庄书中亦论及政治社会经济，并及宇宙万象。近代国人则多称老庄为哲学，然哲学一词，亦如科学，均不见于中国学人之称述。则庄老亦不知有哲学一项可知。然则以西方观念言，庄老究为何等一学人，岂不仍当为争议一问题。

西方人既重分别之知，遂多分别之名词出现。如论政治，西方有神权君权民权之分。中国传统政治，于此三类中当属何类，已成一问题。论社会，中国本无此名称。在西方则有农奴社会、封建社会、资本主义社会诸分别。中国社会又当纳入何项，亦已成问题。依西方传统观念言，依其重客观分别之知言，则当为中国政治中国社会另立新名称，始为得之。否则中国人以前不知有西方，西方人以前亦同样不知有中国。西方以前所分别，本未包括中国在内。今求以此等已成名词勉强把中国纳入，斯即为不客观，不科学，亦可知。近代国人崇慕西化，惟当列中国于化外，始为得之。又岂得即化中国为西方，而一体加以论列。其决不符真象可知。

中国人重情，但西方人亦绝非无情。中国人求知，与西方有不同。西方人求情，亦与中国有不同。此则仍是双方一文化异同。如最近波兰事变，西方人对之岂得谓无情。波兰内部起此事变，又岂得谓波兰人无情。果使中国古人处今日之波兰，又将何以为情，何以自处，此则又有一分别，当提及。

西方人重知，重空间。中国人重情，重时间。西方人重扩张，中国人重绵延。历史不同，在中国历史演进中，当不致有如今日之波兰。今再扼要言之，人生乃一综合性。幼年中年老年，同是此一人，同是此一生。农人工人商人，亦同是一人。一切生活事业，可以随时随地而异。其同是一人生，则无可分别。西方人重知重分别，乃疏忽了此综合性。如农业转为工商业，西方人必认为乃人生一进步。故西方人昌言平等，而必于人生各方面，加以种种分别，成为一不平等。亦可谓西方一切知，乃不知此真人生。既所不知，复何有情。中国重情，乃为对此人生有真知。一旦面对西方人生，亦所不知，则宜乎其亦不知何以为情矣。如今日之波兰，无论其为波兰人，或非波兰人，凡所表现之一切情，均可谓非人生真情。徒有情，而此邦之人生则终趋于日乱而无可救治，亦宜矣。

今日之波兰人，果能动其真情，则波兰共党政权之军事统治，宜亦可渐趋解消。波兰四围之非波兰人，果能亦对波兰动真情，则波兰内部之乱，宜亦可渐趋于平息。欲速则不达，重情则知忍知让，知缓以待之。飘风骤雨不终朝，而何是非强弱之足争。今则争是非争强弱，亦无奈其无情何。则飘风骤雨虽不终朝，仍将复起。第一次第二次世界大战后，或仍将有第三次之大战继起，亦惟此之故。

然则求当前世界人生有一大转变，先当变其情，而非变其知。惟情乃可和，而知必出于争。对此情与知和与争之两面，中西双方观念各不同。此则以中国观念言，此情实乃一仁，惟知仁，乃得为大智。非仁且智，何以救世界救人类。其果有当乎，世人贤达，尚其平心衡论之。

七二　修养与表现

国人自慕西化，民族传统备受谴责，但尚称赞我民族之同化力。西方尚分化，古希腊以一半岛城邦分裂未能成国。近代英伦三岛，英格兰、苏格兰、爱尔兰各自分张。海外殖民，美利坚、加拿大、澳大利亚各自独立，难于再合。全欧洲亦分数十国。此与中国传统，一趋分，一趋合，显见不同。中国人重内心修养，西方人重向外表现。此当为其主因所在。

重修养，每求亲近人。重表现，好作相互比较。人之有群，宜相亲不宜相较。其义浅显，勿烦深论。西方如奥林匹克运动会，渊源古希腊，一步一跳，尽作比赛，蔚成国际风尚。个人表演，胜者固若有荣。其于群道，究何意义价值可言。

中国人崇尚孝弟忠信，非与人相争，亦非自我表现。内尽己心，君子暗然而日彰，他人心悦而诚服。声闻过情，乃己之耻。对人即以立己。人己轻重之间，一施一受，于其深处有大分别，此诚群道之大者。

西方人重己，求表现，不惮相争，乃日趋于

分化。如贩卖黑奴去美国，亦已数百年之久。林肯总统解放黑奴，引起南北战争。解放后，为争选票，黑人屡加优待。但美国人轻视黑人心理，则终不变。一住宅区，偶一黑人家庭迁入，同区美国人即相率避去，转瞬成为一黑人区。最近风气犹如此。但倘一黑人，拳坛出赛，荣膺拳王宝座，或则以歌唱称后，美国人亦竞加重视。犹太人在商业上有表现，美国人始终重视之。则能争始见重，其群乃成一相争之群。相争求成群，则尚法，惟国际则尚无法。

第二次世界大战，德日为美之敌，英法为美之友。大战既平，德日商场竞争之利胜于英法，乃转成美国之友。故能相争，能为敌，始成友。西方传统如此。今日西方群相呼号者有三语，曰自由，曰平等，曰独立。自由乃求独立，独立始见自由，此之谓平等。凡所表现，皆一种独立相异之表现。一国一家一人皆然，故其群必日趋于分化。

中国武术，播之银幕，西方群相艳羡。然中国人登武当山，进少林寺，潜隐终身，武术亦人生一修养，不为争表现。擂台争霸，乃江湖上事，少林武当中人所不为。今银幕电视所表演之中国武术，则亦全为一种比赛，已非中国传统精神。中国远自唐代，酒楼旅馆亦有歌伎，侑酒娱宾，亦寓有一种友情。亦有绝佳韵事，散见于诗词传奇小说中。非在大庭广众中，作自我表现者可比。

中西双方在学术上，亦有修养与表现之异。中国学问重修养，修养有得，乃以立其己而公之人。孔子学不厌，教不倦，乃曰："人不知而不愠。"道家亦云："知我者希，斯在我者贵。"自我表现，求知于人，岂得称为学问。中国五伦，所重在对方，修养则归之一己。学问亦尽在此。不惟儒家然，诸子百家亦无不然。墨家兼爱，偏重对外表现，后世不传。道家最不重表现，乃得与儒家并尊。学于人，问于人，自称弟子。孔子曰："有朋自远方来"，则以朋友视来学。韩愈亦称："师不必贤于弟子，弟子不必不如师。"孔子更称后生可畏。要之，中国人重谦重恭，此皆人生一种修养美德，岂有相轻敌视以作自我表现之意。

西方自古希腊起，文学哲学科学诸项，皆贵自创造自表现，不贵向人学向人问，更不贵谦恭向人，以虚自居。来学来问者，亦同贵创造表现。故曰："我爱吾师，我尤爱真理。"哲学家论学著书，必贵自表现，能有新名词新解说。又贵有逻辑，使人无可争，无可辩。科学则必求证据，证据亦为表现，使人无可争，无可辩。文学则讲于道路，演于舞坛，听者观者群集，能事毕矣。其重己轻人之表现，岂不昭然若揭，又何修养之云。故在西方亦可谓无学问，无修养，无传统，亦如在奥林匹克运动场，敌对比赛，各自表现，如是而已。中国师弟子相传习，称为一家言。此乃长老后进之相传。西方则分门别类，惟我独尊，亦称一家言。此乃一己之专门。学术如此，政治亦然。近代民主政治，其情益显。分党竞选，演说宣传，亦各自表现，相互为敌。今人则称之曰政治运动，斯真情实宛符矣。

西方自古希腊起，政治场合重演说，此即一种表现，贵在能针对异方，以求一己之胜利。中国传统政治重奏议，如贾谊《治安策》，精思熟虑，杜门撰写，此则须先有修养。历代名人奏议皆由其学问修养来，非作自我表现，更非与敌相争。即如董仲舒三年目不窥园，其《天人对策》，亦自抒其日常学问之修养。其主张罢黜百家，何乃是与百家争。其在事先亦不待结党求胜。用之则行，舍之则藏，此为在己之修养。若有表现，即表现其平日所修养，而修养则非为求表现。读《论语》四子言志吾与点也章，可知其大意所在矣。

中国人不求表现，更有深意。伊尹五就桀五就汤，乃曰："我将以斯道觉斯民。"所重在道，道为人不为己。伊尹处畎亩之中，而乐尧舜之道以自任。其学问即修养。故曰："隐居以求其志，行己以达其道。"其志在道，不在自我表现。其所表现，乃为道义。孔子曰："不仕无义。"又曰："四十五十而无闻焉，斯亦不足畏也已矣。"修养在我，宜必有闻。故曰："不患莫己知，求为可知。"患莫己知，则须表现。求为可知，则贵修养。子夏曰："仕而优则学，学而优则仕。"斯则修养始有表现，表现仍须修养。两者之别乃如此。

中国人言一视同仁。同一己，同一群，宁可横加彼此，又必轻彼重此。中国人又曰："夷狄而中国则中国之，中国而夷狄则夷狄之。"此亦非以中国与夷狄相敌视，但望夷狄能进入中国，则亦一视而同仁之。苟其不为中国，必为夷狄，则放之四海不与同中国。故修养同，表现同，乃得同群同仁。修养异，表现异，苟为不义，即不得视为同仁。春秋战国时，居民有自由迁移权。不愿留此国迁往他国，政府不之禁。孔子周游齐、卫、陈、楚诸邦，然鲁政府不之禁。梁惠王问孟子，邻国之民未加少，梁国之民未加多，其对移民之一任自由，视春秋益宽放。中国人于列国之上又有一天下观念。所谓同中国，实即是同天下。故中国封建时代，实已是天下一家时代。如西周封建，其与周同姓之诸姬，与周通婚姻最密如诸姜，其为一家可勿论。兴灭国，继绝世，凡同属中国历史传统，在先有贡献，亦同获封建，则中国一家，亦即天下一家可知。此犹一己修养。同此道，乃得表现为同此仁同此群。

然亦有即为同姓，血统虽一，而其风俗人情不能相同者，则不加封建，视为夷狄。即如狐姬骊姬，同一姬姓，亦为夷狄。故在中国封建时代，虽重宗法，更重文化。浸染于同一文化传统中，即同为中国人，不然则为夷狄，主要在农业与游牧之相异。以政治立场言，则在封建与不封建。以同属人类言，则夷狄诸夏亦得一视同仁。明于此义，则夷狄而进于中国则中国之，宜毋诧怪。秦代以郡县政治统一中国，此乃政治体制之变。若论社会，则车同轨，书同文，行同伦，已同属一道。此则为中国历史上一大进步，即中国古人之一视同仁以天下为一家之观念有以致之。

秦汉时代，夷狄强邻有匈奴。当时中国人认匈奴为夏代之后，仍与中国同血统，乃远移而至蒙古沙漠。惟匈奴以侵略为怀，而中国则以防御通商和亲怀柔为对策。汉武帝时，始肆挞伐。其南来投降者，则仍处之中国境内，亦希其渐能同化为中国人。直至东汉之衰，魏晋之变，五胡乱华，在当时即不啻是中国之内乱。五胡之间，界线分明。而胡汉合作，在中国人则不加歧视。每进益深，乃有北魏孝文帝之南迁。隋唐之世，中国乃复归于统一。从政治论，则又是一大变。而从社会论，则远自汉末，始终是一中国社会，一线相承，不得谓之有大变。

专论汉唐两代，政治社会传统依然可谓无大变。但魏晋以下，则历史之变不得谓不大。尤其在北方，王猛仕苻坚，其心亦求北方之安定，屡劝苻坚勿南侵，则其好好做一人之一番中国文化传统修养，岂不深植心根。其他类似者，史书俱在，难于缕述。曾子曰："为人谋而不忠乎，与朋友交而不信乎。"孔子曰："言忠信，行笃敬，虽蛮貊之邦行矣。言不忠信，行不笃敬，虽州里行乎哉。"亲如州里，疏如蛮貊，忠信之道则一。当时北方胡汉合作，亦有忠信之道存乎其间。此亦中国文化传统修养表现之一例。

至北周苏绰，观其文辞，及其施为，虽在夷狄，不失其仍为一中国人之传统精神，则益明益显。下迄隋代，王通居河汾，作为《文中子》一书，其所表现，亦即中国文化传统之一番极深修养，读其书而可知。唐得承汉起，主要在从此等处求之。中国最能同化人，然亦最不易为他族人同化，自有其一番文化道义传统。从历史论，自见有一番表现，而主要本源，则在各个人之修养。岂仅望事业功名之表现所能到达其境界。故一部中国史，实即一部中国人之修养史，而岂表现二字所能尽。

唐代安史乱后，藩镇割据，下迄梁唐晋汉周五代，中国与夷狄重见分裂。人物修养，有不如五胡北朝之中国人，然亦未有绝迹。宋代兴起，在辽在金，仍有不失传统修养之中国人参其间。如元好问，仍为一中国传统大诗人，非有修养，则决不得有此表现。其所修养，虽在当身当境，而上有千古，下有千古，有其一大传统之存在。苟其仅求一己一时之表现，则必出于争，无待于修养。故重修养，必能让而退藏。希腊亡，希腊人又乌得与罗马争，则亦无可表现。而元好问则得在金人统治下，成一中国大诗人,仍有其代表中国之特殊表现。其他类此者不遑举。元清两代,蒙古满洲入主,而中国社会可以传统无变,一如其恒。其表现传统文化之人物,更不胜缕举。故中西历史不仅分与合不同,其盛与衰亦不同。西方人好争,其历史乃衰而不复盛。中国人好让,其历史乃屡衰而屡盛。此又一相异。

最要者,表现不可传,而修养则必有传。求表现必各求创新,推翻前人,即其己之表现。修养则多依前言往行修之己,养之己,善与人同,乐取于人以为善。孔子曰:"三人行必有吾师焉。择其善者而从之,其不善者而改之。"则不善者亦吾师,尽人而吾师矣。其弟子曰:"夫子何常师之有。"子欲居九夷,其弟子言九夷陋。孔子曰:"君子居之,何陋之有。"独学而无友,则孤陋而寡闻,以一中国人居夷狄,依中国文化大统,夷狄亦尽可为师。此乃中国人修养之道。隐居以求其志,行义以达其道。人能宏道,非道宏人。宏道在己,贵有修养。所宏者道,敦行实践,而岂自我表现之谓。

儒家重言仁,即人道。道家重言天,即自然之道。天地之大德曰生,人类亦由自然生。我之得为一人,必于天道人道有修有养,使在我无忝,斯已矣。同于天与人者大,斯之谓大道。同于天与人者小,斯之谓小道。唯道家言天,范围大。儒家言人,范围小,但更亲切近人。道则绝非自我一人之道,乃大群共遵之道。故道必传自己往,以及于将来而有统。富贵财力,则不能有传统。即中国古代封建传统,亦以宗法之道为主。惟其传在宗族,故必尊祖先。如商传汤道,周传文王之道,血统之上必有道统。

中国人言孝，非谓依顺父母。父母不道，能纳之归于道，始是大孝。老子曰："立天子，置三公，虽有拱璧以光驷马，不如坐进此道。"则大忠亦如大孝，忠其祖即孝其亲。忠祖孝亲，即道之所在。道有常有变，乱世尤易见。惟能拨乱，始有小康，而大同则仍在将来。故中国人重修养，其所表现则在更远之将来。一人如是，家国天下皆然。

东汉转而为魏晋，世衰道微。印度佛法东来，中国僧人幡然归之。视西土印度为中国，自居为夷狄。佛之一言一行，弥不勤搜广罗，以学以问，以修以养。积而久之，乃觉佛说纷乘，不得其中心所在。陈隋以下，中国僧人乃有判教工作之兴起。从各经典各异说中，加以组织，加以分别，以求其统之所在。遂有天台华严两宗，一主内，一重外。一为一心三观说，一为理事无碍事事无碍说。所持不同，难为再判。于是乃有禅宗，不立语言文字，惟主一悟。学问乃专在修养上，即身可以成佛，立地可以成佛。其说弥漫全国，历宋元明清长时期不衰。又有净土宗，只一声南无阿弥陀佛，声在即心在，一生念此，亦即此心之修养。所学在是，所问亦在是，不待再有学问。故禅净合一，乃见佛法之中国化。一自然，一人文，自悟自发，正可见中国文化传统主要精神之所在。

今若以孔子释迦耶稣并称为人类三大教，释迦似乎最重思维，最重自由。菩提树下枯坐不起，此即在自由思维。传其教者，亦各人人自由思维，自由创造，自由表现，而其传终不大。佛学乃终于在印度失传。耶稣教则历中古时期以迄于今，其门徒组织有教会教廷教皇，主要在能结合成一团体，能争能斗。亦可谓佛教史乃一部自由思维史，耶教史则为一部集团斗争史。穆罕默德继耶稣而起，其徒一手持《可兰经》一手持剑，其斗争精神乃益显。孔子之教则在修养上，学而时习之，学习即修养。有朋自远方来，同讲学，即同修养。自修自养，故人不知而不愠。礼有来学，无往教。孔子学不厌教不倦，然亦来学则教，非登门强教。故孔子非教主。释迦近如西欧一哲学家，然必出家离俗，故终为一教主。佛在教人思，耶稣在教人信，孔子则教人修教人养。此为儒释耶三教之大分别。惟修养中仍有思有信。耶释两教亦各有其修养，论其表现，则耶稣之钉死十字架上，释迦之离家出走坐菩提树下，孔子较之，凡所表现乃最不惊世而动俗，亦最为平易而近人。孔子之告其门人曰："我无行而不与二三子者，是丘也。"斯其表现仍在大自然日常人生中，但有其一己之修养而已。中国社会与印度西欧之相异亦在此。

西化东来，最早已在晚明之衰世。其大量东来，则在清代之衰世。嘉道以下，中国社会即有变乱。使无西化之来，清政权亦必崩溃，此即观于中国史之传统而可知。惟西化强势逼人，印度佛教远非其比。晚明时西人东来，尚见东方而生慕。晚清时西人东来，则见东方而知易加轻侮。而中国人之向慕西方，亦远胜于其向慕印度佛法。好学心切，乐取于人，亦中国文化传统之内心积习。一百年来，自身内部变乱日烈，斗争无已，则亦西化使然。

西方文化主自我表现，彼此相争。空间然，时间亦然。后人之于古人亦无不然。故有新无旧，无传统。若谓有传统，则惟争求表现之一事。文化愈进步，表现愈新奇，斗争愈激烈。迄于最近七十年，两次世界大战接踵继起，其结果在西欧本土则已意衰力竭，相互间之斗争无可有新表现。而美苏二强，则在西欧本土之外，乃为举世相争主要之新对象。国人崇美崇苏，亦成国内一新斗争。果能急起直追，迎头赶上，西化成功，则当为中美苏三强鼎力相对之斗争。而就中国一国言，则实即一种内乱。加入西洋史，则不啻即美苏之相争。情势显然如此，其果为已走上西化道路否，亦诚值近代我国人之深思。

汤之《盘铭》曰："苟日新，日日新，又日新。"乃言修养，不言表现。上自三代，下迄汉唐，中国人文传统，亦各有其日新又新之景象。然乃日新于平安，非日新于斗争。西方人乃谓中国文化传统至唐而息。其实就中国社会言，宋元明清四代，依然有其日新又新，而人物修养之新，犹有过于汉唐。北宋新旧党争方兴之际，周濂溪教二程兄弟寻孔颜乐处。私人德性修养，乃更出于公众政治表现之上。宋明理学遂为此下中国社会奠新基。程朱言涵养，象山则言先立乎其大者，阳明言事上磨炼。陆王所言工夫较浅，然其重内心，不重向外表现则同。若重表现，则必论方法，不论工夫，此其别。

中国近代之崇慕西化，倘亦能如陈隋以下佛教之有天台华严禅三宗继起，西化仍转为中国化，晚清儒有中学为体西学为用之说，庶乎近之。一切相斗相争之商品武器，凡属科技，亦皆包涵在我传统之意义与价值之内，而一由我之文化传统加以运用，则宜可为利而不为害，此亦利多而害少。有志治中国史者，当求之魏晋南北朝，当求之五代宋初，当求之元清之入主。孟子所谓天之将降大任于斯人也，愿我国人贤达其勉之。

七三　为政与修己

天运循环，一治一乱。人生在宇宙间，其本身即是一大自然，何能自逃于此天运循环之外。自个人言，有生必有死。自大群言，有治必有乱。惟虽有死，仍能生生不息。虽有乱，仍能治道常兴。则人生与宇宙同其悠久，而可日臻于广大与高明。中国文化传统即具此理想，而一部中国史，亦即可为之证。

自黄帝尧舜禹汤文武迄于周公，已几经治乱。周公制礼作乐，而天下大治。但自平王东迁，天下复乱，虽齐桓晋文迭起称霸，稍挽狂澜，而终不能返之治。孔子起于鲁，讲学明道，以今语说之，谓之思想自由。墨翟杨朱继起，群言纷扰，思想界亦臻于乱。随后有庄周，思加澄清，乃求以人生回归大自然。内篇七篇，首《逍遥游》，即主摆脱人群束缚，以翱翔于大自然中。次以《齐物论》，则高置大自然以驾于人文儒墨之上。此下五篇，首《养生主》，终《应帝王》，先从个人小己立脚，最后跻于大群天下之治。亦可谓其先犹杨朱之为我，而其终则墨翟之兼爱。庄周之意实已和融杨墨而为一。

其实周公制礼作乐，本从大群政治着想。其先黄帝尧舜以来，亦大体如是。孔子始改从下层在野个人小己为起点，故曰："用之则行，舍之则藏。"人群大道先立诸己，出处进退则以随时宜。庄周之意，实无违于孔子。惟偏人文，偏自然，儒道之歧乃在此。要之，此乃中国思想在当时一大转变。先小己，后大群，此一态度，孔子启之，庄子承之。孔子以前，如伊尹伯夷柳下惠，乃至如傅说、胶鬲、箕子、比干诸人，莫不供其身于大群人生，则不免以上层政治为务。舍则为一小民，无以自表现。自有孔子，始于上层政治外，乃可自有一己独立为人之道，以遁世而无闷。中国人文大传统，于是乃开始有一新道，先有己，后有群。其门人弟子赞之曰："孔子贤于尧舜。自有生民以来，未有如孔子。"

孔子曰："古之学者为己，今之学者为人。"其实自孔子始，乃始有为己之学。伯夷叔齐柳下惠，又岂得谓尽是为己之学。至如庄周言许由务光，古代是否确有其人尚待考。介之推逃藏山中，仅为不愿受赏，不得谓之隐居以求其志，与闵子骞之"则我必在汶上"不同。孔子教人隐居以求其志，亦必行义以达其道。人群除政治外，固可别有道。而庄周之道，则终与孔子不同。亦可谓有道家，而从政以外为己之道乃益广。惟儒家之辞受出处进退，较之道家乃益大。

孔子之后有孟子，发挥孔子之道益明益显。其曰："人皆可以为尧舜。"不指从政言，乃指为人言。政乱于上，身修于下，其道仍在，而其群终可以不败。继庄周有老聃，其书又偏言政治，实不如庄周之逍遥。故庄老同言自然，而庄周尤深远。荀子继孟轲而起，若以孔门四科言，则孟子应属德行，而荀卿当列文学。以注重政治言，则荀孟之比亦如老庄。孟子后又有邹衍，意欲会通庄周，以一阴一阳之道来言政，倡为五行家言。则政本于天，不本于群中之己。通于天而略于人，所言较庄老为益疏。而一时其说大行，则学术思想之晦明升沉，诚有难以究诘者。《易传》《中庸》最后起，乃能融会儒道而冶之一炉，然非精治孔孟庄老四书，则亦无以掌握其深旨。吕不韦淮南王又广招宾客，欲荟萃百家，折衷一是，而未能达其所志。直待董仲舒起，周孔六经，定于一尊，而其余百家尽遭废弃。自孔子以来，则已历三百年之久。学术定，而政治亦复归于定。一治一乱，至是而循环复始。

大体论之，汉儒之学，其意所重，为政终过于修己。故孔子亦必依周公而尊。晚汉之乱，诸葛亮高卧隆中，自言："苟全性命于乱世，不求闻达于诸侯。"于乱世中得全性命，此即孔子庄周修己之教。人知如此，则世乱亦可渐归于治。而诸葛终许先主以驰驱，鞠躬尽瘁，死而后已。则所修于己者，终以施之于为政。其他如曹孟德、司马仲达，皆以为政害其修己，而世乱乃不可救。王弼、何休、阮籍、嵇康之徒，则为政意淡，而修己之功则近道而远于儒。东晋南渡，大抵承此一途而前。门第荫庇之，大政不能上轨道，而犹知修己，终获偏安。北方门第，亦尚知修己，终得胡汉合作，由乱返治。佛教东来，脱世离群，而一以修己为务，亦于世运有大助。

其时为学，孔子前之《诗》《书》五经，孔子后之诸子百家，皆归暗淡，难期昌明。而史学乃特盛。何者？战国诸子意在开新，而魏晋以后则情尚念旧。既知修己，又得门第荫庇，门第安定则在乡。故惓惓于家室，恋恋于州里。大群乱，州里未必全归崩溃。门第亲族犹得维持自保，而一己之性命，则犹可苟全。中国人文传统，至是已积累深厚，则宜其随时随地有生机之萌茁。风雨如晦，鸡鸣不已。今以两晋南北朝时代人之笔墨遗传，言行记载，比之风雨中之鸡鸣，宜亦无愧。

唐代兴，其时学人，修己从政，有分道扬镳之势。政治则复返之两汉与周孔，而修己之学则由庄老以转入释迦，乃有不可复挽之势。更要者，重视修己，已显见高出于重视为政之上。风气已成，有莫知其然而然者。故虽一国之政治最高领袖帝王卿相之尊，其于修己之道，乃亦同尊出世之佛教。中国自孔子以下，有君有师，师或更尊于君。而至是则释即是师，师即是释。而中国之儒道两家，则转退在师门之外，此则为当时一大问题。

其时中国僧人，乃不断以中国自己传统儒道两家精义融会入佛说，而叠创新义，迈向于中国佛教之建立。先之以天台宗之空假中一心三观说，又继之以华严宗之理事无碍事事无碍说，以及禅宗之明心见性、即身成佛、立地成佛说。如是乃使印度佛法出家逃俗之修己主义，与中国传统大群为政之学，解除其隔阂，而大义可潜通。乃有神会和尚创为大会，为政府募捐筹饷，以助政府之兴军平乱。民间之葬亲送死，亦必召僧侣参预，出世入世，泯归一体。而中国社会之师道，乃不啻全让于寺院，学校则仅为从政入仕一门径一阶梯。此诚中国文化传统一未之前有之大变。而当时之中国人，则以政治已上轨道，乃于此而忽之。

中唐以下，韩愈起而辟佛，自比于孟子之拒杨墨。作为《师说》，以传道授业解惑之大任自居。其所谓道，即孔孟儒道。其所谓业，则修己为政，一以贯之之业。其所谓惑，则时人以修己之学为出世之途，而群奉释迦为一惑。自有韩愈，而孟子乃得与孔子同尊。中国后世群言孔孟以代周孔，于是修己之学始更驾于为政之上。惟韩愈在当时，实未见有大效。或欲以师道事柳宗元，宗元以蜀犬吠日之喻辞不敢当。是亦可见当时中国社会之一般情况。

有唐一代，论其政治成就，良堪与汉媲美。至其学术，则经史方面，远不能与汉相比。即较魏晋南北朝，亦有逊色。惟杜佑《通典》，开后世通史之先河，独步一代，实亦政治方面之贡献。而子部则更见凋零。惟有佛法，一枝独秀。当时人虽亦知为政之重要，而修养出世，终为最高期望之所寄。但精力余剩，对于日常生活，抒情写意，随口吟咏，上接《诗三百》之十五国风，下承汉乐府之遗声，乃至建安以下之新文学，而唐代之诗文集部，乃冠绝前人，最称旺盛。韩愈则谓："好古之文，乃好古之道。"以文传道，与先秦子部有异曲同工之妙。自宋以后，集部遂成为子部之变相，亦可谓乃子部之支流余裔。由是经史两部，偏向上，与为政之学为近。子集两部偏向下，与修己之学尤切。而韩愈实为古今学术风气转捩一主要人物。

自经唐末五代之乱，有宋兴起，实可为中国历史上之文艺复兴时代。最先佛门信徒，亦知大群政治不上轨道，即私人出世修养亦无法完成。于是在僧寺中提倡韩愈。而一时士人为学，其修己之功，亦较前人倍见深切。如胡瑗、孙复、范希文、石介，其在山寺苦学之情况，后世竞传为佳话美谈。而欧阳修亦以孤儿崛起，提倡韩愈，蔚成一代风气，更为中国学术史上一伟绩。一时群士治学，莫不以修己为本。出仕从政，其政治理想，则轻薄汉唐，而上慕尧舜三代。更值重视者，则帝王尊儒亦远过于汉唐。于是而有庆历熙宁两朝之变法。范仲淹庆历变法遭反对，即乞身引退。王荆公继之以熙宁之新政，勉其君神宗当为尧舜，勿慕汉唐。王荆公亦治韩愈古文学，而益进欲为孟子，可谓当时一理想政治家。宋代之君，其尊贤下士之风亦益进于汉唐。至如荆公伊川之争坐讲，又史无前例。但古今情势不同。战国时诸子皆游士，一得其君信从，即可大行其道。自汉以下，士人几已尽入仕途，既群重修己之学，则出处进退，各先定己志，以不屈为高。王荆公同时即有司马温公。一重经学，一重史学。荆公重经学，尚理想。温公治史学，尚经验，不主张忽汉唐而肆意于前古。一时反抗新政者，多重修己。而奉行新政，则惟朝廷意志是从，转多功利之徒。于是荆公新政不免失败，而温公旧党继起，乃亦无成就。而又有洛蜀朔三党之分裂。在野修己之学，与在朝从政之道，如何得相济相成，得一中道可寻，遂成为中国此下文化演进又一大问题。

继此乃有新儒学兴起。周濂溪著《易通书》有曰："志伊尹之所志，学颜子之所学。"伊尹志在从政，颜渊学在修己。人之为学，必兼此两者。张横渠《西铭》则曰："乾称父，坤称母，民吾同胞，物吾与也。"又曰："生吾顺事，没吾宁也。"则人处天地间，亦如其处家。是亦为政，奚其为为政。修己为政之学，犹是一贯相承。惟濂溪论学多本《易》，横渠则兼本《中庸》，此两书皆融会儒道。而明道伊川二程兄弟，乃更多本之《论》《孟》。南宋朱子，直接二程，著为《论孟集注》《学庸章句》，以四书代五经。自洛闽以下，中国千年来莫不以孔孟代周孔。宋学与汉学异，主要在此。汉儒终为经史之学，而宋儒乃近子部与集部，修己之学更驾于为政之上。后代学术无以逾之。

惟北宋开国，先已有辽。及金兴，而宋南渡。及元起，而宋亡。在政治方面，宋多外患不能与汉唐比。学术方面，则经史子集四部融会宏通，更胜汉唐。群士精力萃于下，尤胜其显于上。蒙古入主，中国社会依然不摇不变。政失于上，而学存于下。不得谓元代中国儒生不知修己，无志行道。明代之学，皆由元而来。汉宋开国皆无学，惟唐与明乃多拥有开国学人，而明则承自元，尤为难得。但亦有缺。唐代以佛门为盛，而明代学人，则群以在野不仕为高。此虽太祖成祖两朝对士人用高压政策有以激成，而此风实远自元儒来，痕迹甚明显。故明亦如唐，虽臻郅治，而根柢不深固。学人好隐在野之风，直待无锡东林讲学，始求转挽。而满洲入关，此风终不可挽。

明末遗老多精究经史子集四部之学，而矢志不仕。影响上及朝政，故清政视元，更多循中国传统旧规。而雍正朝之文字狱，遂又造成乾嘉之儒远避政治，以汉学自标，而与汉儒通经致用之意，则其趣大异。此乃清学之缺。道咸以下，群士奋身再出。而西风东渐，同光之间，求有所变而未得其道。纵有中学为体西学为用之呼声，而其所谓中学，则已破碎不全，沉霾不彰，整理乏人，提倡无力，世风亦由此而大坏。

西学与中学异，正在为政与修己之两端。在西方乃绝无与中国相似之踪影可寻。西方古希腊，海外经商为其人生最要任务，中国人嗤之为市道。市道之交，乃敌非友，损彼利己，乃商场相交之宗旨。非忠信，无得和合为群。故希腊小小一半岛，终不能抟成为国。对内如此，对外愈然。人之无群，则己不待修。最感苦痛者，乃为夫妇一伦。商人重利轻离别，夫妇不能久相聚，他可弗论。故西方文学题材最重恋爱，一若人生真乐趣仅在此恋爱上。但亦如经商，同需向外追求。其知识界亦主向外追求。亦可谓整个西方人生尽在向外追求中，故其文学哲学科学莫非向外追求，与中国人之反求诸己，内修于身者，大不同。罗马继起，转为军力征服，仍属向外。中古时期封建社会转而向内，则惟以堡垒自守，其为无群不相交则一。人生想望，惟在灵魂与天国。及文艺复兴，新城市兴起。现代国家创始，主要亦惟商业与军力之二者。非剥取，即征服，精神仍向外。既无为一己之修，乃无为一群之政。民主政治兴起，结党以争，仍属向外。惟所争在国内不在国外，稍有相异而已。中国人言"君子群而不党"，结党与合群不同。中国人之宗法家族门第乃合群，非结党。又如中国之邻里乡党，乃家与家相群而成。扩大而为天下，普天之下，仍是一群。西方则有社会，社会与社会有别。如马克思所分农奴社会、封建社会、资本主义社会、共产社会，有分则必有争。中国人则言："大道之行，天下为公。"中国之人群观，从天地大自然生。西方之社会观与其党，则出于人为，仍属向外争取。故中国人言群，只言和合。西方人则言组织，或言团结。即如夫妇婚礼，中国先拜天地，西方则必进教堂法堂，求取证明。一由内心，一依外力，是其大不同处。

西方宗教，其教会组织，亦如一政党。罗马教廷，亦俨然如一党之大结合。商业上之大公司大厂家，亦如一党。军队结合可弗论。知识界分门别类，或科学，或哲学，或文学，亦俨如分党，互不相通。惟专门知识终为少数人所有，而党则尚多数。故在西方政治上，亦惟知识界最无力量，仅供利用，不作领导，直至今日犹然。即如马克思之共产主义，其影响于近代政治者为力至大。马克思亦主结党，而学人结党，为力终微，亦仅供政党之利用。故西方共产主义必待苏维埃列宁兴起，乃得盛行。马克思之共产主义，仅属经济理论社会理论，必待列宁起，始变为政治理论国际理论。此一转变，岂不显然。故在今日之西方，尚未见一学人一知识分子出而领导政治。西方人亦深慕中国之考试制度，于是在其实际之政治组织中，乃有专门知识之考试，成为政府中之职业人员。而最高领导，则仍属于党。此乃西方传统大形势所趋，有未可理解者。为政既不以学，亦未闻学以修己。外不尊其群，内不尊其己，惟在人事上向外寻求，曰富曰强，财力权力，外此则似无明显之准则与号召。故西方传统乃终不能摆脱希腊与罗马之两型。

近代国人对于西化一心向慕，所谓夫子步亦步，夫子趋亦趋，既竭吾才，必将见有卓尔而立欲从末由之叹。西方之特立处，乃在其外无群，内无己。若谓有群，则自希腊迄于今，亦历四千年，而今日欧洲各国林立，仍是希腊都市一变形。大敌当前，仅得一经济同盟而止。其迁移海外，如美利坚，如加拿大，如澳洲，乃及其他各地，亦各分裂，不相统一。则西方人之不能和合为群，易趋分裂，难得和通，岂不昭然。

再则西方人无己。人之相处，必有对方始见有己。即如夫妇，中国人言夫妇有别。阴阳男女，亲而无别，违逆自然，终非久道。西方则夫妇相别胜于相亲，离婚自由，夫妇成为一法律上之结合。但法律力量有限，非可团结大群。故夫妇在西方，尚能偕老。至如子女，则成年即离去。后一代人对前一代人，不抱有亲切感。西方人之怀念往古，只在留存之物质，人则不再有可亲。即如学术，重其著作，更过于其作者，重物不重人。而史学则至近代乃始成立。中国人观念，人生乐处主要在人与人，不在人与物。故人生真乐最亲最近实在家庭夫妇父子兄弟之三伦。三伦立，推以至于大群，乃有君臣朋友两伦。在政治则有君臣，在社会则有朋友。故中国有己乃有群，为政之道则以修己为本。争权争财，绝非人生之大道，又何得以为政。

中国人之所以得维系此群道与己道于不坏者，其主要中心则为师道。在古代，则为孔子，或称孔孟。在后代，则为朱子，或称程朱。而中间之转捩人物，则为韩愈。今则教育亦全趋西方化，有学校，无师道。传授知识，各尚专门。又贵创造，最显者如文学。中国文学，亦重传统。韩愈文起八代之衰，而曰："好古之文，乃好古之道。"文必统于道，而道则又统于古。古今不成群，则又何道之有。故中国之群，不仅有其空间性，尤贵有时间性。修己之道亦然。不仅当为天下一士，尤贵能为千古一士。故曰天地君亲师，亲在家，君在国，而师则在天下。人生乃在天地间。所谓天地间，则古今中外，一以包之。道之意义价值乃在此，群之意义价值同在此，而己之意义价值亦在此。故齐家治国平天下，乃一以修身为本。

韩愈虽称为一古文家，而其学实通经史子集四部之学以为学。其学不仅上通于为政，而必立本于修己。亦不仅为唐代一文人，乃贯通于全部中国学术史，而为一承先启后之人物。继之起者，为宋代之欧阳修，亦会通四部之学以为学，亦本于修己以通于为政以为学。宋代可谓乃中国一文艺复兴时代，而欧阳修实有大功。今日则必分别文学于其他各项学问之外，而目为一专门之学，又好今不好古，乃目古文学为死文学，而韩欧乃首在打倒之列，则又何中国学术史可言，又何中国文化史可言。于是今人乃惟知为政有学，而不知修己之有学。乃更不知修己乃为政之本，为中国文化之大传统。则此下中国之前途，诚有难言矣。

除旧易，开新难。民国以来数十年，慕效西方民主政治，而政党制度终不能确立，则新政基础亦终不得健全。西方政党施行于小国寡民，犹经数百年之演进，亦惟英国能达成两党制，稍树规模，为其他法意诸国所不逮。美国在新大陆亦能建两党制，然自十三州迄于五十一州，亦历两百年之久。实亦犹英国之有英格兰、爱尔兰、苏格兰，同为联邦制，合之中仍有分，和之上仍有别。而中国则自秦汉以下为郡县统一，书同文，行同伦，中央政府巍然在上。若谓是帝王专制，则此等专制其中应寓精义，岂不大可为近代所效法。又西方政党，最先为纳税人达于某一税额者拥有选举权而成立，此下乃逐步达于普选。则其政治之重要性，乃在赋税制度上。而中国传统政治，则主要在察举与考试制度之选贤与能上。故西方现代政治主要奠于经济，奠于财。而中国传统政治则主要奠于为臣之德性才学。双方本源不同，精神不同。今日之中国，则废学已有其效，而兴财则未有其途，此为一大难题。大陆十亿人口，共产党员仅四千万。既无学，又无财，高踞民上，何得相安。台湾偏安，则言工商建国，不言品德建国。此亦与上相异。

中国传统政治奠于学，而学者必先修己以道，故可进亦可退。其退而在野，则有家可亲，有师可尊，而兼有朋友之交，故五伦中尚得其四，亦可乐以终身。今则此四伦亦皆破坏，士道已亡，惟有经商牟利，或结党从政。而民国数十年来之政党，乃胥由知识分子组成之。此又与西方政党之由来有大不同。西方党员多属有财，可以退而在野。中国党员则必进身在朝，有进无退。故虽一党专政，而一党之内仍不相安。如何善学西方，则西方人不我知，终亦无以为教。小国寡民，学于我，改学西方，则如日本。虽有成，而一败涂地，以至今日，究不知其将来之所届。今吾中国果能再获统一，恐亦不当奉之以为学。此诚当前我国人一大惑不解之问题。

中国传统有人品观，人分上中下三品。孟子曰："人之异于禽兽者几希。"人之最下品，多数如原始人，近禽兽。人自大自然来，实终不能脱离其最原始之自然部分。求食谋生，用武自卫，凡属人类，直至今日亦仍如此。然人生亦自有其演进。自有夫妇，有家庭，有父母兄弟，出门而有朋友,有君臣,人在此群体中生活,乃渐修渐养自下品以达于中品上品,为君子,为贤圣。有少数之中品上品人,人类乃得善成其为群。孟子曰:"待文王而兴起者,庶人也。豪杰之士,虽无文王犹兴。"陆象山言:"尧舜以前曾读何书来。"则人文演进,实非由上层政治之领导,乃由少数杰出人领导。中国人之所谓圣贤君子,皆以推尊之于上层政治为领导人,而非由政治领导而产生。故道统尊于治统,而修己先于为政。作之君,作之师,惟当于此求之。

中国人之此一人品观,以西方传统来衡量,则未必尽然。西方人一切进步,主要仍不脱食以谋生武以自卫之两途。虽其在物质条件上已与原始人大不同,然其主要观念,则无大相异。故西方盛行个人主义,与中国传统大群主义大不同。个人与个人必相争,又何能成群以相安,惟赖法律加以制裁。以中国观念言,则君子与贤圣,决不由法律来。法律乃以防制人,非以领导人。而西方之领导,则学术知识界,宗教科学哲学文学,分门别类,人持一说,互不相通,亦形成一相争之局。既无共通大道,则个人主义永难消失。于是人生之领导权,乃在其多数,尤在其科学发明对付外界事物之各项机器上。乃物质,非生命。乃无机,非有机。乃手段,非目的。乃工具,非本体。犹太人耶稣倡为人生原始罪恶之宗教,马克思倡为人类之唯物史观。西方人有分别观,无共同观。其为群之古今领导,实由此两位犹太人所发明。西方人除财力权力相争外,不能自创一领导。西方悲剧正在此。

中国人则信己本之信天,重人更过于重物。故西方人主现实人生物质人生之平等，争财争权，人类益臻于不平等。中国人则不看重现实人生之不平等，而主希贤希圣以达于理想人生之平等。故西方历史演进则财权日扩，成为一部唯物史。而中国历史演进则贤圣踵起，乃成一部人文史。此乃中西双方文化大不同处。

今日国人又盛倡复兴中国文化之口号，试问此五千年来之广土众民大一统之民族国家，其道究何在。自孔子以下，孟荀庄老乃及先秦诸子之修己为政之理想，以及董仲舒韩愈汉唐两代孔孟儒学之何以独盛，宋元明清四代之如何继此发扬而光大。而尤要者，如元初南宋遗民黄东发、王伯厚，以及清初明遗民如顾亭林、黄梨洲、王船山诸人，如何政治崩溃于上，学行潜修于己，使中国传统文化仍得漫衍于社会，而终有其光明之前途。变而不失其常，在野而终显于群之独特造诣之于何而完成。以及中国文化之于现代化，如何获得其融通。此非望于中国自身之学术界，则又于何望之。此恐终非几句空洞口号之所能济事。则终有待于不待文王而兴之豪杰，惟我国人其自勉之。

七四　进与退

（一）

中国社会崇退让，西方社会重进取，此亦中西双方德性风俗文化传统相异一要点。中国天地大，物产丰，退让有余步。西方天地小，物产瘠，非进取无以自存。积习成性，肇此两型，而文化展衍遂有大别。

财富与权力，为人群相争两大端。有钱能使鬼推磨，财富多，权自大。权大财富亦自多。中国历史上，让位与分财，为两大美德，故事传述，历代皆有。而政治上之权力退让则尤多。尧舜禅让，尚有许由务光故事。司马迁登箕山，明见有许由冢。孔子不言许由，故司马迁亦不加传述。

泰伯三以天下让，孔子明称之。伯夷叔齐孤竹让国，距泰伯虞仲之让不远，孔子亦亟称之。可见让国中国古代屡见。即论周公，亦可谓有让国美德。而尚有大于此者，故后世不以此称周公。春秋吴季札亦让国，乃以酿吴国之乱。从功利观点言，可不让。让乃其德性，亦其道义，尤为人群功利中之更大者。故后人亦不以吴乱责季札。

中国人论学问尚通不尚专，通则大，专则小。道有大小，斯学亦有大小。虽小道必有可观，致远恐泥。功利乃小道，易起争。争于当前，贻害于后，无以致远。中国人讲学问又分等级，有小学，有大学，最大学问则曰治国平天下。《论语》子夏言："仕而优则学，学而优则仕。"从政即须学，学当能从政。政学通，既不当专以从政为学，亦不当专于为学而不能从政。求学非为谋求一职业，亦非向人作夸耀，乃在完成其德性以为人服务。而治平之道，则为服务人群之最大者。故从政非为一己之功利，乃为大群之功利，此即所谓道义。故从政不为争权，乃为行道。在道义中则有退让。伯夷叔齐吴季札之让，亦行其道义而已。退让而有背于道义乃懦怯，非退让。中国教人做圣贤，不教人以富贵。富贵途上必多争，不重富贵始能让。伯夷叔齐吴季札，乃圣贤中人。非圣贤，何以当治平之大任。故《大学》之治国平天下，必自修身齐家始。身不修，家不齐，又何以治国平天下。自尧舜以至于吴季札，亦务在先修其身，非逃避责任。而其于重责大任则能让，乃更犹胜于不让而出其上。

孔门四科，德行言语政事文学。文学限于书本文字。学贵人事致用，则莫大于治平之道。故文学之上，乃为政事。然立国天地间，贵能治其内，尤贵能平其外。天下不平，国终不治。言语指国际外交，乃更在政事之上。近人谓弱国无外交，不知弱国乃更贵有外交。孔子稍前有郑子产，孔子屡称之。郑以弱小处晋楚两大间，子产周旋得其道，不仅郑政得安，即晋楚亦得和平相处。则外交之责任，岂不更大于内政。然治其内有道，交于外亦有道。非诡诈欺骗之所能胜其任。孔子亦相鲁，与齐会夹谷，而齐人服，返侵地，鲁国地位大增。子贡屡为鲁出使，其贡献亦在子路冉有之上。仅为一国谋富强，适以启争而召乱。孔子亦称管仲九合诸侯，一匡天下，不以兵革。又曰："齐桓正而不谲，晋文谲而不正。"苟非明通于天下之大道，则何以任国际之外交。故孔门四科言语先于政事，其义尤深远。

今人则以外交处于内政之下。不知国无大小强弱，其国际外交之意义价值，乃尤在一国内政之上。仅有国际公法国际同盟，苟其无道，则徒法不能以自行。近代人能知此义者鲜矣。惟求科学发明，经济繁荣，乃及原子弹核子武器杀人利器之日益精进。富强凌驾人上，资本主义与帝国主义亦仅以召乱致祸。天下益不平，而国内亦各不安。美国富强冠一世，然其最弱点则为外交无道。如雅尔达协定，岂此乃为外交之正道。孔子之道，其正其大，岂不鉴于当前世界局势，而益见其彰明较著乎。

然孔门四科于言语政事之上，犹有德行一科，此义益深远，乃益不易为现代人所知。学贵能致用于人事，学者所以学为人。而为人之最高标准，则在其德性。用有大小，有大德，始有大用。非掌大权即可有大用。德性通于人人，所谓通天下之道，实乃通天下人之德。故德行乃为四科之首，亦为四科之本。言语政事文学，亦未有外于德行而可成其为学者。谦让亦德行之大者，亦惟谦让，始能使人服。

如言齐家。妻者，齐也。夫能与妻齐，斯为夫妇之道，亦即齐家之始。父母亦与子女齐。子女主孝，父母主慈。慈则必有教，而教则贵有义方。若惟教子女以服从，则岂义方乎。子女惟知服从，自陷于不义，亦陷父母于不义。岂有不义而可谓之孝。孔子教曾子，大杖则走，小杖则受，斯始为孝。可知父母与子女亦必有一齐。平等相待始为齐。但子之对其父母，可有不服从，而不能不孝。今人乃误以服从为孝，则又大谬不然矣。西方人言父权母权，权则主服从而不齐，而必出于争，又何以为家。惟有小家庭，子女长大成婚，另立一家，始可免争。然夫妇亦贵有离婚之自由，乃可免争。一家如是，何以言国。大禹之治水，乃使水顺流而趋下，非如鲧之为堤以防水，而反使水之横决，为祸益大。故治者乃领导，非仅防制。近人言法治，则亦防制而已。若必求能领导，则在我必有其德性，乃能导人以德性。中国人所谓治平之道，尽于此。今天下乃如洪水为灾，而惟鲧治之，斯诚可悲之尤矣。

今再言修身。必先能自治其身，乃始可以言治人。其身不治，焉能治人。近代民主政治必尚争，大总统竞选，必谓当此大任非我莫属。不谦不让，自中国人言之，绝非修身之道。中国人言道，贵谦不贵夸，贵让不贵争。以周公之才与美，使骄且吝，则其余不足观。骄则不谦，吝则不让，而必出于争。管叔联殷叛周，此即其自心骄吝之表现。周公东征平乱，而终不自居天子位，则其大义灭亲，亦终无伤于其谦恭之为怀。孔子后儒群尊周公以治平为任，而必以谦让为德。能自谦让，乃能使人心服。鲁哀公之诔孔子，曰："昊天不吊，不慭遗一老。"则哀公虽不能行孔子之道，而其心则固尊孔子。孔子之道纵不行于当世，亦复传于后世。后代之君，皆知尊孔子，亦知尊儒尊贤。汉高祖爱戚夫人，欲以赵王易太子位。见四皓在太子旁，乃不易。四皓皆高年，高祖招之不至，心尊其人。太子能致之，高祖自以为不如，遂不敢再有易太子之心。此下为君者，未必多能尊贤用贤，而犹知谦与让，不尊孔尊儒，而绝无明白反孔反儒以为尊。此则大道不行而未失。中国两千年传统绵延，其要端即在此。

孔子曰："君子思不出其位。"又曰："君子无所争，必也射乎。"射者各就己位，各射己鹄，其中与否，乃与己争，非与人争。则其争仍是一退让。孔子当时，天子诸侯，列国卿大夫，倘多出位以争，则何治平可言。惟求不出其位，则上下无争。居其位而不得行其道，则以去就争。所争在去在退，不争进取上位。身虽退而道则存。道在己，惟求藏而弗失。非道在外，乃求争而取之也。中国历史多有乱世，而犹有道，惟其道藏而不行，如是而已。今世则争权不争道，故必争于外不争于己。则亦惟有进取，无退让可言。

耶稣言恺撒事由恺撒管，西方宗教不言治道。近代科学如天文、地质、生物、心理、电磁、光力、农矿、渔牧，事事物物，无所不究，但亦不言治道。其他学术分野，如文学亦不言治道。如哲学，苏格拉底仅言人生，瘐死狱中。柏拉图榜其门，不通几何者勿进，几何学亦非治道。其为乌托邦，以哲人王掌治。实则其所想象，一国亦如一几何图形而已。后世如康德，亦何尝措辞及于人类之治平大道。卢骚《民约论》，亦属一人冥想，何尝有历史根据。马克思则倡为唯物史观，则治平大道乃在财物分配，不在人。

近代西方大学，其先本由教会兴起，此后分院分系，门类繁多，乃始有政治一系。不通法律经济社会教育种种人事，何得通政治。而于大学四年课程中，乃得完成其学业，最多亦只是些常识与技术。与中国人之所谓治平大道则无关。技术与技术间，则必出于相争，而无退让可言。

学问必有一对象。有关此一学问之知识，亦必有一来历。治平大道，则本源于人类以往之历史。治乱兴亡，鉴古知今，此为史学。西方史学特迟起。大学兴起时，亦尚有史学文学是同是异之争。黑格尔有历史哲学，乃哲学，非历史。其谓民族兴衰，文化起伏，如日之自东西移，自中国印度移至日耳曼民族，乃始到达于最高无上之境界。此何尝是历史真相。并多争意，绝少让意。而当时日耳曼民族，竟亦受此鼓舞，孳孳日前。而其他西方史学家，竟亦无人出而加以纠正。此正亦同意于黑格尔西方胜东方之意见，而西方人之不重史学，亦可于此一端觇之。近代国人一切慕效西化，不惜舍己之田以耘人之田，此亦本之当前史实，而其意存谦退则亦可知。史学乃人类生命大总体之一项研究，当通体以观，于古人知有让，于其他国家其他民族亦当知有让，而不以一时代一部分人之争胜为目标，乃始有当于史学之大义。

历史本是人事之怀念。西方人在人事怀念中，如恋爱斗争冒险诸端，乃及物质经济建设，哲学思维，艺术创造，甚至如古希腊之奥林匹克运动会，罗马之斗兽场等娱乐事项，皆多称述。而独于政治一项，乃至一国家一民族之治乱兴亡，其所怀念，若不甚亲切。希腊亡，则推尊罗马。罗马亡，则迷惘于中古之封建社会。现代国家兴起，乃一意于资本主义帝国主义之海外发展。似仅知一味向前，曾无鉴往知来，于古有借镜，于今有警惕之心情。至于中国人之所谓治平大道，似无存胸怀间。世界第一次大战时，德国人写为《西方之没落》一书，指陈病况，非不知前途有艰难，乃不见有痛悔前非，改弦易辙，针对病情，有所挽救之主张。第二次大战后益然。头痛医头，脚痛医脚，亦毫无一旧方案可资依据。几乎只是走一步算一步，过一程再一程。倘由积极转消极，恐止于停步不前，似无其他可望。

人生在自然中，不得脱离自然而独立。自然必同时有两现象更迭互起，中国人谓之一阴一阳。如昼夜寒暑，晴雨明暗，一正一反，循环往复。人事亦然。而政治则为人事之尤大者。治乱兴亡，人事之最大妙用，在能乱后复治，亡后复兴。政治之大作用亦在此。孔子曰："其或继周者，虽百世可知。"中国史之伟大成就，五千年来依然一中国，而日渐扩大，正为有一治平大道之存在。

治平大道系乎人。其人存，则其政举。其人亡，则其政息。人道必本于天道。有争则必有让，有进则必有退，而退让尤当为之主。否则政治之对内对外仅成一斗争场合，又或只论法不论人，乃无政治可言。要之，知争不知让，知进不知退，则为其致命伤所在。

中国讲治平大道，又必建基于修齐。身不修，家不齐，何能出而治国平天下。而修身首贵让。惟知争夺进取，则家亦不齐。故修齐治平，一本于礼，以让为主。亦有争，如射。孔子又曰："当仁不让。"治平即仁道，当孝不让，当忠不让。不让于此，则让于彼。如孔子为鲁司寇，不得行其道，则让位而去。此之谓大不让，然亦决不争。是其让而争益大，其退而进益远。存其道斯存其人，而政必举。故乱可以复治，亡可以复兴。诸葛亮苟全性命于乱世，不求闻达于诸侯，是其退。刘先主三顾草庐，遂许以驰驱，是其进。而后世论三国人物，管宁犹在诸葛之上，则以其有退而无进。中国传统尚德，而退尤为德之首，即此亦见。

若为政而必出于争以进，一时亦未尝不可以得意。如孔子在鲁，治军有子路，理财有冉有，外交有子贡，先得一都，如阳虎，鲁哀公季孙氏亦可如摧枯拉朽。其他类此者，一部二十五史当可千百见。如乐毅，可拒燕惠王命。岳武穆亦可自朱仙镇回师肃君侧。不退不让，必争必进，一部中国史，可从头改写。但恐不得成为一广土众民之大国，亦恐不得绵延五千年之久。如希腊，如罗马，如现代之英法，岂不亦各有其得意之一时，是在人善自择之矣。

近代人物，当首尊孙中山先生。辛亥革命成功，遽辞临时大总统职位，让之袁世凯，而退居沪上。及广州再起，又北上与张作霖段祺瑞言和。苟使不死，此下不知究将成何局面。而中山先生之让德，则亦可受后世无穷之推尊。能治其国，斯能进而平天下。西方如华盛顿，革命成功，遽告退位，此亦略有东方人气味，惜乎其不多见。

董仲舒言："行其义不谋其利，明其道不计其功。"如计功利，则必争必进。如谋道义，则有退有让。今则一世方务于功利，不知道义乃计永久之功利。披读中西双方历史即可知。幸读者其亦审思而慎择之。

（二）

人群相处不能无政治，行政不能无领袖，而政治领袖之进退，乃为政治上一大问题。中国学人有两大特点，一则无不关心政治，二则其对政治姿态每主退不主进。此可谓是孔子发之。墨家主兼爱，主尚同，对政治过分积极，无退义。道家主无为，意态消极，对政治可不闻问。独孔子儒家，执两用中，遂成中国学术大宗师，并为文化传统一中心，绝非无故而然。

孔子为鲁司寇，居三家下第四位，可谓已极一时信用之至。但孔子所抱政治理想高，不迁就，不退让，既不得行其志，终避位去鲁。其周游列国，亦备受礼重。然不符其理想，则宁不出仕，退老于鲁。孔门四子言志，子路主治军，冉有主理财，公西华主外交，独曾点言："春服既成，冠者五六人，童子六七人，浴乎沂，风乎舞雩，咏而归。"孔子喟然有吾与点也之叹。果使孔子平日讲学，不及于军事财务及外交诸端，则三子何来有此志。但一意于进，则孔子所不与。后冉有为季孙氏家宰，孔子曰："季氏富于周公，冉有非吾徒也，小子鸣鼓而攻之可也。"此非斥冉子之善理财，乃斥其徒显己长，违道义而不知退。故曰："君子不器。"器则特见用于人。又曰："古之学者为己，今之学者为人。"为己则自达其一己之理想，即以为人。为人则徒供人用，无理想无己可知。

孔子又曰："不仕无义。道之不行，我知之矣。"孟子曰："乃吾所愿，则学孔子。"孟子不欲为齐之稷下先生，但愿正式出仕。不符其理想，则宁退。故不仕乃无义，而不退则无志。志则志于道，斯仕必合于道。此下儒家辞受出处进退之节，大率皆如是。而中国社会亦群知重此。汉初贾谊，抱有政治理想，而不得意于进，后世群尊之。次有董仲舒，同抱有理想，同不得进，后世亦尊之。公孙弘拜相封侯，极一时之显荣。而曲学阿世，后世乃无称。三代以下，惟恐不好名。贾董之名，贾董生前岂知。但后之学人，宁退不进，乃群以贾董自勉自慰。

故秦汉以下两千年之中国传统政治，纵多不符理想，而终有一政治理想存藏于社会之下层，使上层政治领袖心知愧怍，有所羞耻，有其廉节，而现实政治亦遂不至于大坏。如曹操有《述志令》，不敢身受汉禅，不得已而貌为周文王。此亦有一种内心潜力隐作主宰。争权争位，亦必曲折以赴，不敢明目张胆，肆无忌惮以为之。故在中国历史上，伪君子常多于真小人，此亦文化传统之潜力有以致之。

耶稣言，恺撒事恺撒管。既降生为人，尘世百年，不能无所作为，亦不得尽诿为恺撒事。为恺撒者，亦不得尽符于理想。西方自古希腊起，学人各务为一专家，如文学、哲学、科学等，不关心政治。即构思立论及于政治，亦非有心从政，实因其亦并无从政之机会。政教之分，早不自耶稣始。在如此情势下之政治领袖，乃多如恺撒。希腊时代有苏格拉底，罗马时代有耶稣，皆受极刑。教人者与治人者，常可有大冲突，故学人常自居一旁，自守一职业，直至今世犹然。如大学教授，即以传授专门知识为己任。而政治活动,则另有人为之。大学演进逐渐有政治经济法律外交诸课程,然亦皆如专门知识,备现实政治界引用,亦如孔子之所谓器。而君子一观念,则为西方人所无。

政治领袖如何产生,近代西方民主政治由多数选举决定。而多数民意,则仅为一种欲望,非可谓即是政治理想。此等欲望,要得要不得,又如何来达成,则仍待政治领袖做决定。西方政治领袖又必定期改选。也有在其任内引发内战者,如美国林肯总统时之南北战争。惟一般有志政治活动者,多好进不好退。结党竞选,成为政治一大事。而政治领袖此种不好退之心理,其从政之或私或偏,亦所难免。

即如最近英阿福克兰战争,本因阿根廷当局身处困境,借出兵福岛以转移国人之视听。英国亦自有困境,当局者本受群情反对,正该引咎乞退。乃转因出兵获胜,又得安于其位。故政治本在解决问题,而西方政治则多引生问题。政治非以求安定,转以增动乱,其病则在此。西方人好争平等,重法不重礼,于上位政治领袖称为公仆,亦不特加尊视。一旦退,即鄙夷如常人。故在位必凭其权力多求表现,即多滋事端亦所不惜。心理不平常,斯其表现亦宜然。

王荆公得宋神宗尊信,擢为首相,推行新政,亦其平日之政治理想所寄。反对者群起,荆公终亦乞身引退,而神宗尊信不辍。既复起,又乞退。旧党用事,尽废荆公之所为,而荆公隐沦在野,亦惟以吟咏自遣。此亦中国政治家传统风格。即其前,范仲淹庆历变政,亦遭反对而退,亦宁静如荆公。一部中国二十五史，以政治为中心，而尤以不得志而退居下僚，乃及隐沦在野者为其主干。人心重视从政，但不看重做官。从政乃以行道，做官则以求贵。能以做官与从政分作两项看，此亦中国儒家修身养心一大要端。

故中国传统，身居高位，必务自谦抑。尤其为一国之君，更不轻易表达其自己之主张。即如秦始皇帝焚书，亦下政府公议，而出丞相李斯之奏请。在历代政治文件中，惟皇帝诏旨最无浮文费辞，不夸张，不阐扬，只简单扼要一表示，绝少有政治上之大理论大发挥。政治上之大理论大发挥大文章，则尽在奏议中。而宰相大臣亦少此类文字。大奏议则多出新进后起下僚低位。后世传诵者，亦不为帝王之诏旨，而必为臣僚之奏议。此亦中国政治传统精神之所在。奈今人则尽以帝王专制四字讷之，此亦自表达其不读书无知识而止，他又何言。

今人一依西方，好言平等，惟政治则显不平等。中国人称选贤与能，又称贤者在位，不贤则不得高踞人上。然使其人果贤，苟居上位，则益当不敢以贤自负，必更自谦下。贤君则敬其宰辅，贤宰辅则敬其僚属。苟其倨傲自肆，即不宜踞上位。至少当貌为谦下，乃得有安居上升之望。此乃中国传统政治风气，亦传统政治心理所使然。故中国传统政治必尚礼，礼主敬，不仅当敬其在上位者，尤当敬其在下位者。在上位，既受人敬，斯亦不得不益谦。此亦中国尚礼精神之一种精意所在。故中国人又提倡尊君，而今国人则斥之曰帝王专制。必对人不尊，乃见为平等，斯诚无礼之至矣。

近代西方民主政治必自露头角，广自宣传，到处演讲，认为非我莫属。意态自傲，恬不为怪。及其出膺大任，既有种种法制束缚，又有议会从旁监察，加之评议。果使其以谦退自居，将不得成一事。故西方政治家必当有傲气，有霸道，法治则所以防其傲与霸。中国重礼治，好让，所以全其谦。西方好争，无法则益以长其傲。风气相异，乃其心理相异，据此可见。

中国人在谦退中，实有一番自尊。西方人在争傲中，其内里实含有自卑。其中尚有心理深处，今不深论。惟中国人反己自问，能自知己尊，则乐此不疲矣。西方人务外，反诸己，则常感自卑，此乃双方心理有异。今日国人备受外力压迫，乃亦常有自卑感，故崇慕西化而不知耻。专言政治，在下者不知尊其上，而在上者亦无自尊求退心，则政治自宜西化，再无旧辙可寻。新政治，旧心理，俨如河汉之隔，又乌得以新政治来推论旧心理。

今全国十亿人口，使不先教以尊上，则政治何由得统一而安定。然又必社会同识尊贤更胜于尊上，乃使贤者甘居下不争居上，于是乃能使社会下层高出于政治之上层，而政治亦得其安定。中国人群知尊君，乃其尊孔尤胜尊君。即为君者，亦知尊孔。而治孔学儒家传统者，又率重政治尊上位，斯则中国秦汉以来二千年长治久安之道之所寄。大群相处，人心感召，成为风气，尊贤尊上，遂为中国人最所重视之两要项。中国自秦汉以下历两千年，政风学风，常此相沿，迄无大变，虽遭衰乱，仍得复兴，此谓之政教合，但亦当深究其所以合。孔子之所以成为至圣先师，常受国人崇拜，中国之所以成为广土众民大一统之民族国家，其传统文化之所以常照耀于当世，为其他民族所莫逮，则亦惟此之由。今则人心变，风俗变，政风学风均随而变。学者不复以人群治平大道为己任，出仕从政，视为一己之私业。争权谋位，与经商谋利，致富致贵，成为人生中两重要专业。又受社会重视，群奉以为趋新之西化。而西方世界，自两次世界大战，迄今未百年，每下愈况，前车屡覆，后车终蹈前轨，无可改辙。危机昭彰，举世不安。诚使国人能于旧传统之政风学风，大体稍有领悟，重加研阐，或不仅可以救国，亦将可以救世。孔子曰："后生可畏。"或终必有迷途知返之一日，企予望之，企予望之。

（三）

人生有快乐当求，但亦有苦痛当避。惟快乐每在外，不易知，不易求。苦痛则即在身在心，既自知之，亦当易避。并有寻求快乐而转增苦痛者，亦有避免苦痛而即感快乐者。寻求快乐在遇事知有进，避免苦痛在遇事知有退。中国人生每在求其易，求其退，而不在求其难与进。此亦中国文化一要端。

男女各有求。在恋爱中求快乐，其事实不易，故西方文学多悲剧。夫妇和合，而快乐随之。其事在我，较易着手。中国小说戏剧中多以团圆收场，亦教人退而求其易也。父母子女，不和不睦，苦痛易生。兄弟姊妹，离心离德，快乐亦自远离。故中国人以齐家为修身要务，亦即教人求快乐而已。商人重利轻离别，为一时求利而轻离其家，斯则苦痛即随来，而快乐则可望而不可即。

人有志在求利，而离家去乡，一时不感其苦痛者。亦有安于家乡，而一时不感其为快乐者。则贵有知者之善为指示，善为教导。中国则得天独厚，以农立国，安于家乡，其乐无比，而其事亦易知易得。如古希腊以海屿为生，所得于天薄，不如中国，固易知。而如印度，则得天似较中国更厚。身披一衣，即可御寒。手摘一果，即可饱腹。生事易足，而转亦感人生之多苦。生老病死，莫非人生苦处，乃求涅槃。佛教虽有种种高深理论，虽尽求避免苦痛，而终亦无快乐可得。耶教虽亦知寻求快乐，但不求之于人生之当世，而求之死后之天堂，则亦终非人生之正道。

中国人虽知求快乐，而西方来侵，乃亦有快乐难求之感。西方人求富求强，乃使我有贫弱不能自安之苦。今日国人乃明白自认为后进国家，尽其所能以追随西方而前进。而今日世界形势，已明见前进无安乐之望，则当奈何。而国人对自己传统文化之亲敬心，则更为不可忽。举其要而言之，则仍当知退不求进，知易不求难。我当不求富，仅求贫而安。当不求强，仅求弱而存。不求如美如苏，同为世界大强国，而仅求得喘息之余地，则庶可矣。

即以战争言，则先为不可胜，以待敌之可胜。何谓不可胜，我以广土众民十亿人口之大国，而又有累积五千年文化传统，使有自信，即为不可胜矣。以前如蒙古满洲，皆以异族入主。然仅掌握我之政权，不能转变我之社会，彼则一意师法我之传统以为治。今日则其事大不易，西方人不能移来我土，仅求我之服从，如最近俄国之于波兰即其例。故最近世界已可使人不再有亡国之忧。一国之亡，转增天下之大忧，如中东之巴勒斯坦即其例。自欧洲两次大战后，而天下形势已变，此一层不当不知。

我既无亡国之忧，又何必定求强。但如当前日本之不求强而尽求富，则断无美好前途可言。今日立国，尽可求为一中等国家，即人亦可尽求为一中等人，斯则为当前最可安而易求者。今日当前之最大问题，则为如何移易国人之慕外心为自信心。此须有人来作提倡，而其提倡则必有当前实例，使人易知易从。

当前大陆最大苦痛，则为一意慕效苏维埃，一旦觉悟，乃求转而慕效美国，此则大陆终将陷于不可救之深渊，而无以自拔矣。谓余不信，则静观四五年而即可知。然反面例易知，而正面例难求。吾当前国人果当何以自处，亦非无例可求。主要当戒者，在莫过分夸耀他人，自居为专家先知，而徒淆国人之视听。果肯人人以中国人自处，人人以中等人自处，则庶乎近之。

近日有一惊人大罪案之发生，即抢劫某银行之独行大盗是也。方其案未破，人人认为此大盗不知系何等人物。及破案，则亦一计程车司机。识其人者，亦以寻常人视之，乃不知其能为此一大罪案。其犯此大罪，亦仅为不甘为一寻常人而已。人人不甘为一寻常人，此乃当前世界人类一共同心理，而种种危乱不安，则胥由此起。苟使人人皆肯安心为一寻常人，则世界自可改观，而中国传统文化则惟此是尚，即所谓中庸是也。人人肯为一中人，肯为一庸人，则社会自安，天下自平，无他道矣。

立人如此，立国亦然。百年前之大英帝国，自不当以一中等国视之。然今日已降为一中等国。果能即此自安，亦尚有其前途。而当前之英阿战争，即英国人不肯以一中等国自安，此下后果尚难预言。要之，为祸不为福，则似可预言者。人人分析英阿之战，率以其所使用之武器言，不知尚有两国人民之心理作用，则更为重要。今日人人言平等，但亦人人知有不平等。阿根廷自不能与英国作平等看，此虽阿根廷人亦自知之。故其双方相战，而阿根廷人之勇气乃可倍加于英国人之上。即如以前大陆之援韩抗美，其使用之人海战术，每一中国人面当美国大敌在前，生死已在预计中，能获一小小酬报，则心慰无已。此则为美国人所不知。即如美国在南越之战，其所遇北越人，作战心理之强，亦何尝不如此。即当前苏俄之在阿富汗，亦有如此心理之对比。再就第二次世界大战论，日本军队之对美军，则奋勇有加。中国军队之对日军，则亦如日军之对美。就当时中国人心理言，非不知日本之军备武装视我远胜。然而彼亦学习西化，与我相似，心有不服，斯则顽抗难驯。果使中国军队与美英对垒，衷心崇仰，佩服已至，则不知仍能保有此一腔愤慨敌情否。惟当前人类同遵西化，而仅求平等，少如中国人之虚心热忱，一以自卑为怀。遂使强者有其弱处，弱者有其强处，非武器一端之所能衡量。故今西方人竞言平等，已使此世界难安于不平等之处。战争如此，商业亦然。今日世界经济不景气，亦有此等心理作用之存在。此亦中国人所谓中庸之道。且勿太尊视所谓先进国，太轻视所谓落后国，而一以中庸之道对付，宜亦可少其差失矣。

今人又好言自由。其实循乎中庸，则其自由亦易而多。必求超乎中庸，则其自由亦难而少。如一中等财富之家，则自由多。必为一上等财富之家，斯其自由必随而少。家如此，国亦然。一中等国家，其自由转多。力求为一超等大强国，其自由亦必减而少。如今美国，于英于以色列于日本，皆可谓其亲善之邦。然其于此三国，所拥有之自由又几何。即如其最近之对中国大陆与台湾，首鼠两端，捉襟见肘，亦见其左右之为难。要之，今日全世界已同趋于西化，则天下惟有分裂，不和不让，相争不已。一若惟有美国，惟有民主自由，乃可和合天下，而重归之于一。则不知到此时亦尚有中国之存在否。今则自居为后进国，惟美国之马首是瞻。到那时则岂不又将并此国家与民族亦相随于尽，而惟美国之巍然独存于一世之上乎？要之，今日国人只求站在美国一边，其意若谓国内之错综复杂，自可迎刃而解。固不知吾国人之是否抱此期望，而据今日之言论行事为判，则一似非此亦无他途之可期。今日国人亦尚言文化复兴，然所谓文化，亦有一准则。不合西化，不合美国，已尽屏于其所谓文化之外，其他复何言。中国人言物极必反，当前西方文化，亦可谓已到极而必反之程度，而国人则不知情。

然则今日国人思路之变，实已到达一急需之境。百年以前，国人惟慕西化。百年以来，世变已亟，而国人之思路尚不变，则何以为适应。中国实为一中庸性之民族，不喜走极端，好易而不喜难，好退而不喜进，此亦似为我国民性之弱点。然处当今之世，则转见其优处。今日为国人计，当勿好高，勿骛远，勿求速，勿求全，务尽一己之实力，惟期一己之安心。勿求为人上人，勿图虚名,勿希奇功,脚踏实地,步步为营,乐天知命,不知不愠,各求为一普通寻常之中庸人。则极其所至,最低限度,宜可无大灾祸之来临。试细读中国古圣先贤,上自孔孟,下迄程朱,凡所教人之言,莫不如是。若必轻鄙前人,争为时髦,居心浮薄,宜非福泽之所归矣。日日言现代化,则惟有随现代以俱尽,其他则无可期。国人其尚加警惕之。

七五　积极与消极

人生意态，可分积极消极两种。就中国言，儒家思想是积极的，墨家更积极。杨朱是消极的，庄周老聃同是消极，但不如杨朱之甚。人生应该积极，但不宜过分。中国后代，扬儒弃墨，可谓采酌有当。但积极人生，非可一步到达。漫长的过程中，终不免滋生流弊。庄老道家即针对此种种流弊而求挽救。中国后代，又采取了庄老道家来为孔孟儒家作补救，这见中国后人之聪明处。

印度人生比中国道家更消极，西欧人生则较中国儒家更积极。积极人生必求发展向前，换言之亦是向外。外面有路发展，受害者先是其发展之对方。而发展主体，则暂时可以见其利，不见其害，待发展到外面无路，则受害者会转回到发展者之自身。古代西方史且不论，就近代西方言，帝国主义殖民政策之向外发展，受害遍及全世界，但西欧各国，则欣欣向荣，一若可以漫无止境般向前。但外面可供发展之环境究有限，不数百年，转回头自相争夺。第一、二次世界大战，接踵迭起，西欧本身受创。抑且愈积极，则所受创伤亦愈深重。大英帝国国旗遍悬全世界，可以永不见日落。而且两次大战都站在胜利一面，乃其所受创伤独甚。法帝国疆域较小，两次大战中都遭挫败，而其所受灾祸，似转较英帝国为轻。德国为两次大战之主动，连遭覆灭。但其复兴机运，却较英法为多。论短期，德国为积极，论长期，英法更积极。论受害，短期德国为重，长期英法更深。此乃愈积极则受害愈甚之眼前一好例。

两次世界大战以后，西欧传统的积极人生，转移到美国与苏俄。四百年前英法人向新大陆移殖，而有今天的美国。美国自始即从西欧积极人生中产出。立国两百年来，最先一百年，不断由东向西移殖，亦积极向前，受害者属印第安人。美国自身，则仅见其利，不感其害。但积极向前终有一限度。到今天，西部开发已告一段落。而自参加两次世界大战以后，美国一跃而为世界第一大强国。但全世界形势已变，帝国主义已难再起，殖民渐转为殖财。共产主义一方，又把殖财那条大路堵塞了。余下的自由世界，又是满目疮痍，要殖财，且先得输财。待其疮痍渐复，一样懂得堵塞殖财，甚至反殖财。资本主义没有帝国主义为后盾，则其向前发展更有限。眼前自由世界经济恐慌前起后拥，不啻告诉人们积极的经济人生，已到达了断港绝潢，并无大海洋在前，可资恣意翻腾。积极人生向外翱翔之天地日形窄缩，于是转回头，在其自身内部见病害。目前美国社会腐蚀情形，触目惊心，先识之士，认为古西方罗马帝国之末日，不久会在美国社会重演，已不见为是杞人之忧。

其次剩下最积极者，只一个苏维埃。它的武力财力，皆远不逮美国。正为如此，更激起其积极向前之意态。而且远从帝俄时代起，俄国人早已追随西欧积极向前，但为西欧所阻压。东向西伯利亚之开发，亦远不能如美国西部开发之顺遂而愉快。俄国人数百年来积极向前之积压心理，终于要一泄为快。然而更积极则更受害，历史前例，无可否认，苏维埃共产立国，至今已五十年之久。倘能改变意态，先整顿内部，逐渐从和平繁荣的大道上，安定自身。此种意态，像似消极，但消极中有积极，却不失为一种无祸害之真积极。无奈从帝俄以来，其一意向外向前之路线，急切间无法自变。君以此始，亦以此终，无怪今日苏维埃之执迷不悟。而世界第三次大战之阴影威胁，则愈逼愈厉。谁也不敢担保其可以避免，谁也不能逆料其孰胜孰败。但就前两次教训，大战后之双方，终必两败俱伤。而愈积极者愈受害，胜者一方之受害程度，必更在败者一方之上。

其实从第二次世界大战以来，各地战事，此起彼落，并未间断过，惟人们心中之第三次大战，则必然将为一核子战，主要必在美俄两个核子大国的身上。非更积极亦不能成为一核子大国。而核子战又当以先下手为强，但先动手也不能禁制敌人回手。循此以下，虽有上智，亦无可预言其进程中一切可有之变化。但从整体论，仍当是最积极者，最受祸，依次及于核子装备之较劣者。而无核子装备之国家，则受祸当最浅。此一猜测，应可无误。

上述是说人生愈积极，受祸当愈大。而不幸近世人心，但受数百年来西欧积极人生之迫害灾祸太深重，而相率追随尽走上积极的路，而惟恐或后。最先是争财富，接着是争强力。群认为此是人生唯一正途。所以核子战虽未起，而不够核子战的较低级战争，则风起云涌，早在不够积极的国家中兴起。其实此等较低级战争，同样有飞机、大炮、坦克，以及各种舰艇，陆空海规模较之第二次世界大战，无多逊。较之第一次世界大战，尤过之。积极人生，力求进步。谋财杀人的技巧，则为现代积极人生力求进步之主要项目，其前途自可想见。

尤可诧者，在积极人生中，一面要求能多杀人，另一面，又主张少生人。节制生育，乃现代化中一时髦宣传。一面要少生人，另一面又要多产物。重物轻人，爱物恶人，已成为现代积极人生中一共同心理。在中国传统文化中，如瓷器、丝绸，凡所产物，皆寓有极丰富的人生艺术精神。不仅供人以物质上之使用，还能供人以心灵上之享受。但从牟利观点看，不够积极，现在的瓷器与织品生产，已改换以机械为主，人工为副。在人造物之内，已逐渐减少了人工的成分。最好能没有人工，始为现代生产之最高理想。而又惟恐人使用此等产物发生了心灵上之爱好，如此则将妨碍其继起之推销。所以每隔一两年，必有新花样、新品种。要推销新的，自先要厌弃旧的，主要条件在不断毁灭人心对旧有的爱好。

货品如此，影响及于其他方面，如舞蹈、歌唱、戏剧、绘画等娱乐方面，亦是只求变，只求新。亦可谓，是主要在使人心对艺术无爱好、无价值观、无享受感。一味喜新厌旧，乃可继续有新的推出。其实对新的也不能有真爱好，如是乃能日新又新。其实凡是有的必迅速地成了旧，只有现尚未有的才是新。人心之喜新厌旧，乃转变成厌恶一切所有，来想望一切所没有，如是乃始是真积极。现代化，成为未来化，亦可说是幻想化、虚无化，如此才能使人不断向前。但未来究是未来，究是一种幻想与虚无。如是则积极人生，岂不终将扑一空。

由艺术转到文学亦如此，转到其他思想，以及一切风俗习惯人生行为，全如此。上面说过，积极人生必向外。鼓励人向外，先求其不满自我，感得内里空虚。现代人，一面追求能多杀人，务使杀人武器之进步。一面追求多产物，能不断赚人钱财。一是求人死，二是盼人穷。现代之积极人生，岂不在贬降人生价值，使其达于虚无化。使人当下无可留恋，才肯积极向外向前。但向外，又是太广漠，太无边际。向前，必待决定一方向。方向愈单纯，庶愈易前进。而现代人之向前，则主要在致人死命要人穷，此之谓富强的人生。弱者不犯人，贫者不离人。贫弱人生，使人相亲相和，走向善的路，但为现代人厌弃。必互求富强，相斗相争，乃使现代人想慕。

中国儒家所指导的，亦是一套积极人生。但儒家向外，主要以人类大群为对象。分有家国天下三环，有夫妇、父子、兄弟、君臣、朋友之五伦，人生对象在此。至于物，仅供使用，非目标所在。而人生向外向前之主要中心及其出脚点，则为人之心。心与心相交，乃见为人之德性。如父母之慈与子女之孝，论其向外，是一种贡献，论其向前，则为自己内在德性之进修与完成。此乃一种合内外之道，自尽己性，自明己德。循此向前，可有无穷发展。但纵前行了一万步，仍然站定在脚下，寸步未移。尧有丹朱，舜有商均，西伯昌有发与旦，子各不同，但其得为一慈父则同。舜有瞽瞍，周公有文王，父各不同，但其得为一孝子则同。故人生向外，惟一道路只是贡献。人生向前，其惟一到达点，则是各自小己德性之完成。贡献出了自己，同时也即是完成了自己。惟其一切工夫，则仍必待自己，不能待于外。同有慈父，但丹朱商均与发旦终不同。同有孝子，但瞽叟与姬昌终不同。舜之孝不能使其父为姬昌，舜之慈不能使其子为姬旦，其中有天命。天命，即指人之无奈何之处。人人各得对外面他人作贡献，人人各得对内面自己求完成。此是天命，亦即是人性。中国儒家务求人文大道与自然大道之合一，此即所谓天人合一。儒家指导积极人生一番大道理在此。此番道理，通天人，合内外，这是每一人之性命。

因此儒家的理想人生，乃是一种人文本位的人生。儒家的理想文化，乃是一种人文本位的文化。墨家兼爱，要人视人之父若其父，像比儒家孝道更积极，但不本于人心，而上推天志。把天高压在人之上，天人不相应，内无所本，转成一幻想之虚无。杨朱为我，拔一毛而利天下不为，此亦是人本位，但太消极了，把人的范围，封闭在各自小己个人之内，与墨翟适成一对立。庄老亦主张消极人生，不赞成儒墨，但亦不赞成杨朱。人事复杂，杨朱专以个人小己为立场，较儒墨简单化了，但天之生人，并不单独只生一个我。人生不能有内无外，太封闭、太单纯，亦将无前途。庄老主张人相忘于道术，如鱼之相忘于江湖。此是一种自然主义，但同时亦是一种人本位主义。人生在自然中，不能不仰物为生。人生仰于外物，于是人与物争，寻至人与人争，而庄老道家则不喜此一争。庄老的人生理想，要人相忘不相争。于是得在人生中，特别选取一理想环境。小国寡民，使民老死不相往来，庶可使人能相忘。庄老并不想要人回到原始状态去，人类自需一种文化环境，庄老只希望此境能使人相忘相安，即此而止，不希望再向前。但此亦终是一幻想。

老子为此幻想提出了三项主张。一曰慈，二曰俭，三曰不敢为天下先。儒家之仁，墨家之兼爱，与杨朱之为我，意态皆较老子之为慈积极。但慈则不杀人，佛家讲慈，故戒杀生。老子又提出一俭字，不仅经济物质生活上要俭，即情感生活也要俭。老子并不教人不向前。饥求食，寒求衣，但得有一限度，便不贪着要赚钱。人生只随着大化，又对外能慈，对内能俭，则自不敢为天下先。今天的积极人生，则杀人赚钱，事事务争先。一落人后，便吃亏。并须迎头赶上，又得制敌机先。敢字乃成人生第一步骤。然而最积极、最勇敢，则最受祸，此已明白昭示在前。但人类对此终不警惕。今天的世界，至少已分了有与无的两方。有的世界早在财富上争了先。无的世界只有在强力上争先，再由强力来夺人财富。财富争先，是一无形战场。强力争先，成一有形战场。既已进入了战场，则无形必会转成有形。第三次世界大战，已如箭在弦上，一触即发。欲求和解，断不能只许人有财富战，不许人有强力战。我在钞票资本上占先，别人只有在核子弹与海底潜艇上另求占先。就实论之，亦并不是废止一切武器，即是和平。贫富之间，早就不和不平。马克思的阶级斗争史观，是西方积极人生的写照。最和平的共产主义，只有罢工运动。但在有的社会中可以罢工，无的社会中，根本无可罢工。禁止国外贸易，也不能使国内无的社会转瞬变成有的。财富早成国际性，则核子弹与海底潜艇，当然亦成国际性。资本主义既成国际性，则共产主义当然亦必变成国际性。最先英伦岛上之纺织业革新，一马当先，继之以贩鸦片、贩黑奴，又继之以世界战争与共产主义之崛起，陇山西倒，洛钟东应。针对此种种复杂，老子慈与俭与不敢为天下先之三语，似可加以消解与挽救。

然而老子此三语，依然有病。世界各大宗教，无不同样提出慈。不仅印度佛教，即西方耶、回教何尝不讲慈。然而耶稣上了十字架。穆罕默德教人，一手持《可兰经》，另一手持刀。耶稣说，恺撒的事让恺撒管，于是自己只有上十字架。穆罕默德要兼管恺撒事，于是只有教信徒各自手里拿一把刀。释迦牟尼说：我不入地狱，谁入地狱。但尘世倘真是一地狱，则不佩刀，惟有上十字架。佛教教义究竟比耶回两教更消极，所以释迦牟尼不佩刀，也不上十字架。但佛教在印度，终亦不能存在，及其来中国，反获畅行。此乃社会不同，此层须另再阐发。

要之佛耶回三教，皆以慈为主，而其推行究有限。抑且父慈而子不孝，待此子为人父，终将不成一慈父。老子主慈不教孝，故老子之道最后亦终成为权谋术数，慈的心肠也终会消失。

老子讲俭，其道亦不能久。父慈不教子孝，其子必成一娇子。受人慈而娇，其人亦终将不能俭。西方中古时期，乃一耶教天下，然继之者即是文艺复兴，工商业骤起。娇儿骤离家庭，进入社会，可成一浪子。西汉初年，崇尚黄老无为，与民休息。继之即游侠货殖迭兴，便绝不是一俭的社会。故慈俭，均属消极性，不足以垂教。

离了慈与俭，其心放纵无顾忌，则必敢为天下先。近代人无视传统，倡言创造，不甘随人后，定要超人先，必求能迈步闯入一新境界。不仅如哥伦布之寻觅新大陆，一切学术思想，均当摆脱前人束缚，闯开新境，哲学文学全如此，但如此则究嫌与现实人生又多增了隔离。近代自然科学更亲切地闯进了现实人生，其先如天文学，发现地球绕太阳，不是太阳绕地球。又如生物学，天演进化，人类不从亚当夏娃来，尚属在当时现实人生之纯信仰上起脚。违反了宗教而进入到现实真人生，由消极转积极。一切追寻向外，不顾内。向前，不顾后。人生只剩一闯字，即创字。盲人骑瞎马，夜半临深池。到此刻自然科学中又获有两大创新，一是核子武器，另一是人类登陆月球。但登陆月球，正如哥伦布登新大陆，把当时西、葡两国原有问题带去，循致印第安人遭消灭，非洲黑人被贩卖，将来月球上，也必有新纠纷。若真要解决当前地球上人类问题，此刻只安排了最后一着，即核子战争。此是现代积极人生之真实相，岂不已彰灼共见。若果能采用老子慈俭与不敢为天下先之三句教，人生意态稍转消极，或许世界不致有今日。即在今日果能采用老子三句教，或许人生还可有转向。

但人生究是复杂而又该积极向外向前的。庄老道家，目睹当时社会种种病态，想勒马回头，但马头勒回仍向前。两汉儒家人生衍生了流弊，勒回马头转向道家。但马蹄停不下，老子之小国寡民，又转成释氏之出家入山寺，社会人生问题依然存在。果使社会大众尽都出家入山寺，则全部人生问题都会带进山寺去。幸而只是少数人披剃入山，但在此少数人身上，还带着很多留在尘世的人生问题，不得解决。故依佛教义，只有人人悟彻涅槃大道，才是人生问题之终极解决。但河清难俟，此事又谈何容易。

孔孟儒家所指导的人生，乃是一种通力合作的人生。即如一家庭，父母慈，子女不孝，即不能通力合作。近代中国人，慕效西方，务竞变为一夫一妻制的小家庭。但小家庭也须夫妻通力合作，若尽讲个人自由、独立平等，夫妇也会不合作。于是再把婚姻制度放宽，离婚自由，乃至于性解放，可以无夫妇，无父母子女，无家庭，但一样有生育，有传种接代，岂不好。但问题又会转移到别处去，而且可更复杂。核子战争，岂不更积极，但亦同时转成了更消极，问题依然存在。须待全人类毁灭，才是真解决。

只有孔孟儒家人生，教人通力合作，得人人参加，要事事顾到，物物有分，时时不息。复杂成了简单。长时不息，现代与古代合作，后代仍和现代合作，能使全人生在此大道中通力合作下永远向前。

全人生即是一仁字，通力合作即是一义字。而仁之与义，只由我一人做起，故曰为仁由己。又曰义内，一切人生大道全在一己之内心。孔门教人，有志道、据德、依仁、游艺之四项，有德行、言语、政事、文学之四科。孟子较单纯，荀卿即复杂。程朱较复杂，陆王又单纯。但要能于单纯中展衍出复杂，孟子之长即在此。又要能于复杂中把握住单纯，程朱所长即在此。荀卿虽复杂，但失却了作为中心之单纯面。陆王虽单纯，但忽略了向外向前之复杂面。所以衡量其得失而评定其是非者，则又待有不断继起之智慧，此即是后世与前世合作，而贵其能不断向前。

积极过了分，都不免急功近利。墨家兼爱，一遵天志，不顾人心，其病即在急功利，怕复杂。道家从人类文化之病处看，释耶回三教亦然，都嫌看得太单纯。如进医院检查，可以只见病处。悲天悯人，而实无当人生之真相，无怪其都要走上人生消极的路。近代人生，纵积极，但亦不胜其急功近利之心，太过分，亦是太简单了，只认一条路，工品制造，商货贸易，哪能遽领全人生向前。而且厂商制造，必剥削了劳工。货品推销，又欺骗了买主。演而愈进，广告费可以占了十七八，成本只占十二三。又必用种种方法，诱导人奢侈，激发人物质欲望。使外物供给永不能填充内心需要，而后工商企业乃可立于不败之地位。但另外问题即由此引生。作始也简，将毕也巨，今天工商社会之弊病即在此。

所以近代的积极人生，并不能解决问题，乃仅以滋生问题。三数十年前，与三数十年后，问题性质已大不同。今天的大问题，并不在送人上月球，更不论去火星。今天的首要大问题，乃在如何消弭核子战争，退一步言，且先求禁止国际间之军火贩卖。然而此事已不易。回溯数十百年前，问题只在如何积极生产，如何向外谋财殖货。但由于以前的有问题，而引生出当前的问题。其实新旧问题只是同一根脉。概而言之，是积极人生过了分，今天却该转向消极。否则老问题终是解决不了新事变，一部近代欧洲史，可作例证。就美国言，它已跃居世界列强之新霸位，此刻都希望它来解决世界问题，但它第一还是积极生产，连核武器以及种种杀人武器都在内。第二是向外推销，连杀人武器也在内。美国最大强敌是苏维埃，美苏竞造核武器，但苏维埃缺了粮食，正好向美国求购，美国既要生产核武器，又要生产粮食，心力分了。而苏维埃则可以凭借美国粮食接济，来一意生产核武器。在目前的争霸战上，宜乎苏维埃可以处处占尽了上风。

现代的积极人生，其最易见效处，正在其能不顾一切，单从一个目标闯向前。三四百年来，西欧英法帝国主义便由此上路，英国是岛国，目标更单纯，故更见效。到目前形势大变，武力斗争进占第一位，财富竞赛退居第二位，中国大陆宁愿民众没有裤子穿，第一目标是制造原子弹。而当前世界各国元首，竟以能到北京朝见毛泽东一面为得意。不获到北京一见毛泽东，总是现代政治斗争上一缺憾。美国总统尼克逊，获到中国大陆朝见毛泽东，便认为新世界即将来临。尼克逊被迫退位，但此一意想，仍为其继任总统乃及美国大多数人所接受。甚至最近，毛泽东命在旦夕（按，此稿发表时，毛泽东已去世），而美国人急要在他去世前能和中国大陆外交关系正常化，认为是当前迫不及待之急务。以如此之人心，可以想象世界之明日。

根据上所观察，所以我认为当前世界的积极人生，实已前面无路，而不自觉地在转向消极。其仍抱积极意态，以斗争捣乱为惟一首务者，则惟群目苏俄为然，故为举世人俯首而下气。但上面已指出，愈积极则愈受祸。西欧英法旧日帝国美梦何在？日本帝国主义首先尝到原子弹滋味，武装解除了，一意想做一经济大国。日本想依靠美国武力来专做现代一经济大国，正如苏俄想靠美国农产品来在核子武器上压倒美国，那都是单方恋爱，未必有美满婚姻。而美国意态，则并不如往前英法般积极，它因是一大陆国，尽可向内发展。但其得有今天，仍由接受了英法往年这一笔积极人生的烂糊旧账。而不幸美国又增添了自身内部一笔烂糊新账，其社会日常人生之日趋于糜烂与腐化。物质丰盈，但求不务向外杀人，专一在其内部求安享，这亦会成一场梦。单谋财不杀人，美国已着先鞭，日本亦紧随其后。而不知积极的经济人生，到头必会无出路，无前途。算惟有苏维埃，最为当前敢于采取积极向前的一大国，经济为次，武装为先。已异于往前之英法，更积极了，只想以无的来抢有的。它的途径，却更近于它往日亲所受难的蒙古。惟蒙古只靠骑兵，而今天的苏维埃，则靠核子武器，因此更可怕。即使万无可能地禁止了核子战争，但其飞机炸弹坦克大炮潜艇袭击，贻祸人类，也将在蒙古乃及第一、二次大战之上。若使苏维埃而终于得志，则为人生大道证明了惟有武力至上始是最高真理，亦只为此数百年来西欧积极人生作一修正，得一结论，未始非对人类文化有一大贡献。而无奈其不然，则苏联人今天的积极意态，亦不过为它自己多拉些陪葬者而止。此真是近代积极人生一悲剧。倘或改鲸吞为蚕食，酌采消极意态，苏联的得志机会可较多。但美国乃在不知不觉中走上了消极。要苏俄在深思远虑中采取消极，但苏俄无此心理修养，其事甚不易。

人事复杂，未来不可测，然而当前的那一套积极人生，已无前途，则早已彰灼可见。乃举世迷惘，只就眼前头痛医头，脚痛医脚，曲突徙薪的设计，固绝不有其人。连焦头烂额的救急，也不知从何下手。世界已有绝大多数人在转向消极，但亦只是生活糜烂而已，更不知有其他的消极法。此已不是一意态问题，而是一知识问题。现代人的所有知识，已全属专门化。积极人生急功近利，则必然会奖励知识专门化。循至只知有头有脚，不知有此身。只知有身，不知有此心。非不知有心，乃把此心亦封闭锢塞在专门化中，驱使它钻牛角尖。蛮乎触乎，互不相知。外交、军事、经济、法律，各有专家。专家内又得分专家，但全人生的大问题，则每一专家，都无法来解决。哲学、文学、艺术、科学，亦是各有专家。专家内又复有专家，但全人生的大问题，也不是此等专家所能领导。只因急功近利，专攻某一项，易见成绩，而且谁也不能批评谁，谁也不能压倒谁。每一专家都完成了，但每一问题都存在不解决。中国俗语说，三个臭皮匠，凑成一个诸葛亮。但现代的专家，却非臭皮匠之比。其最大症结，乃在各自杰出，无法配凑。尽大多数的知识分子，愈专门化，便愈成为少数。今日号称为知识爆炸，其实是知识分裂。知识的力量日微，只能各为人用。循至今天，全人生的大问题，已不由知识来领导解决。专家知识所能领导解决的，全属枝节上的小问题。制造核子弹，今天人类已有知识，但如何消弭战争，则今天人类并无此知识。登上月球，今天人类已有此知识，但如何使人各有一可以居之安而乐的家庭，则今天人类也无此知识。今天人类全认小知识为大知识。真属人类的大知识，则甘心自安于无知识。此是知识专家化之罪。

孔门儒家求知识的积极目标，则正在此全人生的大问题上。一则应使各人有一家而可以居之安与乐，一则应消弭战争，使大家和平相处。中国如一人，天下如一家。此种知识，不属专门化，但是更专门的。似乎无用，而实更有用。不待焦头烂额，而教人曲突徙薪，但焦头烂额者终为上客，曲突徙薪则不见恩泽。故士志于道，则必能先天下之忧而忧，但又必以不耻恶衣恶食为条件。此等知识，中国儒家谓之道，可以行于全人类，可以行于千载之上，亦可行于千载之下，此为现代专家知识分子所绝不信。专家知识，只贵各自分述，随时前进，随于新事物而变，随于新对象而争。换一时代兴起，前一时代即遭遗弃。知识然，人生亦然。现代的积极人生，贵能以后一代遗弃前一代。后不顾前，而曾几何时，现代亦成前代，而亦为后代所遗弃。但全人生之大问题，则必融会时空之异而存在。佛家说："我佛为一大事因缘出世"，这算是认识了人生有此一大事，但非教人进山门求证涅槃境界，所能解决。耶教则教人各自在死后灵魂进天堂，至于人生问题，暂让恺撒去管，留待上帝来作末日审判。近代西方自然科学，则仅在每一人生前，各求其物质生活之满足，把现世物质人生来代替天堂。至于人生全体大问题，则似乎只留待核子武器来作总解决。所以现代西方人，亦认为第三次世界核子大战争，乃是此世界之末日审判。可见西方近代的自然科学，外貌上虽若反宗教，而其内里，则仍是耶教精神之原来模样原来想法。即是只管了当前物质人生，亦如耶教之只管死后灵魂上天堂，其他则全不管。至于中国儒家，则以大道之行为其终极目标。此大道，绝非佛教之涅槃境界，更非耶教之末日审判。大道行后，还得天下为公，须每一人各自继续努力。全人生永远有此大道，待人努力。故曾子曰"仁以为己宅"，即是把此全人生大道，由每一个自我小己来担任。"死而后已"，则是每一个自我小己之责任期限，到死而止。曾子那九个字，应是异时异地，每一人之共同职责，共同任务，谁也不能自外。

佛家精神，彻头彻尾，是消极的。耶教精神，则在个人小我方面尽积极，务要各自灵魂上天堂。而大群集体方面则仍是消极，且让恺撒去管。总之在释迦、耶稣两人心中，有管有不管。而孔子心中，则全人生大体无不管。天不变，道亦不变。天地大自然生出人类，此是天之慈。人类把此全人生大体好好完整地继续下去，来对天作交代，此是人之孝。所以在中国儒家思想中，可以包容有宗教精神，同时亦包容有自然科学精神。包容人类大群，同时亦包容个人小己。但中国儒家思想，究竟是否可用来解决当前世界问题呢？可惜儒家思想极复杂，不单纯，其他民族骤不易了解。当前的中国人，则只学儒家谦虚好学精神，一意虚心向外学。学习资本主义，亦想学习共产主义。学习耶稣教，亦想学习近代自然科学。学习原子弹杀人，同时亦学习死后灵魂上天堂。一切现代专家知识全想学。当前好学的，中国人可以首屈一指。但儒家所提出最重要的仁以为己任、当仁不让的积极精神，当前的中国人则把它遗弃淡忘了。此一责任，且让西方人来负。我们则惟西方马首是瞻，而无奈西方人向来无此意想。至少我们今天最所归向的美国人，也似乎无此意想。在这一层上，至少是我们学西方、学美国，还学得不到家。如又想待西方来学我们东方，要教西方人把自由世界和强权武力世界分划清楚，那岂不更难了。但若真通了中国儒家思想，则此等难题实也并不难。只要认清一大前提大原则，再来运用现代西方各项专家知识，自会有一条路向前。此事说来话长，则只有姑此住笔了。

七六　存藏与表现

（一）

中国与西方，社会不同，人生不同，因此历史演进与文化传统亦各不同。姑举三项言之。孔子曰："古之学者为己，今之学者为人。"中国乃一农业社会，耕稼本为己，剩余乃及人。西方是一商业社会，须货品先有销路，供给了别人需求，自己才有利润可得，故其人生乃先为人。此其一。

人生有工作有休闲。农业工作即为己，故于工作与休闲上不加大分别。商业工作在为人，获得休闲乃为己，故视工作与休闲若为人生之两体，意义价值均大不同。此其二。

中国人常讲中庸之道，凡事甚难恰到好处，过与不及总不免。务农为己，一家百亩，常觉够了，每不贪多。贪多反致荒芜，并无益处。商业应外面需求，愈多愈好，每感欲罢不能，总喜增不喜减。此其三。

但就自然言，有时增不如减。如一日三餐，多吃反伤健康，少吃转合卫生。又如睡眠，多睡反增倦。以言财富，贫而乐，其事易。富而好礼，其事难。抑且贫有限，勤劳即可免此限。富无限，向外追求总难满意。又安贫易，保富难。故以社会整体言，不患贫而患不均，但惟中国人始能有此想法。西方人惟望财富提高，无限度，有危险。

继此又有两观念分歧。贫能俭、有贮蓄，三年耕有一年之蓄，九年耕有三年之蓄，则无患矣。求富则贵能经营，余赀存积，不如再投入商场，多财善贾，富上加富。故贫人易于安其故常，此之谓保守。富人易于继长增高，此之谓进取。保守心向内，进取心向外。此一歧，乃生出一切更大之不同。

无限进取，无限向前，但仍只为一己生活打算，而工作与休闲，在其意象中，分别乃更大。工作仅生活一手段，休闲转成生活之目的。本来人生即是一工作，休闲乃得继续再工作，故工作休闲，实是人生之一体。从自然生命言，休闲乃手段，工作为目的。今乃倒转，休闲若转成为目的。但人生不即是休闲，于是乃又从休闲中别寻快乐，工作转成负担，不知人生快乐正在工作上。如此一倒转，整个人生观乃不得不大变。于是人生中乃又有专寻快乐之工作，西方文学即由此起。甚至言文化即起于闲暇。中国人则曰民生在勤，不啻认勤劳即生命。日出而作，日入而息，工作中自有休闲。一阴一阳，阳即工作，阴即休闲，岂非一体。中国人重勤劳，亦非于休闲有轻忽。农民则减轻其租税，工人则先加以廪给，工农皆世袭，积年累世于不慌不忙不知不觉中得精进，勤劳乃成一快乐，岂休闲之务求。

再申言之，人生乃全从其生命之内部自身演进，生命以外，更无其他功利可图。生命平安快乐，即是生命进步。此非哲理乃实事。人生自婴孩始，婴孩决不为其自身生活有计画有打算，更不把其当前生活作为一种手段，以别有企图。一哭一笑，一休一息，即其生命，亦即其工作与快乐之所在。若谓婴孩赖别人抚养，则长大成人后，岂不仍有赖于别人，不得独立为生。鲁宾逊漂流荒岛，亦有一犬，并有漂流前之一切经验，人生绝非一人独立为生可知。

孟子曰："大人者，不失其赤子之心。"中国人最高理想之人生，要能勿失其赤子心。天真快乐，本色依然。中国人最重孝弟之德，孝弟即是赤子心。孔子曰："德不孤，必有邻。"能孝能弟，斯能在大群中做一人。光大悠久，其本皆在此。

中国古代风俗，工农皆世袭。老斫轮言得心应手之妙，不能以喻其子。然其子自为婴孩，即已视其父之斫轮。初长成人，亦即追随习斫，亦自能得心应手。其孙又然，累代相传。斫轮非其一家之劳作，乃其一家之生命。生命继续不已。孔子曰："后生可畏，焉知来者之不如今。"累代相传之斫，必当较前进步。即其生命进步，其快乐又可知，又何待于斫轮外别求闲暇为乐。抑且仅求闲暇，亦非真乐。孔子曰："饭疏食，饮水，曲肱而枕之，乐亦在其中矣。"此乐乃学不厌教不倦之乐，即孔子生命之乐。若在饭饮枕上求,非生命乐,为乐至浅且暂,实亦无乐可言。

中国人言乐,主存藏,不主表现。有存藏,自能有表现。能表现,仍贵能存藏。存藏在内为己,表现在外或为人。老斫轮所乐,即在其日斫不已得心应手之生命中。非求其斫轮之得人欣赏,或获厚利,更非于斫轮后求获休闲,别寻他乐。子子孙孙,世袭其业,世传其乐,人生如此,更复何求。此即中国文化真精神所在。亦可谓中国文化乃一生命文化,存藏在己。不失其赤子之心,即此意。

人生婴孩期,亦可谓即自然生命一种最高艺术之表现,此下各期生命贵能承之不失。赤子之心,即其生命艺术最深厚之根源。赤子初生,乃与自然大天地同体。中国最佳之田园诗山林诗,亦可谓皆从此心来。最佳之亭园建筑,亦从此心来。最佳之山水禽鸟花卉一切绘画,亦从此心来。此皆所谓不失其赤子之心之一种表现,即一种极深之守旧,所守即此心。人之耄老,登一山,沿一水,坐一园亭中,仰天俯地,乐不可言,亦仍此赤子心。天真纯洁,活泼自然,无旁杂,无纠缠,无拘束,此是人之真生命,何乐如之。

今人最好言新。如旅途中,遇见家人,父母夫妇兄弟,或旧相识,其内心之乐,较之途逢新人,相差又如何。少小离家老大还,旧家旧乡皆可喜。乡音无改,斯即生命之无改,更可喜。鬓毛衰,则无可奈何。身变而心不变。但儿童已相见不相识,笑问客从何处来。本属旧人,乃成新知,则又可悲之至。实则生命是一旧,乃可乐。日新月异，生命何在，可乐又何在。

中国人又言："人惟求旧，物惟求新。"此物字乃指日常所用言，若传家保藏之物，则亦惟旧乃贵。如一花瓶，乾隆窑景泰窑可贵，宋窑唐窑尤可贵。如墙上一画，明画元画可贵，宋画更可贵。天地大自然如一大物，中国之园亭建构，则把此大物依稀仿佛存藏其中，常供游人玩赏，又何等可贵。可知人心所贵，终在旧，不在新。中国山川名胜，岂不凡新皆由旧，愈旧而愈新。

如登泰山，如游西湖，乃及其他名胜，其间皆存藏有累代积世相传之人心。而此等心则绝非功利、机械、变诈、争夺、霸占心，大体是至诚恻怛之一片天真赤子心。即如名胜中多有古刹，乃有前世高僧来此潜修。后人仰慕瞻拜，亦以新心接旧心，亦即孟子所谓不失其赤子之心。而生命快乐即在其中。埃及金字塔罗马斗兽场，无可同类相视。

读中国书，如游中国名胜。如古诗三百首，每一诗，均三千年前中国人之生命心情，从一不知名人口中吐露，从一不知名人笔下写出。如关关雎鸠，乃中国古人夫妇和爱心，任由后人心自加体会。文学全是一生命，是一古今不朽之大生命。一吟咏，一写作，同是一生命工作，而快乐自在其中。《天方夜谭》（一千零一夜），则与中国古诗三百大不同。其述故事，乃求听者爱听。乃为人，非为己。希腊《荷马史诗》亦然。大众所喜，乃为文学。舞台戏剧亦如是，乃为观众之欣赏。凡所表现，主要皆在外，不在内。

屈原《离骚》，犹离忧。心藏忠君爱国之忧，一吐为快。此亦生命一工作，亦生命一快乐。司马迁《太史公书》亦然。其写作心情，在《报任少卿书》中，已表露无遗，是亦司马迁生命所在。以自己生命来体会到古人生命，宜其书之超绝千古，无与伦比。此等心情，此等工作，可谓乃中国传统之文化心情，文化工作。故曰："藏之名山，传之其人。"人类自有一大生命存藏，中国之史学文学，皆此大生命之工作表现。西方文学则皆以个人主义之小生命工作，故不求传统，仅重开创。至于史学，则晚近始有，非古代西方人所重。

文史外，一切学问亦无不然。孔子曰："学而时习之，不亦说乎。有朋自远方来，不亦乐乎。"学与习，皆即己之生命，岂不可悦。远方朋来，与我同此生命，岂不可乐。纵无人知，己之生命则仍然，故曰："人不知而不愠。"必待外面人知，则生命之意义价值亦浅薄难定矣。

孔子言："述而不作，信而好古。"此八字，述出了孔子毕生学不厌教不倦之一番赤子之心来。赤子初生，其父母即是一古，与我同是一人，而信之好之。孔子之生，中国文化传统已历两三千年，孔子乃此文化传统中一婴孩。及其长大成人，能为中国文化传统一孝子，一忠臣，心愿已足。人由天生，天命人在人群中做一人，此乃人之性，即天之命。故中国人言"安分守己"，"乐天知命"。孔子之为人，亦何尝不如此。

孔子曰："我无行而不与二三子"，此乃孔子之表现。颜渊言"如有所立卓尔，虽欲从之，末由也矣"，此则孔子之存藏。泰山其颓，哲人其萎，表现只是一时髦，一摩登。逝者如斯，生命如此，孔子大圣亦终如此。高山仰止，景行行之，虽不能至，心向往之。存藏乃始是真生命，真传统。今人则必谓孔子乃二千五百年前一人物，此即知表现不知存藏，其深受西化亦可知。故在西方人生中，独耶稣一人能复活。在中国人生中，则人人皆得有不朽，此其异。

孔子作《春秋》。相传由闻西狩获麟而作，今人则谓之迷信。孔子闻获麟而心忧，则孔子作《春秋》，亦犹后起之屈子作《离骚》，同是一生命工作。孔子《春秋》因鲁旧史，亦是述而不作，惟寓褒贬深意。如隐公元年春王正月，正月前加一王字，此即有深意。孔子亦未必对其弟子详加解释，或偶有申述，其弟子传习之，又详加讨论，乃有《公羊》《穀梁》《左氏》三传，而《左氏传》尤网罗遗闻，详加记载。此一经三传，乃历百年以上，不知几何人之工作而始成，在中国则称之曰《春秋》一家。此如百亩之田，父传子，子传孙，以耕以耘，乃一大生命工作，非小生命工作。至于《论语》，乃由孔子门人弟子，积数传数十百人之合力而成。此亦一种家学，乃为后代儒家学之始祖。中国一切学问皆求成家，与西方之个人独创，而今国人乃亦称之为专家学者又不同。

今再申言之。亦可谓中国大群主义，为人即所以为己。如孝弟忠信，即以成贤成圣是矣。西方个人主义，为己亦即以为人。如大资本家给养大批劳工，乃以造成大财富。当前资本主义帝国主义向外侵略，而西洋文化遂亦遍布全世界。中国亦备受欺凌压迫，而崇扬西化，乃有新文化运动。可见无内外，无群己，而天人合一，乃一无可违背之大自然中一大生命。和合人文自然，乃始两得之。分别人文自然,则必两失之。讨论中西文化异同,于此不得不深加注意。

天地万物惟此心最能日变日新。汤之《盘铭》曰:"苟日新,日日新,又日新",乃指此心言。日新而不失其旧,个人生命大群生命皆如此。中国人抱有心生命一观念,心统性情,故中国生命哲学最好言性情。喜怒哀乐爱恶欲七情,喜怒触于外,发于内,最易见,亦暂而易变。哀乐藏于内,更具时间性,不易见,不易变。爱恶已由情转性,亦即欲。欲之正面即爱,反面则恶。喜怒哀乐亦皆欲之正反面。故性即欲,欲即性。惟性乃存藏于内,欲则必发于外。故性可常,而欲必变。西方人好言男女之爱,近于欲。中国人好言父母子女之慈孝,始见性。中西文化歧异只在此。

(二)

中国五千年文化有其一贯相承之传统,举其大者有二,一曰政统,一曰学统。政统在上,学统在野。先言学统。

先秦以下中国学术分两大统,曰儒,曰道。儒统始于孔子,孔子自叹道不行。学不厌,教不倦。登其门受业者逾七十人,知名于时者不逾二十人。或先孔子卒。孔子身后,其弟子无一在朝得势者。然儒学乃大行。李斯相秦始皇,公孙弘相汉武帝,两人皆出儒统,然为儒林所鄙。儒统之传,大贤豪杰多在野。宋代王安石司马光,两巨儒皆在朝为相。然儒学大统则传自同时在野之周敦颐,终其生仅为一小县令。两千五百年来儒学传统大体皆如此。无权无位，群所归向，而儒学尊严乃成中国文化体系中一大传统。

道家起自庄周，乃战国时宋一漆园吏，位卑名微。继之有《老子》书，其作者姓名更无考。两人之弟子亦无知名。道学之传，乃更无在朝踞高位掌大权者。其在野亦多隐沦。较之儒，益不显。然在中国文化传统大体系中，则道终与儒相抗衡。

次论政统。君位世袭，历四五千年不变，然朝代则屡变。但政统实不在王朝之血统，而在其历代所通行之制度。故一部二十五史，自班固《汉书》以下，皆为断代史。而唐之杜佑《通典》，宋之郑樵《通志》，元之马端临《文献通考》，后人称之为三通。继之又有续三通九通十通，实为中国之通史。专论制度沿革，乃见中国政统之所在。朝代变，制度不变，其中有历夏商周三代而来者，有自秦汉以下历朝所新创者。然其大意义所在，则仍有承袭，未能大违于前古。古今一贯相承，此始可谓之政统。

各项制度，决不自帝王制定，亦绝少制定于宰相。乃出自在朝或在野某几人之主张，经政府群僚集议而成。详见史籍，尤以三通及五礼通考为备。亦可谓政统大体源于学统，而又大体源于儒统。周公制礼作乐，远在西周之初。秦汉以下，立法大意率本孔子。故中国人于政统学统之上，又言道统，大体则自周孔创其端。周公在朝，贵为摄政，其得创制成统则固宜。孔子在野，仅为一开门授徒之师，乃得为此下两千五百年政统学统道统之祖师宗主，其事尤值深阐。

七六　存藏与表现

孔子既卒，非能自尊，乃由后世人尊之。在野多尊孔，在朝者则多来自在野。乃至贵为帝王，亦必尊孔。而在朝之尊孔，又终不如在野之盛。故历代大儒多在野。达而在朝，其见尊之程度转减，考之史籍可证。在野之足以转移在朝，考之道家更可见。佛教东来，高僧多在山林，在野尊之，而在朝亦尊之。其事亦同似道家。又如蒙古入主，军权则蒙古人亲操之，财货权则操于回人，而其君亦信奉中国之道教。社会则儒风终盛，元代政制亦随此形式而变。中国政道传统之在野胜于在朝，而儒统之终不可侮，专就元代历史言，亦更可见。

故中国文化传统其主要乃在野，其力若散不成统，而转成为大统。元代道家，若有力成统，虽称盛一时，而终即于衰，不能如儒家之为统。其中有深义，讨论中国文化传统，必当注意。西方耶教亦在野，然必有教会组织，并拥戴一教皇。新教无教皇，但亦有教会组织。孔子卒，门人欲奉有子为师，曾子拒之，议遂罢。《论语·学而》篇，以有子曾子语继孔子，是当时孔门犹同尊此两人。墨家有巨子组织，但巨子不由推选，而由前任指定。然墨家传统终绝。两汉儒统之昌，经学在朝乃亦转不如在野之盛。及东汉之末，郑玄以在野一征君，括囊大典，集经注之大成。又即有王肃起而持异。南宋朱子编北宋周张二程语为《近思录》，又为《四书集注章句》，可谓集理学之大成。又即有陆象山起与持异。故中国儒学，孔子下既无组织，又无定尊，一若散而无统。乃其为统之深沉博大，更远胜于耶教。

佛教在中国，亦散而无统。历代高僧，皆由后人尊奉，非以大组织成大力量。即如达摩面壁，其后乃有禅宗。然自达摩始，祖师相传，亦只六传而止。此后支派丛立，禅风遍天下，但终亦非有一严格之组织。神会上凭政府力量，名噪一时，但后即阒寂无闻。其遗集，直至近代，乃于巴黎所藏敦煌钞本中得之。又如玄奘西游，归而得皇室尊养，然唯识一宗，乃亦不得与天台华严禅诸宗争盛。故耶教在西方，两千年来惟尊一耶稣。佛教在中国，历代高僧，名言崇论，著述斐然，虽其教来自印度，然亦终与中国传统相会相成。其在印度已中绝，而在中国则永传无穷。观佛斯知儒，是皆散而无统，又多在野不在朝，而终亦成为中国文化中一大传统。

西方政统亦仗外力，帝皇必拥兵拥财以自保其位。中国君位不掌财，不掌兵，乃在下者群尊之以安其位而成其统。近代西方民主政治，兵权财权仍由政府元首把握。中国则为君为相均不掌财权军权。西方民主选举，又必结党以争。有党乃有统，多党或无党，则其政必乱。中国传统政治下，不许有党。有党则乱，无党始治。此又中西一大异。

西方资本主义，亦赖组织成统。共产主义则于资本主义外，另有组织，另成系统。中国则凡属生产事业，均不许有私家组织。如盐如铁，如丝如陶，后代有如瓷如茶，皆赖群力经营，而政府则防其自有组织，故终无资本主义之出现。更后有漕运，虽政府主于上，而必长期结集群力，乃有帮会之组织。然中国帮会对上不犯法，对下有通财之谊，济贫恤灾，并对社会有大功。明代中国人侨迁南洋各地，亦赖此等意义之变通，而亦有其长期之传统。亦可不向上干涉政治,而在下自有其维持安定继续发展之一道。治中国社会史,必当注意及此。

西力东渐,一时国人自认为中国民众无组织,如一盘散沙。又认在上为专制政治,在下为封建社会。不知中国乃有一散而无统之大传统,不仗外力组织,而其统乃益紧益密,有其不可解散之内力。此诚中国文化传统一深藏之大特征,必当体究深知。

论及中国学术思想,近代国人又必讥其无组织无系统。孔子曰:"吾道一以贯之。"不仗外面组织,而能内部相贯通,中国社会如是,学术思想亦如是。即专就儒家言,孔子以下,人人为学不同,人人立言又各不同,然同尊孔子,同为一儒。此真散而无统,而自有其一贯相通之内在大传统。非上下古今博通历代儒家言,又何以知之。

就学术演变言,儒与儒相通,道与儒亦相通,释与儒道亦相通。又且学与政相通,朝与野相通,古与今相通。所以中国民族能不赖外面力量组织,而成为一广土众民之大一统,历四五千年至今,岂一种外力组织之所能至。

颜渊言孔子之教,"博我以文,约我以礼。"文散而无统,礼则通死生人我以为一体,斯有统矣。"人而不仁如礼何",仁则本于心,心有同然,相通成体。圣即通义,故曰:"圣人先得吾心之同然。"中国文化传统之最高理想,当即一圣统。其最先基本则为心统,可以各反己心而得之。

中国古代儒家言礼,宋儒则参用道释,改言理字。朱子言:"礼者,天理之节文。"有节有文,斯则礼在人而可上通于天矣。张横渠言:"为天地立心,为生民立命,为往圣继绝学，为万世开太平。"天地无心，则为之立心。生民无命，则为之立命。此乃中国往圣之绝学，继此绝学，则可开万世之太平。司马迁言："明天人之际，通古今之变。"今日国人竞言求变求新，其意皆在外，曷不于己心求之。仅求之于外，事事物物，则不得不加以一力以为统，西方之法统即在此。孟子曰："人皆可以为尧舜。"今当易其辞曰："凡吾中国人，则无不可为一理想之中国人。"中国文化大传统，则即在吾国人之内心。反己以求，即心而得。今再易其辞曰："中国文化传统，即是一人心自由之传统。"今吾国人竞言自由，乃茚外力组织中求，曷不于吾民族文化传统中求，又曷不于己之内心求。

今再要言之，天地自然乃一大存藏，人生文化则只是其一表现。人之此心，则即表现即存藏。通天人，合内外，孔子所谓吾道一以贯之者即此心。中国人知重此心，西方人则转而重物。故中国人生主存藏，西方人生主表现。存藏可通而能常，表现必别又多变。双方文化传统，乃及一切学术思想，所异即在此。愿吾国人贤达善加体认。

七七　入世与出世

中国人有入世出世之两词。生命即是一入世。生前死后，情状渺茫，不可捉摸。中国乃一人文本位之文化。方其未生，即有胎教。及其死后，葬祭之礼，慎终追远，亦为生人。在中国传统文化中，迄无一种出世之教。

世界各大宗教，则胥教人出世。从中国人立场言，各教徒亦仍在世间，所教亦仍是世间法。如释迦牟尼，乃印度一王子，弃妻抛子，离家出走。菩提树下枯坐有年，依然一在世人，未尝出世。及其得悟，四出传道，则更见是世人世法，惟与其他世人世法有异，如是而已。佛法来中国，中国人自以中国文化传统加以体会解释，佛法终于中国化。尤著者为禅宗。此心悟，即身成佛，立地成佛，则此佛岂不仍是一世间人，所悟仍是一世间法。信从诸僧侣，亦必自有工作，生活在世，惟出家不食荤有异而已。

中国语有云"天下名山僧占尽"。名山亦在世间，仍谈不上出世。所谓出世，乃指不营干尘俗事，不操心努力于人群大众之寻常事，独身无家即其一端。衣食住三项物质生活，乃人生起码必备条件，而僧侣则一衲一钵，沿门乞讨，一窟一洞，一草棚，一茆庵，暂避风雨，已算解决。其所操心努力日夜修行以副所期望者，可云仅属内心精神方面，乃以谓之出世。

尝忆民国十七八年间，曾漫步至苏州西南郊外天平山一佛寺。其方丈乃无锡同乡，告余，年过四十，有妻室，有子女，忽决心出家为僧。一夕，到此山，爱其林树丛草，遂终夜坐山顶敲木鱼。山下农家闻之，晨来寻看，给以食物。如是积月，来者益众。供给食物外，并为盖一草棚。于是积年不去，始终在山顶，长敲木鱼度夜。远方闻风来捐助，乃成此寺，正在扩建中。佛像香案，规模俨然。此山乃不啻为此僧占了。此僧不为私，不为名利，并亦不为衣食。世俗人慕之，乃群策群力，共辟此山，共创此寺。天下名山僧占尽，率皆类此。僧尼既占此山，修理保护。游山者来此，得食得宿。又得道路桥梁交通，种种方便，经乱不破坏。"老僧已死成新塔，坏壁无由见旧题。"其死生转换亦与尘世无异。正因其志在逃世，与世无争，乃得世人之共同赞助。为社会兴起了多少至高精美之艺术境界，创辟了多少夐绝超卓之名胜，为乱世预先安排了许多干净土，为苦难者妥当布置了各种方便的逃避处。佛教之在中国，亦正有其正面积极之贡献。

犹太人流亡迁徙，为人类中遭遇最多苦难一民族，乃想望上帝之拯救。耶稣则谓上帝不仅将拯救犹太人，亦将同样拯救世界其他一切人，乃有耶稣教之建立。但耶稣对世界人类有原始罪恶观，谓人类皆自天堂因罪降谪而生。逮其回归天堂，乃有世界末日。此与释迦之由业转世与其涅槃观，可谓大体相似。但耶稣上十字架，仍言将复活，斯其一种热烈坚强之入世精神，则较释迦为益胜。

耶教徒在罗马城中做地下活动，群情同感，使罗马皇帝亦不得不信其教。故耶教与佛教相比，一趋消极，一趋积极，两适相反，但同趋于不争。欧洲中古时期，封建堡垒遍地割据，而耶教寺院转亦林立。苦难人民，转相依附。治人者在堡垒中，而教人者则在寺院中。使无耶教宣扬教义，则举世黑暗，乃无一线光明之呈现。至于神圣罗马帝国之幻想，则不免与人争，乃终不能实现。十字军东征亦类此。要之，宗教出世非真出世，乃以不与人争，为世人定一新方针，辟一新途径。而一世亦莫得与之争，此则耶佛两教之同一精神。惟回教则乃与政治入世同有其好争之现象，阿拉伯人之在此世界，乃亦无长时期之得意可希。

欧洲自中古时期进至于现代国家，人多归功于文艺复兴之城市兴起。不知城市兴起，耶教亦有功。而工商业之为力则亦有限。余尝游英伦之牛津剑桥，教会之有功于西方社会者大矣。自然科学日以昌明，工商机械日以精进，世争日烈，宗教信仰日衰，教育精神亦日以转移。今之为教，主要乃在科学与工商业。此可谓乃一种入世教，主要在教人争，受教者亦各为其一己之私争。而宗教则退居在后。帝国主义殖民政策开其先路，宗教信徒则追随其后，人乃目宗教为帝国主义之走狗。此实西方近代文化一最可悲观之现象。如商人贩黑奴，而教徒乃随入黑奴群中传教，乃不能教商人不贩黑奴，但亦终不能教黑奴出世。而主奴之争一悲剧，乃终不能免。

中国传统文化异于印欧，乃在其文化体系中并不产生有宗教。主要在其政教合一。尧舜禹汤文武周公，圣君贤相，既主政，亦掌教。其政治地位之崇高，在其德，不在其力。尤在其能让，不在其能争。尧舜禅让，乃为中国政治史上传诵不绝一佳话。政治本为公，不为私。乃为天下苍生，不为一身一家。瘁心劳神，乃其职责所在，非于一己之私有企图。天子高位，传贤不传子。道家言尧又以天子位让之许由务光，皆不受。其人其事无可详考。要之，政治高位，在中国非人人所欲争，则史迹昭然，叵无多疑。故中国能有尧舜以下之大圣大贤，而不能有释迦耶稣。社会不同，文化传统不同，斯人心人事亦不同。出世入世，形迹有异，而精神胸怀，亦有可相通以求者，不贵乎拘泥一格以求。

大禹治水，栉甚风，沐烈雨，腓无胈，胫无毛，十三年在外，子生方呱呱，三过家门而不入。心惟在公不在私，较之耶稣释迦尤过之，但显为一入世人物，非出世人物。舜以天下让禹，又相似于罗马教廷之教皇，而又甚有其相异。禹欲传天子位于益，而举国人民竞拥禹子启承袭皇位，此亦举国人心所归，岂由大禹用心争夺来。中国此下君位世袭之制度，亦政治一本人心之精意所在，又岂得以帝王专制为诟病。

夏尚忠，商尚鬼。商民族于鬼神有更深之信仰，故商汤为诸侯时，有葛伯仇饷之故事。及为天子，久不雨，筑台以祷，汤自为牺牲，卧台上。其祷文曰："四方有罪，罪在朕躬。朕躬有罪，无以罪四方。"是宗教精神与政治精神融凝一体，亦即中国传统文化一特有之精神。

周初泰伯虞仲兄弟让国逃去荆蛮。西伯昌幽于羑里，三分天下有其二，以服事殷。武王伐纣，伯夷叔齐扣马而谏。伯夷叔齐亦让国。为政即当有其所以为教。周武王吊民伐罪，而不免有以兵力争天下之嫌。使无伯夷叔齐以及周公之继起，周武王故事将何以教后世。而后世之尊伯夷叔齐，乃亦更出于尊周武王之上。中国人心深有如此。

成王年幼，周公摄政。成王长而归政，是周公实不啻以天子位让成王。伊尹相太甲，放太甲于桐宫，自摄政。太甲悔过，伊尹迎之，归政。是伊尹亦不啻以天子位让太甲。让国让天下，不仅有尧舜泰伯虞仲伯夷叔齐，即伊尹周公亦然。下至春秋，天下已乱，管仲相齐桓公，九合诸侯，一匡天下，不以兵力。孔子曰："微管仲，吾其披发左衽矣。"然东周王位犹在，齐仍守诸侯位。其他让国之事亦屡见。此见中国古代尊天子，亦一如西方中古时期之尊罗马教皇。惟所尊在教，故有让位而弗居。汤武征诛，虽与尧舜禅让并称，然西周开国，乃上推之于文王。孔子亦称武王有惭德。孔子弟子子贡有曰："桀纣之恶，不如是之甚。"则征诛之与禅让终有辨。一部中国古代政治史，东周以上，亦已近二千年。不以兵力，疆土日扩，民众日繁，而一统之局面维持不辍。其他民族政治成绩殆无其比，此非中国传统文化一特征而何。

孔子乃商人之后。而曰："郁郁乎文哉，我从周。"又亦常梦见周公，而曰："如有用我者，其为东周乎。"然又曰："道之不行，我知之矣。用之则行，舍之则藏。"又曰："君子无所争。"其告季孙氏则曰："子为政，焉用杀。"不以杀伐为政，宁有杀伐争政？天子之位无可争，我则待用我者，如周公，亦可以行道于天下。世无用我者，则藏道以俟。孔子不得志于政，而一其志于教。古代政教合，至于孔子而政教分，此为中国文化一大转变。政不行于上，而教明于下，则虽分犹不分。此为中国文化之大传统。

孔子后，墨翟继起，不学周公而转学大禹。孔墨之传道，即犹古之居高位而传政。楚欲攻宋，墨子弟子三百人，为宋守城，是亦当时国际间一队义勇军。当时从政者不能用孔墨，而亦同知尊孔墨之道。政乱于上，而教昌于下。此亦犹罗马皇帝之同信耶教。惟耶稣不管恺撒事，而孔墨则即以大禹周公为志。故中国终是政教合，与西方大不同。

孟子曰："闻诛一夫纣矣，未闻弑君也。"此为孔墨所不言。但循此以往，政治终必出于争。西欧英法之君，均有上断头台者。而中国此下历史少其例。孟子曰："以齐王犹反手也。"又曰："不嗜杀人者，乃能一天下。"古之言一天下，推本于天命，而孟子则转主于民心。君者，群也。王者，往也。大群人心所归往，斯则为君王矣。民心即天命，民心变，斯天命亦无常，惟尊重人心则仍不致杀伐。故曰："王者以德服人，霸者以力服人。非真服也，力不足也。"则孟子之论仍为儒家正统无疑。秦以后，《论语》为人人必读书，《孟子》则列于百家。《论》《孟》两书，地位不同。《论语》重言天，《孟子》重言民。重言民，则可以有政治不再有宗教。重言天，则有了政治，终不免再生有宗教。所贵则在能兼言之。诚则心而天，明则天而心。《中庸》后出于《孟子》，而孔孟大义之相通，则于此见之。一部中国思想史不断有进步，而亦终不失其述而不作信而好古之精神。此又中国文化传统一大特征。

《战国策》齐宣王见颜斶，颜斶言："士贵王不贵"，此乃自古未有之高论。尧舜禹汤文武，皆以王贵。孔子始以士贵。然孔子不言王不贵。王不贵，则政治失其地位，失其尊严，失其功能，而社会秩序散乱，群道已隳，士又何贵。耶稣言上帝，但仍不废恺撒。荀子言法后王，亦仍不失为儒统。鲁仲连义不帝秦，曰，"惟有蹈东海而死。"此亦如伯夷叔齐之不食周粟，此则王与士仍同贵。孟子不为稷下先生，宁为臣，道不行则辞而去，此乃不失儒家之正统。中国文化传统，政教合一之精意，亦于此而见。

吕不韦以邯郸商人为秦相，广招群士，创为《吕氏春秋》一书。榜悬之咸阳门，曰，"能易一字，赏千金。"实觊觎王位，遭变罹罪。果使得志，则士贵于王，政屈于教，流风所被，政统不立，则教统亦将乱。当犹不如西方之政教分，此则难以尽言。

秦始皇帝之焚书罢博士官位，则将使王贵于士，教屈于政，斯亦失之。汉淮南王河间王皆广揽群士，势驾中央政府之上。武帝乃表彰五经，设立太学，创为士人政府。公孙弘以海上一牧豕奴，拜相封侯，而曲学阿世，不能正学以言。其过在下不在上，在士不在王。要之，士贵则王亦贵，武帝之创为士人政府，实中国文化传统一大跃进。

中国五伦，君臣朋友两伦相通。刘先主临终托孤于诸葛亮，曰："孺子可辅则辅之，不可辅则自取之。"岂不君臣亦如朋友。诸葛亮告后主，受先帝之托，鞠躬尽瘁，死而后已。此则君臣大义亦犹朋友。曹操司马懿志存篡弑，为后世鄙斥。道统尊王，父子相传，以期举世之平安。君位世袭可免纷争，遂成为中国之法统。而法统之上尤有道统教统，此乃为中国之政统。故中国历史以士为贵。士不贵，为王者岂可蔑道统教统于治统政统之外。此则非中国文化传统之所许。

近代国人尊尚西化，自秦以下鄙之谓帝王专制。不知君位世袭，乃一制度，非即专制。一部二十五史，昭彰可证。唐太宗欲读当时史臣所为实录，史臣拒之曰："实录国史，所以告后世，非陛下所当阅。"太宗不之强。即此一例，可概其余。孔子作《春秋》，君臣同有褒贬。曰："《春秋》天子之事。"后世承之，一部二十五史中，君王之罪不绝书。幽厉则为幽厉，桓灵则为桓灵。桓灵而得专制，何来董卓曹操。专制而得其道，即非专制。

西方文化传统，亦可谓其最失败者乃在政治一项。希腊罗马中古时期可勿论。专就现代言，果使政治得其道，西欧狭小一地区，不当多国分裂，又常相战斗，不得有一日之安定。哥伦布横渡大西洋，战斗遂遍及于其他各洲。专就英国言，如今之美国加拿大澳洲，岂不皆由英民移殖，而亦分裂成国，不相统一。其他殖民地，今亦各自独立。则英伦三岛，亦仍此英伦三岛而止。此即政治失败，亦其政教分立，有政无教所使然。

西方人政治无理想，当其艰苦困厄，则寄望于宗教。天国出世，转而为入世，乃有民主革命。又转而向外，则为帝国兼并。美其名曰争自由，争平等，争人权，而始终脱不了一争字。当前世界有国一百五十以上，实不啻皆从争来。宗教不足餍一世之望，政治亦然，乃转而寄望于科学。则试问电灯自来水岂能统治此世界？飞机潜艇大炮亦岂能统治此世界？即最高杀人利器如核子武器原子弹，又岂能统治此世界？恺撒不能耶稣化，转而原子弹核子弹化，生民前途复何望。

中国人心理则不同。艰苦困厄，则望有圣君贤相出，以拯斯民于水火。其所想望，不在出世在入世，不在耶稣在恺撒。纵使圣君不易遇，尚可得贤相。秦以下，至少亦维持一广土众民之大国，迄两千年之久。此亦非无弱点。秀才遇了兵，有理说不清。近代中国人遭遇西方压力，乃深以为耻。如日本，本受中国化，改受西化，一跃而为世界大强国。占据朝鲜台湾，食而不化，贪吃无餍，又求吞并全中国，引起第二次世界大战，卒以无条件投降。往事不远，犹在目前，岂不足引为炯戒。

民国肇建，数十年来，人人为爱国家爱民族，不惜舍己从人。人以机关枪来，我亦以机关枪往。线装书扔茅厕，出洋留学则为立国惟一大本。最近则学美学苏，全国分裂为二。美苏形势如何转变，尚不易知。可知者，世界决不得安，全部欧洲史可作明证。教不问政，政不从教。政教分，乃其大病害。求之举世其他民族，独中国能政教合一。若西方人能专从耶稣教，亦不会产生机关枪，更何论原子弹。西方政治在教化之外，故其政府乃能有此杀人利器之发明。中国亦求进步如西方，乃自尧舜周孔并加毁弃，不仅无政，并将无教。而竟言争平等、争自由、争民主、争人权，则试问无政无教又于何争之？若一意西化，则试问学苏学美之争，又作何解。中国传统文化乃一入世精神之文化，而慕效西化，乃一意学恺撒，而不知西方文化中尚有耶稣，则宜其远失之。当前即然，何论将来。

七八　宗教与道德

宗教与道德两项，亦可说是今天世界人类一个大家应该注意讨论的大问题。不管外行内行，应该大家都对这个问题用一些心，说一些话，总对这个问题可能有一些贡献。我对任何宗教都没有详细研究过，一知半解都谈不到。讲话很粗浅，只可算是我个人的说法。

我认为每一个宗教都有它一种出世的精神。宗教是依然在我们人间世的，然而宗教的精神是一种出世的。我很粗浅地说，譬如佛教释迦牟尼，他是一个皇太子，结了婚，有了小孩，他出家去，这当然是一种出世的精神。但是佛教，我认为至少在我们中国社会有很大的影响。讲中国文化，讲中国社会，不能不注意到佛教。

我不通佛教，我举个门外汉的说法。我们中国有一句话，说"天下名山僧占尽"。中国的名山，好像说都被和尚占领去了。我想这一句话并不是这个意思。我们可以说，中国的名山，一切名胜可供游览的地方，现在所谓观光地，都是和尚在那里开辟，在那里保管的。倘使没有和尚，就不晓得今天中国全国各地的名胜，名山胜景，是何景象了。

我到过华山。华山有五个峰,每一峰上,就有一所道院的建筑。这样的交通艰难,倘使没有这几个庙宇的话,华山简直不能游。不只华山,一切中国的名胜都是这样的。为什么呢,因为和尚佛教徒他是出世的。所谓出世的,他没有家,单身到和尚寺修行佛法,宣扬佛教,只为他对佛教有信仰。他的一切可说只为一信仰。我们换一句话讲,是为一个公,要希望大家都有这个信仰。并不是为个私,因此他可以得到各方面的同情与帮助,来建筑这个寺庙,来开辟此山林。到了天下乱,可是乱不到这许多山林名胜地方去。甚至于就在平地,譬如说,在杭州西湖,一切的风景,不仅是南高峰北高峰,其他游览地所在,都是和尚出的力量,去开辟,去保守的。而且从唐宋以来到现在,一千年的西湖名胜还保留在那里。这至少是中国文化的一角。我看在中国的社会里,中国的艺术、文学、文化,可以说很大的一部分,都由佛教徒尽的力量,开创起来,保留下来的。

进而说到人物,如在华山,宋朝初年就有陈抟。陈抟不讲,再讲到不信宗教的人,住在泰山就有胡安定孙泰山。我也曾经到过他们居住的庙里去。再如范仲淹,我没有到过他所读书的和尚寺去。然而我们倘使拿这一个情形来看中国的历史,我们来看东汉以后魏晋南北朝,直到今天,天下大乱,可以不乱到世外。名山大寺庙,都算是世外。我们还有一块干净土,可以保留一点我们说是文化种子吧,甚至于也可以养很多人。这都是佛教徒的贡献。

我们拿这个观念来看耶稣教。耶稣是一个犹太人,犹太是人世间被挤在一旁的,不重要的,受苦受难的一个民族。尤其耶稣的生活是极清苦的,他仅有十三个门徒,然而他还死在十字架上。我特别注意他一句话,他说,上帝的事情他管,恺撒的事情恺撒管。这就是一种与世无争的出世精神。他不管现世界政治上一切人世间的大问题,他只管出世的。那么同印度释迦不是同样精神吗?

我到罗马看天主教徒地下活动的所在地。他们不管政治,只在罗马掘了地道作为他们晚上的宣教场所。这仍是一种出世的精神。从而影响到罗马皇帝也要信奉耶稣教,这个不讲。罗马帝国崩溃了,下面来了他们中古时期的封建社会。大家把中古封建时期中间有一段叫黑暗时期。有一个德国学者,我不记得他的姓名。他说,倘使从另一个角度来看,譬如说,用耶稣教的角度来看,哪个时期是黑暗的呢?恐怕我们这个时期是黑暗的,中古时期并不黑暗。至少我们可以知道,没有耶稣教,欧洲这一个中古时期,绝不能酝酿出下边的现代欧洲来。因为耶稣教不与人争,他是一个自居世外的。当时的封建贵族也不去管到它,所以还能有教会的存在和它的影响。

如说到教育,对整个人类的教育,西方当然有文学哲学,后来有科学,有种种的学问,然而宗教又是特有一种教育精神。我到过英国牛津,我住的旅馆外,就有一块大的石碑,上面记载的是当时一班教徒到牛津去建立牛津学院传教,地方上的人表示反对,这一事的经过。这六七百年来,我们不能不说牛津剑桥的创立,对英国的教育,对此下的英国,有极大的影响。

美国最先的大学也都由教徒创办的。我曾在耶鲁住了一段时候。耶鲁大学是一个教徒把他所有一条船上的东西捐出创办的。哈佛以及一些其他学校，最初亦都由教会开始创办。我们要想象四百年前美国人，陆续从英国跑到美洲去，那时的一种生活状态。我们只要到美国任何一个乡村，都有教堂，极小极僻的地方都有。为什么呢？他们教徒牺牲了自己，为宣传他们的信仰。这不是对四百年来的美国人有很大的影响吗？

特别在中国，我曾乘平绥铁路，从张家口到包头。在这条路上，从火车北窗看一带阴山山脉，沿途有一所所的房子，分散在山坡上。这些房子都是欧洲天主教徒，到这个地方来传教盖的。我不懂佛教，然而我看了很多和尚寺，我不能不佩服佛教徒。我不懂天主教耶稣教，至少看到了阴山山脉上沿途的天主教堂，他们欧洲人肯跑到中国，不是到北平，到上海，到通都大邑，而到蒙古山区里边去传教，这种精神不亦很可佩服吗？其实他们到美洲，到非洲去，也一样。传的什么，我们暂不论。然而他们是一种出世精神，与世无争，这是很可佩服的。

欧洲商人贩卖黑奴到美国，教徒不能管，恺撒的事情恺撒管。然而他们肯跟着这批黑奴，在黑奴队伍里去宣传他们的教。他们去到非洲，也是一样。我不懂宗教，然而我绝不敢菲薄宗教。无论是佛教、耶稣教、回教都一样。至少它们都带有一种与世无争的出世精神。

上面说宗教是出世的，但宗教也可以世俗化。我们不必举其他的例，单举一个例。譬如说，梁武帝信佛教，他没有出家，仍在皇宫里做皇帝。这就可说是宗教的世俗化了。他来主持一个朝廷，管理一个国家，就出了大祸。我认为今天的世界,不仅中国、欧洲,乃至于全世界各地,都会出问题。恐怕大乱的日子不容易就结束。在这个情形之下,我们不得不怀念西方乃及东方一般宗教徒,一种与世无争的出世精神。他们已曾为我们保留了一部分人类文化,乃及人类的生命。然而宗教世俗化了,就也不免起争端,造祸乱,详细情形不再多说。

中国人的文化传统有一特性,主要的不是宗教的出世精神,而是一种圣贤的淑世精神。中国的圣人尧、舜、禹、汤、文、武、周公,都是政治上的领导人。可是他们的精神,不为自己,不为身,不为家,不为名,不为利,他们的淑世精神,同宗教的出世精神是一样的。譬如我们讲尧,他把皇帝的位传给舜,不传给自己的儿子。倘使照我们世俗的眼光来看,他把天下让掉了。舜也不传给自己的儿子,而传给禹。禹的治水,三过家门而不入。这种精神就是宗教家的出世精神。禹下边有汤,有周文王、武王、周公,我们不详讲。

中国后来的儒家孔孟,甚至于其他各家,墨家道家,乃至于以后的一般有志为圣贤的学者们,他们并不讲出世,他们只讲修身齐家治国平天下,这是入世的。然而他们的生活,他们的精神,是同宗教家的出世精神有相类似。所以我说,中国的读书人是半个和尚,因为他不出家的。我又说,中国的读书人是双料和尚,因为他的精神是一种和尚出世的精神,也是神父牧师的精神,即是宗教家的精神,是与世无争的。然而他们注意努力的,都是入世的业务,这不成为一双料和尚吗?

我们不讲别人,就讲颜渊。一箪食,一瓢饮,居陋巷，人不堪其忧。比一山里的和尚，比一个教堂里的神父牧师，他的生活不亦很相似吗？他为什么呢？孔子说："用之则行，舍之则藏。"可见颜渊有一套本领，但他这一套本领是为公，不为私的。像范仲淹胡安定，像清朝初年的顾亭林、李二曲、王船山。我曾到过王船山在南岳住的一个和尚寺，想象王船山的生活。李二曲的生活，只要看他的传，亦就可以想象到。无论其为是出世的，无论其为是入世的，他们都可以说是修成了孔子所谓的用之则行、舍之则藏的一番本领。或许你藏在和尚寺里，或许你藏在一个土室里，中国一个读书人，总是有他藏的地方。他或许可以保留着整个传统文化的生命，就像清初的诸大儒，他们不好算都是一个双料和尚吗？

中国人办学校，特别是宋明以后的理学家，就是一种和尚精神，都是一种超然世外的讲学。无论白鹿洞，无论象山，乃至于到阳明，他们的讲学都不是为私，而是为公。我想我们的资本有两种，一种是商业资本，一种我不知道该称为什么。不是共产集团出自无产阶级的，乃是人群大众共同的意愿与力量所协助而成的。我们看美国的耶鲁哈佛，看英国的牛津剑桥，它都是为公的。大家信仰它，这所学校就可维持下去，而且会日益扩大，都不靠政府的力量。照理中国人办私立学校，应该照中国旧式书院的精神。我想这些学校应该避得远一点，不要在热闹的地方。争名者于朝，争利者于市。能有一般有志的，有一种特别的风格，特别的信仰。可以政治变，他不变。社会变，他不变。这就会形成维持文化传统的一番大力量。

我想共产主义有今天，还得想起马克思。马克思不做大学教授，跑到伦敦一个旅馆，他虽不出家，几十年在此旅馆中，不事家人生产，专心写他的书，为世界劳苦民众说话。他的生活也可说是一种出世的，他的精神也可说是为公不为私的。自从马克思以来的世界，一百年来，科学继续有它的进步。也可以说研究科学的大部分人，也都是为公不为私的。不过这里面有一大不同。世界上各大宗教，都要先叫你离开了俗世，出了家，来修行，来宣传，这就是宗教。中国人不许你离家，要孝悌，要忠信，要修身齐家治国平天下，用忠字来对己对人，以至于天下。我们拿这两种精神如何来实践，来发挥，我们如何能在今天的学校教育里来宣扬这种精神，这不是我们当前人生一个绝大的问题吗？

我总觉得宗教的出世，实际并未出世，还在这世界上，然而他们不为私而争。我们入世的，倘使也能不为私而争，就如我们《礼运》篇所谓的天下为公。孙中山先生常写这四个字。至少中国的学术传统常是有一种为公的心，同和尚一样，同天主教徒耶稣教徒一样，同回教徒一样。大家是为了公，不是为私。我不信教，我想不信教的人很多。我们希望把这一种精神宣扬到社会上，大家都能不为私而为公。不讲理论，不讲信仰，大家都该对这番精神给以一地位。

他做了和尚，你也不必对他争，说你错了。他做了耶教徒，你也不必对他争，说你错了。你不信教，你不做和尚，不做一切教徒，就好了，这是不相干的。他一辈子吃辛受苦，做了一个和尚，他又与你无争，这不就该算了吗？中国文化传统里不自创宗教，但能容忍一切宗教。做了一个中国的读书人，也该能用之则行，舍之则藏。我就算讲错了，只要与世无争，我一个人讲，不在国立大学，不在郡学县学中讲，退避到山里面一个小书院里，聚着几个人讲，这应让他保留下来。我们要有一种容忍的精神，要宽容，要忍耐。对于任何一种宗教，对于任何一种讲道德的人，他既与世无争，我们应对他容让，不要去加以干涉。我们是个中国人，也算是一个中国的读书人，如何来宣扬中国修身齐家治国平天下这一套，又能用之则行，舍之则藏。藏在哪里？那么你看颜渊就是藏了，他藏在陋巷的箪食瓢饮中。我们看做和尚的，做神父牧师的，他们也都藏了。我想我们能不能来尽我们一番粗浅的容忍，至少该抱一种同情心，或许对将来的世界人生有一点帮助。恺撒的事恺撒管，我不说上帝的事让我们管，因为这是有关信仰的话，让对此有信仰的人去讲。我们总该有一种出世的精神来入世，尽我们一番心，尽我们一番力。这是中国读书人的一番道德精神。

中国人特具一番特别重视道德之精神，实不啻即为一种宗教精神，我无以名之，故名之曰乃一种淑世教，乃一种天人合一教，乃一种一己教。即以一己为教徒，同时亦即以一己为教主。儒家如是，道家之近似宗教更然，墨家又更然。故中国之师教，乃不啻实即是一种宗教。此乃中国传统教育精神与其他民族之特异处。

七九　平等与自由

西方人太过重视物质生活，遂深感贫富之不平等。贫人多，富人少，不平等之刺激更明显。由经济财力转移到政治权力上，又感到贵贱之不平等，贵少贱多，不平等之现象益明显。

谁不欲富贵？谁甘于贫贱？但外面有种种条件，种种因缘，谁也料不到，谁也捉不住。中国人说富贵有命，则不由自主，岂不又加了一层不自由。因此平等自由的呼声，一人唱之，千人诺之，成为人生最高理想，亦若是人生唯一目标，西方民主政治即从此来。政府最高领袖由民选，算是一平等。任期权力各有限，岂不更平等。但实际仍不平等，只在政治领袖方面加一些不自由而已。而且千万人中难得有一人出来竞选。出来竞选的，亦难得当选，岂非又是一不自由。故西方民主自由，实是一种法治，在法律上尽多加上了种种限制，使在政治上位者感其不平等不自由。人生尽由法治，又何意义价值可言。

在民主政治下有自由资本，又显是一不平等。只许人自由竞争，但始终争不到一平等，愈争而愈不平等。于是又在法律上来加以限制。所得愈多，赋税愈重。贫穷失业，则加以救济。一切措施，只在人生之不平等不自由中制裁其得意者，辅助其不得意者。抑制少许放肆，使多数获得少许安慰，而其为不平等不自由则依然如故。真自由真平等，实只在许人争，如是而已。

男女恋爱，称为平等自由，但亦有种种因缘条件。其在通都大邑，或在穷乡僻壤，即一不平等。穷乡僻壤对象少，通都大邑对象多。但亦有种种限制，种种束缚，与穷乡僻壤亦无多异，此皆不自由。中国人言"人相偶"，佳偶相逢作一遇字。偶与遇，皆难得义。故佳偶乃巧遇，天生天成，来自天命，明非自由。即生之于身，身之于家，亦偶所寄寓。以中国文字学言，天人内外之通合相偶亦然。自然皆偶然，非一己之所得自由。人生平等则正是一不自由。尽争自由，将更见为不平等。尽争平等，将更见为不自由。如是而已。

美国一妇人，其夫为总统，贵为第一夫人，已跻不平等之上乘。不幸其夫遇刺死，倘此妇守节不再嫁，岂不更得国人崇敬。乃此妇又改嫁一世界首富希腊船王。不幸其夫又死。可见自由有限，不得常如己志。惟此妇仍求再嫁，此亦法律所许。然在首贵首富外，欲觅第三人，究属不易。是则自由改嫁易，欲觅三夫平等难。仍将以自由获得不平等。一场春梦又一场，人生真相，此妇诚一例。

西方有宗教，进入教堂，富贵贫贱，皆平等。又信仰自由，岂不乃一自由平等之人生。但耶稣上十字架，即是一不自由不平等。灵魂上天堂或下地狱，又是一不自由不平等。故宗教信仰，乃亦仍不足以满足实际人生之希望。

又如奥林匹克运动会，已成世界化。乃于法律规定之不自由中，许以争夺之自由，于本属人生平等中，来求取不平等。其胜负又有幸有不幸。果优劣显然，则不成比赛。胜者得名得利，然全人生则已奉献在此。一旦退休，几无他业可再从事。但参加比赛者，毕竟亦有限。场外观众，数万数十万，乃真获得一场平等自由之机会。然座位有不平等，不得自由入场。要之，则已为人生一快事。运动外，又有歌场舞厅，购票入座，则亦仍有不平等不自由。然则人生职业不平等，娱乐亦有不平等。职业不自由，娱乐亦有不自由。人生岂果如此。

中国社会亦有贫富贵贱之不平等，亦同希富贵。孔子曰："富贵不可求。"此乃实际人生中一真情实况，中国人谓此不可求曰命，乃一种外力，非己所主。中国古人教人知命，则安和而不争。命来自天，孟子曰："莫之为而为者谓之天。"即是一大自然。人生必有死，亦不能尽富贵。孰不愿平等自由，而终不能平等自由，中国人归之于天命。在此大自然中，有种种复杂因缘，复杂条件，产生种种复杂现象。究竟孰在为之，则无可指名，而名之曰天，亦曰自然，言其乃自己如此。人生亦大自然中一小自然，一切非可全凭作为，亦非可一切前知。但生命有一进程，物质生命之后，继以精神生命，则亦确有能自作主张自出安排处。孔子言从吾所好，所好乃曰性。天命之谓性，则自由不自由乃同归天命，不足辨。

不论有生无生，凡物皆有性。物指其当前具体言，性指其变化之内在可能言。饥思食，寒思衣，亦属性。温饱后，更求多余，则谓欲。但性与欲之界线极难分。孟子曰："养心莫善于寡欲。"养其心即养其性，亦即养其情。所好之情已得，所欲乃未得。温饱已得即可好，其所未得，不当一一加以欲而求。必寡欲而后性得养，此义耐深思。

性有好恶。山洞人出猎，偶多获，留一羊。羊性善，而形美，可玩赏。繁殖多，洞外放牧，可免猎取之劳。一人如此，人人效之。一家如此，家家尽然。人群自渔猎转而为畜牧，为人生一大进步，此亦孔子之所谓从吾所好矣。

马牛羊鸡犬豕，家有六畜，皆自从心所好来。放牧多闲，进而转入耕稼，又为人生一大进步。此亦皆人性所好。渔猎求生，迫于欲。耕稼定居，出所好。非由教诲，一从性好，乃亦自然。耕稼余暇，又为陶冶，同所性好。进而日美，亦从性好中流出，乃成人生中之艺术。百工愈分，日中为市，以所有易所无，各得所欲而退。则人之赴市场，亦从心所好，非以为利。别有国际商人，亦如农工，皆世袭皆由公家给养。于是治国之外又求其渐达于平天下，亦皆从其性好，非有他故。

性有所好，得其所好斯为德。民生在勤劳，非所欲。勤其所好，乃以成德。性之流而为欲，所当戒。性之养而成德，则当勉。尧舜以前，曾读何书。性中有德，非有教者，乃读无字天书来。雎鸠之德，人亦同好，夫妇遂为人伦之始。乃本之性，发于情，亦所好，而非欲。

孔子曰："岁寒然后知松柏之后凋。"冰雪交加，众木皆凋，松柏独能后凋，此即松柏之德。人知好之，亦自能蓄成其德。孔子慕松柏，后世人尽慕孔子。世运届于严冬，必有大贤后凋之君子，历世常青。世运之转，人道不随以遽绝，则亦赖之。

孔子又曰："凤鸟不至，河不出图，我已矣夫。"凤凰非梧桐不栖，非练食不食。孔子之饭疏食饮水，曲肱而枕，亦似之。故凤凰之来，乃世治之象。晦蒙否塞之极，许衡与众坐大树下，树上果落地，群争取之，衡独不取。众曰：果无主，何害拾取。衡曰，果无主，此心无独主乎。宋末大乱，生事艰难，衡能有守如此。一时之群，亦知慕敬，遂以传述。是衡亦元初一凤矣。世运之转，不得谓衡无其功。富贵不可求，此心有主，非可好乎。

古诗三百首有比有兴，可以人而不如鸟乎。比之鸟而性自兴。孔子曰："志于道，据于德。"人生群居大道，乃自人群中各己之德来。孔子又曰："未见好德如好色者。"色在外，好之乃成欲。德在内，好之乃为情。情可好，欲不可好。先知觉后知，先觉觉后觉，故贵以斯道觉斯民。

德，人所同好，亦人所同具。发扬己德，亦以成人，斯为人生中大人。故据于德又必依于仁。有子曰："本立而道生。孝弟也者，其为人之本与。"人生即知爱父母，敬兄长，此为孝弟。居家为一好子弟，出即为一好人，故曰孝弟为仁之本。舜之大孝，则为人生一种最高艺术。非有此艺，不成其孝。故依于仁，又必游于艺。艺则为人生行为中之可法可好。

周公之孝，亦同与舜。其治礼作乐治国平天下，亦为人生一大艺术。纵谓民到于今受其赐，舜与周公当之无愧。孔子大圣，则为人生一大艺术家。艺术之可贵，则贵在能以己之所好所乐同之人。但非唱一歌作一画之所能尽。

西方人分别真善美三者皆在外。但依中国人观念，人生向外皆为欲。人欲之所向，则不真不善不美。又中国人以真善美为一，天人内外，同此一体。此心此德，即真善美之所在。孔子曰："知之者不如好之者，好之者不如乐之者。"知之即真，好之即善，乐之即美。则此心亦即同是真善美。西方哲学仅求知，科学求好求乐，皆有大欲存焉。中西人生之不同，此亦其一端。

中国人言："死生有命，富贵在天。"此一天，此一命，莫能自外，亦莫能自异。中国人视人生，实亦一平等，但不能自由。家私万贯之与不名一文，贩夫走卒之与君卿高位，同是人，同有生，所不平等者，在其所遇，不在其德与性。德性内具于己，人得自由，非外力所能主使。颜渊曰："舜何人也，予何人也，有为者亦若是。"有为即是一自由，其决定则在己之志。孔子言："志于道。"又曰："士志于道，而耻恶衣恶食者，未足与议也。"道乃内在之精神人生，衣食则外在之物质人生。物质人生关系小，大体平等，无多分别。强生分别，但又不自由，无法相争。精神人生则谓之道，大道小道，君子之道小人之道，其间有大分别，乃真不平等，关键则在己心之所志。反求诸己，人各自由。志于此，而又耻于彼，则诚无足与议矣。

中国人所谓之人生不平等,指其流品。班固《汉书·古今人表》,分人为上中下三品。每一品中又各分三品,共九品。上智下愚暂不论。大圣大贤,极恶小人,论其本源,则尽由其所志来。全由其己各自负责,则不平等仍属平等。但人岂自愿为一小人,而终于下流之归。是其智不及,故必从事于学。孔子曰:"十室之邑,必有忠信如丘者焉,不如丘之好学也。"人性忠信,属大平等。好学与不好学,则人不平等。心之所好,亦从天性来,乃人生一真乐,又何外欲之求。故人既平等,又各自由,中国人论人生乃如此。

孔子言上智下愚不移,但又言性相近。非言人道之难移,乃言人道之易于有移也。舜之居深山中,与木石居,与鹿豕游,然闻一善言,见一善行,沛然若决江河,莫之能御。此乃舜之所以为上智。文灭道丧,晦盲否塞之际,有一上智者出,世道亦随而移。风雨如晦,鸡鸣不已。鸡之鸣亦其性,闻鸡鸣而起舞,此见人道之易移矣。至于下愚,亦人中之绝少数,不立志,不好学,亦其性。然既不为人移,亦不能移人,终不闻有举世为下愚所移者。然则下愚之不移,又何病于大道之行。下愚亦当在人道涵育中,不必强求其移。

孔子又曰:"焉知来者之不如今。"人类长期绵延,前有大舜周公,后有孔子,则焉知后世之不再有舜与周孔。孔子十五志学,即志学于周公。三十而立,四十而不惑,强立不返。五十而知天命,则知来者之亦将如今,故能人不知而不愠。又能六十而耳顺,声入心通,视人一皆平等,莫不知其所以然,即皆知天命之所在。七十而从心所欲不逾矩，此则此心即天，天即此心。孔子之一生，其学之随年而移有如此。此即上智之不移。孟子曰："尽心知性，尽性知天。"亦岂有所移。

今日国人乃尽欲移我以效人，曰平等，曰自由，既见彼我之不平等，亦见我之不自由。则正为有一功利之欲害之，乃至于无情如此。但亦非不可移，则静以待之可矣。

八〇　文与物

（一）

中国人常连用文物二字。文指人文，物指物质，人生有种种物质条件，但其意义价值则低于人文。西方人重视物质，更在人文之上。

中国绵亘五千年，为一广土众民大一统之民族国家，此为中国人文最高意义价值所在，并世诸民族无堪相比。西方人马可波罗初来中国，作为游记，所述即偏在物不在文。西方人读其书，疑其虚构不实，则对中国物质成就，尚知景慕可知。及晚明利玛窦来，于中国人文知所欣羡，乃一面传教，一面求学，但其所学亦未到深处。此后英法诸邦再通中国，则当已在清代乾隆盛世，乃曾无诧讶寻讨之心。经济通商，惟求获得财货利润而止。晚清鸦片战争起，英国人割据香港，又得五口通商。西方人往来中国，获游内地者日多。但经商传教，而于中国之风俗人情，则初无感动。其视中国人，亦不过为一未开化之低级民族而止。同时中国人则已知崇慕西化。严复留学英伦，乃归而遍译英法诸名著，全国传诵。林琴南未出国门一步，不识欧邦一字，乃传译西方文学名著多及百种，名震一时。然在西方，则殊无此等事。

余尝游英伦，一私家收藏中国历代名瓷，辟为一博物馆。登楼循览，亦甚美备。可知西方人之重视中国，乃在此等物质上，此即其一例。又如敦煌古籍，英法两国学人运用不法手续偷运出口，分藏于伦敦巴黎之博物院及图书馆中。依中国人观念言，偷窃他人存藏，乃至偷窃于国外，此当为英法两国之奇耻大辱，而英法人则视之为荣誉。英伦所藏，尚有印行本可购。巴黎所藏，则不加印行。求阅者必亲去其图书馆中借阅传钞，至不方便。在此两国，亦仅为一种物质搜罗，而其有关中国传统人文之意义所在，则甚少研寻。

八国联军，庚子赔款，美国率先退回，供中国派遣学人赴美留学之用。清华大学由此创立。此见美国人对中国情意深厚，但美国亦无同样派遣留学生来中国之意图。美国林肯总统南北战争时，北美一将领退居纽约，一山东华侨丁龙佣其家。此将领深慕丁龙之为人，特捐款哥伦比亚大学，设一讲座，专门研讨中国文化，但久历岁月，亦无成绩可言。又哈佛大学与燕京大学合作，创哈佛燕京社，在北平广购中国古籍。余曾亲往哈佛参观，网罗丰富。其他美国大学及博物馆，收藏中国书籍书画，亲模可观者尚不少。然亦多作物质搜藏，深入作人文研究者，则寥寥可数。中西艺术，即专以绘画一事论，双方显有不同。然当前中国艺术家擅西画者风起云涌，造诣亦多可观，而欧美画家则极少学习中国画。近代国人每以闭门守旧，固步自封，固执不变，自谴自责。果试平心衡量，则西方人之守旧不变，固执自封，当更胜于中国。要言之，乃西方心理习惯之重物不重文，有以致此。

中国学术界又曾于第一次世界大战后，敦聘美国杜威，英国罗素，先后来中国讲学。其他西方名学者，来访中国甚少见。即在西方本土，亦英自英，法自法，甚少往来共相研寻。如卢骚，如莎士比亚，岂不各自封闭于其一国之内。此见中西双方人文之大异。惟欧陆第一次大战，震天撼地，举世惶惑，此下人生何去何从？中国乃此世界中除欧陆外一文化绵亘四五千年之古老大国，其山川之壮丽，都邑之罗布，民物之繁盛，工艺之精绝，亦可谓独特少偶。杜威罗素毕生瘁精，正为探求人生真理。尤其如杜威，中国有名留美学人多出其门。中国传统极重视教育，师生相聚如一家，而中国以往之事业与理想，乃丝毫未入杜威心中，有所询问，有所探究。及其亲来中国，亦不闻其有观摩切磋流连欣赏之心情，惟畅抒其一己之崇论宏议，几如耶稣之传教。彼似不知中国亦有宋明诸儒如程朱陆王，亦曾畅发教育理想，与彼宗旨大异。及其归，亦未闻其来中国具何感触，获何新知。此非又是一抱残守缺，专己自信而何？远不如罗素之来，尚提及中国《老子》书。及其归，又窥涉及孔子《论语》。又谓此下世界，大陆国家苏俄中国美国，有成为世界三强之希望。其持论较之杜威，尚见其胸怀之宽大，有变有新，如是而已。实亦未见其于中国人文演化，有更深入之研寻。关于中西文化交流，更非其意想所及。

并世有印度，亦为一文化古国。受英伦统治，亦已历有年代。泰山不让土壤，所以成其高。江河不废涓流，所以成其大。但未闻英国于印度学术文化上有吸纳，集思广益，以自充扩。西方人一求前进，其实乃各自限于其一己之小范围内。融会和通，似乎乃非其所愿。英国人之视印度，亦仅如其占有之一物。印度人之人文精神，则殊不足以动英国人参考观摩之心。及今英国已退出印度，则往日之雪泥鸿爪，亦多无足留恋。然有一事则常留在英国人心中，亦留在西欧人心中，曰攀登喜马拉雅山之最高峰。能一偿此壮志，一完此豪举，则傲视举世群伦而无愧矣。此亦西方人重物质生活，不重人文情趣，一心理明证。

中国唐三藏玄奘法师，亦曾横越喜马拉雅山，西游印度。然志在取经求法，不在跨越高峰。佛法之来中国已久，各宗派，各经典，中国均有传译，玄奘亦均有探究。独惟识宗特少经典传来，玄奘乃亲往取求。其在印度，亦多遇其他各宗派僧侣，有所讨论商榷。及其获取大量惟识宗经典归，广罗门人，瘁精翻译。玄奘亦非于佛法中专尊惟识一宗，乃以补中国传译之缺，以求佛法之全。又特赏窥基许其不出家为僧，助成译事。其意识之宏通广大又如此。此后印度佛法衰，中国则迄今佛法依然流行。

近代国人崇慕西化，一如往昔之信仰佛法。海外留学，并羁居不再返国者，亦几乎遍地有之。西化中各门类各行业，无不参加。亦可见吾国人之虚心好学求广求通一种精神之表现。而西方则似不免有己无人，有争不让。专于己，不求通于人。攘于外，亦不求通于己。中西双方人心之广狭通塞，亦诚可由此而见。倘吾国人一如已往，崇慕西化，而仍能保持旧传，则庶于国家民族前途大可增其福祉，亦于全世界人类能更有贡献。天下兴亡，匹夫有责。此亦中国人之传统心情，国人贤达，其慎保勿失之。

（二）

子贡言："夫子之言性与天道，不可得闻。"实则孔子亦未尝不言性与天道。子曰："十室之邑，必有忠信如丘者焉，不如丘之好学也。"忠信即人性，亦即天道。不仅人类有忠信之性，凡有生之物，草木虫鱼鸟兽，亦莫不有之。如一草一蚁，各尽力于其生，此即其忠。今日如是，亘千万年亦复如是，此即其信。不仅有生物，即无生物亦然。水是水，石是石，是即其忠其信，即其性，亦即天道。

天道然，人道亦然。生而有男女之求，故夫妇和合。忠于己，即以忠于人。自父母而有子女，父慈子孝，忠于己即以忠于人，而人与己乃可互信。孔子曰："言忠信，行笃敬，虽蛮貊之邦行矣。"笃者即笃于此忠信，敬者即敬于此忠信，而人道乃大行。中国人所谓通天人合内外，亦如是而已。惟人生复杂多变，故须学乃能尽人以尽天，成己以成人，而推之于成物，而主要契机则在己。故人类之忠信，乃与万物自然之忠信大不同。孔子曰："古之学者为己，今之学者为人。"若不为己而仅为人，则于己不忠，而亦难信于人矣。

孔子又言仁，仁亦人之性。惟忠信，十室之邑有之，仁则非学养之高不能至。忠信如人之在婴孩幼童期，仁则百年期颐，非尽人可达。孔子曰："我欲仁，斯仁至。"乃勉人之辞。曰："若圣与仁，则我岂敢。"乃自谦之辞。孔子又曰："志于道，据于德，依于仁，游于艺。"仁之达于人赖于艺。孔子当时有礼乐射御书数六艺。孔子曰："人而不仁如礼何，人而不仁如乐何。"则礼乐之本皆在人心之仁。周公修礼制乐，治平天下。顺一家之心斯家齐，顺一国之心斯国治，顺天下之人心斯天下平，其本亦在仁。故必依于仁而始游于艺。艺亦须学，孔子即以六艺教，其本则在仁，在人之心，在道义，而功利亦兼在其内。

孔子又曰："君子不器。"器则仅供人用，宁有人生乃仅供人用者。凡艺则必赖器，礼乐射御书数皆有器。然器供人用，心则用此器者。人身亦如一器，心则用此身者。人生大道必养此身以供用，非即以养此身为人生之大道。误以养身即为人生大道，一切艺皆为养此身，流于不仁，而艺遂为杀人之利器。如今之资本主义工厂机器，以及帝国主义之核子武器皆是矣。

樊迟问为农为圃，孔子曰："我不如老农老圃。"又曰："小人哉，樊迟也。"农圃亦有艺，人生所不可缺。十室之邑，必有忠信。为农为圃，岂无忠信。然仅求供用，则为小人。子路长治军，冉有善理财，子贡能言语，擅任外交使节，但军事财务外交亦皆艺。专于一艺，仅供人用，故孔子亦以子贡为器。但为瑚琏，藏于宗庙，不易使用，乃器中之贵者。而其斥冉有则曰："非吾徒也，小子鸣鼓而攻之可也。"君子不器之义斯可知。

颜渊曰："夫子博我以文，约我以礼。"文亦皆艺。孔门六艺，即夫子之文章。惟能博，斯可游。但必约以礼，即内心之自忠信而达于仁。故孔子称之曰:"用之则行,舍之则藏。惟我与尔有是夫。"不限一艺,则不为一器。非无用,乃可大用。藏而不用,即吾道不行。孔子之学,其要在此。或疑此与科学现代化太不合。然如前英国首相丘吉尔,亦曾任海军部长,但非学海军出身。其在第二次世界大战时,岂不对英国有大用。英国最先采用中国考试制度,然专治某业,仅能出任某一部之常务次长,而部长与政务次长则非专治此业者。又如美国今总统雷根,曾为电影明星,然并不以电影演员之一艺而获选为总统。则今日西方政治上之用与不用,尚亦无逃于孔子当年之理想,但不能如孔子之明白提出以教人。

近代西方人所明白提出教人者,则以专习一艺为主。如专习广告,则专为商业骗人。专习核子武器,则专为杀人刽子手。而对于超乎群艺之上,以领导运用此群艺之一道,则转无此教,乃亦无此学,此则终成为西方文化一大病。或疑西方有哲学,不知西方哲学非如孔子之志道据德依仁游艺之学。严格说来,西方哲学亦仅一艺,可列入孔门文章之内。而夫子之文章,则非西方哲学所能尽。近人或以孔子为一哲学家,则远失之。

中国人之学都不限于一艺。即如文学,古代如屈原作《离骚》,岂得谓其乃有志专为一文学家,专限于一艺。后世如陶潜、杜甫、韩愈、欧阳修,亦岂得谓其专求为一文学家,专限于一艺。诸人实皆志道据德依仁而游于艺,乃发为诗文。则亦其游于艺之表现成就有如此。西方文学如小说如剧本,则专为供人闲暇之娱乐。其故事不外恋爱战斗神怪冒险侦探等,紧张刺激,曲折离奇,出人意外,入人心中，如此而止。岂得与中国文学，上自诗骚下变为陶杜韩欧者相比。然中国亦有流传在社会下层之小说剧本，亦以虚造故事供人娱乐为宗旨，其内容，其题材，亦大体若与西方相似。然终不脱中国传统，仍存有其志道据德依仁之意味，与诗骚陶杜韩欧一脉之上层文学相仿佛。

即如《水浒传》，叙述鲁智深、林冲、武松、李逵诸人，岂不一一具有孝弟忠信仁义武侠之纯真天性之流露，岂不与中国人相传人伦大道有其内在精神之相关。尤其如忠义堂一百零八位好汉中，为之魁者，独为一无才无能之宋江。此亦中国传统政治理想之一端，岂西方小说剧本中所能有。《西游记》中之唐僧亦然。据此一例，其余可推。又如在晚清流传之平剧，如《过五关斩六将》，如《四郎探母》，如《三娘教子》，如《二进宫》，故事各异，而修身齐家治国平天下人生大道，亦已散见杂出。如恋爱，如战斗，如神怪，如冒险、侦探等，平剧中亦色色俱备，然孝弟忠信仁义诸德，则为中国平剧中共同所有。此则西方小说剧本中独付阙如，即偶然触及，亦不加重视。此诚中西文学一大相歧异处。

在中国，亦非无专擅一艺者。如在战国，扁鹊之于医，伯牙之于琴，陶朱公之于商，李冰父子之于水利工程，亦皆名传一世，迄今未息。然试检之班固《汉书·古今人表》，此诸人亦备列，乃绝不登入上三等。中国人于人品高下自有衡量，尤其如名医，岂不为历代所重。如治水专家，更属难能可贵。音乐占六艺中之第二，岂不为人人所同好。商人之见于史籍者，自春秋郑国弦高以来，亦历代有之。惟能游于此，斯为上乘。专于此，则终有不足。又如诸葛亮创为木牛流马，近人称之，谓其即如近代之机器人。然诸葛亮之为诸葛亮，岂即在此。

今日之世界，艺之进步则已前无古人，而又一日千里，无可计量。但有艺而无道，人专一艺，则人尽为器，但供使用。今日之世界，可谓乃一器世界，而不见为人世界。重其器，轻其人，谁用其器，妄自求用，世界之乱，其端在此，诚不知何以为救矣。今当易孔子之四语曰："志于利，据于物，依于器，专于艺。"其庶有当于今日之世。而无奈其无当于性与天道，其奈之何。

今再退一步言之，亦可谓西方宗教亦即志于道。然其道乃为灵魂上天堂，非为肉身处人世。宗教信徒为医师为律师，亦以救人，则亦依于仁而游于艺。然恺撒事归恺撒管，则其道有限。果使主政者，从军者，治学者，经商者，亦一切以宗教信仰为主，亦一切如在教堂中做礼拜，一切以十字架为精神，则西方世界亦当早已改观。而无奈西方教徒之礼拜，之祷告，之歌颂，亦一切如一艺。其最高目的，亦仅止为一己之灵魂上天堂。而其视上帝，视耶稣，乃亦如一器一物，可以惟我之求，供我利用，则诚无奈之何矣。今再深切言之，不知有己，何从知有上帝。己如一物，上帝亦仅如一物，此真无法相喻矣。中国人所谓一天人，合内外，乃由己之心合之一之。己不立，则何天人内外之有。故孔子之言志道据德依仁游艺，非善通于中国学术，中国之文化者，亦诚无足以喻之。

八一　静与减

时间是生命中主要一项目，亦可说时间即是生命。非有时间，生命当于何存在。人自婴孩长大成人，乃至六十，花甲一周，则必称觞祝寿。七十则称古稀之年，八十以至一百，此属人生难达之境。近代医药进步，八十不难，而百年则至今为稀。是生命必有时限。然五口之家，夫妇成偶，堂上父母，膝下子女，当有三代。又兼记忆，为孙一代追忆其祖父母，虽人已亡去，而事尚在心，则家庭生命在每一人之记忆中，普通当在一百五十年以上。如此子孙绵延。如举孔子为例，至今已七十余代，共达两千五百年以上。若再自孔子上推，迄于殷商之先祖契，岂不远逾三四千年。其实赵钱孙李百家姓，均可依此推算。人人如是，整个一民族如是，此之谓大生命。一部二十五史，实际只是此一大生命长时间之回忆而已。

但时间必亲自经历，顷刻有变，瞬息相异。禹惜寸阴，陶侃教人惜分阴，今人称分秒必争，又该惜秒阴。庄子说："朝菌不知晦朔，蟪蛄不知春秋。"此是倏忽即不存在之小生命。孔子曰："岁寒然后知松柏之后凋。"人人皆欲效松柏，不愿为朝菌蟪蛄。但今日又人人言求变求新。从生命言，则变与新之上，该有一不变不新者始得。孔子在川上言："逝者如斯夫，不舍昼夜。"时间如是，生命也如是。能在不舍昼夜之逝去中，常见此川流，此须一项大学问。便该连带说到静与动。动是过去，是变。静则不动不过去不变，如此常在。但川流中每滴水，果亦不动不变不过去，岂不成了一条死水。必水滴变，川流不变，人类生命即如此。

首要条件在能单纯。时间是单纯的，须要添进内容，否则一片空洞，便无本体可觅。孟子言"天时地利人和"。非阴阳昼夜春夏秋冬，即无天时可言。非山川田野水陆高低，即无地理可言。人生亦然。婴孩即赖父母养育，成人亦必群居为生，故人和乃始是人生。即一身之内亦必和，其衣食住行亦必与外物和。天人内外相和，乃见为单纯。大生命乃始见单纯，小生命则转而为复杂，但复杂则仍必在单纯中。故人生大道贵能在复杂中求单纯。

生命本质极单纯。如川流，纯为水滴相和。若杂以泥土沙砾，则水流不畅。上游盈科而后进，源泉混混，乃能不舍昼夜而前进。两旁又必有堤岸夹峙，否则四周泛滥，即亦无流。人类生命乃不啻如天地大生命一堤岸。不接于目，即无色。不接于耳，即无声。不接于鼻，即无香。不接于舌，即无味。天地虽大，接于身，乃始有之。故此身乃为天地大生命一和，其单纯有如此。若使不赖于目而接天下之色，此即不见有色而为盲。若使不赖于耳而接天下之声，此即不闻有声而为聋。老子曰："五色令人目盲，五音令人耳聋。"欲保其聪明，则必减其在外之声色，务勿淫于视听而后聪明可保。庄子曰："道不欲杂，杂则多，多则惑。"即此旨。

世俗人生往往求多有，求增不求减，而尤以自然科学发达后之近世为然。即如电之发明，有电灯，有电话，有电影，有电视，凡耳目所不及，电皆为之增其功能，使视听远超于耳目为用之上。天赋人以耳目，而科学济之以电。视听日增，聪明日减。色声日多，影响日小。前人以一分视听达十分聪明，今人则以十分视听，而仅保有一分之聪明。前人睹一桃花色，听一流水声，诗意自然生于其心。今人目尽天下色，耳尽天下声，而所谓诗意则渺不得其存在。声色纷乘，雅兴转塞。亦可谓科学日进，诗情日退。诗情乃自然人生之所有，科学则反抗自然战胜自然，固宜有此趋势。

不仅如上述，一切人生内涵，日浅日狭，外力强而内心弱。耳目生于天，一切科学机械发明创自人。然耳目之用，于心为亲切。而机械之用，则仅以代耳目，与心隔了一层，不亲不切。耳目之用本于心，故能长此心之聪明。机械之用来自外，则转以窒塞此心之聪明。老子曰："有之以为利，无之以为用。"机械外物乃一有，心则乃一无。故一切科学发明若于人身为有利，实于人心乃无用，人之生命主要在心不在身。故科学日发明，而心生命则日衰退。今世乃不啻以物世界来代替了人世界，即心世界。

人之生命乃天地大生命中一小生命，如川流中一水滴，故其生命实在孤独处。求生命则必求有一我，我即一孤独之我。浮现在外，在众多处，一与人同，则何有所谓我。而科学机械之用，则必在众多处，不在孤独处。如电影，由一人观之，其影像可与众共观相同。但电影乃是一商品，其摄制则只求众人观，不供一人观，宜其与生命意义有别。换言之，科学实不为生命用，转以用生命，主客易位。此下之世界势将成为一机械世界，不复是一人世界。数百千枚核子武器，即可主宰全世界人类而有余，即其证。

何以谓科学非生命，因生命必有情，而科学则无情。中国以农立国，农民日与大自然大生命相接触，可谓中国古人早已读了一部无字天书。学问全从生命来，孔子言，诵《诗三百》，可以多识鸟兽草木之名。姑以草木言，中国人爱杨柳，自古诗人笔下无不咏柳。杨柳富感性，春光初到，柳最先知。桃李未花，柳条已青。柳又富耐性，秋冬群木凋谢，柳条犹在，故诗人亦多咏衰柳。杨柳依依，唐人栽之灞桥之两旁，左宗棠栽之赴新疆之路上，以其若特赋游子以同情。而夕阳衰柳，尤能耐此寂寞。此感性耐性，乃中国人心所同尚。柳无花，而有絮，亦具特性。中国诗人赋杨柳层出不穷，亦可谓杨柳乃中国人一至亲密友矣。

柳之外有竹。绿竹漪漪，竹之入诗亦历三千年如柳。中国人言，不可居无竹。居不见竹，亦如行不见柳，同为人生一憾事。柳则柔婉多情，而竹则刚直有节。个性不同，故柳则栽之墙外路边，而竹则植之庭前阶下。"能益多师是吾师"，天地群生可为我师我友者，复何限，是在我善择之而已。兰则盛唱于屈原之《离骚》，菊则盛唱于陶潜之诗，林和靖有梅妻，周濂溪则爱莲，中国人之花卉草木，则莫不深通之于性情。天地一大生命，亦惟此性情而已。性情相通，斯生命相通。中国人对此大生命之认识与体验，则多见之文学中。其实亦可谓是一套人文科学或哲学。

草木外言鸟兽。中国人于家畜中最喜羊，美、善、祥、群、义（義）、养诸字，皆从羊。若言利用，不如犬马牛。若言斗争，羊最懦弱。中国古人教牧羊者曰，视其后者而鞭之。则羊性亦自能向前，而牧羊亦当一任羊性之自由。中国人又特喜龙。《易·乾卦》言，潜龙在渊，见龙在地，飞龙在天，则龙乃一三栖动物。君子无入而不自得，惟龙有之。但龙少见，或仅一想象。惟亢龙有悔，在人群中能见群龙无首，乃为大吉。此又是何等景象。生命第一要求当为存在，其次始有表现与活跃。羊能善存在而不争，龙能表现又活跃，但亢龙有悔，则活跃亦有其限度。西方人信仰有灵魂，乃可不尊存在，仅求表现活跃，乃求为亢龙而不悔。

中国古人又以麟凤龟龙为四灵。麟凤稀见，龟则泥涂中物，易见常见，而能藏身自保，与物无争，又能寿，故亦为中国人所尊。中国人尊龙，同时又尊龟，此又是何等景象。龟甲用以供占卜，藏之宗庙。庄子辞楚相，曰，宁为曳尾涂中之龟，不愿藏甲于宗庙。曳尾涂中，则犹潜龙之勿用。苟全性命于乱世，不求闻达于诸侯，中国人生理想之所贵乃在此。但既曳尾涂中，而仍能藏甲于宗庙。既能藏甲于宗庙，而又愿曳尾于涂中。出处进退，隐现荣辱，一以贯之，此诚中国人文社会一特征。而龟又常见易见，中国人乃奉之为四灵之一，屡见文学歌词中。天将以夫子为木铎，中国文学中有乌龟，斯亦不啻以乌龟为木铎矣。杀身成仁，舍生取义，当别论，兹不详。

中国古代，象亦易见，象亦庞然大物，其性亦和善不争。但象为人用，尚不如羊之无用。佛法东来，始屡言及象，然终不为中国人所尊。佛法亦好言狮，狮噬人，象供人用，两者皆失之，遂皆不为中国人所尊。龟不噬人，亦不供人用，然自保能寿，中国人尊龟过于狮象。近代生物学家好言蜂蚁，谓其能群，但蜂蚁以功利为群，羊则性情之群，而龟则不群。中国人于天地群生间，自有其别择取舍可知。

《易》乾象龙，坤象马。马效驰驱，亦供人用。然言牛马与言犬马大不同。牛马供人用，犬马则见性情。中国以农立国，牛司稼，岂不为用大。然中国人尊马不尊牛。牛供人用，随人驾使，乃不如马之尤见有性情。马有骏驽之别，骏马一日千里，闻有千里马，不闻有千里牛。牛略同如象，不见个己之别，而犬马则有之。有性情，则有个己之别矣。羊亦若无个己之别，然羊性之能群，则又在牛马之上。朱子言格物穷理，中国人能于有生物中穷格其理，自有一种人文科学之发明。

柏拉图悬榜门外，不通几何学勿进吾门。几何仅一形式，非有生命，亦无性情。严格求之，世间乃无真方真圆，仅有约略相近似之方圆，真方真圆只在天上。中国人则谓规矩方圆之至。方圆属自然，规矩属人文，能善用规矩制器，此即善用自然以兴人文，而天人合一矣。仅从方圆求方圆，此之谓不通人情。如言孝弟忠信，乃从人之性情言，各得性情之真，即可为万世之榜样。西方人乃避此不言，谓感情作用即无当于理性之真。此又天人显有分别。

故中国古人于天地万物，不论有生无生，能善观而善为取舍，能比能兴，此乃中国文化之真源。善观是其智，而善为比兴取舍则其仁。仁乃人类一种同情心。自具性情，乃能外择于物，以取其性之所近，而舍其性之所远。中国人好群，故有取于羊。中国人好长保其生命，故有取于龟。两者实相通。不能群，乌能长保其生命。人各不能长保其生命，则其群亦不立。故中国人好群，又好有个性。惟求其个性之不害群而又能杰出于群，则必有大利于其群矣。仅知有群，不知有个性，则亦为中国人所不喜。

周濂溪《太极图说》："太极动而生阳，动极而静，静而生阴，一动一静，互为其根。"又曰："主静立人极。"人极与太极不同。太极自无生有，人极则自有生无。羊虎同群，性不同。羊不杀虎，虎必杀羊。人为五行之秀，万物之灵。使人治其群，则驱虎于深山，善牧其羊。此则羊与虎皆所不能，惟人能之。故太极之下，惟可立人极。天地能兼生羊与虎，但不能使羊与虎必相远勿相近，惟人能之。故曰人能赞天地之化育，而与天地参。如火盛人能喷水以灭火，水盛人能筑为堤防，使水不泛滥。人能尽五行之性，以善其人群，此乃一种人文科学。何以能此，则必全人之性，存而勿失，此曰静。故主静立人极。

人有欲，则动而向外，孟子称之曰"放心"。心放在外，则性亦渐失而不见。故曰"存心养性"。先存其心，而后性有所养。静则心不动而存。故孟子曰："我四十不动心。"又曰："养心莫善于寡欲。"欲与情有别，先养其性与情，则所欲皆一发于正。性情为之本，则所欲亦可一内外。务于外，求其所欲，则内失性情之正，而欲乃无穷，终不能达，亦于外物有害。如是则人生一于动而无静，与天地之一动一静互为其根者又大相违。中国人称之为天人之争。天指性言，人指欲言。宋儒曰性即理，则性欲之争即理欲之争。戴东原《孟子字义疏证》主得所欲即为理，较宋儒言，可谓大失之。当谓符于理乃为可欲，则始得之。

近代科学家乃谓发明物理可以满足人欲，斯又失之。人欲日滋月长，无可满足。所谓物理，亦本于人之性情而见。以人情见物理，与以人欲见物理，所见之理大不同。如虎遇羊，认为可噬，此乃在虎有欲噬之心，非在羊有可噬之理。而虎之欲噬之心，则本于其性。性不同，斯理亦不同。人性之善，较近于羊。而人性之智，则远过于羊。故人性可以谓之仁，而羊性则终不得目之为仁。盖仁必兼智，智必待学。孔子曰："十室之邑，必有忠信如丘者焉，不如丘之好学也。"西方人之学，则重智不重仁，又不同。孔子本于性情以为学，西方之自然科学则不仁无情，有失于人之全性。不仁无情而济之以学，则其为害恐将有甚于其为利矣。此诚近代国人好治西学者之所当究。

人性皆然，何以东西方有如是之不同？孔子曰："性相近，习相远。"西方古希腊以商业为主，商业内不足而求之外，求有得，则益进不已，遂惟见欲而不见性。然亦不得谓西方人性恶，能改其习而返之正，则善性亦自见。但少成若天性，积几千年之传统，一旦改弦更辙，亦自难。惟当就其习以为改，或主先复兴宗教，使与科学持衡得平，为其改革之一途。但如最近耶回之争，则又无奈之何矣。

陆象山言，"人方求增，我惟求减。"西方财富权力，日增无止境。人生正当理想，亦莫如求减。权力减，财富减，庶得与贫弱日增其同情。私欲日减，同情日增，则人性渐复。或疑事减则若闲，不知人生正大有事在。居家则奉老抚幼，此属门内事。出门则爱国家，爱民族，以忠信爱其群，岂不大有事在。事在性情在生命，与在功利在物欲，所事不同。孟子曰："必有事焉而勿正，心勿忘，勿助长。"西方人所有事，重在功利物欲，所患不在忘，在助。揠苗助长，反以丧苗之生。象山主求减，亦在求其勿助长。其门人乃一意静坐，若将忘其必有事，宜为朱子所斥。西方人求助长，印度人则求忘。濂溪主静立人极，静非忘，减亦非求无事。惟事来务助长，则必功利物欲之归矣。

生命寓于时间，时间当下即是，亦转瞬即逝。勿可忘，忘则不觉有时间之存在。但亦不可助长，求其时之住，与其延长，与其速，与其即来，皆不可能。时间刹那即变，但变亦有常。时间永古长在，但亦倏忽即变。如婴孩以至老死，乃有新生继起，此即道家所言之自然。道家转而为长生家言，则又失其真。长生家有铅汞之术，乃引生西方之化学。但铅汞非生命，求以非生命助长其生命，西方一切现代科学皆由此。乃使此下将成为一物世界，而驾于生命之上，生命仅居次位。果使生命得替代，则此下将为一无生命之世界。马克思之唯物史观是矣。人之求于物质机构者，其果如此乎？

近人多言科学可减少工作时间。尽得闲暇，自寻快乐，岂非人类文化一大进步。然生命即工作，中国古人言,"小人闲居为不善。"于工作外求闲暇,闲暇中求快乐,人生一切堕落,一切罪恶,皆由此起。一阴一阳之谓道,工作劳动乃生命之阳面,闲暇休息乃生命之阴面,一动一静互为其根。人当于工作中有闲暇,闲暇中有工作,和合为一体。果分别为二,则无往而不失其生命之正矣。故娱乐工作亦为一体。

中国文学自豳风以至清末,多悯农诗。而农自可乐。工附于农,不附于商,工农皆一生命表现,亦即艺术表现,亦即德性表现。西方商业社会盛行博物院,其中陈列多采自巴比伦埃及,希腊仅居其次。犹著者乃如埃及之金字塔。凡此皆非人生工作,乃于人生外别创工作。不于工作上表现出生命,乃俯顺屈服牺牲生命以为工作,表现生命中一奴性,亦以显示当时埃及皇帝无上之欲望与权力。以一人之意志,奴役万人之生命,乃有此金字塔之制成。中国最近发掘得秦始皇墓,庶相近似。然始皇墓始终湮没不彰,不为汉后人所知。阿房宫为人所知,则一炬成灰,后世不加惜,反加快。而如四川灌县之水利工程,则修益加修,精益加精,直至于今不废。李冰父子二王庙,亦永受后人祭祀崇拜。即以灌县离堆工程与二王庙之建筑,与埃及金字塔相比,亦可见中西文化相异之一斑。离堆工程,自秦迄今两千年,杀身舍生者又何限,但皆成仁取义而去。故离堆工程遂得为中国名胜古迹之一。

娱乐亦性情,工作者先有乐,乃可得人之同乐。金字塔乃孟子所谓之独乐乐,灌县离堆工程则孟子所谓之众乐乐。金字塔遂使埃及人永失其生命,而灌县离堆工程则使两千年来四川人同得其乐。故离堆工程乃一生命工程,而金字塔则不得称为生命工程。亦可谓近代西方科学之一切进步，多非生命进步。而中国自大禹以至李冰父子，大圣大贤，一切工程一切建设，不仅科学，亦寓有宗教教育之大生命意义在内。凡中国至今尚存之一切传统，一切建设，一切工程，皆如此。此皆中国人所谓之礼乐，乃即生命之崇高表现，而岂专在物质机械上用心者可比。

娱乐中又有绘画与歌唱，此两事原始人类即知即能，然中西双方传递有不同。西方人绘画但求其与外物近似，如画山水，即坐山水前临摹，谓之写真。中国人五日一山，十日一水，提笔作画，乃画我心中之山水，故曰写意。写真即科学，写意乃人文。心领神会，即同是我之生命。故中国人画人物亦曰传神。西方人论女性体段重三围，中国人则曰临去秋波那一转。三围之美具体在彼身，诱生我欲。临去秋波，抽象一动，在彼亦在我，此谓之情。使其无此一转，则三围之美又与我何涉。故三围仅物质之可欲，而一转乃生命之相通。中西双方审美观念之不同又如此。近人又必谓西方重客观乃科学，中国主观非科学。但非主无客，无情不美。中国俗语情人眼里出西施，实亦一种人文科学。

歌唱，歌者先自乐，而闻者亦同其乐，此乃生命之真乐。歌以求人乐，则歌者先无乐，闻者之乐亦复不真。《诗三百》，歌者先有其乐。《离骚》《九歌》，亦歌者先有其哀。汉乐府亦诗骚之流，每一歌中亦自具一番真情。唐诗人白乐天，咏浔阳江头商人妇之琵琶曲，亦以自鸣其哀怨斯始为贵。若以歌为技，为谋生一职业，斯又何贵。

中国近代京剧，有讽有谏，有劝有惩，功在教谕风化。操此业者，固亦借以谋生，然毕生情趣，亦寄寓其中，故不为高雅君子所弃。又演剧娱神，民亦同乐。若以演剧为纯商业，观剧为纯娱乐，则中国风俗初不如此。谭鑫培梅兰芳名震一世，但其登台，终非专供人乐。而善唱善演，亦终不如画家之闭门挥毫自得其乐之为高。此皆中国旧观念，莫不有甚深生命意义寓之。

中国又有武功一项，如武当山，如少林寺，道士僧尼，出家闲暇，乃以习武。不为表演，不为比赛，师徒相传，积数百年，乃成绝艺。偶一用之，乃为侠义，无他心。得人崇敬，亦出真诚。清末义和团，亦本侠义心，事败称拳匪。但凭枪炮杀人灭国，恣意所欲，中国人心有不服，乃称八国联军，庄严肃穆，又何词讥之。此则史学文学分道扬镳，各自专门，记载史事不知以文学用心，乃有此弊。至于中国功夫，亦非西方所能。最近忽有人在电影中表演，大获西方人佩服，中国功夫乃成现代一专门名词。但此等功夫纯是一种生命精神之凝聚。若在电影表演，则是西方功夫，绝非中国功夫，此又不当不辨。惟今国人一经西方人称赞，又有重利可得，相习成风，则诚可悲叹矣。

中国人传统心习，看不起机器。但机器胜过工夫，即据义和团一例可见。中国以人为万物之灵，机器则灵过于人。人转为机器操作，得闲暇，别寻快乐，乃成为人生之惟一目的。则人生之意义与价值又何在？孔子曰："饭疏食，饮水，曲肱而枕之，乐在其中矣。"又曰："颜子居陋巷，一箪食，一瓢饮，人不堪其忧，回也不改其乐。"孔颜所乐，即在其日常工作中。西方人谓文化自闲暇来，中国则文化自勤劳来。文化即人生，人生乃勤劳，非闲暇。

故工作当自性情来，不当自欲望来。性情中亦自有欲望，但不当为欲望而漫失其性情。性情出于天赋，亦即自然，中国人合称之曰性命。天人合一即在此。不知性命，徒求生活，则兽生禽生，生而无灵，何得谓之人生。中国人最所寻求者正在此。寻得到此，则工作闲暇快乐苦痛皆一以贯之，又何分别可言。寻不到此，而惟机器功利之为见，则人生最高境界亦惟一项机器一番功利而止。象山之言减，濂溪之言静，诸葛亮言"澹泊明志，宁静致远"。澹泊斯能减而静。孔子曰："富贵不可求，从吾所好。"孔子之所好，亦惟心存澹泊始能明之。中国人之理想人生大率如是，而岂能语于今日之西方功利昌行之世。

八二　广与深

人生有广狭与深浅之两面。如服装，率趋时髦，无多分别。仪表则见教育修养，言辞则深浅更易辨，观其行为，则人无遁形矣。人生自衣装、仪表、言语、行为以及其心地五方面，逐层推进，递见其深度。孔子曰："不患莫己知，求为可知。"求知于人，自当于此五方面努力。然孔子又曰："人不知而不愠，不亦君子乎。"则知人不易。老子曰："知我者稀，斯在我者贵。"则人之可贵，正在其有难知处。

人如此，民族更然。大概言之，西方人求之外，贵推广。中国人求之内，贵深存。其先乃由其生事来。中国务农，历千年少变。求于外者易，乃转而求之内。古诗："日之夕矣，牛羊下来。"农人向晚得闲，远眺村外，山坡草原，易见此景。日日可见，年年可见，一生一世，人人世世常可见，似无足道。但山下全村各户孰不有牛羊，放牧山上，结队而下，岂非各户丰衣足食之根源所在。然其存之心者既久，乃百千万户生命之大共体，安其平居，乐其常然。深言之，此乃一种生命境界。生命与大自然合一，亦即天人合一。人之小生命，乃与其宇宙大生命融洽浸润，俨成一体。故"日之夕矣，牛羊下来"八字，虽不失为一幅好风景，但诗人吟咏，则不专为风景。此八字是何等境地，何等情味，乃得为中国文学上品，传诵三千年。中国文学乃有其特殊极深处。人生即文学，此又中国人生一特殊极深处。

陶渊明为一田园诗人，其诗有曰："犬吠深巷中，鸡鸣桑树巅。"鸡鸣犬吠，从来如此。老子言："小国寡民。甘其食，美其服，安其居，乐其俗，邻国相望，鸡犬之声相闻，民至老死不相往来。"此为一天下太平景象，鸡鸣犬吠，国际声气相通。犬吠非为斗噬声，鸡鸣亦非惊惶声，一片和平欢畅声，不啻为人生安乐大道作呼嚷。今虽村居，亦遍闻机车声，警笛声。一不慎，而死生随之，尚何鸡鸣犬吠之有。故古人言鸡鸣犬吠，即人生一共相。人类之生长，即在此境界中，我此生命即此境界。若无多味，却有深味。而且此味常在心头，既亲切，又悠久。《中庸》所谓"致广大而尽精微"，鸡鸣犬吠之境界岂不广大，而人生之精微亦无逃于此矣。《中庸》又曰："极高明而道中庸。"日听此深巷犬吠桑树鸡鸣，岂不极平常极庸俗。而宇宙大自然之与人生相会合，其高明处，则亦已深藏其中。《中庸》又曰："尊德性而道问学。"其实鸡鸣犬吠，乃与人生之内在德性欣合无间。能学问，始见此德性之可尊。

渊明诗又云："采菊东篱下，悠然见南山。此中有真意，欲辨已忘言。"篱边种菊，偶往采摘，抬头见山，此乃人生易遇事。而远山景色入吾心头，即不啻我当时生命之一部分。一番真义，乃非言辞所能表达，故乃欲辨而忘言。陶诗所描写，所吐露，通常言之，乃属一种农村人生。实则推至一切人生，乃至宇宙大自然，同此一真义。但在中国，乃非哲学，为文学。故可谓中国乃一种文学人生，亦即人生文学。深处难求，而浅处则易遇易见。

唐人孟浩然诗："绿树村边合，青山郭外斜，开轩面场圃，把酒话桑麻。"中国农村四围绿树，远山一抹，到处易见，千年常然。鸡犬与桑麻，皆农村人生之共相。但鸡犬虚景，堪欣赏。桑麻实物，须营求。中国诗人先言鸡犬，次及桑麻，亦不得谓非世道人文中一进步。开轩面圃，两人对酌言谈，此境易得，亦可常而不变。一经诗人指点，却见此种人生大可享受，大可玩味，何待厌弃他求。天地之境界，人生之情调，文学之本事，一以贯之，即已成一套人生哲学。反己求之，向内求之，即易得矣。此之谓自得。"足于己，无待于外"，斯又为有德之言。故曰："学而时习之，不亦说乎。"

中国文学，上古西周如是，南朝晋宋如是，唐如是，宋亦如是。陆放翁晚年乡居，作诗如写日记。日常所见所闻，所遇所值，皆入诗中。孔子六十而耳顺，七十而从心所欲不逾矩。外所接触，既无违忤。内所发抒，亦无逾越。乃尽在人生大道中。孟子曰："可欲之谓善，有诸己之谓信，充实之谓美，充实而有光辉之谓大，大而化之之谓圣，圣而不可知之谓神。"孔子晚年人生，可谓已达圣与神之境界。放翁晚年生活，亦可谓成一篇大好文章。但较之孔子，则还远有层次，人生深浅即在此。

清代郑子尹，以一经学家兼诗人，老居遵义山中其母墓旁。日有思，夜有梦，皆追忆其母之一片孝心，而皆以见于诗。除此一片孝心外，诗中亦更无多有。孝即人生，即人生千万岁大道，但可当下即得，亦即其诗之所由成家。诗之与心与其人，三者合一，而其较之古诗人，乃至于孔子，亦各见深浅。中国人生有一言即得者，亦有万言难尽者，亦可于此求之矣。倘于人生外，别求文学，得为一文学家，既有名又有利。但一为文人，便无足道。此中深意，大须领略。

孟子曰："诗言志。"中国人言志，不言求富求贵，而必志于道。此道即人生之大道。人生并不由外面事零碎拼凑而成，乃由一整体人生中流露出此一切事。一切事皆内本于心。志，心之所存，乃人生之主脑。诗言志，即犹近人言文学表达人生。唐人诗："欲穷千里目，更上一层楼。"死于句下，则更上一层楼乃一小事，又何意义价值可言。古诗又有，"振衣千仞冈，濯足万里流。"振衣濯足，乃人生寻常事，不知所比兴，则亦无意义价值可言。苏轼诗："横看成岭侧成峰，远近高低各不同。不识庐山真面目，只缘身在此山中。"此诗亦咏人生。离却人生，庐山面目即不用人识，亦无待吟咏。艺术亦然。山在心中，画山乃画意画心。画中有诗，诗中有画，若尽在诗中去求画，画中去求诗，则必两失之。苟其作者于人生深处无体会，则其诗其画皆不得臻上乘。书法亦与人品有大关系，更难言宣，惟有心领。

西方人生则不同，古希腊人乃生活在工商都市中，必向外求取利润。身在都市中，心在都市外。身在工商业中，心在工商业外。其整体人生犹待别求。故希腊有哲学，先创宇宙论，乃以寻求人生论。并无中国人一天人合内外之观念。文学亦向人生外事中求，事务非即生活，乃生活中一手段。文学亦如商品,伪造故事,惊心动魄,得人爱好,乃可沿途歌唱。如《荷马史诗》,或恋爱,或战争,或神话,惊险奇变,乃始视之为人生。此下又有冒险侦探等故事。要之,非见作者心,乃以迎合读者心。一如商品,惟求合购买者之心。此心乃惟求推广,不求深入。推而愈广,不仅益浅难深,抑且散而无存。

再言工业。工业附属于商,与附属于农者有不同。中国陶瓷业,能在其作品上十分表现出作者个人之心情。仅以给用,非为商品牟利。又世袭其职,历代安心,精益求精,其所作业即其人生全体所在,故得成为艺术精品。一如诗之为文学,同是通天人合内外。故艺术即人生。西方则乃以商业心情制造,求广销,获重利。亦人生一手段,非即人生。心情异,则其作品亦不同。中国庄子称此心为机心。《中庸》则言诚,实与庄子机心相对。道家言人生,每于其向外处深言。儒家言人生,则多在其向内处。故中国人必兼通儒道,乃能得人生之全。文学亦无逃于此。

西方绘画亦附带有商业心情。故必开画展,作画者每以观者心为心,求广销。其心外向,又焉能深入,与中国画又不同。中国于画品中见人品,亦曰写意。但作画先求形似,尚有外面拘束。书法则可一任其意之所至,而流露出其内心之蕴藏。诗文则更可传其内心,而更达于充实光辉之一境。故中国之文学家,则尤在书画家之上。

中国文学中亦有剧曲歌唱舞台表演,但其品格则较低,故戏剧不得预于中国文学之正统。登台演奏,不论生旦净丑,演员与剧中角色不同,故只论演技,乃成人生一业务，亦借以谋生。不如吟诗作画，其本身即人生，非业务。倘亦认为一业务，则一文不值矣。登台演戏者，后台卸装，始是其本人。观剧听唱亦仅是人生一娱乐，与诗画之为人生修养，深浅不同。

由此可见，人与事当分别看。人乃生命一本体，事则生命一表现。从广处求，则吟诗作画演剧，可以推而愈广。从深处求，则诗最深，画次之，剧则浅。中国诗最先，画次之，剧最后，此即中国人生贵从深处求一显证。西方演剧，乃文学之开始，文学内容亦即舞台之本事，读剧本不如在舞台下看。多人欣赏，推广更要于深入。故事有大小，人品无高下。吟一诗，听者少。作一画，观者多。演一剧，观者更多。西方人生重在外面广处，则莎士比亚之剧本，宜为文学之上选矣。故戏剧乃西方文学之正统，与中国大异。孰是孰非，此为双方文化传统人生大道所系，非可一言而定。又岂重洋蔑己一时流俗之所能定。

西方人论人生，重事不重人。如莎士比亚其人莫可考，然其剧则几百年不衰。中国"日之夕矣，牛羊下来"八字，作者亦难考，亦难上台表演。然能赏及此，即证其人品之高。此即双方人生不同一例。西方人重事，又重财富。但求推广，不求深入。孔子曰："为富不仁。"深而求之心，则为富稀能免于不仁。孔子又曰："富而可求，虽执鞭之士，吾亦为之。"孔子非不知富亦可求。季氏富于周公，乃冉有为之求之，而孔子曰："冉有非吾徒也，小子鸣鼓而攻之可也。"孔子又曰："赐不受命而货殖焉，臆则屡中。"是则子贡亦能求富。则孔子之所谓不可，乃在道义上。孟子曰："非不能也，是不为也。"富人亦必求所好，财富乃是一手段。今虽贫，亦能从所好，则何富之求？岂不更直接，愈易简矣。

富不可求，贵更不可求。孔子之称赏颜渊则曰："用之则行，舍之则藏，惟我与尔有是夫。"贵亦在求用，求贵亦仍是一手段。若仅知求贵，则更求权，求强，求武力，求能杀人，推之愈广，而愈无止境。希腊人仅求富，罗马人则转而求贵，既武又强，乃亦终归于崩溃。孔子虽不求贵，而为用则可达千万年无竭。

中国乃广土众民一大国，主政者贵莫能比。乃孔子之称舜，则曰："恭己正南面而已矣。"有此天下，而心若无事。此种人生境界，乃纯属内心，中国人称之曰德。德者，得也。得于心，非得于外。韩愈释之曰："足乎己，无待于外。"足乎己，即是富。无待于外，则不烦权力以争。中国从来之政事，乃亦与西方政事大不同。西方政事重在外，必以权力相争。中国人则曰尽职，曰让，曰为政以德，皆向内求。孟子曰："以力服人者，非心服也。以德服人者，中心悦而诚服也。"故西方之为政者求之事，为富为强，以力相争。中国人为政，则求之心。一人之心即千万人之心，一世之心即千万世之心。得于心，斯得于人人，得于世世，可以无他求。

然而此心则当向深处求之。他人有心，予忖度之，此心即忠恕之心。舜居深山之中，与野人居，与鹿豕游，及其见一善行，闻一善言，沛然若决江河，此则舜心开。中国人称人生最快乐事即曰开心，心开则同得他人心。《大学》言正心诚意为修身齐家治国平天下之本，即此意。西方人向外求，此心专在事上，知事不知人，又或专知一事，不知他事。政治属众人事，当开放政权，由众人为之。西方则结党竞选一领袖，名之曰民主，实非民主，仍由少数人擅权行政，其心亦仍重事不重人，于是政争无已。竞选必求多数，日趋卑俗，则政事乃无日进向上之望。求富求强，推而广之，惟在力，而离道则日远。

政治固当下通卑俗，即文学艺术何莫不然。惟政事文学同当求深更在求通之上。男女同有恋爱，但必深入于为夫妇。夫妇一伦，其心情可以普天下历百世而常然。今倘谓恋爱乃青春心，夫妇不得谓非老成心。人生岂得常在青春中，而无老成。故婚姻乃始得人心之同。然而西方人又常以商业视人生，贵异不贵同，乃谓婚姻乃恋爱之坟墓，则家国大同天下太平岂非即人生群居之坟墓。故知恋爱与战争，当不得为文学之正宗材料，因其乃在人生之幼稚期，未成熟期。浅露与深藏，亦可论其文而知其人矣。如《左传》一书所载战争与恋爱之故事，极为繁多，但当看《左传》书中对此等故事如何描写法，始见文学之奥妙。今读西方文学中之恋爱与战争，则不得不谓其显较浅出。然而遂谓西方人无深入处，则又不然。惟能多赚钱，多杀人，乃西方深入处。岂不然？果能于人道有深入，则此两道决不深入。苟于此两道有深入，则其一切皆浅出，此又可得而定者。

韩愈言："好古之文，好古之道。"今人则贪财、好色、能武、善杀尽谓之文学，则宜韩愈之深见鄙斥矣。文学必求深入人心之同然。唐人诗："打起黄莺儿，莫教枝上啼。啼时惊妾梦，不得到辽西。"春莺群啼，何等佳事，把它打起，宁不杀风景。但她得好好做梦，此乃夫妇情感，非男女恋爱。而辽西兵役非当时人心所安，亦言外可见。即此一诗，寥寥二十字，儿女私情，亦即治平大道之所本。中国文学深入人心之高处有如此。

孔子曰："子为政，焉用杀。"又曰："听讼我犹人也，必也使无讼乎。"既不用杀，又能使人无讼，当必有一套学问，能深入人心，一如文学。但文学范围狭，政治学范围更广。子贡闻一以知二，颜渊闻一以知十。故孔门为政，子贡当不如颜渊。子路仅限于治军，冉有仅限于理财，则更非为政上选。故中国为学，求通不求专。通于人心，不专于人事。

西方科学重事更重物。发明蒸汽，一切人事大变，人生亦为之大变。发明电气亦然。当前世界乃有石油之争，石油乃能主宰人生，一国缺石油，其国即大变。愈进步，其国之变乃愈大。但掌有石油主权之阿拉伯国家，却不知如何来善用此大权。犹如拥有原子弹，亦不知究当如何来善为使用。人生前途，则全已为此等石油原子弹诸魔群妖所困扰，所折磨，并将为之所吞噬。不知人类花了几许血汗精力创造发明此诸妖魔，乃转为此诸妖魔所困扰，所折磨，所吞噬，而无奈之何，亦可怪矣。今世界都市林立，凡困扰折磨吞噬人之诸妖魔，皆荟萃于此都市中，农村则少见。但举世群弃农村，涌入都市，认为是人生之进步。苟无农村，人类生存又何赖。

余漫游欧美，好访其乡村。一日薄暮，在伦敦郊外与两英人交谈。知余来自美国，问美英孰优。余对美不如英。两英人惊喜，续问余言何据。余答，此刻村人老幼散步田塍，仰天俯地。美国则大马路上汽车奔驰，乌得有此。两英人颔首，但又懊然言，美国生活不久即迫来，吾侪此刻景象，又乌能长有。又指山坡草地言，此等均历五百年以上，在美国最多不逾四百年，因不胜嗟叹。

人生难言，民族文化更难言。如俄国，显属西方文化之一部分。而地居寒带，又多业农，其民族性显与其他西方民族有不同。余读托尔斯泰小说，每爱其和平忠厚，有恻隐辞让心。在西方文学中，体制题材大同，而心情迥异。又如索忍尼辛，逃居美国，乃能直言美国种种缺点，心存故国长处，乃若一时阴云蒙蔽，恨不能顷刻大放其光明。又如沙卡洛夫，见称为其国氢弹之父，杀人利器由其创制，乃竭意拥护人权，遭政府拘禁，宁甘忍受，不乐流遁他邦。凡此人物，显若与其他西方各国有别。俄罗斯本属一农国，工商都市尚未发展。文化系统显属西方，而人心深处则潜存有东方气息。托尔斯泰之小说，便多染乡土气，即其证。马克思犹太人，本无国家观。提倡共产主义，以无产阶级为号召。但产业观起自工商都市。犹太人乃一商业民族，马克思侨居伦敦，故其所谓无产，乃指资本社会下之工人言，不指农人言。农人乃真有生产，资本企业乃制造非生产。财富武装，乃人生中之假生产。故资本社会实可谓一无产社会，乃转而凌跨驾驭在生产社会之上，而恣其所欲。马克思之共产主义，实应限制商业，使其转在农工之下。务使人人生产，而不占私有之大财富，此则当转成为中国社会。马克思只就西方都市商业社会发论，故其共产思想，仍不失为西方文化之一支。

列宁依借马克思共产主义为号召，推翻俄皇专制，解放农奴。使其尽为自由农民，使人人有生产，而不再受商业资本之剥削。索忍尼辛之寄想或即在此，但惜其无此知识，因亦不能明白创此理论。而苏俄自史太林以下，则转成为西方传统帝国主义之变相，仅求在力上推广，不向心处深求。而更侧重在唯物观点上，凭物而丧心，乃致力于发明氢弹，又求保有人权。此见俄国人之内心冲突，诚不失为人类一悲剧。近代国人，尊慕西化已甚，虽亦崇奉马恩列史，而国内乃竟无索忍尼辛沙卡洛夫其人者出，此亦诚堪嗟叹矣。

　　印度亦农国，非商国，地居热带，民生不在勤，转生厌怠心，遂有佛教出世思想。但虽求出世，不失慈悲心辞让心，戒淫戒杀，与西方文学题材大异其趣。但佛教专重私人人生，不牵涉大群政治，故在印度终自衰歇。其来中国，在大一统政治下，转得滋长，亦因其有深入人心之一部分使然。近代印度人甘地，久居英国，其对西方资本帝国文化终不能无反对心。乃提倡不合作运动，此亦农业民族尚和平退让、不尚斗争一特征。中国战国时代有许行，创农家言，谓贤者与民并耕而食，饔飧而治。帝王与农民同生活，再加上一套政治责任，则其责任又何由完成。故孟子非之曰："劳力者食人，劳心者食于人。"惟政治劳心与资本家之劳心又不同。资本家劳心于其财富事业之向外推广，中国理想中政治家之劳心，则劳于能深入人心。即以己心通他心，复以他心通大群心。即以其人之心，治其人之身，修身齐家治国平天下，其道一以贯之，亦贯之于此心而止。故在修齐治平之上，复有正心诚意之教。此等知识，则非专务财货事业之推广者所能知。现代印度已久受西方帝国主义之殖民统治，乃转与中国大陆同亲苏联，但中印之与苏，亦终不能会通合一走上同一道路去。

人类文化终不能离其生事，以空言争。而人之生事，则须积年累月，以悠久时间之浸润，深入人心而始然。既不能推广向外求，亦不能于短时间速成。欲速则不达。今日世界问题，究将于何得解决，得安定，诚难得定论。而又加以欲速之心，亦诚难言之矣。司马迁《史记·孔子世家·赞》，诗曰："高山仰止，景行行止。虽不能至，然心向往之。"孔子遂成为中国之至圣先师，文化传统一大宗师。西方则人争平等，事求实现。阿拉伯人《天方夜谭》，能言鸟终于在登山寻求人手中。近代攀登喜马拉雅山者又几人？惟耶稣乃上帝独生子，信仰及此，西方宗教乃得成立。

近代美国哲学家杜威，有真理如银行支票能兑现之喻。兑现乃银行与持票人彼我间立时立刻事，非必有时间绵亘。颜渊之赞孔子则曰："夫子步亦步，夫子趋亦趋。如有所立卓尔，虽欲从之，末由也已。"则孔子之可贵，乃在其有无可兑现处。故中国有道统，有政统。有自孔子至孙中山，绵延两千五百年，一线相承之民族文化传统。但身修家齐国治天下平，若果问何年何月得实现，则诚浅之乎其为问矣。当知修齐治平乃道，言道则再不言得，而改言德。或问："夫子圣矣乎？"孔子曰："若圣与仁，则我岂敢，抑为之不厌，诲人不倦。"或曰："夫子既圣矣。"学不厌教不倦，乃孔子之道，圣则孔子之德。故中国人一切人生皆仅言道德，不言功利。而西方人则一切言功利，不言道德。道德在心，深处求真。功利在事，浅处易见。人心深浅即在此，此又为研讨中西文化异同者所当知。

八三 多数与少数

(一)

西方言民权,人人平等,故惟多数为贵。然人性终喜于多数中特出为少数。如何乃为特出?自多数言之,最易见者为财富。人拥十万百万,我独千万,斯为特出矣。故商人谋财富,其意亦并不仅为身家图享受。称为富翁,便见特出,心自喜悦。然其评价标准则终在群众之多数,此亦不可否认。

财力之上复有武力。一将功成万骨枯,则武力亦当仗多数。罗马武力震耀,环地中海欧亚非三洲,无不慑伏。雄心之满足,犹胜于希腊之富商,斯亦足以自豪。然其评价标准,则仍在多数之群众。西方近代之资本主义帝国主义,乃胥由古希腊罗马之旧传统来。

不仅如此,荷马为史诗,评定其价值者,乃为其沿途四围之听众。使无此听众,荷马亦何由成名。雅典市区有剧场,每一剧之演出,亦仗观众而成名。即至近代,莎士比亚不知其究为何人，然一剧登台，观者累月盈年而不衰，斯即成名矣。其评价标准亦在多数观众，不在作剧者之一己。其他文学，亦多以畅销书成名。

文学然，艺术亦然。近世西方画家必开画展，竞售一空，斯即成名矣。法国近代大画家毕加索言，我画之价值不在我所画，而在我画上之题名。人尊其名，即画价高昂。其评价之标准，仍在外面多数，不在内之一己。则文学艺术亦尽如一商品，必入市场，乃有价值可言。西方人重多数，则其趋势必如此。而人性之喜于群众中求表现，其例犹不止此。

古希腊即有奥林匹克运动会，古罗马有斗兽场，直至近代，种种竞技比赛，尤层出无穷。于是有拳王争霸赛，两人拳击，事何足贵，贵在有万千之观众。然使一出拳，对方即倒地不起，斯亦不足观。故拳王相击，往往双方不相上下，历十数回合，仅以分数定高下，此则拳逢敌手，愈紧张愈动看。实则一两分上下所差无几，而拳王之荣座，即在此十数回合中之一两分上。既得名，又得利，人生无上光荣即在此。然一过三十，则务求急流勇退，又岂能终其生登拳王宝座而不退者。然则人生价值，岂真在此三十年前之刹那间乎。但多数群众喜观此刹那间，则价值亦即在此刹那间。

拳王之外，有歌王。歌之为技，岂论胜负。而歌王之得名，终亦定于多数之听者。入场券可稽，券多售即获利多，享名大，歌王之名亦定。然多数听众之兴趣则易变，惯听则厌，骤听则觉新奇。别有哗众取宠者出，而歌王宝座亦易位。故歌王亦常有后生新秀起而代兴者。凡西方之喜新喜变，乃多以博取群众多数一时兴趣为主要条件。

赛拳赛歌之外，又如赛马赛车。群马奔驰，众所乐观。其到达终点，仅一头之差，而胜负定。赛车亦多争在分秒间。其他各种竞赛，胜负之分亦甚微。亦有赛程已毕，胜负不分，乃延长若干时，甲队得一分，乙队即告负。果使再延长，焉知乙队不转增一分。要之，胜负多暂定于侥幸，具何价值，又当别论。人生如儿戏，富强岂即人生真价值所在。赛拳、赛马、赛球、赛车，循至如登高山，游大海，空中飞行，饮啤酒，吃生蚝，吸鼻烟，人生一切事皆可赛。然果能化世界各大都市尽成为大运动场，化世界第三次大战为一奥林匹克大会，岂非西方文化之终极理想所在，人类莫大幸运之所系乎？

惟人生既过分崇尚多数，终亦不免轻忽少数。而少数则诚有杰出于多数者。在古希腊之雅典，即有苏格拉底在街道上宣讲哲理，遂以招忌，竟入狱判死。岂能亦如唱诗演戏，仅供大众之娱乐。罗马统治之下，耶稣渔村论道，信徒十三人，终亦与两盗犯同上十字架。其徒转入罗马城，潜为地下活动，听众愈多，信徒日增，上撼帝国政府，皇帝亦转信其教。信耶稣，抑信地下群众？自少数转而为多数，其形势乃大变。罗马帝国崩溃，罗马城独有教皇递传弗绝，以迄于今。教皇非即耶稣，乃为群众多数所仰望，遂为不可侮。非耶稣教言不可侮，乃多数信徒之势力不可侮而已。耶稣言，恺撒之事由恺撒管，耶稣不与恺撒争。教会中拥戴一教皇，斯则宗教亦恺撒化，而于是有政教之相争。西方中古时期以下之一部政教相争史，其与奥林匹克运动会之种种相争，有其异，亦有其同。要之，其同属西方文化传统，则迄今无变。

政治本为大群中少数人之事，革命则为下层多数与上层少数争。英法两国皇帝皆上断头台，亦如苏格拉底之下狱判死罪，耶稣之上十字架，不论其间相异处，实同是多数得意，少数被压制。今日已为民主政治，少数政治人物皆受多数拥戴而起。然美国大总统任期四年，期满需再选，连选得连任，亦仅两次八年而止。非遇国家有大事变，多数急切感有需要，则不易竞选第三任。英国首相无任期，一旦国会中多数投不信任票，惟有解散国会改选。果改选后，仍不获多数信任，则惟有退职一途。多数则总喜变换一局面，一新耳目，或无理由可言。如丘吉尔在英国，当世界第二次大战时，厥功甚伟，战事方毕，即不获再当选。非丘吉尔更无连任之价值，亦当时多数人心之喜变而已。

故言民主政治，必兼言法治。其所谓法，亦以保护多数，抑压少数。即一国行政首长，亦称曰公仆，其他政治人物，亦同为仆可知。麦克阿瑟不失为近代军人中一杰出人物，当南北韩战争时，始终不敢轰炸鸭绿江大桥，乃遵杜鲁门总统之禁令。然仍不免阵前撤职，以一老兵资格返国，深受纽约数十万市民之欢迎。要之，其奉命守法，亦当为被欢迎之一条件。又英国分英格兰爱尔兰苏格兰三部分，美国自十三州扩大至五十一州，各自分裂，并不受中央严格之统制。可见民主政治终为一柔性的平弱政治，非为一刚性的强硬政治。其上层之统治权，必日削日缩，而其下层之选举及议会表决权，则日扩日大。尤其罢工潮，风起云涌。更如美国早期之黑奴，转升为选民，亦同为美国之主人翁。在被歧视之心理下，既缺乏适当之教育，而生齿日繁，救济金日益增，选举权亦日益普及，今已有黑人竞选副总统，不久将来或可有黑人总统出现。黑白人多少数之消长，亦堪为美国当前一隐忧。

至于一辈大学名教授名学者，自属人群中之少数，乃都绝不抱政治野心，躲避一旁，理乱不知，黜陟不闻，此亦受多数之抑制。参加竞选，恐决不为多数所拥戴。至于辞世而去，沦为一陈死人，其为群众大多数所忽视，更不待论。故西方史学最为后起，亦受此崇尚多数之心理影响使然。

转论中国则大不然。中国人崇尚少数。前人之称述于后世者，则尤属少数中之少数，乃尤受国人之崇尚。孔子曰："述而不作，信而好古。"以此语之西方人，将难获赞同。即中国多数人，亦难了其深意。故孔子曰："人不知而不愠。"又曰："知我者其天乎。"又曰："莫患不己知，求为可知。"此亦决不求为群众多数人所知，即求之少数人，亦非必相知，则惟有期于上天之知。故孔子三十而立，即求超乎此群众多数而自立。四十而不惑，即不再惑于群众多数。五十而知天命，则知己之所立，乃受命于天，非多数人可知，其意亦甚明矣。此意即道家亦言之，故曰："知我者稀，斯在我者贵。"惟儒道两家并为后世所尊，则中国文化传统崇尚少数，亦居可知矣。

以言文学。古诗三百首，雅颂施于宗庙朝廷，其为上层少数中人作，亦流传于上层少数间，可弗论。即十五国风，有出自里闾民间者，然经列国君卿大夫采录润色，亦流行在上层，不再属多数。孔子作《春秋》，笔则笔，削则削，游夏之徒不能赞一辞。游夏乃孔门文学之徒，游夏尚然，其他可知。及汉代司马迁继孔子《春秋》作为《史记》，乃曰："藏之名山，传之其人。"则其不求人知之意，亦昭然若揭矣。

以言音乐。伯牙之知音，亦仅钟子期一人，下里巴人决不能与阳春白雪同类等视。则文学艺术之一切评价，决不在多数亦可知。汉代有司马相如，以辞赋擅盛名，扬子云效之，亦名闻当时。久而悔之，曰："雕虫小技，壮夫不为。"乃效《论语》为《法言》，又效《周易》为《太玄》。其友笑之曰，《太玄》人莫晓，当以覆酱瓿耳。扬子云曰，无害，后世复有扬子云，必好之矣。扬子云之见重于后世，乃更胜于司马相如。但孔子则曰："知我者其天乎。"大圣人大文学家，品格高下，此亦其一端。

孔子又曰："古之学者为己，今之学者为人。"为己之学乃贵纳己于道。道者，人生大道，古今上下尽人当然。则乃贵其最多数之同然，此必求之最少数。但士为知己者死，女为悦己者容。钟子期死，伯牙终身不复鼓琴。则人生为人，果为少数，尚有快乐可寻，亦有意义价值可言。果必为多数，则将无言可立，亦无德可成。孔子曰："道之不行，我知之矣。不仕无义。"出仕亦行义，治平为多数，亦即己之大德。张横渠言："为生民立命，为万世开太平。"而岂多少数财富权力之足计。依仗外力，亦绝非中国人所谓之为人。

初唐诗人陈子昂有诗曰："前不见古人，后不见来者，念天地之悠悠，独怆然而涕下。"此乃中国大文学家之志气。前之作家已作古，后之作家未出世，当我此生，多数群众谁欤知我。则天地悠悠，惟有抱一怆然独立之感而已。人生最少数为一己,中国人生大道,其最所宝贵者,亦即在此一己。韩昌黎倡为古文,亦曰:"好古之文,乃好古之道。"又曰:"千里马常有,而伯乐不常有。"当其生,来从学者,不过三四人。下历两三百年,北宋欧阳修起,而古文始大行。是欧阳修乃始为韩愈之伯乐。苟使对韩欧间一番情意不认识不同情,则何从来读一部中国文学史。

南宋诗人陆放翁又有诗曰:"斜阳衰柳赵家庄,负鼓盲翁正作场。千古是非谁管得,满村听说蔡中郎。"此负鼓盲翁之来此村庄唱说蔡中郎故事,有似于古希腊荷马之唱史诗。其所唱亦赵五娘张老爹之流,心存讽劝,有裨教化,较之荷马之仅唱恋爱战争神话以博众欢者有不同。然蔡伯喈何尝有此故事。放翁亦南宋一文学家,心存好古,情切求真。而村人所喜,此千载以上之往事,又何从去管其是非。

元代之剧曲,有明之说部,接踵迭起。此等弹词戏曲小说,始与西方文学依稀仿佛可相比拟。然在中国文学史中,此等终视为稗官,为闲书,仅供群众一时之消遣与娱乐,不得与上乘正统文学为伍。金圣叹放诞高论,乃以《西厢记》《水浒传》与骚庄马杜同列为才子书,但亦未为后人所遵奉。近代国人则竞慕西化,遂喜捧《西厢记》《水浒传》,认为如此始是真文学。群斥中国文学正统如骚庄马,谓其是古文,是死文学,是封建文学贵族文学,不得与近代之白话文学、活文学、平民文学、社会文学相提并论。其间乃可见中西文化传统一大分别,一尚多数,一尚少数。最多亦只能说是各有得失,乌得谓在彼者尽是,在此者尽非。

政治亦然。人群中必有智愚贤不肖之分，愚不肖常占多数，贤智常占少数。中国提倡贤人政治。贤人乃可代表群众民意之深处，多数则仅能代表民意之浅处，既有贤人政府，则不须再求崇尚多数之民主政治。中国人言天赋人性，不言天赋人权。孔子曰："性相近，习相远。"又曰："十室之邑，必有忠信如丘者焉，不如丘之好学。"忠信属天性，平等相近。惟人文社会须有学，学有广狭深浅。故"千人之诺诺，不如一士之谔谔"。是非得失又岂得以多少数为定。故又曰："贤钧从众。"在少数贤人中而有意见相歧，则始从其多数，实乃少数中之更少数。

道家尚自然，但亦不讳言少数。少数中有孔子，亦可有盗跖。道家乃以孔子与盗跖并举，而曰："圣人不死，则大盗不止。"但其自修为人则仍贵为一少数，不贵取法于多数。故道家言政治领袖亦仍言圣人，则其尊少数可知。儒家主性善论，认为社会中出一孔子自可减少盗跖之产生。孔子之告季孙氏曰："子为政，焉用杀。"则孔子不诛少正卯可知。故政治重教化，重领导，不贵仗法律制裁。孔子又曰："听讼吾犹人也，必也使无讼乎。"人群中能无讼，则又何大盗之有。此乃儒家思想。至于荀子主性恶，韩非出其门，乃兼道家言而转主法治。然韩非亦从尚少数，与西方人所言法治仍不同。故自中国传统文化言，则韩非不如老子，而老子犹不如孔子，其间自有一衡量标准。自近代国人论之，乃惟韩非是尚。

中国人言政治尚少数，主尊君。君乃一国政治之元首，尤少数中之少数。然君亦有道，苟失其道，孟子曰："闻诛一夫纣矣，未闻弑君也。"孟子又曰："民为贵，社稷次之，君为轻。"若以今日西方观念言，则民权为上，神权次之，君权尤其下。中国人则言天生民而立之君，政治乃为民众而有，少数亦为多数而有，而多数则当尊少数，民亦当尊君。不仅尊君，即臣亦当尊。孔子惟慕效周公，出仕为臣，非欲为君。若人各求为君，则启争道。孔子曰："君子无所争，必也射乎。"射乃中国一礼，礼贵让，不贵争。中国言礼治，不言法治，亦贵让，不贵争。从政为臣如伊尹、周公、孔子，皆尊君。无意为君，非无意行道。自秦以下，一部中国政治史，慕为伊尹、周公、孔子者何限。而近代国人，又必讥斥之谓儒家仅有意为一官僚，为专制君主撑腰助势，曾不闻西方民主政治之美意。如此言之，则中国自民国以前所未闻于西方者多矣，自黄帝尧舜以来，四千年全部中国政治史，岂不尽成一片黑暗。

少数人之可贵在其能。心在大众，能为大众谋，能领导大众共趋一大道，而志不在为小己个人谋。孔子曰："士志于道，而耻恶衣恶食者，未足与议也。"孟子曰："忧以天下，乐以天下。"范仲淹为秀才时，即以天下为己任，亦曰："先天下之忧而忧，后天下之乐而乐。"故此少数人，乃能代表多数。中国社会士、农、工、商，士最少数，而居四民之首。士希贤，贤希圣，圣贤则士中之尤少数。此与西方崇尚多数民权社会大不同。社会不同，斯政治亦不同。此意在近代，惟孙中山先生知之。五权宪法中，有考试权与监察权。中国考试由察举来，察举考试两权皆操在上层从政者之少数，不操之在下层社会之多数。察举考试之用意在选贤与能，果使多数人来负此选贤与能之责，则其事当不易胜任。中山先生言，一大学教授与一洋车夫出街竞选,此大学教授恐难当选。故在五权中,特设考试权。不仅被选人应先由考试通过资格,即选举人亦然。显与天赋人权,人人平等之说法,大相违异。故西方民主政治必尚普选,而五权宪法中之考试权则对选权加以严格之限制。

又中山先生似不主有党。彼谓国民党即是革命党,此意乃谓在革命时应有党,一俟革命成功,经军政训政而至宪政阶段,则不须再有党。在民主宪政完成后,须多党,抑两党,抑一党专政,中山先生都不言及。果经严格考试,选举已成少数人事,君子群而不党,又何必分党以争。

五权中于立法权外,又增监察权。自中国政治史言,监察权无所不及,立法行政一切均应不断在被监察中。唐代中书省偏近立法,门下省即偏近监察,而尚书省则偏近行政。上推汉代,宰相偏近立法,九卿偏近行政,而御史大夫即偏近监察。在中国人观念中,立法行政监察当分三大部,司法则只在行政中占一部分,远不能与监察相比。惟立法与行政,则其事甚难显然划分。西方国会,实是一审议机关,最先惟租税一项必付审议,此下凡须经审议者,皆由宪法规定,则何得目此为立法机关。如美国之总统与英国之首相,凡负全国行政首长之权位者,岂不已兼立法与行政两权而有之。如美国总统卡特,废止承认中华民国,改与大陆政权建交,此非一种绝大之立法事项乎?然其权在总统,不在国会。国会仅负审议之权,而仍不能不承认此一立法之有效。建交如此,宣战亦如此,其权皆在政府。国会之权,则甚有限。

西方政治上之有国会，亦仅对政府有其一种审议权而止。国会代表民众，显然为民众多数监督政府少数之一机构。而在中国，则立法、行政、监察三权，胥由政府分别担任。惟设官分职，职与位有其不同而已。君亦一位，惟君若无职，故在历代职官表中不列君。而立法、行政、监察诸权，亦皆不在君职之内，则君仅乃一虚位。故曰："尧舜之有天下，而若无与焉，民莫得而称之。"尧舜即悬为中国君道之楷模，后世中国贤臣莫不盼其君之为尧舜，则亦望其主持大计，不实际多参预政事而已。但中国人乃绝不倡言虚君，为君者亦得预闻政事，然政府一切立法、行政、监察诸项，则皆有分职，为君者不得越位而侵之。汉有宰相，有大司马，有御史大夫，有九卿。唐有中书省，门下省，与尚书省之六部，各有职责。又有言："将在外，君命有所不受。"然则中国自秦以下，不近于西方之虚君制，即近于西方之君主立宪制。以中国历史上之君权，较之近代英美之总统与首相，其权迥不相侔。惟中国之君位为独尊，而西方之总统与首相则有权而不尊，如是而已。

故西方政治可谓主要在去其尊，而争其权。其所尊，则国旗国歌。英国尚有君，其君之得尊，则亦如国旗国歌而止。中国政治可谓主要在定其尊，而泯其争。今日国人则竟曰此乃一帝皇专制之政治。则何不一读自秦以下之中国政治制度史，如唐杜佑《通典》以下之三通九通，何一制度乃由帝皇所制定？何一制度乃不见君权之限制？唐太宗曾欲一读当时史臣所为国史记录，其意乃惧国史所载流传后世，或将见讥及君，是亦可谓一贤君，然当时史臣竟拒而不许。此等故事，在西方政治史上亦曾有类是者否？

近代美国大总统，当其去位以后，必写一回忆录，亦必为一畅销书，出版商竞出巨款相争取。即如最近之尼克逊，以弹劾退位，乃亦得写一回忆录，亦博取出版商之巨款，国会无权禁止。中西文化传统不同，国情不同。中国国君不自发议论，自表意见。即读历代诏令可见，更何论著书作自传。

中山先生三民主义中民权一讲，重言申明，权在民众，而能在政府。此一观念，则仍是中国观念。果使民众尤此能，又何得有此权。今日国人则竞谓有此权，斯即有此能。如选举，民众有此权，但岂真有选贤与能之能。故西方民主政治必由政党操纵，政党之操纵人，即已属少数。故美国两百年来历任大总统，其真贤真能者，亦只华盛顿林肯等少数而止。贤能总在少数，能知尊少数，始可望贤能之时出。若仅知尚多数，则惟有限之以法。孟子又曰："徒法不能以自行。"则行使法治，亦仍贵有少数之能知此义者。举世诸民族，惟中国人知此，故能成为一广土众民之大国，传世绵延迄于五千年之久。此即具体客观之明证。故一部中国政治史，乃中国文化传统中一大成就大贡献。今日国人，知者其谁。中国古帝王有尧舜禹汤文武，今日国人不信，目之为是托古改制之一片谎言，而孔孟则真不失为助长君权造谣欺世之大奸。于是而有自秦以下两千年来之帝王专制，中国民族乃亦诚为一卑下无能奴性深厚之劣等民族。中山先生三民主义其首即为民族主义，此乃指有五千年深厚文化传统之中国民族言，非专指当前国人言。林肯解放黑奴，大义昭然，但其许黑人以平等选举权，则尚可商榷。中山先生之三民主义，绝不当与林肯之民有民治民享相提并论，浑为一谈。中山先生又特倡知难行易之说，知难即属少数，行易则属多数。然则果当重多数抑重少数，中山先生之意亦可知。

《中庸》有言："尊德性而道问学，致广大而尽精微，极高明而道中庸。"广大面中庸面，乃大群中多数人所处。多数所同，乃在其先天所赋之德性。能于共同德性上继续加以后天之问学，则属少数人事。能向少数人问学，又能向已往古代少数中之更少数人问学，问学不已，始可于广大中发见精微，于中庸上表显高明，而后乃始群学大昌。中国民族乃于天下人群中独知尊少数；然就一时一处言，少数之不胜多数，亦屡有之矣。则宜乎今日国人之无以自处于斯世，而惟古人之是罪矣。然吾古人则已为吾中华创成此一广土众民之大国，其贤其能，亦可谓已在并世各民族中最占上乘。今日国人方竞尚西方之崇尚多数，而不知吾民族之独当崇尚。此又吾今日国人所当深切反省之一事。

（二）

中国人重少数，西洋人重多数。其实此乃重抽象与重具体之一分别。多数人仅知具体，惟少数人乃能知抽象。如言生命，多数人仅知衣食住行一躯体之生命，独少数人乃知天命与人性之为生命。中国人重少数，故重言道。西方人重多数，则仅言理。中国人能举其共通处，而西方人则只指其分别处。如中国人言天，乃一共通体。西方人则言上帝天堂与灵魂，皆天体中之分别处。故中国人不能有如西方人之宗教信仰，而西方人亦决不能有如中国人之天道观。

惟其中国人重抽象，故多言其共通处。此一时，彼一时，此一地，彼一地，皆可有其相互共通之处。故孔子言继周已往，虽百世可知。百世已达三千年之久。三千年前人，已可知三千年后事。故中国人好言常，轻言变，乃若无进步可言。此之谓达观。由一己即可推而知大群，由当前即可推而知古今。此等知识，只能为少数人所具有，故曰先知觉后知，先觉觉后觉。而中国之圣人乃能为百世师。

西方人重具体，则此刻无以知彼刻，此处亦无由知彼处。故其尚多数，又必为短时期之多数。纵云信赖多数，亦必为短时期信赖。稍隔几年，此多数又必变。三年前之多数，三年后已必变，不可信，故必三年一选举。而西方人乃无一三年以上继续可行之大道。换言之，西方人生乃短行程的。如希腊、罗马、中古时期、现代国家中之英法与当前之美苏，皆短时期必变。然则今日以后，又当为如何一世界，此则无人能知，亦惟上帝与耶稣始知。故西方科学之与时俱新，依宗教家言，实乃恺撒事非上帝事。恺撒事，上帝所不管。则可谓宗教与科学从西方文化言乃同一规辙，实无二致。近代人言自由平等独立，岂不信仰上帝与科学创造，同属其内，更无越出乎。

西方人重随时变，故重物质。中国人重常不变，故重精神。今人言宗教精神，又言科学精神，其实乃会通中西双方观念言之，始有此。西方之宗教与科学，皆具体可指可数，在其具体以上，别无精神可言。如最近通行之电脑，岂真如真人之脑，有何精神可言？又如大量杀人之核子武器，亦只可谓其有能力，不得谓其有精神。即如上帝与耶稣，亦只可谓其有能力，不得谓其有精神。能力始是西方观念，精神则属中国观念，两者绝不相同。

故中国人言智慧，而西洋人则言知识。知识乃知具体分别的，智慧所知则抽象共通的。故凡属具体分别事，中国人皆不之重。如言富贵，即具体的。中国人言："贫而乐，富而好礼。"乐与好礼，乃属融通抽象的。如颜渊之一箪食，一瓢饮，居陋巷，而不改其乐。箪食、瓢饮、陋巷，虽具体，颜子之乐则系抽象。人人可以慕而效之，举世千年皆然。又如依共产主义言，颜渊若同在一无产阶级中。然无产阶级多属唯物的，颜子则属唯心的，其间有大不同。

余又谓西方惟犹太人有世界观，即天下观，如耶稣与马克思皆是。实则耶稣亦可谓主唯物，其所信仰之上帝与天堂与灵魂，皆属具体化，当可包括在马克思之唯物论中，与中国人所言之天与性命者大不同。

中国人重少数，故于大群中有圣贤，先知先觉，先得吾心之同然。西方人重多数，乃无中国之人品观，无等级之分，人人平等。举手投票，仅论多数。果使千万人同投一票，票数相等，仅一票之差，孰从孰违，亦由此一票而定。此一票，当可分属任何人，非特定于某一人。虽亦下愚一最无知识人，其所投之票，亦与上智所投票，同有分别从违胜负之力量。其所重，实在票不在人。故曰平等，其真义乃在此。若在中国，则颜渊已不能与孔子相平等，何论其他七十二贤。既不平等，乃亦无可言自由与独立。

故孔子虽曰："学而时习之"，必又继之曰："有朋自远方来"。既曰："学不厌"，又必继之曰："教不倦"。颜渊则必曰："夫子步亦步，夫子趋亦趋。"非好学不倦，又何得为颜子。故中国人论道论人生，首言仁。仁不见于单独之一人，必大群同居乃始见。朱子言："仁者，心之德，爱之理。"西方人仅知言爱，不知言仁。犹其仅知言心，不知言德。故西方列国数千年来，乃独无一仁字。中西文化不同，即此可知矣。

又西方人本以个人主义为人生之实体。个人既独立为生，社会群居与相对立，故又有社会一名词。在中国，则生命本属群体，个人不能单独为生，仁则此心始合大群之生命体。生命中有身家国天下之别，而独无社会一名称。曰身、曰家、曰国、曰天下，人群大生命有此四大分别。一心之仁，可以包容无遗。既无个人生命可言，乃亦不用与个人相对立之社会一名称。西方人言家言国，亦个人聚居为生。所谓家与国，亦如一社会，乃其个人生命所在一分别之名称。而西方乃独无天下一名称，仅有国际一名称。个人相聚为生，有法律规定，以免其相争无底止。国与国亦然，乃有国际公法。中国人观念，则生命乃一大群体，或见之于身，或见之于家与国与天下，外在有大小之异，而实同此一生命。惟此生命，乃属抽象性，非具体性。西方人无此生命观，故无中国之仁字，乃有中国人所不用之社会一名词。

近代国人以西方人用社会一词，又用法律一词，乃称西方人有公德心。不知由中国观念言，可谓有公道，无公德。道必属于公，德则属于私，公私则相通。由各人之私德，发而为大群之公道。故《论语》言："志于道，据于德。"非各人之私德,即无以成大群之公道。今国人则以西方人之守法谓公德。不知德必内属心,无公可言。法则外于心,而强心以必从,乃无德可言。西方人本无德之一观念。德者,得也。西方人所得,皆属外在具体物质方面者。中国人所得,乃有在心体之抽象方面者,而名之曰德。此皆不得不加之以明辨。

又中国人言礼,礼即一生命之体。惟身之为体,属于具体,而礼则为一抽象之体。礼之抽象存在,即其心之仁。故曰:"人而不仁如礼何。"人生未有外于仁而可以为礼者,法则可以外于仁而立。西方重个人主义,乃重法。中国重群体主义,则重礼。故曰:"相鼠有体,人而无礼",此见礼乃人生之抽象体。大群人生之有礼,则犹如一鼠之生命之有其体。礼即人生之体,即据此诗句而自见。今人乃又以礼为法,一若礼法相同,则又无中西之辨矣。

今再言公私。西方人之生命,既属个人主义,乃有私而无公。制为法律,以公限其私,故其为国民则曰公民,国际立法乃称公法。中国则生命即一至公之大群体,故有公无私。私则属物质方面,如身为一人之私,故曰私身。但家、国、天下则均非私。如言私家,则父母岂为一子一女所私。己有兄弟,则父母已非一人所得私。又父母亦有兄弟姊妹。人有父母,又有外父外母,又有伯仲叔季之诸父,乃及母之亦有姊妹兄弟为诸舅诸姨。专推父母一伦,即可广大无涯,岂独专于一父一母而已乎。故中国之孝道,乃一极广大之道。而德则限于一身一心,无可推广为公德。如舜之孝其父,乃可推及其嗣母,并以此心推及于广大人群,而成为一大仁之心。但舜之德,则独为私有。

舜有此心此德，不得谓即其弟象亦所同有，而成为公心公德。其弟象若亦欲如舜之孝，则必象之自修其心其德，而成其为象之孝。故中国人之道德，实即公私之辨。老子言："失道而后德"，此谓失其公乃有私。其实则本之德乃有道，本之私乃有公。人生必由私以及公，故修身养性，乃中国大群人生大本大源之所在。

今再言本源之辨。中国人生之大本大源，则尽在其一己之私处。孔子曰："为仁由己，而由人乎哉。"己即其私处，仁即其公处。德即其私处，而道即其公处。西方人主个人人生，乃从社会大群中立法，以限制此各别个人之人生，则公私为对立的。中国人则以大群人生为本，乃从大群中之个人生命为此大本之分支。故个人之私生活，各尽其礼，以达于大群生命之共体，则积极为公，公私乃一贯相通，无可分别，中国人之言性命即此义。故权利可分别，而性命则无可分别。法治乃为权利，不如礼治之为性命。此又中西生命与文化一大不相同处。

今再言同异。西方个人主义必尚异，非相异无以见其相互之个性。但相异必相争，尚多数乃以平息争端，则其尚多数乃人为一法治，非生命本质。中国乃大群人生，故尚同，其重少数乃谓圣人先得吾心之同然。故中国重师教尤重于法治。其在西方，天堂中无数灵魂，一上帝独司其惩罚，此上帝即为一专制独裁者。其独生子耶稣，降在世间，乃谓恺撒事恺撒管，则恺撒亦得专制，故耶稣终于上十字架。其后耶稣信徒在罗马做地下活动，甚至恺撒亦不得不信耶稣教。此下民主政治之尚多数，渊源即在此。故尚多数，乃一种政治运动，实为自然生命一对抗一反动，非生命之自然。中国人尚少数，先知先觉，先得众心之同然，则中国之尚少数，乃含有尚多数之真实性。故中国人言大同太平，皆非西方人所知。抑且西方之尚多数，实系相争一手段。惟其尚异，乃重多数。中国尚同，乃重少数。中国人之所谓相反相成，乃如此。

西方科学亦以数学为基础，一切科学脱离不了数字。中国科学则以时为重，不以数为重。时乃富生命性，数则无生命性。一曰质，一曰量。中国人言气质，西方人言数量。如中国农业米麦豆蔬皆重质，西方商业交易则更重量。西方人之所谓进步，主要则皆在数字上。如原子弹杀人最多，斯为武器中之最进步者。但在人道中言，则断非进，当成为一大退步。中国人言进退皆重质，此岂西方人所知。

近人又讥中国为多神教。不知西方惟独上帝一神，即成专制独裁。中国则上帝外尚有山川诸神，又有城隍土地，到处皆神，乃为分职群治，而非专制独裁。

中国于政治之上，尚有教化，师道尤尊于君道。然人之患在好为人师，中国之为师者，乃由从学者自加择取。故孔子既言"学而时习之"，又言"有朋自远方来"，中国五伦，君臣一伦外，有朋友一伦。师道则即在朋友一伦中，故曰："三人行，必有吾师焉"，盖师乃由为弟子者自由择取之。如西方教皇，又必由大主教选举，由多数中选出此一人来。倘在春秋时，由鲁国大众来选一师，则孔子恐终不中选。或如子贡，其庶几近之。故中国无选举，倘有之，必由少数选，不由多数选。而此少数，则由指定，非由多数选出。西汉时代之有选举即如此。此又中西文化之大相异处。

中国亦有科学，远起墨家，大成于阴阳家言。阴阳本于天，又言五行，金、木、水、火、土，则本之地。会合天地万物，求其相通之用处，故曰格物。格有限止义，亦有到达义。物各有其限止，亦各有其所能到达之处，故曰格物致知。则中国人认为人类知识乃由格物来。但中国人言知识与言性情不同，性情本于天，而知识则创自人。故自格物致知，而达于正心诚意，乃自知识上达于性情，可谓由人以达天。若依西方言，则当自科学上达于宗教。但西方则宗教科学各自平等，自由独立，互不相关。故中国学问必归于一，故尚通。而西方学问则达于多，各尚专。专此专彼，各相异，宜必相争，而无和可言。能和则能平，不能和则惟有尚多数，乃可屈指计数而得之。是非曲直皆在此。

今再言穷与通。西方人主个人主义，故重分别。中国贵大群主义，故主会通。庄周言："一尺之棰，日取其半，万世不竭。"此则数学而通于哲学矣。果能日取其半，是必有其他一半之存在。然其半太微，乃不能复以半取之，但非已竭，乃只不可分而已。读中国思想史，中国先秦诸子亦各自分家，相互独立，最后则汇归于儒道两家，而终得其大会通。若如中国例，西方宗教必当汇归于科学，科学亦当汇归于宗教，而西方则终不能有此趋向。中国学问必相通，犹如做人亦必其道相通。故中国无专门学问，亦如生命无个人主义。凡西方各项专门之学，在中国传统中均不得有其存在之地位。苟有存在，则必相通。在中国则称此曰艺，亦即术，而儒学为其代表。故儒为术士之称。又曰："志于道，据于德，依于仁，游于艺。"大者曰六艺。艺即术也，术即艺也。中国一切人生，可谓之乃艺术人生。中国一切学问，亦可称之为艺术学问。一切知识皆艺术，必具一美性。

西方人分真善美为三大类，在中国则三者亦相通。得其一，即可通于其二。未有真而不善不美，亦未有善而不真不美，并未有美而不真不善。故中国无此真善美之三分法，仅以一诚字尽之。而真善美则胥在其一诚之中。西方艺术亦为一专门之学。苟既不获兼顾旁通，在中国则不得谓之艺，亦不得谓之术。故中国人则言道艺，又言道术。在西方则并无此一道字，而艺术亦成为一专门。专门则穷而不通，又乌得谓之为艺术，在中国则诚不辞之尤矣。即一语一字之微，亦可证文化大体之异同。今若以中国人语，谓宗教乃西方文化中一艺术，科学亦西方文化中一艺术，则庶乎近之。故艺必贵能游，游即互相灌溉，互相融通，而不贵其自封自闭于一技一能之内。

近人又言中国人好静，西方人好动。其实西方言专门即主静，中国人尚通重艺术即主动。如艺五谷，静在畎亩中，岂不日有生意动向。故中国人能静中有动，而西方人则惟有一动，反见其为静而不变矣。无生意之动，岂能与有生意之静相比。即此亦可观中西文化之相异矣。

如此拉杂言之，将无所终极。姑止于此，以待读者之自为寻索。此亦多少数相比之一例，故中国人不贵多言，而此文之拉杂，则亦终不免其为趋于西化之例矣。中国人则必有所止，乃能无穷。姑止于此，庶其稍有当于知止之一义。有极而无极，此之谓太极，读者其深思之。

八四　福与寿

　　福寿二字为中国通俗人生之两大目标。福，条件具备义。如有严父慈母，有良配偶，有佳子女，一家和乐，此即是福。其事非我所能主，若出天赐。今人称幸福，亦庶得之。盖福皆自幸运来，俗又称享福，有福须知享，若有福不自知，不能享，则有福如无福，亦无多意义矣。

　　福自外至，非可自造。俗称造福人群，我为他人为大群，可为之造福，但不能为己自造。惟可只求，诗曰："自求多福"。人生孰不有父母，父母不能尽贤，亦不能尽如己意。古人常福德连称，则惟有自尽己德，善修孝道，使父子之间少冲突，少扞格，多和洽，多谅解，斯亦自求多福之一道。人孰不有夫妇婚配，《关雎》之诗曰："窈窕淑女，君子好逑。"使己能为一君子，能知求窈窕淑女为配，此亦自求多福之一端。有子女，能教以义方，此亦自求多福。

　　富贵亦人生之福。但孔子曰："富而可求也，虽执鞭之士，吾亦为之。如不可求，从吾所好。"又曰："不义而富且贵，于我如浮云。"中国人讲道设教，贵于人人可能。富贵则不然，一人居高位，斯必千万人居其下。一人拥财富，斯必千万人相形见贫乏。人人求富贵，斯必启争端。少数人得之，必多数人失之。多数人之所失，成为少数人之所得，其道不可由。至于家庭，则人人可得。邦国天下，则人人不可失。故夫妇父子长幼君臣朋友，中国人定为五伦。孝弟忠信，中国人定为至德要道。为人君止于仁，果使在上位者能仁，岂不即是在下者之福。又曰："贫而乐，富而好礼。"果使居贫能乐，斯亦是福。富而好礼，则贫者亦自得其福矣。

惟自求多福虽为中国人通俗人生之主要教训，而福终在外不在己，乃终不免有无福之人生。中国历史人物最受中国人崇仰景慕者，必推至圣先师孔子。而孔子实为一无福之人，且为无福中之尤无福者。孔子早孤，幼年即丧父。逮及成年，又丧母。故孔子乃为一无父母之人。大舜父顽母嚚，而大舜犹得尽其孝道，父母感格。孔子方成人，父母俱亡，其福薄矣。孔子有兄，故字仲尼，今国人称之曰孔老二。然其兄从不见称述，殆一庸俗人。孔子出妻，则夫妇一伦之福，孔子亦不能享有。子伯鱼先孔子卒，则父子之福，孔子亦薄于人。家庭之福，在孔子亦有憾。

孔子曾为委吏乘田，孔子曰："吾少也贱，故多能鄙事。"则孔子在早期任职上，亦无福可知。年三十左右，即开门授徒，以教为业。逢国难，曾避至齐，不久而返。年五十始出仕，位司寇，为鲁政府三家以下之第一高位。然以不得行其志辞位。去卫，虽受尊宠，然有禄无职，终亦离去。遭难于宋，至陈得安。又罹乱，有绝粮之困。在外十四年，不得意，仍返鲁，以老而死。则孔子生平事业，亦极摧抑流离之苦，无福可言。

故孔子一生，惟有学与教。自称："学不厌，教不倦。"又曰："学而时习之，不亦说乎。有朋自远方来，不亦乐乎。"此即孔子之自求多福。孔子最称赏之弟子为颜渊，先孔子卒。孔子最熟稔之弟子为子路，亦先孔子卒。当此二人之卒，孔子均发天丧予之叹。则孔子即在师弟子之间，实亦可谓无福。中国人既以自求多福为通俗人生之最主要教训，而独选一最无福之人生如孔子，而崇奉之为至圣先师，斯亦见中国人之深智高慧，可谓能善择其师矣。

孔子之后有墨翟，亦如鲸布，乃以黥墨之罪为刑徒。其道以自苦为极，腓无胈，胫无毛，摩顶放踵，利天下为之，以大禹治水为榜样。谓非大禹之道，不足以为墨。其徒千人，然于墨子之家世妻室子女，更无一语道及，则其私人生活乃一薄福人可知。其徒如禽滑厘以下，莫不皆然。有巨子孟胜，与其徒一百八十人，尽死楚难。此一百八十人有家属否，皆不可知，则墨徒皆薄福人。

儒墨之继起有道家庄周，为宋漆园吏。宋乃其时一小国，漆园吏尤卑职。楚聘庄周为相，周辞焉，曰："愿为曳尾涂中之龟。"其妻死，庄周鼓盆而歌。周之私人生活，可知者仅此。则周之为薄福人亦可知。其他如孟子，后车数十乘，从者数百人，传食诸侯，见梁惠王齐宣王，皆当世巨君，皆受敬礼。然孟子卒辞官而归，仅知其有一老母，《列女传》谓其欲出妻，老母禁之。其他尽不知，则孟轲亦一薄福人。

吕不韦以巨商为秦相，广招宾客，著书悬咸阳门上，能易一字，赏千金。斯其富贵，可谓超绝同时诸子百家之上。然其书虽传，其人终不受后世之推崇。其他诸子如匡章，如许行之徒，皆名高一世，而其皆属非福生活，此不详举。

以言文学，《诗三百》以后，屈原《离骚》最受后代尊崇。尊其辞，乃因尊其人。而屈原沉湘以死，其福薄更可知。"风萧萧兮易水寒，壮士一去兮不复还。"后世尊荆轲，此两句诗乃亦两千年传诵不绝。其实此种风气，乃远起孔子以前。如伯夷叔齐，孤竹君之二子，其父欲传国于叔齐，伯夷让以去，叔齐亦随而去。则此两兄弟之父，非为能知其子者。及周武王兴师伐纣，伯夷叔齐在途中扣马而谏。周一天下，伯夷叔齐耻食周粟，采薇首阳之山，饿而死。此两人究有妻室子女否，今不知。要之，为薄福人。孔子称之曰："求仁得仁，又何怨。"是孔子只教人求仁，不教人求福。孟子尊伯夷为圣之清，清亦无福之称。伯夷叔齐以前，尚有西周泰伯虞仲，以让位于其弟王季，远适荆蛮。在当时，其生活之艰辛困苦，亦为一无福人。而孔子称之曰："三以天下让，民无得而称焉。"孔子又称殷有三仁，比干谏而死，微子去之，箕子囚焉，是亦皆无福之人。孔子以前，其他无福人备受后世推尊者，尚不胜举。是中国人以自求多福为通俗人生之目标，而所推崇，则多系无福之人。此非中国文化传统中至堪阐申一大项目乎？

以今语言之，福乃人之生活，德则人之生命。中国人看重生命之意义价值，远在生活之上。固然生命必表现为生活，但生活只是生命之外皮，人生一切意义价值全在内，不在外。中国五千年历史绵延一广大之民族国家，此即中华民族之生命。近代西方一切科技发展，物质进步，至富且强，以争以夺，此只是西方人之生活。至论西方人之生命，则自希腊罗马，以至现代之英法，皆短命，皆苦命，昭彰目前，无待深言。

中国人常德性连言，故生命亦言性命。诸葛亮苟全性命于乱世，不求闻达于诸侯是也。《中庸》："天命之谓性，率性之谓道。"性命连言即是天人合一，人生大道尽是矣。至于名为闻达，此乃人之生活际遇，宜属无足深论。也有闻达而福薄者。诸葛孔明高卧隆中，刘先主三顾草庐，遂许以驰驱。及其晚年，六出祁山，鞠躬尽瘁，死而后已，卒以食少事繁，病死五丈原军中。其家惟有桑八百枝。详考其终生，亦一无福人，但诸葛亮乃为三国时代大贤之首选。

又如南宋岳飞父子同受斩于风波亭，但其受后世尊崇，则同时如韩世忠诸人亦远不能比。果专就生活言，韩世忠尚获骑驴西湖之上，岂不较岳飞为胜。若就生命言，人孰无死，而岳武穆之生命，则可与宇宙共存。故中国人之所崇敬尊仰，则在彼不在此。史迹昭然，人心若揭，我无以名之，窃名之曰此乃中国人之同情心。

孔子不言求福，而言求仁。仁即是一种同情心。我之幸，当知同情人之不幸。我之不幸，则更当同情人之不幸。以其同情而加以爱敬，斯对人为有福，而己之福亦在其中矣。中国人既以自求多福为通俗人生之主要目标，遇有不幸薄福，而非其人自身有不当行为所招致，则人尽付之以同情。孔子之教仁，非违乎人心以为教，实本乎人情以为教。而人生之福，亦端赖之。

孟子曰："天将降大任于斯人也，必先苦其心志，劳其筋骨，饿其体肤，空乏其身，行拂乱其所为，所以动心忍性，增益其所不能。"人孰不能孝，而舜之父顽母嚚，超乎常情，而舜心仍不忘乎孝，而其孝乃有人之所难能。人尽付以同情，舜之孝名洋溢乎邻里，以上闻乎朝廷，而尧遂妻以二女，以详觇其日常之行，而遂擢用之于政府，而终受尧禅为天子。此则以不幸而致厚福，乃非常人之所及。禹父治水无道而殛，禹继父业求干父蛊，此亦不幸薄福。十三年劳苦不休，终平水患，而亦得受舜禅为天子。舜与禹能人所不能，皆其不幸薄福之所致。横渠《西铭》谓"贫贱忧戚庸玉汝于成"，故中国人常能在危乱困厄中自奋发，自振作，在薄福中得大福，此亦天命。故中国人能安命，而不务求福，此乃中国最高人生哲学。乃能文化绵延达于五千年之久而不衰，而为务求多福者所不及。孔子五十而知天命即此意。

中国人既主自求多福，其所求不在外，而在内。所谓福，亦可只在人之心情。其心能同情人，斯即对人对己皆有福。如互不同情，即互相无福。孝即对父母之同情，父母与己皆有福，不孝则父母与己皆无福。故求福贵安心，于人有同情，于己无私欲，以福让人，则己益多福。老子曰："既以为人己愈有，既以与人己愈多。"此惟求福人生足以当之。故老子又曰："人各安其土，乐其俗，老死不相往来。"此惟农业社会宗法社会有此俗，有此乐。而行游求乐之人生，乃为中国所忽视。离乡去家，远出在外，羁旅孤单，是乐非所乐，福亦非福矣。故商人重利轻别离，为中国人心所不忍。重利乃一种手段，非即福。轻别离，则父母妻室子女家乡人情皆淡，无福可言矣。而且商人必取于人以为己利，人己之间，先后显别。公私之分，轻重倒置。外在条件摒弃不论，惟图一己之私，又何福之言。

福犹幅，人生必有一幅度，父母夫妇兄弟君臣朋友皆在人生幅度之内。如点线面，非面无线，非线无点。非外在之幅度，即无内在之基点。故有德乃有福，即犹言有群始有己，亦即言有天始有人。此就空间言，时间亦然。使无过去未来，又何得有现在，此又即人生之幅度，亦即人生之福，非福即无由得人生。故人生之福乃在过去，乃在未来，而岂得限于眼前一时之有福。

商人向外谋利，非即是福，此已尽人皆知。故必俟获利，乃退而求乐，乃始谓福。但真实人生则早已失去，非能向人生求乐，乃于人生外求乐，故业商而所乐则在商之外。中国人则于人生中求乐，于人生幅度内求乐。幅度大，则称多福，家庭乡里，岁月时令，当下眼前皆是。故中国社会乃不以求福为宗旨。德即是福，生命即是生活，人尽由之，而知者其谁。此乃人文教化之功，故称文化。若西方人则人尽务于物，物竞天择，优胜劣败，全部西方史尽成一部物竞史，将来谁是优胜者，则人无能言，此亦诚可谓乃一福薄之社会矣，而又何文化之可言。

姑举台湾言。中国乃一大陆国，亦沿大海，乃中国人不以出海远游为乐。今人所诟病者，此亦其一端。但闽广人渡海来台，台湾乃一岛，四面大海，孤居岛上，仍不以出海为乐。今台湾人亦能制造游艇，但仅供外销。除渔民

八四　福与寿　　1051

外，台湾人仍安居岛上，宁非一怪事。

台湾亦多崇山峻岭，游山亦人生一乐事，乃台湾另有山地民族居之。平地人不登山，亦不动其心。即如日月潭，亦一胜境，乃由山地人发现，非日本人来，平地人若不知有此潭。安土重迁，中国民族性可诟病者诚其一端。然中国人自有乐趣，并不在攀岭越海。居台湾即知大陆，山川胜境何可胜言，然大陆人亦不务游山玩水。隐士居山，道释登山拜神。林和靖梅妻鹤子，在西湖孤山中，西湖实亦一小地面，而林和靖乃终身安居不出。今日西化东渐，人尽以登山玩水为人生一乐事，则林和靖复生，亦不得有此雅兴矣。游人麇集，何从得安。

中国文学中，亦有山水之乐，并成文学一大题材。然名山大川，亦如孔墨为人。以非群众所居，故遂尊为名胜，亲近乃人生一大乐。譬如饮酒，一杯在手，亦人生一乐，但不沉溺杯中。宾朋谦席，相互举杯，必有礼数。而西方人则饮酒尽量，彼此不相照顾，人生乐趣相异有如此。故中国人生为线的面的体的，有幅度的，而西方人生则为点的，分别独立，不相关连，无幅度。此亦人生相异浅显之一例。

尤著者，如当前举世盛行之运动会，尤如拳王争霸，打倒对方，即为成功。年过三十，便该退出。倘求继续，败绩继踵。但此下四十五十六十七十八十，五十年之长时间，回视其早年生活，岂不已如隔世，果求另创一新人生，则幼年已失，又何得开始。行尸走肉，情志全消，人生苦痛，又何以自解而自遣。此惟点的人生，不顾前后，仅争一时，宁有是处。抑且尽人为运动员拳王打手，社会成何社会，世界成何世界。中国则家国天下，时空广大而悠久，有其面，乃始有其太平大同之人生。中国人教人，俗有体面二字亦其义。如言孝，自幼到老，百世千世，岂不成体成面。此之谓幅度，亦即谓之福。

又如运动中有少年棒球赛。十年前，台中某少棒队赴美竞赛，荣获冠军，归国来备受欢迎，奖励无不至。队中尤杰出某少年，斯亦登上了人生之最高峰，此下何以为继；为之长为之师者，又将何以为教。转瞬十多年来，乃为一沦落不肖之人。中国人言，"衣锦尚䌹"，"大器晚成"。未成年，出风头，但足丧其前途。

一人如此，国家民族亦然。犹太人积世未能成国，第二次大战后，欧洲人为之创设一以色列，又货之财，助之军，而不此之安，侵略邻邦，奴役异族，为中东平增祸害，或当为此下第三次大战作导火线。已往数千年历史经验，乃尽不在记忆中。如此不仁无义，此亦开创犹太人三四千年来前所未有之故事。今日国人方务竞财富，求以经济大国进为文化大国。不知当前世界，言财富，言文化，正如运动场上比赛，一人得胜，余人尽负，而此一人亦不得为常胜将军。而且运动项目繁多，专在一项目获胜，与其他项目渺不相干。自求多福，吾国人其深思之。

《尚书·洪范》五福，一曰寿，二曰富，三曰康宁，四曰攸好德，五曰考终命。富无限，尽求不得所终极。寿有限，百岁即天年尽。故寿富不可求。中国人重孝悌睦姻任恤，通人我以为德。子孙绵延，即祖宗常在。故不孝有三，无后为大，有后即有福。中国通俗人生亦以福寿全归为主要目标，实则福非限于一人，寿亦非限于一人，皆在外不在内。至于富，农业社会无大富，经商求富，则一人富而万人穷，为中国人所不取。

康宁亦在外，不在内，亦不可求。如生乱世，居危邦，苟全性命宁非大福。惟攸好德，则全在己，而人可求，有德亦即有福。其最无福者，转易养成大德，为圣为贤，造福人群，故《洪范》列之第四在寿富康宁之后。而考终命最居其末，则更非易求而亦更当有求。即如伯夷叔齐，大德无亏，而饿死首阳山，孔子曰求仁得仁，孟子以为圣之清，兼仁与圣，此考终命之尤大者。

伯鱼死，孔子非不心痛，然犹能忍。颜渊死，孔子哭之恸，又曰："天丧予，天丧予。"孔子福薄，仅希传道于后世，颜子最其所望。孔子畏于匡，颜渊后。子曰："我以汝为死矣。"颜渊对曰："子在，回何敢死。"则颜渊慎重其生命求以传师道。居陋巷，箪食瓢饮，不改其乐。岂不知摄生自卫，而卒不寿。但后世以孔颜并称，则亦可谓之考终命矣。子路死于卫，孔子早知其不归，虽亦恸之曰"天丧予"，但子路终不得谓考终命，其与后世诸葛亮岳飞之死亦有辨。孔子曰："我五十而知天命。"国人欲遵孔子之道，以维持我中华五千年传统之文化，《洪范》之考终命，乌得不深究其涵意。今百年来，国人慕西化，竞求财富。孔颜之贫，不得为典型。彼此不知足，相与无同情，相争相夺，至于相残。较之中国故有人生，利弊得失，宜可自明。

就通俗言，如当前之美国，富强冠一世，安定亦愈常，然每年交通失事身亡者何限，何得谓之考终命。其他不获考终命者，尚难计数。而此一富强大群之最后考终命又当何若？《洪范》列考终命于五福之最后，如我中华以五千年历史成一广土众民之大国，岂不赖于有好德，殆亦可有考终命之望矣。中国人之人生求福，亦可谓乃是最难得，而又最易求者。人在福中不知福，不安于己，不安其常，争求于外，但求大变，则咎由自取。考终命之望，窃恐其或亦将有变矣。愿我国人其再三深思之。

八五　同异得失

中国人重同不重异。同为人，同处世，则有为人处世之道。如同为子，同有父母，乃同有孝道。然舜则父顽母嚚，舜必仍守孝道，乃成为大孝。周公旦父文王，母太姜，皆圣贤，其孝易。舜弟象傲，舜守弟道则难。周公兄武王，其守弟道易。然武王卒，周公有兄管叔，侄成王年尚幼，天下初定，求治则难。周公辅成王，诛管叔，大义灭亲，而周公孝弟之道亦悬为后世法。舜与周公非求与人异，乃其所遭遇不同，遂得不与人同，为人中之大孝大圣。

孔子圣之时。孔子与舜与周公之时又不同。孔子幼而孤，母亦早逝，其兄无闻，少而贱。然孔子为中国之大圣，其为后世法，则尤过于舜与周公。因孔子非在上位，终其身不得志，不如舜与周公之得意于从政。而其教人以为人处世之大道，则可以历千万世而不变，又人人得为之。故孔子贤于尧舜，而为生民以来所未有。

故为人处世不当求异于人，惟当安其同于人。同于一乡之人，更贵其能同于一国之人，天下之人，而犹贵其能上下古今同于百世千万世之人。何以同？同在道。在家为子弟，有孝弟之道。立身处世，则有忠信之道。更大有仁道。尽人未必能守此道，行此道，而我之为人处世则必求其道，是则为我之志。论其志，非求异于人，乃求尽其道而已。道则为人之标准，亦即为人之范畴。

孟子亦幼孤，其母三迁，则其亦少贱可知。韩愈幼时，父母双亡。随其兄，兄亦卒。随其嫂，与一侄，三人同一家，乃得长大成人。颂伯夷，慕其圣之清。辟佛，自比于孟子。好古之文，上同于两汉三代，以下异于后起之八代。范仲淹早孤，母贫改嫁。仲淹读书僧寺，断齑画粥，近成人，始复姓范。其为秀才时，乃以天下为己任，先天下之忧而忧，后天下之乐而乐。是仲淹亦与人同有忧乐，但其所忧所乐则有异。庆历变政无成，而仲淹终为此下千载一大儒。

孔孟韩范，皆中国古圣先贤，莫不以同于人为志为道，而非求异于人，终异于人，乃使人仰望不可及。颜渊赞孔子曰："如有所立卓尔，虽欲从之，末由也已。"孔子亦求在人中能有立，而其立卓尔，使人学从末由，历两千五百年至今犹然。孟韩范亦可谓卓尔有立，亦皆已在一两千年之上。孟子曰：天之将降大任于斯人也，必先劳其筋骨，饿其体肤，逆其心志，行拂乱其所为，使之动心忍性，增益其所不能。苟使生在一平常家庭，平常时代中，得为一平常人，斯即其人之幸福。然而人生不能常希望有此福，惟其生不如人，吃得苦中苦，乃为人上人。一若天之将降大任于斯人。使无此等人，则人群之福无由来。

人生不自知，亦不由自主，皆若有命。谁命之，亦不知，乃曰天命。父母子女，皆不自知，亦不自主。生而为人之子女，为人之父母，皆若有命。其他遭遇皆然，则惟安之而已。为父母则必慈，为子女则必孝，为人则必仁，此曰道。命异而道同，惟有大小高下深浅之别。十室之邑，必有忠信，此乃指小道言。天生德于予，孔子之德，乃成大道。孔子又曰："道之不行，我知之矣，不仕无义。"道不行而仍必以行道为己任，此又谁知之。故孔子曰："人不知而不愠"，"知我者其天乎"。然孔子五十而知天命，孟子则四十不动心，是亦即知命矣。至范希文为秀才时，即以天下为己任，是其知天命尤早于孔孟。此非其优于孔孟，乃孔道昌明，后生可畏，大贤日出，乃愈后而愈盛。然天又何不命人尽皆为尧舜，为圣贤，又何必降大任于人中之少数？此则天命不易知，而孔子亦少言之，故必谓之命。道家言自然，其实亦犹言天命，而所言各异。后代中国人则即以自然言天，会通儒道而一言之。

天生人必命其同为人，又必命其各为一己。人相同，己各异。孔子曰："古之学者为己"，即必求己在人中能自立，成其己，此亦即可谓之知命。然己有立，即不得尽同于人。如只知求同于人，而不知有己，则为乡愿。孔子曰："过吾门不入吾室，而我无憾焉者，其惟乡愿乎。"乡愿仅得为一乡之愿人，无预于一国与天下。何者？一乡之内可相同，一乡之外即不相同。故一乡称之曰愿人，他乡未必然。如孝，中国有百孝图，其孝各异而各成其为孝，此则见孝道之大。如圣，孟子以伊尹伯夷柳下惠为三圣，乃无一与孔子同。孔子以下，中国人再不以圣归之他人。然两千年来，大贤辈出，亦无一相同。再言学，人各学名儒大贤，未闻其学能尽同于人。若果有之，则不成其为学，亦不成其为儒与贤矣。

故最能异于人者，亦为中国人为然，但非其所求。中国人但求同为人，而不失其己。失其己又何得为人。果求异于人以为己，则既异于人，又焉得己之仍为人。西方人则若必求异于人，而称个人主义。但既同是个人，则亦无以相异矣。此处乃有中西双方对天命观念一大分别。中国人认为天只生人，非各别生每一人，故曰"天生民而立之君"。既生了大群人，乃于大群人中立一统治此大群人之君。君为民立，亦本天命。故惟君乃称天子，乃得上通于天。而祭天之礼，则惟掌于天子，大群民众不得预。故中国古代尊君如尊天。黄帝尧舜禹汤文武，则为圣君，圣天子。其有不称职者如纣，则孟子称之曰一夫。然圣君圣天子克配上帝者，实不多有。乃如周公，不为天子，不为君，亦克尽为君为天子之大任。孔子则惟有志于周公，又极称管仲。管仲亦仅一臣。孔子亦为鲁司寇，然终不得志而去。终其生，乃仅为一平民，仅为平民中一师，而后人则尊之曰至圣先师。而中国后人所向往者，则为孔子一人，不为君，不为臣，仅为一民。惟有道为人师，则亦克配上帝，不愧其生矣。

孟子于孔子以上，又称伊尹伯夷柳下惠三圣，此三人皆不为君，亦有不得于君而不克为臣，并亦未尝开门授徒如孔子，然而其道则同可为人师。故荀子曰"天地君亲师"。纵其道不得为人师，然为人父母，亦代天地自然尽其生人之道，斯亦足尊矣。为人父母外，贵能为人师。孔子曰："三人行，必有吾师焉。"此则尽人可尊，其有不可尊，则不得谓之人。如纣，称一夫可诛，

八五　同异得失

则亦不得为人矣。中国人之人生大道乃如此。《大学》言,"为人君止于仁。"其实人道即止于仁。孔子曰"我欲仁斯仁至",此为最自由,亦为最平等,并为最独立。近代人高呼自由平等独立三口号,其实中国人言人道已尽之,而天道亦无外于此。

西方人则认为天生个人,如亚当夏娃,故个人可直接上通于天。而人与人之相交,则与天无预。故耶稣言上帝之事由他管,恺撒事恺撒管。恺撒所管,即人与人相交之事。人在礼拜堂中,人人可直接通上帝,最为自由平等独立。一出礼拜堂,亦求自由平等独立,则别有恺撒管。但恺撒终不能使人人自由平等独立。此为西方人生实际上一大问题。

天命又有长短,如天生人,则其命可长至千万亿兆年。如天生个人,则其命只限百年。千万亿兆年斯有常,百年则无常而必变。中国人尊其常,常中有变,则安之乐之而已。西方人尊其变,而常则所不计。既有长短,又有得失。如舜为大孝,舜之生命百年则尽,而孝道则与世长存。孔子主仁道,孔子之生命亦百年而尽,而仁道则与世以长存。故中国谓人生有道,得其道则虽死如生,如舜如孔子,虽谓其至今犹在可也。西方人则谓身在即人生,其身亡人死则生亦随之尽,无道可言。故西方之个人主义则必求无死,乃信仰死后灵魂上天堂,可以弥其缺失。此乃中西双方生命观念之不同,亦即可谓天命之不同。谁是而谁非,西方人则以宗教为判。孔子不言天道,故孔子虽为师,而非宗教,实可谓之无教。孔子曰"学不厌,教不倦",孔子之教,亦仅教人之学而已。耶稣则不学而教,并亦不教人以学，惟求能信而已。但纵信耶稣，又岂得亦同为上帝之独生子。故信孔子，则可同为孔子，信耶稣则不得同为耶稣。今再分析言之，亦可谓天命孔子，乃与其命耶稣者不同，此又谁与辨之。

然而有得于人道，则必有失于其人。如为人子必孝，则于其保持个人主义者必有失。有得于个人主义，则必有失于孝道。故盛倡个人主义，则必孝道无存。又中国人谓乐天知命，孝弟忠信皆天命，尽人道而乐亦在其中。西方人则谓天生个人，又以罪降谪而生，则个人之生，本无乐可言，乐则在个人自求之。而或得或失，则亦尽待个人之各自努力。又有得于千万亿兆年之常，则不能不于百年之变有所失。有得于百年之变，亦不能不于千万亿兆年之常有所失。故西方人盛倡个人主义，而终必主张有世界之末日。百年已尽，则世界末日我已上天堂，又与我何关乎。此又中西双方人生之大异所在。凡此亦皆有关于《洪范》"攸好德考终命"之大义，兹不具详。

八六　德与性

中国人生，余谓乃音乐人生，亦可谓是超空人生，即抽象人生而非具体人生。具体人生重躯体，重物质。抽象人生则重心灵，重情感。中国人连言礼乐，礼具体、落实，乐抽象超空。其实礼乐兼言，礼亦超空。如宾主之礼，必超宾主以上。夫妇父子之礼，亦超夫妇父子以上。凡属人生，必超个体人生以上。群性之具体实际，即失人生之真。

何谓超空？积四五千年，广土众民之统一大国，国之外尚有天下，此一民族生命，则不得不谓之超空。然超空必有落实处，故曰："致广大而尽精微，极高明而道中庸，尊德性而道问学。"精微中有广大，广大中亦有精微。中庸之上有高明，高明之下有中庸。德性中有学问，学问中亦当不忘有德性。故惟精微必求广大，中庸必求高明，而凡所学问决不能忘其德性。亦常知德性必待学问，高明必求中庸，而广大亦必有其精微，乃始得之。

中国人最好言德性。但言德即性，非云性即德。水性动，盈天地，亿兆年，到处可见水，而动之一字尽之。石性静,盈天地,亿兆年,到处可遇石,而静之一字尽之。但动静之中,仍各有德。中国人不重言人事,而重言人性。然水可淹死人,石可压死人,故中国人言性则必言德。亦可谓德即性之精微处,亦即性之高明处,而有待于人之学问以成。《易》言:"成性存存,道义之门。"成性即德,失德则性亦不存。

核武器之建造,亦赖学问。但未成其德,亦不足谓性。西方科学不尊德,亦可谓之不尽性,即不自然。西方宗教信人死灵魂上天堂,虽亦人所欲,但赖上帝之力,既非人性,亦非德。恺撒事恺撒管,亦非性所欲,即非率性之道,亦无德可称。

中国人言性必言德。孟子主性善,而曰:"人皆可以为尧舜",乃重德言,但非忘性。故一切学问皆重德。发财做官,求富求贵,或可不重德,亦非性,故中国人以为戒。孔子言,富贵不可求,从吾所好。求富贵当向外,所好则向内求。向外求无常而必变,向内求则有常可守。德有常,据德乃有道。孔子言"天生德于予"。德言天生,亦由性来,而与性有不同。性人人相似,德必志于学,磨炼修养以成,少数杰出者乃有大德。孔子又曰:"十室之邑,必有忠信如丘者焉,不如丘之好学也。"忠信德之基,亦即性。孔子好学,超于全天下亿兆世之全人类,故谓至圣先师。学而非性无德,亦不得谓之学。

子夏曰:"富贵在天,死生有命。"在天指其在外不在己,有命指其有常不可变。谓人人尽得在天之富贵,可逃有命之死生,此则愚而惑矣。故孔子言:"不义而富且贵,于我如浮云。"曾子言:"慎终追远,民德归厚。"死则一切归休,但必慎其终,又当追于远。视死者长如生,于变中得求常,此可谓性之德。人具好生之性,则可成其慎终追远之德矣。是为中国儒家教民育德一大节目。

西方人亦非不知好生恶死慎终追远,然求之于外于物于事,而不知求之于内于心于德。如埃及之金字塔木乃伊,惟少数富贵人所能,多数无可模仿。宗教家之信仰灵魂天堂,虽亦在终处远处,然各为私人一己打算。其慎其追,各在其人一己身上,非对他人之忠信。故可谓西方人纵知性,不知德。此又中西文化一大异。

中国人对天地,亦言其德,不言其性。如曰"天地之大德曰生",天地生万物乃自然,可谓乃天地之性。然而必谓之德,此即犹人性忠信之德。若必谓之迷信,则不失为违性非德之言矣。

深言之,性有限,可变。德无限,可常。衣食住行乃性,其对象皆在外在物,故其事有限而可变。孝弟忠信之德亦属性,其对象在内在心,故其事乃无限而可常。"孝子不匮,永锡尔类",孝德无限可常。西方人好言男女恋爱只是性,中国人更好言夫妇和合则成德。但主性,则恋爱自由,离婚亦自由。惟重德,则百年偕老,乃为夫妇一伦之常道。天地生万物,广大无限,悠久不变,故乃言德不言性。

中国人言万物,亦好言其德,如阴阳家言五行之德。西方自然科学研讨物性,但不知欣赏其德。五谷养人即其德,商品则惟求赢利,非可谓有德。农商社会观念不同,此亦其一大异。故西方学问家,决不言及德字。其知识对象,求专求有限,又必言变,而不言常不言通,一若常即无进步,通即非专门。不知其内在之德,则可通可常而亦有进。此为西方求知态度一缺憾。今日国人一尊西化，求常则曰守旧，好德则曰迂腐，我民族五千年文化旧传统乃无可言。今苟谓性属自然，德乃人文，则亦可谓全世界人类文化学惟中国为首创。

德贵同。孟子曰："圣人先得吾心之同然"，即指德言。少数杰出人之德而下同于普通广大之群众，乃有所谓德化，亦即所谓人文化成。故中国人言文化，亦言德化，又言教化。《中庸》曰："大德敦化，小德川流。"川流亦贵在通，涓滴必归于大海。大德则贵在化。安重敦厚不动如山，而化及于天下万世，此为敦化。西方人贵言流动，其中乃无通义。西方人言文化，其中亦无德意。电灯自来水，流行遍及全世界，然各是一物，何尝有德与心之相通。普遍流行，乃商业意义，又何有所谓德化。故西方文化流行，乃物与物之流行，必分裂而相争。

西方学者，大科学家，大哲学家，大文学家，可谓其有大业，但不得谓其有大仁大德。西方一切事，以中国人观念言，皆可谓之为缺德。发明核武器，此非大缺德而何。于西方学术界求一德字，则诚难之又难矣。西方人言真善美，亦皆指外不指内。即言善，亦指对外及物，非指内心所存。若存于内不及外，则一无意义价值可言。然则自中国人言，无之内而行之外，又何德何道之有。

果从西方观念言，则仅有个人，无家无国无天下。家则夫妇可合可离，国则政府权力必归之多数，天下则商战兵争。中国人言君即群所归往，故必言君德，而不言君权。中国人言天下，则曰大同太平，非如近代西方人之言国际。此正中国文化理想所寄，而为西方文化理想之所缺。中国人又贵少数，学术人物，大智大德，上通天人之际，下明古今之变者，又得几人。然而中国传统文化不断绵延，不断扩大，则胥赖此少数。

少数多数即德性之别。性则多数所同，德乃少数之异。惟德仍性中所有，少数亦必出于多数之中。隔离多数，即不成少数。故政府必有首长，军队必有统帅，宗教必有主教与牧师，学校必有教授，工厂必有管理员与工程师，古今中外一切社会莫不如是。不得谓政府重少数即专制。经济重少数则成资本主义，重多数则为共产主义。中国则贵执两用中，贫而乐富而好礼。西方哲学言唯心唯物，心物内外亦非可严格分别。无物即不见心，无心即不见物。而中国人言心，则有人心道心之别。分言之，则必知有合。合言之，又必知有分，乃见中道。今日国人非不当知有西化，但只知开新，不知守旧。只重现代化，而不知有传统。只重视专门，而不知有通识。只重视功利，而不知有道义。则终不免偏执一端，而无中可用矣。但我国家自古即称中国，今又何辞以变之。岂得谓民国即开新进步，中国即守旧退步，则惟兼而通之曰中华民国，乃始有当于人心。

朱子《中庸章句·序》，阳明《答顾东桥书》之所谓拔本塞源论，实已先余此篇而深发其义，读者其细参之。

八七　尊与敬

中国人极重社会风气，善风良俗，可以数千年不变，如敬老尊贤。古代井田制度，年老归田即成无业。然六十杖于乡，七十杖于国，不仅家人侍养，亦获乡里邦国人之崇敬，所以高寿为人生一大幸福。而老年人慈祥安和之心情，无形中亦于社会一大影响，乐生之情，油然而生。

人群中必有才智俊秀异人，纵非大圣大贤，即乡里之贤，必受乡里之推尊。乡里事皆受其判断，从其指挥。余生三十年，每见此风尚在。周围三十里内，乡村市镇必各有贤，一切事由其主持。故乡里间经年可不上官府，官府亦经年不下乡里。不仅如此，即府城县城亦然。

余生前清光绪乙未年，后甲午战争一年。六岁庚子年，八国联军入京师。十一岁光绪卒，十七岁辛亥革命，余此十二年间，亦已稍有知识，至今尚多能追忆。要之，政府动乱于上，而社会仍安定于下。固是疆土辽阔，中央与地方疏隔不亲，而社会风气亦有种种作用，敬老尊贤乃其一端。

今则老年不仅不受敬，甚至无依靠，如此则心不安。

人生必期望老寿，老寿不安，则成年人亦心不安。贤不尊，则别求表现以自尊。求富求贵，专为一己谋，不为他人谋。他人亦惟尊富贵，不尊贤。风气如此，社会又何得安。果归咎于政府，则举国上下俱不安。人之才情意气，必有所发泄，转求发泄于国外，资本主义帝国主义乃为群心所共趋，而举天下亦不安。

才性各异，亦有不务外求财富权位，而拳拳以杜门读书自乐者，此亦可谓有贤于人。余幼年尊师重道之风犹有存，私塾师亦备受尊敬，年老则所受尊敬益甚。余在新式小学中学读书，年长诸师，其受尊程度亦较新进为高。及自为小学中学教师，虽年幼，亦备受社会推敬。师心安，学校亦安，全校诸生亦皆安心，受学无他心。

其实当时尊师之心，亦即传统尊贤敬老之心。师即贤即老，人人心中皆知对他人有尊敬，此即中国人相传之所谓礼，而乐亦随之。不仅受尊敬者心安而乐，即尊敬他人者，其心亦安亦乐。中国人教人尊敬人，由家庭始。子弟地位轻，父兄地位高，即对死者亦然。《论语》曰："慎终追远，民德归厚矣。"要之，教人不忘其子弟心，不忘其对人尊敬心，而又使人人能得人之尊敬，则生男育女以至老寿，生命自安自乐，亦自足矣，他复何求。故必自修身齐家，乃至于治国平天下，此乃中国传统文化一贯大道之所在。

新文化运动以下，中国人心大变，不求尊人敬人，务求人尊人敬。不甘为子弟，尽求为父兄。但闻有青年为国家之栋梁，为求变之新进，其受尊敬有如此。苟为子弟，焉得求父兄之尊敬。人无子弟心，又焉得有父兄心。为父为兄，不复见尊敬，遂竞求之外，曰财富，曰权位，曰名誉，成为人生之归宿。而人心又难于骤变，中国传统向不教人尊财富，故求人尊敬，亦不重财富，而更重权位与名誉。但财富亦非所鄙。尊家长则斥之曰封建，尊政府则斥之曰专制，尊师则斥之曰顽固守旧，乡里都邑亦有贤，苟得尊敬，则斥之曰土豪劣绅。全国家全民族，则斥之曰不开化落后。风气所趋，不论历史与现代，乃无可尊无可敬。而其实际存心，则仍在求人尊求人敬。其惟一道途，惟一方法，则先尊敬西方，乃可得人尊敬。而其影响乃深及于举国之上下。故当前立国为人之大道，惟曰尊西方敬西方，所幸者则尊敬二字仍自中国之旧传统。果尊西方，则当尚争夺，不务尊敬。故当前之中国社会，争夺是其实，而尊敬则其虚，此为当前大祸深病之所在。

此种大祸深病，其影响之及于家庭者暂不论，其影响于政治者，则先成军阀割据之局。各地军人非欲自建一国，但不受中央命令，中央亦无奈之何，斯即为割据矣。其他各部门、各机关，苟能割据，亦同以自豪。其影响及于学校者，则风潮迭起，政府亦无如之何。其影响之及于学术者，则创造开新，各别自由。古人今人，同无尊敬。人自为说，相互间亦各不尊敬，但如此始可免人斥骂。要已为风气之先驱，现代化之榜样，亦得自慰自安矣。故社会动乱于下，政府亦终难安定于上。治安二字，亦终难言。

中国人之言尊敬，不仅当广及于全天下全人类，并当广及于天地万物，众祀林立，普遍皆是。今国人则又斥之谓多神教，属迷信不科学。果使环我生而多神，可敬可尊，予兹藐焉，浑然中处，斯何大福幸而得之。孟子曰："可欲之谓善，有之己之谓信。"可敬可尊，宁非可欲？我心诚然，何谓不信？西方人无尊无敬，乃独尊耶稣，以尊其所信之上帝。但上帝耶稣皆远在天国，环顾四周，仍无可尊可敬，则此尘世之生，惟往天国，又何追求。一心之尊敬，乃由天赋。他人既无可尊敬，乃犹求他人之尊我敬我，则惟有在物质条件上求之。条件有限，乃相争相夺，而终不获他人之尊敬，诚人生一悲剧矣。

中国人信尚尊敬，首为父母，可尊可敬。大舜周公，父母不同，尊敬则一，乃亦同受人尊敬。则同孝父母，亦同受人尊敬。人孰不有父母，果能孝，亦孰不受人之尊敬。有所尊有所敬，斯能让，故孟子曰人皆可以为尧舜，即不啻言人皆可以得人之尊敬。得人尊敬，则心乐心慰无余憾矣。中国社会之可大可久，则惟此之赖。

今国人则尽言自由平等独立，而全社会，通古今，乃不见有可尊可敬。而尊敬之心，则所天赋，终亦常存。故尊器尊物，尊财尊利，尊势尊权，尊名尊位，无所往而不见尊，独不尊己尊人。一若天生斯人，乃独无可尊。西方人虽尊上帝，亦尊上帝之在天堂其位其势，而非尊上帝之为人。虽尊耶稣，亦尊其为上帝之独生子，上十字架而复活，但亦非尊耶稣之为人。今国人则尊西方人，但西方人亦非可尊，亦尊其财其利其权其势而已。果使中国传统文化复兴，能尊敬父母，又能敬老尊贤，又能尊师重道，斯治国之下达于平天下。又必能尊敬及于外国，及于西方，及于全人类，则此一片尊敬之心，充实光辉，以达于圣而神之境界。而中西双方以及全世界社会人生，亦未尝不可臻于化而达于道一风同之境。

东汉魏晋南北朝，佛教东来，迄于隋唐而大盛。然中国孔子老子，亦同受尊敬。印度佛教衰亡，而释迦在中国，则仍受尊敬。宁得谓西方一切，断不能与中国旧传统共存并立。

抑且蒙满入主，中国人亦能尊能让，但自尊自敬则如故，好古守旧亦如故。不久而蒙满亦同化。晚清西化尊《红楼梦》，一时称红学，但不尊曹雪芹，不得称曹学。实则慕西化乃慕西物，非尊西人。他年物世界变，人当尽失。只求中国仍有人，则此物世界乃为中国人所有。换言之，当为中国远自尧舜禹汤文武周公孔子，以及伯夷叔齐颜渊孟轲一脉之所有，此义则惟好古守旧者知之。尚物维新，恐所难知。再论西化，不论美，不论苏，亦可自由通商，亦可劳工同利，只求不违人本性之大道，则西方人亦当与周公礼乐、孔子仁道相同化，而岂核子武器所能判此世界之大运。孔子曰："其或继周者，虽百世可知。"今亦可谓，虽有继美苏而起者，亦百世而可知矣。国人必求美必求苏，乃使一国分裂，并不和同。若能求之道，求之仁，则反之己而得，归而求之有余师。是则果知尊己，即知尊人。能自敬，亦能敬他。平安和乐尽随之，此乃中国古义，幸国人其试一再思之。

今国人提倡新文学，必求将中国旧文学尽情摒弃，诗骚以下，一应作者尽失尊敬。但新文学作家，亦恐失其尊敬。新思想亦然，中国人已遭摒弃，则思想无论新旧，亦将同遭摒弃。百年来史实经过，岂不显已成例。数十年前，提倡西化，受人尊敬，今则姓名湮晦，不在人口耳间。果中国当西化，百年来先知先觉又何限，当一体尊之敬之，此风气乃可发展旺盛。今则亦加摒弃，西化东渐至少历百年，而今日仍然提倡趋新，岂不仍在守旧之列。风气变，不当谓由我乃始变。我亦随人脚步，不尊敬他人，乃求人之尊敬于我，则又乌从而得之。

孔子曰："述而不作，信而好古，窃比于我老彭。"近代国人亦信西方，好西方，述西方。言文学，则必莎士比亚。言哲学，则必康德。然终不敢自比莎士比亚康德。得与其下三四流人物相拟，则沾沾自喜矣。谦退之怀，亦犹孔子之自比老彭。如是则孔子又乌不如今人。但生在两千五百年前，当时不知有今日之西化耳。后人迭尊孔子，亦为不知有西化。其有信有好有述，与其谦退之怀，则仍与近代国人无异。同为中国人，同此心情，过分加以申斥，岂不与其尊敬西方之胸怀相违异。

即在西方，亦知尊古敬古，有信有好有述。英国则有英国之古，法国则有法国之古，其他各国莫不然，犹有其共同所尊所敬所信所好所述之古，则为希腊与罗马。今日国人于希腊罗马，亦不胜其尊敬之情。但一游长安洛阳曲阜各地，则不敢有尊有敬，有信有好。岂不同是一古，亦何不效西方能稍肖其好古之胸怀。于西方则有信，于中国则无信，岂其然乎？实则今日国人所信，亦已早不在西欧，仅在美苏两国。岂不国人又效孔子之为圣之时？似宜对孔子稍加同情，不予斥责，庶乃于人道有当。孟子拒杨墨，自称"予岂好辩哉，予不得已也"。今日国人宏扬美式民主自由，必予苏式之共产极权加以力辩，则岂不亦当于孟子稍予以同情。苟于孔孟然,则于其他中国人亦所宜然。今日国人亦称爱国家爱民族,则对国家民族稍有一分尊敬,岂不亦如西方之各自尊重其国家。今人西化,有国旗国歌,能对古人亦如一面旗一首歌,岂不甚佳。中国人重礼乐,亦如今日之有国旗国歌,又何必于礼乐则必加鄙弃。

要之,人群相处,不宜对他人无一分尊敬心。外国人亦然,本国人宜更然。现代同时人宜然,前代古人亦宜然。今日国人,对美苏人知尊敬,对自己父母当亦知有一分尊敬,对祖宗亦然。吾国人稍加寻思,于当前风气稍有助益,庶于本文所言,亦不深斥,则岂作者一人之万幸乎。

八八　德行

（一）

孔门四科首德行。此德行二字，乃西方所无。如战国有阴阳五行家，言五行生克，亦称五德终始，是五行即五德，实皆本于性，故曰德性，亦曰德行，或称性行。孔子言有狂狷与中行之分，中行即德行或性行。衣食住行，乃个人自然生活中事，孝弟忠信，乃大群人文生命之行，两者绝不同。

《易》言"果行育德"，乃谓以果决果断果敢之行，以渐滋生长完成其德。故果行乃非人生日常之行，虽非成德之行，乃育德之行，乃生命性之行，非生活性之行。性属自然，德则人文。孔子曰："十室之邑，必有忠信如丘者焉，不如丘之好学也。"果行育德，即是学而时习。中国之所谓学，乃生命之学，乃本于自然以达于人文，乃天人合一之学。故中国有教育一名词，西方则传授知识，有教无育。亦可谓西方人仅注重外在之自然方面，不注意到内在人文方面，故其学乃以成物，非以成人。

人谓中国传统亦同有哲学，其实亦可谓中国传统亦同有科学。惟中国哲学仅可谓多自然哲学，即偏在天的一面。而中国科学则多偏在人文方面，即如阴阳家五行五德之说，即可为人文科学一代表。中国阴阳家言，乃汇通儒道以立说。其实如墨家，如道家，皆可谓其有合于人文科学，但偏在自然哲学方面。儒家则较近于人文哲学与自然科学方面。要言之，自然与人文哲学与科学之会通合一，乃为中国学术思想主要一大纲领。德行之学，则可谓乃自然科学人文哲学之会通，而孔门儒家为之主导。孟子继孔子后有三圣人论，其实伊尹之任，伯夷之清，柳下惠之和，皆德行之学，皆人文哲学，而皆植根于自然科学，如是而已。

此下三千年，中国学术思想率无以逃于此。今人率尊西化，乃无德行之学可言。曰平等，曰自由，曰独立，非德性，非人文生命所有，故可谓非人生之本行，乃人生之外行。仅以成物相争，非能以成德自立。举世祸殃，乃无可逃避矣。可叹何如。

（二）

行业二字可连言。然中国人则重行甚于重业。俗言三百六十行，行行出状元。此行字即指业言，然必改言行，以其重要出人者在行不在业。如孝弟忠信，乃从事各业者所共同应具之行为。从事工商业仍当孝弟忠信，则同得为尧舜。谓之为状元，乃言其为人上人，出人头地，如山东有乞丐武训是已。实则状元并非能出人头地，即仕为宰相，亦非出人头地。古今为宰相而遭人鄙视诟骂者何限，即贵为皇帝亦多遭人鄙视诟骂。孟子曰："闻诛一夫纣矣，未闻弑君也。"为君当有君行，如尧舜，即君中之状元，故曰行行出状元。中国人又常连言学业，然从事此业不为谋生，志于学，志于道，敬业乐群，乃不为一身谋，而为大群谋。故学行连言，犹多于学业连言，学业终与其他行业有不同。俗又言惟有读书高，则学业又为百业中之状元矣。

职事二字亦可连言。惟职业连言，则似最属后起。言职业言行事，则职近业非所重，事属行始当重。如纣为君，箕子比干微子为臣，论职则君尊臣卑，论事则纣可诛，而箕子比干微子孔子称之为三仁，永受后代崇仰。一职有一职当行之事，故曰为人君止于仁，为人臣止于敬。果居臣位，而其上不当则可辞职不居，如孔子之辞鲁司寇是也。故职业有定分，而行事则可自由。亦有为一小吏，而其人乃高出君相之上者，史乘所载，历代有之。

远溯太古，原始人类即有职业行事可分。如出而渔猎，可称是职业。归洞窟中，男女老幼群聚团居，言笑欢乐，或石上雕刻绘画，或玩弄牲畜如羊龁之类，或月夜在洞外歌唱舞蹈，此当属行事，非职业。循此以下，畜牧时代，耕稼时代，迄于今，职业行事依然有分。大体言之，职业主要多对外物，行事主要则对同群。职业必由个人分别操作，行事则必联合他人。职业所以维持生活，而行事则为生命之发抒。职业必有外在约束，而行事则出一己志愿。职业乃属人生之手段，而行事则为人生之本身。

务农经商，同属职业，但业农自给自足，其事单纯。日出而作，日入而息，家人团聚，职业行事分别易显。业商则销售货品，必待他人购取，以其赢利维持生计，事已复杂。又供求双方交涉多，家人共聚期转促。疏者亲，亲者疏，职业与行事易混淆，难显分别。抑使职业重于行事，而个人意义乃日增。中国人多业农，遂重家庭，重宗族，群体意识更深于个体。而西方古希腊人多业商，家庭观念较淡，宗族观念更渺然，而个人主义则日重。此皆由职业而影响其行事。

近代科学发展，利用机器，工商业性质大变，乃以集体为主，而有公司与工厂之组织。参加其业者，不仅隶属于集体组织之下，抑又隶属于各项机器之下，每一个人多失去其自主性。又有女工童工，一家皆散入工厂中，于是职业团体乃代私人团体而出现。即每一职业团体中之少数主持人，所谓企业家或资本家，上面复有政治压逼，赋税重重，于是自由平等独立之呼声，乃日呼日高。实则此等口号，乃从各人内心发出，乃人类生命之自然要求。于是先有政治革命，乃有近代之民主政治，继之有职业革命，乃有更近代之共产主义，乃及集体罢工运动之出现。此可谓是人生行事。于是职业则多具服从性，而行事则多具反抗性。此诚近代人生一大变。

实则此一大变，乃胥由职业之团体组织化来。职业本为维持生活，应由私人各自负责，乃属自由平等独立性的。行事为生命之发抒，各人之小生命投入群体之大生命中，此为生命发抒之惟一趋向。如家如国如天下，有群体，斯见大生命。而此大生命则属小生命之集体，当以各自小生命为中心。如夫妇，为夫始有妇，为妇始有夫，则夫妇互为此一体之中心。如父母子女，为父母始有子女，为子女始有父母，则父母子女亦互为此一体之中心。若各自自由平等独立，则无此一体可言。故在职业上，始有自由平等独立可言，乃带有反抗性。在行事上，应无自由平等独立可言，乃带有服从性。如父母对子女言自由平等独立，则不尽为父母之责任。如子女对父母言自由平等独立，则不成为子女之身份。即夫妇亦然。由一家推之一国，君民上下，必当明责任，明身份，更无自由平等独立可言。为君为卿，有其君卿之责任。为民众，为百姓，有其民众百姓之身份。即如近代之民主政治，国民只有一票选举权，政治元首既经选定，则为国民者应向之服从。虽在选举上少数服从多数，但在选举后则多数仍服从少数。要之，政治以服从为主，不以反抗为主。若论职业，则应许反抗，可以辞职，可以转业，岂得不许其自由。

如上所分析，政治应属行事，不属职业。中国向来为君主政体，然为君者，亦当知服从道义，服从制度。为臣者虽有出处进退辞受之自由，然居其位，则有其责，无所逃其任。即在近代民主政治，元首亦当服从法律。推而言及国际，亦属政治问题。孟子曰："以大事小者乐天者也，小事大者畏天者也。"仍当一本道义，相互服从，天下始得平。岂得各以自由平等独立为言，则天下必入于乱矣。

中国《周易》六十四卦，首以乾坤两卦，乾主健主阳主动，可谓具自由性。坤卦主顺主阴主静，可谓具服从性。一阴一阳之谓道，乾属天，坤属地，人生天地间必同具此乾坤两道,始得成为人道。故无严格之自由与服从可分,但亦可谓人之行事则属天道,人之职业则属地道。近代之职业集体化,则不啻以天道转隶于地道,而人道失其正,乃为近代人生一大问题所在。

然近代之职业集体化,乃由利用机器来。人生职业本为对物,今则物为人用,听人支配,可省人力,则人之生命应可在行事上多发抒,而在职业上少拘束。然事实上乃有大不其然者,则在利用机器益增多产,而徒增贫富之别。其病乃在资本主义之为祟,果使如马克思之剩余价值论,能使资本家所得之利润平均分配,则其为害可减。但亦只解决了其问题之一半,其所解决之一半,乃在赢方,即卖方。不在输方,即买方。而尤要不得者,在其唯物史观与阶级斗争论。唯物则将无人类可言,而劳工亦仅为一机器,尤为一最微末最卑下之机器。斗争则更无和平可言。

今果使废去资本主义,而并世科学落后诸民族,均教以利用机器,从事农工业,则人类生产当尽够其维持生活。而商业牟利之性质,则必加改良。仅求通有无,以信义为主,一如中国传统之所为,以农工为本,而商业仅为其副。则职业性之压逼自可日减,而人类乃尽可向人生方面一途发抒迈进。而人生理想庶可正常而勿歧。

惟更有其重要者,自由平等独立三口号,并非人生大道所在。抑且其语空洞,实无具体领导功能,于此最当加以纠正,而反抗性则尤须提防。非遇甚不得已,则不宜肆行反抗。反抗若属积极性,其实转属消极。服从若属消极性,其实正是积极。于此当深辨。而更主要者,则为务使人明得职业与行事之分别。职业乃人生中所不得免,当属人生消极方面。行事乃人生所应有,正属人生之积极方面。果能明此,则自能重行事而轻职业,即重德行而轻事为。中国传统中之士,则正为惟求有德行,而非职业。仕宦从政,亦为求行事而非职业。学以明道,则学亦一行,而非事为职业。至于职业,则最多能不违一义字,但终当不起一道来。人群中能多不谋职业,而惟劳心明道努力行事之人,则病害宜少发生之余地,而亦庶乎其几矣。

（三）

今人言人生,好言行,言活动,言向前进步。孔子曰:"己欲立而立人,己欲达而达人。"行乃是生命一重要性,立是其起始,达则其归终,各有其意义与价值。

西方人只言行,乃若个人生活性。中国人必言立达,其行乃若大群生命性。

宋代王荆公其先有志儒学,及相神宗,推行新法,反对者群起。荆公不之顾,亦卒无以消散反对者之气氛,乃乞身退。神宗再起用之,所遭反对益盛,不得已,又乞身退。居于金陵之钟山,以吟咏终老。如荆公,可谓有所立无所达,然读其晚居钟山诗,想象其生活,亦可谓在私人则有所达,终不失为一儒一学者,是即其所达也。其性褊急,执意肆行,事功无所成,而志节则完好。故后之学者亦终以平恕责之而止,不更加以深斥。

西汉末,王莽亦以厉行新法遭乱身死,然其与荆公终不同。王莽篡汉,改创新朝,其先之恭俭自约,博得众誉，其志所在，无以自白。荆公则为国为民，其意在公，昭然明显。行有未得，则洁身而退，亦只可谓其未达于大贤，未可疑其自始即非一君子。若王莽则令人疑其为一伪君子，真小人。乃其立身不正，非拘于今人所谓君主专制一观念而责之。

后汉末曹操乃与王莽同称。曹操天才横溢，政治军事文学皆超卓绝世。虽终身未敢正式篡位，乃以待其子而自居为周文王，伪迹无以自掩，此亦其居心立己之未达于正。若论成败，则曹操未有败，而身后则名裂，此见中国论人之严。

孔子罕言利，与命与仁。中国人言立己，首在立其志立其德，为仁人。命则其所遭遇。孔子之为大圣，在其志在其德。其道未行，则时代之命。孔子三十而立，其授徒，其出仕，其去卫去陈，其归老，则未有一念之私以求有利于一身。如王莽，如曹操，使能忠于平帝献帝，亦未尝不足有为于其时。其自私自利，而不得为一仁人，则非时代限之如此。《春秋》责备于贤者，两汉之亡，后人不以责之平献两帝，而必责之莽操，此于大群生命可谓有真知灼见。中国人之论立己大义有如此。

宋神宗尊信王荆公，使在相位，不以朝臣之群加反对而加以罢免，后人则贤之。果使神宗早免荆公，则荆公退居下位，或亦如欧阳修曾巩，转以益成其学，而宋祚亦不遽衰。然君职当用贤，荆公一时之贤，神宗能信用之，斯即无足深责。其责则在荆公不能宽裕以教，和协以济，其失败亦不得诿之于时代。尧能用舜，斯尧责已尽。舜之殛鲧而用禹，舜责亦已尽。使孔子居司寇不去，终亦不得行其道，斯孔子亦无以为大圣。中国人论立己大义又如此。

今人则先求己利，如为商即是。中国科举制度商人不得应试，因求己利，则己先不立，更无以立人之上矣。如为劳工，仅求一身温饱，亦为己利。然其利小，则亦不深责。但其不能立身则一。孟子曰："劳力者食人，劳心者食于人。"劳力为己，劳心乃为人非为己，非为己乃可食于人。孔子为鲁司寇，高官厚禄，非求而至，然而孔子乃辞而去。惟立己，能有所为，亦能有所不为。有进亦有退，自有立场，屹立不动，不随外面形势而转移，始见其有己。如求富贵，则必随人脚跟转，依人意向移，无己可立矣。

孔子于门人独许颜渊，曰："用之则行，舍之则藏，惟我与尔有是夫。"实则其他门人皆求有立，子贡子路亦未见其失身。冉有使季氏富于周公，孔子曰："冉有非吾徒，小子鸣鼓而攻之。"实则冉子亦显其理财之能，非为向季孙氏求进，而孔子非之。故知进不知退，骋其才能以显其长，皆非立己之道。求富求贵，益可不论。

今人则知有进，不知有立。在资本主义下，求为一大企业家大富豪，而百千万劳工屈居其下。微薪薄酬，勤苦度日，人与己同是一人，故立己立人非有二道。己当立，人亦当立，惟当各自从立己做起。剥夺劳工之剩余价值，以为己利，既非立人之道，即亦非立己之道。又且经商赢利，如在赌场，有赢必有输，己之富乃以形人之贫。输者既竭，又何得赢。故商业有不景气，商业进步必有止境。人不立，则己亦倒，何能以一赢长立于群输中。

抑且求富必继之以求贵，否则又何以保其富。故资本主义之后,必继之以民主政治。其先选举资格乃以纳税额之高下为定,继之以普选,然仍赖财富,始能操纵选举。其在国际间,则尚武力,乃有帝国主义。立国犹立人,胜于他人,非所以立己,胜于他国,亦非立国之道。西方有罗马帝国,继之为大英帝国,今皆何在。非道则不可久,亦其宜也。要之,今日世界趋势,有己则无人,皆非中国传统立己立人立国之道。

孔子曰:"志于道,据于德,依于仁,游于艺。"可谓乃中国人立己之道之四纲领。最后游于艺一项,包揽最广。衣食住行诸端所需,以及一切礼乐,皆即艺。立己不以损人,斯可矣。今人之艺,则务争胜竞利。即如乐师乐工,中国古代早有之,乃一公职。守其职以维生命,维生命乃义非利。后代有乐妓,亦公职,亦以维生命。今之音乐家,则争利并争名。中国古乐师,亦有声名可传,如师旷伯牙,名传于今越两千年,乃群誉之,非己之求。能立于己,则不待求于外矣。绘画亦公职。中国以宗法社会而创为封建政治,同一氏族,组成同一国家,各业皆公营,非图私利。立国为公,立己亦为公。渐解放,渐为私,此则为小人非君子。立己则自求为君子,不为小人。小人则即今之所称个人是也。

近人则音乐绘画皆成商业,画家有展览会,画品标价出售,中国无此例。人慕其画,请托求乞,而厚加馈赠,此属礼,不属商。其他如渔猎,亦由政府民众集体为之,所获归之公,由公散之私。余幼年乡间有一湖,广五里,长十里,入冬定时大捕鱼,亦公非私,即古礼之遗。即为人,亦不称私,故人之幼年称子弟。子弟父兄,亦公非私。非有父兄，焉得子弟之称。非人亦焉得己称。故立己乃立群中之己，非外于群而有己，故立己在立其德。如为子弟，则有孝友之德。如为朋友，则有忠恕之德。岂立己之为立其财富，立其权位乎。今人又好称人权，依中国古人观念，人之于人，皆非贵有权。若谓有之，则子弟亦惟有孝友之权而已。人之为君子为小人，他人无其权，惟己有之，故贵自立。今人又不称子弟，改称青年，此则西方之个人主义，乃可平等自由独立于社会群体中，而他人不得相干涉。又常言青年为国家之栋梁，但从不闻入言子弟为国家之栋梁。此惟西方二字可以明辨其意旨之所在。

近人又有各种运动，皆重比赛，重竞争，必使一己超出他人之上。亦如财富权位，己为冠军，则他人仅得为亚为季，而余人则尽归于失败。岂非人之失即己之得乎？人尽如此，国亦然。如最近以色列之与巴勒斯坦，只许以色列立国，再不许巴勒斯坦同样立国。其他国与国间亦尽相争，更不相容。今日之国际相争，亦如开一世界大运动会。中国言立己立人之道，岂固如此？故中国只求治平，求己国之治，不在他国之乱。而今日立国，则必言富强。然绝未闻己国之富必待他国之同富，己国之强必待他国之同强。此如运动会，决不能使预赛者之同为冠军。中国少林寺以擅武艺闻，然打擂台则属江湖事，决不闻少林高僧亦为之。

今人好言自由平等独立，窃谓此三语亦惟中国人立己之道最足以当之。孟子曰："人皆可以为尧舜"，"是不为，非不能也。"人皆可以为，斯为最自由。如富如贵，非人皆可为，则无自由可言。人之德性，最为平等。如孝，如忠信，岂不人人能之。忠信或遭不利，人斯不为。然不忠不信，又岂必尽有利。倘人人尽为我，先以利计，又谁为必能得利。此则有命，今人又不信命，而惟好利，则将无所不为，而终亦无利可得。此可谓之愚而不仁。但时代如此，风气如此，而我能独立不惧，强力不反，此之谓能立，此之谓有己。若人尽好富，我亦好富，人尽好贵，我亦好贵，生斯世为斯世也善，此为孔子所深鄙之乡愿。今则尊之曰现代化大众化，而惜其无一己之独立精神，彼不自惜，斯亦无奈之何矣。

孔子曰："不患莫己知，求为可知。"富贵名位，人孰不知。己亦知富贵名位，乃不知其己。以今语言，则为不知有他自己独立之人格。孔子之谓可知，即指己之人格言。中国人又说："得一知己，死而无憾。"又曰："人之相知，贵相知心。"己之心难以告人，惟富贵名位可以告人。故今日之人生，乃为一争富争贵争名争位之人生。其心则用在争，在富贵名位，则又何能有一独立之己。自由则在争平等，争富争贵，实即在争一不平等，如是而已，他复何知。

然则居今之世，而求立己之道又奈何。曰不求富，不求贵，不好名，不好位，不务前进，宁后退。处治世宜如此，处乱世则更然。今之世宜当为乱世非治世，则立己之道在是矣。或疑何以为国家，为民族？曰，己之不立，而惟有富贵名位之是图，则又何国家民族之有？今之人为己争，乃谓为国家民族争，则国家民族前途乃全在己之富贵名位上，又岂然乎？范仲淹为秀才时，以天下为己任，能不富不贵，无名无位，而即自任以天下之重，此始是其己立。顾亭林言："天下兴亡，匹夫有责。"匹夫岂必有富贵名位。或曰，居今世，不斗争，不前进，则受轻蔑，受蹂躏。曰，立己贵有自信，亦贵能信及人。苟惟富贵名位之可信，此亦不信己，又不信人，孔子曰"民无信不立"，是矣。故孔子十有五而志于学，三十而立，四十而不惑，学即学其信而好古而已，立即立己，不惑亦即信其己之学，则立己立人自信己信人始，否则请信孔子，舍此复何道之从。

今人又好尚多数。惟今人仅尚一世之多数，中国人则尚千万世之多数。孔子为至圣先师，其在中国已得两千五百年之多数信仰，则孔子之自立其己，又岂不可信不可好乎？国人试以此思之，宜亦知所以立己之道矣。若并此而不之信，不之好，则又何言。

（四）

某西人治中国儒学有年，著有多书，谓中国儒学与西方个人主义相通，此层大值深究。孔子曰："古之学者为己，今之学者为人。"孔子意，为己之学，乃学己之何以为人。为人之学，乃学己之何得为人用。人之生，乃求做一人，非求为人用。故孔子曰："君子不器。"器即为人所用。学做人，当从自己做起。学为一人，乃共通义。当从己始，亦共通义。则此非个人主义可知。

孔子曰："学而时习之。"习乃行，即习做人，故中国人之学，重行犹过于重知。《书》有之"匪知之艰，行之维艰"，明亦重行。阳明倡良知之学，为知行合一，曰"不行只是不知"，其重行又可知。近代孙中山先生倡为知难行易之说，乃告其党人信彼言而行，是亦重在行。不仅儒学重行，墨家道家亦重行。凡所陈义，皆必以行实践，乃所谓学，岂著书立说之谓学乎。此一义最当认识明白。

孔子最称颜渊为好学，曾曰："我与回言终日，不违如愚。退而省其私，亦足以发。"省其私，即省其行。闻师言而发之行，斯谓好学矣。倘惟发之言语议论，则口耳之学，不足称矣。颜渊亦曰："夫子博我以文，约我以礼。"文即人文化成之文，非指书本文字。孔门四科，游夏列文学，亦可谓文章，非如后世之所谓文学。四子言志，子路志在治军，冉有志在理财，公西华志在外交，此亦尽可归入文章中。但常日用心在是，专一求用，机会未到，则人生落空，或不免于沉闷，并存未得知我之憾。故孔子独与曾点，因其能不忘于见用，而萧然自得，则未失人生之正常。独孔子称颜渊则曰："用之则行，舍之则藏，惟我与尔有是夫。"诚使颜渊一旦得用，当能大行其道，犹不限于治军理财之一端一节上，此即颜渊所谓之夫子博我以文也。然方其未得用，一箪食，一瓢饮，在陋巷，人不堪其忧，回也不改其乐，即在日常人生中亦有可乐，何必如曾点之必浴乎沂风乎舞雩咏而归之乃为乐乎。如子路，如冉有，虽能不忧箪食瓢饮，然仍亦有不见用之忧。颜渊之独出于人人，即颜渊所谓之夫子约我以礼也。是则孔门以及儒家之为学，行固要，藏亦要，或者藏更要于行。有志于儒学者，必先识此。故后世儒家每以孔颜并称，良有深意存其间矣。

己之行与藏，关键在乎人之用与舍，即人之知与不知。孔子曰："不患莫己知，求为可知。"知不知在人，可知则在己。然学益进，则可知益深益难。孔子又曰："人不知而不愠"，又曰："知我者其天乎"，则孔子之不为人知，乃孔子终身之学使然。老子亦曰："知我者希，斯在我者贵。"前述某西人，乃以此等意识为近于英雄豪杰，求以高出人者作自我表现。但中国人之所谓圣贤，非在求表现以异于人。凡其异于人者，乃其同于人之益广大，益精微，不仅同于一世之人，抑亦同于古今千百世之人。孔子曰："十室之邑，必有忠信如丘者焉，不如丘之好学也。"是孔子非不同于人。人之不能同于孔子，则在其学。故论中国之学，亦必先知论其人。其人不足道，其学又何足论。此乃中国人意见。

用与不用，亦有条件。鲁哀公季孙氏非不欲用孔子，亦如梁惠王齐宣王非不欲用孟子。然所欲用者，乃孔孟之才与智，非能用孔孟之德。才智足以供人用，德则学以自成其己，而非以供人用。英雄豪杰乃以才智供人用，成德则为圣为贤，为己之学。孔子曰："君子不器。"因君子以德称，非供人用。使丧其德以供人用，则曲学阿世，岂孔孟之所愿。今人皆以才智事业论学论人，则岂能知孔孟之所学。

人之制器为用，此亦通天人合内外之一事。但器为物，惟听命于人，易滋人欲，长人傲。亲于器而疏于人，使为己之德日趋于薄。电脑机器人，可得则必得。夫妇父母子女，可离亦即离。而核武器原子弹一枚，即可杀数十万人，乃为人类谋求和平所必需，则今日世界器为主，人为奴，已为物世界，而非人世界。人则惟求于物世界中寄存,而犹有难得者,又何德之足言。中国儒家为己之学,即成德之学。德非外力可成,而由己之成德,乃亦成人成物。物亦可以为人用,此之谓通天人合内外。为己即所以为人,但此非人人能为,必由少数人导其先路,有施而不求报。此乃中国儒学之精义。

中国人言,人生每分动静,人性亦可分个性与群性。当其动,则个性易见,静则群性乃滋。如原始人时代,以畋以渔,猎取食物以维其生。是其动则赖个己之才智。逮其猎取已够一日之生计,归居洞窟,男女老幼聚处,则群性赖以长育。人生当婴孩期,衣食赖人,不能自主,其时则静过于动,而群性乃特显。逮其成人,中年壮年期出至社会成事,是时则动多于静,始多表现其个性。老而退休,复归于静,群性又特显,如含饴弄孙之乐是也。故一家中,必贵有老有幼,老吾老,幼吾幼,乃中年壮年人事。而男主外,女主内,亦偏动偏静。而女性则偏静,亦偏于显其群性。凡生物莫不如此,而人类之生则其著耳。

中国以农业社会为主,故其人生较偏静,较富群性,而家庭亦特见重。西方以工商社会为主,故其人生较偏动,亦较富个性之表现,而家庭地位之稳固,则远不如中国。中国儒学则求其人在中年壮年期投入社会,而勿忘其自身本具之群性之重要。夫妇父子兄弟君臣朋友之五伦,皆重群性。太过于发展个性,则无五伦可言矣。孔子论道首重仁,仁即群性。孟子曰:"大人者,不失其赤子之心者也。"赤子之心,亦惟见其富群性,而个性较若未见其确立。人道之大,乃在群性中培养其个性。赤子之心,岂不知有父母亲长,而转若不知有其己。孔子十有五而志于学,三十而立,即立其一己。《大学》之道,一是皆以修身为本,修身即修其一己,但非外于人群以立己,乃内在于人群中立一己。仁义礼智皆在群中,而皆立于己,成于己。己不与群为对立,而己立则为群之中心,此己之能为群之中心者,在其德。孔子少言性,重言德,十室之邑必有忠信如丘者焉,是其性。不如丘之好学,则德不如。而孔子又曰:"天生德于予",则德亦天赋之性,而有待于学以成。惟性相近,习相远。又曰:"学而时习之",人生之习,能一本于学,则庶几其近于孔子之儒学矣。

颜渊之赞孔子曰:"如有所立卓尔,虽欲从之,末由也矣。"此赞孔子之人,非赞孔子之学。其他弟子则曰:"夫子贤于尧舜远矣,自生民以来,未有如夫子者。"此亦赞其人,非赞其学。孟子曰:"乃吾所愿,则学孔子。"亦学孔子之人。故曰知人论世,世不同,斯人亦不同。学古人必知古人之世,世既变,斯为人之道亦当变。而其中存有不变者,知此则能自立其己矣。某西人言中国儒学亦犹西方之个人主义,能由此窥入,则不失儒学之真矣。

今人乃舍己以为学,一若学是学,己是己,学为己之人生中之一部分。学以为人,以供世用,非以学为己,即非学己之为人。如是而来批评古人之学,谓学术思想皆有其时代背景,则当改孟子言为知学论世,不当仍谓知人论世矣。

舜之孝,乃行于舜之家庭中。我之家庭与舜不同,则所行自不同,而仍当同于孝。孔子之学乃行于孔子之世,我之世与孔子不同,则所学亦不同,而仍当志于道据于德依于仁游于艺则一。孟子称伊尹为圣之任,伯夷为圣之清,柳下惠为圣之和,而孔子则为圣之时。此伊尹伯夷柳下惠之三圣，皆特显其个性，而孔子则更显其群性，以其最能追随于时代，而若不见孔子之个性。然宁得谓孔子无个性，此则为孔子所最恶之乡愿矣。今人好言现代化，当知于现代化中立一己，或为伊尹，或为伯夷，或为柳下惠，皆得为圣人。而惟孔子乃至圣。能明斯义，庶可与论中国之儒学。若己实无意于做一伊尹，或伯夷，或柳下惠，更无论于孔子，而轻以论孔子之学，则风马牛不相及，亦以自表现其一己之所学而已。此孔子所谓"道不同，不相为谋"也。其于孔子又何预。

然则当今之世，欲学孔子又奈何。孔子生在两千五百年前，又何尝知有今世，则亦惟有自为其己，自志于学，自立自成其己而已。惟孔子曰："述而不作，信而好古。"果欲学孔子，亦惟对孔子有信，能述而止矣。至于己之为己，则仍待己之自反。孔子曰："后生可畏，焉知来者之不如今。"则孔子不拒来者，惟来者自拒孔子。则孔子曰："桓魋其如予何"，亦惟一任之而已，此亦所谓不相为谋也。孔子之个人主义殆如此。历代以来，凡有得于儒学之真传者，殆亦如此而已。孔子曰："足食足兵，民信之矣。"不得已则去兵，去食。而曰："民无信不立。"信即群性完成之最要因素。夫与妇相信，父母与子女相信，人与人相信，国与国相信，而天下平。何以得人信，则在对人无欲。而女性阴静，尤易有信。佛徒言"善男信女"，发扬群性在起信，发扬个性在行善，而善必在群中见。中国儒学精神在做人，主要在由己做起。然不能离群以为己，必处群始有己，故为己即所以为人，贵于群性中培其己。

孔子曰："智者乐水，动而乐。仁者乐山，静而寿。"

故中国人于尊贤外,又必敬老。濂溪《通书》亦曰:"主静立人极。"而妇女老幼皆偏静偏群,若较弱,较无用。今人撇开做人来讲儒学,不反求之己,不本于内在之性情,不本于人群相处,而徒以西方哲学家活动分子之言来治儒学,儒学之受人诟病,好静不好动,在其弱,似无用,在其如群中之妇女老幼。而今人方各自务为一壮丁,务各自骋其才智为一英雄豪杰,以超出于人群之上,如此乃为道地的个人主义。苟使妇女老幼亦竞倡个人主义,曰自由,曰平等,不仅违其性,亦徒自吃亏。中国儒学则务求人人可守可行,尽为大群着想,惟由己做起而已,天下平即平在此,殆非个人主义之可尽。此亦吾今日国人所当反身自省者。

八九　客观与主观

近日国人皆好言客观，以为认识真理必从此入，主观则不足恃。实则此观念乃从西方来，在西方全文化体系中，几乎无一处不见客观精神之洋溢。中国则异。

先言宗教。宗教在西方文化中，似亦为人生大本大纲所系。然其教主耶稣乃犹太人。犹太民族奔波流离，受人宰制。由中亚本土播迁埃及，复自埃及重返本土，莫非在其他民族驱逼中。自由为犹太民族所想望，而自力无可恃，惟待上苍有帝加以拯救。耶稣乃谓上帝不独救犹太人，亦救世界其他一切人。在渔港穷乡中，仅得信徒十三人。终判罪上十字架。后其教传入罗马，在帝国主义下受压迫，无生活自由之多数民众闻而悦之。其先乃在地窟中活动，久而冤气上升，洋溢及于全罗马，皆信耶教。上撼政府，即政府元首亦不得不信。不久帝国崩溃，耶教势力仍在其封建黑暗社会中潜滋暗长，而罗马教皇声势权威遂凌驾于各地封建贵族之上。于是上帝遂成为超人类而客观独立存在之一地位。

其前，希腊人亦如犹太人，未能成立一国家，诸城市各自分裂，各有自由，而日常生活尤赖于其海外之经商，工业制造亦胥赖于海外之需求。海外人所爱，不得不努力以赴。从事工商业，不得单凭己心，而必曲从他人心以为心，始可于贸易上博利润。故希腊人亦如犹太人，在其内心深处同感人事控制，非可专仗己力。虽其享有城邦政治之自由，较之犹太人处境远为优胜，然终感外于我者，犹有一客观具体之存在。惟犹太人则展演出上帝信仰，而成为宗教。希腊人则表现其真理寻求，而成为哲学。哲学与宗教有别，而其为一种向外探索则无异。

苏格拉底之觅得正义，乃从集体讨论，汇合众意而来。此与孔子所谓"反己求之"，"知吾者其天乎"之意态，既已迥不相同。柏拉图悬书门外，不通几何学勿入我门。亦与孔子之言"过我门而不入我室，我无憾焉者，其惟乡愿乎"之寓意，绝然相异。几何学上之点、线、方、圆、勾、股、角、度，皆在外，不在内。皆在物，不在心。更推而外之，方圆诸形，皆有一超于物而独立客观之存在。于是遂有一套形而上学与宇宙论之确立。要之，哲学与宗教同有一种向外寻求之精神。而向外寻求，必先主张有一客观存在则无异。循此以往，两者配合，西方中古时期教会中乃有神学兴起。此乃希腊哲学羼进耶教信仰，而由此即有文艺复兴。希腊人之城市生活，商业活动，亦羼进耶稣教之信仰上帝，灵魂升入天堂之一种出世精神之中，而重求现世人生之满足。此则显为一种希腊精神之复活。然其一种向外寻求之共同趋向，则仍然无异。

自此乃有现代科学之兴起。姑举牛顿为例，力学三定律创始于牛顿对于地心吸力之发现。苹果落地，此乃一常见现象，但苹果离树何以下落不上升，此在西方早成一问题。牛顿亦一耶教徒，虽不从事商业，而其一向之心理习惯则仍是一种向外寻求。偶得暇，乃注意到此。试问此于人事何干？自中国人观念言，似属一种无聊闲思。相传牛顿畜两猫，一大一小，乃于书房壁上凿两洞，亦一大一小，以便两猫之进出。牛顿在日常人生上粗疏如此，亦可谓饱食终日，无所用心矣。遂得用心在苹果落地一问题上。西方人因谓文化从闲暇中来，亦与中国观念不同。若从中国人观念，修身、齐家、治国、平天下，自尧、舜、禹、汤、文、武、周公，一日二日万机，于何得闲暇。民生在勤，小人闲居为不善。文化应从勤劳来，不从闲暇来。此见双方用心之不同。

牛顿之发明，不为反宗教。惟恺撒之事由恺撒管，牛顿于信上帝一念之外，无所用心，闲暇中乃在于人事绝不相干处用心，始得有此结果。中国人非无科学发现，然皆发现在与人事有紧密相关处。如天文、历法、水利、农田之类，皆吃紧人生，而非向外寻求。皆以人事为主，而非在人事外有一客观存在之寻求。此即中西双方文化精神一绝大不同之所在。

再言达尔文生物进化论，显为反宗教。但达尔文之用心，亦不为反宗教；乃系心有闲暇，喜好观察生物品种，遂求得随一海轮向外寻索之机会。搜罗既富，有此发明。非作哲学思维，非为宗教信仰，而所得遂有超乎哲学与宗教之外者。是亦一种向外寻求，是亦一种客观。其与哲学与宗教精神，亦无二致。但如哥白尼之天文学，达尔文之生物学，在西方亦曾引起极大争议。而传来中国，反易接受,并不与中国传统思想有大冲突。此亦一异。

循此以下,直至近代,美国有杜威,英国有罗素,皆曾在民初来中国,极得国人信服。杜威实用主义之哲学,主张真理如一支票,须能兑现。此则仍是西方工商社会功利观点,一切以外来所得为衡量。此即杜威心中之客观,亦可谓实无客观真理,惟外来所得乃始为真理。罗素则分言创造冲动与占有冲动。似认为占有未能满足人之内在要求,故须不断创造。但占有偏内,创造向外。而言冲动,更属内心向外一现象。故杜威罗素仍是在西方重外不重内之传统文化中未能突破。否则诗言志,辞达而已,皆一心之由内而外,又岂创造之足云。

故西方文化,自始即在其社会内不足之一种不安心情中进展。希腊农人仅供奴役榨取,工商业又各随城市分裂。犹太人则以借贷博利润致富,斯尤为等而下之之一种商业。罗马人凭武力向外攫取,成为一帝国。中古时期封建社会中之农民,亦仅供奴役榨取,贵族则各困在其堡垒中,以武力自守。文艺复兴,城市兴起,希腊型之工商业又复盛。现代国家兴起,罗马型之帝国亦随之复起,又兼以向外殖民。自西班牙葡萄牙而至荷兰比利时,以迄英法两大帝国,西方人之势力遂普遍侵入全世界,然其社会内不足之不安心情则依然如故。故西方人终必向外依存。由于此一形势而发展,则亦无怪乎其重视外面各种客观条件。

近代美国,即自西方传统之向外寻求来。东部十三州独立成国,又不断向西部发展,乃成今日之美国。乃为一大型国家,拥有大型农业,又兼以现代科学之大型工商业。此与希腊罗马，以及现代西欧西葡以至英法诸国各不同。乃可独立自存，自足自安，不烦再向外索取，门罗主义适切其国情。乃其心理积习，终至成一移民国家，凭外不凭内，则依然西方传统。以如是一富强大国，而内心依然不足不安，乃有星际发展太空发展之一种新向往新寻求。而其国内动力亦影响及于国外，而使全世界各地社会亦群增其一种不足不安之情绪，以酿成当前之祸乱。

东欧俄罗斯亦可为一大型农国，济之以现代科学，亦可和平自守，自足自安。然马克思之共产主义，本出于犹太人之想象，仍偏向外，既主阶级斗争，又主世界主义。今天的苏维埃，乃并不重农业生产，又不重工商贸易，而倾其全力于海陆空三方之武装发展，一意趋向于为罗马型之帝国，仍不脱西方传统心理之束缚。于可以自足自安之环境下，必求为一种不足不安。故美国与苏维埃，虽一为资本社会，一为共产社会，而其内在心理则实同为西方文化之传统。

中国则自始即为一统一大国，自尧舜迄于夏商周三代，即已成为一封建式之统一。虽下有各诸侯，而上则有一共主，有一天子，有一最高之中央政府。此与希腊之城邦，罗马之帝国，各不同。社会生产则一以农业为主，普天之下莫非王土，而井地授田，仅收其九一十一之租税。农民生活可以自足自安。农业亦非不有赖于外力，而此外力之存在，则既可知，又可信。如水旱之灾，积三年之久，不能不有一次。又不能免两年三年继续之水旱，然亦很少有积至三年之上者。故三年耕，有一年之蓄。九年耕，有三年之蓄。水旱之灾，即可预防，不足为害。其所依仗乃在己，不在人。乃在内，不在外。专问耕耘，莫问收获，克勤克俭，不忮不求，内心自得平安。恬澹知足，自可维持于久远。

农业之外，次及工业。古有畴人之官，天文历数，敬授民时。其事与农业最有极深之关系，政府特设官专司其事。岁加廪饩，供其生活。盖其人既非贵族，亦非农人，故易其名曰畴人。畴者，已耕之田。其人既专司其职，不遑耕种，故政府授廪亦犹授田，用以代耕。又使其子孙世袭其业，亦犹受田之世袭。孟子曰："劳力者食人，劳心者食于人。"畴人之官，即劳心而食于人者。故中国古代自然科学之发展，乃与农业有甚深关系。亦犹古希腊人因商轮远航，而发明几何学。可见比论各项学术，必从其文化之全体系求之，此其一例。

推此言之，中国古代各业工人其实亦皆畴人之类。如陶业，如纺织业，如皮革业，在民间则亦农村中之附业。其事皆属农，而政府亦特设官司之，令各业皆世袭，皆有廪饩，用以代耕。令各业工人，在其生活上，皆得内足自安，遂能一心专治所业。成器皆以上供，不许粗制滥造私自贩卖以牟利。故得精益求精，其成器皆成为一艺术品，非商品。故中国人常连称工艺，中国之工业既亦一种艺术。《论语》言："百工居肆。"此肆字，乃指政府特设造作之所。以今语言之，乃厂房，非店铺。其时尚未有店铺林立之街市。工人居城市，各工肆皆官设，其义属公不属私。百工居肆，其事亦为公不为私。故工人亦当得称之为畴人。

次言商业，亦复如是。民间交易，止于日中为市，非有私家经营之商业。凡商亦皆由政府设官分司。《论语》言："不受命而货殖。"则货殖之必先受命可知。《左传》中偶见有商人，皆属政府指派。尤要在做国际商。如郑商人弦高，乃得伪犒秦师，伪传郑政府之意旨。若如后世一私家商人，岂敢出此而不受敌人之疑。

此为中国式之封建社会，与西方封建大不同。中国式之封建，工商业皆由国营，与农业融为一体，既非一资本社会，亦非一共产社会，而自成一生产集团。其上有贵族武力保护，更上又有一中央政府。故曰治国平天下，如治水，使水流得其平。各业生产，亦务求其相流通，而各得一平。务求不复有外力干扰，而各得一既足且安之人生。

中国封建社会崩溃，乃在其既足且安之人生中，而骄奢淫逸。贵族如是，平民效之。乃离其本业，各有期求，与西方社会之内不足而必向外求之者不同。中国古人一"礼"字，乃从此来。人生有礼，如水流有堤，防其泛滥，而必导其流通。周公言礼治，而孔子倡仁道。仁从内心言。为富不仁，在中国古代封建农业社会中，各求内足自安，又何可向外求富，以自造一不足不安之人生。此又为中国古社会与希腊之绝大不同处。

其后封建社会崩溃，贵族消失，农工商诸业，转归私人经营。司马迁《史记》中乃有游侠、货殖两列传，可见当时社会，形形色色，皆已大变。然自晁错等盛倡重农主义，桑弘羊等又有盐铁政策，后世宗其意，工商资本主义遂绝不在中国社会中出现，中国遂始终成为在统一政治下以农业为中心之社会。工商业亦得绝大发展，然终以不害农业为本。又国内贸易远超于国外贸易。非无大都市，然亦皆对内相通，非向外树敌，如西方之例。生产各业既各对内自足，亦自不感有一客观存在之外力堪加忧虑，而必待探索。故外力存在，自不如西方之受重视。而道德艺术，则为中国社会之所尚。

工业如陶瓷，历唐宋元明以迄清代，皆有官窑，其出品皆受限制，须得保持其精美之水准。故中国工业均有一艺术水准，并世无其伦比。而商业如茶，如盐，如丝绸陶瓷，凡大利所在，皆官督商办，为人群通有无，尚信义，有道德美意存其间，而不许为私利争。一切学术思想，其间亦存有一番公心可知。此一番公心，又必向内求。于是在中国，乃有其一番独特突出之心性学。既不如西方之宗教与科学，亦不如西方之哲学，而有其内在深潜之一番修养与体认。

自孔子提出"仁"字，而孟子继之提出"性"字。仁乃人心，亦人性。而喜怒哀乐之种种感情，乃特为中国人所重视。在西方如宗教，如科学，如哲学，皆不重情。情字当属主观，非客观。而中国人乃特重此各人私有之主观。其实主观即客观，"他人有心，予忖度之。"人同此心，即己心可以推他心。人之相知，贵相知心。能以己心推置他人腹中，斯乃人生一绝大道德，亦绝大艺术。

"天命之谓性"，在中国乃有"通天人合内外"之理想。我之内在，即同于外在。我之主观，即同于客观。天即在人中见，客即在主中存。不有主，何来客。不有人，何来天。双方非对立，乃互成。中国人理想中，第一等人为圣人，圣字即寓通义。惟圣人之心乃可通彼我，通古今，通于全人类，而因以通于天地万物。因人类为天地万物之中心，而我心又为全人类之中心，故我之一心，实可以上通天地，旁通万物。耶稣为上帝之独生子，然必以上帝之心为心。而尧舜孔子乃中国圣人，贵于能以己心见天地心。实则天地无心，即以人心为心，亦即以圣人心为心。此乃中国人意见。故西洋哲学必从宇宙论转入人生论。中国无如西方之哲学，若谓有之，则实当自人生论转入宇宙论。先立乎其内，然后可以推及乎其外。此为中国思想之特有路向，与其特有进程。人心相通，斯为人生道德之主要，亦即人生艺术之主要。

周濂溪《太极图说》，阴阳五行，太极无极，此为其宇宙论部分。然归结于主静立人极，则为其人生论部分。天地大自然有其太极，而实是无极。人生则贵能自立其极，此之谓人极。求立人极，须能主静。此静字，非从人生言，人生不能有静而无动，乃从人生内在之心言。此心则贵能有一不变之定向。故濂溪主静立极之心，即孟子所言之不动心。在实际人生中，不免有欲，如饥欲食，寒欲衣，劳欲息，倦欲卧，随所遇而生其欲，斯其心常动无定向，必向外求之。濂溪曰："无欲故静。"能在实际人生中，节欲寡欲，而至于无欲，斯能不动其心矣。诸葛孔明有言："澹泊明志，宁静致远。"志即人心之不动而有定向处，非澹泊不能明，澹泊即无欲。有此定向不摇动之志，斯能宁静而致远。一人如此，全人类亦如此，此即人类文化一遥远前程之起脚点。如此则中国人意见，乃谓人类文化前程乃起脚于一己内在现有之一心，此非主观而何？

然实际人生乌能无欲。庄子《养生主》有言："官知止而神欲行。"自然之欲，如饥欲食，寒欲衣，此即人之性。惟庄子不谓之性，而名之曰神欲。神欲即性。儒家所言无欲寡欲，斯指违性之欲言。不仅物质人生中多易引生出违性之欲，即在精神人生中，亦多引生出违性之欲。如宗教信徒一心欲死后灵魂上天堂，而不免隔绝人事，男则为神父，女则为修女。自儒家义言之，斯亦一种违性之欲。故西方宗教家乃以上帝心为主，中国儒家孔孟则以人性人心为主。一内在，一外在，其别判然。

罗素言，现代世界惟美、苏、中三国有其前途，因其同为一大陆农国。此不失为能洞瞩有远见之言。然美苏两国，同束缚于西方文化内不足而一心外向之心理习惯，于可止中不知止，仍然一心向外。或以经济，或尚武力，终于挑拨起外面种种纠纷冲突，使各陷于不足不安。循此不已，恐终将引起第三次世界大战之大悲剧，乃使世界人生文化前途形成一大停顿。惟有中国，一心向内，自足自安。其文化传统常教人克勤克俭，不忮不求，于无欲中见性，于澹泊中见心，于可止处且止，于一定向中宁静致远。而可以推己及人，以达于彼己俱足，人我俱安，世界大同，天下太平之一理想新境界。而惜乎现代之中国人，则舍己之田，芸人之田，亦惟西方文化是慕。不学苏，则学美，多欲而不知静。只认有客观真理，不知尚有一主观真理。斯则不仅为中国一悲剧，亦为全世界人类一悲剧，诚大可谓乃极可惋悼伤痛之一事。

九〇　理想与存养

人生有实际与理想，两者当兼顾。纵是个人主义，亦该为超个人的社会大众存一理想。纵是社会群体，但亦该为群体中各个人存一理想。

万物并生育于天地之间，取于物以自给其生，此乃自然，不得已。至若取于人，终是要不得。渔猎畜牧耕稼莫非取于物，但商业则乃取于人。果是有供乃有取，但取于人以自给之心，恐终是要不得。

幼婴非能取于人，乃人自育之。耄老非能取于人，乃人自养之。幼吾幼，老吾老，人各顾其私，而有益于天下之大公。自有幼稚园，有老人院，老幼各由公养，而人心之私反以大减。故惟督其私，庶以全其公。个人主义则太偏于私，无公可言。

至若拳击运动等，则更无可言。参加各项运动会，亦惟为一时快意。但损己害人，事又何限。人生不快乐事多，乃有不顾一切，而惟求一时快意者。国际战争屡发，亦可谓乃求一时快意。故勿使人多不快意，斯其人亦不惟求快意。勿使人太不自由，斯其人亦不惟求自由。注意其消极反面，而积极正面乃有不求正而自正者。小而修心养性，大而治国平天下，皆当注意及此。

父母宠爱其子女，常骄纵使其快意，则不如意事必连续而至。今日全世界皆求一时快意，则惟核子战争最为可然。言此何堪嗟叹。

中国有一古老道德旧传统，但今日则改而趋向于一个前所未有的新社会。旧道德与新社会间，不免有隔阂，应各求迁就，使旧道德能适应新社会，而新社会亦能符合旧道德，始是当前一正途。今日又称知识爆破时代，而知识在对物。中国人重道德，则是人对人。主要在幼童时期即须教养。今日则在小学中即提倡所谓视听教育，幼童头脑全花在对物上，对人的意识日淡日薄，天真已漓，成年后又如何再教他对人。这实是当前教育上一大问题。

中国乃一广土众民大一统的国家，君位最高，然尊其位非即尊其人。司马迁《史记》以下，全部二十五史，帝王本纪仅为时事纪年标帜。历代开国之君，秦始皇汉高祖以来，都遭讥议。惟东汉光武帝一人最少，但其受后人推崇，则尚远不如同时富春江上垂钓之严光。守成诸君，惟汉武帝唐太宗清康熙三人多得后人称述。然汉武帝唐太宗晚节皆有亏，独康熙一人较完好。其当治平盛世，毕生数十年享安乐生活，亦无过甚差失者，惟清乾隆一人，然亦未得后人之称重。中国人崇礼，宾主相交，贵各尽其礼。为人臣止于敬，亦自尽其礼而已。对富贵而过分谦卑，只自表其鄙贱，故歌功颂德亦所当戒。而居高位则更当自抑逊，试读历代帝王诏书，可知其立言陈辞之节制矣。凡此有关人心风气，乃为论历代政治制度者所未及。

道家言因应，事物之来，我但求所以应之而已，且莫问其所由来。如子女，或不孝，为父母者只求所以应，则可不见为子女之不孝，而终不失父母之慈。父母或不慈，为子女者只求有所应，则可不见为父母之不慈，而终不失子女之孝。儒家则谓尽其在我。果必问此事物来，则用心移在外，而在我转有所不尽矣。故物理与人道有别，中国人只问所以应，其所见物理亦不同。西方人只问所由来，则其所尽人道亦不同。此所谓重内重外之分。

生老病死，人所同然。中国人生则谋养育之，老而谋侍奉之，病则求何以疗治，死乃谋如何葬祭，而人道尽矣。释迦必问生老病死何由来，乃逃家出走，而发明其一套涅槃之理论。西方人亦追问人生来历，遂有灵魂自天堂谪降之说，于是其论人道亦相异，要之不本于人生之本身。其遇病，中国则因病治病，故中国医学终不忘失人身之整体。而西方医学则重解剖，俾使认清人身之各部分，于是目病治目，耳病治耳，而人身整体之气血相通则转多忽视。故即论自然，中西观念亦不相同。

近代国人每好本西方思想来研讨中国文化传统，遂多格不相入处。如中国重礼乐，必牵涉到中国人之鬼神观。但今人则谓中国人之鬼神观迷信不科学，而西方人之灵魂观念则谓是宗教信仰，又可外于科学来作研讨。果能以中国之鬼神观与西方人之灵魂观作一比较，则中西文化相异，庶亦有一契入处。又如中国人之民族观，乃中国社会结构一要项，亦可谓中国乃一氏族社会宗法社会，而近人又以封建观念加以鄙斥，不加研寻，则一部中国社会史又将何从说起。

讨论中国文学，亦当从中国文化大全体中探求其意义与价值之所在。如举极微末之一端言，平剧中有《白蛇传》，法海和尚惩治蛇精，此乃佛门大经大法，无可非议。然此故事屡经演变，白蛇精乃为尽人所同情，而法海所为乃转使人内心反对，此中大有深意。中国人之文化理想，有曰"夷狄而中国则中国之"。今则蛇而人，斯亦人之而已，又乌得必以其蛇而斥之。尤其是最后祭塔一出，白蛇精所生子获中状元，亲赴雷峰塔设祭，白蛇精从被幽中得出，亲晤其子。一段唱腔，哀怨欣悦，听者神往。较之《三娘教子》《岳母刺字》各有胜场，而或觉情味更深。此固见平剧之艺术精美，但亦在文学传统中有其宜加阐发处。

立场二字，不知起始何年，或传译西语，兹不详考。但此二字在中国文化传统中亦有涵义可申。立属私，场属公。如父慈子孝，父子地位不同，斯则慈孝有殊。但家之立场则同。苟非有家之共同立场，亦将无父子地位之分别。君仁臣敬，地位不同，但国之立场则同。苟无国，亦无君臣分别之地位。其父攘羊，其子证之，孔子曰："吾党之直异于是，子为父隐，父为子隐。"在家的立场上宜如此。瞽叟杀人，舜为天子，在国的立场言，宜治瞽叟以罪。但舜就家的立场言，则只有窃其父而逃。立场不同，而道亦异。立场有大小，家与家之共同立场则为国。国与国之共同立场为天下。周武王伐纣，伯夷叔齐叩马而谏，议论行事各不同，其以天下为立场则同。西方人言个人主义，依中国观念言，个人在人群中有地位，但地位非即立场。仅以个人为立场，则惟自私自利，谋富谋贵，此乃小人之至，而非人道所许。共产主义分有产阶级与无产阶级，但此两阶级应以社会为共同立场，不应在阶级立场之上更无立场。如国与国之上，上有一天下共同立场。己所不欲，勿施于人，此乃中国之恕道。于是在共同立场下，始有和平相处之道。至马克思之唯物史观，则虽号为世界主义，而人类立场专在物，人之自身乃亦无立场可言，则与西方之个人主义实相同。

处境与立场有异，人类大群与其他有生物同处天地中，但立场可各不同。道家言自然，可谓多发明了人类的处境。儒家言道，则着重在人类之立场。今人言人本位，应主立场言。人本位之下，又可有民族本位，但不可言家本位，则立场与本位又不同。今人治学，贵能于现行新名词一一阐申其涵义，此亦可谓训诂明而后义理明。

最近在夏威夷开一世界性的朱子学会议，余以不能亲自出席，特撰文嘱人在场宣读。大意谓中国人为学不重求异，重在求同。故不贵一己特创著书立说，而以朱子为例。初疑如此立言，决不受人欢迎。乃事后代为宣读者告余，欧美学人颇重此文，不少人在演讲中提及，并有人谓西方哲学本亦如余文所指，特康德以下，近数百年来始不然。故专据近代欧美来比论中西，乃见有大相异处。余意则谓中西文化自始即相异，在此不详论。但近代西方学人乃多治汉学，出席此会议者亦颇众，并有主古代欧洲亦与中国同道者。此可见最近西方人途穷思变，乃与我国人之一尊西化，大异其趣。此亦微露其端倪而已，此下为变尚多。国人主新主变，试静待数十年或百年以上，再观西方之所变所新，再试立说，宜亦未为太迟。

人生应历三阶程,一为对物,次为对人,三为对己,即对心。如原始人出外渔猎,求取食物,此为第一阶程人对物。渔猎有获,归其洞窟,男女老幼,相聚群居,此为第二阶程人对人。在此第二阶程中,有其喜怒哀乐,此为第三阶程人对心。第一阶程为维持生命之手段,第二阶程乃真实生命,第三阶程则为生命之深入与光辉。以婴孩言,当其初出母胎,骤见阳光,感受空气刺激,以惊以喜,放声啼哭,实则发自其内心,此为人生第一阶程,而第三阶程已为之主。随即有父母家人披以襁褓,哺以饮食,此即人生第二阶程。婴孩天生,原始人则属人生。文化理想贵能由人生回向天生,故孟子曰:"大人者,不失其赤子之心者也。"人之老,无不回念其幼龄生活,此乃最自然最幸福之生活。无幼年何来有中年。无老年,则中年一切辛劳皆无留味。人能善尽其幼年与老年,则中年辛劳始可自慰而无憾。今人太过重视中年生活,童稚与老年,失其照顾,恐终非人生之理想。

董仲舒言:"明其道不计其功,行其义不谋其利。"今人乃谓中国重道义,西方重功利。其实功利即在道义中,道义即功利之大者。义(義)字从羊从我,即我之私人权利。故攘人之羊,乃大不义。羊美食,此乃人对物自然方面事。但他人之羊,己不可攘,此乃人对人人文方面事。故必先知仁,乃有义。老子谓"失仁而后义",即明其先后。其实原始人各在洞窟中畜羊,已是仁义。人生本已在仁义中,惟当戒不仁不义。老子谓:"失道而后德,失德而后仁",亦明其先后。人在洞窟中畜爱其羊,此亦有道有德。故道德仁义,惟恐失之,非患不得。故孟子有由仁义行与行仁义之分别。今人则尽计功利，不守道义，贫由富人饿死，弱由强人杀死，不仁不义，又何功利可言。

孔子言治道，曰："足食足兵，民信之矣。不得已而去兵去食，民无信不立。"韩非言治道，则曰"耕战"，又曰"儒以文乱法，侠以武犯禁"，则二者当去。秦始皇帝喜读韩非书，汉武帝则表彰五经，罢黜百家。秦始皇帝开始统一中国，而统一之局维持两千年以来，则有赖于汉武帝。今人则言工商建国，农与兵皆当机器化工业化，物力居上，人力为次。又分开发国家与未开发国家两等，开发皆指工商业言，未开发国家中能知从事开发者，则为落后国家。工商业落后，而再从事上进，则当从民生工业改进为策略工业。民生工业主内部之自给自足，策略工业则主向外推销。最高先进则为推销军用品，至于推销农产品，则仍为落后。主向外推销，则必重大贸易商，必重机器化生产。又曰自动化生产，不赖人力。孟子有王霸之辨，曰："王者以德服人，霸者以力服人。"近代则尽仗力，无德可言；又必能仗物力。推销军火，即得他人信服。然则此后世界进步，将为物世界，而人世界则为落后未开发世界。宗教信帝力，但帝力终不如物力之客观具体而可信。民主政治则力在多数，舍却一力字，尚何可言。

南郭子綦隐几而坐，嗒焉若丧其耦，曰："今者吾丧我。"郑玄言"仁者相人偶"。一人隐几，本已无偶。耦亦寄寓义，心寓于身，身与心偶。吾丧我谓心忘其身，则此心可作逍遥游齐物论矣。此即浑沌之帝，无分别，无对偶，则隐几丧我，亦即此心投入大自然与为一体，亦成为神矣。道家以静坐工夫学为神仙，即本此。至于吐纳铅汞之术，并此身而长存，则更属后起。儒家不主忘我，只求知己。必与人相偶，与人对立，始有己。故己欲立而立人，己欲达而达人。人己一体，始是仁之境界。宋儒亦静坐，如程门立雪是矣。静非以忘我，乃以存我。一时视听俱泯，思虑不起，亦如浑沌，然乃以养其一体之真而已，此之谓存养。醒则尚有进学工夫。至象山之静坐，只主明一心，不知此心必有耦。舍却人伦，舍却此身，此心复何在。固当于存养之外，复有进学，不得即以存养为进学，此则陆学之偏。近代则专以此心对物，不以此心对人，专尚知识，不重情感，是为个人主义。其心只在一身，此亦与儒家言立己不同。

文学而商品化，则于文学价值必有减失。如近代电影编制剧本者，内心空洞，仅为揣摩观众心理，恋爱神怪战争冒险，曲折离奇，紧张刺激，皆为迎合观众要求。其实观众亦以空洞心情，徒求消遣娱乐，走入电影院。两皆虚无，而千万影片，层出不穷，如是而已。当在三十余年前，大陆以梁山伯祝英台故事用绍兴调播为电影，香港南洋各地一时风靡，香港某电影公司遂以黄梅调改编，全台湾观众如痴如狂，有两老面告，彼等皆连续观赏至六七次不厌。迄今此片尚重制新版，达三次以上。梁祝故事不知始起何年，由何人编造，中经几何转变，久已家喻户晓，耳熟能详。但古老传说受人欢迎，乃大出时代新人精心创作之上，此亦有大值深思者。化腐朽为神奇，岂亦如此之类乎。而众人之喜新厌旧，如梁祝此片，亦可供作一大讽刺矣。又如《桑园会》，秋胡戏妻，此故事始见于汉乐府，当已有两千年之历史，及今演为平剧，受人喜爱。而如《搜孤救孤》，此故事起在孔子前，则至今已逾两千五百年。何待创作，始得成为文学。故中国文学乃系长寿的，而西洋文学则多较短命。故中国文化理想，一天人，合内外，大人而不失其赤子之心，否则又乌得有若是之长寿。

中国为一人对人世界，而西方则为一人对物世界。南北朝时代，佛教传播，如道安、慧远、竺道生诸高僧，虽非佛徒，同知崇仰。至如云冈石刻，极状伟宏丽之致，然国人少所称道。西化东渐，云冈石刻之价值遂超道安、慧远、竺道生诸高僧而上之。唐代佛教大盛，天台、华严、禅三宗，以及玄奘行事立说，虽非佛徒，同亦传述加敬。敦煌在偏远地，洞窟中遗留有佛教文物，国人初未注意，英法人来此，大量窃取，藏入伦敦、巴黎国立博物院中，举世哄传。国人游英法能传抄影印加以阐说，即为无上新发明。而旧所称述传诵之诸高僧诸经典，则转置之不问，懵焉不知。佛、法、僧同为释门三宝，今则见之物乃加珍视，传之人则尽加鄙视。即此一端，其他亦可推。

余幼时乡里间到处有土地庙，备受乡人崇敬。稍长得进入城市，游城隍庙，庄严肃穆，亦受感动。后乃饱闻国人言，此等皆不科学，皆迷信，足征吾民族之落后。及游欧美，到处见礼拜堂，较之幼年所见之土地庙城隍庙，建筑上已无可伦比，而其得人崇敬，则尤远超于余幼年所知土地城隍之上。然念上帝天堂灵魂，亦未经科学证明。苟使西方人心中抹去了一上帝，各地皆毁去了礼拜堂，则今日之西方世界，岂不更将有甚大变化，难以揣想。今日国人既尽排除了一切不科学之迷信，而耶教信仰亦未得吾国新文化运动者之尽量宣传，但一时亦尚为盛行。民无信不立。今日西方人既信科学，又信宗教，复信财富，更信核武器。所信复杂，转亦不知何以为立。而我国人，则国家民族古今一切言论行为尽所不信，惟信西方人所谓之科学。任重道远，专习西方科技中一项目，又何以胜此重任上此远道。且此又为西方每一科技所不论。然则听天由命，恐仍不出吾古人之所言矣。其奈之何！其奈之何！

余又闻非洲人言，彼辈所愿，乃一非洲黑人之上帝。中国亦有上帝，但分派土地、城隍赴各城市各乡村管理一切，不由上帝一人独管，亦不只派一独生子来作代表，故能于此广土众民绵延四五千年之大国，管得有条有理，使被管者皆得互信互安。此等管法，虽非自然科学可证，但在人文科学中，亦说得通。何以今日国人于政治上则必斥为帝皇专制，而在信仰上则又斥多神，必使一神尽管此上下古今一切世界人事，则诚难乎其为神矣。耶稣言，恺撒事恺撒管，则西方人心中之上帝，不管人间政治。帝王能专制，则尽可专制，则中国传统政治之帝王专制，岂不早得上帝之默许。其中是非，诚难得定。不知吾国人究何去何从，或由非洲人言，则中国人岂不亦愿有一中国之上帝？

耶稣当时自称为上帝独生子，但不言有母。耶教中有圣母，乃后起事。但耶稣有母，岂不上帝亦有妻，则亦为多神，非一神。今国人信耶教，必尊之曰一神教，但亦信有圣母，然又宁得谓圣母非神，又宁得谓上帝夫妇不平等。中国古代君王亦有后，但其临朝听政则后不得预，此却近西方之上帝。近世西方国际外交，或总统，或首相，皆夫妇相偕，此事始于第二次世界大战后之巴黎和会，美国总统所提倡。此真恺撒之事上帝不管。若在中国，则祭天大礼亦惟君王一人主祭，后不能预，此则较近当年耶稣设教之真情矣。然今日国人又必斥我中国为重男轻女，夫妇不平等。要之，今日国人心理，在西方则无一而非，在中国则无一而是。实则今日国人所崇信者，实非西方之上帝与耶稣，仅乃西方当前之富强。果使耶稣今日生中国，其言论行事，或仍将上十字架，如是则国人模仿西化始可谓得其真传矣。

中国传统文化深邃精义之所在，乃为对时间之认识，儒书《中庸》称之曰"悠久"，道家庄周则名之曰"儵忽"。庄子《应帝王》，中央之帝曰浑沌，南北之帝曰儵忽。不加分别，斯为浑沌。一加分别，即成儵忽。儵忽积而为悠久，悠久实即是儵忽。贵为天子，贱为庶民，其分别亦在儵忽间。不百年同为枯骨，同沦腐朽，其分别又何在。西洋史上先有罗马帝国，后有大英帝国，及今视之，岂不儵忽同尽。老子言："同谓之玄，玄之又玄，众妙之门。"一切诸异，不必强为之同，时过即同。众妙之门亦在时。苟日新，日日新，又日新，孔子圣之时，正为其与日俱新耳。自十有五而志于学，至于七十而从心所欲不逾矩，毕生尽在化境中。今人只顾目前，不能同其旧，乌能开其新。舍其旧而新是谋，另起炉灶，既非是旧，亦即非新。既非儵忽之事，亦非悠久之事。不知儵忽，斯不知悠久。不知悠久，宜亦不知其儵忽矣。

本与旧不同，旧可失，本不可失。孔子十有五而志于学，梦见周公，乃示其志学之后。为鲁司寇不得志，则辞去，不复梦见周公，乃自叹其衰。则旧可去，有不可去。美国立国两百年，岂为获交于以色列。今乃不能舍去以色列，则往后之美国，亦可想而知矣。大英帝国先则逐步攫取，次则逐步退回。今香港不久亦重归中国大陆。欧西人不再执世界之牛耳。美苏抗衡之局代兴，但核武器竞赛，究何结局，此亦难判。要之，西方人重物轻人，此下当不再主宰此世界。而吾国人则一意崇慕西化，又当如何。孔子曰："后生可畏，焉知来者之不如今。"吾中华自羲黄以来，历五千年，孔子亦两千五百年下一后生。自此两千五百年，代有后生，善为主持。则今日处其变，他日处其常。后生可畏，又焉知来者之不如往。企予望之，企予望之。

钱穆作品系列
（二十四种）

《孔子传》

本书综合司马迁以下各家考订所得，重为孔子作传。其最大宗旨，乃在孔子之为人，即其自述所谓"学不厌、教不倦"者，而以寻求孔子毕生为学之日进无疆、与其教育事业之博大深微为主要中心，而政治事业次之。故本书所采材料亦以《论语》为主。

《论语新解》

钱穆先生为文史大家，尤对孔子与儒家思想精研甚深甚切。本书乃汇集前人对《论语》的注疏、集解，力求融会贯通、"一以贯之"，再加上自己的理解予以重新阐释，实为阅读和研究《论语》之入门书和必读书。

《庄老通辨》

《老子》书之作者及成书年代，为历来中国思想学术界一大"悬案"。本书作者本着孟子所谓"求知其人，而追论其世"之意旨，梳理了道家思想乃至先秦思想史中各家各派之相互影响、传承与辩驳关系，言之成理、证据凿凿地推论出《老子》书应尚在《庄子》后。

《庄子纂笺》

本书为作者对古今上百家《庄子》注释的编辑汇要，"斟酌选择调和决夺，得一妥适之正解"，因此，非传统意义上的"集注"或"集释"，而是通过对历代注释的取舍体现了作者对《庄子》在"义理、考据、辞章"方面的理解。

《朱子学提纲》

钱穆先生于1969年撰成百万言巨著《朱子新学案》，"因念牵涉太广，篇幅过巨，于70年初夏特撰《提纲》一篇，撮述书中要旨，并推广及于全部中国学术史。上自孔子，下迄清末，二千五百年中之儒学流变，旁及百家众说之杂出，以见朱子学术承先启后之意义价值所在。"本书条理清晰、深入浅出，实为研究和阅读朱子学之入门。

《宋代理学三书随劄》

本书为作者对宋代理学三书——元代刘因所编《朱子四书集义精要》、周濂溪《通书》及朱熹、吕东莱编《近思录》——所做的读书劄记，以发挥理学家之共同要义为主，简明扼要地辨析了宋代理学对传统孔孟儒家思想的阐释、继承和发展。

《中国思想通俗讲话》

本书意在指出目前中国社会

人人习用普遍流行的几许概念与名词——如道理、性命、德行、气运等的内在涵义、流变沿革。及其相互会通之点。并由此上溯全部中国思想史，描述出中国传统思想一大轮廓。

《现代中国学术论衡》

本书对近现代中国学术的新门类如宗教、哲学、科学、心理学、史学、考古学、教育学、政治学、社会学、文学、艺术、音乐等作了简要的概评，既从中西比照的角度，指出了"中国重和合会通，西方重分别独立"这一中西学术乃至思想文化之根本区别，又将各现代学术还诸旧传统，指出其本属相通及互有得失处，使见出"中西新旧有其异，亦有其同，仍可会通求之"。

《中国学术思想史论丛》

共三编八册，汇集了作者六十年来讨论中国历代学术思想而未收入各专著的单篇散论，为作者1976—79年时自编。上编（1—2册）自上古至先秦，中编（3—4册）自两汉至隋唐五代，下编（5—8册）自两宋迄晚清民国。全书探源溯流，阐幽发微，颇多学术创辟，系统而真切地勾勒了中国几千年学术思想之脉络全景。

《黄帝》

华夏文明的创始人：黄帝、尧舜禹汤、文武周公，他们的事迹虽茫昧不明，有关他们的传说却并非神话，其中充满着古人的基本精神。本书即是讲述他们的故事，虽非信史，然中国上古史真相，庶可于此诸故事中一窥究竟。

《秦汉史》

本书为作者于1931年所撰写之讲义，上自秦人一统之局，下至王莽之新政，为一尚未完编之断代史。作者秉其一贯高屋建瓴、融会贯通的史学要旨，深入浅出地梳理了秦汉两代的政治、经济、学术和文化，指呈了中国历史上这一辉煌时期的精要所在。

《国史新论》

本书作者"旨求通俗，义取综合"，从中国的社会文化演变、传统的政治教育制度等多个侧面，融古今、贯诸端，对中国几千年历史之特质、症结、演变及对当今社会现实的巨大影响，作了高屋建瓴、深入浅出的精彩剖析。

《古史地理论丛》

本书汇集考论古代历史地理的二十余篇文章。作者以通儒精神将地名学、史学、政治经济、人文及民族学融为一体，辨析异地同名的历史现象，探究古代部族迁徙之迹，进而说明中国历史上各地经济、政治、人文演进的古今变迁。

《中国历代政治得失》

本书分别就中国汉、唐、宋、明、清五代的政府组织、百官职权、考试监察、财政赋税、兵役义务等种种政治制度作了提要钩玄的概观与比照，叙述因革演变，指陈利害得失，实不失为一部简明的"中国政治制度史"。

《中国历史研究法》

本书从通史和文化史的总题及政治史、社会史、经济史、学术史、历史人物、历史地理等6个分题言简意赅地论述了中国历史研究的大意与方法。实为作者此后30年史学见解之本源所在，亦可视为作者对中国史学大纲要义的简要叙述。

《中国史学名著》

本书为一本简明的史学史著作，扼要介绍了从《尚书》到《文史通义》的数部中国史学名著。作者从学科史的角度，提纲挈领地勾勒了中国史学的发生、发展、特征和存在的问题，并从中西史学的比照中见出中国史学乃至中国思想和学术的精神与大义。

《中国史学发微》

本书汇集作者有关中国历史、史学和中国文化精神等方面的演讲与杂论，既对中国史学之本体、中国历史之精神，乃至中国文化要义、中国教育思想史等均做了高屋建瓴、体大思精的概论；又融会贯通地对中国史学中的"文与质"、中国历史人物、历史与人生等具体而微的方面做了细致而体贴的发疏。

《湖上闲思录》

充满闲思与玄想的哲学小品，分别就人类精神和文化领域诸多或具体或抽象的相对命题，如情与欲、理与气、善与恶等作了灵动、细腻而深刻的分析与阐发，从二元对立的视角思索了人类存在的基本问题。

《文化与教育》

本书乃汇集作者关于中国文化与教育诸问题的专论和演讲词而成，作者以其对中国文化精深闳大之体悟，揭示中西传统与路线之差异，指明中国文化现代转向之途径，并以教育实施之弊端及其改革为特别关心所在，寻求民族健康发育之正途。

《人生十论》

本书汇集了作者讨论人生问题的三次讲演，一为"人生十论"，一为"人生三步骤"，一为"中国人生哲学"。作者从中国传统文化入手，征诸当今潮流风气，探讨"心"、"我"、"自由"、"命"、"道"等终极问题，而不离人生日常态度，启发读者追溯本民族文化传统的根源，思考中国人在现代社会安身立命的根本。

《中国文学论丛》

作者为文史大家，其谈文学，多从文化思想入手，注重高屋建瓴、融会贯通。本书上起诗三百，下及近代新文学，有考订，有批评。会通读之，则见出中国一部文学演进史；而中国文学之特性，及各时代各体各家之高下得失之描述，亦见出作者之会心及评判标准。

《新亚遗铎》

1949年钱穆南下香港创立新亚书院。本书汇集其主政新亚书院之十五年中对学生之讲演及文稿，鼓励青年立志，提倡为学、做人并重，讲述传统文化之精要，阐述大学教育之宗旨，体现其矢志不渝且终身实践的教育思想。

《晚学盲言》

本书是作者晚年"目盲不能视人"的情况下，由口诵耳听一字一句修改订定。终迄时已92岁高龄。全书分上、中、下三部，一为宇宙天地自然之部，次为政治社会人文之部，三为德性行为修养之部。虽篇各一义，而相贯相承，主旨为讨论中西方文化传统之异同。

《八十忆双亲　师友杂忆》

作者八十高龄后对双亲及师友等的回忆文字，情致款款，令人慨叹。读者不仅由此得见钱穆一生的求学、著述与为人，亦能略窥现代学术概貌之一斑。有心的读者更能从此书感受到20世纪"国家社会家庭风气人物思想学术一切之变"。